Paulus

Der Apostel der Völker

von

Jürgen Becker

J.C.B. Mohr (Paul Siebeck) Tübingen

CIP-Titelaufnahme der Deutschen Bibliothek

Becker, Jürgen:
Paulus : der Apostel der Völker / Jürgen Becker. – Tübingen :
Mohr, 1989
  ISBN 3-16-145500-2 brosch.
  ISBN 3-16-145509-6 Gewebe

Gesetzt aus der Monotype Garamond von Typobauer Filmsatz GmbH in Scharnhausen. Gedruckt auf neutralgeleimten Werkdruckpapier von Bohnenberger & Cie, Niefern von Gulde-Druck GmbH in Tübingen. Einband von Heinr. Koch KG in Tübingen. – Printed in Germany.

Vorwort

Die vorliegende Paulusdarstellung ist der Ertrag aus einer langjährigen Beschäftigung mit Paulus. Sie besaß drei Zentren: das Studium der Literatur, die Diskussion mit den Studenten in den Lehrveranstaltungen und das eigene Nachdenken über die Probleme der Paulusbriefe. Das Buch kann darum seine akademisch-wissenschaftliche Herkunft nicht verleugnen. Doch ist es so geschrieben, daß gerade nicht nur neutestamentliche Exegeten zu ihm greifen sollen. Vielmehr möchte es von der Exegetenzunft her Brücken zu allen denen schlagen, die überhaupt Interesse an Paulus haben. Dies geschieht aus einem doppelten Grund: Es tut der Exegese nicht gut, wenn sie im internen Fachgespräch verharrt; und es tut unserer Zeit gut, wenn Paulus nicht in Vergessenheit gerät.

Um dieses Zieles willen ist das Darstellungskonzept so gewählt, daß möglichst große Linien in den Vordergrund gerückt werden, die oft hochgradige Spezialisierung der Sekundärliteratur jedoch zurücktritt. Um weiter die kaum noch überschaubare Paulusliteratur nicht in einen uferlosen Anmerkungsapparat einmünden zu lassen, der eher vom Lesen abschreckt und wohl überhaupt nur von wenigen Lesern ganz zur Kenntnis genommen würde, ist nach langen Überlegungen endlich doch der gelehrte Apparat ganz fortgelassen worden. Da ich jedem Fachkollegen zu beobachten zutraue, wo ich von anderen und speziell von ihm gelernt habe oder anderer Meinung bin, verzichte ich auf die ausdrückliche Notierung dieses Sachverhaltes. Es war mir wichtiger, dem Leser ein Gesamtbild von Paulus vorzustellen, das er wie ein allgemeinverständliches Fachbuch lesen kann.

Nach langem Zögern habe ich darum auch auf ein eigenes Literaturverzeichnis verzichtet. Da das Buch sich jedoch kritische Leser wünscht, die andere Darstellungen vergleichend heranziehen, sei darauf verwiesen, daß es gute Zusammenstellungen zur Paulusliteratur gibt. Von ihnen möchte ich erwähnen:

G. BORNKAMM: Paulus, in: Die Religion in Geschichte und Gegenwart, Band V, ³1961, 166ff.

R. BULTMANN: Zur Geschichte der Paulus-Forschung, in: Das Paulusbild in der neueren Forschung, Wege der Forschung XXIV, 1964, 304ff.

Ders.: Theologie des Neuen Testaments. 9. Auflage, durchgesehen und ergänzt von O. Merk, 1984.

H. Hübner: Paulusforschung seit 1945. Ein kritischer Literaturbericht, in: Aufstieg und Niedergang der römischen Welt II 25.4, 1987, 2649 ff.

G. Lüdemann: Paulus, der Heidenapostel. Band I. Studien zur Chronologie, 1980.

O. Merk: Paulus-Forschung 1936–1985, in: Theologische Rundschau 53 (1988) 1 ff.

Das Buch wünscht sich allerdings nicht nur Leser, die auch andere Paulusdarstellungen heranziehen, sondern die vor allem die Paulusbriefe selbst lesen. Darum sind die Verweise auf die Briefe des Apostels immer wieder neben anderen Quellenhinweisen in den Text einbezogen. Alle Quellenangaben sind dabei nach üblichen Abkürzungen gemacht. Über ihren Gebrauch gibt das Abkürzungsverzeichnis am Schluß des Werkes Auskunft.

Am Schluß möchte ich noch ausdrücklich denen danken, die beim Entstehen des Werkes geholfen haben: Mit meinem Assistenten Dr. U. Mell habe ich immer wieder viele Einzelprobleme diskutiert. Frau H. Meyer hat sich wie schon so oft um die Manuskriptgestaltung große Verdienste erworben. Meine Frau, Frau Meyer und Frau L. Müller-Busse haben an der mühsamen Arbeit des Korrekturenlesens großen Anteil. Letztere hat auch die Register erstellt. Dem Verlag endlich danke ich für eine gute Kooperation.

Kiel, im Frühjahr 1989   Jürgen Becker

Inhalt

Einleitung

Wenn die Beschäftigung mit Paulus wie gegenwärtig zu einer Blütezeit der Paulusliteratur führt, ist das ein gutes Zeichen. Denn Paulus gehört in die grundlegende Ursprungszeit des Christentums. Hier muß er als die Symbolgestalt des Heidenchristentums der ersten urchristlichen Generation schlechthin gelten. Ohne Zweifel ist er zugleich der bedeutendste Theologe des gesamten Urchristentums. So nimmt es nicht wunder, wenn er tiefe und lange Spuren in der Christentumsgeschichte bis heute hinterlassen hat. Seine Wirkungsgeschichte kann kaum überschätzt werden.

Was macht die historische Größe des Apostels aus? Man wird zur Beantwortung dieser Frage auf viererlei hinweisen: Einmal auf die Wende in seinem persönlichen Leben, die ihn innerlich zwingt, »alles Denken unter den Gehorsam Christi gefangenzunehmen« (2. Kor 10,5; vgl. Phil 3,8). Zum anderen versteht er es, die missionarisch-kirchliche Erfahrung im Spannungsfeld von Evangelium und Geist einerseits, sowie von Glaube, Liebe, Hoffnung andererseits so grundsätzlich theologisch aufzuarbeiten, daß seine Äußerungen gegenüber den Gemeinden offenbar als exemplarisch und wegweisend angesehen wurden. Weiter vertrat er in dem großen Gegensatz, wie er in Gestalt des Juden- und Heidenchristentums die erste urchristliche Generation prägte, mit all seiner unbeugsamen Schaffenskraft und dem weltweiten Horizont, in dem er sich zu Hause fühlte, so konsequent die Partei des Heidenchristentums, daß er konkurrenzlos zu dem »Apostel der Völker« (Röm 11,13) wurde, was übrigens (neben Röm 15,16) seine letzte auf uns gekommene Selbstbezeichnung ist. Mit diesem dritten Punkt hängt schon das letzte zusammen: Paulus wirkte an einem Knotenpunkt der Christentumsgeschichte. Dabei ging es um die Frage, ob Christentum sich wie bisher als Teil des Judentums verstehen solle oder in neuer Weise in Anlehnung und Spannung zu ihm Eigenständigkeit zu vertreten habe. Paulus hat mit seiner Theologie und Mission so konsequent den letzten Standpunkt eingenommen, obwohl er gebürtiger Jude war, daß diesem Weg die Zukunft gehörte. Oder anders: In seiner Gestalt verdichtete sich diese Zukunft, ohne daß er subjektiv schon wußte, worauf es hinauslief, was er begann.

Mit diesem geschichtlichen Ort des Apostels hängt es zusammen, daß er bisweilen als der eigentliche Begründer des Christentums angesehen wird. Solche Einschätzung wird aber weder dem Selbstverständnis des Paulus noch der Geschichte von Jesus zur heidenchristlichen Kirche gerecht. Paulus hat sich immer als Diener Jesu Christi und als Apostel seines Herrn verstanden, wie schon allein ein Blick auf die Briefanfänge seiner Korrespondenz belehrt. Weiter waren sich auf dem Apostelkonvent in Jerusalem (Gal 2,1 ff.; Apg 15) alle einig, daß der antiochenisch-paulinische Weg eine legitime geschichtliche Ausprägung des einen, auf Jesus von Nazareth zurückgehenden Glaubens sei. Die Kirche wurde Ostern gegründet. Paulus findet sie bereits vor und wird zunächst ihr Verfolger.

Andere wollen Paulus heute mit ganz unterschiedlichen Motiven enger an das Judentum anbinden, als es vor allem protestantische Exegese traditionellerweise zu tun pflegt. Da sind die Theologen, die, vom Holocaust her auf Paulus blickend, vor allem in Röm 9–11 einen paulinischen Standort finden, der Israel einen eigenen Weg zu Gott zuweist. Dies färbt dann natürlich überhaupt auf die Deutung des paulinischen Heilsverständnisses ab. Aber es will nicht einleuchten, daß derjenige für das ungläubige Israel einen besonderen Heilsweg vorsieht, der allen Juden eingangs desselben Briefes zumutet, in die Gottlosigkeit der Völker als Sünder eingeordnet zu werden, und der allen Sündern ausnahmslos nur eines empfehlen kann: die Glaubensgerechtigkeit in Jesus Christus. Da sind andere, die die traditionsgeschichtlichen Zusammenhänge und die die Wirklichkeit deutenden Kategorien bei Paulus in (fast) bruchloser Kontinuität zum Judentum sehen möchten. Besondere Brennpunkte sind hierbei das Gesetzesverständnis des Apostels und seine an der jüdischen Sühnopfervorstellung orientierte Erlösungslehre. Man fragt: Kann Paulus das ihm bekannte Judentum so verzeichnet haben, daß er ihm eine am Gesetz orientierte »Werkgerechtigkeit« unterstellte? Wie immer man das jüdische und paulinische Gesetzesverständnis nun nachzeichnen mag, an einem sollte man festhalten: Paulus fragt nicht, was er dem Judentum zumuten und wie er seinem Selbstverständnis gerecht werden könne, sondern qualifiziert alles von Christus her neu und will die in Christus liegende Erkenntnis angemessen entfalten. Analog muß die primäre Testfrage bei der paulinischen Erlösungslehre lauten, nämlich: Wie beschreibt der Apostel das im Evangelium angebotene Heil in Christus und seine verändernde Wirkung auf den Menschen? Wie angemessen oder wie zentral ist dabei z.B. eine Sühnevorstellung?

Es ist ganz natürlich, daß im zeitgenössischen Christentum Paulus vielfältig aktualisiert und systematisiert zur Geltung kommt. Das ist an sich ein gutes Zeichen und eine Umgangsweise mit dem Apostel, die gepflegt werden soll. Aber der angeeignete Paulus und der geschichtliche Paulus dürfen sich nicht ausschließen. Letzterer muß ersteren immer wieder korrigieren. Weil es so ungemein schwerfällt, geschichtlicher Wirklichkeit ihr eigenes Recht zu lassen, und alles Geschichtliche viel zu schnell instrumentalisiert und selektiert wird, soll das vorliegende Bemühen um Paulus einen Schwerpunkt auf den Paulus längst vergangener Geschichte legen. Keine Zeit entgeht der Parteilichkeit und Egozentrik, aber sie darf in solcher Selbstbespiegelung nicht ihr Maß und Ziel finden. Sie muß es immer wieder lernen, sich am geschichtlich Fernen und Fremden zu reiben und aufzurichten.

Natürlich gibt es für solchen Zugang zur Geschichte keinen Königsweg. Doch sind Hilfen zur Wahrnehmung des anderen und zur Zurückdrängung vorschneller Vereinnahmung gegeben. Selbstverständlich gehören dazu heute die Sozialwissenschaften, die konkret geschichtliche Zusammenhänge beschreiben helfen. Eine Beschränkung auf nur geistesgeschichtliche Fragestellungen dürfte heute nicht mehr zu verantworten sein. Es kann darum nur noch diskutiert werden, wie die Sozialwissenschaften einzusetzen sind und wie ihr Zusammenhang zur geistesgeschichtlichen Dimension der Geschichte zu sehen ist. Davon soll jetzt jedoch nicht gesprochen werden. Vielmehr geht es um eine andere Hilfe spezifisch geschichtlicher Art, auf die das Augenmerk fallen soll. Gemeint ist die einzig objektive Ordnungsweise der Geschichte, nämlich die chronologische.

Der Respekt vor der geschichtlichen Ereignisfolge sollte m. E. einer Darstellung das Wort reden, die die geschichtliche Ordnung zur Geltung kommen läßt. D. h. konkret: Paulus soll konsequent entwicklungsgeschichtlich dargestellt werden, soweit das nur die Quellen irgendwie zulassen. Das bedeutet u. a., daß ein Paulusbrief an seinem geschichtlichen Ort für sich gedeutet wird. Der Römerbrief ist nicht stillschweigend vorweggesetztes Koordinatensystem, in das alle anderen Äußerungen des Apostels eingetragen werden. Die christliche Gemeinde in Thessaloniki kannte den Römerbrief nicht, hat vielmehr mit dem 1. Thess von Paulus einen Brief erhalten, der – einen im Prinzip gelungenen Dialog auf der Ebene zwischen Autor und Adressat vorausgesetzt – von ihr voll und ganz verstanden werden konnte. Auch Paulus hat bei der Abfassung des 1. Thess den Röm noch nicht fertig im Kopf gehabt.

Wer so konsequent den chronologischen und dialogischen Ort eines Briefes im Blick hat, wird Beobachtungen machen, die anzeigen, daß Paulus nicht von seiner Berufung bis zum Eintreffen als Gefangener in

Rom dieselbe Theologie ohne Veränderungen vertreten hat. Er hat vielmehr bei aller Konstanz in einigen entscheidenden Grundfragen eine
Entwicklung durchgemacht, die mit seinen eigenen Erfahrungen, dem
Umgang mit seinen Gemeinden und der allgemeinen urchristlichen Geschichte zusammenhängen. So heißt, Paulus verstehen, in das Werden
seiner Theologie und in ihre Entfaltung sehen, heißt erkennen, daß der
Apostel Grundentscheide und Problemlösungen neu durchdenkt und versteht, theologisch umakzentuiert, erweitert oder in neue Horizonte einträgt. Der Apostel bekam bei seiner Berufung nicht einfach inhaltlich den
Röm als Erkenntnis mit auf den Weg, so sicher Grundaussagen seiner
Theologie in der Berufungserfahrung wurzeln. Wer darauf achtet, inwiefern sich Paulus selbst verändert, gewinnt eine wahrhaft geschichtliche
Person zurück und verabschiedet sich von einer vorab endgültigen und
immer schon fertigen Lehrbildung. Der Christ Paulus hat nach seiner
Berufung rund 30 Jahre als Apostel gewirkt. Das ist im Rahmen der
damaligen Dynamik urchristlicher Geschichte eine lange und gehaltvolle
Zeit. Man sollte darum um so eher unterstellen, daß auch Paulus selbst sich
und die christliche Botschaft in bestimmten Grenzen neu verstehen lernte.

Wer den Akzent auf eine geschichtliche Darstellungsweise legt, wird
Erwartungen wecken, die in bezug auf die Beschreibung der Gegner des
Apostels gehegt werden. Hilft nicht gerade das detektivische Aufspüren
der gegnerischen Positionen, den geschichtlichen Dialog zu erfassen? In
der Tat war ja aus diesem Grunde die Zeit nach dem Zweiten Weltkrieg
auch die Zeit der großen und recht detaillierten Entwürfe zu den Gegnern
des Apostels, wobei vornehmlich immer wieder, wenn auch nicht ausschließlich, die korinthische Korrespondenz des Paulus im Mittelpunkt
des Interesses stand. Man hatte manchmal – wenn eine Übertreibung
erlaubt ist – schon den Eindruck, man könne z. B. die korinthische Theologie detaillierter rekonstruieren und besser verstehen, als Paulus das
selbst tat. Dabei gab und gibt es nur die begrenzten Hinweise von Paulus
selbst und seine recht selektive und parteiliche Auseinandersetzung mit
seinen Gegnern. Mit Recht mehren sich neuerdings darum die Stimmen,
die der rekonstruierenden Vernunft hier Grenzen setzen. Wer von dem
sinnvollen Grundsatz, die andere Seite zu hören, auch bei geschichtlicher
Rekonstruktion etwas hält und sieht, daß solche Forderung angesichts der
Quellenlage für Paulus fast nicht erfüllbar ist, wird aus dieser Einsicht bei
der Darstellung der Gegner Zurückhaltung üben. Wie anders sähe unser
Bild vom Katholizismus der Reformationszeit aus, wenn wir nur Luthers
Polemik kennten, oder von Luther, wenn wir nur die katholische Ausein-
andersetzung mit ihm besäßen!

Wer Paulus in der angedeuteten Weise geschichtlich sieht, steht noch vor einem anderen Problem, das heute wieder viel diskutiert wird: Ist die Rechtfertigungsbotschaft die Anschauung des Apostels, die sein gesamtes theologisches Denken von Anfang an bestimmt, oder gehört sie in die Spätphase paulinischen Denkens? Die Antwort hierauf läuft nicht auf ein glattes Ja oder Nein hinaus. Denn einerseits gibt es eine Abfolge, die man durch die Stichworte Erwählungstheologie (1. Thess) – Kreuzestheologie (1./2. Kor) und Rechtfertigungstheologie (Gal, Phil 3; Röm) beschreiben kann. Andererseits hat die Rechtfertigungssprache bei Paulus alte und verschiedene Wurzeln, und Paulus redet auch in den Briefen mit Rechtfertigungssprache nicht einfach immer gleich, sondern setzt verschiedene Akzente.

Am Schluß dieser Einleitung soll ein von R. Bultmann mehrfach vertretenes Urteil stehen, daß sich nämlich am Verständnis des Paulus das Verständnis des Urchristentums entscheidet. Es sei hinzugefügt: Insofern diese Ursprungszeit des Christentums für das Christentum überhaupt grundlegende Bedeutung besitzt, entscheidet sich am Verständnis des Paulus auch in gewisser Weise das Verständnis des Christentums insgesamt.

1. Die urchristlichen Zeugnisse von Paulus

1.1 Die paulinische Korrespondenz

Paulus ist die einzige Gestalt des Urchristentums, über die wir aufgrund von direkten Selbstzeugnissen biographisch und theologisch Näheres in Erfahrung bringen können. Das liegt an seinen Briefen, die er seinen Gemeinden schrieb. Wenn sie seit der Alten Kirche im neutestamentlichen Kanon stehen und so als persönliche Zeugnisse des Apostels auf uns gekommen sind, hat ihnen Paulus selbst solche über die Jahrhunderte hinausgehende Wirkung auf die gesamte Christenheit nicht zugetraut. Diese Hinterlassenschaft ist also unbeabsichtigt. Er schrieb seine Briefe anläßlich konkreter Probleme und zu bestimmten Gemeinden und in der Regel als Ersatz für seine Gegenwart bei seinen Gemeinden. Sie sind also zuerst und vor allem tagesgeschichtlich und gemeindespezifisch angelegt. Sie sind aktuelle Gelegenheitsschreiben. Paulus hat nirgends die Feder in die Hand genommen oder einem Schreiber diktiert, um das festzuhalten, was nach seiner Auffassung für alle Zeiten und alle Gemeinden an theologischer Orientierung Geltung haben sollte.

Doch schon als Autor solcher aktuellen Korrespondenz hebt sich Paulus ganz deutlich aus der damaligen Christenheit heraus: Jesus ist Prophet im Genus mündlicher Rede. Von ihm existiert noch nicht einmal ein Namenszug oder ein kurzer Brief wie z. B. von Bar Kochba, dem Anführer des zweiten antirömischen Aufstandes des Judentums. Auch die anderen namentlich bekannten Personen der ersten urchristlichen Generation – wie der Zwölferkreis, der Herrenbruder Jakobus, Stephanus und sein Kreis, Barnabas oder die vielen Paulusmitarbeiter – haben keine Literatur im allgemeinsten und weitesten Sinn dieses Wortes hinterlassen. Die Anfänge des Christentums sind »unliterarisch«. Ausnahmen wie etwa der aus 1. Kor 7,1 bekannte Brief der korinthischen Gemeinde an Paulus bestätigen diesen Gesamteindruck. Dasselbe gilt für die Empfehlungsschreiben, die die »Überapostel« nach 2. Kor 3,1 vorlegen können. Im allgemeinen nämlich kommt man zu dem Urteil: Es gibt in dieser Frühzeit des Christentums kein Bedürfnis, die christliche Botschaft zu literarisieren. Das Evangelium ist ein mündliches »Geschrei« von der Heilsbotschaft, wie man mit Luther formulieren kann.

So werden Jesu Worte, seine Taten und sein Geschick erst nach dem

Ausgang der ersten urchristlichen Generation aufgezeichnet. D.h. erst nach dem Tod der Apostel (vor allem: Petrus, Jakobus, Paulus) tritt zur bis dahin praktisch allein herrschenden mündlichen Überlieferung auch die Schriftform. Dafür sind die aus Mt und Lk rekonstruierbare Logienquelle, die im Joh verarbeitete Semeiaquelle und das Markusevangelium die für uns noch erkennbaren ältesten Zeugen im Zusammenhang der Jesusüberlieferung. Neben die beginnende Evangelienproduktion tritt nun aber auch die Abfassung von Briefen, Lehrschreiben und Apokalypsen, wie die nichtpaulinische Literatur im hinteren Teil des neutestamentlichen Kanons und die Apostolischen Väter beweisen. Im Unterschied zur ersten urchristlichen Generation (mit der Ausnahme des Paulus) stoßen wir also in der zweiten und dritten urchristlichen Generation in auffälliger Häufung auf einen hohen Produktionsgrad christlicher Literatur.

Diese Beobachtungen zu einer ihrem Typ nach erst unliterarischen, dann literarisch produktiven Phase einer Gemeinschaft und ihrer Geschichte haben strukturelle Analogien in anderen Gemeinschaftsbildungen. Aus der zeitlichen Nähe des Urchristentums kann man dabei z.B. auf die Entstehung der Gnosis verweisen. Dabei ist vor einem Mißverständnis zu warnen: Die Ausführungen lassen nicht den Schluß zur Individualisierung zu, etwa so: Also konnten z.B. Barnabas oder Petrus nicht schreiben. Sie lassen nur den Schluß zu: Abgesehen von Paulus, hat in der ersten urchristlichen Generation keiner sich veranlaßt gefühlt, die Schriftform der Verkündigung zu wählen. Hierin ist Paulus die auffällige Ausnahme.

Dank dieser Ausnahmestellung des Apostels besitzen wir also mit seinen Briefen die ältesten schriftlichen Zeugnisse aus dem Christentum. Vielleicht war Paulus sich der mit ihnen gegebenen Sonderstellung bewußt. Das ist jedoch aus seinen Briefen nicht direkt ersichtlich. Ganz abwegig wäre es – wie schon angedeutet –, ihm zu unterstellen, er habe das spätere Gewicht seiner Korrespondenz bei der Entstehung des neutestamentlichen Kanons, an den Knotenpunkten der Kirchengeschichte und für die theologische Reflexion in der Christenheit überhaupt auch nur im entferntesten erahnt. Solche Annahme wäre nicht nur darum abwegig, weil er mit dem zeitgleichen Christentum in der Erwartung des ganz nahen Endes aller Dinge stand. Auch hat er in gar keinem Fall wie Cicero oder Seneca durch literarische Werke bleibenden Ruhm erlangen wollen. Er denkt hierbei weder als kulturtragender Römer noch als Künstler des Altertums. Die Briefe waren für ihn neben der Sendung von Mitarbeitern Mittel zur Betreuung seiner Gemeinden, wie man z.B. besonders gut an der korinthischen Korrespondenz ablesen kann, oder Hilfen, sich neue

Missionsgebiete zu erschließen, wofür der Römerbrief das beste Beispiel abgibt. Als sein eigentliches Werk, mit dem er im nahen Endgericht vor seinen Gott zu treten gedachte, hat er immer nur seine Gemeinden selbst bezeichnet (1. Thess 2,1.9-12.19f.; 1. Kor 3,5-17; 9,15-23; 15,10; Gal 1,16; 3,1-5; Röm 1,13f.; 15,14-29 usw.). Mit ihnen stand oder fiel sein apostolisches Werk, nicht mit seinen Briefen. Hatte ihn doch Gott beauftragt, durch das Evangelium die Völker zu missionieren, nicht aber Briefe zu schreiben. Daß seine Gemeinden nach seinem Tode weitgehend ins Dunkel der Geschichte zurückfallen würden und seine Briefe, unerwartet für ihn, Kanonkern würden und eine kaum abschätzbare Wirkungsgeschichte über Jahrtausende entfalten könnten, das hätte ihn in Verwunderung – vielleicht auch in Verlegenheit – versetzt.

Jedoch kann es nun auch nicht Zufall sein, daß den Paulusbriefen solche Wirkungsgeschichte beschieden war und noch ist. Die Empfehlungsschreiben der Überapostel aus dem zweiten Korintherbrief etwa hat niemand für wertgehalten, aufbewahrt zu werden. Unbeschadet aller besonderen und begrenzten Zielsetzung bei der Abfassung der Paulusbriefe, muß es offenbar dem Apostel in ihnen gelungen sein, die geschichtlich begrenzte Situation, mit der er es zu tun hatte, so zu bearbeiten, daß auch andere Gemeinden seit damals bis heute sich selbst in ihnen wiederfanden, lasen und hörten, was auch ihnen Wegweisung sein konnte. Kurzum: Sie stießen offenbar auf ein Verständnis des Christentums, das ihrer Meinung nach generelle Gültigkeit besaß und mit bleibender Überzeugungskraft sich durchsetzen konnte. Diese innere Leuchtkraft seiner Briefe erwies sich zweifelsfrei als ganz entscheidend bei der Sammlung und Aufbewahrung seiner Korrespondenz.

Wie sich im einzelnen die Sammlung der Paulusbriefe vollzog, entzieht sich fast ganz unserer Kenntnis. Im neutestamentlichen Kanon stehen jetzt zweimal sieben Briefe, die dem Apostel zugeschrieben werden:

7 große Briefe: Röm; 1. und 2. Kor; Gal; Eph; Phil; Kol.
7 kleine Briefe: 1. und 2. Thess; 1. und 2. Tim; Tit; Phlm ; Hebr.

Weder die Zahl noch die Reihung sind ursprünglich. Diese Sammlung ist vielmehr das Endprodukt aus vielen kleineren Sammlungen und aus der paulinischen wie nachpaulinischen Produktion dieser Briefe.

Das Anfangsstadium der Zusammenstellung von Paulusbriefen wird man sich in etwa so vorzustellen haben: Kristallisationszentren einer Sammlung sind jeweils Gemeinden, an die Paulus einen oder mehrere Briefe geschrieben hatte oder in denen er lange wirkte. Sie sammelten diese Briefe und stellten dazu solche apostolische Korrespondenz, die man von Nachbargemeinden bekommen konnte oder an die man etwa aus persönlichen und beruflichen Kontakten herankam. Auch Paulusmitarbeiter können so für die Verbreitung der Briefe Sorge getragen haben. Jedenfalls entstehen auf diese Weise offenbar an verschiedenen Orten wie z.B. Rom, Korinth, auch Ephesus usw. verschiedene Kleinsammlungen, deren Briefzahl unterschiedlich war, deren Teilmengen sich nicht immer überschnitten und deren Reihenfolge sich unterschied. Sie galten nicht als geschlossene Sammlungen, vielmehr war man bestrebt, sie zu erweitern, wenn sich dazu Gelegenheit bot. Daneben gab es sicher auch noch Gemeinden, die nur einen Paulusbrief besaßen. Mit zunehmender Zeit wurden dann auch ganze Sammlungen ausgetauscht und zusammengefügt. So wurden die Sammlungen immer umfangreicher und vereinheitlichten, so daß sich die anfängliche Vielfalt auf wenige Typen reduzierte. Das jetzige corpus Paulinum im Kanon ist dann die letzte Etappe solcher Sammlertätigkeit.

Es gibt gute Gründe zu der Annahme, daß die sammelnden Gemeinden nicht nur die Abschriften der ihnen zugängigen Paulusbriefe aneinanderreihten und dabei vielleicht den an sie gerichteten Brief an den Anfang oder Schluß plazierten, sondern daß sie auch in den Text der Briefe eingriffen. So ist es schon immer aufgefallen, daß die Doxologie am Schluß des Römerbriefes (Röm 16,25-27) nicht zum ursprünglichen Brief gehört: Sie zeigt eine an Paulus angelehnte, aber typisch veränderte Sprache und enthält eine Theologie, die dem deuteropaulinischen Eph und Kol nahesteht. Kann man sie nicht sehr gut als redaktionellen Abschluß einer Briefsammlung verstehen? Ebenso erweckte schon immer der ökumenische Teil der Adresse in 1.Kor 1,2b den Argwohn der Ausleger, wenn hier nach der korinthischen Gemeinde – etwas nachklappend – noch überhaupt alle Christen als Adressaten benannt werden. Da Paulus sonst nur konkret eine oder mehrere Gemeinden anredet, nicht aber die ganze Christenheit, gibt es besseren Sinn, in 1.Kor 1,2b einen Zusatz einer Redaktion zu sehen, die 1.Kor an den Anfang einer größeren Sammlung der Paulusbriefe stellte. Sie wollte sagen, diese Sammlung geht die ganze Christenheit an. Zumindest noch zwei weitere Stellen mit inhaltlichem Gewicht unterliegen dem Verdacht, unpaulinische Nachträge zu sein, nämlich 1.Kor 14,33-36 und 2.Kor 6,14-7,1. Beide Stücke zerstören vorhandene Zusammenhänge und harmonieren auch theologisch nicht mit Paulus. Sie sind wohl Zeugen der nachpaulinischen Aneignung der Briefe des Apostels durch die frühe Christenheit.

Schwerwiegender als diese redaktionellen Fragen ist die Problematik, ob alle Briefe, unter dem Namen des Apostels tradiert, auch von ihm selbst stammen. Die Antike bietet reichliche Beispiele, wie unter der

Autorität großer Personen Schriften umliefen, die Schüler schrieben. So muß man prinzipiell auch bei den Paulusbriefen mit Pseudepigraphie rechnen. In der Regel sieht man heute nur in den Briefen Röm; 1. und 2. Kor; Gal; Phil; 1. Thess; Phlm echte Briefe des Apostels. Im Falle von Kol und 2. Thess gehen die Meinungen auseinander. Unsere Darstellung geht von dem sicheren Grundstock aus und zieht die umstrittenen Briefe nur ab und an hilfsweise heran. Insgesamt sind jedenfalls Eph; Kol; 2. Thess; 1. und 2. Tim; Tit und Hebr theologisch so weit von den anderen Paulusbriefen entfernt, daß ihre Pseudonymität sehr wahrscheinlich oder sogar sicher ist. Die Annahme, sie seien (teilweise) echt, führt zu größeren Problemen als ihr Ausschluß aus den unmittelbar Paulus zuzuschreibenden Zeugnissen.

Seit einigen Jahrzehnten wird weiter heftig darüber diskutiert, ob nicht zumindest einige Briefe in ihrer jetzigen Gestalt als das redaktionelle Produkt einer Zusammenfassung verschiedener Paulusbriefe zu verstehen sind. Es steht fest, daß Paulus mehr Briefe geschrieben hat, als wir heute kennen (vgl. 1. Kor 5,9). Zum anderen kann man sich hypothetisch vorstellen, daß z. B. in einer Sammlung nicht beliebig viele Briefe einer einzelnen Gemeinde Platz haben konnten, es sei denn, sie würde andere Gemeinden dominieren. Auch sind kleine Briefe mit wenig theologischem Gehalt sicherlich nicht so gut geeignet, regelmäßig im Gottesdienst verlesen zu werden, wie große und gehaltvolle. Solche Verlesung war aber wohl von Anfang an geplant, wie schon der älteste Brief anzeigt (1. Thess 5,27). Sind das mögliche Anlässe, mehrere Briefe zu einem zusammenzustellen? Mögliche Anlässe sind freilich noch keine Beweise. Also hilft nur eine Analyse der Briefe selbst weiter.

Auch dabei gibt es Probleme: Wieviel lockere Übergänge kann man Paulus zutrauen? Wie streng hat er sich an ein in etwa festes Briefformular gehalten? Verträgt ein längerer Brief kleinere Unstimmigkeiten eher als ein kurzer Brief? Hat er beim Diktieren den Aufbau eines längeren Briefes von Anfang an fertig im Kopf? Diktiert er ohne Unterbrechungen? In jedem Falle muß gelten: Je vielschichtiger und komplizierter man sich die Verschachtelung ehemaliger Briefe und Brieffragmente zu einem neuen Brief vorstellt, desto weniger wahrscheinlich wird solche These, weil sie von zu viel schwer kontrollierbarer Hypothetik gekennzeichnet ist. Umgekehrt erscheint es eher denkbar, wenn z. B. der 2. Kor aus folgenden ehedem selbständigen Stücken zusammengesetzt sein sollte: a. aus 1,1-2,13; 7,5-16; 8f. b. aus 2,14-7,4; und c. aus 10-13 (vgl. 8.3). In solchem Fall bestünde die Verarbeitung mehrerer Briefe zu einem einzigen nur im wesentlichen aus einer Einschiebung und einer Aneinanderreihung ehedem nicht zusammengehöriger Stücke. In jedem Fall wird man vor einer inflatorischen Rekonstruktion vieler Briefe warnen müssen. Am besten begründbar ist nach wie vor die Aufteilung des 2. Kor und des Phil. In allen anderen Fällen kommt man insgesamt doch eher ohne Literarkritik aus. Sie prinzipiell als methodische Frage bei der Behandlung der Briefe zu verbannen, besteht umgekehrt aber auch kein hinreichender oder gar zwingender Grund. Dies liegt an den Briefen selbst: Ein Bruch wie zwischen Phil 3,1 und 3,2 oder eine isolierte Sonderstellung mit geschlossenem Aufbau und Thema wie im Falle von 2. Kor 10–13 müssen erklärt werden. So bleibt die literarkritische Zerlegung von Paulusbriefen ein Hilfsmittel (freilich auch nicht mehr), das man nicht von vornherein aus globalen Erwägungen heraus entbehren kann.

Insgesamt – so kann man festhalten – gibt uns die kritisch gesichtete Literatur des Apostels gute Möglichkeiten, ihn, sein Werk und seine Theologie zu beschreiben. Es gibt sehr viele bekanntere Gestalten des Altertums, wie etwa Sokrates oder Hannibal, Solon oder Aischylos, von denen wir uns nur ein schlechteres Bild machen können. Auch gibt es keine Gestalt im Urchristentum, über die wir auch nur annähernd so gut unterrichtet sind wie über den Völkerapostel.

1.2 Die sonstigen Quellen

So sicher die von Paulus selbst verfaßten Briefe von unschätzbarem und vorrangigem Wert für die Kenntnis des Apostels sind, ist jeder Paulusinterpret erfreut, daß er weiteres Quellenmaterial zur Verfügung hat. Dabei ist vor allem vorrangig auf die Apostelgeschichte zu verweisen, die zur guten Hälfte überhaupt nur über Paulus berichtet. Außerdem erwähnen der 1. Clemensbrief und Ignatius von Antiochien die Martyrien von Petrus und Paulus (vgl. 15.3). Doch sind die beiden Angaben vergleichsweise dürftig. Das gilt auch von den deuteropaulinischen Briefen (Eph; Kol; 2. Thess; 1./2. Tim; Tit), die Zeugen dafür sind, wie sich der Paulinismus nach dem Tod des Apostels weiterentwickelte. Aber sie können nur sehr begrenzt einmal helfen, historisches Licht auf Paulus zu werfen (vgl. z.B. 2. Tim 3,11 in 5.2). Dieses Urteil gilt in noch viel schärferem Maße von Schriften unter den neutestamentlichen Apokryphen wie vor allem den Paulusakten und dem Briefwechsel zwischen Seneca und Paulus. Die Paulusakten werden bereits von Tertullian, Hypolyt und Origenes bezeugt, sind also wohl ab ca. 150 n.Chr. in der Großkirche verbreitet. Der

Briefwechsel zwischen dem Philosophen Seneca und dem Apostel hat erste Spuren erst rund 150 Jahre später hinterlassen. Hieronymus erwähnt ihn erstmals 392 n.Chr. Beide mit dem Namen des Paulus verbundenen Schriften sind so weit weg von der paulinischen Theologie und so deutlich von einer historischen Kenntnis der Pauluszeit entfernt, daß sie für eine Darstellung des Paulus keine Bedeutung haben. Ganz ähnlich ist über andere apokryphe Paulusliteratur zu urteilen, wie z.B. über den Laodicäerbrief oder die romanhaften Paulusakten. Auch die judenchristlichen und paulusfeindlichen Pseudoclementinen können ganz zurückgestellt werden. Außerchristliche Hinweise zu Paulus fehlen naturgemäß aus der Frühzeit des Christentums überhaupt. Späte rabbinische Äußerungen haben kaum geschichtlichen Wert. So zeigt sich, daß die Apg konkurrenzlos an die zweite Stelle neben die Paulusbriefe tritt, wenn man das Leben des Paulus beschreibt.

Diese Stellung brachte der Apg eine große Bedeutung und Wirkung ein: Bis heute hat sich ihre Darstellung der Berufung und der Reisen des Paulus tief ins Bewußtsein der Christenheit eingeprägt. Üblicherweise gab und gibt sie darum zum Teil bis heute den Rahmen für eine Paulusbiographie ab, indem man die sporadischen Angaben des Apostels zu seinem Lebensgeschick harmonisierend in sie einzeichnet. Zu solcher Arbeitsweise fühlte man sich autorisiert, da man dem Kanon Muratori vertraute, der erstmals als Verfasser des dritten Evangeliums und der Apg Lukas, den Arzt und Mitarbeiter des Paulus in Kleinasien und Griechenland (vgl. Phlm 24; Kol 4,14; 2. Tim 4,11), benannte. Erklären sich nicht so auch das umfassende Eingehen auf Paulus und die »Wir-Stücke« der Apg am besten? Aber zwischen der Abfassung der Apg und dem Kanon Muratori liegen rund 100 Jahre: Kirchliche Tradition um 200 n.Chr. muß nicht die historischen Gegebenheiten des 1. Jahrhunderts richtig wiedergeben, zumal weder das dritte Evangelium noch die Apg selbst einen Autor nennen und man im hinreichenden zeitlichen Abstand zu dieser Frühzeit leicht die Autorschaft nachträglich kombiniert haben mag. So können nur die internen Angaben der Apg den Entscheid in dieser Frage bringen.

Die Apg versteht sich als Fortsetzung des dritten Evangeliums (Apg 1,1). Da dieses kaum vor 80 n.Chr. verfaßt sein kann (Lk 21,20.24 setzen die Zerstörung Jerusalems abständig voraus), kommt man im Falle der Apg auf kein früheres Datum. Sie entsteht also frühestens eine Generation nach Paulus. So setzt sie auch eine kirchliche Situation voraus, die bereits auf die erste urchristliche Generation im Abstand zurückblickt und z.B. eine presbyteriale Gemeindeverfassung beschreibt, wie sie erst für die nachpaulinische Zeit bezeugt ist (Apg 20,17ff.). Vor allem aber gibt es kleinere und größere Widersprüche zwischen der Apg und Paulus, die deutliche Zeugen dafür sind, daß Lukas, der Reisebegleiter des Apostels, nicht ihr Verfasser gewesen sein kann.

Sicherlich, Gal 1 f., der Kronzeuge für die paulinische Biographie, gibt weder vollständig, noch ohne Strukturierung auf die galatische Situation hin das Leben des Paulus wieder (vgl. 2). Aber vier Beobachtungen lassen bei diesem entscheidenden Testfall zuungunsten der Apg entscheiden: Der antiochenische Streit (5.3) wird von der Apg übergangen. Umgekehrt weiß sie von einem Kompromiß auf dem Apostelkonvent, den Paulus weder kennt, noch gebilligt hätte (5.2). Sie berichtet weiter von einem zweiten Aufenthalt des Paulus in Jerusalem vor dem Konvent (Apg 11,29f.), der nach Gal 1,18-24 nicht stattgefunden haben kann. Auch die Berufung des Apostels wird in Apg 9 inhaltlich und konzeptionell erheblich anders verstanden als bei Paulus selbst (vgl. 4.1).

Weitere Beobachtungen offenbaren dasselbe Bild: Von den regen und keineswegs problemfreien Beziehungen zwischen Paulus und der korinthischen Gemeinde weiß die Apg praktisch nichts (Apg 18). Umgekehrt ist die Rede des Paulus auf dem Athener Areopag (Apg 17) wie sein Aufenthalt in dieser Stadt bei Paulus ohne Spuren. Die lukanische Rede widerspricht zudem in vielen Punkten der paulinischen Theologie. Besonders schwer wiegt auch, daß die Apg dem Heidenmissionar den Aposteltitel vorenthält, der zum Kernbereich seines Selbstverständnisses gehört, und ihn zugleich zum gesetzestreuen Judenchristen macht (Apg 16,1-3; 18,18; 21,26f.; 26,2ff.), wo Paulus doch gerade – wiewohl jüdischer Abkunft – konsequentes Heidenchristentum lebt und vertritt. Dabei müßte Paulus es als besonders schmerzlich empfinden, wie ihm die Beschneidung des Timotheus (Apg 16,3) unterstellt wird (vgl. Gal 2,3; 5,11; 6,12.16; Phil 3,4.7).

Diese Hinweise mögen genügen, um das Urteil zu bekräftigen: Der Verfasser der Apg, der zumindest etwa eine Generation nach Paulus lebte, kannte Paulus nicht selbst. Er hat ganz unabhängig von den großen Unterschieden zwischen der paulinischen und lukanischen Theologie, von denen hier fast ganz abgesehen wurde, so gravierende nicht harmonisierbare Unterschiede zu paulinischen Angaben, wie soeben beispielhaft vorgeführt, daß er kein Paulusschüler oder Reisebegleiter des Heidenapostels sein kann. Ja, er hat sogar keinen Paulusbrief benutzt. Er wird diese Korrespondenz wohl nicht einmal gekannt haben. Sein Wissen beruht auf allgemeiner kirchlicher Tradition (»Pauluslegende«), wie sie sich schon zu Lebzeiten des Apostels entwickelte und in Gal 1,23f. ihren ältesten Zeugen hat. Ihr entnahm der Verfasser der Apg neben biographischen Aussagen (z.B. Apg 13,9; 16,37-39; 18,3; 22,3; 23,6), der Verfolgertradition (z.B. 9,1f.; 22,4f.), ortsgebundenen Begebenheiten im Legendenstil (z.B. 18,1ff.) und Reiseroutenbeschreibungen (z.B. in Apg 16–18) vor allem Legenden zu seiner Wundertätigkeit (z.B. 13,8ff.; 14,8f.) und einzelne Anekdoten (z.B. 19,13ff.). Er konstruiert und kombiniert diese Traditionen erheblich, ohne in unserem heutigen Sinn Historiker zu sein. Seine Dienste zu einer heutigen Darstellung von Paulus und seinem Werk stellen sich also nicht glatt und ungeprüft ein, gilt es doch, zuerst den lukanischen Anteil der Darstellung von dem allgemeinen kirchlichen Wissen über Paulus zu trennen, und sodann dieses kirchliche Wissen auf seine historische Treue hin zu untersuchen.

Der Anteil des Verfassers der Apg an dem Paulusbild besteht sicher nicht nur in der Sammlung von Einzelüberlieferungen, in der sprachlichen Umgestaltung derselben und in der Verknüpfung dieser untereinander. Vielmehr zeigt die Apg (mit dem dritten Evangelium zusammen) ein eigenes theologisches Konzept, das in der kirchlichen Situation des ausgehenden ersten Jahrhunderts wurzelt und dieser Kirche dienen will. Die Paulusdarstellung der Apg ist diesem Anliegen eingefügt. Darum wird Paulus nicht als biographisch bedeutsame Person der Frühzeit der Kirche, noch als herausragender Theologe der ersten urchristlichen Generation geschildert, sondern als entscheidender Rollenträger in der Entwicklung des Christentums von der Urgemeinde Jerusalems bis zur weltweiten Kirche gekennzeichnet. Darum ist z.B. der Märtyrertod des Paulus nur ganz nebenbei zu erfahren (20,25.38; 21,13) und umgekehrt der Aufenthalt des Apostels in der Hauptstadt des römisches Reiches krönender Abschluß der Apg. Darum bringt auch keine paulinische Rede in der Apg die Theologie des großen Missionars zur Geltung, sondern es werden Paulus Reden in den Mund gelegt, die den Richtungssinn der kirchengeschichtlichen Ereignisse in der Sicht der Apg anzeigen.

Umstritten ist die Frage, ob die kirchliche Traditionsbildung um die Person des Apostels nur als mündliche Einzeltradition umlief, oder ob sie vielleicht in Einzelfällen auch schriftlich und schon als strukturierter Erzählfaden vorlag. Wahrscheinlich wird sich diese Frage nie endgültig klären lassen, da der Verfasser der Apg in jedem Fall seine Vorlagen stark bearbeitete. Es wäre ja auch ein unmögliches Unterfangen, wollte man aus Lk z.B. die Logienquelle rekonstruieren, ohne Mt zu Rate ziehen zu können. So stößt eine Quellenscheidung in der Apg immer wieder auf erhebliche Hindernisse. Dennoch gibt es hinreichend deutliche Beobachtungen am Text, die es nahelegen, eine antiochenische Quelle (Grundstock aus 6,1-8,4; 11,19-30; 12,25-15,35) für möglich zu halten und mit einem Stationenverzeichnis der Paulusreisen (Grundstock aus Apg 13 ff.) zu rechnen. Jedenfalls wird die Analyse in Einzelfällen dann stringenter. Doch muß deutlich gesagt werden, daß eine genaue Umfangsbestimmung der Quellen nicht mehr möglich ist. Wird man jedoch hier und da auf solche fester gefügten Zusammenhänge aufmerksam, dann führt das zum Urteil, daß Lukas auch eine Tiefenschicht besitzt, die in jedem Fall historisch weiter zurückreicht als die Apg selbst.

Daß angesichts dieser Sachlage das Selbstzeugnis des Apostels einen deutlichen Vorrang vor der Apg zu erhalten hat, ist wohl klar. Allerdings kann dieser Satz nicht unkommentiert stehen bleiben: Einmal zeigen Analogien wie die autobiographischen Angaben von Luther, Bismarck oder Barth, daß auch sie nicht immer problemlos und fehlerfrei sind, so daß sie kritiklos übernommen werden könnten. Daß Paulus in späteren Jahren z. B. seine Berufung auch im Lichte seines bisherigen Lebens deutete, muß ernsthaft berücksichtigt werden. Zwischen seiner Berufung und der Darstellung in Phil 3 liegen immerhin rund ein Viertel Jahrhundert turbulenten Lebens! Sodann sollte man sich auch einmal deutlich machen, was wir an biographischen Angaben zu Paulus allein durch die Apg kennen, also nicht von Paulus selbst wissen. Dazu seien nur solche Angaben aufgezählt, die einen gewissen Wahrscheinlichkeitsgrad historischer Treue für sich buchen dürfen, selbst wenn im Einzelfall ihr historischer Wert strittig ist: Paulus ist nach der Apg in Tarsus geboren (9,11 usw.), erhält den Doppelnamen Saulus-Paulus (13,9) und besitzt über seine Familie das tarsische und reichsrömische Bürgerrecht (22,25-29). Er wurde von Gamaliel I in Jerusalem unterrichtet (22,3) und ist im leinen- bzw. lederverarbeitenden Handwerk ausgebildet (18,3). Auch seine Christusvision gerade vor Damaskus (Apg 9) ist in bezug auf die Ortsangabe aus Gal 1,17 nur zu erschließen. Die sog. erste Missionsreise von Antiochia aus (Apg 13 f.) ist in Gal 1 f. ebenfalls nicht erwähnt. Manche Orte paulinischer Mission in Apg 13−21 sind in der paulinischen Korrespondenz nicht genannt. Die für den Sprung in die absolute Chronologie so wichtige Begegnung des Apostels mit Gallio, dem Prokonsul von Achaja, vor dem Gericht in Korinth (Apg 18,12 ff.) ist von Paulus nirgends erwähnt. Naturgemäß fehlen in den unstreitig echten Paulusbriefen Hinweise auf die Gefangennahme in Jerusalem, auf den Prozeß, auf den Abtransport nach Rom, auf den Aufenthalt dort (Apg 21−28) und auf den Tod des Paulus (vgl. 20,25.38; 21,13).

Bei aller zugestandenen Priorität des paulinischen Selbstzeugnisses wird man also dennoch die Apg nicht entbehren wollen. Ihr dramatischer und legendenhafter Episodenstil mag den Historiker unerbittlich vor

Grenzen bei der historischen Wahrheitssuche stellen. Jedoch wer will z. B. den Prozeß vor Gallio rundweg für fromme Erfindung halten? Es mag darstellerisches Konzept der Apg sein, alle ihr bekannten Traditionen beim Erstaufenthalt des Paulus in einer Stadt zusammenzustellen (so z. B. Apg 18), aber sind solche Einzeltraditionen damit schon »zeitlos« und ohne Wert z. B. für die Chronologie (vgl. 2)? Kurzum: Nur der mühsame Weg differenzierten Abwägens von Argumenten in jedem Einzelfall kann weiterhelfen. Die pauschale Verurteilung und die postulatorische Hochschätzung der Apg helfen beide bei der historischen Wahrheitssuche nicht recht weiter.

2. Chronologische Fragen zum Leben des Apostels

Das entscheidende Gerüst für die Chronologie des paulinischen Lebens geben unbestritten Gal 1–2 ab. So fundamental und wertvoll dieser Text für diese Frage ist, so enthält er doch auch unschöne Probleme: Er behandelt nämlich nur die Zeit von der Berufung bis gegen Ende der antiochenischen Phase, gibt also überhaupt keine Auskunft über die selbständige Phase paulinischer Mission. Außerdem argumentiert er durch und durch höchst polemisch gegenüber den Galatern und benennt darum nur das, was dabei hilfreich ist. Paulus erstellt also nicht für seine späteren Biographen einen neutralen Ablauf seiner Lebensdaten, sondern ist Partei in einem Streit, den er gewinnen möchte: Er möchte seine Selbständigkeit und Unabhängigkeit von Jerusalem herausstellen und läßt dies durch die Jerusalemer mit ihrem geschichtlichen Part im Leben des Apostels bestätigt werden.

Unter diesem Leitgedanken akzentuiert er und läßt fort, was dazu nicht passen will. So berichtet er von seinem langen Aufenthalt in Antiochia weder, wann und wie er dorthin kam und von dort fortging, noch was sich in den langen Jahren über den Apostelkonvent (Gal 2,1 ff.) und den antiochenischen Zwischenfall (2,11 ff.) hinaus zutrug. Umgekehrt erwähnt er seinen vierzehntägigen Besuch bei Petrus in Jerusalem (Gal 1,18 f.) wohl nur, weil er sein Verhältnis zu Jerusalem klären muß. Unter anderen Zielsetzungen der Darstellung wäre ihm das sicherlich nicht so wichtig gewesen, kommt er auf ihn doch sonst nie mehr zu sprechen. Auch benutzt er den Streit mit Petrus (2,14 ff.), um den thematischen Einstieg in die Sachargumentation mit den Galatern zu gestalten. Er springt also unmittelbar in die gegenwärtige galatische Situation. In 2. Kor 11 f. gibt zudem Paulus selbst die Möglichkeit zu erkennen, wie er manches in Gal 2 f. unerwähnt läßt, wobei natürlich auch 2. Kor 11 f. in thematischer Orientierung nur die Leiden des Apostels und seine Offenbarungsempfänge (vollständig?) zusammenstellt. Von seiner von Antiochia unabhängigen Mission berichtet Paulus im Gal (außer der galatischen Mission) gar nichts, obwohl er z. Z. der Abfassung des Gal auf ein erstaunliches Wirken zurückblicken konnte. Diese wesentliche Tätigkeit des Völkerapostels entfällt, weil für sie ganz selbstverständlich die Unabhängigkeit von Jerusalem gilt.

Für die Zeit nach dem Fortgang aus Antiochia stehen uns nur zerstreute Angaben des Apostels in seinen Briefen zur Verfügung, dabei spielen die Aussagen zur Kollekte für die Armen in Jerusalem eine besondere Rolle. Bei allen Angaben ist zu unterscheiden, ob Paulus auf Ereignisse zurückblickt, oder ob er Reisepläne mitteilt. Daß er seine Pläne auch nachweislich geändert hat, bzw. ändern mußte, ist mehrfach bezeugt: Krankheit (Gal 4,12 ff.), Verfolgungen, Inhaftierungen und Exekutionen (vgl. nur 1. Kor 4,9-13; 18,32; 2. Kor 1,5-10, 4,7-12; 11,23 ff.; Phil 1,7; 1. Thess 2,2) spielten dabei ebenso eine Rolle wie nicht eingeplante Reisen z.B. nach Korinth (vgl. unten 7.1). Nicht immer lassen sich darum alle Angaben vereinen. Auch sind sie so episodisch, daß eine Zuordnung zueinander oft hypothetisch ist und ihre Ausdeutung im einzelnen Fragen offen läßt. Für diese Angaben gilt insgesamt noch viel mehr als zu Gal 1 f., daß Paulus natürlich nicht an seine späteren Biographen gedacht hat. Endlich endet mit den biographischen Angaben des Röm das Selbstzeugnis des Apostels überhaupt.

Wer also das paulinische Selbstzeugnis näher in Augenschein nehmen will, wird sich zuvorderst Gal 1 f. zuwenden. Der entscheidende Abschnitt für das chronologische Gerüst des paulinischen Lebens beginnt mit 1,13 f. (»ihr habt gehört ...«). Der Abschnitt spricht von der jüdischen Zeit des Paulus. Außer der allgemeinen Zeitangabe (»einst«) erfahren wir nichts zur Chronologie, auch nichts Direktes zum geographischen Umfeld des nur grob skizzierten pharisäischen Lebensabschnittes. Eine einzige Satzperiode (1,15-17), einsetzend mit der durch Gottes Handeln bestimmten Zeitangabe (»als«), spricht dann von der Berufung, einem nicht in Betracht gezogenen Gang nach Jerusalem, der Reise in die Arabia, d.h. des südöstlich von Damaskus gelegenen Königtums Aretas IV mit den Städten Petra, Gerasa und Philadelphia (heute: Amman), und der Rückkehr nach Damaskus. Aus dieser Rückkehr kann man erschließen, daß sich die Berufung in Damaskus ereignete, was die Apg bekanntlich bestätigt. Das Aussageziel des Apostels ist klar: Die erste Zeit als Christ, geprägt durch das geographische Zentrum Damaskus/Arabia, besaß Paulus keinen Kontakt zu Jerusalem. Wie er sonst diese Zeit füllte, liegt jenseits der Darstellungsabsicht. Die Annahme missionarischer Tätigkeit liegt nahe, aber ein möglicher Erfolg blieb ohne Resonanz in den Quellen. Doch das besagt noch nicht, daß man von einem Missionsmißerfolg auszugehen hat. Ohne den Gal wüßten wir z.B. von den paulinischen Gemeinden dort gerade nur durch 1. Kor 16,1. Auch wurde Paulus behördlich auffällig, denn Aretas, der Nabatäerkönig, ließ ihn verfolgen (2. Kor 11,32).

Ein nächster Abschnitt (Gal 1,18-20) setzt mit den ersten von drei »danach«-Angaben ein (vgl. 1,21; 2,1): Dem »danach« ist eine Zeitangabe (»nach drei Jahren«) angefügt, ein Verb der Bewegung und ein geographisches Ziel (»ging ich hinauf nach Jerusalem«). Es handelt sich um den ersten Jerusalembesuch des Apostels, den privaten Besuch von rund zwei Wochen bei Petrus. Anläßlich desselben sah Paulus auch Jakobus, den Herrenbruder. Alle Exegeten stimmen mit vollem Recht darin überein, daß sich die Zeitangabe »danach« auf die Berufung des Apostels bezieht, also vom »Als«-Satz V. 15 abhängt. Damit ist die Zeit von der Berufung, geographisch durch Damaskus und die Arabia bestimmt, auf rund 3 Jahre festgelegt, genauer auf 2 + 1, weil man damals Anfangs- und Endjahre immer ganz mitzählte.

Nun folgt in V. 21 eine erstaunlich kurze Angabe: »Danach (das zweite »danach«) ging ich in die Gegenden von Syrien und Kilikien«. Zweifelsfrei bezieht sich diese Zeitangabe auf den Jerusalemaufenthalt. Ihn schließt Paulus dadurch ab, daß er nicht nach Damaskus zurückkehrt, sondern nach Syrien und Kilikien geht, also in seine Heimat. Entscheidend gegenüber den Galatern ist für den Apostel, daß er wiederum weit weg von Jerusalem lebt. Ebenso deutlich ist, daß sich diese geographische Angabe von den Ereignissen in Gal 2 insofern unterscheidet, als Paulus dort ausdrücklich an einem anderen Ort, nämlich in Antiochia tätig ist. Also wird man mit (Nord-)Syrien und Kilikien die Gegend um die paulinische Heimatstadt Tarsus gemeint sein lassen und nicht das um Antiochia liegende syrische Gebiet. Dazu fügt sich insoweit nachträglich die Apg (vgl. 11,25f. und 9,30). V. 21 hebt nun nur auf die neue geographische Distanz zu Jerusalem ab, sagt aber nichts über die zeitliche Erstreckung dieser anschließenden Periode nach dem Jerusalembesuch. Auch ist nichts darüber gesagt, ob Paulus noch einmal einen Ortswechsel vornahm. Allerdings setzt die Schilderung des Apostelkonvents in Gal 2,1ff. dann voraus, daß Paulus in Antiochia zu Hause ist, so daß ein weiterer Umzug geschehen sein muß. Dieser Ortswechsel muß im reichlichen Abstand vor dem Apostelkonvent stattgefunden haben, da Paulus sicherlich erst allmählich zum Wortführer Antiochias, wie in Gal 2 vorausgesetzt, aufstieg, zumal Barnabas Prioritätsrechte auf eine Führungsrolle in Antiochia geltend zu machen hatte und vom ersten Platz erst verdrängt sein wollte.

Offenbar will Paulus mit V. 21 auch gar nicht eine ganze Zeitspanne beschreiben, sondern nur den Anfang einer solchen, weil er mit V. 22-24 die Darstellung mit einer Zustandsbeschreibung fortsetzt, die für die Gesamtzeit seit der Berufung bis unmittelbar vor dem Apostelkonvent gelten soll, auf dem Paulus dann der Jerusalemer Urgemeinde insgesamt erstmals persönlich begegnete. Während dieser ganzen Zeit, so konstatiert der Apostel, gab es zwischen ihm und der Jerusalemer Gemeinde keine persönlichen Kontakte, sondern er war den Jerusalemern nur vom Hörensagen bekannt. Aus diesem Umstand kann Paulus die sonstigen Angaben für die Zeit von seinem ersten Jerusalemer Privatbesuch und seinem zweiten, nun offiziellen als Gemeindevertreter Antiochias, überspringen. Sie gehören nicht zum Thema. Diese Zeit ist vor allem die Zeit, die er in Antiochia verbrachte. Doch aus dieser antiochenischen Periode interessieren auch nur die beiden Ereignisse, die Kontakte zwischen Jerusalem und ihm zum Thema haben. Alles andere entfällt schon wegen der Zielsetzung des ganzen Abschnittes.

Mit Absicht verschweigt Paulus dabei offenbar in Gal 2,11 ff. den Ausgang des Streites mit Petrus anläßlich des antiochenischen Zwischenfalls. Dies ist Indiz, daß der Streit für ihn wohl doch negativ ausging. Daher hat Paulus auch kaum Interesse, von Antiochia und von Barnabas mehr als das im Zusammenhang Nötige zu berichten. Man darf erwägen, ob es nicht schon zu der zu Lebzeiten des Apostels entstehenden allgemeinen Pauluslegende (Indiz ist gerade Gal 1,22-24) gehörte, daß viele Gemeinden um die lange Tätigkeit des Paulus in Antiochia wußten, zumal der Apostelkonvent sicher schnell Gesprächsthema in der jungen Christenheit war und damit Paulus als Antiochener und Protagonist der Heidenmission bekannt wurde. Dies vorausgesetzt, brauchte Paulus den Galatern auch nicht ausführlich zu schildern, wann und wie er nach Antiochia kam und dort wirkte.

Die nächste Zeitangabe in dem ganzen Abschnitt leitet die Darstellung des Apostelkonvents ein: »Danach (das dritte »danach«) nach 14 Jahren ging ich wiederum hinauf nach Jerusalem...« Diese Einführung des Ereignisses entspricht nicht nur in den einzelnen Elementen und in der Formgebung präzise dem Anfang der Schilderung des ersten und privaten Besuchs in Jerusalem in 1,18, sondern nimmt auch ausdrücklich durch das »wiederum« darauf Bezug. Darum wird man die 14 (abermals 13 + 1) Jahre von diesem Besuch her rechnen, zumal ein Rückbezug zur Berufung in V. 13 f. zu weit zurückgreifen würde und durch nichts angedeutet ist. Paulus will sagen: Zwischen meiner Berufung und dem allgemein bekannten Apostelkonvent war ich einmal privat in Jerusalem, nämlich 3 Jahre nach meiner Berufung und dann erst wieder 14 Jahre danach zum Konvent. Weitere Reisen nach Jerusalem gab es nicht.

Theoretisch möglich wäre es auch, 2,1 von 1,21, also von dem unmittelbar davor stehenden »danach«, abhängig sein zu lassen. Aber das empfiehlt sich nicht: Gal 2,1 und 1,18 sind zu deutlich parallel, und 1,21 gibt keine Zeitdauer an, auf die sich 2,1 beziehen könnte. Gal 1,21 lautet eben nicht: »Danach ging ich für x Jahre in die Gegenden von Nordsyrien und Kilikien«. Da 1,21 nur den Neuanfang eines Zeitabschnittes kennzeichnet, ist das »danach« auch nur 14 Tage (zuzüglich Reisezeit) später als der Besuch bei Petrus. Also wäre bei diesem Vorschlag praktisch kein anderer Termin gegeben als mit Gal 1,18.

Gern übersehen wird, daß wie die Berufung in Gal 1,13, so auch der petrinische Besuch in Antiochia mit einem neueinsetzenden »als« beginnt. Es leitet den ersten von drei »als«-Sätzen (V. 12b.14) ein, die die Darstellung anläßlich des antiochenischen Konfliktes eingangs gliedern. Damit fehlt zwischen Konvent und Besuch ein zeitlicher Zusammenhang. Paulus geht es nun nicht mehr um Zeitphasen, sondern um die sachliche Bewährung seines eigenständigen Evangeliums in schwieriger Situation gegenüber Petrus. Es wäre also durchaus denkbar, daß Paulus – zumal er sich in dem Gesamtabschnitt an die klassische Rhetorik anlehnt (vgl. 11.2), also der narratio aus der Gerichtsrede verpflichtet ist –, mit 2,11ff. die chronologische Ordnung verläßt und aus sachlichen Gründen den entscheidenden Fall außerhalb der geschichtlichen Ordnung an den Schluß stellt. Aber schon in der narratio ist im Altertum die geschichtliche Abfolge die allgemein übliche Ordnung und ein Verlassen derselben die Ausnahme. Entscheidend jedoch ist in jedem Fall, daß es starke inhaltliche Gründe gibt, die dafür sprechen, den antiochenischen Zwischenfall zeitlich nach dem Jerusalemer Konvent stehenzulassen (vgl. unten 5.3).

Aus den bisherigen Beobachtungen ergibt sich also folgendes Gerüst für die relative Chronologie:

Dauer	Inhaltliche Angaben	Gal
x Jahre	Paulus als Pharisäer	1,13f.
	Berufung, Anwesenheit in Damaskus und in der Arabia	1,15–17
2 ± 1 Jahre ↕	1. Besuch in Jerusalem. Nach 14 Tagen Fortzug nach Syrien/ Kilikien	1,18–20 1,21
13 ± 1 Jahre ↕	Zuzug nach Antiochia, deutlich vor dem Konvent 2. Besuch in Jerusalem: Apostelkonvent	2,1–10
x Jahre	Petri Besuch in Antiochia	2,11–21

Von dieser Basis aus lohnt sich ein erster Blick in die Apg. Wenn Lukas
den Apostel als ehemaligen Christenfeind beschreibt, der schon bei der
Steinigung des Stephanus zugegen war und mit der Verfolgung sympathi-
sierte, dann widerspricht dies den paulinischen Angaben zu seinen Jerusa-
lemaufenthalten und der Aussage, er sei den Jerusalemer Christen von
Angesicht bis zum Konvent unbekannt gewesen. Wir haben erst sicheren
historischen Grund mit der Berufung des Paulus bei Damaskus. Diese
bestätigt die Apg als Faktum und mit ihrer Ortsangabe (Apg 9). Den
Übergang von Kilikien nach Antiochia beschreibt Lukas biographisch
ausführlicher (vgl. 5.1), jedoch hilft auch er nicht, den Zeitpunkt genauer
zu fixieren. Lukas schildert dann typisiert und episodisch eine Missionsreise von Barnabas und Paulus in Apg 13 f. (die sog. erste Missionsreise),
die in die antiochenische Zeit fällt. Paulus berichtet davon in Gal 1 nichts.
Wegen seines Darstellungsprinzips muß er das auch nicht. Es gibt Indizien (vgl. 5.1), die es nahelegen, die häufig geäußerte Skepsis gegen die
geschichtliche Einordnung dieser Missionstätigkeit zu hinterfragen. Es
erscheint besser, diese Reise an ihrem geschichtlichen Ort zu lassen, als sie
chronologisch später neu einzuordnen. Dann aber hilft Lukas, die antiochenische Zeit des Paulus vor dem Konvent aufzufüllen. Von Gal 2,11 ff.
her legt es sich nahe, Paulus habe Antiochia nach dem Streit mit Petrus
verlassen. Selbst wenn die Apg die Trennung zwischen Barnabas und
Paulus anders motiviert (15,36 ff.), so legt sie die Scheidung doch bald
nach dem Konvent und läßt Paulus sofort mit seiner selbständigen Mission (sog. zweite Missionsreise) beginnen, die ihn erstmals auch nach
Europa führt und mit einem längeren Aufenthalt in Korinth (Apg 15,36-
18,17) ein Zentrum besitzt. Dabei ist die Reiseroute mit Hilfe des 1. Thess
gut kontrollierbar (vgl. 6.1).

Damit aber ist schon das Gerüst, das Gal 1 f. an die Hand gab, verlassen. Nun gilt es, nach anderen paulinischen Ordnungsfaktoren zu suchen,
die für den weiteren Lebensweg des Apostels zeitliche Abfolgen erkennen
lassen. Dazu gehören erstrangig die Aussagen aus 1./2. Kor, Gal und
Röm, die von der sog. Kollektenreise reden. Sie lassen ein Fortschreiten
der Kollektenaktion erkennen und ergeben mit Orts- und Zeitangaben
aus ihren Kontexten zusammen die Möglichkeit, einen ephesinischen Aufenthalt des Apostels und die anschließende Reise über Mazedonien nach
Korinth zu rekonstruieren.

Der literarisch älteste Beleg zur Kollekte steht 1. Kor 16,1-4. Ihm ist zu
entnehmen, daß eine Kollekte in Korinth schon grundsätzlich in die Wege
geleitet war, aber die Gemeinde angefragt hatte, wie sie im einzelnen die
Durchführung derselben bewerkstelligen sollte. Paulus antwortete aus

Ephesus (1. Kor 16,8): Man solle in Korinth so verfahren, wie er es in Galatien (vor kurzem) angeordnet habe, nämlich eine längere Zeit am ersten Wochentag bei sich etwas Geld zurücklegen, damit die Sammlung nicht erst beginnt, wenn er kommt. Wenn das Gesamtergebnis großzügig ausfällt, will Paulus mit den Gemeindeabgesandten selbst in Jerusalem die Gabe abliefern, sonst soll der Geldbetrag ohne ihn zum Empfänger gebracht werden. Diesen Angaben ist zu entnehmen: Weil Paulus nachträglich regeln muß, wie Korinth sammeln soll, hat er offenbar die Kollekte in Korinth nicht persönlich eingeführt. So mag der Überbringer des verlorengegangenen Briefes aus 1. Kor 5,9, der wohl auch von Ephesus geschrieben wurde, im Auftrag des Apostels die Initiative gestartet haben. Da man in Korinth zustimmte, man wolle sammeln, erbitte aber den Rat, wie das geschehen solle, ist zwischen der Bereitschaftserklärung und der Anfrage (1. Kor 16,1) nur mäßig Zeit vergangen. Paulus erhält die Anfrage kurz vor Abfassung des 1. Kor in Ephesus (1. Kor 16, 7 f.), wo er über Winter bleiben will, weil hier seine Missionsarbeit zur Zeit in guter Blüte steht.

Daß es ihm in Ephesus davor nicht immer gut ging, belegt 1. Kor 15,32, eine schon etwas abständig geäußerte Angabe, er habe in Ephesus in Lebensgefahr »mit Tieren« gekämpft. Nun kann ein Mann mit reichsrömischem Bürgerrecht dazu im Normalfall nicht verurteilt werden, auch fehlt ein Tierkampf in der Aufzählung 2. Kor 11,23-29. Ihn hätte Paulus in der Aufzählung seiner Verfolgungen wohl kaum ausgelassen. Also bleibt die übertragene Bedeutung der Aussage das naheliegende Verständnis. Paulus hat demzufolge, durch Gegner verursacht, in ernster Lebensgefahr geschwebt (vgl. Ign Röm 5,1).

Wichtig ist nun an 1. Kor 16,1 ff. weiter, daß Paulus zu dieser Zeit noch keine groß angelegte Kollektenreise plant. Er läßt es offen, ob er selbst, begleitet von korinthischen Gemeindeabgesandten, überhaupt mit nach Jerusalem ziehen werde, oder diese Reise der Gemeinde in Korinth allein überlassen werde. Diese zuletztgenannte Möglichkeit ist, durch die Voranstellung in V. 3 ausgewiesen, offenbar der sonst übliche Weg. Daß Paulus mitziehen will, ist demgegenüber die Ausnahme. Korinth soll jedenfalls bis zu seinem nächsten Kommen die Kollekte sammeln. Er wird über Mazedonien, dort vielleicht überwinternd, für eine längere Zeit nach Korinth kommen (16,5-7).

1. Kor 16,1 gibt auch im Blick auf die galatischen Gemeinden einen Hinweis: Dort hat Paulus bereits eine Anordnung getroffen, die nämlich Korinth übernehmen soll. Warum berichtet Paulus nichts vom ephesinischen Beispiel? Lag es nicht näher, seinen derzeitigen Aufenthaltsort als

Exempel zu nehmen oder auf das benachbarte Mazedonien (2. Kor 8 f.) zu verweisen, wie man es dort macht, als auf das so abgelegene Galatien? Sind nicht auch in Apg 20,4 in der Begleiterliste des Paulus nach Jerusalem zwei Vertreter der Asia, also auch von Ephesus dabei? Warum spricht Paulus überhaupt nie von der Kollekte in Ephesus und der Asia?

Diese Fragen lassen sich nur hinreichend beantworten, wenn zunächst Gal 2,10 näher betrachtet wird. Diese Bemerkung zur Kollekte – die einzige Bezugnahme auf sie im Gal – ist recht allgemein gehalten. Nach diesem Vers gehen die Bemühungen um die Kollekte auf eine besondere Absprache der Jerusalemer mit den Antiochenern (Paulus und Barnabas) zurück. Damals beim Apostelkonvent verpflichteten sich diese beiden Antiochener, auf ihrem heidenchristlichen Missionsfeld, also in Antiochia und seinem Einflußgebiet, zum materiellen Unterhalt der Armen in der Jerusalemer Gemeinde beizutragen. An diese Zusage weiß sich Paulus auch noch gebunden, nachdem er Antiochia verlassen hatte, obwohl seine weltweite Mission, unabhängig von Antiochia, bei der Jerusalemer Abmachung noch gar nicht im Blick sein konnte. Auch der Streit mit Petrus und den Jakobusleuten (Gal 2,11 ff.) kann ihn davon nicht abbringen. Er fühlt sich persönlich lebenslang im Wort. Der Römerbrief bestätigt diese Haltung voll und ganz (Röm 15,27b).

Die Kombination von 1. Kor 16,1 und Gal 2,10 läßt nun weiter sehen, daß die Einsammlung der Kollekte in Galatien zügiger und problemloser als in Korinth begann und vor der korinthischen Sammlung Gestalt gewann. Hat Paulus sie selbst in Galatien eingeleitet? Nimmt man 1. Kor 16,1 (»Ich habe angeordnet ...«) wörtlich, ist dies gut möglich. Hat Paulus sonst solche Anordnung, wie gesammelt werden soll, nicht getroffen? Das ist wahrscheinlich. Paulus hat offenbar nur überall für eine Kollekte geworben, aber die Durchführung den Gemeinden überlassen, die selbständig entschieden, wie sie es machen wollten, und die dann provinzweise die Gaben durch eigene Abgesandte nach Jerusalem brachten. Nur in Galatien, wo er selbst auch das Wie regelte, war das vor der korinthischen Anfrage anders. Darum kann er den Korinthern die Galater allein als Analogie angeben, nicht aber z. B. von Ephesus berichten.

Doch zwischen den Korinthern und Galatern besteht wohl noch eine Gemeinsamkeit, die sogar verallgemeinerungsfähig ist: Paulus hat in Korinth die Kollekte wohl kaum bei seinem Gründungsaufenthalt eingeführt. Dann gäbe es keine Unsicherheit in Korinth, wie man sammeln solle. Ähnlich kann der Verlauf in Galatien gewesen sein: Vielleicht war Paulus nämlich ein zweites Mal nach dem Gründungsaufenthalt der ersten selbständigen Missionsreise (vgl. 6.1) in Galatien. Gal 4,13 mag dies andeuten und Apg 18,23; 19,1 vielleicht bestätigen. Solcher mögliche zweite Besuch kann nur nach des Apostels Rückkehr von seiner ersten Europareise untergebracht werden, also liegt er anfangs seiner ephesinischen Zeit.

Nach 1. Kor 16,1 steht der Abschluß der galatischen Kollekte noch aus. Die höchst polemische Situation des Gal steht zudem im deutlichen Kontrast zur problemlosen selbstverständlichen Erwähnung der Kollekte im allgemeinen in Gal 2,10. Der später als 1. Kor geschriebene Gal sieht also trotz der indessen prekären galatischen Situation keine Veranlassung, von der Kollekte zu schweigen. Hätte in Galatien ein Abbruch der Kollekte stattgefunden, hätte Paulus sicherlich lieber verzichtet, in Gal 2,10 die Kollekte zu erwähnen. Also liegt die Annahme näher, daß die Galater vor dem Eindringen der Judaisten (vgl. 10.2 und 11.1) ihre Sammlung abgeschlossen und selbständig – wie erwartet – nach Jerusalem gebracht hatten. Das geschah vor Abfassung des Gal, während Paulus noch in Ephesus weilte. Paulus erwähnt darum 2. Kor 8f. und Röm 15,26 diese Kollekte nicht mehr. Paulus hatte also offenbar in Galatien die Kollekte ganz im Sinne von 1. Kor 16,1-3 geregelt.

Als nächstes setzt uns 2. Kor 8f. in den Stand, ein weiteres fortgeschrittenes Stadium der Kollekten in den Gemeinden zu erkennen. Dabei kann die oft erwogene literarkritische Trennung beider Kapitel hier auf sich beruhen (vgl. unten 8.3), da die Situation zur Kollekte in beiden Kapiteln dieselbe ist. Paulus ist indessen in Mazedonien und hat den dortigen Gemeinden erzählt, daß Korinth seit rund einem Jahr eine Kollekte sammelt, die nach Jerusalem gebracht werden soll (2. Kor 9,2f.). Das hat die Mazedonier angestachelt, von Paulus unaufgefordert, sich an die korinthische Aktion anzuhängen (2. Kor 8,3f.). Nun wird Titus mit zwei Brüdern aus Mazedonien nach Korinth geschickt, um die erfolgreiche Beendigung der korinthischen Kollekte zu veranlassen, weil Paulus bei den Mazedoniern sonst schlecht dastehen würde, hätte er doch den Mund zum Lob des korinthischen Eifers dann zu voll genommen (2. Kor 8,6.11.16-22; 9,4).

Daß die Kollekte sich in Korinth hinzog, ja vielleicht zwischenzeitlich zum Erliegen kam, kann man am improvisierten Zwischenbesuch des Paulus von Ephesus aus (2. Kor 2,3f.9; 7,8-12) und am »Tränenbrief« (2. Kor 2,1-4), den Titus überbringt (2. Kor 12,18), ersehen. Damit waren nicht nur die zunächst 1. Kor 16 angekündigten Pläne des Apostels in dieser Form überholt, sondern es ist auch erklärt, warum die Kollekte offenbar schon rund ein Jahr lang (2. Kor 8,10; 9,2) nur schlecht vorankam und der besonderen Aufmunterung durch Paulus bedurfte (2. Kor 8f.!). Doch

Paulus muß so ausführlich in 2. Kor 8 f. auch darum schreiben, weil seine Situation den Korinthern gegenüber noch zusätzlich erschwert ist, da die Mazedonier spontan beschlossen haben, mit Achaja zusammen eine Kollekte abzuliefern, was bisher wie selbstverständlich jede Provinz für sich tat. Paulus ist also gar nicht nach Mazedonien gekommen, um die Kollekte auch dort einzusammeln. Sondern er ist zum Besuch nach Mazedonien gekommen, um über Mazedonien nach Korinth zu gehen, dort die Kollekte zum Abschluß zu bringen und gegebenenfalls mit nach Jerusalem zu ziehen (1. Kor 11,4). Daß Paulus ursprünglich in Mazedonien keine Kollekte mitnehmen wollte, geht auch aus 2. Kor 1,16 hervor, wo Paulus gegenüber 1. Kor 16 veränderte Reisepläne andeutet, aus denen nichts wurde: Nur die Korinther sollten danach nämlich Paulus nach Judäa begleiten. Jetzt aber ergab sich bei seinem Aufenthalt in Mazedonien die geschilderte neue Lage. Nun kann Paulus auch vor Ankunft in Korinth um so sicherer entscheiden, daß er mit nach Jerusalem ziehen werde (2. Kor 8,18-24), was er 2. Kor 1,16 schon gegenüber 1. Kor 16,4 fester ins Auge faßte. Auch darum müssen die Korinther sich besonders anstrengen, um fröhliche Geber zu sein (2. Kor 9,5 ff.). Röm 15,26 belegt, daß die Korinther Paulus nicht im Stich ließen, so daß Paulus – nun selbst in Korinth – der römischen Gemeinde ankündigen kann, er werde nach der Ablieferung der Kollekte der Mazedonier und Achajer (keine anderen Provinzen sind genannt!) nach Rom kommen.

Diese Kollekte aus Gesamthellas, aber nicht aus den paulinischen Missionsgebieten überhaupt, paßt nicht zur Liste der Mitreisenden in Apg 20,4: Die Begleitung zweier Gemeindeglieder aus der Asia ist in dieser Liste kaum verständlich, wenn sich Ephesus und sein Umland nicht an der Kollekte beteiligten. Aber hätte nicht umgekehrt Paulus in 2. Kor 8 f. davon sprechen müssen, daß er die eingesammelte Kollekte Asias schon bei sich habe, falls es sich so verhielte? Hätte er nicht auch die beiden Mitreisenden aus der Asia ähnlich wie die Boten Mazedoniens dabei erwähnen müssen? Hätte er endlich in Röm 15,26 von der Asia gegenüber der römischen Gemeinde schweigen dürfen, vor allem, wenn das aus Ephesus wieder nach Rom zurückgekehrte Ehepaar Aquila und Priska jetzt den Brief liest (Röm 16,3) und auch ein Mann wie der Erstgetaufte Asiens unter den Lesern ist (Röm 16,5b)? Bedenkt man weiter, daß in der Liste Apg 20,4 auch z.B. Philippi und Korinth ganz fehlen und Gajus aus Derbe gar nicht zu den paulinischen Angaben passen will, wird man der Liste aus der Apg skeptisch gegenüberstehen, die paulinischen Angaben nicht mit ihr harmonisieren, sondern sie allein für zuverlässiger halten. Auf der anderen Seite erwähnt Lukas die Ablieferung der Kollekte in Jerusalem nur ganz nebenbei (Apg 24,17). Das ist sicher eine (beabsichtigte?) Fehleinschätzung. Aber Lukas hat insofern recht, als es eine lange geplante, umfassende Kollektenreise auch nach dem paulinischen Befund nicht gegeben hat.

Nun gilt es als nächstes, aus den Briefen Hinweise zu sammeln, die die Reise Ephesus–Mazedonien–Korinth präzisieren können. Im Prinzip entspricht diese Route der Ankündigung aus 1. Kor 16,5-7. Aber diesen Plan hatte Paulus wegen einer unvorhergesehenen Verfolgung mit Todesgefahr in der Asia nicht einhalten können (2. Kor 1,8-10). Da diese Gefahr erst gerade überstanden ist und den Korinthern ganz neu mitgeteilt wird, kann sie nicht mit der aus 1. Kor 15,32 identisch sein, denn diese liegt länger zurück und ist in Korinth bekannt. Auf der anderen Seite dürfte die in Phil geschilderte Gefangenschaft das Ereignis sein, das in Phil 1 noch andauert und in 2. Kor 1 überstanden ist. Also ist Phil 1 vor 2. Kor 1 geschrieben und die Notlage am Ende des ephesinischen Aufenthaltes des Paulus doppelt bezeugt. Es sei am Rande darauf hingewiesen, daß der Phil insgesamt von einer Kollekte schweigt. Den Grund können wir aus der Geschichte der Kollekte erschließen: Paulus will, in Ephesus weilend, noch gar nicht mazedonisches Geld für Jerusalem sammeln lassen. Nun geht man wohl nicht fehl mit der Annahme, Paulus habe die zwischenzeitlich gegenüber 1. Kor 16 geänderten Reisepläne (2. Kor 1,8f.) gerade wegen der Haft mit fast tödlichem Ausgang in Ephesus aufgeben müssen und sei relativ rasch und fluchtartig (?) nach der Freilassung gen Troas gereist (2. Kor 2,12), dort eine Zeit geblieben, dann aber nach Mazedonien aufgebrochen (2. Kor 2,13). Hierhin brachte Titus dem Paulus gute Nachrichten aus Korinth, so daß Paulus nun den sog. Versöhnungsbrief (2. Kor 1,1-2,13; 7,5-16) schreibt, also noch nicht sofort nach Korinth selbst aufbricht, vielmehr in Mazedonien verweilt. Diese Situation paßt insgesamt gut zu der Situation in 2. Kor 8 f., so daß – wie immer man sich literarkritisch entscheidet – von dieser Sachlage her beide Kapitel zum Versöhnungsbrief gehören können. Ebenso erstaunlich ist, daß die tatsächliche Reise praktisch wieder mit dem alten Plan aus 1. Kor 16 harmoniert.

Diese nur aus Paulus gewonnenen Daten und ihre Abfolge stimmen nun wiederum weitgehend mit der Apg überein. Allerdings macht hier gleich die Zeit eingangs der ephesinischen Periode Probleme: Apg 18,18-23 beschreibt eine Reiseroute, von Korinth ausgehend, mit dem Ziel Syrien, (d.h. Jerusalem, das in der römischen Provinz Syrien liegt, vgl. 20,3; 21,3). Paulus reist, vom östlichen Hafen Korinths, Kenchreä, gebunden an ein Gelübde, mit Aquila und Priska nach Ephesus, hält eine

Predigt in der dortigen Synagoge und segelt trotz Bitten der Ephesiner, zu bleiben, nach Cäsarea und geht von dort nach Jerusalem. Der Rückweg über Antiochia, Galatien und Phrygien endet in Ephesus (19,1). Drei Angaben werden an dieser Darstellung durch Paulus bestätigt: Die Übersiedlung des Ehepaares nach Ephesus (1. Kor 16,19), der paulinische Aufenthalt in Ephesus (1. Kor 16,8 usw.) und (relativ wahrscheinlich) der Besuch in Galatien (Gal 4,13).

Doch darüber hinaus stecken in dem kleinen Abschnitt erhebliche Probleme. Die Reiseroute ist ebenso weiträumig wie inhaltsleer. Durch das Gelübde (Apg 18,18ff.), das in Jerusalem gelöst werden soll (vgl. 21, 23ff.), will Lukas offenbar Paulus ein weiteres Mal als treuen Judenchristen darstellen und überhaupt die Jerusalemreise motivieren. Daß Paulus trotz der Bitten nicht in Ephesus bleibt, ist stillschweigend wohl mit durch das Gelübde bedingt, das den baldigen Weg nach Jerusalem erforderlich macht. Außerdem wird Paulus so zum ersten Missionar in Ephesus, der er aber nach besserer lukanischer Kenntnis (Apg 19,1ff.) nicht war. Diese Jerusalemreise kollidiert jedoch mit den Angaben in Gal 1f., nach denen Paulus bis zur Abfassung des Gal nur zweimal (Petrusbesuch, Apostelkonzil) in Jerusalem war. Auch lassen es weder Lukas noch Paulus zu, den Jerusalembesuch in 18,22 mit einem anderen, sei es mit einem der zwei aus Gal 1f. oder sei es mit dem späteren Besuch zur Ablieferung der Kollekte, zu identifizieren. Somit stellt sich diese Jerusalemreise als lukanisches Konstrukt heraus. Damit fallen aber auch auf der Hinreise Cäsarea und auf der Rückreise Antiochia als Reisestationen aus. Beide Orte sind geographisch naheliegende Folgekonstrukte zum Reiseziel Jerusalem. Auch gibt Paulus selbst nirgends zu erkennen, nach seinem Fortgang aus Antiochia (Gal 2,11ff.) je wieder diesen Ort aufgesucht zu haben. Das Gegenteil wird zutreffen: Seit Gal 2,11ff. meidet er die Stadt am Orontes. Im übrigen ist die Reiseroute Antiochia–Galatien–Phrygien (18,23)– Ephesus (Asia) mit den Angaben in 16,6 zu vergleichen. Auch ist 19,1 das »Hochland« sachlich mit 18,23 identisch, nur allgemeiner. Daraus ergibt sich als These: Die lukanische Vorlage sprach offenbar von einem Wechsel aus Korinth nach Ephesus, den Paulus und das Ehepaar Aquila und Priska gemeinsam unternahmen. Gleich eingangs seines ephesinischen Aufenthaltes besuchte Paulus früher gegründete Gemeinden in Phrygien und Galatien. Dies steht mit den aus Paulus genommenen Nachrichten in Einklang, wenn man Gal 4,13 zwei Besuche angedeutet sieht.

Leider läßt auch der Aufenthalt des Paulus in Ephesus nach Apg 18,18-19,40 wenig von dem erahnen, was Paulus selbst zu erkennen gibt. 19,10.22 bestätigen für die Ereignisse in Apg 19 jedoch einen mehrjähri-

gen Aufenthalt in Ephesus von insgesamt wohl gut zwei Jahren, zu denen
eine Zeit für Apg 18,18 ff. hinzuzurechnen ist, so daß man insgesamt auf
rund 3 Jahre kommt. Der auch nach der Apg erzwungene Aufbruch von
Ephesus führt Paulus über Troas nach Mazedonien und Achaja (20,1).
Dabei war eine solche Reise von Paulus schon früher vorbereitet worden
(Apg 19,21 f.). Ein dreimonatiger Aufenthalt in Korinth schließt sich an
(20,3). Dann beginnt die Reise nach Jerusalem, zu der eine Kontrolle an
den Paulusbriefen nicht mehr gegeben ist.

Damit haben wir insgesamt zwei Gerüste für die relative Chronologie
des paulinischen Lebens erhalten, eines aufgrund von Gal 1 f. und ein
anderes durch die Beobachtungen zum Kollektenthema mit entsprechenden Angaben im Umfeld. Das erste Gerüst reichte mit den Verlängerun-
gen, die der 1. Thess bot, von der Berufung bis zum Gründungsaufenthalt
in Korinth. Das andere begann mit der Übersiedlung von Korinth nach
Ephesus und erstreckte sich bis zum Aufbruch von Korinth (dritter Besuch) nach Jerusalem. Beide Gerüste lassen sich probeweise mit Hilfe von
Apg 18,11 verbinden: Nach dieser Stelle blieb Paulus beim Gründungsaufenthalt 18 Monate in Korinth und segelte dann an die asiatische Küste
(18,18 f.). Diese Aufenthaltsdauer ist am paulinischen Befund nur relativ
ungenau überprüfbar. Immerhin sagt der Apostel, daß er, um der Gemeinde nicht zur Last zu fallen, Schwierigkeiten hatte, seinen Unterhalt
sicherzustellen (2. Kor 11,7-9; 1. Kor 9,15-18). Ein ganz kurzer Aufenthalt scheidet damit als Möglichkeit aus. Auch die Größe der Gemeinde
am Ende des Erstbesuchs spricht für ein längeres Verweilen in Korinth
(vgl. 6.4).

Nun kann man versuchen, diese relative Chronologie mit der absoluten
zu verzahnen. Dabei hilft Paulus leider gar nicht weiter. Im Unterschied
zum lukanischen Geschichtswerk (Lk und Apg) ist er an welthistorischen
Daten uninteressiert. Seine einzige nebenbei getätigte Erwähnung dieser
Art in 2. Kor 11,32 ist für unsere Zwecke unbrauchbar. Paulus erwähnt
hier den Ethnarchen des Aretas, der ihn in Damaskus verfolgte. Denn
Aretas IV, dessen Ethnarch hinter Paulus her war, regierte von 9 v.Chr.
bis 40 n.Chr. Daß aber der paulinische Aufenthalt in Damaskus vor 40
n.Chr. liegt, ist selbstverständlich.

Zunächst ist jedoch klar, der früheste Zeitpunkt für die Berufung des
Apostels ist die Entstehung der Gemeinde in Damaskus, die ihrerseits im
mäßigen Abstand von Jesu Tod, der Ostererfahrung und dem Tod des
Stephanus anzusetzen ist. Das Todesdatum Jesu wird heute meistens ins
Frühjahr 30 n.Chr. (weniger wahrscheinlich 27 n.Chr.) gelegt. Der
späteste Fixpunkt im Leben des Apostels ist mit den Umständen seines

römischen Martyriums (1. Clem 5) gegeben, was man, ohne Widerspruch
zu erregen, in die neronische Zeit legen wird. Nero herrschte von 54–68
n.Chr. Seine Christenverfolgung (64 n.Chr.) ist ein Anhaltspunkt, daß
Paulus kaum später starb, eher früher. Mit diesen beiden Daten ist für
antike Verhältnisse schon eine recht gute Exaktheit erreicht.

Diese jedoch immer noch nur ungefähre Einordnung des paulinischen
Lebens kann durch die Apg verbessert werden. Doch so sicher Lukas den
welthistorischen Horizont der Entstehung des Christentums betont
pflegt, sind einige seiner Synchronismen durchaus fehlerhaft, andere wiederum nicht recht verwendbar, weil ihre historische Fixierung nicht gelingt. Doch sein besonderes Verdienst für die Chronologie des Völkerapostels besteht darin, daß wir durch Apg 18 mit Hilfe des Prozesses des
Paulus vor Gallio relativ sicher in die absolute Chronologie gelangen
können.

Jedenfalls sollte man von den sonstigen bekannten Verbindungen zur
Weltgeschichte, wie Lukas sie speziell zum Leben des Paulus aufzeigt, für
den Einstieg in die absolute Chronologie Abstand nehmen, so sicher man
sie sonst zur Ergänzung des chronologischen Gerüstes verwenden mag.
Zu diesen nicht einstiegsgeeigneten Synchronismen gehört die Hungers-
not unter Claudius (Apg 11,28). Sie ist als »weltweites« Ereignis nicht, als
lokales häufiger belegt. Auch die Verfolgung der jerusalemer Gemeinde
unter Herodes I Agrippa (Apg 12,1 ff.; 12,20ff.) und der Wechsel im Amt
des Prokurators von Felix und Festus (Apg 24,27) lassen sich nicht unabhängig von Lukas und hinreichend sicher datieren. Endlich ist das Claudiusedikt, aufgrund dessen das Ehepaar Aquila und Priska nach Apg 18,2
»kürzlich« Rom verließ und in Korinth mit Paulus zusammentraf, auch
nicht ganz problemfrei: Die antiken Quellen sind ohne Lukas nicht so
sicher zu deuten, daß das mit lukanischer Hilfe mit Recht üblicherweise
angenommene Datum 49 n.Chr. auch unabhängig von der Apg zweifelsfrei feststünde. Auch die vage Angabe »kürzlich« ist natürlich einem
exakten chronologischen Einstieg nicht besonders förderlich (vgl. unten
13.1).

Lucius Junius Gallio, älterer Bruder des Philosophen Seneca und wie
dieser im spanischen Cordoba geboren, ist unter Claudius Statthalter in
Achaja gewesen. Er hat danach seine politische Ämterlaufbahn vervoll-
ständigt und mußte wie sein Bruder Seneca unter Nero den Freitod
wählen. Sein Prokonsulat in Achaja ist durch einen fragmentarisch erhaltenen kaiserlichen Erlaß, in Stein gehauen und an die Stadt Delphi gerichtet, bezeugt (sog. »Gallio-Inschrift«). Seine Amtszeit läßt sich aus dem
Erlaß auch zeitlich recht sicher festlegen, nämlich vom Frühjahr 51 bis
Frühjahr 52 (möglicher Unsicherheitsfaktor: ein Jahr früher).

Nun muß man beachten, daß Lukas gern Ortstraditionen auf den Erstaufenthalt in einem Ort konzentriert und hier dann so anordnet, daß er
ein Einstiegsereignis und eine markante abschließende Begebenheit als
erzählerischen Rahmen verwendet, um in ihm alles andere einzufügen.
Dieses Darstellungskonzept begegnet z.B. in Apg 16–19 für die vier
Städte Philippi, Thessaloniki, Korinth und Ephesus. Also muß begründet
werden, welchen Aufenthalt man Apg 18,12–17 zuweisen soll und – wenn
möglich – wann innerhalb des Besuches das Ereignis stattfand. Ernsthaft
in Frage kommt für den Prozeß vor Gallio nur der Gründungsaufenthalt.
Denn der Aufenthalt zur Kollektensammlung liegt in der relativen Chronologie zu spät, so daß eine Koinzidenz mit dem Gallioprozeß sicher
ausgeschlossen werden kann. Auch der improvisierte Kurzbesuch samt
seiner hastigen Abreise hat bei Paulus andere Inhalte und ist wenig geeignet, mit dem Prozeß verbunden zu werden. Umgekehrt ist der Gründungsbesuch zeitlich und sachlich vorzüglich prädestiniert, ihn mit diesem Ereignis zu belasten. Denn naturgemäß findet die Trennung einer
heidenchristlich ausgerichteten Gemeinde von der Synagoge sehr frühzeitig statt. Wenn anders mit diesem Trennungsvorgang die Aktivität der
korinthischen Synagoge vor Gallio und gegen Paulus in Verbindung zu
bringen ist, wird man den paulinischen Prozeß vor Gallio spätestens
gegen Ende des ersten Aufenthaltes des Apostels in Korinth legen, eventuell auch etwas eher, denn Paulus bleibt ja unbehelligt und muß die Stadt
nicht verlassen.

Damit ergibt sich – die 18 Monate Dauer des paulinischen Aufenthaltes
aus Apg 18,11 vorausgesetzt – als früheste Aufenthaltszeit für Paulus
Herbst 49 bis Frühjahr 51, als späteste Herbst 51 bis Frühjahr 53. Es legt
sich nahe, diese Zeiten zu mitteln und mit einer Unschärfe von rund
einem Jahr nach oben und unten zu rechnen, so daß man nun vom
rechnerischen Datum für den korinthischen Erstbesuch Herbst 50 bis
Frühjahr 52 ausgehen kann, um ihm die beiden Gerüste der relativen
Chronologie zuzuordnen. Die rechnerische Unschärfe wird dabei naturgemäß noch etwas größer, weil auch in der relativen Chronologie die Zuordnungsverhältnisse der Ereignisse nicht immer ganz präzise erfolgen
können. Dennoch gilt es festzuhalten, daß es erstaunlich ist, wie genau
wir nun am Ende unserer Erwägungen angesichts des Vergleichs mit
anderen antiken Gestalten über die paulinischen Lebensdaten orientiert
sind. Die folgende Tabelle stellt überblicksweise diese Daten zusammen.

Lebensdaten des Paulus

Geburt in Tarsus	?
Paulus als Christenverfolger	32
Berufung, erste Mission in der Arabia	32
1. Jerusalembesuch (privat bei Petrus: 14 Tage)	34/35
Beginn des Wirkens in (Nord)syrien/Kilikien	34/35
Paulus in Antiochia	ab 36/37(?)
Vision nach 2. Kor 12,1-5	41/43
Mission mit Barnabas (Apg 13f.)	vor 48
2. Besuch in Jerusalem: Apostelkonvent	48/49
Petri Besuch in Antiochia	49
Paulus verläßt Antiochia	49
Erste selbständige Missionsreise über u.a.	
Galatien–Philippi–Thessaloniki nach Korinth	49–50
Gründungsaufenthalt in Korinth (1. Besuch)	50–52
1. Thess	50/51
Paulus vor Gallio	50/51
Aufenthalt in Ephesus und der Asia	52–55/56
Besuch in Galatien (2. Besuch)	52
Gefahr nach 1. Kor 15,32	52/53
1. Kor	54
2. Besuch in Korinth (Zwischenbesuch)	54
»Tränenbrief« aus 2. Kor	54
Gefangenschaft/Todesgefahr	54/55
Philemonbrief	54/55
»Gefangenschaftsbrief« aus Phil	54/55
Reise von Ephesus über Troas–Mazedonien	
nach Korinth (sog. »Kollektenreise«)	55/56
Galaterbrief	56
»Versöhnungsbrief« aus 2. Kor	56
3. Besuch in Korinth (ca. 3 Monate)	56
Römerbrief	56
Reise von Korinth mit Kollekte nach Jerusalem	56/57
3. Besuch in Jerusalem (Kollektenbesuch)	57/58
Reise des Gefangenen Paulus nach Rom	58–60(?)
Aufenthalt in Rom und Märtyrertod	60–62(?)

Zum Anfang und Schluß der tabellarischen Übersicht sind noch zwei gesonderte Bemerkungen notwendig. Zunächst soll ein Wort zum Lebensalter des Paulus gesagt werden: Bedenkt man, welche Reisestrapazen Paulus in den letzten überschaubaren 30 Jahren seines Lebens auf sich nahm, welche körperlichen Belastungen durch Strafen und Verfolgungen er erduldete (vgl. nur 2. Kor 11,23-29), denkt dabei auch noch an seine Krankheit (2. Kor 12,7; Gal 4,12ff.) und an die vergleichsweise niedrige durchschnittliche Lebenserwartung im Altertum, dann muß er noch in einem – auch für damalige Verhältnisse – sehr rüstigen Alter gewesen sein, um dies alles ertragen zu können. Paulus war außerdem zur Zeit seiner Berufung mit der Berufsausbildung fertig und auch seine pharisäische Erziehung war offenbar abgeschlossen. Von daher ist eine Berufung in einem Alter zwischen 20 und 25 Jahren sicherlich eine mögliche und sinnvolle Annahme. Das führt auf ein Geburtsdatum mit einigen Jahren Toleranz nach beiden Seiten in die Gegend von 10 n. Chr., also in die letzten Jahre der Herrschaft des Augustus (gest. 14 n. Chr.). Vielleicht wird diese Annahme durch Phlm 9 unterstützt. Paulus bezeichnet sich hier als einen »alten Mann« (lateinisch: senex). Das ist man im Altertum ab etwa 50 Jahre. Jedoch kann Phlm 9 auch nur ein subjektives Urteil des Apostels über seine abnehmende Lebenskraft sein. Gar nicht verwertbar ist die Angabe aus Apg 7,58, wonach Paulus als »junger Mann« bei der Steinigung des Stephanus zusah. Sie ist nur lukanische Redaktion und zu ungenau.

Die zweite nachträgliche Bemerkung: Zum letzten Abschnitt des paulinischen Lebens bietet nur die Apg – für uns unüberprüfbar – folgende Orientierung: Sie gibt 2 Jahre Haft in Cäsarea an und nochmals dieselbe Zeit für Rom (Apg 24,27; 28,30; zur Spanienreise vgl. 15.3). Der Verdacht, es handle sich dabei um ungefähre und runde Angaben, ist groß. Verläßlichere Auskünfte kann jedoch auch niemand geben. Also bleibt es bei einer nicht aufhebbaren chronologischen Unschärfe.

3. Paulus als Pharisäer aus Tarsus

3.1 Die biographischen Hinweise

Mit manchen Gestalten des Altertums teilt Paulus das Schicksal, daß fast nur seine bedeutendste und fruchtbarste Lebensperiode noch bekannt ist. Man kann diese weit, nämlich von der Berufung bis zu seinem Tod, fassen, also den christlichen Paulus im Blick haben. Man kann sie jedoch auch etwas enger eingrenzen, nämlich auf die selbständigen Missionsreisen konzentrieren, also auf die Zeit, aus der die echten Paulusbriefe stammen. Wie immer man sich hier entscheidet, ganz sicher und unbestritten ist, daß wir über den Juden Paulus vor seiner Berufung zum Apostel nur noch ganz wenige Dinge in Erfahrung bringen können.

Das liegt vor allem an Paulus selbst, fällt doch sein Leben für ihn aufgrund seiner Berufung in zwei Hälften, wobei der Christ Paulus seine jüdische Lebensperiode fast ganz abgestoßen hat. Die Berufung wird von ihm als eine so tiefgreifende Umorientierung und Identitätskrise erfahren, daß die davorliegende Lebenszeit fast ganz unwesentlich wird und die Zeit nach der Berufung das eigentliche Leben ausmacht. Darum kommt bei Paulus der jüdische Lebensabschnitt überhaupt nicht um seiner selbst willen zur Darstellung. Er dient nur ab und an sporadisch und typisiert mit wenigen eng begrenzten Aussagen als dunkle Folie und als hart gezeichneter Kontrast zum Beginn des zweiten und eigentlichen Lebens. Die wichtigsten autobiographischen Angaben findet man dabei in 1. Kor 15,9; 2. Kor 11,22; Gal 1,13f.; Phil 3,5f.; Röm 9,3f. Damit ist eine von Paulus selbst gesetzte Erkenntnisgrenze gegeben, die es zu achten gilt.

Offenbar haben auch die Zeitgenossen des Paulus im allgemeinen nicht viel mehr von seinem jüdischen Leben gewußt als wir. Denn die wenigen Angaben der Apostelgeschichte, die diese über Paulus hinaus dafür zur Verfügung stellt und die sie wohl aus der allgemeinen Pauluslegende schöpft, sind ebenfalls schnell aufgezählt.

Diese Hinweise sind so gering, daß sie zwar die biographischen Mosaiksteine etwas vermehren, aber es nicht erlauben, daraus ein den Biographen befriedigendes Gesamtbild zu erstellen. Lohnt es sich dann überhaupt, einen besonderen Abschnitt über Paulus als Juden zu schreiben? Die wenigen biographischen Details als solche rechtfertigen dies sicherlich kaum. Aber es soll darüber hinaus versucht werden, den religiösen und kulturellen Rahmen zu beschreiben, in dem der Jude Paulus gelebt hat. Solche Untersuchung läßt nämlich erwarten, daß man daraufhin Äußerungen des christlichen Paulus besser verstehen kann.

Die kargen biographischen Daten sind mühelos zu sammeln: Paulus gehört von seinem Elternhaus her zur hellenistischen Synagoge im kilikischen Tarsus. Seine Eltern müssen in dieser »nicht unbedeutenden Stadt« (Apg 21,39) schon längere Zeit ansässig gewesen sein. So entnimmt man es jedenfalls der Apostelgeschichte (21,39; 22,3). Diesen Angaben darf man wohl trauen. Jedenfalls gibt es keine konkurrenzfähige oder ergänzende andere Überlieferung außer vielleicht der Nachricht bei Hieronymus (de viris illustribus 5), die Familie sei einst aus dem galiläischen Gischala ausgewandert. Beobachtungen zu den paulinischen Briefen, von denen später noch zu reden ist, können dies hellenistisch-jüdische Milieu indirekt bezeugen. Drei Indizien mögen vorerst dafür genügen: Die griechische Sprache des Paulus ist nicht nur frei von harten Semitismen (also kaum als Fremdsprache z.B. in Jerusalem später angelernt), sondern folgt auch selbständig griechischem Stil. Dieser griechische Stil des Paulus ist so glatt, daß es unmöglich erscheint, von der sprachlichen Seite seiner Korrespondenz her zu beweisen, ob er hebräisch oder aramäisch sprechen konnte. Dies nimmt die Apostelgeschichte an (Apg 21,40; 22,2; 26,14), aber die wenigen aramäischen Fremdworte bei Paulus selbst (abba Röm 8,15; Gal 4,6 oder maranatha 1.Kor 16,22) können das jedenfalls noch nicht beweisen, da sie urchristliches Allgemeingut waren. So liegt es nahe, daß er von Kind auf die griechische Umgangssprache der Diasporajuden als lingua franca zu sprechen gewohnt war. Weiter ist zu erwähnen: Der paulinische Bildungsstand ist einerseits auf die griechische Fassung der jüdischen Bibel konzentriert (Paulus benutzt die Septuaginta), andererseits nicht unbedeutend von allgemeiner hellenistischer Kultur bestimmt (vgl. 3.3). Paulus hat endlich auch als Christ praktisch nur hellenistisch-römische Städte aufgesucht, wohl ebenfalls ein Reflex seiner Sozialisation in hellenistischer urbaner Atmosphäre. Das paßt wiederum zur hellenistischen Stadt Tarsus als Ort seiner Jugend.

Schwieriger ist es schon zu klären, ob das paulinische Elternhaus und damit in der Erbfolge der Apostel selbst das tarsische und reichsrömische Bürgerrecht besaßen. Ist das erste Recht für das Leben des Paulus praktisch von untergeordneter Bedeutung, weil Paulus sich zumindest seit seiner Berufung nie mehr dauerhaft in seiner Heimatstadt aufhielt, so kommt dem reichsrömischen Bürgerrecht ein deutliches Gewicht zu. Allerdings sind beide Rechte nur von der Apostelgeschichte bezeugt, und zwar in Texten, die Lukas selbst stark prägte (Apg 16,37f.; 22,25ff.; 23,27; vgl. auch indirekt: 25,10f.; 21,25f.; 28,19). Doch selbst wenn diese Stellen keine vorlukanische Tradition enthalten, muß die von Lukas formulierte Sachaussage damit noch nicht zwangsläufig falsch sein: Lukas kann sein Wissen der allgemeinen Personalkenntnis der Christenheit über den Heidenapostel entnommen haben.

Allerdings fällt weiter auf, daß der lukanische Paulus sich immer im Verlauf eines Prozesses oder bei einer Bestrafung viel zu spät auf sein reichsrömisches Bürgerrecht beruft. Auch hätte Paulus selbst z.B. den 2. Kor 11,24ff. aufgezählten Strafen durch Verweis auf es leichter entgehen können. Natürlich ist denkbar, ja wahrscheinlich, daß Paulus sich nicht oder nur ausnahmsweise auf solches Recht berufen hat, weil er diese Verfolgungen bewußt als Gleichgestaltetwerden mit dem Kreuz Christi verstand (vgl. nur Gal 6,17). Das Altertum kennt übrigens Fälle, daß das reichsrömische Bürgerrecht Juden nicht vor Geißelung und Kreuzigung bewahrt hat (vgl. Josephus, bellum II 308). Auch in der Frage, wie oft überhaupt Kleinasiaten im augusteischen Zeitalter und unmittelbar danach das reichsrömische Bürgerrecht verliehen wurde, kommt man nicht recht weiter: Es geschah selten und noch seltener bei Juden in dieser Provinz. Sicherlich gerieten gerade Juden auch mit den Pflichten eines römischen Bürgers in Konflikt, da dazu auch die Teilnahme am Staatskult gehörte. Aber Josephus selbst ist ein bekanntes Beispiel, daß man hier auch seine Arrangements treffen konnte, ohne sein Judentum aufzugeben.

So bleibt die Frage, ob ein römischer Statthalter einen Gefangenen wie Paulus, also einen vergleichsweise »kleinen Fisch« und für die römische Administration unbedeutenden Fall, statt selbst gerichtlich zu beurteilen, nach Rom zur prozessualen Erledigung geschickt hätte, wenn er sich nicht durch reichsrömisches Bürgerrecht des Angeklagten dazu veranlaßt gesehen hätte. Ohne solchen Hintergrund konnte ein Verschieben der Entscheidung allzu leicht als Schwäche beim Wahrnehmen der eigenen Machtbefugnis ausgelegt werden. Es ist jedenfalls etwas anderes, wenn bedeutende Personen oder sozusagen steckbrieflich gesuchte antirömische Aufrührer auch ohne reichsrömisches Bürgerrecht nach Rom transportiert wurden, um dort ihren Prozeß zu erhalten. So ist es wohl doch historisch wahrscheinlicher, daß Paulus sich im Prozeß vor Festus auf sein reichsrömisches Bürgerrecht berief, als daß Lukas dieses erst aus dem ihm bekannten Gefangenentransport von Cäsarea nach Rom erschloß. Im Unterschied zur Heimat Tarsus ist demnach das reichsrömische Bürgerrecht des Paulus nicht voll gesichert, jedoch wohl wahrscheinlich Besitzstand des Apostels.

Tarsus liegt am Unterlauf des von da ab schiffbaren Kydnos, war Handelszentrum auf der Straße, die von Antiochia bis an die kleinasiatische Küste, also zu den griechischen Städten, führte, und war außerdem der Ausgangsort für den Weg zum Schwarzen Meer, also eine typische Stadt des damaligen Weltverkehrs. Als 66 v. Chr. Kilikien römische Provinz wurde, beherbergte Tarsus fortan die römischen Statthalter, unter die einst auch Cicero zählte. Antonius traf sich in ihr offenbar erstmals mit Kleopatra. Cäsar und Augustus waren besondere Wohltäter der Stadt. Augustus ließ seinen stoischen Lehrer Athenodoros die Stadtverhältnisse neu ordnen. Er wie Nestor aus der platonischen Akademie und Lysias, der Epikuräer, gehörten zu den Regenten der Stadt. Die Stadt blickt auf eine glanzvolle kulturelle Geschichte zurück. Viele bekannte Philosophen, Grammatiker und Dichter lehrten in ihr. Meistens sind es Vertreter hellenistischer Bildung, zum Teil mit orientalischem Einschlag. Strabon (Geographica 14,5,13) lobt den Eifer der Stadtbewohner »auf Philosophie und die allgemeine Bildung« und vergleicht sie schmeichelhaft mit Athen und Alexandria. Doch wird auch sonst die Stadt als »groß und glücklich« gepriesen (Xenophon, Anabasis I 2,23) und in ein günstiges Licht gerückt. Insbesondere gehört sie zu den bekannten Orten mit stoischer Bildung. Antipatros von Tarsus war um 140 v. Chr. sogar Schulhaupt der Stoa. Sein Schüler war der bekannte Panaitios. Damit ist das geistige Klima der Stadt angedeutet: Sie ist ein Mikrokosmos des hellenistischen Mittelmeerraumes. Da die Eltern des Paulus sich in der Stadt, soweit das dem Diasporajudentum in solchen Fällen möglich war, integriert hatten (Bürgerrecht!), wird Paulus diese hellenistische Stadtluft geatmet haben. Damit hängt es wohl auch zusammen, daß Paulus sich nie weit nach Osten orientiert hat: Das Zweistromland oder Arabien liegen nicht in seinem Blickfeld. Als Jude denkt er nicht südlicher als Jerusalem, als Hellene konzentriert er sich auf Kleinasien, Syrien und Hellas, als reichsrömischer Bürger weiß er um Rom als politischen Weltmittelpunkt. Nach Spanien als dem westlichen »Weltende« will er am Ende seines Lebens.

Für besser situierte Diasporajuden gehörte es sich, daß ihre Nachkommenschaft wie sie selbst mehrsprachig aufwuchs. Lukas bezeugt, wie schon oben angedeutet, daß Paulus des Aramäischen kundig war. Paulus selbst kennzeichnet sich als »Hebräer von Hebräern« (Phil 3,5; vgl. 2. Kor 11,22) und betont damit vor allem die treue Beachtung jüdischer Sitte in seiner Familie. Dazu gehörte doch wohl auch die Pflege der aramäischen Sprache, so daß man von dieser Erwägung her trotz des guten Griechisch bei Paulus auf eine Kenntnis des Aramäischen schließen kann. Unsicher ist, ob man den Worten entnehmen darf, Paulus habe auch

Hebräisch gekonnt. Wegen seiner pharisäischen Erziehung mag dies insoweit wahrscheinlich sein, als er wohl den Text der hebräischen Bibel lesen
und verstehen konnte. Allerdings hat Paulus als Christ nirgends mit Sicherheit direkt aus der hebräischen Bibel ins Griechische übersetzt. Auch
seine Gemeinden benutzten natürlich durchweg die Septuaginta. Paulus
wird beim Briefeschreiben in der Regel aus dem an der Septuaginta ge-
schulten Gedächtnis zitieren oder hier und da einmal die Septuaginta
benutzt haben. Gar nicht ratsam ist es, aus der Angabe »Hebräer von
Hebräern« auf palästinische oder gar jerusalemische Geburt des Paulus zu
schließen. Dafür wurde eine solche Bezeichnung im Altertum mit viel zu
weitem Bedeutungsgehalt gebraucht.

Die Familie wußte sich dem Stamm Benjamin zugerechnet (Röm 11,1;
Phil 3,5). Der jüdische Vorname Saul, den nur die Apostelgeschichte
erwähnt (Apg 9,4.17; 22,7; 26,14 usw.), mag auf den Benjaminiten und
ersten König Israels hinweisen. Diasporajuden trugen üblicherweise
neben dem semitischen einen zweiten klangnahen und römisch-hellenistischen Vornamen. Als ähnliche Namenspaare treten etwa auf: Josua und
Jason oder Silas und Silvanus. Diesen zweiten Namen verwendet Paulus
in der hellenistischen Welt ausschließlich. Paulus hat vielleicht noch eine
Schwester gehabt, die nach Jerusalem verheiratet worden war
(Apg 23,16). Aber diese Nachricht ist keineswegs gesichert, weil der
ganze Abschnitt der Apostelgeschichte vom paulinischen Jerusalemaufenthalt bis zur Mission in Rom nur ganz wenige zuverlässige Nachrichten
enthält (vgl. unten 15.3). Er selbst hat nicht geheiratet (vgl. 1. Kor 9,5).
Seinen Beruf zum Broterwerb gibt Apg 18,3 mit der »Zeltmacherei« an.
Dies geschieht im Zusammenhang mit dem Ehepaar Priska und Aquila,
die denselben Beruf ausübten. Paulus bestätigt das nicht unmittelbar, gibt
aber Indizien (1. Thess 2,9; 1. Kor 9,15.18; 2. Kor 11,9), die es erlauben,
Lukas in diesem Fall historische Wahrheit zuzutrauen. Allerdings wird
man die Berufsbezeichnung nicht zu eng fassen dürfen. Das gilt in solchen
Fällen ganz allgemein im Altertum. So wird man nicht fehlgehen, das
leinen-, weniger wahrscheinlich das lederverarbeitende Gewerbe für den
paulinischen Beruf anzunehmen; Zelte und Abdeckungen aller Art (z.B.
zum Sonnenschutz oder für Marktstände und Zisternen) stellte man aus
Leinen oder Tierhäuten her. Tarsus war besonders bekannt für die Lei-
nenherstellung und für seine Weiterverarbeitung.

Daß Paulus zur pharisäischen Partei gehörte, sagt er selbst (Phil 3,5), ja
daß sein Gesetzeseifer den vieler Altersgenossen übertraf (Gal 1,14). Paulus vergleicht sich dabei ganz allgemein mit den Gleichaltrigen, hebt
jedoch nicht auf den Mitschülerkreis bei einem Rabbi ab. Das macht

darauf aufmerksam, daß er wohl sein Pharisäertum nicht als Berufsbezeichnung, sondern nur als religiöse Zuordnung zu dieser jüdischen
Bewegung verstanden wissen will. Das legen auch sonst beide
Texte Phil 3,5 f. und Apg 22,3 (vgl. 26,4) nahe, die von seiner pharisäischen Ausrichtung reden. Die jeweils typische triadische Reihung (Fami-
lienherkunft, Kindheit und Bildungsweg) will nicht vom Studium als
einer Berufsausbildung im institutionellen Sinn reden, sondern hält nach
hellenistischem Brauch fest, wie Paulus nach Familie, Kindheit und Erziehung in seiner Reputation in bezug auf Herkunft und Bildung als
erwachsener Bürger einzuschätzen ist (eine hellenistisch-jüdische Parallele ist z. B.: Philo, Vit Mos I 2). Paulus ist also allem Anschein nach
nicht in pharisäischer Gesetzesauslegung als fester Schüler eines Rabbi
unterrichtet worden, um später selbst den Beruf eines Rabbinen zu er-
greifen, vielmehr ist er im pharisäischen Sinn für seine Lebensein-
stellung erzogen worden. Er lebte nach der Doktrin des Pharisäismus,
der ja weitgehend eine Laienbewegung war. So hat es auch wohl schon
sein Elternhaus getan (Apg 23,6). Im übrigen wird auch nirgends erwähnt, Paulus sei ehedem ordinierter Rabbi gewesen. Dies wäre auch
von seinem Alter her schwerlich möglich. Selbst wenn die Angabe in
Sota 22a, wonach erst mit 40 Jahren eine Ordination möglich ist, nur
ein ungefähres Datum angibt, wäre Paulus dafür zu jung gewesen (vgl.
oben 2).

Nach Apg 22,3; 26,5 erhielt er einen Teil seiner pharisäischen Erziehung in Jerusalem bei Gamaliel I, einem der großen zeitgenössischen
Rabbinen der Hillelschule. Das läßt sich an paulinischen Angaben nicht
überprüfen. Lukas sind diese Aussagen willkommen, weil er Paulus in
Jerusalem ortsansässig braucht, da er ihn bei der Verfolgung des Stephanus anwesend sein und ihn die Stephanusanhänger zunächst in Jerusalem
verfolgen läßt (Apg 7,58; 8,1.3; 22,4f.; 26,4f.). Auch paßt es zu seinem
Darstellungskonzept, in Jerusalem nicht nur die Kirche beginnen zu lassen, sondern hier auch die erste nicht nur vereinzelte Verfolgung anzusetzen. War es nicht auch eine klangvolle und aufregende Nachricht, den
späteren großen Apostel zu Füßen des großen Rabbinen sitzen zu lassen?
Paßt nicht diese Verbindung zu dem lukanischen Bestreben, die Christentumsgeschichte mit »welthistorischen« Daten zu verflechten? Ist nicht
endlich auch das lukanische Paulusbild insgesamt jüdisch orientiert und
dieser Zug dem einzuordnen? Wie immer man sich hier entscheidet, bedeutsam ist, daß Paulus durch die pharisäische Bildung – wo immer auch
erhalten – sicherlich später zu den wenigen frühen Christen gehörte, die
eine »höhere« Bildungsstufe besaßen. Der Jüngerkreis Jesu gehörte nicht

dazu, wohl aber solche hellenistischen Städter wie z. B. der »Stadtschreiber« Erastos (Röm 16,23).

Unbeschadet dieser letzten Beobachtung legt Paulus selbst zum Jerusalemaufenthalt nach der Apostelgeschichte zumindest eine teilweise andere Sicht der Dinge nahe: Zur Zeit der Berufung war er in Damaskus ansässig (Rückschluß aus Gal 1,17). Auch war er in den Jahren davor und danach nicht in Jerusalem (1,17 f.), ja war den Gemeinden in Jerusalem bis weit in die Jahre nach seiner Berufung von Angesicht her unbekannt (1,22-24). Nun hat man diese letzte Angabe so gedeutet, Paulus habe ja nur den Stephanuskreis verfolgt, nicht die Gemeinde um die Urapostel. Dieser Gemeinde könne er darum persönlich unbekannt geblieben sein. Sie allein blieb ja auch nach der Verfolgung in der jüdischen Hauptstadt. Da aber angesichts der kleinen Verhältnisse in Jerusalem auch der Petrusgruppe eine Verfolgung der Stephanusgruppe samt den daran beteiligten Personen bekannt gewesen sein mußte, kann Paulus nicht den Stephanuskreis verfolgt haben, ohne auch dem Apostelkreis und seinem Anhang bekannt geworden zu sein. Die bis dahin kleine Schar Jerusalemer Christen und das erste nachösterliche Martyrium, das sicher bei allen Christen Jerusalems Aufsehen erregte, läßt keine andere These zu. Dann aber muß es bei den klaren Worten von Gal 1,22-24 bleiben: Paulus war z.Z. der Verfolgung des Stephanus nicht in Jerusalem. Keiner würde im übrigen Gal 1 anders verstehen, stünde er nicht unter dem Druck, eine Harmonisierung mit Apg 7f. herstellen zu wollen. Daß Paulus vor seiner Ansiedlung in Damaskus in Kilikien wohnte, geht vielleicht indirekt aus Gal 1,21 hervor: Nimmt man nämlich an, der Apostel habe nach seiner Berufung Kilikien zu einem seiner ersten Missionsfelder gewählt, weil es seine angestammte Heimat war, dann hat dies eine Analogie beim Missionsverhalten der Stephanusleute (vgl. Apg 11,19-21). Diese entflohen offenbar der Jerusalemer Verfolgung, indem sie ihre Heimat in der jüdischen Diaspora aufsuchten und hier missionierten.

Mit diesen Beobachtungen ist allerdings noch nicht zugleich über die paulinische Erziehung bei Gamaliel I endgültig und negativ entschieden. Doch ist diese lukanische Angabe nun nicht sicherer, sondern eher suspekter geworden. Immerhin kann Paulus bei Gamaliel I gewesen sein und zumindest einen Teil seiner pharisäischen Erziehung im religiösen Zentrum des Pharisäismus bekommen haben. Dies hätte nämlich geschehen können, bevor Jesus auftrat und bevor es eine christliche Gemeinde gab. Darum bleibt auch bei solcher Annahme gewahrt, daß Paulus der Jerusalemer Gemeinde (bis zum Apostelkonvent) persönlich unbekannt war (Gal 1,22). So kann es in diesem Fall keinen sicheren Entscheid geben. Läßt man den Sachverhalt offen oder neigt eher zu einem Votum gegen Lukas, dann kann man Paulus nicht als Hilleliten darstellen. Solche schöne Konkretion ist zu hypothetisch im Ansatz. Eine Erziehung im pharisäischen Sinn hätte Paulus auch ohne weiteres an jeder größeren Diasporasynagoge erhalten können, also auch in Tarsus. Jerusalem hätte nur gleichsam »Oxfordniveau« hinzugefügt.

Nun hat man Paulus noch dadurch als Hilleliten kennzeichnen wollen, daß man ihm die Vertrautheit mit den sog. sieben Auslegungsregeln des Hillel unterstellte. Aber sind diese schon nicht für Hillel selbst sicher belegt, so erst recht nicht mit hinreichender Klarheit bei Paulus. Ja, das Pochen auf die gesetzliche Strenge des vorchristlichen Paulus (vgl. Gal 1,14; Phil 3,6) läßt eher diskutieren, ob Paulus einst nicht der strengeren anderen Schule des damaligen Judentums zuzurechnen sei, nämlich den Schammaiten. Aber auch um diese Hypothese steht es historisch nicht gut: Paulus will an den genannten Stellen gar nicht seine innerjüdische Position beschreiben, vielmehr den Kontrast zu seiner jetzigen christlichen Theologie markieren. So bleibt es dabei: Wir wissen, daß Paulus ehedem gesetzesstrenger Pharisäer war. Darüber hinausgehende speziellere Vermutungen sind und bleiben mehr als fraglich.

Eine letzte biographische Nachricht könnte man vielleicht noch Gal 5,11 (»Wenn ich noch die Beschneidung verkündige, warum werde ich noch verfolgt?«) entnehmen: Bezieht man nämlich den voranstehenden Bedingungssatz historisierend auf die jüdische Zeit des Apostels, dann kann man unter Hinweis auf die Mt 23,15 belegte pharisäische Proselytenwerbung aus dem jüdischen Paulus einen synagogalen Missionar für das Gesetz machen. Aber dieser Schluß ist weder zwingend, noch relativ gesichert, noch durch andere Beobachtungen zu stützen. Der Kampf des Paulus gegen getaufte Randsiedler der Synagoge in Damaskus (4.2; 4.3) spricht eher dafür, daß Paulus zwischen Heilsvolk und Heiden hart trennte.

Paulus ist also – das darf als Ergebnis festgehalten werden – ein gesetzesstrenger Pharisäer, aber zugleich ein Bewohner einer hellenistischen Stadt, die ein Zentrum hellenistischer Bildung war. Auch das der pharisäisch orientierten Familie eigene reichsrömische Bürgerrecht zeugt von einer Öffnung zum römischen Reich hin, die für einen Teil des Diasporajudentums sicherlich typisch war. Paulus integriert also zwei Welten in seiner Person: Judentum und Hellenismus. Beiden Größen soll nun noch unser Augenmerk gelten.

3.2 Paulus als Pharisäer der Diaspora

Um den theologischen Standort des Paulus als Jude zu bestimmen, hat es Sinn, die einzige Angabe des Apostels über sich selbst zu diesem Thema als Leitfaden zu benutzen. Es besteht nämlich überhaupt keine Veranlassung, an seiner Selbstbezeichnung als einem ehemaligen Pharisäer zu zweifeln oder sie in Alternative z.B. zu einem Apokalyptiker Paulus zu sehen, so sicher die jüdische Weltsicht des Paulus auch apokalyptische Züge trägt, wie noch zu zeigen ist.

Blickt man auf die jüdischen Quellen zum zu Paulus zeitgenössischen Pharisäismus, also auf den Pharisäismus aus der herodianischen Zeit bis zur Eroberung Jerusalems durch Titus 70/71 n.Chr., so wird die historische Wißbegier eher enttäuscht als befriedigt. Das spätere Rabbinat hat nämlich die Überlieferung nicht nur stark begrenzt, sondern auch entschieden vom Standpunkt des Siegers her bearbeitet. So hat das Rabbinat sich später als die alleinige jüdische Orthodoxie verstanden und darum alle anderen Strömungen im Judentum entsprechend abqualifiziert und große Teile solcher Traditionen unterdrückt. Es hat aber auch seine eigene pharisäische Vorgeschichte so dargestellt, daß sie nachträglich gradlinig in die Orthodoxie einmündete, so daß die hier und da noch erkennbare Vielfalt im frühen Pharisäismus weitgehend eingeebnet wurde. Endlich hat das Rabbinat diese Geschichte überhaupt nicht als Kontinuität und Entwicklung begriffen, sondern nur ältere Episoden und Kontroversen aufbewahrt, die für seine Gesetzesauslegung wichtig erschienen. Wie wichtig und typisch für ihre Zeit waren diese Traditionen aber, historische Zuverlässigkeit einmal unterstellt? Wer dies alles bedenkt, wird nicht über die Vielfalt und Gegensätzlichkeit in den neueren Darstellungen zur Geschichte des Pharisäismus verwundert sein.

Immerhin lassen sich einige Grundlinien erkennen: Wie die Essener, so entstammen auch die Pharisäer der asidäischen Bewegung des 2. Jahrhunderts v.Chr. Zur Zeit des Paulus hatten sie sich längst in feste Genossenschaften zusammengeschlossen, mit dem Ziel, das ganze Volk durch Gesetzesbeobachtung unter die heiligende Wirkung der Tora zu stellen. So sicher auch Priester und Schriftgelehrte zu ihnen zählten, waren doch die meisten Mitglieder Laien, die auf schriftgelehrte Auslegung der Tora mehr oder weniger angewiesen waren.

Indizien zeigen, daß die Vereinheitlichung pharisäischer Gesinnung ein Spätprodukt der Geschichte ist. Dazu gibt es verschiedene Hinweise: In herodianischer Zeit stehen Schammai und Hillel mit ihren Schulen im Streit mit einer einerseits im Grundsatz nomistischen, bzw. andererseits auf die Geschichtlichkeit des Lebens ausgerichteten Gesetzesauslegung. Weiter scheint ein radikal national-politisch orientierter Teil der Pharisäer zwischen Herodes und Titus zelotisch gegen alles Fremde agiert, die Mehrheit sich aber wohl auf die religiöse Gesetzesobservanz allein zurückgezogen zu haben. In der Diaspora wiederum dürften u.a. einige Pharisäer die Randsiedler der Synagoge, d.h. die sog. Gottesfürchtigen, die dem jüdischen Monotheismus anhingen, jedoch die Beschneidung scheuten, und die Proselyten vermehrt haben (Mt 23,25). Alle diese Variationen sind jedoch versöhnt in der grundlegenden Ausrichtung auf das Gesetz als der alleinigen Lebensnorm für ganz Israel.

Aber auch das Gesetzesverständnis selbst unterlag in der Gesamtgeschichte des Pharisäismus geschichtlicher Entwicklung. Diese betraf das grundsätzliche Gesetzesverständnis, die Auslegung der Lebensverheißung der Tora und endlich die Gewichtung innerhalb der Gesetze.

Was den ersten Punkt betrifft, so war das Gesetz durch den Siegeszug weisheitlichen Denkens im Frühjudentum gerade auch für den Pharisäismus mit der präexistenten Weisheit identifiziert worden (JesSir): Die Tora war also »das Gerät..., durch welches die Welt geschaffen wurde« (Aboth 3,14), als solche dann inneres Gesetz aller Schöpfung und Geschichte und Lebensnorm jedes menschlichen Lebens: Das weisheitlich verstandene Gesetz leitete zur Gottesfurcht (1,3), diese war als Tun des Gesetzes zu realisieren (1,17), das Gesetz eine einheitliche Größe, in der alle Gebote ranggleich Ausdruck des Willens der einen göttlichen Majestät waren (2,1). In versteckter Form ist diese Auffassung bei Paulus z.B. hinter Röm 1,18-3,20 zu erkennen.

Nun verhieß das Gesetz dem Täter Leben. Dieses Leben stellten sich der Sadduzäismus und Essenismus noch in urchristlicher Zeit in altgläubiger Weise als das eine irdische Leben des Menschen vor, der Pharisäismus hingegen lehrte wohl seit dem ersten vorchristlichen Jahrhundert, daß dieses Leben eine Fortsetzung in der kommenden Welt erhalten würde, an deren Anfang Lohn- und Strafzuteilung für das Verhalten aller Menschen gegenüber der Tora in dieser Welt erfolge (Mk 12,18-27 parr.; Apg 23,6-8; Aboth 2,1.7.16; 3,1.14-16). Damit war eine Grundanschauung der frühjüdischen Apokalyptik auch zur pharisäischen Anschauung geworden. Seither haben sich nicht nur Pharisäismus und Weisheitstheologie, sondern auch Pharisäismus und Apokalyptik verbunden. Auch Paulus zeigt, daß er in einem Wirklichkeitsverständnis lebt, nachdem diese Wirklichkeit durch eine kommende ewige abgelöst wird und das Tor in das Endheil das göttliche Gericht ist (s.u.).

Man sieht an diesen beiden entscheidenden Weichenstellungen für den

Pharisäismus, wie er sich von seiner gesetzlichen Grundausrichtung her dem geschichtlichen Wandel der Zeit öffnen konnte. So hat er offenbar auch in manchen Fällen eine geistige Öffnung zum Hellenismus vertreten und dementsprechend die Diasporasituation des Judentums bewußt aufgearbeitet. Ein schönes Beispiel dafür ist der jüdische Historiker Josephus (ca. 37/38 bis gegen Ende des 1. Jahrh. n. Chr.): Sadduzäischem Priesteradel entstammend, schließt er sich in der Jugend den Pharisäern an, nimmt in Galiläa am jüdischen Krieg teil, gerät in römische Gefangenschaft, um fortan auf Titus' Seite das Ende des Krieges zu erleben und dann, mit reichsrömischem Bürgerrecht und Jahresgehalt versorgt, in Rom zu wohnen. Sein literarisches Werk ist dem Versuch gewidmet, Judentum und hellenistisch-römische Kultur auf jüdischer Basis zu verbinden.

Nun enthielt das Gesetz vielfältige Gebote, die es in der Praxis zu gewichten galt. Hier haben neuere Forschungen gezeigt, daß die Pharisäer mit besonderer Intensität dafür eintraten, daß die Reinheitsgesetze im alltäglichen Leben im gesamten Volk zu beachten seien und nicht nur als Priestertora eine Rolle spielen sollten. Damit war die rituelle Heiligung des Alltags als Programm für das ganze Volk Israel gesetzt. In dem Maße, in dem dieses Ziel auch in der hellenistischen Diaspora vertreten wurde, war die Abgrenzung gegenüber allen Nichtjuden besonders deutlich markiert. War – gerade auch rituelle – Heiligung als Bewahrung der eigenen Identität als Bundesvolk Motor pharisäischen Handelns, dann kann verständlich werden, warum Paulus so aggressiv gegen Judenchristen in Damaskus vorging, wenn anders diese eben diese Grenze für durchlässiger ansahen (vgl. 4.2).

Nun ist mit solchen allgemeinen Beobachtungen zum Pharisäismus das Bewußtsein des Juden Paulus nur in seinen Rahmenbedingungen gekennzeichnet. Kann man hier zu spezielleren Aussagen über Paulus gelangen? Das ist jedenfalls dann der Fall, wenn man die paulinischen Briefe selbst dafür konsequenter als sonst üblich ausnutzt. Das soll heißen: Wer nach jüdischen Traditionsmaterialien und Anschauungen bei Paulus Ausschau hält, muß nicht einfach nur sie als allgemeines christliches Wissen vom Judentum verstehen, sondern man sollte fragen, inwiefern solche Aussagen Paulus selbst in bezug auf seinen ehemaligen jüdischen Standort beschreiben. Dabei soll es als unwahrscheinlich gelten, daß Paulus sich erst nach seiner Wende eine Anschauung vom Judentum bildete. Vielmehr ist es wahrscheinlich, daß sein christliches Urteil über das Judentum, seine christliche Beschreibung desselben und seine Aufnahme jüdischer Materialien ihre Wurzeln in der jüdischen Zeit des Apostels haben. Es ist doch wohl kaum vorstellbar, daß Paulus sich erst als Christ über das

Judentum orientieren mußte. Vielmehr hat zu gelten: Wenn Paulus das Judentum kennzeichnet, ist sein ehemaliges eigenes Judentum grundlegend im Spiel. Hierin zeigt sich ein wesentlicher Unterschied in der Analyse der Paulusbriefe und der synoptischen Tradition: Im letzten Fall ereignete sich Traditionsgeschichte im Medium anonymen Wachstums; im ersten Fall ist ein individueller Traditionsträger zu identifizieren. Unter dieser Fragestellung erkennt man nun bei Paulus einige deutliche Aspekte seiner pharisäischen Lehre. Sie werden immer dann um so begründeter dem jüdischen Paulus zugeschrieben werden können, wie sie sich an jüdischen Quellen kontrollieren lassen.

Nun muß noch vor aller Einzelerörterung gesagt werden, daß uns die Hinweise aus den paulinischen Schriften im griechischen Sprachgewand vorliegen. An keiner Stelle kann man durch eine glatte Rückübersetzung ins Aramäische deutlich machen, Paulus habe erst später – etwa als Christ – eine griechische Transformation vorgenommen. Das führt zu der Annahme: Paulus hat solche Aussagen wohl auch schon als Jude griechisch formuliert. Dies ist ein Indiz mehr, daß Paulus hellenistischer Diasporapharisäer war.

Das bestätigt auch das polemisch geladene Thema schlechthin, um das die Diasporasynagoge mit dem Hellenismus stritt: Der kompromißlose Monotheismus, der in der Welt römisch-hellenistischer Religion mit ihrer synkretistisch-toleranten Grundeinstellung einzig dastand. Der allein wahre Gott, als Schöpfer und Richter, steht den Göttern gegenüber (Röm 1,18f.; 1.Thess 1,9). Dabei sind die Götter nicht ontisch nichts, sondern von ihrer positiven Bedeutung her irrelevant. Sie werden als depotenzierte Mächtigkeiten eingestuft, also z.B. als Dämonen, die göttlich verehrt werden, aber denen keine Verehrung geziemt (1.Kor 8,4f.; 10,18-22). Ihre Verehrung ist gerade die Sünde der Heiden als Ausdruck ihres Ungehorsams gegenüber dem einen Gott. Sie führt erst recht in die menschliche sündhafte Perversion hinein, die aufweist, daß die heidnische Götterwelt für den Menschen nicht heilsam ist, und die nach jüdischem Urteil unter dem Gericht Gottes steht (Röm 1,18ff.). Darum kann es bei diesem Thema keinen Kompromiß zwischen Judentum und Hellenismus geben. Im Gegenteil: Alles heidnische sündige Wesen, wie es sich in Religion und Ethos zeigt, muß konsequent gemieden werden. »Habe nicht Gemeinschaft mit einem Gottlosen«, so lautet ein grundlegender pharisäischer Imperativ in Aboth 1,7. Der übliche Pharisäer – der oben erwähnte Josephus ist eher eine Ausnahme – lebt also nach einem Modell konfrontativer Disqualifizierung, nach der Israel die wahre Religion vertritt, alles Heidentum jedoch als sündiger Abfall davon zu gelten hat.

Paulus wird, wenn wir den damaszenischen casus belli zwischen ihm und den Christen richtig einschätzen (vgl. 4.2 und 4.3), das pharisäische Reinheitsideal und die Tabuisierung alles heidnischen Kultes konsequent vertreten haben. »Heilig bist du und furchtbar dein Name, und kein Gott ist außer dir« so betete auch Paulus mit der dritten Benediktion des Achtzehnbittengebets.

Dieses Gebet beginnt: »Gepriesen seist du ... Gott Abrahams, Gott Isaaks und Gott Jakobs, ... höchster Gott, Schöpfer Himmels und der Erde, unser Schild und Schild unserer Väter ...« Damit ist ein Doppeltes gesagt: Der weltweite Ansatz beim Schöpfergott, dem sich Welt und Menschheit verdanken, ist immer zugleich heilsgeschichtlich partikular bestimmt durch den Erwählungsglauben, wie er mit den Erzvätern Israels gesetzt ist, ja nicht von ungefähr beginnt das Gebet mit dieser heilsgeschichtlichen Prädikation Gottes. Nach Gal 2,15 kennzeichnet Paulus die für den Übertritt zum Christentum für Juden und Heiden unterschiedliche Ausgangssituation ganz selbstverständlich so, daß er zwischen den gebürtigen Juden und den sündigen Völkern trennt. Die Thematisierung des zukünftigen Geschicks Israels in Röm 9–11 ist nur aufgrund solcher Unterscheidung zwischen dem Heilsvolk und den übrigen Völkern verständlich. Wegen dieses fundamentalen Grundsatzes jüdischen Glaubens (vgl. nur noch Aboth 1,7; 3,14; 4. Esra 6,55 f.) sieht sich Paulus gezwungen, am ersten Erwählungsträger Israels, also an Abraham, zu zeigen, inwiefern Abraham, christlich gesehen, jetzt der Vater aller Glaubenden ist (Gal 3; Röm 4). Der 1. Thess ist Zeuge, wie Paulus den für das Selbstverständnis Israels so fundamentalen Glaubenssatz seiner Erwählung christlich umprägt und neu faßt (vgl. 6.2).

So kommt es zwangsläufig zur Abqualifikation der Völker als nicht erwählte schuldhafte Götzendiener (vgl. Röm 1,18 ff.; Gal 4,8): Auch Paulus kann die Völker – nun um den Unterschied zum Christentum zu kennzeichnen – in Kontinuität zum jüdischen Urteil ein »verkehrtes und verdrehtes Geschlecht« nennen (Phil 2,15), indem er Dt 32,5 bemüht – offenbar in alter pharisäischer Gewohnheit. Auch schimmert der vorchristliche Standpunkt des Paulus offenbar durch, wenn er es Christen untersagt, »vor Ungerechten«, d. h. vor Heiden, Prozesse zu führen (1. Kor 6,1 ff.). Schon die Synagoge hatte sich gerade auch eine eigene Gerichtsbarkeit aufgebaut, um nicht (nur) heidnischer Gerichtsbarkeit ausgeliefert zu sein. Paulus überträgt auf das Verhältnis von Christen zu den Heiden.

Auf der anderen Seite können die Vorzüge Israels herausgestellt werden, nämlich das Erwähltsein Israels durch den Bundesschluß mit den Vätern, so daß Israel nun die Sohnschaft besitzt; die Gesetzgebung als

Gabe zur Erkenntnis des Willens des Bundesgottes, um durch seine Befolgung Leben zu erlangen; den Gott allein wohlgefälligen Kult als Sühnemittel für Israels Verfehlungen; endlich die Verheißungen, vor allem daß Israel am Endheil Anteil haben und Gott seine Verheißungen nicht rückgängig machen wird (Röm 3,1f.; 11,2.28f.). In Röm 9,4 hat Paulus in einer zweimal drei Glieder umspannenden Reihung die Vorzüge Israels griffig formuliert: Ihm gehört:

die Sohnschaft,	die Herrlichkeit,	die Bundesschlüsse,
und die Gesetzgebung,	der Kult,	die Verheißungen.

Beide Reihen interpretieren sich gegenseitig: Sohnschaft und Tora gehören auch Aboth 3,14 zusammen. Die (irdische) Herrlichkeit (Gottes) wohnt im Tempel, in dem Israel den Kult ausrichtet. Die Bundesschlüsse (Erzvater, Mose) zielen vornehmlich auf die Verheißungen für Israels Zukunft ab. Im Wissen, den Juden richtig zu kennzeichnen, spricht ihn der ehemalige Pharisäer Paulus Röm 2,17ff. so an:

1a Er nenne sich ein Jude,
  b stütze sich auf das Gesetz,
  c rühme sich Gottes,
  d kenne den Willen (Gottes),
  e prüfe, was zu unterscheiden ist, unterrichtet aus dem Gesetz.

Dieser Selbsteinschätzung in der Gottesbeziehung entspricht die Fortsetzung, die den Vergleich mit den Völkern auszieht:

2a Er sei überzeugt, ein Führer der Blinden zu sein,
  b ein Licht für die in Finsternis,
  c ein Erzieher der Törichten,
  d ein Lehrer der Unmündigen,
  e besitzend die Ausformung der Erkenntnis und Wahrheit im Gesetz.

Beide Texte reden nicht von ungefähr der herausragenden Stellung der Tora das Wort, ihrer Befolgung und allgemeinen Durchsetzung.

Daß dies gerade auch Judentum in pharisäischer Interpretation ist, ist allgemein bekannt. Daß Paulus sich als pharisäischer Jude so verstanden hat, ist eine sinnvolle Konsequenz. Zur Absicherung dieses Schlusses ist nochmals ein Blick auf Phil 2,15f. aufschlußreich. Paulus überträgt in diesem Text jüdische Ansprüche und jüdisches Bewußtsein auf die christliche Gemeinde. So erwartet er, daß die Christen »untadelig und ohne Falsch seien«. Soll nicht so auch der wahre Jude sein (Röm 2,10.13; Phil 3,6)? Sie sollen weiter »makellose Kinder Gottes sein« (vgl. die jüdische Sohnschaft Röm 9,4), »mitten in einem verkehrten und verdrehten Geschlecht« (vgl. Röm 2,19f.) »als Lichter in der Welt scheinend« (vgl. Röm 2,19) und »das Lebenswort festhalten« (vgl. Röm 9,4). Zu dieser

Übertragung von einer Gemeinschaft auf die andere kommt die zusätzliche Beobachtung, daß Paulus sich ja selbst im Rahmen dieser jüdischen Vorzüge einordnet, wenn er sich als ehemaligen Pharisäer schildert (Phil 2,4-6).

Dieser Erwählungssituation zu entsprechen, d.h. die Tora als Offenbarung des göttlichen Willens zu befolgen und ihr gebührend Geltung zu verschaffen im Leben jedes einzelnen Israeliten, das war Grundanliegen des Pharisäismus (vgl. nur Aboth 1,12; 2,7.12): Ein Leben für das Gesetz zur Ehre Gottes. Paulus beurteilt seine eigene Lebenspraxis als Jude an dem alles beherrschenden Gesetz und hält sich für untadelig und gerecht (Phil 3,6; Gal 1,14). Man darf diese Aussage nicht gleich nach dem Gleichnis vom Pharisäer und Zöllner (Lk 18,11ff.) als Selbstgerechtigkeit verurteilen, muß vielmehr vorab sehen, daß Paulus des Menschen Geschick statt an seine Selbsteinschätzung, an das Urteil des göttlichen Richters bindet (1. Kor 4,3-5) und dies auch die typische pharisäische Einstellung war (Aboth 2,1.14f.; 3,1). »Gerecht« heißt toratreu im Urteil Gottes. Daß von diesem Grundsatz her dann u.a. auch die Möglichkeit bestand, daß man durch geduldig vollbrachte gute Werke sich ewiges Leben selbst suchte (vgl. Röm 2,7) oder gar dem Richter seine guten Werke präsentierte (Lk 18,11f.), sollte nicht bestritten werden.

Zur Toratreue gehört das Halten des Gesetzes als lebenslange Aufgabe und die Bußfertigkeit für begangene Sünden, wie ja das Gesetz selbst Gehorsam und Sühne enthält:

»Die Verläßlichkeit der Gerechten, ist bei Gott ihrem Retter.

Im Haus des Gerechten wohnt nicht Sünde auf Sünde.

Stets überwacht der Gerechte sein Haus,

damit er Ungerechtigkeit,

wie sie durch seine Übertretung geschah, tilgen kann.

Er sühnt Unwissenheitssünde durch Fasten

und Demütigung seiner Seele.

Der Herr reinigt jeden frommen Mann und sein Haus.«

So beschreibt PsSal 3,6-8 den Gerechten und kontrastiert ihn mit dem Sünder, der in seinem Leben Sünde auf Sünde häuft (3,9f.). Gerade der Gesetzestreue weiß, daß er von der göttlichen Barmherzigkeit, die ihm, dem Gerechten, gilt, lebt und bis zum Tode Bereitschaft zur Buße und Umkehr haben muß (Aboth 2,2.8.12; 3,1.15; 4,11). In diesem Sinn wird man auch die paulinischen Aussagen in Phil 3,6; Gal 1,14 zu verstehen haben. Paulus würde wohl auch keinem Juden absprechen, daß er in diesem Sinn gerecht zu sein vermag. Er würde allerdings dies um der Erkenntnis Jesu Christi willen für keinen Wert mehr halten (Phil 3,7ff. und unten 12.4).

Ein Leben für das Gesetz bedeutet für den Pharisäer Paulus: Gehorsam dem Schöpfer und Richter gegenüber. Diesen Gehorsam schulden Gott alle Menschen wegen ihrer Geschöpflichkeit. Dabei hat Israel den Vorzug, den göttlichen Willen durch das Gesetz zu kennen. Diese menschliche Schuldigkeit kommt im Endgerichtsgedanken am klarsten zum Ausdruck. Paulus hat am Gerichtsgedanken nicht nur als Christ festgehalten (z. B. 1. Kor 3,5-17; 2. Kor 5,10; Röm 14,10-12), vielmehr in Röm 2,2ff. in diskursiver Weise eine jüdisch-hellenistische Anschauung zur Gerichtsauffassung verarbeitet, die man mit Recht heute zu den »vorpaulinischen« Vorstellungsgehalten rechnet. Natürlich wendet der Christ Paulus in diesem Abschnitt in einer dem Juden unerträglichen Weise die Aussagen gegen die jüdische Auffassung. Aber dies geschieht, indem er von einer ihm und der jüdischen Seite gemeinsamen Basis (V. 2: »Wir wissen, daß...«) ausgeht und von solchem Konsens her auch gerade den Juden im göttlichen Gericht für entschuldbar hält. Also hat zu gelten: Sieht man von dieser polemischen Zuspitzung ab, muß sich in Grundzügen die traditionelle Gerichtsanschauung zeigen. Paulus hat ja nicht nur ab und an eine wurzellose hellenistisch-jüdische Vokabel in diesem Text verwendet (z. B. den Terminus des »gerechten Gerichts« V. 5), vielmehr signalisieren solche sprachlichen Beobachtungen eine Gesamtanschauung, von der her Paulus denkt und in der er sich insoweit mit dem Juden einig weiß. Also hat zu gelten: Die Gesamtanschauung zum Gericht, in bezug auf welche sich Paulus und Judentum einig sind, ist für Paulus als ehemaligen Diasporajuden typisch, wenn anders Paulus sich nicht erst nachträglich eine Anschauung vom Judentum bilden mußte, als er Christ wurde.

Wie sieht nun diese Gerichtsauffassung aus? Die Beantwortung dieser Frage soll so geschehen, daß am paulinischen Text entlanggegangen wird und jeweils jüdische Analogien dazugestellt werden. Alle Geschöpfe leben angesichts des kommenden Gerichtes. Niemand kann ihm entrinnen (Röm 2,2f.; 9,18-24; vgl. Aboth 2,1; 3,1). Ein Gerichtstermin oder gar eine zeitliche Nähe des Gerichtes sind kein Thema. Nicht, wann Gerichtstag ist, erscheint aktuell, sondern, daß die Befolgung der Tora oder ihre Ablehnung gerichtliche Konsequenzen hat, ist entscheidend (vgl. Aboth 2,1.15; 3,1). Das Gericht ist der Toralogie dienstbar gemacht. Es schärft ein, daß Gottes Wille nicht ungestraft mißachtet werden kann: Gott läßt sich nicht spotten (Gal 6,7), darum sei Täter der Tora (vgl. Aboth 1,16; 2,8)! Bis zum Gericht ist die Zeit des »Reichtums seiner Güte, Geduld und Langmut«, die den Menschen »zur Buße« treiben will. Wer diese Zeit nicht nutzt, ist halsstarrig und zieht sich den göttlichen Zorn zu (Röm 2,4f.; vgl. Aboth 2,1.8.10.12). Die Geschichte ist also verstanden als Gottes Ermöglichung, ein Leben für die Tora zu führen und zugleich konsequent auf das Endgericht hin verstanden.

Auch die Völker, denen die schriftliche Tora nicht anvertraut ist, sind vom Tun des Willens Gottes nicht dispensiert, denn – nun wird ein stoischer Gedanke hellenistisch-jüdisch umgeprägt – ihnen sind »von Natur aus« die Gesetzesforderungen bekannt, weil ihnen, wie »ihr Gewissen« bezeugt, das Gesetz »in ihre Herzen geschrieben« wurde (Röm 2,14f.).

Das Endgericht ist als endzeitlich-forensisches vorgestellt. Es ergeht »der Wahrheit gemäß« (Röm 2,2; Aboth 3,16), d.h. »ohne Ansehen der Person« (Röm 2,11; vgl. Aboth 4,22: PsSal 2,18 usw.) als »Offenbarung des gerechten Gerichts Gottes« (Röm 2,5; TLev 3,2: 15,2), womit eine hellenistische Neubildung benutzt wird, die Paulus sonst nicht gebraucht. Alle drei Aussagen meinen die Unbestechlichkeit des Richters, der niemanden bevorzugt, streng und unerbittlich nach den Taten jedes Menschen urteilt (Röm 2,6) und auch das »Verborgene der Menschen« (2,16) richtet. Indem Gott jedem sein endzeitliches Los zuteilt, ist sein Gericht gerecht (iustitia distributiva), entspricht es doch »der Wahrheit«, d.h. der Wirklichkeit des Menschen. So kann Paulus in Röm 2,6 aus Ps 62,13 (vgl. Prov 24,12) zitieren: Gott wird jedem Menschen »nach seinen Werken zurückgeben«. Ursprünglich meinte diese Aussage einmal einen engen Zusammenhang von Tun und Ergehen, wonach die Folge einer Tat unmittelbar auf den Täter zurückschlägt und Gott diesen Zusammenhang in Kraft hält. Doch ist nun die Aussage in ihrem jetzigen Kontext der drei Gerichtsgrundsätze zu lesen und bekommt so die Bedeutung von endzeitlichem »vergelten«: Gott stellt in einem Gerichtsakt Gerechtigkeit her, indem er Täter des Guten belohnt, d.h. ihnen »nach Schuldigkeit« »Lohn anrechnet« (Röm 4,2.4), aber Täter des Bösen »Zorn und Grimm« zukommen läßt (2,8ff.). So sprechen auch die Aboth von der göttlichen »Vergeltung« (1,7) und meinen damit die endzeitliche »Lohnverteilung« (2,1; 4,2), bei der Gott wie ein Arbeitsherr Lohn für geleistete Arbeit austeilt (2,16). Sie erfolgt aufgrund der Tatsache, daß alle Taten der Menschen in einem »Buch« aufgezeichnet sind (2,1) und sie »Rechenschaft und Rechnung« ablegen müssen (3,1), umgekehrt Gott ihnen alles »anrechnet« (2,2; 3,8). Solche arbeitsrechtliche und handelsrechtliche Sprache kann geradezu im Bild des Krämers und des Geldentleihers ausgemalt werden (3,16). Das »Ansammeln« von Zorn (Röm 2,5) wird auf diesem Hintergrund zu verstehen sein. Die Vorstellung ist also: Gott ratifiziert im Endgericht die abgeschlossene Menschheitsgeschichte durch seine Abrechnung. Er reagiert auf die Taten der Menschen durch sein Gericht.

Insofern haben die Taten in grundlegender Weise, vom Gericht her gesehen, Heils- und Unheilsbedeutung.

Grundlegend für Röm 2 ist weiter, daß Lohn und Strafe nicht quantifiziert werden: Wie es nur Gerechte und Sünder gibt, so gibt es nur endzeitliches Leben oder Qual:»Herrlichkeit und Ehre und Unvergänglichkeit« (wieder ein typisch hellenistischer Begriff!) bzw.»Herrlichkeit und Ehre und Frieden« (2,7.10) sagen, was»ewiges Leben« ist (Paulus hat das 1. Thess 4,17; 5,10 christlich und neu bestimmt). Umgekehrt sind »Zorn und Grimm« (Röm 2,8) Qualifikationen des endgültigen Unheilszustandes. Man muß sich dafür an die Ausführungen zum Urteil des Paulus über sein Gerechtsein unter dem Gesetz erinnern: Gerecht heißt toratreu. Deutlich schildern diese Aussagen beide Lebensausgänge parallel. Der Christ Paulus wird z. B. 1. Thess 4,13-5,11 am Geschick aller Ungläubigen kein Interesse mehr zeigen: Er verfolgt nur noch das Heil der Endzeitgemeinde. Das jüdische Interesse an der ausgleichenden Gerechtigkeit am Ende der Welt erfordert allerdings diesen Doppelaspekt (z. B. PsSal 3,6-12 usw.). Mit der pharisäischen Anschauung wird Paulus als Christ insofern einiggehen, als auch er nur die grundsätzliche Qualifikation im Endgericht kennt und dementsprechend auch nur einen einheitlichen Heilszustand.

Diese Gerichtsvorstellung enthält zwischen den Zeilen auch eine Aussage in bezug auf die Anthropologie: Der Pharisäismus setzt voraus, daß der Imperativ»du sollst!« auf einen Menschen stößt, dem das»du kannst« eigen ist. Die Sünde ist Fehlleistung aus Mangel an möglichem Einsatz des Menschen, nicht Spiegelbild einer negativen Qualifikation des Täters selbst. Mit anderen Worten: Die Willensfreiheit ist pharisäische Lehre (vgl. z. B. Aboth 3,15). Weil der Mensch prinzipiell frei zum Guten oder Bösen ist, also nicht von der Sünde beherrscht (Röm 7,14f.), braucht nur auf seine Werke gesehen zu werden, und er selbst bedarf keiner grundsätzlichen Erneuerung, bevor er ein Täter des Guten sein kann. Hier wird Paulus nach seiner Berufung anders denken, indem er seine Beurteilung des Menschen neu gestaltet (vgl. unten 14.3).

Blickt man nach diesen von Paulus entworfenen Ausführungen zum Endgericht auf das hellenistische Judentum, so hat es sich zwar nicht durchweg, doch sicherlich in einigen Fällen analoge, der Apokalyptik entlehnte Endgerichtsaussagen zu eigen gemacht. Davon zeugen z. B. die Test XII, die OrSib und der slavHen. Vor allem aber zeigt LibAnt, verfaßt von einem Autor, der zumindest dem pharisäischen Denken nahestand, wie apokalyptisches Denken dem pharisäischen Gesetzesverständnis dienstbar gemacht werden konnte, wenn diese Neuerzählung der Geschichte Israels die Sintflutgeschichte so erweitert, daß die große Flut ein Zeichen unter anderen geschichtlichen Zorneshandlungen Gottes war (vgl. Röm 1,18 ff. vor 2,1 ff.), jedoch dann, wenn die Jahre der Welt erfüllt sein werden, Gott alle Toten lebendig machen und »er einem jeden nach seinen Werken vergelten« wird (vgl. Röm 2,5 f.). Dabei gelten die Geretteten als »Gerechtfertigte«, die in einer anderen, »ewigen Wohnung« leben werden (LibAnt 3,9-10).

Daß sich der Pharisäismus dem Endgerichtsgedanken der Apokalyptik nähern konnte, indem er ihn als integralen Bestandteil seines Gesetzesverständnisses begriff, also die Toraverheißung des Lebens als endzeitliches Leben nach dem Gericht auslegte, macht die Pharisäer noch nicht zu Apokalyptikern. Auch der Pharisäer Paulus war kein Apokalyptiker, ebensowenig wie der Verfasser der LibAnt oder die Beter der PsSal oder die Lehrer Israels, die in Aboth zu Wort kommen. Will doch die Apokalyptik gerade durch außerordentliche Offenbarungsvorgänge, die großen Gestalten der Geschichte zugeordnet werden, nicht im jüdischen Gesetz enthaltenen Wahrheiten Anerkennung verschaffen. Sie will gerade neben Mose und über ihn hinaus Autorität für zusätzliche Wahrheit etablieren (vgl. z.B. 4. Esra 14,37-48). Ein Pharisäer kennt nur die Autorität des Mose: Das Gesetz allein ist zum Lebensgewinn genug. So ist die Antwort, die Lazarus Lk 16,27 ff. auf seine Bitte, seinen Brüdern eine Sonderoffenbarung zukommen zu lassen, erhält, typisch pharisäisch: »Sie haben Mose und die Propheten. Die sollen sie hören ... Wenn sie Mose und die Propheten nicht hören, werden sie sich auch nicht überzeugen lassen, wenn jemand von den Toten aufersteht.« Darum redet der Pharisäer auch nicht pseudonym oder anonym, er lehrt vielmehr mit der Autorität des Mose. Bei ihm beruft sich kein Altvorderer wie Henoch oder Esra auf Sonderoffenbarungen, die eigentlich verborgen sind und nur dem Seher enthüllt werden, er kennt allein die Gesetzesoffenbarung Gottes am Sinai und ihre Auslegung durch die mündliche Tradition (Aboth 1,1).

Die Sonderoffenbarung, auf die sich die Apokalyptik beruft, ist meist Ausdruck einer Krisenstimmung, die die irdische Geschichte als Unheilsgeschichte begreift, in der der Blick auf Gottes sinnstiftendes Handeln allgemein verborgen oder verlorengegangen ist. Die apokalyptische Ratlosigkeit und Ausweglosigkeit bei ihrer Welterfahrung im globalgeschichtlichen und kosmischen Sinn soll durch solche Spezialoffenbarung überwunden werden, indem diese lehrt, wie Welt und Geschichte einer verborgenen, jedoch jetzt Auserwählten schon geoffenbarten Ordnung und Periodisierung unterliegen und wie sich an die Jetztzeit kosmische und geschichtliche Endzeit anfügen. Der Pharisäer beschreibt hingegen die Geschichte als durchgängige und gleichbleibende Zeit der Langmut Gottes, indem jeder einzelne die Chance und Aufgabe der Toraerfüllung hat, um dafür dann einmal Gott Rechenschaft abzugeben. Er braucht keine geheime Geschichtsperiodik und kein kosmisches Sonderwissen über Welt und Endzeitgeschehen. Das Endgericht konzentriert sich für ihn auf den anthropologischen Sinn der Belohnung und Bestrafung jedes Menschen angesichts der Gebote der Tora. So wird es formal Paulus auch als Christ immer noch halten (Röm 14,10; 2. Kor 5,10 usw.). Aus der Zeit, als Paulus Pharisäer war, stammt die Überlieferung (Aboth 3,1): »Achte genau auf drei Dinge, und du wirst nicht in die Gewalt der Sünde kommen. Wisse, woher du gekommen bist und wohin du gehst und vor wem du Rechenschaft und Rechnung abzulegen haben wirst. Woher du gekommen bist? Aus einem übelriechenden Tropfen. Wohin du gehst? Zu Maden und Würmern. Vor wem du Rechenschaft und Rechnung abzulegen hast? Vor dem König aller Könige...« Für den Pharisäer kann sich der einzelne auf die Verläßlichkeit des Lebens immer noch stützen, weil die Erwartung göttlicher Vergeltung konstant und unerschütterlich ist. Auf diesen je einzelnen und seinen Gehorsam gegenüber der Tora kommt es an. Er muß ganz allein für sich im kommenden Gericht bestehen. Mehr als dies braucht er im Leben nicht zu wissen. Dieses Grundwissen jedoch ist durch Mose sicher verbürgt.

3.3 Paulus und der Hellenismus

Daß der Diasporapharisäer Paulus ein hellenistisch geprägtes Judentum vertrat, kam schon eben ansatzweise ins Blickfeld (vgl. oben 3.1 und 3.2). Dieser Sachverhalt soll nun noch etwas genauer erörtert werden. Allerdings kann man sich dieser Frage als einer besonderen dadurch entledigen, daß man überhaupt pauschal das Judentum der urchristlichen Zeit als hellenistisch bezeichnet. Das geschieht sogar mit einem begrenzten Recht: Nachdem die Diadochenreiche auch im hinteren Mittelmeerbecken das Erbe Alexander des Großen angetreten hatten, geriet diese gesamte Region in den Einfluß griechisch-hellenistischer Sprache und Kultur. Davon blieb auch das gesamte Judentum nicht frei. Aber es macht schon noch einen Unterschied, ob ein Jude sich den Makkabäern anschloß und gegen die akute Hellenisierung kämpfte, ob ein Essener asidäisch-priesterlich orientiert war, ob sich ein Bewohner der galiläischen Dörfer trotz mancher eventueller griechischer Sprachbrocken der traditionellen Väterreligion zuordnete, oder ob ein Josephus die Tora und die griechische Rhetorik studierte, Aristobul und Philo in die griechische Philosophie eindrangen, um sie mit dem jüdischen Glauben zu vereinigen, oder Demetrius, Eupolemus und Artapanus der griechischen Religion und Kultur gegenüber eine jüdische Apologetik aufbauten. Bei der Frage, wieweit eine Einzelperson oder eine Gruppe in Sprache, Religion, Bildung und Kultur hellenisiert wurde, gab es naturgemäß große Unterschiede. Dasselbe gilt bei der Frage, ob jemand in Judäa oder Alexandria aufwuchs, oder ob er mit der griechischen Sprache nur zur alltäglichen Verständigung mehr schlecht als recht umging, bzw. über die Sprachkenntnis auch »mit der Seele« (vgl. Josephus, contra Apionem I 180) ein Grieche geworden war. Wo ist also Paulus aus Tarsus in diesem Spektrum einzuordnen?

Ohne Zweifel wird man für Tarsus ganz generell die institutionellen Möglichkeiten, eine hellenistische Gesamtbildung mit dem Ideal einer repräsentativen Universalbildung zu erhalten, in Rechnung stellen dürfen (vgl. oben 3.1). Man kann zur Zeit des Paulus etwa folgenden typischen Bildungsweg im allgemeinen annehmen: Zunächst wurde man im Elementarbereich (Gymnastik, Musik, Lesen und Schreiben) unterrichtet. Das besorgten Privatlehrer und Sklaven. Darauf baute die höhere Allgemeinbildung auf. Das war die Aufgabe der Rhetoren und ihrer Schulen. Sie lehrten Grammatik, Lektüre der Klassiker, Rhetorik (Rede- und Aufsatzkunde), Dialektik (Anfangsgründe des Philosophierens), Mathematik und Musiktheorie. Daran schloß sich als Krönung der Unterricht an den Philosophenschulen an, an denen gerade auch das bedeutendste Fachwissen aller Art aus dem ganzen Altertum gelehrt wurde.

Nun wird man für eine jüdische Familie, deren religiöse Haltung gesetzesstreng und pharisäisch war (vgl. oben 3.2), kaum annehmen, sie habe ihren Sohn auf eine heidnische Schule geschickt, so sicher Paulus natürlich hier und da einem heidnischen Rhetor oder Philosophen hat zuhören können. Er verrät auch selbst keine Kenntnis griechischer Philosophie oder der alten Klassiker. Hierin unterscheidet er sich deutlich von Philo. Also liegt es näher, daß er durch ein jüdisches Bildungswesen der hellenistischen Diaspora gegangen ist. Dieses bestand – schon aus Konkurrenzdruck – in bezug auf die erste und zweite Bildungsstufe aus sehr analogen Unterrichtsfeldern. Natürlich konnten, ja mußten Modifikationen vorgenommen werden. Die Tora wurde selbstredend Hauptgegenstand des Unterrichts. Gymnastik war bei den Juden nicht gut angesehen, konnte also vernachlässigt werden. Bei den Sprachen standen wohl Aramäisch und Griechisch hauptsächlich auf dem Stundenplan. Die Einführung in die griechische Philosophie konnte mit Zurückhaltung oder gar nicht gelehrt werden. Daß man allerdings auf die Rhetorik verzichtet haben sollte, ist sehr unwahrscheinlich: So sicher Juden ihre eigene Gerichtsbarkeit aufbauten, wo sie es konnten, mußten sie sich doch z.b. wohl oder übel vor heidnischen Gerichten verteidigen, wenn ein Nichtjude sie anklagte. Auch sollten viele hellenistische Juden sicher nicht darauf verzichten, in einem Verein oder bei einer privaten Feier eine hellenistischen Ohren erträgliche oder gar lobenswerte Rede zu halten. So kann man sich also das jüdische Bildungswesen in der hellenistischen Diaspora durchaus in Analogie zur hellenistischen Bildung vorstellen.

Wir nehmen einmal an, Paulus habe eine solche jüdische höhere Allgemeinbildung erhalten, die in der Qualität der zweiten Stufe hellenistischer Bildung entsprach. Zur Begründung dieser These setzen wir am besten bei der Sprache des Apostels ein. Für Paulus gibt es eine geläufige Sprachregelung: Alle Nichtjuden sind »Griechen« (z.B. Röm 1,16; 2,9f. usw.). Diese Unterscheidung hat natürlich zuerst heilsgeschichtlich-theologische Bedeutung: Grieche sein, heißt Heide sein. Aber die Unterscheidung besagt auch dieses: Für Nichtjuden ist in der Regel die lingua franca das Griechische. So schreibt Paulus nicht nur nach Philippi und Korinth in griechischer Sprache, sondern ebenso nach dem entlegenen Galatien wie in die römischste aller Städte, also nach Rom. Die natürliche Vielsprachigkeit auf dem heidenchristlichen Missionsfeld (vgl. Apg 2,8-11) ist für Paulus darum kein ernstes Problem, trotzdem in den Städten der Provinzen zu missionieren, weil er selbst von klein auf in Tarsus Griechisch gelernt hatte und überall im analogen städtischen Milieu auf Griechisch als Umgangssprache stieß.

Die Griechischkenntnisse des Paulus lassen sich näher beschreiben: Er spricht recht geläufig und ohne wirkliche Übersetzungssemitismen die sog. Koine. Er denkt in dieser Sprache, und sein Stil ist weder sprachlich holperig noch hart, gemessen an anderen Sprachzeugnissen seiner Zeit. Er beherrscht die griechische Grammatik gut. Ihm gelingen ab und an klassisch-griechische Satzperioden. Auch die heilige Schrift zitiert er – meist auswendig – nach der Septuaginta, die er offenbar von Jugend auf liest und an der er gelernt hat, sonst könnte er kaum aus ihr so umfangreich zitieren. Das Griechische ist für Paulus also nicht nur eine marginale Angleichung an seine Leser und Hörer, sondern ein Aspekt seiner eigenen Bildung. Aus diesem Grund hat es Sinn, hier Schulbildung aus seiner Jugendzeit vorauszusetzen.

Ein weiteres Beobachtungsfeld für unsere Fragestellung sind die allgemeinen Mittel der Briefgestaltung und die speziellen Argumentations-

und Darstellungsmittel innerhalb der Briefe. Paulus beherrscht von Anfang an den Briefstil, wenn er, dem griechischen Formular folgend, den
Briefeingang in superscriptio (Absenderangabe), adscriptio (Angabe des
Adressaten) und salutatio (Gruß in formelhafter Gestalt) gliedert und
dabei nach orientalisch-jüdischer Weise die salutatio als eigenen Satz bildet. Auch für den Schluß der Briefe kann man eine gängige Typik erkennen. Innerhalb der Briefe gelingt es ihm, selbst bei so komplexen Pro-
blemfeldern, denen er sich z.B. in Röm 1–8 stellt, seine Gedankengänge
gut zu ordnen, ihre Abfolge durchsichtig zu machen, mit Textsignalen zur
Gliederung sinnvoll umzugehen und mit guten Formulierungen eine Sache auf den Punkt zu bringen. Das muß man sich bei aller Begabung und
autodidaktischen Lernfähigkeit in der Regel durch Schulbildung aneignen. Nun kommt hinzu, daß Paulus sich dabei nicht irgendwelcher stilisti-
schen Mittel bedient, sondern hellenistische Argumentationsmuster sowie
den Stil der sog. Diatribe (wenn dieser unscharfe Ausdruck als Sammelbegriff gestattet ist) verwendet. Wiederum ist also der hellenistische Einfluß
gehobener Bildung augenfällig.

Weiter ist ein Blick auf die Rhetorik aufschlußreich. Paulus und die
griechische Rhetorik, das ist ein neuerlich stark beachtetes Thema. Wer
weiß, wie sehr das gesamte öffentliche Leben im Hellenismus von der
Kenntnis der Rhetorik bestimmt war, wie jedermann auf der Agora, in
der Gerusia oder in den Vereinen usw. erleben konnte, wie Redner auftraten bis hin zu den Wanderpredigern aller Art und dem bunten Volk der
Sophisten, der wird Paulus grundsätzlich in jedem Fall eine gewisse
Kenntnis auf diesem Gebiet zutrauen. Allerdings scheint er von der Rhetorik auf den ersten Blick nicht viel zu halten. Von seinen verschiedenen
Gegnern in Korinth grenzt er sich dadurch ab, daß er nicht »in überreden-
den Worten von Weisheit« missioniert habe (1. Kor 2,4; vgl. noch
1. Kor 1,17.20; 2,1.13) und sich für ungeübt in der Rede hält (2. Kor 11,6).
Die Korinther scheinen von ihm den Eindruck zu haben, er sei im persönlichen Auftreten schwächlich und nicht gerade redegewandt (2. Kor
10,10). Dieser Eindruck kehrte sich allerdings in seinen Briefen ins Gegenteil! Schon den Thessalonichern schreibt der Apostel, weder mit
Schmeichelrede noch mit der Absicht, durch seine Rede Geld zu verdienen (1. Thess 2,5), sei er bei ihnen aufgetreten.

Spätestens hier wird deutlich, daß Paulus sich gegenüber konkreten
Konkurrenzen abgrenzt, die offenbar sehr selbstbewußt und eloquent
auftraten, während Paulus in solchem Zusammenhang auf die Alleinwirksamkeit Gottes in seiner Rede hinweist und darum seine eigene Redekunst
herabstuft. Er setzt sich nicht einfach grundsätzlich von aller Rhetorik ab,

sondern will durch den Inhalt seiner Rede, dem Evangelium und seiner Wirkkraft, Glauben wecken.

Das kann man nun durchaus auch als eine religiöse Variante eigener Art in der rhetorischen Diskussion der Zeit verstehen. Ciceros zunehmender Einfluß auf die rhetorische Bildung der Epoche hatte gerade dafür gesorgt, daß der attizistische Weg der Rhetorik mit seiner Lust an der rhetorischen Formalisierung, der die Form der Rede mehr schätzte als den Inhalt, durchkreuzt wurde von der Einsicht, daß Ausgangspunkt aller rhetorischen Leistung das Sachwissen des Redners zu sein habe: Die Rede soll in erster Linie durch ihren Inhalt und nicht durch rhetorische Form überzeugen. So ist es also doch nicht abwegig, zuzusehen, ob Paulus rhetorisches Können zeigt. Dies gilt um so mehr, als Paulus geradezu leidenschaftlich mit seinen Gegnern um die Art der »Überredung« durch die Rede kämpft (vgl. 1. Kor 2,4; 2. Kor 5,11; sachlich 2. Kor 10–13). Damit thematisiert er eine der klassischen Funktionen der antiken Rede. So hat Gorgias mit respektabler Langzeitwirkung die Rhetorik als »Meisterin der Überredung« definiert (Plato, Gorgias 453A). Man weiß in der Antike, wie diese Überredungskunst in Politik und vor Gericht von herausragender Bedeutung ist, aber wie sie auch die Wahrheit knechten kann.

Zur Zeit des Paulus war die Rhetorik längst ein Element der Bildung. Man unterschied drei typische Reden: die Gerichtsrede, die politische Rede und die Gelegenheitsrede. Der erste Typ besaß in diesem Dreigespann eine Art Leitfunktion. Dabei spielt sicherlich auch die Freude der Griechen an Prozessen eine Rolle. Doch konnte man mit solchen Reden auch gut Geld verdienen. Jedermann konnte praktisch regelmäßig den gerichtlichen Verteidigungsreden zuhören und sich ihrem Eindruck, auch natürlich ihrer technischen Kunst aussetzen, auch Paulus in Tarsus. So nimmt es nicht wunder, wenn man neuerdings verstärkt beobachtet, wie sich Paulus gerade dort, wo er sich verteidigen muß und polemisch reagiert, an die Gerichtsrede anlehnt. Vor allen Dingen 1. Kor 1–4; 9; 15; 2. Kor 10–13; Gal sind Stellen, an denen sich der Apostel zumindest verschiedener Elemente der Gerichtsrede bedient. Selbst wenn Paulus hierbei wohl kaum regulär schulmäßig verfährt und auch die Gattung des Briefes eine Brechung der Aufnahme solcher Rhetorik mit sich bringt, so kann wohl nicht gut bezweifelt werden, daß seine Darstellungsweise sich an die Rhetorik der Antike anlehnt. Auch hier ist die Annahme naheliegend, daß er diese Kenntnis seiner Zeit in Tarsus verdankt. Wiederum kann man fragen, wie er zu solcher Schulung gelangte. Nur durch Zuhören auf dem Marktplatz ist das kaum möglich. Also ist dieses keine

hinreichende Erklärung. Hat Paulus etwa die antiken Lehrbücher der
Rhetorik beim jüdischen Rhetor kennengelernt? Diese Vermutung legt
sich jedenfalls nahe. Dann hat er vielleicht sogar Pseudociceros Rhetorica
ad Herennium oder gar Ciceros De inventione gelesen oder eines der stoischen Werke? Diese Frage läßt sich nur stellen, doch nicht beantworten.

Man kann hier innehalten und ein Zwischenergebnis feststellen: Es gibt
also mehrere Indizien, die zusammen doch den Eindruck verstärken, daß
Paulus eine höhere Allgemeinbildung genossen hatte, die für den Hellenismus offen war. Man darf also nicht vorschnell eine fragliche Verbindung zwischen Gamaliel I und Paulus dazu benutzen, Paulus so dicht wie
möglich an ein palästinaorientiertes Judentum ohne nennenswerten hellenistischen Einfluß zu binden. Paulus selbst zeigt im Spiegel seiner Briefe,
wie er doch einen guten Anteil hellenistischer Bildung mitbekam. Nur so
ist es auch erklärlich, daß er als ehemaliger Jude sich konsequent auf die
Gründung heidenchristlicher Gemeinden einließ und doch wohl ganz gut
mit der hellenistischen Sozialisation und Herkunft seiner Gemeindeglieder umgehen konnte. Der entscheidende Testfall war und ist in diesem
Fall Korinth. Man wird nicht sagen können, Paulus habe diesen Test nicht
bestanden. Daß er diese Fähigkeit dazu bei dem Gesetzesausleger Gamaliel I überhaupt lernen konnte, müßte erst noch nachgewiesen werden.

Nun gibt es Bildung, die man normalerweise durch besondere Schulung erlernt, und Bildung, die auch das Leben im Alltag vermitteln kann.
Wer in Tarsus aufwächst, nimmt auch an hellenistischer Kultur teil, indem
er, als Jude begrenzt, ins Leben der Stadt integriert ist. Natürlich kann
und wird dies alles als Schulstoff wieder auftauchen. Jedoch sind solche
Indizien nicht hinreichend sichere Beobachtungen zugunsten einer besonderen schulischen Bildung. Doch seien für Paulus einige solcher Phänomene aufgeführt.

Es gibt Zeugnisse in der paulinischen Korrespondenz, an denen der
Apostel in ehemals jüdischen Traditionszusammenhängen hellenistische
Anschauungen vorträgt, die mit dem jüdischen Kontext bereits eng verwoben sind. Dafür einige Beispiele aufzuzählen, fällt nicht schwer: So ist
es die hellenistische Synagoge, die ihm vermittelte, wie natürliches Offen-
barungsdenken der Stoa mit typisch jüdischer Polemik gegen die heidnische Welt verbunden werden konnte (vgl. Röm 1,18ff.; 2,12ff.). Seine
Kenntnis und Beurteilung der heidnischen Götterwelt entstammt ebenfalls bereits der vorchristlichen Zeit (vgl. 1. Thess 1,9; 1. Kor 8,1-6; 10,14-
22). Schon als hellenistischer Jude wird Paulus hellenisierte jüdische Paränese kennengelernt haben, die er dann als Christ nochmals umgestaltete
(vgl. z.B. die Lasterkataloge in Röm 1; Gal 5). Dieselbe hellenistische

Synagoge, die ein jüdisches Arrangement mit dem heidnischen Staat pflegte und dabei die hellenistisch-römische Sprache politischer Administration aufgriff, vermittelte Paulus Position und Sprache, wie sie in Röm 13,1-7 zutage treten. Doch auch die griechischen Geist atmende allegorische Methode, wie sie Paulus (allerdings selten) anwendet (vgl. 1. Kor 10,1-13; Gal 4,21-31), kennt schon die synagogale Auslegung der Septuaginta, wie nicht nur, aber besonders eindrücklich Philo, der etwas ältere Zeitgenosse des Paulus aus dem ägyptischen Alexandria, belegt. Diese vermehrbaren Exempel machen klar: Paulus ist als Jude auch der hellenistischen Kultur zugewandt.

Aber der paulinische Hellenismus beschränkt sich nicht auf solche Phänomene, wie sie im typisch jüdisch vermittelten Rahmen erscheinen. Paulus zeigt sich auch in christlichen Zusammenhängen noch als Hellene: Wenn Paulus seine apostolische Existenz mit Hilfe des Wettkampfes in der Arena eines griechischen Gymnasiums beschreibt (1. Kor 9,24-27), so spiegelt sich darin seine hellenistisch-städtische Sozialisation, die ihm popularphilosophische Traditionen vertraut machte. Im Zusammenhang mit seinen Taufaussagen ist Paulus offenkundig von der popularisierten Anschauung und Sprache der hellenistischen Mysterienreligionen abhängig (vgl. nur Röm 6,1ff.), ohne daß er als Jude oder Christ natürlich einen solchen Kult unmittelbar kannte. Seine Vorstellung der Kirche als »Leib Christi« (Röm 12,4ff.; 1. Kor 12,12ff.) ist ohne den griechisch-philosophischen Hintergrund kaum erklärbar. Wer die formalen und inhaltlichen Zusammenhänge hellenistischer Tradition beim sog. Hohen Lied der Liebe (1. Kor 13) ausblenden will, wird den geistesgeschichtlichen Hintergrund desselben wohl kaum angemessen beschreiben können. Auch die stoischen Allmachtsformeln (Röm 11,36; 1. Kor 8,6) gehören in diesen Zusammenhang. Diese Beispiele sind wiederum vermehrbar. Wer so selbstverständlich hellenistisch redet und denkt, muß in den entscheidenden Jahren seiner jugendlichen Sozialisation mit solchen Phänomenen Umgang gehabt haben, denn in Antiochia wird Paulus dergleichen sicherlich nicht erst neu gelernt haben. Dabei ist es typisch, daß auch in diesen Fällen eigentlich immer ähnliche Aneignungsprozesse für die hellenistischen Synagogen überhaupt nachgewiesen werden können (z.B. Wettkampf: 4. Makk; Mysteriensprache: Philo; zu 1. Kor 13 vgl. vor allem 3. Esra 4,34-40). Man darf also auch für diese Fälle konstatieren: Es werden das Leben in einer hellenistischen Stadt und die hellenistisch-jüdische Erziehung des jungen Paulus gewesen sein, die ihm die Kompetenz vermittelten, später als Christ selbständig Geist und Tradition des Hellenismus als sein Eigenes zu verwenden.

4. Die Berufung zum Apostel der Völker

4.1 Die Quellenlage und die Probleme ihrer Deutung

Schon bald nach der Wende im Leben des Apostels, durch die aus dem Christenverfolger ein Verkündiger des gesetzesfreien Evangeliums wurde, entstand eine Pauluslegende, die das Besondere an der Person des Apostels und ihrer Stellung zur christlichen Gemeinde festhielt, also vom Blickwinkel der Gemeinde her erzählte, was ihn von allen anderen Christen dieser Zeit unterschied. Weil Paulus hier eine Ausnahmestellung einnimmt – nicht nur in seinem Selbstverständnis, sondern auch im Bewußtsein der damaligen Christenheit – entwickelt sich solche allgemein umlaufende Tradition über seine Person. Paulus greift sie in Gal 1,23 f. absichtlich auf, wenn er dort schreibt: »Sie (d. h. die judäischen Christen) hatten nur gehört: Der uns einst verfolgte, verkündigt nun den Glauben, den er einst zu vernichten suchte; und sie preisen Gott um meinetwillen.«

Der Apostel setzte dabei voraus, daß man in Judäa und Galatien, also doch wohl in der Christenheit insgesamt, von dieser Tradition Kenntnis hat. Ein Vergleich mit dem sachlich ähnlichen Text in Apg 9,20 f. lehrt, daß hier in typischer Weise das Leben des Paulus zweigeteilt wird (Verfolger... Verkündiger) in bezug auf seine Stellung zur christlichen Gemeinde, und diese beiden Beziehungen durch das der Taufsprache entlehnte zeitlich orientierte Kontrastschema »einst – jetzt« (vgl. 1. Kor 6,9-11; Röm 5,8-11; Kol 2,13 usw.) geordnet werden. Am auffälligsten ist dabei der Gebrauch des seltenen Verbs »vernichten«, das Paulus selbst nur noch Gal 1,13 benutzt, um ebenfalls seine Verfolgertätigkeit zu kennzeichnen. Das geschieht Gal 1 offenbar in Abhängigkeit von dieser urchristlichen Pauluslegende, wie sie in Apg 9 sichtbar wird. Auch der absolute Gebrauch von »den Glauben« verkündigen, bzw. vernichten deutet auf nebenpaulinische Rede (vgl. Gal 6,10).

Das Entstehen und Erzählen solcher Legende kann in den größeren Zusammenhang von analogen Legendenbildungen gestellt werden, wie sie über große Gestalten des Urchristentums alsbald aufkamen. Dabei interessierte nicht die Biographie solcher Gestalten überhaupt, sondern ihre Zuordnung zur Kirche oder ihre Bedeutung für den neuen Glauben. So war Petrus der erste Osterzeuge (Lk 24,34; 1. Kor 15,5), Stephanus galt als erster Märtyrer der Christenheit (Apg 6f.) oder Epainetos wurde als der Erstgetaufte der Asia (Röm 16,5) bekannt. Dem ordnet sich Paulus zu als der ehemalige Verfolger und jetzige Verkündiger des Glaubens. Diese Pauluslegende darf hohes Alter beanspruchen: Sie ist aus dem Blickwinkel des ältesten nachösterlichen Zentrums der Christenheit formuliert und setzt voraus, daß Paulus dort, also bei den judäischen Christen persönlich noch unbekannt ist. Sie wird darum sehr früh nach der paulinischen Berufung und in jedem Fall vor dem Apostelkonzil (vgl. unten 5.2) entstanden sein.

Aus dem Zusammenhang der Paulusrezeption der nachapostolischen Zeit sind zwei weitere Texte bekannt, die unabhängig von den echten Paulusbriefen von der Pauluslegende bestimmt sind und die Wende im Leben des Apostels widerspiegeln: Apg 9,1-22 (22,3-21; 26,9-20) und 1.Tim 1,12-16.

Der letzte Text wird auch mit seiner Tradition relativ jungen Datums sein und braucht hier nur kurz erwähnt zu werden. Er lautet:»Dank hege ich gegenüber dem mich stärkenden Jesus Christus, unserem Herrn, daß er mir die Treue zutraute, mich in Dienst zu stellen, obwohl ich früher ein Lästerer, Verfolger und Bekämpfer war. Aber mir wurde Erbarmen zuteil, weil ich unwissend im Unglauben handelte. Die Gnade des Herrn hat sich an mir überreich erwiesen, samt Glaube und Liebe in Jesus Christus. Bewährt ist das Wort und aller Beachtung wert:›Jesus Christus kam in die Welt, um Sünder zu retten.‹ Unter ihnen stehe ich an erster Stelle. Aber darum erhielt ich Erbarmen, weil Jesus Christus an mir, allen anderen voran, seine ganze Langmut aufzeigen wollte, um an mir vorbildlich darzustellen, wer, an ihn zum Glauben kommend, zum ewigen Leben gelangen solle.« Der Text paradigmatisiert den paulinischen Lebensbruch als den exemplarischen Fall der Sünderliebe Gottes in Christus, wie sie allen Menschen gilt. Paulus war Lästerer Gottes, Verfolger und Bekämpfer der Kirche. Aber dies fällt unter die Unwissenheit wie der Götzenkult der Heiden nach der Areopagrede (Apg 17,30). So kann es unter die »Langmut« Gottes subsumiert (vgl. Röm 2,2) und darum gnädig vergeben werden.

Einerseits urteilt Paulus über seine Verfolgertätigkeit anders (s.u.), andererseits ordnet sich die Sprache des Textes einer bestimmten missionarischen Bekehrungspredigt ein, die konträr zu Paulus steht: An der Stelle vergebungsfähiger Unwissenheit steht bei Paulus die Unentschuldbarkeit der Menschheit (Röm 1,32; 2,1; 3,9ff.). Wiewohl Paulus auch die Paradigmatisierung seiner Berufung betreiben kann (Phil 3), ist die Berufung Musterfall für die Rechtfertigung des Sünders, der gerade auch die positiven Dinge seines alten Lebens für Unwert hält, nicht aber für die Bekehrung des bis dahin unwissenden Sünders. Da bei dieser Typisierung zugleich die konkret-geschichtlichen Aspekte der paulinischen Wende auf Andeutungen ganz allgemeiner Art reduziert wurden (einst Verfolger und Bekämpfer, nun in Dienst gestellt), hilft der Text zur historischen Beurteilung der Berufung des Apostels nicht weiter. Er gehört in die Geschichte des späteren Paulusbildes.

Der andere Text, nämlich Apg 9; 22; 26 hat sich so tief in das christliche Allgemeinbewußtsein eingezeichnet, daß er vornehmlich die Kenntnis von Paulus bis heute bestimmt. Allerdings ist bei näherem Zusehen auch dieser Text weit von dem paulinischen Verständnis seiner Berufung entfernt. Um dies zu zeigen, genügt es, vor allem auf Apg 9 zu verweisen und die Varianten in Apg 22; 26 nur ab und an heranzuziehen. Mit Recht ist man sich heute nämlich darin weitgehend einig, daß Apg 22; 26 Erzählvarianten des Lukas sind und im wesentlichen in Apg 9 die vorlukanische Tradition aus der allgemeinen Pauluslegende zu fassen ist.

Schon bei einem ersten Eingehen auf den Text werden lukanische Darstellungsziele deutlich: Lukas, der Paulus den Aposteltitel im Sinne von Apg 1,21 (Apostel ist, wer mit Jesus umherzog und Osterzeuge ist) betont vorenthält (Apg 14,4.14 ist der Begriff für Paulus nur im Sinne eines Gemeindemissionars verwendet), unterscheidet bewußt zwischen den grundlegenden österlichen Ereignissen und der Vision des Paulus: Zum Apostelkreis kommt der Auferstandene leibhaftig (Lk 24); mit Christi Himmelfahrt ist diese Zeit der Erscheinungen endgültig beendet; mit Pfingsten ist das grundlegende pneumatische Ereignis, das den Weg des Evangeliums bestimmt, längst Geschichte. Nun erst wird Paulus berufen, und zwar nur durch eine Vision vom Himmel und durch ein Ereignis mit sehr begrenztem Wert. Es ist nämlich unvollständig, insofern erst aus der christlichen Gemeinde heraus Hananias, seinerseits geleitet durch direkte göttliche Weisung, aus Paulus einen Christen macht, d. h. ihn (in Unterscheidung zu den Aposteln) tauft (Apg 9,18 f.) und in seinen Dienst für den Herrn (9,15 ff.) einweist. Soll das der Paulus sein, der sich, von menschlicher Autorität unabhängig, unmittelbar von Gott berufen weiß (Gal 1,10-17), sein Sehen des Herrn den Ostererscheinungen zuordnet (1. Kor 15,1-11) und denselben Aposteltitel für sich beansprucht, wie Petrus und die anderen ihn tragen (1. Kor 9; 15; Gal 1)?

Weiter hat Lukas aus dem traditionellen Verfolgermotiv eine qualitativ und quantitativ umfassende Verfolgung durch Paulus gemacht: Paulus wird – ganz im Sinne der Pauluslegende in 1. Tim 1 – als »Lästerer, Verfolger und Bekämpfer« (1. Tim 1,13) der exemplarische Sünder schlechthin, dem durch die Bekehrung Gnade widerfährt, und der so in seiner Person der Inbegriff christlicher Heilslehre von Gottes Erbarmen wird. Darum auch die auffällige dreimalige umfangreiche Darstellung der paulinischen Bekehrung in der Apostelgeschichte! Darum kann Lukas weiter der umfassenden Verfolgung durch Paulus, beendet aufgrund der Bekehrung, den großen Missionserfolg des Paulus als Folge dieser göttlichen Gnade gegenüberstellen. Wiederum ist dafür 1. Tim 1,14 Analogie (doch vgl. schon 1. Kor 15,10).

Lukas gestaltet die Verfolgung nun im einzelnen so aus: Es bricht eine »große Verfolgung« über die Kirche in Judäa aus, wobei Saulus in die Privathäuser eindringt und Männer wie auch Frauen ins Gefängnis bringt (Apg 8,1-3). Paulus will die christliche Gemeinde verwüsten, das Abschwören des Christentums durch Geißelung erreichen und zielt sogar auf den Tod der Christen (8,3; 26,9-11; 22,4). Die einsetzende Flucht der Bedrängten (8,1) führt dazu, daß Paulus ihre Verfolgung praktisch überall aufnimmt, wohin sie auch fliehen (26,11), insbesondere sich jedoch, ausgestattet mit schriftlichen Bevollmächtigungen vom Hohenpriester (9,1.13f.21), aufmacht, um in den Synagogen von Damaskus »Drohung und Mord gegen die Jünger des Herrn« wahrzumachen und um Männer und Frauen gefangen nach Jerusalem zu bringen (9,1f.). Paulus betreibt also eine planmäßige, vom Synedrium autorisierte, geographisch groß angelegte und tödliche Verfolgung mit dem Ziel, die christliche Sondergruppe an den Synagogen überall auszulöschen. Der fromme Eifer, mit dem hier der dunkle Schatten des Apostels schwarz und überdimensional gezeichnet wird, ist augenfällig. Er gehört dem Stile nach zu Texten aus der hellenistischen Synagoge, die gegen sie gerichtete Verfolgungen auch gerne grell auszeichnete (vgl. z.B. 3. und 4. Makk).

Was für den Blick des Historikers bleibt, ist die damaszenische Verfolgung als Hintergrund der Berufung. Wir sahen schon: Zur Zeit der Hellenisten war Paulus gar nicht in Jerusalem (vgl. 2). Damit entpuppt sich auch die Erwähnung der Briefe des Hohenpriesters als Konstrukt. Sie sollen den Weg von Jerusalem nach Damaskus überbrücken. Daß solche Briefe noch obendrein rechtshistorisch Probleme machen, sei notiert. Die Verfolgung in Städten außerhalb Jerusalems (26,11) bleibt blaß und unkonkret, so daß nur bestehen bleibt: Die Lokaltradition »Damaskus« ist offenbar ein alter und fester Bestand der traditionellen Bekehrungsgeschichte in Apg 9. Hier war Paulus Verfolger der Christen. Mehr historisch Gesichertes aus Lukas zu entnehmen, wäre problematisch.

Natürlich hat Lukas Apg 9 nicht einfach selbst ganz neu gestaltet. Bleiben auch die lukanischen Zusätze innerhalb von Apg 9 im einzelnen hier und da umstritten, so ist doch klar, daß Lukas eine feste Tradition nacherzählt. Ihre Struktur entsprach wahrscheinlich der alten Pauluslegende, der wir in Gal 1,23 f. begegneten: Die Gemeinde erzählt, daß »der, der uns einst verfolgte, jetzt den Glauben verkündigt, den er einst zu zerstören versuchte«. So geht es auch in Apg 9 um den Doppelaspekt der zunächst negativen, dann positiven Einstellung des Paulus zur Gemeinde: Aus dem Verfolger wird der bekehrte Verkündiger. Die Gemeinde, die so eine Personallegende, eine Bekehrungsgeschichte eines in der Christenheit bekannten Mannes, erzählt, interessiert sich nicht für das apostolische Selbstverständnis des Paulus, nicht für die paulinische Theologie oder das große Missionswerk des Apostels unter den Völkern, nicht für die Zuordnung der Bekehrung zu den Osterereignissen usw., sondern macht eine berühmte Person – ganz analog zu 1. Tim 1 – zum exemplarischen Fall der Bekehrung, mit dem man die Gemeinde erbaut und Unentschlossene vom Christentum zu überzeugen versucht.

So ist die erbauliche Legende zweigeteilt: Der Verfolger, der die Gemeinde zerstören will, wird vom Herrn der Gemeinde selbst fast »zerstört« (Grundstock aus 9,1-9). Der Herr sorgt über Hananias dafür, daß der leidende Verfolger wieder geheilt wird und Jesus als Sohn Gottes verkündigen kann (Grundstock aus 9,10-22). Entscheidende strukturelle Züge und viele einzelne Motive sind dabei von überindividuellem Erzählstil geprägt. Dies betrifft nicht nur das (wohl lukanische) Visionsgespräch in 9,4b-6 (vgl. Gen 46,2 f.; Ex 3,4-10 usw.) und die Topik der kleinen Wundererzählung in 9,17-19, sondern tiefgreifend die Anlage und Darstellung der ganzen Geschichte. Insbesondere kann man dies an der Heliorlegende aus 2. Makk 3, dem Bekehrungsroman Joseph und Aseneth (JA) und u.a. in mehrfacher Wiederholung an 3. Makk studieren. Alle diese Texte gehören zur hellenistischen Synagoge, die also offenbar die Mittel bereitstellte, daß Christen über Paulus ähnlich erzählen konnten. Es sind wohl hellenistische Judenchristen, die das Erbe der Synagoge, christlich umerzählt, nun gegen sie wenden (vgl. Apg 9,20.22). Damit erklärt sich vielleicht auch, warum der für Paulus so konstitutive Gegensatz der Verfolgung aus Eifer für das Gesetz und der Zuwendung zu den Heiden unter Übergehen der Gesetzesobservanz hier fehlt. Paulus wird nicht zum Heidenapostel berufen, sondern ist ein bekehrter Judenchrist, der die Wahrheit des Christentums an der Synagoge vertritt.

Zieht man aus diesen Gesamtüberlegungen zu Apg 9 ein Ergebnis heraus, so kann man sagen: Die Apostelgeschichte hilft nicht, die Berufung des Apostels historisch zu verstehen, denn die Bekehrungslegende ist eine nach Gal 1,23 f. entstandene narrative Entfaltung dieser nebenpaulinischen Tradition. Ihr historischer Wahrheitskern besteht in der Ortstra-

dition Damaskus, in der Angabe der Verfolgung als solcher und in dem
Faktum der paulinischen Wende. Das alles weiß man aus Paulus auch und
besser. Vielleicht hat aber Apg 9 mit der kaum ganz erfundenen Gestalt
des Hananias insofern etwas über Paulus hinaus festgehalten, als dieser
Mann möglicherweise der erste damaszenische Christ war, der sich nach
der paulinischen Berufung seiner annahm.

So sind wir also auf das Selbstzeugnis des Apostels allein angewiesen.
Allerdings stellt auch dieses vor nicht geringe Probleme. Schon der Textbestand, der dafür herangezogen werden soll, ist umstritten: Niemand
streitet dabei über die drei entscheidenden Texte 1. Kor 15,1-11; Gal 1,13-
17; Phil 3,2-14. Wohl aber ist offen, welche kürzeren Erwähnungen Bedeutung gewinnen sollen, und vor allem, wie im Falle von Röm 7,7-25
oder 2. Kor 4,6 zu verfahren ist. Sodann besteht zwischen der Berufung
und dem ältesten wichtigen Text 1. Kor 15 ein zeitlicher Abstand von
mehr als zwanzig Jahren: Wieweit sind in den Texten angesichts solchen
Abstandes ursprüngliche Deutung und spätere Sicht verwoben? Paulus
schildert seine Damaskuserfahrung nie als Erlebnis, sondern spricht
davon, indem er die für ihn dauerhaft geltenden Folgen im Blick hat.
Endlich muß bedacht werden, wie gerade auch die paulinischen Texte zu
seiner Berufung weitgehend durch typische Sprache geprägt sind. Man
kann geradezu feststellen, daß Paulus darauf aus ist, allgemeine Sprachmuster heranzuziehen, um so allgemeingültig wie möglich von seiner
Berufung zu sprechen. Wo aber ist dann das besonders Individuelle zu
fassen? Jedenfalls ohne umsichtigen Umgang mit den Texten angesichts
dieses Dreigestirns aus Textbestand, historischem Abstand und typischer
Sprache wird man sehr schnell aus der Geschichte in die Spekulation
geraten.

Diese Gefahr ist nicht nur immer dann groß, wenn überhaupt Texte
nur zurückhaltend Fragen beantworten, sondern speziell auch bei der
Auslegungsgeschichte der paulinischen Berufung zu beobachten. Wie
häufig mußte darum schon Paulus herhalten, zum spiegelbildlichen Reflex
der Theologie des Interpreten zu werden! Die einen fanden in den paulinischen Texten das pietistische Bekehrungsgeschehen wieder; die anderen
abstrahierten auf eine Entscheidung gegenüber dem urchristlichen Kerygma, das in typischer Weise ein neues Selbstverständnis erschloß. Man
betonte das unableitbar Kontingente, also den Offenbarungscharakter der
voraussetzungsfreien Gnade Gottes, oder man deutete psychologisch, um
historisch besser verstehen zu können. Den einen war die Berufung bei
der Darstellung des Paulus nur ein bis zwei marginale Sätze wert; den
anderen wurde sie zum Schlüssel für die ganze Theologie des Apostels

überhaupt. Wieder andere suchten nach dem religionsgeschichtlichen Kontinuum, das die Konstante in der Umbruchsituation abgab, und fanden dafür z. B. die Apokalyptik, unter deren Rahmenbedingungen Paulus Gesetz und Christus austauschte. Es ist nicht lange her, daß das Biographische bei Paulus ganz zurückgedrängt wurde. Zur Zeit neigt man wieder mehr dazu, die Einheit von Biographie und Theologie zu beachten.

Natürlich läßt es sich nie ganz ausschließen, daß der Interpret sich selbst in die Texte einträgt, aber man kann versuchen, Übertragungsmechanismen unter Kontrolle zu halten! Auf zwei Hilfen sei besonders aufmerksam gemacht: Erstens sollte man die paulinische Erfahrung nicht aus dem konkret-geschichtlichen Bedingungsgeflecht herausnehmen, in der sich die Berufung abspielte. D. h. der Kampf zwischen dem Pharisäer Paulus und den Christen an der damaszenischen Synagoge, der für Paulus in diesem Widerfahrnis eine ihn dann für sein ganzes Leben bestimmende Lösung erfährt, muß so konkret wie möglich die Deutung bestimmen. Darum wird in drei Schritten von der christlichen Gemeinde zu Damaskus, vom für das Gesetz eifernden Paulus und von der Berufung, die aus dem Pharisäer den Apostel für die Völker machte, geredet werden. Zweitens wird man die paulinischen Texte noch genauer auf ihre Typik und kontextuelle Eigenart hin untersuchen als bisher, um so präzise wie möglich das Besondere und das Typische differenzieren zu können.

4.2 Die christliche Gemeinde an der damaszenischen Synagoge

Wie die christliche Gemeinde in Damaskus entstand, läßt sich nur indirekt erschließen. Mit anderen frühchristlichen Gemeinden (z. B. Rom!) teilt sie das Schicksal, daß ihre Anfänge im dunkeln liegen. Hätte nicht Paulus hier seine Berufung erfahren, wüßten wir gar nichts von ihr, denn sie taucht in der Apg, in Gal 1 und 2. Kor 11,32 nur unmittelbar mit dem Aufenthalt des Apostels in Damaskus auf. Konkurrenzlos ist die Vermutung, an der damaszenischen Synagoge habe sich eine christliche Gemeinde aufgrund der Flüchtlinge des Stephanuskreises gebildet, die nach dem Martyrium des Stephanus Jerusalem verließen und u. a. in den Küstenstädten bis hinauf nach Phönikien, auf Zypern und in Antiochia Mission betrieben (Apg 11,19).

Stephanus kam in tödliche Kollision mit dem Judentum (Apg 6—7). Bei diesem Ereignis blieb die Christengemeinde um die Apostel in derselben Stadt Jerusalem unbehelligt. Stephanus und sein Kreis müssen sich darum – anders als die aramäisch sprechende Urgemeinde – nicht nur durch ihre griechische Sprache (daher ihr Name: »Hellenisten«) von den anderen Christen Jerusalems unterschieden haben, sondern auch in ihrer Theologie. Man kann aber mit der jüdischen Religion nur ernsthaft in Konflikt geraten, wenn man sich offenkundig am Gesetz vergeht. So wird an der lukanischen Angabe in Apg 6,11.13 im Prinzip etwas Richtiges sein: Die Hellenisten werden beargwöhnt, weil sie »lästerliche Reden gegen Mose und Gott führen«, weil sie gegen den »heiligen Ort und das Gesetz reden«. So wird Stephanus wohl ähnlich wie Jesus, auf dessen innerjüdische Gesetzeskritik er sich berufen haben mag (vgl. Mk 2,1-3.6; 7,15), den Tod gefunden haben, weil er ostentativer als z.B. Petrus die torakritische Haltung Jesu auf seine Weise betonte.

Leider ist die Anklage gegen Stephanus bei Lukas ebenso allgemein wie betrüblich formal. Doch soviel ist noch erkennbar: Diese griechisch sprechenden Juden um Stephanus tragen wohl nicht zufällig (fast alle) im palästinischen Judentum ungebräuchliche griechische Namen (Apg 6,5). Das läßt auf ihre Herkunft aus der jüdischen Diaspora schließen, was beim Proselyten Nikolaos mit Antiochia auch ausdrücklich angegeben wird. Sie denken also im Unterschied zu den Jerusalemern von der Situation der jüdischen Minorität in der hellenistischen Umwelt her. Für sie ist etwa der Umgang mit Randsiedlern des Judentums, z.B. mit den »Gottesfürchtigen«, also mit Nichtjuden, die zwar dem Monotheismus der Synagoge nahestanden, aber den Übertritt zum Judentum durch Beschneidung wegen der gesellschaftlichen Konsequenzen mieden, aus ihrer Lebenswelt her problemloser als für Juden in (fast) rein jüdischer Umwelt. Ermutigte nicht auch Jesu Botschaft ganz allgemein zu ausnahmsweisen Schritten grenzüberschreitender Annahme (vgl. Mk 5,1-20 parr; 7,24-30 parr)? Konnte man vergessen, daß Jesus als »Freund der Zöllner und Sünder« (Mt 11,19 = Lk 7,34) gegolten hatte? Hatte er nicht einen Samaritaner dem Juden zum Vorbild hingestellt (Lk 10,30-37)? Jedenfalls konnte bei aller innerjüdischen Grundeinstellung Jesu seine offene Haltung denen gegenüber, die an den diskriminierenden Folgen der strengen Gesetzesbefolgung zu leiden hatten, nicht übersehen werden. Hatte nicht Jesus auch das Gesetz mit dem Gesetz hinterfragt (Mk 10,2-9 parr), ja geboten, den Sabbat um das Wohl des Nächsten willen zu brechen (Mk 2,27; 3,4)? Hatte nicht Jesus auch alle Israeliten wie Johannes der Täufer unter den Zorn Gottes eingeordnet (Lk 13,1-5) und Heil – statt von neubegründeter Gesetzesobservanz – allein von der anbrechenden Herrschaft des gütigen Gottes erwartet? War nicht damit der Vorrang

Israels durch den permanenten Sünderstatus dieses Volkes zumindest gegenüber allen anderen, die denselben Gott anbeteten, relativiert? Gott hatte diesen Jesus zu sich erhöht, also sein Gottesverständnis sanktioniert! Sollte man dies nur Israel sagen oder nicht auch den der Synagoge Nahestehenden, denen also, die denselben Gott verehrten? Sie hatten doch auch nur wie Israel ihre Verlorenheit vor Gott als Kennzeichen ihres jetzigen Zustandes!

Jedenfalls treffen wir nach dem Martyrium des Stephanus einen von ihnen, Philippus, bei hierfür typischen Begebenheiten an (Apg 8,4ff.): Er missioniert bei den Samaritanern, die zwar Mose achteten, aber nicht im Jerusalemer Tempel anbeteten. Danach, so erzählt es die Apg (8,26-40), bekehrt Philippus einen Eunuchen aus Äthiopien, der im Tempel den Gott der Juden verehrt hatte, aber schon als Verschnittener nie zum Judentum übertreten konnte (Dt 23,2). In beiden Fällen ergibt sich schnell ein exemplarischer Streitfall: Philippus tauft in Samaria und tauft den Kämmerer der Kandake. Er macht also durch die Taufe an Christus Glaubende uneingeschränkt zu vollen Mitgliedern der christlichen Endzeitgemeinde, wobei der eine Getaufte überhaupt nicht beschnitten war und die anderen von den Juden nur als Stiefkinder der Heilsgeschichte angesehen werden konnten. Philippus überschreitet also die Ränder des innerjüdischen Konsenses um ein kleines, aber grundlegendes Stück: Die Taufe hat nicht die Beschneidung und Anerkenntnis der jüdischen Kultgemeinde zur selbstverständlichen Voraussetzung, sondern sie wird – wohl zunächst ausnahmsweise – auch denen gewährt, die sich zum selben Gott bekannten, jedoch nur eine relative Nähe zum Judentum aufweisen. Waren die Judenchristen überhaupt schon ein Problem für die Judenschaft – nicht umsonst endete Jesus von Nazareth am Kreuz –, so werden sie nun in Gestalt der Hellenisten erst recht ein Fall, gegenüber dem das Gesetz in Geltung gesetzt werden mußte.

Die Apg läßt im übrigen programmatisch solche Grenzüberschreitung gerade auch von Petrus ausgeführt sein, indem sie in Apg 10 die Bekehrung und Taufe des gottesfürchtigen Hauptmanns Kornelius durch besonderes Eingreifen Gottes begründet. Mag hierbei das lukanische Geschichtsbild tiefe Spuren hinterlassen haben, ein Petrus, der (zunächst) sogar in Antiochia, ohne auf die Reinheitsgesetze zu achten, mit Heidenchristen Tischgemeinschaft hält (Gal 2,12), kann in Antiochia nicht viel anders gedacht haben als die Hellenisten. Nach Lukas rechtfertigt Petrus die Taufe des Kornelius mit einer typischen Begründung, derer sich Paulus später auch auf dem Apostelkonvent sinngemäß bedienen wird (Gal 2,8f.): Wenn aufgrund der Evangeliumsverkündigung Kornelius den heiligen Geist bekommt, Gott ihm also als »nur« Gottesfürchtigen die gleiche Gabe gibt wie den Judenchristen, wie sollte Petrus da diesem Werk Gottes widerstehen (Apg 10,15.17)? Er kann doch nur durch die Taufe die Erwählung Gottes nachvollziehen!

Versteht man die christliche Gemeinde in Damaskus als eine Gründung dieser Hellenisten und läßt sie in ihrem Geiste leben, dann gilt auch für sie: Sie steht im Synagogenverband, ist also eine Sondergruppe an der Diasporasynagoge von Damaskus. Sie unterscheidet sich innerhalb der jüdischen Gemeinde von dieser durch den Glauben an den auferstandenen Jesus, dessen baldige Ankunft zur Rettung der Gemeinde sie erwartet. In solcher Naherwartung stehend, begreift sie sich als Endzeitgemeinde, die durch das Band von Taufe und Geist zusammengehalten wird. Sie kümmert sich darüber hinaus besonders auch um die Gruppe der Gottesfürchtigen. Einige von ihnen kommen zum Glauben. Sie empfangen den Geist (vgl. als Analogie: Apg 8,16f.; 10,44-46. Apg 15,4.7f. – Gal 2,7f.); bei ihrer Mission mögen vielleicht auch Wunder geschehen sein (vgl. als Analogie: Apg 8,5-7.13; Röm 15,15; 2. Kor 12,12). Das alles jedenfalls wird verstanden als Hinweis Gottes, diesen Glaubenden die Taufe und volle Zugehörigkeit zur Gemeinde Jesu Christi nicht vorzuenthalten (Apg 10,28; Gal 2,7f.). Hatte nicht schon Joel 3,1-5 (vgl. Apg 2,17-21) für die Endzeit den Geist »für alles Fleisch« verheißen und Geist- und Wundererfahrungen vor dem Tag des Herrn angekündigt? Sollte nach ihm nicht jeder, der den Herrn anruft, gerettet werden?

Trifft diese Rekonstruktion ungefähr der Sache nach die Situation an der damaszenischen Synagoge, dann wird klar, was ein gesetzesstrenger Pharisäer wie Paulus (vgl. oben 3.2) dazu sagen mußte: So will man sich das Heil ermogeln, vorbei am Gesetz. Man verwischt die unaufgebbaren Grenzen zwischen dem Heilsvolk Israel und den übrigen Völkern. Wer auch nur in einigen Fällen die Taufe gleichsam zum Ersatz für die Beschneidung hochstilisierte, war ein Verächter des Gesetzes, weil er Gesetzesforderungen wie die Beschneidung außer Kraft setzte. Doch der Gott Israels, zu dessen Verehrer sich auch diese schwierigen Christen zählten, hatte sein Heil an das Gesetz gebunden und will nicht, daß die Heiligkeit Israels durch die getauften Heiden in Gefahr gerät, noch ein Häkchen oder Pünktchen vom Gesetz mißachtet wird. Es gilt also, um des Gesetzes willen die Christen zur Raison zu bringen. Gott und das Gesetz standen gegen die Botschaft von Jesus Christus.

4.3 Der Verfolger der damaszenischen Gemeinde

Paulus wußte zeitlebens, daß er der Christenheit als ehemaliger Verfolger der Gemeinde bekannt war. So lehrte es die auch Paulus vertraute urchristliche Pauluslegende (vgl. 4.1). Der Apostel hat diesen Umstand auch selbst nie vertuscht oder verschwiegen. Von seinen uns erhaltenen Briefen, die sich insgesamt an fünf Gemeinden richten, hat er dreien, nämlich den Korinthern, den Galatern und den Philippern, davon berichtet, wissend, daß dies auch öffentlich in den Gottesdiensten mit verlesen würde. Man wird daraus kaum den häufig zu hörenden Schluß ziehen können, Paulus komme nur selten auf sich als einstigen Verfolger zu sprechen. Man muß vielmehr urteilen, es gab hier nichts zu verbergen, noch wäre dies im Sinne des Apostels gewesen. Er konnte mit dem Wissen, daß dieser Makel bekannt war, leben und selbst davon offen reden, weil ihm dafür von seinem Herrn Vergebung widerfahren war und auch seine Gemeinden dies so verstanden.

Den erwähnten drei Gemeinden berichtet er in stereotyper Rede davon, daß er »die Kirche Gottes« (1. Kor 15,9; Gal 1,13), bzw. »die Kirche« (Phil 3,6) »verfolgte« (so alle 3 Stellen). Zunächst zeigt ein Blick auf die nebenpaulinische Tradition in Gal 1,23 und auf Apg 9,4f.; 22,4.7f.; 26,11.14f., daß nicht allein Paulus mit diesem Verb so formuliert. Nach 1. Tim 1,13 ist Paulus »Verfolger«. Ob allerdings nicht nur die Beschreibung der Tätigkeit, sondern auch die Objektsbezeichnung in ihrer grundsätzlichen Verallgemeinerung typischer Sprache entspringt, ist mehr als unsicher: Zwar ist auch Apg 8,3 das Objekt paulinischer Aggression ganz allgemein »die Kirche«, aber mehr außerpaulinische Belege fehlen (Gal 1,23: »uns«). Paulus selbst redet sonst noch in allgemeiner und grundsätzlicher Weise 1. Kor 10,32; 11,22 von »der Kirche Gottes«. Allerdings muß diese Ausdrucksweise bei ihm mit dem sonstigen Gebrauch des Wortes »Kirche« verglichen werden. Dieser Vergleich zeigt (vgl. unten 14.6), daß es nicht gelingt, eine traditionsgeschichtlich ältere Verwendung von jüngeren Aussagen zu unterscheiden. Die drei Stellen zur Verfolgung der Kirche kommen – so ist zu ihrer Einschätzung noch anzumerken – in polemischen Zusammenhängen vor, aber sie sind nicht selbst Thema in diesen Streitfällen. Sie werden vielmehr ausnahmslos verwendet, um Paulus unmittelbar vor der Berufung zu kennzeichnen: So bilden sie das zur Berufung kontrastierte Einst. Nur in dieser Funktion begegnen die Verfolgungsaussagen bei Paulus.

Das Ziel der Verfolgung gibt Paulus ebenfalls mit geprägter Sprache an: Er trachtete, die »Kirche Gottes zu zerstören« (Gal 1,13 vgl. 4.1).

Sieht man aus den oben in 4.1 genannten Gründen von der Ausmalung der Verfolgung in der Apg ab, kann man aus Paulus nur entnehmen, daß bei ihm ernste Entschlossenheit bestand, die judenchristliche synagogale Christengruppe aufzulösen. Es soll also keine christliche Bewegung mehr an der Synagoge in Damaskus geben. Um dieses vorrangig institutionelle Ziel zu erreichen, verfolgt er die Anhänger des auferstandenen Jesus. Ob es dabei auch zu Geißelungen oder Steinigungen kam, muß offen bleiben. Aufgrund der Analogien in Apg 7; 2. Kor 11,24f., Joh 16,2 sollte man das aber auch nicht von vornherein ausschließen, denn weder sind die Menschenrechte für Paulus und seine direkte Umwelt ein Thema, noch hätte Paulus seine ehemalige Verfolgertätigkeit zeitlebens als so gravierenden Makel empfunden, wenn er nur mit den Christen diskutiert hätte.

Die Begründung für solches Tun ist der unmittelbar zugeordneten Schilderung der Verfolgung zu entnehmen: »... und daß ich in der jüdischen Religion beständig Fortschritte machte, mehr als viele Altersgenossen in meinem Volk, war ich doch ein brennender Eiferer für die Überlieferung meiner Väter« (Gal 1,14). Ähnlich heißt es Phil 3,6: »... nach dem Gesetz ein Pharisäer, mit Eifer verfolgend die Kirche, nach der Gerechtigkeit im Gesetz untadelig gewesen«. Im Unterschied zur Schilderung der Verfolgung verdanken sich diese Sätze keineswegs typischer Sprache. Man wird sie also als Reflex unmittelbarer paulinischer Ansicht werten. Mit relativer Deutlichkeit kommen der Sache nach diese Aussagen auch Apg 22,3f.; 26,5.9-11 zur Geltung. Die Verfolgung ist also Folge der kompromißlosen Einstellung zum Gesetz. Im Gesetz die alles bestimmende Lebensnorm zu sehen, das bedeutet u.a., zwischen dem auserwählten Volk Gottes und den sündigen Völkern zu klassifizieren und unverrückbare Grenzen aufzurichten (vgl. Röm 2,17-19; 3,1f.; 9,4f.; 11,28; Gal 2,15). Nach Apg 15,1.5 fordern gerade Pharisäer: »Wenn ihr euch nicht nach der Sitte des Mose beschneiden laßt, könnt ihr nicht gerettet werden.« Der Pharisäer Paulus wird dasselbe Gesetzesverständnis vertreten haben. Wer in solchem Gesetzesverständnis sich noch gegenüber seinen Altersgenossen besonders abhob durch unzweideutige Konsequenz, der mußte mit den damaszenischen Christen in Konflikt geraten. Diese waren ja gerade als Gründung der Hellenisten dabei, die Grenzen zu verwischen (4.2). Solchen Anfängen mußte gewehrt werden.

Wieweit Paulus damals den Eifer seiner Verfolgung (vgl. dazu auch Apg 22,3f.) mit dem seit der makkabäischen Erhebung bis zum jüdischen Aufstand mit seinem qualvollen Ende unter Titus immer wieder aktuellen Eifer wie Pinchas (Num 25) in Verbindung brachte, ist leider nicht mehr sicher auszumachen. Pinchas eiferte bekanntlich für den Gott Israels um der Reinerhaltung Israels von allem Fremden willen – bis hin zur Tötung von Israeliten und Fremden. Um nicht von der väterlichen Religion »zur Rechten oder zur Linken abzuweichen«, gerät nach 1. Makk 2 Mattathias »in Eifer« wie Pinchas, »läßt seinem Zorn freien Lauf« und tötet den Königsboten, der zum verbotenen Opfer zwingen will, und den Israeliten, der opfern wollte. Derselbe Eifer für das Gesetz führt die Essener zum Haß gegen die Völker und den untreuen Israeliten (1QS 4,5 f. 17 f.). Dem Eifer des Pinchas haben sich bekanntlich die Zeloten verschworen: Die Römer sind ihre Erzfeinde und die mit ihnen in Beziehung stehenden Juden todeswürdige Verräter. Man sieht: dieser Eifer ist gekennzeichnet durch dieselbe klare Grenzziehung zwischen der väterlichen Religion und allem Fremden. Kann man überhaupt in der Zeit des Paulus von einem sachlich so nahen Eifern sprechen, ohne den Geist des Pinchas heraufzubeschwören? Auch das ganz seltene Wort für »zerstören«, dessen Verwendung bei Paulus schon besprochen wurde, kommt jedenfalls bei Josephus einmal als Kennzeichnung zelotischer Untat vor (bellum 4,405). Sachlich ist die »Ausrottung« des »Greuels« in Israel selbstredend Folge des zelotischen Geistes. Paßt nicht auch die Beobachtung hierher, daß so konsequent Paulus nach seiner Berufung gesetzesfreie heidenchristliche Gemeinden gründet, so konsequent »zelotisch« hat er vorher dem Gesetz gedient? Dies konnte er gerade auch als Pharisäer, ohne ein direkter Anhänger einer zelotischen Gruppe zu sein.

Wer die paulinische Verfolgung als Konsequenz gesetzlicher Strenge versteht, muß nicht hypothetisch erörtern, ob und in welcher Weise Paulus sich an der Christologie der damaszenischen Christen stieß. Er selbst äußert sich dazu überhaupt nicht. Die Christologie dieser Christen in Damaskus zu rekonstruieren, ist außerdem überaus hypothetisch. Soviel läßt sich allerdings sagen: In Jesus z. B. den alsbald kommenden Menschensohn und Endrichter zu erwarten, mag viele Juden geärgert haben, aber ist wie aller Messianismus kein Grund für Juden zu einem solchen Totalkonflikt, wie Paulus ihn austrägt. Auch die Täuferjünger, die nach dem Tod des Johannes sich wohl zu Gemeinden bilden, konnten trotz einiger Schwierigkeiten im Judentum bleiben. Die Anhänger der vielen Propheten und Messiasprätendenten, von denen Josephus berichtet, werden aus politischen Gründen von den Römern möglichst aufgerieben, aber das Judentum hat sie nicht aus der Synagoge gestoßen. Der eigentliche Konflikt muß also in der paulinischen Diagnose bestanden haben, daß die Christen das Gesetz in Frage stellten. Da sie dies sicherlich mit ihrer Christologie begründeten, war insofern und in diesem Sinne natürlich auch Jesus Christus (wie immer in Damaskus christologisch tituliert) ein paulinisches Ärgernis.

Fragt man nach der Dauer, der Art und den Umständen der Verfolgung, so geben die Quellen so gut wie keine Auskunft. Aus Gal 1,17.22 ist erschließbar, daß sich dies alles lokal begrenzt an einer Synagoge in Damaskus abspielte. Ob Paulus ein Einzelkämpfer war, wie seine Darstellung suggeriert, mag man schon darum bezweifeln, weil er auch sonst allein sein eigenes Tun beschreibt, wenn nachweislich ebenfalls andere beteiligt waren (Gal 2,11 ff.). Wahrscheinlich war Paulus also wohl der Wortführer antichristlicher Juden. Wie lange die Verfolgung dauerte, welche Mittel und Wege dabei eine Rolle spielten, ist unbekannt. Paulus qualifiziert nur sein Tun grundsätzlich, läßt sich aber auf keine nähere Beschreibung ein.

Die Zwillingsaussage, Paulus sei ein Eiferer für das Gesetz und ein Verfolger der Christen gewesen, ist um des sachlichen Kontrastes willen zum neuen Leben, bestimmt durch die Berufung, berichtet: Aus dem Eiferer für das Gesetz wird ein Apostel, der so konsequent wie kein anderer für das gesetzesfreie Heidenchristentum eingetreten ist. Nirgends läßt Paulus in solchem Zusammenhang eine Vermutung zu, er habe schon als Jude Zweifel am Gesetz gehabt oder das Gesetz als unerträgliche Last empfunden. Darum wird man die Ausführungen in Röm 7 nicht heranziehen dürfen, um Paulus einen längeren Bekehrungskampf zu unterstellen. Auch eine nur unbewußte und unterschwellige Krise in der Einstellung zum Gesetz kann allenfalls mit mehrgradiger Hypothetik diesem Text für den vorchristlichen Paulus entnommen werden. So muß es dabei bleiben: Die »Vorbereitung« auf sein Damaskus ist für Paulus die Antistellung zum Christentum. Der Wechsel auf die andere Seite bleibt ein Vorgang, der sich spontan in der Berufung verdichtet und sich dabei mit Evidenzcharakter für ihn vollzog.

4.4 Die Berufung des Pharisäers zum Heidenapostel

Wie Paulus seine Verfolgertätigkeit ohne biographische Details nur in typischer Sprache beschreibt, so verfährt er im Prinzip auch mit seiner Berufung. Auch an den Stellen, an denen er etwas diskursiver auf sie zu sprechen kommt wie z.B. in 1.Kor 15,8-11; Gal 1,15-17; Phil 3,7-11, verhält es sich bei näherem Hinsehen so. Nirgends zeigt er Interesse an einer biographischen Würdigung des Vorganges, schon gar nicht gibt er eine psychologische Deutung. Wenn man zudem noch sieht, daß Paulus jeden-

falls an den eben genannten klassischen Stellen nur unter polemischem
Zwang auf seine Berufung zu sprechen kommt, ist das Urteil schnell bei
der Hand, der Apostel sei weniger an seiner Berufung als vor allem oder
sogar nur an der urchristlichen Botschaft und ihrer Auslegung interessiert. Aber hier wird doch wohl vorschnell systematisiert und etwas zueinander alternativ gesetzt, was bei Paulus in ein Verhältnis der Zuordnung gestellt ist. Bei näherem Zusehen kommt Paulus auch gar nicht nur
in polemischen Zusammenhängen auf sein Damaskus zu sprechen. Wie
überhaupt die Stellen, über die Briefe verteilt, zahlreicher sind als diese
drei klassischen Kernbelege anzudeuten scheinen. Man muß nur sehen,
unter welcher Blickrichtung Paulus von seiner Wende redet. Er spricht
durchweg so davon, daß er die Folgen, also das, was ihm als neue Bestimmung persönlich und sachlich dadurch zuteil wurde, im Blick hat. Er fragt
nicht historisch: Was geschah unter welchen Bedingungen und Umständen? Er will vielmehr die gegenwärtige Bedeutung auskunden: Was gilt
seither für mich und die Gemeinden? Insofern er so das Heute mit dem
Damals beschreibt und beides verbindet, kommt er auch eingeschränkt
auf das längst vergangene Geschehen zu sprechen.

Der erste typische Zusammenhang, in dem Paulus seine Berufung erwähnt, sind die Briefköpfe (Präskripte) des Röm, 1. und 2. Kor sowie des
Gal. Nur drei Paulusbriefe, nämlich Phil, 1. Thess und Phlm, machen
dabei eine Ausnahme. Allerdings ist der Phlm wegen seines mehr persönlichen Charakters leicht als Sonderfall erklärlich. Umgekehrt haben der
Phil und 1. Thess durch die Abschnitte Phil 3; 1. Thess 2 deutliche Textsignale, daß Paulus keineswegs von seiner Berufung absieht. So ergibt sich:
Paulus tritt seinen Gemeinden immer als berufener Apostel gegenüber.

Die Aussagen im Zusammenhang der Briefeingänge sind typisch:
»...Knecht Jesu Christi, berufener Apostel...« (Röm 1,1), »...Jesus
Christus, unseren Herrn, durch den wir empfangen haben Gnade und
Apostelamt...« (Röm 1,4f.), »...berufener Apostel Jesu Christi durch
den Willen Gottes...« (1. Kor 1,1), »...Apostel Jesu Christi durch den
Willen Gottes...« (2. Kor 1,1) und »...Apostel, nicht von Menschen oder
durch Menschen, sondern durch Jesus Christus und Gott, den Vater...«
(Gal 1,1). Sodann wird gern der finale Sinn der Berufung genannt:
»...ausgesondert zum Evangelium Gottes...« (Röm 1,1), »...zum Glau-
bensgehorsam unter allen Völkern...« (Röm 1,5). In 1. Kor; 2. Kor und
Gal kommt durch die Nennung der heidenchristlichen Adressaten Gleiches zur Sprache. Sei es bei der Nennung des Evangeliums (Röm 1,2-4),
sei es bei der Erwähnung Gottes als des Berufenden (Gal 1,1), wird die
Auferstehung Jesu Christi mit Bekenntnisformulierungen erwähnt.

Man kann also festhalten, daß man in diesem Kontext ein typisches Sprachfeld erkennen kann, das folgende Glieder besitzt: Berufung (Aussonderung) – Apostolat (Gnade) – Evangelium für die Völker – Auferstehung Jesu Christi (als Kennzeichnung des handelnden Gottes, bzw. als Inhaltsangabe des Evangeliums). Diese Vorgabe für die Gemeinden führt durch die Evangeliumsverkündigung zur Berufung der Christen und zur Entstehung der Gemeinden (vgl. die Präskripte). Wenn anders Paulus diesen Zusammenhang absichtsvoll eingangs der Briefe setzt, hat er für die Briefe – und d.h. für die paulinische Theologie – fundamentale Bedeutung. Sicherlich legitimiert der Apostel sich so auch gerade als Autor der Briefe, sicherlich entfaltet er in den Briefen dann seine Theologie nicht einfach als Folge aus seinem Berufungserlebnis, sondern durch davon gesondert aufgebaute inhaltliche Argumentationen, aber diese Präskripte sichern auch nicht nur formal die Autorität des Apostels. Der Zusammenhang: Berufen zum Apostel – Evangelium für die Völker – Kirche Jesu Christi ist ein Strukturprinzip und inhaltliches Fundament seiner Theologie zugleich. Paulus entfaltet im Röm seine Rechtfertigungsbotschaft nicht als unmittelbare Folge aus der Berufung, aber das »allein aus Gnaden« und das in dem Auftrag an die Völker anklingende »ohne Gesetz« sind in dem Berufungsverständnis der Briefköpfe ebenso wie die Erwählung der Völker durch das Evangelium (dazu vgl. 6.2) enthalten.

Es ist bemerkenswert, daß Paulus das Evangelium auch in den Briefköpfen (Röm 1,3-4; Gal 1,1.4) durch traditionelle Bekenntnisformulierungen beschreibt. Diese Beobachtung darf nicht gegen die paulinische Berufungserfahrung mit ihrem Einfluß auf seine Theologie ausgespielt werden. Persönliche Berufung und vorgegebenes Kerygma schließen sich nicht aus. Warum und inwiefern der Apostel mit dem Bekenntnis übereinstimmt und wie er es sich aneignet, ist durch die Deutung seiner Berufung bestimmt.

Ein zweiter Kontext für eine typische Deutung der Berufung ist mit den Stellen Röm 12,3; 15,15; 1.Kor 3,10; 7,25.40; 2.Kor 4,1; 1.Thess 1,4.7; Phlm 8 gegeben. Paulus setzt seine Autorität, begründet in der Berufung zum Apostel, in solchen Fällen ein, wo er seiner Paränese (Mahnung zum Wandel als Christ), seinen Entscheidungen und Bitten Nachdruck verleihen möchte. Der Apostel als geistliche Autorität mit Gewicht kann aber auch von Fall zu Fall diese Autorität zurücknehmen, ohne die prinzipielle Berufung auf sie aufzugeben. Zwar ist in diesen ganzen Fällen die paulinische Sprache etwas variantenreicher als bei den Präskripten, jedoch fehlen feste Formulierungen auch hier nicht: Die apostolische Gnade und das Recht, zu gebieten und Gehorsam erwarten zu können, sind dafür Hinweise. Im Vergleich mit dem ersten Kontext wird man festhalten können: Während der erste Kontext vor allem durch das Textsignal der heidenchristlichen Akzentuierung typisch paulinisch ist, entspricht dieser zweite weitgehend dem Verhalten von Propheten und geistlichen Lehrern in den Gemeinden. Die Berufung erlaubt es dem Apostel, sich hier einer auch sonst ähnlich vertretenen Autorität zu bedienen. Was die beiden bisher beschriebenen Kontexte eint, ist der Umstand, daß Paulus ungezwungen und aus Eigeninitiative, nicht nur nebenbei, sondern betont und gewollt so redet. Seine Berufung ist nicht nur ein ihm aufgezwungenes Thema, vielmehr seine selbstgewählte Aussage.

Anders steht es beim dritten Kontext: Hier redet Paulus, indem er seine apostolische Lebensführung gegenüber außerchristlichen Konkurrenzen abgrenzt (1. Thess 2,1-12), gegenüber anderen innerchristlichen Lebensweisen aufgrund von apostolischen Rechten seine andere apostolische Lebensweise begründet (1. Kor 9), im innergemeindlichen Parteienstreit sein Verständnis von Apostolat und Gemeinde polemisch entfaltet (1. Kor 1,10-4,21), sich gegenüber den »Überaposteln« verteidigend vor der Gemeinde zur Wehr setzt (2. Kor 10–13) oder sein umstrittenes apostolisches Evangelium beschreibt (1. Kor 15,1-11; Gal 1,11-24; 2,1-10; Röm 15,14-21). Kurzum, hier spricht jeweils der angegriffene, in Konkurrenzen stehende Apostel, der in Begründungszwänge gerät und sich oder sein Evangelium oder beide in strittiger Situation definieren muß. Er tut dies so, daß er zumindest mit wenigen typischen Worten oder auch ausführlicher auf seine Berufung bzw. Sendung eingeht. Dabei spielt die Stichwortkette aus dem ersten Kontext eine gleiche entscheidende Rolle, wenn sie auch durch die lebendige Sprachführung des Apostels mehrfach modifiziert wird.

An drei der genannten Stellen gibt Paulus je eine Gesamtdeutung seiner Berufung zum apostolischen Dienst, die über die Aussage, er sei unmittelbar von Gott berufener Apostel zur Verkündigung des Evangeliums an die Völker, hinausgeht: In 1. Kor 15,1-11 reiht er sich als letzten in die Gruppe der Osterzeugen ein, wie er auch 1. Kor 9,1f. als Osterzeuge gelten will. Paulus weiß sonst um die Berufung vieler Missionare zum Missionsdienst im Unterschied zur grundlegenden Ostererfahrung von Petrus, den Zwölfen und z.B. dem Herrenbruder Jakobus (1. Kor 15,5-7). Er weiß auch von eigenen geistlichen Widerfahrnissen anderer Art (2. Kor 12), die nicht als österliche Erfahrungen gedeutet werden. Dennoch beansprucht er, Osterzeuge zu sein; freilich ist er sich der Problematik dieses Anspruchs bewußt: Er kann dies nur für sich als »Fehlgeburt« behaupten (1. Kor 15,8). Kein sonstiges urchristliches Zeugnis sekundiert darin dem Apostel. Zumindest die Gegner in Galatien werden das bestritten haben (Gal 1,1.20f.). Auch Lukas hebt ohne aktuelle Polemik Paulus von den Osterzeugen ab (vgl. oben 4.1). Weil Paulus für diesen Anspruch offenbar nicht immer Resonanz außerhalb seiner Anhänger fand, wird man für ihn selbst um so eher hierin eine doch wohl alte und entscheidende Grundaussage seines Berufungsverständnisses sehen (vgl. weiter 4.5).

Wenige Zeit nach Abfassung des 1. Kor beschreibt er den Galatern seine Wende unter Zurückgriff auf die Typik prophetischer Berufung. Einmal lehnt er sich an Jes 49,1 (vgl. Jes 49,5; Jer 1,5) an, wenn er den berufenden Gott so kennzeichnet, daß er ihn vom Mutterleib an aussonderte (Gal 1,15; vgl. Röm 1,1). Zum anderen zeigen Stellen wie Apk Joh 1,1; Mt 16,17-19, daß Paulus die Elemente, die Gal 1,16 den Vorgang der Berufung bestimmen (Offenbarung mit Gott als Urheber und Christus als Inhalt sowie die Dienstverpflichtung), für urchristliche Prophetie überhaupt kennzeichnend sind. Paulus begründet also seine gottunmittelbare Autorität, indem er die prophetische Seite seines Apostolats herausstellt.

Endlich kennzeichnet Paulus Röm 15,14ff. die ihm von Gott gegebene Gnade so, daß er sich zum priesterlichen Diener Christi berufen weiß, der für die Völker das Evangelium Gottes priesterlich verwaltet. Diese Deutung hat sonst bei Paulus wenig Anhalt. Er versteht sich als Apostel und Prophet, nicht aber als Priester. So wird man in der ersten und zweiten Gesamtdeutung als Osterzeugen und Propheten sein typisches apostolisches Verständnis wiederfinden.

Auch die Aussagen zum Vorgang der Berufung sind dem Apostel vorgegebenen Deutezusammenhängen entnommen. Die sinnenfällige Dimension des Wahrnehmens wird mit drei verschiedenen Verben beschrieben: Er hat den »Herrn gesehen« (1. Kor 9,1; vgl. Joh 20,18.25; Apg 9,27), Christus ist ihm »erschienen« (1. Kor 15,8; vgl. 15,5-7; Lk 24,34; Apg 9,17; 13,31; 26,16), und Gott »offenbarte« ihm seinen Sohn (Gal 1,16; vgl. 2. Kor 12,1.7; Gal 1,12; 2,2; ApkJoh 1,1; Mt 16,17). Die ersten beiden Verben sind der allgemeinen Ostertradition entnommen, das dritte Verb der prophetischen Sprache. Der Sprachgebrauch deckt sich also jeweils mit der Gesamtdeutung im Kontext.

Auch die Objektsbezeichnung des Wahrgenommenen sind mit den Paulus und dem Urchristentum geläufigen christologischen Hoheitstiteln beschrieben: In 1. Kor 9,1 ist es der »Herr«, der gesehen wird. In 1. Kor 15,8 ist von V. 3 her »Christus« zu erschließen. In Gal 1,15 offenbart Gott »seinen Sohn«. Alle drei Hoheitstitel haften ursprünglich in je

selbständigen christologischen Verständnissen. Die Abwechslung bei Paulus spricht nicht dafür, daß der Apostel zu verstehen geben möchte, einer
davon sei unmittelbar für seine Berufungserfahrung entscheidend gewesen. Er will offenbar nur mehr allgemein sagen: Vor Damaskus erfuhr er
den Auferstandenen als Heilsperson. Das beschreibt er mit christologischen Hoheitstiteln, die ihm zur Zeit, als er schreibt, geläufig sind.

Die »optische« Seite der Berufung will Paulus nicht beiseitegeschoben
wissen, aber die entscheidenden Aussagen sind für ihn diejenigen, die die
Indienstnahme und Beauftragung, also die Einsetzung zum Apostel, beschreiben. Dazu gehört, daß sich Paulus fortan im Besitz und unter der
Leitung des Geistes sieht, d.h. er versteht sich als Pneumatiker
(1. Kor 2,6ff.; 2. Kor 12,1ff. usw.). Dementsprechend beruht seine Verkündigung auf Geisteskraft (1. Kor 2,4f.) und ist begleitet von Zeichen
und Wundern (Röm 15,18f.; 2. Kor 12,12). Ihm wurde die Gnade des
Apostelamtes gegeben (Röm 15,15; 1. Kor 3,10; Gal 2,9; vgl. 1. Kor
15,10). Dadurch hat er eine besondere Vollmacht, die er gegenüber der
Gemeinde einsetzen kann, selbst wenn er davon nur zurückhaltend Gebrauch macht (1. Kor 9; vgl. 1. Thess 2,7). Sie dient dem Aufbau der
Gemeinde (2. Kor 10,8; 13,10), wie er überhaupt seine Beauftragung zur
Heidenmission (Gal 1,15f.) als Betrautsein mit dem Evangelium versteht
(1. Thess 2,4) im Sinne einer Haushalterschaft, für die er keinen Lohn
erwarten kann (1. Kor 9,17f.), bei der er ganz dem Gesetz Christi unter-
worfen ist (1. Kor 9,21). Ja, diese Aufgabe liegt wie ein Zwang auf ihm
(1. Kor 9,16). So ist er frei von aller menschlichen Beurteilung
(1. Kor 2,15; 4,3ff.) und zugleich Knecht Christi und Haushalter über die
Geheimnisse Gottes (4,1), d.h. zur Evangeliumsverkündigung berufen
(1. Kor 1,17; 9,12.18.23; 1. Thess 2,2.4.9).

Noch ein weiterer – also der vierte – besonderer Kontext läßt sich bei
Paulus feststellen. Paulus kann die eigene Lebenswende generalisieren und
als Paradigma für das Christwerden benutzen. Die besondere Berufung
zum Apostel der Völker wird durchsichtig als allgemeine Bekehrung, wie
sie in der Missionssituation der ersten Generation am Anfang jedes christlichen Lebens stand. Dabei wird das Spezielle der paulinischen Wende,
vor allem Osterzeuge und Apostel für die Völker geworden zu sein,
zurückgestellt und das für jedermann in eigener Erfahrung Nachvollzieh-
bare hervorgehoben. Wie der Apostel betont, das Evangelium unmittelbar von Gott erhalten zu haben und es zugleich identisch mit dem allgemeinen, urchristlichen Bekenntnis weiß, so sind für ihn auch die beiden
Verstehensweisen seiner Wende zu interpretieren: die Deutung als spezielle Berufung und das Verständnis als allgemeine Bekehrung sind keine

Gegensätze. Allerdings wird man dort, wo die speziellen Aussagen begegnen, nämlich im ersten und dritten Kontext, am ehesten das historisch Besondere der paulinischen Erfahrung aufbewahrt sehen.

Die beiden Texte, die für diesen vierten Kontext zu benennen sind, stehen Phil 3,2-16 und 2. Kor 4,6. Der zweite Text beschreibt die Verkündigung aller urchristlichen Apostel so, daß er mit Hilfe traditioneller Illuminationssprache »das Leuchten des Evangeliums von der Herrlichkeit Christi, der das Abbild Gottes ist« (4,4), so deutet, daß auf diese Weise Gott selbst in den Herzen der Menschen aufleuchtet und ihnen Erkenntnis der Herrlichkeit Gottes auf dem Angesicht Christi zuteil wird. So haben es die Apostel als Verkündiger erfahren. So geschieht es durch ihre Verkündigung bei allen, die zum Glauben kommen (vgl. 2. Kor 3,18): Alle Christen erfahren die Wirkung des Evangeliums auf diese Weise, nämlich durch Erleuchtung (4,6) und damit zugleich als Verwandlung (3,18). Da die Beschreibung dieser Erleuchtung generell für alle Christen unter dem Evangelium gelten soll, wird man aus der typischen Sprache nicht unmittelbar auf die besondere Erfahrung des Paulus schließen dürfen. Darum wollen auch viele Exegeten diesen Text gar nicht für die Auslegung der paulinischen Wende herangezogen wissen. Man kann es wohl aber doch tun, wenn man davon ausgeht, daß Paulus sich im Kontext mit allen unter dieselbe Erfahrung zusammenschließt, also wird er auch sein besonderes Damaskus in diese verallgemeinernde Aussage einbeziehen.

Auch Phil 3,2ff. schafft die Erkenntnis Christi die entscheidende Wende, nun als Um- und Abwertung des Gewesenen und Neubestimmung der christlichen Existenz unter der Gerechtigkeit aus Gott. Paulus erreicht die exemplarisch-paradigmatische Auslegung seiner Bekehrung, indem er typische Tauf- und Rechtfertigungssprache (vgl. dazu 12.4) zur Beschreibung seiner Umwandlung benutzt und diese so für alle Christen als mit ihrer Erfahrung analog begreiflich macht. Dadurch erschließt sich in der paulinischen Bekehrung die christliche Existenz überhaupt (3,15). Seine Bekehrung wird in antijudaistischer Polemik ein Mittel, die Gemeinde in der Glaubensgerechtigkeit zu erhalten. Wenn Paulus dabei die Gleichgestaltung mit dem Geschick Jesu Christi (3,10f.) als konstitutiven Gedanken einbringt, so klingt damit die heidenchristliche Taufauffassung an, wie Paulus sie auch Röm 6,1ff. verarbeitet. Solches Taufverständnis ist ihm kaum schon in der Zeit in Damaskus geläufig. Das ist u.a. ein klares Indiz, wie Paulus in Phil 3 das damalige Widerfahrnis und die gegenwärtige Deutung seiner Wende verschränkt. Er reinterpretiert also sein Widerfahrnis u.a. mit Mitteln, die ihm erst später zu Gebote standen.

Damit sind die kontextuellen Zusammenhänge skizziert, in denen Paulus den entscheidenden Umbruch seines Lebens anklingen läßt. Was widerfuhr danach Paulus? Es fällt auf, daß der Apostel im Unterschied zur Apg nirgends eine Audition auch nur andeutet. Er beschreibt ein visionäres Widerfahrnis. In diesem Vorgang erhält er eine neue Zuordnung, durch die er sich neu versteht, aber weder Christus (so Apg 9,4-6; vgl. 2. Kor 12,8) noch Gott reden ihn an. Man kann natürlich eine Audition postulieren, weil sie auch sonst bei visionären Erfahrungen typisch ist. Aber mit solcher Hypothese stößt sich ein Text wie z. B. Gal 1,15 f., wo gerade auch der Sendungs- und Beauftragungssinn der Vision aus dem Sehen des Sohnes allein direkt gefolgert wird. So stellt sich die Frage, ob Paulus nicht allein aus der Erscheinung des Herrn alles andere erschließen konnte, so daß es in diesem Fall gar keiner Worte bedurfte.

Diese Frage kann man bejahen, wenn man den Lebenszusammenhang bedenkt, in dem Paulus dies widerfuhr. Auf diesen verweist Paulus auch immer wieder selbst, wenn er als Hintergrund seiner Berufung seinen Gesetzeseifer und seine Christenverfolgung anführt und diese in die Einsicht umschlagen läßt, er sei nun gesandt als Apostel für die Völker. Paulus erfuhr den Auferstandenen, als er für den Gott Israels zur Aufrechterhaltung seines Gesetzes Christen in Damaskus verfolgte, die sich diesem Gesetz gegenüber Freiheiten erlaubten und das mit Jesus, der für sie auferstanden war, begründeten. Aus der Verkündigung und Praxis der Christen und aus den Diskussionen mit ihnen kannte er ihre christologisch bestimmte Lehre. Nun erschien ihm dieser Jesus als Auferstandener. Damit mußte für ihn klar sein: Nicht Paulus mußte um des Gesetzes willen die Christen ändern oder verfolgen, sondern er selbst mußte gegen seine gesetzliche Haltung Gott neu verstehen lernen und sich verändern, weil der Jesus, mit dem die Christen die Ungesetzlichkeiten begründeten, lebte und ihm auf besondere Weise dies eindrücklich machte. So fühlte er sich als Apostel gesandt, der nun gerade die Völker unter Absehung vom Gesetz missionieren sollte. Die Vision des Auferstandenen konnte also ihre Sprache und ihren Sinn aus dem unmittelbaren Lebenszusammenhang erhalten, in dem sie sich ereignete: Sie traf ja den Gesetzeseiferer, der die Lehre und Praxis der damaszenischen Christen angriff.

Es lohnt sich, wenigstens am Rande anzumerken, wie fortan der christlich gewordene Paulus von der Synagoge angesehen werden mußte. Der, der der judenchristlich betriebenen Paganisierung den Kampf angesagt hatte, war natürlich für fromme Juden, die am Väterglauben hingen, eine gute Identifikationsfigur. Aber wenn dieser nun selbst zum jüdischen Apostaten wurde, konnte das kaum ohne große Spannungen abgehen.

Seine Assimilation an die Völker entpuppte sich zudem bald als Anfang eines Weges. Es hat wohl selten im Judentum eine so große Zahl von Austritten gegeben wie in der ersten urchristlichen Generation. Man denke nur beispielhaft an so bekannte Namen wie Barnabas, Apollos, Aquila und Priska oder die Missionare aus 2. Kor und an die Gemeinden, die nach judenchristlicher Gründungszeit sich heidenchristlich orientierten wie z. B. Antiochia und Rom. Die vielen synagogalen Strafen, die Paulus erlitt (2. Kor 11,24), sind Indiz, wie Paulus fortan als gefährlicher Abwerber angesehen wurde, dem man argwöhnisch und aggressiv begegnete.

4.5 Selbstbezeichnungen und Selbstverständnis des Paulus

Die Ausführungen im vorigen Abschnitt waren darauf ausgerichtet, die Typik und Vielfalt der Texte wahrzunehmen und durch die zeitliche und sachliche Distanz zwischen erzählter Welt und einstigem Ereignis hindurchzustoßen. Dies gelang nur sehr bedingt. Dem Historiker sind also klare Grenzen gesetzt, die Frage: Was war? zu beantworten. Wir haben jedoch auch gesehen, daß Paulus anstelle dieses ihm unbekannten historischen Ansatzes auf eine andere Sicht abhebt: Er beschreibt die fortdauernde Gegenwart seiner Berufung. Das Einst und das Jetzt sind so zu einem ganzheitlichen Wandbild geworden, daß man kaum noch erahnt, wie es sich zwei verschiedenen Folien verdankt. Natürlich hätte Paulus Phil 3 damals noch nicht formulieren können. Aber darauf kommt es ihm nicht an. Natürlich war in Damaskus nicht blitzartig Gal 3 f. fertig, obwohl Paulus jetzt mit dem Briefanfang alles unter seine apostolische Berufung stellt. Diese Vermischung der Zeiten ist ihm gerade recht.

Er wußte nämlich in einem immer gültigen Jetzt, daß mit seiner Berufung sich fortan und für alle Zeiten für ihn selbst alles verändert hatte (1. Kor 9,16; Gal 1,16). Er selbst war ein anderer geworden und mit ihm seine gesamte Wirklichkeitserfahrung und Deutung von Welt und Geschichte. Nicht von ungefähr erkennt man durch alle Texte hindurch, wie Paulus das Alte abstößt und das Neue als seine gültige Zukunft ergreift. So ist die Berufungserfahrung Wiederholung des Schöpfungsanfangs (2. Kor 4,6); und es gilt der Sache nach auch für seine Wende: »Wenn jemand in Christus lebt, ist (nur) noch neue Schöpfung entscheidend, das Alte ist vergangen, siehe: Neues ist geworden« (2. Kor 5,17). Er ist »dem Gesetz gestorben und lebt Gott« (Gal 2,19), ja er lebt nicht mehr selbst, vielmehr Christus in ihm (Gal 2,20). Nach Gal 6,14 ist die Welt ihm gestorben und er der Welt. Um des überragenden Wertes Jesu Christi willen, wertet er alles ab, selbst seine tadel- und makellose Gesetzesobservanz (Phil 3,6-9). Er kämpft nur noch darum, wie er alles Denken unter den Gehorsam Christi zwingen kann (2. Kor 10,5). Diese leicht vermehrbaren Aussagen sind – wann immer im einzelnen formuliert – alle auch für den Anfang seines Christwerdens stimmig: Sie sind Reflex der einen Grunderfahrung, daß er unwiderruflich von innen heraus einsieht, alles bisher falsch gemacht zu haben und unter ganz anderen Bedingungen neu anfangen zu sollen. Dies ist nicht auf seine individuelle Person allein bezogen, sondern alle Wirklichkeit erscheint in einem neuen Licht. Nicht umsonst ist das »alles« mit seinem Totalitätsanspruch bei Paulus so typisch (vgl. z. B. 1. Kor 3,21f.; 2. Kor 5,14f.18; 10,5; Phil 3,8).

Diese umfassende Perspektive leuchtet auf in den konkreten Inhalten, die in der damaszenischen Situation Bedeutung hatten. Einige Aspekte dazu lassen sich benennen: Zuerst und grundlegend muß auch für Paulus der gekreuzigte Jesus, den die Christen in Damaskus als Auferstandenen verkündigten und in dessen geistgewirkter Gegenwart sie mit dem Gesetz in Konflikt gerieten, auferstanden sein. Wenn der Tote auferweckende Gott (vgl. Röm 4,17) ihn zu sich erhöht hat, dann ist nun aus dem Väter- und Gesetzesgott der Vater Jesu Christi geworden. Hat sich Gott selbst so ausgelegt, dann müßte im damaszenischen Kontext das Gesetz, die jüdische Norm für Welt und Geschichte schlechthin, neu verstanden werden. Die Christen, die am Gesetz vorbei mit der Taufe das Christusheil ausbreiteten, waren im Recht: Der Glaube, der sich auf Christus einläßt, hat zum Heil genug. Man muß nicht (Voll-)Jude und gesetzestreu werden, um auch noch Christ sein zu können. Vielmehr ist man im Heilsstand als Christ auch ohne Gesetz, denn Christus allein steht für das göttliche Heil.

Zugleich mußte Paulus natürlich seine Erfahrung als gnadenhafte Annahme des Verfolgers deuten. Dieses Verständnis enthält nicht nur im Kern das später geäußerte Urteil des Paulus über sein altes Leben (Phil 3), sondern läuft tendenziell auf die später vom Apostel mit der Rechtfertigung des Gottlosen (Röm 3f.) auf den Begriff gebrachten Anschauung zu.

Auch für den Stand der christlichen Gemeinde ergaben sich ansatzweise neue Aspekte: Wenn Nichtjuden nun getaufte Christen werden können, ohne sich beschneiden zu lassen, dann ist nicht mehr die Kontinuität jüdischer Heilsgeschichte und die Inkorporierung der Proselyten in das Gottesvolk das Ziel Gottes, sondern die Sammlung der Völker am Ende der Tage zum neuen Heilsvolk, d. h. der christlichen Gemeinde. Statt typisch jüdischer Grenzziehung und Absonderung ist christliche Öffnung und Ausbreitung des Evangeliums der Wille Gottes. Dies wird auf die Dauer zur Trennung zwischen Kirche und Synagoge führen. Endlich hatte das Widerfahrnis besonderen Verpflichtungscharakter für das Leben des Paulus selbst. Er, der gesetzesstrenger Pharisäer war und die Gemeinde Gottes verfolgte, wird durch die Damaskuserfahrung zum Apostel Jesu Christi und Apostel der Völker berufen, um die Gemeinde Gottes unter dem Evangelium von Jesus Christus zu vergrößern. Er konnte nicht pharisäisch orientierter Zeltmacher (vgl. oben 3.1) bleiben, aber auch nicht nur ein christlich lebender Zeltmacher werden und vielleicht auch noch eine christliche Familie gründen. Der Auftrag zur Mission war unüberhörbar, einer Mission, die von Anfang an wegen der getauften Nichtjuden in Damaskus zumindest tendenziell einen ganz neuen, die jüdischen Grenzen sprengenden Horizont bekam und bei der er selbst Repräsentant des gekreuzigten Christus sein würde (Gal 6,17; 2. Kor 11,23 ff.).

Paulus hat es in seinen Briefen immer wieder verstanden, konkrete Ereignisse, Positionen und Entscheide auf grundsätzliche Zusammenhänge hin durchsichtig zu machen. Darum kann die Vermutung geäußert werden, daß er auch alsbald sein Damaskus auf grundsätzliche Implikate hin betrachtete. Hier liegen die Anfänge seiner theologischen Existenz.

Die grundlegende Umorientierung, die Paulus widerfuhr und die er gehorsam nachvollzog, hat Paulus nie auf einen Begriff gebracht. Was wir die Wende, Berufung oder Bekehrung nennen, hat in der paulinischen Sprache keine direkte Entsprechung. Den neugewonnenen Zusammenhang von Person und lebenslanger Aufgabe hat er jedoch sehr wohl terminologisch für sich und seine Zeit präzise benannt, indem er sich als »Apostel (Jesu Christi)« bezeichnete. Den Begriff hat Paulus nicht neu geprägt. Er weiß, daß es schon vor ihm Apostel in der Jerusalemer Urgemeinde gab (1. Kor 15,8-11; Gal 1,17.19), und kennt aus seinem späteren christlichen Umfeld viele Personen, die den Aposteltitel für sich beanspruchen (vgl. Phil 2,25; 2. Kor 11,5.13; 12,11 usw.).

Das Urchristentum hat den Begriff in einer besonders qualifizierten und auffällig häufigen Weise benutzt, so daß er als ein Schlüsselbegriff des frühen Christentums gelten kann. Eine Herkunft dieser urchristlichen Bezeichnung aus dem Hellenismus ist kaum wahrscheinlich, auch die Verwurzelung im jüdischen Vorstellungsbereich von Sendung und Beauftragung ist relativ locker, so wahrscheinlich der älteste urchristliche Gebrauch in der Jerusalemer Urgemeinde dorthin weist.

Wegen 1. Kor 15,8-11; Gal 1,17.19 läßt sich nicht gut bestreiten, daß

die ältesten Osterzeugen sich zwar nicht alle (vgl. die 500 Osterzeugen
1. Kor 15,6), aber in einem nicht mehr genau definierbaren festen Umfang
aufgrund der Erfahrung des Auferstandenen und der damit verbundenen
Sendung als Apostel dieses Herrn bezeichneten. Dazu gehören u. a. Petrus
(Gal 1,18), wohl auch Jakobus (1. Kor 15,7), der Zwölferkreis (1. Kor
15,5; vgl. Mt 10,5 ff. par) und Andronikus und Junia (ein weiblicher
Name! Vgl. Röm 16,7). Paulus bezeugt indirekt die Abgeschlossenheit
dieses Jerusalemer Apostelkreises und den konstitutiven Bezug zur Ostererfahrung für ihn (1. Kor 15,8; 9,1). So deutlich Paulus seinen Apostolat
selbständig mit Inhalt füllt, ordnet er sich dem Typ nach diesem Verständnis zu. Auch für ihn ist die Ostererfahrung grundlegend (1. Kor 15,8 ff.)
und der Zusammenhang von Erscheinung und Sendung klar belegt
(Gal 1,16). So weiß er sich als letzter berufener Apostel dieser Gruppe,
die eigentlich schon abgeschlossen war, zugeordnet (1. Kor 15,8 ff.).

Ob Paulus so von Anfang an sein Damaskus verstand, ist nicht mehr
sicher auszumachen. Der dafür konstitutive Text ist 1. Kor 15. Er liegt
jedoch rund 20 Jahre nach der paulinischen Berufung. Immerhin spricht
die Schilderung des Apostelkonvents in Gal 2,1 ff. (speziell V. 7 f.; vgl.
unten 5.2) dafür, daß Paulus schon auf dem Konvent so gedacht hat und
die Jerusalemer dies auch ausdrücklich akzeptierten. Wenn die Apg, die
Paulus den Aposteltitel eigentlich vorenthält, ihn – wohl quellenbedingt –
als ausgesandten Gemeindemissionar ausnahmsweise »Apostel« nennt
(Apg 14,4.14 vgl. 13,1-3), also einen mehr allgemeineren Gebrauch des
Wortes verwendet, muß das nicht auf ein älteres und anderes Selbstverständnis des Paulus hindeuten. Paulus kann durchaus trotz seiner unmittelbar christusbezogenen Apostolatsauffassung mit Barnabas missioniert
haben: Eine grundlegende Beauftragung durch Christus muß nicht gleich
eine begrenzte Aussendung durch eine Gemeinde ausschließen. Da mithin
doch wohl 1. Kor 9,1; 15,8 ff. konkurrenzlos dastehen, ist es eine gute
Arbeitshypothese, daß Paulus den Zusammenhang von (österlicher) Christusvision und Apostolat (Sendung) sehr früh definierte.

Neben diesem von Ostern her bestimmten Apostolat gibt es vor allem
noch die große und sicher nicht ganz einheitliche Gruppe der charismatischen Wanderprediger im Urchristentum, von denen sich viele, jedenfalls
eine Teilmenge, auch Apostel nannten (vgl. z. B. Mt 9,37-10, 16 par;
Did 10-15; 2. Kor 10-13). Ihre typischen Kennzeichen sind die Gemein-
deunabhängigkeit, das missionarische Wandertum, die Beanspruchung
besonderer geistlicher Begabung und die Berufung auf den Geist als
sendende Kraft und Autorität. Setzt man an die letzte Stelle die österliche
Christusvision, so wird man bei dem Apostelkreis mit österlicher Beru-

fung alles andere im Prinzip auch finden können, sind doch charismatisches Wanderpredigertum und christusunmittelbares Apostolat überhaupt weitestgehend dem Typ nach eng verwandt. Der letztere hat auch offenbar nirgends den anderen den Gebrauch des Titels Apostel streitig gemacht, wohl aber gibt es Kämpfe um die Frage, wie ein Apostel aufzutreten und zu lehren habe (1. Kor 10-13; Did 10-15).

Wenn – wie für eine dynamische Bewegung wie dem frühen Urchristentum typisch – ein Begriff wie der des Apostels nur teilweise im Gebrauch festgelegt ist, dann kommt viel darauf an, wie z. B. Paulus selbst seinen Apostolat begreift. Dazu gibt es deutliche Aussagen des Apostels. Mit dem Anspruch des Apostolats ist vorab die alleinige und unmittelbare Abhängigkeit von Gott und Christus gesetzt. Das apostolische Amt kommt nicht aus der Gemeinde und hat in der Gemeinde auch keine Sukzession, weil damit die an die Person gebundene Unmittelbarkeit zu Gott bzw. Christus als Sendenden verlorenginge. Dieser nicht in Frage zu stellenden Sonderstellung entspricht die Unabhängigkeit der Gemeinde gegenüber. So schleudert Paulus polemisch den Galatern entgegen, er sei nicht von Menschen noch durch Menschen Apostel (Gal 1,1; vgl. 1,11). Den Korinthern gibt er Bescheid, es sei ihm zwar ein leichtes, von einem menschlichen Gericht beurteilt zu werden, aber er verbitte sich solches Vorhaben, wie er sich noch nicht einmal selbst beurteilt, denn »der mich richtet, ist (allein) der Herr« (1. Kor 4,3-5).

Mit dieser Sonderstellung ist eine Aufgabe unmittelbar gesetzt, wie sie in dem Zusammenhang Apostolat – Evangelium für die Völker (vgl. 4.4) beschrieben ist. Damit sind das gesetzesfreie Evangelium von Jesus Christus und der weltweite Horizont der Mission angedeutet (Röm 1,14f.; 10,14-17). Dies impliziert Paulus als Symbolgestalt weltweiter Heidenmission, der das eine Evangelium, neben dem es kein anderes gibt (Gal 1,6-9), vertritt und weiß, daß in dieser Einschätzung die Jerusalemer ihm zustimmen (Gal 2,7ff.). Dieses Evangelium kann er durch bekenntnisartige Formeln beschreiben (z. B. Röm 1,1ff.; 1. Kor 15,1ff.), aber auch auf einen Nenner wie den in 2. Kor 5,20 bringen: »An Christi Statt wirken wir also als seine Gesandten, indem Gott durch uns mahnt. Wir bitten an Christi Statt: Laßt euch mit Gott versöhnen!«

Bei allem Vorherrschen des Aposteltitels kann Paulus seine Sonderstellung und Aufgabe auch mit Hilfe prophetischer Traditionen, durch die Bezeichnung als Knecht und als priesterliche Aufgabe beschreiben (vgl. oben 4.4). Ebenso kann er mit Metaphern aus dem Hausbau (1. Kor 3,9-17), des Pflanzens (1. Kor 3,7) und der Elternaufgaben (1. Kor 4,15; Gal 4,12-20; 1. Thess 2,7.11) sein Verhältnis als Gemeindegründer und

Pfleger kennzeichnen. In allen diesen Fällen sind immer Sonderstellung (Distanz) und besondere Nähe in ein eigentümliches Verhältnis gesetzt. Als Apostel Jesu Christi ist er an die Gemeinden gewiesen. Ohne diesen Ertrag seines Wirkens würde er – unvorstellbarerweise – einst mit leeren Händen vor seinem Auftraggeber stehen (Phil 2,16; 1. Thess 2, 19; umgekehrt: Gal 4,11).

Der apostolischen Aufgabe ist seine Lebensführung angeglichen, kann er doch nicht anderen verkündigen, selbst aber der Verkündigung nicht entsprechen (1. Kor 9,27). Darum nimmt er sich wie ein Wettkämpfer in Zucht (1. Kor 9,24ff.), ist frei und macht sich doch jedem zum Knecht (1. Kor 9,19), ja verzichtet auf apostolische Rechte, um die Gemeinden nicht zu beschweren und einen gewissen Ruhm vor Gott zu haben (1. Kor 9,1ff.). Vor allem die korinthischen Wandercharismatiker fordern ihn dann heraus, als Repräsentant des Evangeliums den Inhalt desselben auch selbst als Aspekt seiner Lebensführung zu beschreiben. So werden Leiden und Schwachheiten des Apostels als Zeichen des Kreuzes Christi offene Hände, in die Gott seine Gnade füllt, die Gegenwart des Kreuzes zugleich Gegenwart der Kraft Christi (2. Kor 11,16-12,10).

5. Paulus als antiochenischer Missionar und Theologe

5.1 Die allgemeine Sichtung der Aussagen

Zwischen der Berufung des Paulus in Damaskus und der anschließenden ersten Mission in (Nord)syrien und Kilikien einerseits, sowie dem Beginn der selbständigen Mission des Heidenapostels andererseits, liegen die runden zwölf Jahre antiochenischer Wirksamkeit. Es ist der längste Abschnitt im Leben des christlichen Paulus, der für uns erkennbar ist. Denn vom Fortgang aus Antiochia bis zur Gefangennahme in Jerusalem wird man nur etwa neun Jahre zählen können und dem Gefangenen Paulus bis zu seinem Tod in Rom nochmals rund vier Jahre geben. Die paulinische Tätigkeit als Missionar in Antiochien ist also in der Tat der umfangreichste Zeitraum, der sich für den Völkerapostel aus seinem christlichen Lebensabschnitt als Einheit ergibt.

Aus dieser Zeit stammt noch kein Brief des Paulus. Der Apostel beginnt erst zu schreiben, als er selbständiger Missionar wird und größere geographische Distanzen zwischen seinen Reiseorten und den neugegründeten Gemeinden entstehen. Aber der Apostel hat einiges aus der antiochenischen Zeit anderen Gemeinden berichtet, so daß wir nicht ganz ohne Zeugnisse aus diesen Jahren sind. Dazu gehören vor allem die Ereignisse des Apostelkonvents und des petrinischen Besuches in Antiochien (Gal 2,1-21), aber auch z.B. seine Ekstase mit dem Versetztwerden in den dritten Himmel (2. Kor 12,1-5) sowie offenbar ein Teil seiner Verfolgungen, von denen er katalogartig 2. Kor 11,23-33 spricht. Auch für die theologischen Ansichten der Antiochener und des Apostels lassen sich Rückschlüsse aus den traditionellen Materialien der paulinischen Briefe ziehen. So sind wir insgesamt doch gar nicht so schlecht über diese Zeit von Paulus unterrichtet.

Zu diesen Zeugnissen kommen nun die Ausführungen der Apg hinzu. Die Apg berichtet zunächst, wie Barnabas sich Paulus nach Antiochia holt (Apg 11,25-26), daß die Gemeindeglieder in Antiochia »Christianer« genannt werden (11,26b), daß der Prophet Agabus in Antiochia auftritt (11,27ff.), wie Paulus und Barnabas zusammen Mission von Antiochia aus betreiben (die sog. erste Missionsreise: Apg 13f.), dann vom Apostelkonvent (Apg 15,1-35) und endlich, wie zwischen Barnabas und Paulus um Johannes Markus ein Streit entsteht, der zur Trennung zwischen beiden

führt (Apg 15,36ff.). Zwischen dem Selbstzeugnis des Paulus und der
Apg bestehen dabei erhebliche Spannungen, die in ihren Einzelheiten in
den nächsten Abschnitten zu besprechen sind. Auch auf den ersten Blick
fällt jedoch auf, daß nicht einmal die Ereignisse selbst einhellig bezeugt
sind. Das verdeutlicht folgende Übersicht auf einen Blick:

Ereignisse in Stichworten	Paulus	Apg
Antiochenische Mission unter den Griechen der Stadt	–	11,20f.
Barnabas holt Paulus nach Antiochia	–	11,25
Die neue Bezeichnung Christianer	–	11,26b
Die Vision des Paulus	2. Kor. 12, 1–5	–
Prophezeiung des Agabus und Sammlung für Jerusalem	–	11,27–30; 12,24f.
Die sog. erste Missionsreise	–	13–14
Auf ihr Verfolgungen, insbesondere eine Steinigung	2. Kor 11,25	14,19
Der Apostelkonvent	Gal 2,1–10	15,1–35
Der petrinische Besuch in Antiochia	Gal 2, 11–21	–
Streit und Trennung zwischen Paulus und Barnabas	–	15,36–41

Es ist sofort klar: Vom Rang her und von der Bedeutung für die ganze
frühchristliche Geschichte kommt dem Apostelkonvent in diesem Zeitabschnitt konkurrenzlose Priorität zu. Unter den Geschehnissen davor kann
man vor allem die Missionstätigkeit als Vorgeschichte zum Konvent verstehen. Für Paulus und für die Geschichte Antiochias hat natürlich der
Streit mit Petrus besondere Bedeutung: Er und nicht die Darstellung in
Apg 15,36-41 wird für den paulinischen Fortgang aus Antiochia die Ursache sein. Auffällig bleibt, daß die Apg fast nichts über die Theologie
Antiochias bekundet. Immerhin, die Heidenmission auf der sog. ersten
Missionsreise (Apg 13,46-49; 14,1-7.8-20.27) und der Streit um das Gesetz
samt der Anerkennung heidenchristlicher Gemeinden auf dem Apostelkonvent lassen erahnen, was das große Verdienst Antiochias ist, nämlich
den Weg zu den Nichtjuden begangen zu haben. Im Prinzip zutreffend
wird auch das Wirken des Geistes in der Gemeinde geschildert sein

(Apg 11,27ff.; 13,1-4), wie Gal 2,2; 2. Kor 13,1-4 bezeugen können. Die Paulus in den Mund gelegte Rede im pisidischen Antiochien kann natürlich weder als Wiedergabe paulinischer Theologie noch als Kennzeichnung antiochenischer Missionspredigt verstanden werden. Sie kennzeichnet für Lukas den allgemeinen Richtungssinn der sog. ersten Missionsreise und ist seine Deutung für seine Leser.

5.2 Die Jerusalemer Vereinbarung über die gesetzesfreie Heidenmission

Antiochia, nach Rom und Alexandria die drittgrößte Stadt des römischen Reiches z. Z. des Urchristentums, taucht in der urchristlichen Geschichte erstmals in der Gestalt des Proselyten Nikolaos auf, der als letzter im Kreis der Sieben um Stephanus aufgezählt ist (Apg 6,5). Nikolaos wird wohl in Jerusalem Christ geworden sein. Seine Nennung ist also nicht ohne weiteres erstes Indiz für eine christliche Gemeinde in der Kapitale am Orontes. Sicher ist jedoch, daß es in Antiochia eine große jüdische Gemeinde gab – wohl gegen ca. 50000 Personen in römischer Zeit, dazu eine stärkere Gruppe Gottesfürchtiger (Josephus, bellum 7,46) – und guter Kontakt mit Jerusalem bestand. Darum ist es nicht verwunderlich, wenn hellenistische Judenchristen nach dem Tod des Stephanus auch in Antiochia eine kleine christliche Gemeinde gründeten (Apg 11,18).

Die Anfänge dieser Gemeinde sind mit dem Namen des Barnabas verbunden: Er steht am Kopf des Kreises der Fünf, die nach Apg 13,1 als Propheten und Lehrer Antiochias galten und denen – neben der Vollversammlung (Gal 2,14) – die Gemeindeführung oblag. Barnabas und, ihm noch nachgeordnet, Paulus (Apg 13,2.7; 14,14) werden zur Mission von der Gemeinde ausgesandt. Doch wie kommt Paulus nach Antiochia? Barnabas – so will es die Apg (11,25f.) – zog selbst nach Tarsus und holte Paulus an den Orontes. Doch das könnte Lukas vielleicht aus 9,30; 13,1 kombiniert haben. Allerdings wird Paulus kaum gegen den Willen des ersten Mannes in der antiochenischen Gemeinde in dieser Stadt Fuß gefaßt haben, insofern steckt in 11,25f. historische Wahrheit. Paulus selbst bestätigt, daß Barnabas und er die Delegation nach Jerusalem anführten (Gal 2,1) und daß Petrus und Barnabas die antiochenische Gemeinde vom konsequent heidenchristlichen Kurs des Paulus abhielten (Gal 2,11ff.). So bleibt es zumindest gut möglich, daß Barnabas – in Kenntnis der damaszenischen Ereignisse – Paulus nach Antiochia holte, um gerade auch mit seiner Hilfe den Weg Antiochias zu einer dem Gesetz gegenüber freieren Haltung weiter zu bestimmen.

In dieser Hinsicht wurde Barnabas von Paulus sicherlich nicht ent-täuscht. Im Gegenteil: Paulus förderte so entschieden die gesetzesfreie Einstellung der Gemeinde, daß er am Schluß sogar für sie zu weit ging (Gal 2,11 ff.). Es sieht so aus, daß Paulus auf dem Apostelkonvent und im antiochenischen Streit mit Petrus der entschiedenste Kämpfer für eine gesetzesfreie Mission gewesen ist, so daß man annehmen darf, Paulus habe alsbald die Ereignisse in Antiochia führend bestimmt, wobei ihm Barnabas wie die Gemeinde bis zum Besuch des Petrus in Antiochia folgten. So wurde die antiochenische Gemeinde zum Wegbereiter geset-zesfreier Heidenmission.

Wie sich die Dinge in der christlichen Gemeinde in Antiochia im einzelnen entwickelt haben, entzieht sich weitgehend unserer Kenntnis. Paulus schweigt darüber ganz. Die Apg weiß zu unserer Frage etwas mehr anzugeben:

1. Die antiochenischen Christen gingen zur Mission bei der griechischen Bevölkerung Antiochias über, die bisher gar nichts mit der Synagoge zu tun hatte. Sie haben dabei Erfolge (11,20f.).
2. In Antiochia werden »die Jünger« erstmals »Christianer« genannt (11,26).
3. Die Gemeinde sendet Barnabas und Paulus zur sog. ersten Missions-reise aus (13f.). Sie steht exemplarisch für gesetzesfreie (13,38f.) Hei-denmission (14,27) und die Gründung heidenchristlicher Gemeinden (13,44-52; 14,21-23).

Alle drei Angaben geben guten Sinn, entsprechen der wahrscheinlichen historischen Abfolge und sind eine gute Voraussetzung, um die Situation vor dem Apostelkonvent zu klären.

Im einzelnen darf man aus ihnen wohl folgendes ersehen: Da die Grenze zwischen den Gottesfürchtigen und den der Synagoge Fernste-henden fließend war, kam es in Antiochia – wohl erstmals in der Urchri-stenheit – dazu, daß Glieder der christlichen Gemeinde, die bis dahin immer noch eine Gruppe innerhalb des Synagogenverbandes war, solche Bewohner der Stadt mit dem christlichen Glauben vertraut machten, die bisher auch nicht einmal ein lockeres Verhältnis zum Judentum hatten. So können z.B. Gottesfürchtige, die Christen geworden waren, ihre Ver-wandtschaft auf ihren neuen Glauben angesprochen haben oder etwa berufliche Kontakte ausgenutzt worden sein. Wenn Gottesfürchtige ge-tauft werden konnten, ohne daß sie vorher beschnitten wurden, dann können doch auch wohl überhaupt Unbeschnittene getauft werden, wenn sie denn speziell auch den Teil der christlichen Botschaft übernahmen, den Juden nicht erst neu zu akzeptieren brauchten, nämlich vom heidnischen

Kult abzulassen und den jüdisch-christlichen Monotheismus zu übernehmen (1. Thess 1,9), also sich den synagogal bekannten Gottesfürchtigen anzugleichen.

Solche Zugänge zur christlich-synagogalen Gemeinde führten natürlich zu Problemen, die längst schwelten, nun aber ein akutes Stadium erreichten. Da ein Jude z.b. nicht mit Heiden – schon gar nicht in einem heidnischen Haus – essen konnte, ohne sich kultisch zu verunreinigen (Apg 11,2f.; vgl. JA 8; Arist 139–142; 182f.), mußte die Synagoge solche Mission als Kampfansage auffassen, weil so die Grenzen zwischen Judentum und Heidentum immer mehr verwischten. Diese Neuerung war ein noch eklatanterer Bruch mit dem Gesetz, als ihn der Pharisäer Paulus in der Gemeinde zu Damaskus verfolgt hatte. Nun war die kultische Reinheit der Synagoge dauerhaft und grundsätzlich in Gefahr. Umgekehrt hatten die Christen mit solcher Mission offenbar so guten Erfolg, daß diejenige Zahl der Christen ansehnlich wurde, die von Haus aus »Griechen« waren, also nichtjüdische Stadtbewohner, die als Umgangssprache Griechisch benutzten. Auch gelang offenbar diese Mission besser als die unter den Juden, die sich nun erst recht zurückzogen. Kurzum: Die christliche Gemeinde beschloß, aus dem Synagogenverband auszuziehen. So war sie die Probleme mit dem Gesetz und der Synagoge los. Nun konnte sie ungehindert dort weiter missionieren, wo sich für sie Erfolg eingestellt hatte.

Von dieser Loslösung zeugt offenkundig der Name, den die junge Gemeinde erhält: »Christianer«. Es ist ein Name, der die Selbständigkeit der Gruppe andeutet und der Gemeinde wohl von außen beigelegt wurde. Er bedeutet so viel wie: »die Anhänger des Christus«. Die Christen nannten sich untereinander »Brüder« (1. Thess 2,1.17; 4,1.13 usw.), »von Gott Geliebte« (1. Thess 1,4) oder »Heilige (Brüder)« (1. Thess 5,27; 1. Kor 1,2; 6,2 usw.). Juden mögen sie wohl die »Gruppe der Nazoräer« genannt haben (Apg 24,5). So legt sich nahe, daß Heiden den Christen diese neue Bezeichnung gaben, als sie auf die Christen als einer bereits selbständigen Gruppe aufmerksam wurden.

Antiochia war nun nicht irgendeine Stadt, sondern zentraler Ort in Verwaltung, Handel und Wandel für ein relativ großes Einflußgebiet, das zumindest die ganze römische Provinz Syrien umfaßte. Städtisch denken, hieß so auch, eine ganze Region im Blick haben. Christentum und vorwärtsdenkende Mission waren zudem spätestens seit dem Stephanuskreis im Ansatz Zwillingsgeschwister. Dieser Mission verdankten auch die Christen in Antiochien ihren Glauben. Was lag also näher, als selbst missionarisch tätig zu werden? So sendet die Gemeinde Barnabas und

Paulus aus. Sie ziehen nach Zypern und dann über Perge, Antiochia in Pisidien, Ikonium und Lystra nach Derbe und auf demselben Weg zurück nach Antiochia am Orontes. Paulus berichtet über diese Missionsunternehmung in Gal 1 nichts. Das hat dazu geführt, der Apg zu mißtrauen. Doch geben 2. Tim 3,11; 2. Kor 11,24-26 zur Reiseroute und zu den Verfolgungen (die Steinigung des Paulus!) auf der Reise Hinweise, die zwar nicht für alle Einzelheiten der Reise, wohl aber für sie überhaupt historische Zuverlässigkeit der Apg andeuten. Auch setzt der Apostelkonvent (Apg 15,12; Gal 2,2.7-9) eine missionarische Tätigkeit der Antiochener solcher Art voraus. So wird ja gerade die wachsende Heidenmission und Entstehung von heidenchristlichen Gemeinden zum Problem für Judenchristen mit ihrem Zentrum in Jerusalem! Weil sich in Antiochia ein kleines Zentrum heidenchristlicher Mission mit der Gründung erster gesetzesfreier Gemeinden entwickelte, mußte dies am Mittelpunkt judenchristlicher, an die Synagoge gebundener Mission, also in Jerusalem, zu Diskussionen führen.

Vielleicht steht auch in Gal 2,2 noch ein Hinweis für eine antiochenische Mission: Paulus befürchtet, beim Mißlingen der Reise nach Jerusalem »umsonst« gelaufen zu sein. Das ist eine Aussage, die sich in anderen Fällen auf seine eigenen Missionsgründungen bezieht, die entweder sein Ruhm vor Gott sind (1. Thess 2,19; Phil 4,1; 1. Kor 9,15-18) oder – falls sie vom Glauben abfallen – bedingen, daß Paulus »umsonst« gelaufen ist (Phil 2,16; vgl. 1. Thess 2,1; auch 1. Kor 15,10.14). So wird Gal 2,2 auf missionarische Tätigkeit des Apostels abheben, die außerhalb Antiochias liegt, weil Antiochia selbst nicht seine Gründung ist. Endlich sollte erwähnt werden, daß Paulus seine rund zwölf Jahre antiochenischer Tätigkeit in Gal 1 f. überhaupt auf zwei entscheidende Angaben beschränkt, nämlich auf den Apostelkonvent und den antiochenischen Streit mit Petrus. Paulus will ja Gal 1 f. keine komplette Lebensgeschichte zusammenstellen, sondern sucht aus seiner eigenen Geschichte die Knotenpunkte aus, die er argumentativ gegen die Judaisten einsetzen kann. Da seine Heidenmission den galatischen Gegnern gerade ein Dorn im Auge war, war es für Paulus sinnvoll, in Gal 1 f. sofort auf das Ereignis zuzugehen, das zur Anerkenntnis dieser Mission führte.

Auf dem Konvent geht es um die grundsätzliche Frage, ob sich das Christentum auch außerhalb der Synagoge ohne Vorgabe des Gesetzes, allein auf den Glauben an Christus gründen kann und solche Gemeinde in gleicher Weise anerkannt werde wie die judenchristlichen Gemeinden innerhalb der Synagoge. Diese Streitfrage war wohl zunächst in Antiochia selbst aufgebrochen, weil gesetzesstrenge Judenchristen aus Judäa in Antiochien auftauchten (vgl. Apg 15,1.5 und Gal 2,4). Lukas bringt sie mit der pharisäischen Richtung in Verbindung, nennt aber keinen großen Namen des Urchristentums (also auch nicht Jakobus!). Die Neuerer in diesem Streit sind die Antiochener, die übrigens weder nach Gal 2,1 noch nach Apg 15,2 nach Jerusalem zitiert werden. Vielmehr beschließt die antiochenische Gemeinde selbst, den Streitfall mit den Jerusalemern zu klären. Stellt man sich vor, solcher Beschluß kam formal analog wie Apg 13,1-3 zustande, besteht zur paulinischen Position, er sei aufgrund einer Offenbarung aufgebrochen, selbst dann kein Unterschied, wenn solche Geistäußerung nur Paulus persönlich zuteil wurde (vgl. Gal 1,12). So ziehen die Antiochener, voran Barnabas und Paulus, nach Jerusalem. Man weiß, was man will: Die Delegation führen die beiden Missionare an, die gerade programmatisch Heidenmission betrieben hatten. Weitere Delegationsmitglieder gehören dazu (Apg 15,2), darunter ein unbeschnittener Christ: Titus (Gal 2,3). Eine respektable Delegation, die in dem neuen antiochenischen Standpunkt gefestigt ist und dies durch die Person des Titus offenkundig macht.

Den entgegengesetzten Standpunkt vertreten »eingeschlichene Falschbrüder« (Gal 2,4), wie Paulus polemisch abwertend formuliert. Sie betrachten – um mit einem antiochenischen Schlagwort dieser Zeit zu reden – die »Freiheit... in Christus Jesus« (2,4) argwöhnisch und wollen die Antiochener »knechten«, d.h. unter das jüdische Gesetz zwingen (2,4f.). Damit stand für Paulus die »Wahrheit des Evangeliums« (wiederum ein situationsbedingtes Schlagwort) auf dem Spiel. Nach Apg 15,1.5 vertreten – wie schon angedeutet – den strengen judenchristlichen Standpunkt ehemalige Pharisäer (wie Paulus!) mit dem Grundsatz: Man muß sich beschneiden lassen und das Gesetz halten, um gerettet werden zu können. Es geht also um die konstitutive Heilsbedeutung des Gesetzes (zur Form des Satzes vgl. Joh 3,3.5).

Paulus und Lukas decken sich in ihren Aussagen in Bezug auf den Streitfall im wesentlichen: Es steht das endgültige Heil auf dem Spiel. Die strengen Judenchristen sagen: Erwählt ist allein das jüdische Volk. Darum kann ein Heide nur auf Rettung hoffen, wenn er durch Beschneidung Jude wird. Auch für Christen kann es am Gesetz vorbei kein Heil geben. Christen sind so etwas wie das wahre Israel innerhalb Israels. Sie können nicht außerhalb des heiligen Volkes ein Christentum errichten, das das Gesetz durch den Glauben zunichte (Röm 3,31) und Christus zum Diener der Sünde macht (Gal 2,17). Christus hebt nicht den Unterschied zwischen dem Heilsvolk und den Sündern, d.h. den Völkern, auf (anders Paulus in Gal 2,17), sondern ist Gottes letztes Angebot an sein Heilsvolk.

Darum kann man Christus und Gesetz nicht auseinanderreißen. Sie sind eng aufeinander bezogen. Die Taufe kann darum auch nicht die Beschneidung ersetzen, sondern nur ihr folgen.

Dagegen stellt Paulus: Das Wirken Gottes auf dem Missionsfeld ist offenkundig. Gott wirkt dabei ohne Ansehen der Person (Gal 2,6). Er selbst schafft durch das Evangelium Glauben und schenkt den Geist, ohne daß sich vorher die Heiden beschnitten hätten (vgl. 1. Thess 1 f.). Damit bezeugt er selbst die Gesetzesfreiheit des Evangeliums. Man muß nicht Jude werden, um Christ sein zu können. Man kann getauft werden, ohne die Beschneidung auf sich zu nehmen, wo der Geist ohne Beschneidung wirkt, ist solche Freiheit. Wenn Gott in Christus das Niedrige und Verlorene erwählt (vgl. 1. Kor 1,26-30), dann sind die Völker geradezu besonders sinnvolle Adressaten der Mission.

Damit sind die beiden Standpunkte, um die es ging, in ihrer Gegensätzlichkeit geschildert. Die judenchristliche Position ist dabei die traditionelle und von der geschichtlichen Lage her am ehesten einsichtige. Sie ist die allgemeine Regel, die bis dahin fast nur galt. Die Antiochener sind sachlich und zahlenmäßig die Ausnahme, denn bisher hatten auch alle anderen Gemeindegründungen des Stephanuskreises die Synagogen nicht verlassen. Die Mission bei den Randsiedlern der Synagoge war zwar für (strenge) Juden ein ernstes Problem, aber die Mission der Stephanusleute war immer noch synagogal gebunden. Erst Antiochia ging einen entscheidenden Schritt weiter.

Der Ablauf des Konvents zeigt dann zwischen Gal 2 und Apg 15 starke Unterschiede, die sich nicht mehr ausgleichen lassen. Die Frage, ob Lukas zwischen einer Beratung der »Apostel und Ältesten« (Apg 15,6) und einer Versammlung der Gesamtgemeinde (15,12.22) unterscheiden will, wird man wohl negativ beantworten. Denn Lukas schildert offenbar nur eine Gesamtversammlung. Aber bei Paulus sieht das anders aus: Nach Gal 2,2 legt Paulus den Aposteln Petrus, Johannes und Jakobus (2,9 zur Reihenfolge vgl. unten) »gesondert« das heidenchristliche Evangelium vor, also muß sich die voranstehende Aussage in Gal 2,2a auf die Gesamtgemeinde beziehen. Da zudem Gal 2,6 nach einer ersten Ergebnisschilderung in 2,3-5 ausdrücklich neu mit einem weiteren Ergebnis, nun bezogen auf eine Abmachung mit den »Säulen«, einsetzt, läßt sich V. 3 ff. gut auf zwei Besprechungen beziehen: In V. 3-5 berichtet Paulus von der Vollversammlung, in V. 6 ff. von der gesonderten Besprechung mit den drei Aposteln. Wer historisch Paulus sinnvollerweise den Vorzug gibt, kann dann erwägen, ob Lukas nicht in Apg 15 einen traditionellen ähnlichen Ablauf redaktionell vereinheitlicht hat.

Wichtiger ist allerdings die Einschätzung des Ergebnisses der Vollversammlung. Paulus gibt dazu entscheidende Hinweise. Er läßt durch den Lobpreis Gottes für seine Wende, wie ihn die judäischen Gemeinden nach Gal 1,22-24 aussprechen und wie er ihn absichtlich unmittelbar vor der Schilderung des Konvents und als wichtigen Begleitumstand für die Ereignisse in Gal 1,12ff. benennt, keinen Zweifel, daß die Jerusalemer Urgemeinde nicht einfach überhaupt zu ihm konträr stand. Allerdings, wenn Paulus jetzt den Galatern zu verstehen geben will, sein gesetzesfreies Evangelium sei in dieses Lob eingeschlossen (vgl. 1,16 mit 1,23), dann klingt die in 1,23 noch erkennbare Tradition (vgl. dazu 4.1) verhaltener. Diese Zuspitzung auf die Gesetzesfreiheit des Evangeliums enthält sie gerade nicht. Auch deutet die Befürchtung, der Apostel könne bei negativem Ausgang in Jerusalem überhaupt »umsonst laufen oder gelaufen sein« (2,2), an, daß Paulus eine glatte Zustimmung zu seinem Weg nicht von vornherein erwarten konnte. Weiter fällt es auf, daß Paulus in 2,3-5 keinen eindeutigen Beschluß der Gesamtgemeinde mitteilt, sondern nur angibt, was sie nicht forderte, nämlich nicht die Beschneidung des Titus (V. 3), und wie er selbst den »Falschbrüdern« widerstand (V. 4f.). Zwar nimmt Paulus dabei nichts von der grundsätzlich positiven Einstellung zu ihm aus Gal 1,22-24 zurück. Aber offenbar haben die antiantiochenischen strengen Judenchristen in der Jerusalemer Gemeinde doch eine größere Basis als Paulus lieb war. Selbst Lukas spricht von einem »heftigen Streit« (Apg 15,7), wo er doch sonst gerade die Urgemeinde als Ausbund von Eintracht und Harmonie schildern will. Zwar hat die Gemeinde die Heidenmission nicht abgelehnt (Gal 2,3!), aber sie hat offenbar auch nicht die »Falschbrüder« von der Richtigkeit des paulinischen Weges überzeugen können.

In dieser Situation kam nun alles auf die Apostel an. Der Entscheid mußte in dem gesonderten Gespräch zwischen den Jerusalemer Säulen und der antiochenischen Delegation mit Paulus als Wortführer fallen. Konnten die »Säulen« diesen Streit beilegen, ohne daß die christliche Gemeinschaft zerbrach? Paulus schildert dieses Gespräch und sein Ergebnis auf seine Weise in einer langen Satzkonstruktion so: Man nimmt am petrinischen Apostolat Maß. Petrus war unumstritten der primäre Osterzeuge, Apostel und Urmissionar (1. Kor 15,5; Lk 24,34). Mag er vielleicht zur Zeit des Apostelkonvents die Führung der Jerusalemer Urgemeinde schon an Jakobus abgegeben haben (vgl. die Vorordnung des Jakobus Gal 2,9), die Symbolfigur des nachösterlichen Judenchristentums ist er geblieben. Doch ist solcher frühe Führungswechsel in Jerusalem nicht sicher: Jakobus steht sozusagen nur beim vertraglichen Händeschütteln voran, bei der sachlichen Argumentation ist nur Petrus im Blick. Da Jakobusleute gleich anschließend (Gal 2,12) in Antiochia entgegen der Jerusalemer Abmachung Probleme machen, könnte Paulus Jakobus beim Konsens bewußt vorangestellt haben, um hervorzuheben, daß die Jakobusleute nun von der Abmachung abweichen. Jedenfalls ist auch für die Apg klar, daß Petrus zuerst das entscheidende Wort zu sprechen hat (Apg 5,6-12).

Dabei läßt sich nach Paulus die Diskussion so zusammenfassen: Man anerkennt allgemein, daß auf dem paulinischen Missionsfeld Gott ebenso »wirkt« wie bei der petrinischen Mission. Auch hier »wirkt« Gott durch das Evangelium, schenkt den Geist, läßt Zeichen und Wunder geschehen (vgl. Röm 15,19; 2. Kor 12,12; Apg 10,44-47; 11,1-18; 14,27; 15,12). Also ist der paulinische Apostolat mit dem petrinischen analogisierbar. Der Schluß, den die Apg anderenorts Petrus in den Mund legt (11,17), wird sichtbar: »Wenn ihnen (den christlichen Nichtjuden) nun Gott die gleichen Gaben gegeben hat wie uns (den Judenchristen), ... wer war ich, daß ich Gott hätte hindern können?« Eine ähnliche theologische Position zeichnet Lukas in der Rede des Petrus auf dem Konvent (Apg 15,7-11). Dabei fällt auf, daß in ihr entscheidende Stichworte der Erwählungstheologie des 1. Thess enthalten sind (vgl. dazu 6.2): Gott erwählt durch das Evangelium die Völker, gibt ihnen den Geist und aufgrund ihres Glaubens die Herzensreinheit. Darum – so läßt Lukas Petrus folgern – bedarf es des Gesetzes nicht mehr, denn »wir glauben, durch die Gnade des Herrn Jesu gerettet zu werden«. So wird Petrus geradezu zum Vertreter heidenchristlicher Theologie.

Jedenfalls, wenn der lukanische Petrus Taufe und Geist und damit das volle christliche Heil und die volle kirchliche Gemeinschaft Unbeschnittenen zugesteht, dann geschieht nach Gal 2 auf dem Apostelkonvent dasselbe: Die »Gnade« (d.h. der Apostolat, vgl. Röm 1,5; 15,15; 1. Kor 3,10), die Paulus gegeben war und durch Vergleich mit Petrus allgemeine Anerkenntnis fand, wird so gedeutet, daß es ab jetzt gleichberechtigt eine Mission an Juden, mit dem Ziel der Gründung judenchristlicher Gemeinden, und eine Mission an Heiden, mit dem Ziel heidenchristlicher Gemeindegründungen, gibt. Die Taufe soll das Wirken des Evangeliums auch dort ratifizieren, wo keine Beschneidung besteht.

Beschneidung und Gesetzesobservanz sollen auch nicht nachträglich gefordert werden: »Denn das Reich Gottes besteht nicht in Essen und Trinken« – also z.B. nicht in Reinheitsvorschriften der Tora –, »sondern in Gerechtigkeit und Friede und Freude im heiligen Geist« (Röm 14,17), wie es ein alter Leitsatz treffend formuliert. In diesem Sinn wird durch

Handschlag vereinbart, daß Paulus und Barnabas ihre antiochenische, d. h. heidenchristliche und gesetzesfreie Mission weiterbetreiben dürfen, hingegen sich die Jerusalemer wie bisher weiterhin der Mission unter Juden zuwenden werden. Natürlich können die Antiochener auch Juden zu gewinnen trachten und die Jerusalemer z. B. Gottesfürchtige. Entscheidend ist die Zielrichtung und die daraus erwachsende Gemeinderealität. Zu den judenchristlichen Gemeinden innerhalb der Synagogen treten nun auch heidenchristliche Gemeinden unabhängig von den Synagogen, ohne Beschneidung und Gesetz.

Die Antiochener haben also für ihren Standpunkt aufgrund dieses gesonderten Gesprächs volle Anerkenntnis erhalten, die in der Gemeindeversammlung nicht so eindeutig war. Darum streicht auch Paulus gegenüber den Galatern diesen Konsens so stark heraus. Niemand ahnte dabei schon, daß Paulus bald Antiochia verlassen und Mission im Weltmaßstab betreiben würde. Noch waren heidenchristliche Gemeinden die Ausnahme. Noch konnte das Judenchristentum sich als die Norm christlicher Existenz verstehen. Hatten nicht auch die Hellenisten um Stephanus in Jerusalem relativ für sich neben der christlichen Gemeinde um Petrus und Jakobus gelebt? Gab es nicht in den großen Städten des römischen Reiches des öfteren mehrere Synagogen nebeneinander? Konnte darum nicht nun auch synagogales und gesetzesfreies Christentum hier und da nebeneinander leben? Natürlich konnte es den Jerusalemern nicht passen, wenn sogar Judenchristen wie in Antiochia der Synagoge fernblieben und sich – wie Paulus und Barnabas selbst – in die gesetzesfreie Christenheit einfügten. Aber auf dem Apostelkonvent war man offenbar gewillt, auch dies ausnahmsweise zu dulden. Man konnte im Blick auf die jüdische Geschichte davon ausgehen, daß insgesamt Juden nur selten freiwillig Heiden geworden waren. Also werden sich zukünftig wohl auch nur ausnahmsweise Judenchristen in heidenchristliche Gemeinden eingliedern wollen. Für Palästina kam dies schon gar nicht in Frage, allenfalls hier und da in der Diaspora. Daß diese Praxis für Paulus bald selbstverständliche Regel werden würde, war – wie gesagt – noch Zukunft.

Bisher folgte die Darstellung des Apostelkonvents Paulus und Apg 15,1-12. Doch Lukas läßt auf dem Apostelkonvent nicht nur Petrus eine Rede halten, die im wesentlichen, durch Apg 10 vorbereitet, Petrus den antiochenischen Standpunkt vertreten läßt. Bei Lukas tritt danach Jakobus auf, der den Heidenchristen im Sinne von Lev 17f. ein Minimum an Reinheitsvorschriften abverlangt, damit das Judenchristentum mit ihnen ohne rituelle Verunreinigung verkehren kann (Apg 15,13-21). Dies beschließt die Gemeinde in Jerusalem und läßt es durch eine Jerusalemer

Gesandtschaft gemeinsam mit den zurückkehrenden Antiochenern der Gemeinde am Orontes schriftlich vorlegen. Paulus und Barnabas sind damit also einverstanden und missionieren dann nach Lukas weiterhin in Antiochia unter dieser Voraussetzung (Apg 15,22-35). Das widerspricht nun in doppelter Weise frontal dem paulinischen Bericht: Paulus betont, daß ihm keine Auflage zugemutet wurde, vielmehr er und Barnabas als Abgesandte der Gemeinde die Vereinbarung ohne solche Zusätze abgeschlossen haben. Paulus sagt außerdem, daß Jakobus ohne Einschränkung den petrinischen Standpunkt teilte. Daraus ist zu folgern, daß Apg 15,13-35 nicht die Wirklichkeit des Konvents selbst wiedergibt. Wohin die Klauseln des Jakobus gehören, ist denn nur zu vermuten. Die beste Hypothese ist die, daß sie im Zusammenhang des Auftretens der Jakobusleute in Antiochia eine Rolle spielten und Lukas in Apg 15 Konvent und antiochenischen Zwischenfall zusammenlegte. Das wird im nächsten Abschnitt noch deutlicher (5.3). Das aber würde bedeuten, daß Jakobus und sein Anhang bald nach dem Konvent in bezug auf ein Spezialproblem einen Kompromiß zwischen ganz strengen antiheidenchristlichen Judenchristen und paulinischer Mission wählten: Er anerkannte das Heidenchristentum, aber wollte die besondere Problematik des Verkehrs zwischen Juden- und Heidenchristen analog zu Lev 17f. geregelt wissen, also sollte auf diese Weise das Gesetz Norm bleiben.

Der Apostelkonvent hatte übrigens Nachwirkungen, die sich nicht nur auf die antiochenische Mission erstreckten. So sicher wir über die daneben laufende Mission fast nichts Genaues wissen, ist doch punktuell erkennbar, wie außerhalb Palästinas der Konventsbeschluß positive Früchte zeitigte: So wird die römische Gemeinde ohne Zutun des Paulus heidenchristlich, offenbar nach einer ersten judenchristlichen Phase (vgl. unten 13.1). Der Alexandriner Apollos taucht als heidenchristlicher Missionar in Korinth auf (vgl. nur 1. Kor 3,4ff.): War also auch in Alexandria eine heidenchristliche Gemeinde unabhängig von der antiochenischen entstanden? Wie verhält sich die Mission der Hellenisten nach dem Konvent? Jedenfalls ist Paulus offenbar bei ihnen gut gelittener Gast (vgl. Apg 15,3; 21,1ff.). Wie kommt es, daß Petrus in Korinth, einer heidenchristlichen Gemeinde, Anhänger hat (1. Kor 1,12) und Märtyrer der heidenchristlichen Gemeinde Roms wird (1. Clem 5,4)? Auch die Wandermissionare, die nach dem 2. Kor in Korinth auftreten, sind ehemalige Juden (2. Kor 11,22), aber bei ihrem Besuch in Korinth heidenchristlich ausgerichtet, denn sie lehren weder Beschneidung, noch Gesetzesobservanz. So darf man sagen: Es gibt hinreichend Indizien, daß Gemeinden und Missionare außerhalb Palästinas bald den Konvent als Signal benutzten, den

Weg Antiochias auch zu gehen. Man ist versucht zu sagen, manche warteten geradezu darauf, durch den Konvent gedeckt, nun den Weg des Heidenchristentums zu gehen. Mag Paulus der konsequenteste und erfolgreichste Vertreter des Heidenchristentums geworden sein, eine reine Solopartie hat er bei der Entfaltung des Heidenchristentums nicht gespielt. Der Konventsbeschluß kam auch anderen gelegen und zugute.

5.3 Petrus in Antiochia

In einem mittelfristigen Abstand mag nach dem Konvent Petrus die christliche Gemeinde in Antiochia besucht haben (Gal 2,11-21). Sein Auftreten setzt selbstverständlich den Konventsbeschluß in der paulinischen Version voraus: Petrus lebt für die Zeit seines Besuches zunächst ohne Skrupel oder Diskussion heidenchristlich, also in uneingeschränkter Lebensgemeinschaft mit der gesetzesfreien und von der Synagoge unabhängigen Gemeinde Antiochias aus Juden- und Heidenchristen. Er verunreinigt sich dabei als Judenchrist, der bis dahin in Jerusalem sicherlich gesetzestreu lebte, weil er offenbar die Einheit der Gemeinde in Christus höher einschätzt als das Gesetz. Sein Verhalten ist offenkundig auch allen anderen in Antiochias Christenheit selbstverständlich. Der Besuch wäre in dieser Weise ganz harmonisch verlaufen, wären nicht die Leute des Jakobus im mäßigen zeitlichen Abstand zu Petrus auch noch angereist. Sie stehen einerseits zum Konvent, denn sie fordern weder die Beschneidung, noch die Einhaltung des ganzen Gesetzes von den Heidenchristen. Apg 15,1.5 ist also auch für sie kein Thema! Andererseits verfolgen sie eine gesetzlich härtere Linie als Jakobus vor nicht langer Zeit auf dem Konvent: Sie fordern nämlich, daß alle Judenchristen der Gemeinde, vorab Petrus, mit ihnen uneingeschränkt synagogal und gesetzestreu leben. Konnten sie nicht auch von Petrus als Urapostel und Symbolgestalt des Judenchristentums (Gal 2,8f.!) das erwarten? Die Heidenchristen sollen nach dieser Absonderung eine eigene Gemeinde für sich bilden.

War auf dem Konvent zugestanden, daß Judenchristen in Antiochia auch außerhalb der Synagoge und damit gesetzesfrei leben durften – Paulus und Barnabas waren dafür in Person exemplarisch, wie Titus als Heidenchrist exemplarisch für das gesetzesfreie Heidenchristentum stand –, so fordern die Jakobusleute, Judenchristen müssen judenchristlich, also innerhalb der Synagoge leben. Da es naheliegt anzunehmen, hinter den Jakobusleuten stehe der Herrenbruder Jakobus selbst, muß er seit dem

Konvent seinen Standpunkt verhärtet haben. Nun gelten die Judenchristen innerhalb der Synagoge als qualifiziertere Christen, die Kontinuität
zur Heilsgeschichte Israels ist unaufgebbar und das Gesetz hat heilskonstitutive Bedeutung, sonst müßte man nicht auf ihm insistieren. Das Christentum ist primär theologisch als innerjüdische Gruppe zu verstehen, so
wie Jesus und seine Jüngerschar innerhalb des Heilsvolkes wirkten. Heidenchristen sind zwar eine geduldete Ausnahme, aber man will sie auf die
Ausnahmesituation eingrenzen. Sie haben auf die Judenchristen aus
Gründen, die im Gesetz liegen, Rücksicht zu nehmen, nicht diese auf sie.
Dies mußte Paulus mit Recht als Diskriminierung des Heidenchristentums empfinden und als Rückschritt hinter den Konvent.

Nun wäre in Antiochien immer noch alles gutgegangen, wenn nicht die
Jakobusleute auf Petrus mit dieser Forderung solchen Eindruck gemacht
hätten, daß er ihnen nachgab. War indessen Jakobus die Nummer Eins in
Jerusalem? War Petrus vielleicht wegen des härteren Kurses des Jakobus
aus Jerusalem gewichen? Fürchtete Petrus angesichts dieser härteren
Gangart der Jerusalemer Christen, bei ihnen in Rechtfertigungszwänge
wegen laxer Gesetzeseinstellung zu kommen? Das läßt sich nicht mehr
sicher klären. Klar ist nur: Petrus zieht sich von den Heidenchristen
zurück und kündigt so die Einheit der Gemeinde auf, die er noch kurz
zuvor durch sein Beispiel gefördert hatte.

Paulus hebt in seiner Darstellung bei der Gemeinschaftsaufkündigung
vor allem auf das Essen ab. Das ist typisch, verwirklichte sich doch
damals Gemeinschaft kulturell vor allem durch die Mahlgemeinschaft
(vgl. Lk 15,1f.; Apg 10,41; 1. Kor 5,11). In einer ungesetzlich lebenden
Gemeinde mußte sich ein Judenchrist wie Petrus zwangsläufig laufend
verunreinigen, zumal er ja wohl in einem christlichen Haus aufgenommen
wurde, das ungesetzlich lebte (vgl. Dan 1,8-16). Schon ein gastweises
Essen hätte vor diese Probleme gestellt (vgl. Apg 11,3). Aber es ist anzunehmen, daß Paulus nicht einfach auf diese alltägliche Lebenssituation
allein blickt, wenn er das gemeinsame Essen erwähnt. Er denkt an das
Herrenmahl als Einheitsband der Gemeinde. Sollen nun in der Gemeinde
zwei verschiedene Herrenmahle gefeiert werden? Damit stand für Paulus
»die Wahrheit des Evangeliums«, d.h. die »Freiheit in Christus«, die der
Konvent bestätigt hatte, auf dem Spiel (2,14, vgl. 2,4): Nahm Gott die
»Sünder«, d.h. die Heiden, ohne Vorbedingung an, dann durfte gesetzes-
treues Leben nicht durch die Hintertür doch wieder einen Vorrang erhalten. Wenn Gott Juden und Heiden zur einen Endzeitgemeinde erwählt,
die als Einheit von ihm gerettet wird (1. Thess 1,10; 4,17; 5,10), dann
kann nicht der Wartestand dieser Gemeinde nun doch wieder durch eine

Teilung bestimmt sein! Also ist für die Heidenchristen die Folge, daß sie sich den gesetzestreuen Judenchristen irgendwie anpassen müssen. Hatte man nicht diese Lage längst in Antiochia dadurch geklärt, daß alle Christen gemeinsam der Synagoge den Abschied gaben? Hatte nicht der Konvent diesen Weg anerkannt?

Aber der Umfall des Petrus hat Folgen. Die Judenchristen verlassen die Gemeinschaft. Selbst Barnabas, der noch auf dem Konvent mit Paulus zugunsten Antiochiens gestritten hatte, gibt nach. Er war nur solange antiochenisch-heidenchristlich orientiert, wie Petrus auf seiner Seite stand. So war es auf dem Konvent gewesen. Nun bleibt er petrinisch und folgt seinem Vorbild zurück zur Synagoge. Paulus und die Heidenchristen sind isoliert. Nachdem so der Friede der Gemeinde einen tiefen Riß erhalten hatte, kommt es zur Gemeindeversammlung. Leider berichtet Paulus nur, wie er »vor allen«, also auf einer Versammlung aller (vgl. 1. Tim 5,20 und Gal 1,2), Petrus angriff (Gal 2,14). Petrus wird abermals (vgl. 2,8) zur maßgeblichen Gestalt, an der sich entscheidet, was kirchlich Geltung haben soll. Doch die eindeutige Position des Urapostels auf dem Konvent gerät nun durch sein Verhalten ins Zwielicht.

Die paulinische Rede ist sicher so formuliert, daß Paulus dabei an die Galater denkt; noch konkreter: Sie dient gezielt dazu, die nachfolgende Thematik des Gal vorzubereiten (vgl. unten 11.2). Sie ist also kein Protokoll der antiochenischen Versammlung, sondern ein Argumentationsgang für die Galater. Dennoch stehen wohl in ihr Elemente der antiochenischen Situation. Vermutungsweise ist z.B. in dem Satzmonstrum Gal 2,16 die als unbestrittenes Gemeindewissen eingeführte Aussage: »Ein Mensch wird nicht durch Werke des Gesetzes gerecht, sondern allein durch den Glauben an Jesus Christus«, eine Konsensaussage antiochenischer Theologie, die auch Röm 3,28 auftaucht (vgl. unten 11.3). Man muß sich nur erinnern, daß Gerechtigkeitsaussagen in traditionellen frühen Texten z.B. im Zusammenhang mit der Taufe begegnen (Belege in 11.3). Dann läßt sich der Satz so verstehen: Gott nimmt Menschen durch die Taufe aufgrund ihres Glaubens an Jesus Christus an, nicht aber aufgrund gesetzlicher Lebensweise, also aufgrund der Beschneidung und Gesetzesobservanz. Das aber ist präzise der Grundentscheid in der antiochenischen Gemeinde gewesen!

Kann man sich nicht ebenfalls gut vorstellen, daß in Gal 2,17 der Einwand: »Ist Christus also ein Diener der Sünde?« ein typischer judenchristlicher Einwurf ist, dem Paulus in anderer Form auch Röm 6,15 entgegnen muß, wenn er sich der Frage stellt, ob wir sündigen sollen, weil wir nicht mehr unter dem Gesetz, sondern unter der Gnade sind? Judenchristen mußten hinter dem Weg des Heidenchristentums die unverbindliche Gnade wittern, die dem strengen und unumstößlichen Willen Gottes, bekundet in der Tora, aus dem Wege gehen wollte. Was anderes konnte denn in ihren Augen die Heiden bewegen, am Gesetz vorbei leben zu wollen?

Paulus hat durch die syntaktisch analoge Satzführung in V. 17 und V. 21b den Lesern zu verstehen gegeben, daß er ebenso klar seine Gegenposition auf den Begriff bringen kann: »Wenn Gerechtigkeit durch das Gesetz (zu erlangen ist), dann ist Christus umsonst gestorben.« Das soll heißen: Es bedurfte des Todes Christi gar nicht, wenn aufgrund des Gesetzesweges Gerechtigkeit von Gott zu erhalten ist. Der Heilssinn des Todes Jesu wird also gegen ein auf dem Gesetzesweg zu erlangendes Heil ausgespielt. Das »Christus allein« wird als antigesetzliches Argument eingesetzt. Doch dachte sich nicht die antiochenische Gemeinde genau so die neue Wirklichkeit von Christi Erlösungswerk her bestimmt? Hatte nicht gerade für sie »in Christus weder die Beschneidung noch die Unbeschnittenheit einen Wert, sondern der Glaube, der in der Liebe wirksam wird« (Gal 5,6)? Der Heilsgrund der Gemeinde war eben nach antiochenischer Meinung nicht mehr das Gesetz, sondern waren Christus, das Evangelium von ihm, der Glaube und die Taufe. Also kann Paulus in V. 17 sehr gut antiochenische Sprache verwendet haben.

So kann man also wohl doch Elemente der Rede als sachgemäße Wiedergabe des paulinischen Standpunktes gegenüber dem umgefallenen Petrus verstehen. Sie machen deutlich, was antiochenisches Heidenchristentum, durch Paulus zu Wort gekommen, an Grundsätzlichem auf dem Spiele stehen sah: Es ging um die Frage, ob Christus allein Heilsgrund sein soll, oder das Gesetz konstitutiv dazugehört.

Den Ausgang des Streites kennen wir nicht. Hätte Paulus sich durchgesetzt und die Judenchristen mit Petrus an der Spitze nachgegeben, hätte Paulus das für seine Auseinandersetzung mit den Galatern sehr gut gebrauchen können und sicherlich vermerkt. Also wird die Sache für ihn nicht gut ausgegangen sein. Darum macht sich Paulus danach von Barnabas und Antiochia unabhängig und hat wohl zunächst zu Petrus ein distanziertes Verhältnis. Jedoch nimmt er offenbar einen wie er denkenden Antiochener mit: Silas/Silvanus (vgl. 6.1). Die Weichen für seine selbständige Missionsarbeit sind gestellt. Fortan wird er als Bote Jesu Christi dort missionieren, wo Christus noch nicht verkündigt wurde (Röm 15,20). So wie er sich für die Heidenchristen Antiochias stark machte, so wird er fortan heidenchristliche Gemeinden errichten, die auf Glaube, Liebe, Hoffnung gründen (1. Thess 1,3; 5,8) und nicht auf dem Gesetz als konstitutiver Vorbedingung.

Doch was mag aus Antiochia geworden sein? Wir wissen darüber nichts Definitives. Es gibt allerdings eine ansprechende Hypothese. Nach ihrer Vorgeschichte konnten die Antiochener nicht im Ernst zulassen, daß die Gemeinde auseinanderbricht. So mußte man – wie so oft in der Geschichte – einen Kompromiß schließen. Dabei kann man nicht eigentlich hinter den Apostelkonvent zurück. Das wollten so offen auch nicht die Jakobusleute, noch Petrus und Barnabas. Aber man wollte den judenchristlichen Teil der Gemeinde wieder unter die Botmäßigkeit des Gesetzes zurückbringen. Judenchristentum muß Judenchristentum bleiben! Um dies bei Erhaltung der Einheit der Gemeinde zu ermöglichen, mußten die Heidenchristen ein bißchen nachgeben. Sie sollten nicht beschnitten und nicht generell unter das Gesetz gestellt werden, aber die levitische Reinheit der Judenchristen gewährleisten, gleichsam als Liebesdienst den Brüdern gegenüber. Deshalb übernahmen sie die Verpflichtung der Klauseln des Jakobus nach Lev 17f., nämlich kein Götzenopferfleisch zu genießen, den Blutgenuß zu meiden, nur geschächtetes Fleisch zu essen und keine im Judentum verbotenen Ehen (Heirat naher Verwandter) einzugehen (Apg 15,29). Das sog. Aposteldekret mag also anläßlich dieses Streites erstmals Bedeutung gewonnen haben. Vielleicht steht es versteckt hinter dem paulinischen Vorwurf an Petrus (Gal 2,14), er zwinge die Heidenchristen zur jüdischen Lebensweise? Wie dem auch sei, weil das sog. Aposteldekret in den Sachzusammenhang mit dem Apostelkonvent gehörte und es um dieselben Gemeinden ging, konnte Lukas das Dekret mit dem Konvent zusammensehen. So mag die jetzige Gesamtsicht des Lukas in Apg 15 entstanden sein.

Paulus unterwirft sich diesen Forderungen nicht (vgl. Gal 2,6): Apg 15,19f. ist ein kultisch-ritueller Katalog. Für Paulus sind jedoch ganz selbstverständlich alle rituellen Gesetze irrelevant (Röm 14,14.17; 1. Kor 8,1-6; 10,26). Auch wird er der heidenchristlichen Gemeinde in Korinth in bezug auf das Götzenopferfleisch eine gesetzesfreie Lösung vorschlagen (1. Kor 8). Auf dem heidnischen Markt dürfen Christen nach ihm unbesehen alles einkaufen – auch ungeschächtetes Fleisch (1. Kor 10,25). Die Ehe mit einer nahen Verwandten wird Paulus zwar wenige Jahre später 1. Kor 5,1ff. ablehnen, aber nicht zuletzt auch darum, weil dies nach römischem Recht verboten ist (5,1), soll doch die christliche Gemeinde generell nach außen unanstößig leben (1. Kor 6,5; 10,31-33; 1. Thess 4,12). Für Paulus sind diese levitischen Verbote nicht einfach ein Liebesdienst der Heidenchristen gegenüber den Judenchristen, sondern Indiz für den Vorrang des Judenchristentums und damit des Gesetzes. Der Kompromiß beruht nicht auf Gegenseitigkeit und Gleichrangigkeit.

Er festigt die Gesetzesobservanz und macht das Heidenchristentum dauerhaft inferiorer als das Judenchristentum, das nun etwas Konstitutives verliert, falls es tut, was nicht sein soll, nämlich den Weg des Gesetzes zu verlassen. Damit waren für Paulus Freiheit und Wahrheit des Evangeliums letztlich doch verraten, mußte sich doch dieses nun nach dem Gesetz richten, nicht das Gesetz nach diesem.

Der neue, von den Jakobusleuten verursachte Weg Antiochias hat übrigens in der Christenheit damals wenig Anklang gefunden. Die konsequent gesetzesfreie Lösung, wie sie Antiochien einst initiierte, blieb die gängige Lösung auf dem heidenchristlichen Missionsfeld. Es hat sogar den Anschein, als hätte auch ein Mann wie Barnabas später wieder zu dieser Einstellung zurückgefunden: Paulus kann ihn jedenfalls 1. Kor 9,6 ohne Groll erwähnen. Für Petrus dürfte dasselbe gelten (vgl. 5.4). Umgekehrt vertritt der judenchristliche Apokalyptiker, der die Apk Joh schrieb, zumindest einen Teil der Jakobusposition (Apk Joh 2,14f.24f.) und bekämpft Gemeinden, die gegen diese Forderungen verstoßen. Die nachpaulinisch weitverbreitete Zurückhaltung dem Götzenopferfleisch gegenüber hat nicht unmittelbar etwas mit den Klauseln des Jakobus zu tun, sondern verdankt sich allgemeiner Scheu der Christen im Umgang mit dem heidnischen Kult (vgl. dazu Did 6,3). So bleiben die Klauseln des Jakobus wohl in einigen judenchristlichen Kreisen lebendige Forderung an Heidenchristen. Aber das Heidenchristentum ist im allgemeinen den paulinischen Weg gegangen.

5.4 Paulus und Petrus

Petrus, der Galiläer und ehemalige Fischer (Mk 1,16.21.29), ist erster Osterzeuge und wird damit zum Urapostel der judenchristlichen Gemeinden nach Ostern (1. Kor 15,5; Lk 24,34). Beides wurde er nicht von ungefähr, war er doch wohl auch schon vor dem Tode Jesu im Kreis der zwölf Jünger der Sprecher dieser Gruppe (vgl. Mk 3,16; 8,27ff. usw.; Apg 1,13). Er gilt als enger Vertrauter Jesu (Mk 5,37; 9,2; 13,3; 14,33). Paulus ist pharisäischer Diasporajude, kennt Jesus von Nazareth nicht persönlich, wird zum eifernden Verfolger der christlichen Gemeinde in Damaskus und, visionär berufen zum Apostel, der Heidenmissionar schlechthin. Zwei recht verschiedene Männer, die jedoch schon in dieser frühen Zeit des Christentums als herausragende Apostel galten (Gal 2,7-9)! Darum hat die Frage nach ihrem Verhältnis zueinander seit alters eine besondere Bedeutung gehabt.

Nach Lage der Quellen kann man dies Verhältnis nur noch begrenzt beschreiben. Nach Ostern begegnen wir Petrus in Jerusalem (Apg 1-5), wo er doch wohl den Stephanuskreis, dessen spätere missionarische Tätigkeit zu den Vorbedingungen der paulinischen Wirksamkeit gehört, zumindest geduldet haben wird (Apg 6f.). Es ist jedenfalls nicht vorstellbar, daß dieser Kreis entstanden wäre und seine freiere Einstellung zum Gesetz hatte einnehmen können, wenn die Urapostel damals dagegen gewesen wären. Paulus begegnet Petrus erstmals bei seinem privaten Besuch in Jerusalem, den er ausdrücklich darum unternimmt, weil er den Urapostel persönlich kennenlernen will (Gal 1,18). Er weilt rund vierzehn Tage bei Petrus und ist sein Gast. Mehr ist über diese Begegnung nicht bekannt: Weder erklärt Paulus diesen Besuch zur Belehrungszeit für seine (spärliche) Jesustradition, noch ist sie nachgeholter Katechismusunterricht über die Überlieferung frühester Bekenntnisbildung. Er beschreibt sie auch in keiner Weise problembeladen. Es scheint wohl so gewesen zu sein, daß beide sich gegenseitig akzeptierten.

Nach der Apg besucht Petrus vor der Zeit des Apostelkonvents von Jerusalem aus die christlichen Gemeinden in den jüdischen Städten Lydda und Joppe (Apg 9,32-43), dann tauft er in Cäsarea den Gottesfürchtigen Kornelius, der bei den Juden sehr angesehen war (10,1f.22), was ihm Probleme mit der Jerusalemer Urgemeinde einbringt (10,1-11,18). Sie wird von Herodes Agrippa I verfolgt (ca. 43/44 n.Chr.), und Petrus entzieht sich einer Gefangenschaft durch Ortswechsel abermals nach Cäsarea (12,1-25). Zum Apostelkonvent ist Petrus jedoch wieder in Jerusalem (Apg 15). Wieweit man im einzelnen diesen Angaben Vertrauen schenken darf, ist sehr umstritten. Doch zweierlei kann vielleicht festgehalten werden: Petrus scheint sich in dieser Zeit für judenchristliche Gemeinden verantwortlich zu fühlen. Darum besucht er sie. Er ist aktiv daran beteiligt, daß ausnahmsweise auch ein Gottesfürchtiger ohne Beschneidung die Taufe erhält. Dies stellt ihn in die Nähe der Mission des Stephanuskreises (Apg 8; 11,19-30). Die Jerusalemer Gemeinde scheint jedenfalls teilweise gesetzesstrenger gewesen zu sein, denn Petrus gerät dabei ihr gegenüber in Begründungszwang. Daß Lukas mit seinem Programm einer harmonischen Urgemeinde dies so schildert, läßt aufhorchen. Man muß aber ernsthaft erwägen, ob nicht Apg 10 erst aus lukanischem Interesse, nämlich um den Urapostel auch ansatzweise zum Urheber der Heidenmission zu machen, jetzt vor den Apostelkonvent gestellt ist. Möglicherweise ist die ausnahmsweise Taufe ohne Beschneidung eine petrinische Tat nach dem Konvent. Sie paßt zu einem Petrus, der in Antiochia zunächst mit getauften Heidenchristen volle Tischgemeinschaft pflegt. Ist diese petrini-

sche Haltung mit entsprechenden Tatfolgen der tiefere Grund, warum
Petrus beim gesetzesstrengeren Judenchristentum in Jerusalem unter Jakobus nicht mehr anzutreffen ist?

Apg 15 und Gal 2,1 ff. stimmen in bezug auf das Verhalten des Petrus
auf dem Konvent überein: Petrus anerkennt ohne Wenn und Aber die
gesetzesfreie Mission des Paulus, doch bleibt er selbst das Symbol des
Judenchristentums. Erst beim petrinischen Besuch in der heidenchristlich
lebenden Gemeinde in Antiochia kommt es zum Bruch zwischen Petrus
und Paulus, weil Petrus aufgrund des Vorgehens der Jakobusleute den
Vorrang des Judenchristentums soweit wieder herstellt, als die Heidenchristen Antiochias Lev 17 f. als Minimalforderung einhalten sollen. Paulus verläßt Antiochia. Petrus weilt hier vielleicht noch etwas länger. Doch
die verläßlichen Spuren des Petrus verwischen sich nun. Die Nachrichten,
die noch zu sichten sind, zeigen ihn ab jetzt im Zusammenhang des
typisch heidenchristlichen Missionsgebietes.

Nach 1. Kor 1,12; 3,22 scheint sich eine Gruppe in Korinth auf ihn zu
berufen. Doch das muß noch nicht bedeuten, daß Petrus selbst in Korinth
war, so sicher er offenbar mit seiner Frau zusammen Gemeinden besuchte
und man davon auch in Korinth Kenntnis hatte (1. Kor 9,5). Er galt auch
in den paulinischen Missionsfeldern unumstritten als erster Osterzeuge
(1. Kor 15,5). Doch konnte er mit seiner antiochenischen Haltung in heidenchristlichen Gemeinden überhaupt leben, ohne sich oder diesen Gemeinden neue Probleme zu schaffen? Daß die petrinische Gruppe in
Korinth judenchristlich lebte oder auf Lev 17 f. eingeschworen war, ist
durch nichts angedeutet und ganz unwahrscheinlich. Oder hat Petrus nach
den Ereignissen in Gal 2,11 ff. seinen Standpunkt noch einmal geändert?
Hält er sich darum zwangsläufig nur noch und endgültig außerhalb Palästinas auf? Es fällt zudem auf, daß Paulus in 1. Kor 1−4 seine Auseinandersetzung mit Petrus nicht im Sinne von Gal 2,11 ff. fortschreibt. Das
hätte er doch tun müssen, falls Petrus oder Christen in seinem Namen den
antiochenischen Streit in Korinth fortgesetzt hätten. Auch 1. Kor 9,1 ff.
wird Petrus ganz neutral erwähnt. Falls Petrus also sich bald nach dem
antiochenischen Zwischenfall heidenchristlich orientierte wie Paulus
selbst, dann darf man vielleicht daran erinnern, daß Petrus bei der Gefangennahme Jesu und während des Prozesses seines Herrn offenbar auch
keine ganz rühmliche, sondern von Wankelmut bestimmte Rolle spielte
(vgl. Mk 14,50 parr; 14,66 ff. parr.). War für Petrus etwa der antiochenische Streit nur ein Zwischenspiel?

Es gibt noch ein weiteres Indiz, nach dem Petrus auf heidenchristlichem Gebiet anzutreffen ist: die Tradition von seinem Romaufenthalt und

dortigen Märtyrertod. Jedenfalls ist es immer noch am besten, 1. Clem 5 so zu deuten, daß dieser von Rom um 96 n. Chr. nach Korinth geschriebene Brief Petrus und Paulus in Rom unter Nero hingerichtet werden läßt. Ignatius (Ign Röm 4,3) kann um 110 n. Chr. diese Aussage unterstützen. Auch Joh 21,15 19 weiß vom petrinischen Märtyrertod ohne Ortsangabe. Doch ist ein Aufenthalt des Petrus in Rom wiederum aus 1. Petr 5,13 zu erschließen. Es gibt also um die Jahrhundertwende eine breite Tradition ohne Konkurrenz, die sich so deuten läßt: Petrus ist wie Paulus in Rom als Märtyrer gestorben. Daß Petrus dabei erst nach Paulus nach Rom kam, läßt sich wohl indirekt erschließen: Würde Paulus bei Abfassung des Röm mit der petrinischen Anwesenheit in Rom gerechnet haben, hätte er einen Gruß an Petrus nicht auslassen dürfen, schon darum weil er die Gemeinde nicht beleidigen wollte, die den Urapostel beherbergte. Haben sich beide nach dem antiochenischen Zwischenfall also wohl kaum noch einmal gesehen, so sind sie doch, getrennt voneinander, am gleichen Ort ein Opfer römischer Verfolgungen unter Nero geworden.

So kann man zusammenfassen: Bis zum Zwischenfall in Antiochia haben Petrus und Paulus wohl ein gutes Verhältnis zueinander. Petrus wirkt zur Anerkenntnis des paulinischen Missionskonzeptes entscheidend mit. In Antiochia wird dies Verhältnis stark gestört, weil Petrus auf die schärfere judenchristliche Gangart der Jakobusleute einschwenkt. Danach sind sich beide Apostel wohl nicht mehr begegnet. Doch ist es sehr gut möglich, daß Petrus nochmals seine antiochenische Entscheidung zugunsten einer den Heidenchristen gegenüber offeneren Haltung im Sinne des Jerusalemer Konventsbeschlusses überdacht hat. Paulus läßt im 1. Kor keine persönliche Reserve mehr gegenüber Petrus erkennen.

5.5 Die Bedeutung der antiochenischen Gemeinde für die Christenheit

Apostelkonvent und petrinischer Besuch in Antiochia bezeugen: Es gibt in den ersten zwanzig Jahren nach Ostern neben Jerusalem keine so herausragende Stadt für das Christentum wie Antiochia. So ist Antiochia in die Kirchengeschichte eingegangen, weil diese Gemeinde sich aus der Synagoge löste und eine allein auf Christus gegründete, gesetzesfreie Gemeinschaft bildete, also die bis dahin unbestrittene, selbstverständliche Auffassung des christlichen Glaubens als innerjüdische Gruppe preisgab und Christentum als ein der Qualität nach Neues, allein aus sich selbst heraus zu definierendes Phänomen begriff. Dies geschah, weil man das

Gesetz, das innerjüdisch unbestrittene Norm aller gruppenspezifischen Qualifizierung war, als Vorbedingung zur christlichen Taufe und damit zum Heil und kirchlichen Selbstverständnis nicht mehr anerkannte, darum konsequent Heidenmission betrieb, also Glaube und Taufe aller Menschen allein von der Zugehörigkeit zu Christus und seiner Gemeinde her bestimmte. Ja, man mutete sogar den Judenchristen heidenchristliche Lebensweise zu, um so jeden möglichen jüdischen Vorrang einzuebnen, damit keiner vorchristlichen Lebensweise, sei es die unter der Beschneidung, sei es die der Unbeschnittenheit, eine größere Nähe zum christlichen Glauben zuerkannt wurde (5.2). Dies war Antiochias kirchengeschichtliche Stunde, bedeutete es doch den grundlegenden ersten Schritt von einer jüdischen Sondergruppe zu einer »Weltreligion«, selbst wenn Antiochia diese Konsequenz damals so noch nicht voll erkennen konnte.

Antiochia hat noch ein damit zusammenhängendes zweites Verdienst, nämlich daß Paulus etwa zwölf Jahre in dieser Gemeinde wirken konnte, zum größten Theologen der ersten urchristlichen Generation reifte und die antiochenische Entwicklung sicherlich energisch mit- und weitergestaltete. Allerdings hat Antiochia wahrscheinlich den kühnen Schritt zur heidenchristlich orientierten Gemeinde wieder etwas zurückgenommen und das Heidenchristentum wohl doch wieder unter die Gesetze von Lev 17f. gestellt (5.3). Damit verlor die Gemeinde auch Paulus, der den ursprünglichen antiochenischen Entscheid konsequent weiterverfocht. Er ist der Antiochener, der Mut bewies, gegen Petrus und die Jakobusleute am heidenchristlichen Kurs Antiochias festzuhalten. Dies hängt wohl nicht zuletzt mit seiner durch die Berufung begründeten apostolischen Selbständigkeit zusammen.

Die paulinische Korrespondenz enthält an vielen Stellen traditionelle Formulierungen, die den Geist dieses antiochenischen Heidenchristentums enthalten. Ja, es muß überhaupt gefragt werden, inwieweit die von Paulus verarbeiteten Traditionen nicht im wesentlichen ihm aus Antiochia bekannt sind. Im allgemeinen begnügt man sich damit, solche Materialien ganz allgemein als »vorpaulinisch« oder »nebenpaulinisch« zu kennzeichnen. Aber das ist eine unpräzise Klassifizierung, wie man leicht erkennen kann, wenn man einmal die Christenheit zwischen 30 und 50 n.Chr. näher betrachtet. Da ist zunächst das Judenchristentum an den Synagogen in Judäa und Galiläa (vgl. Apg 1–5; 15; 1. Thess 2,14; Mt 10,5). An zweiter Stelle lassen sich judenchristliche Gemeinden der Hellenisten nennen. Diese Mission blickte auf Erfolge in Samaria (Apg 8,1.5.25), in den Küstenstädten des Mittelmeeres von Gaza (8,26) über Asdod (8,40), Lydda (9,32), Joppe (9,36), Cäsarea (8,40) bis nach Phönikien (11,19) und – nicht zu vergessen – in Damaskus, Antiochia und Zypern (9,2f.19; 11,19) zurück. Endlich kann noch auf die heidenchristlich orientierte Mission Antiochias verwiesen werden (Syrien, südliches Kleinasien und Zypern, Apg 13f.). Das ist insgesamt für die Ausbreitung des Christentums ein geographisch und theologisch gut überschaubares Terrain. Bei aller notwendigen Kritik an der Konzeption der Apg wird man wohl im groben diese geographische Situation als angemessene Beschreibung ansehen können. Das heißt aber: Nur aus den genannten drei Ausprägungen und Ausbreitungsgebieten des Christentums konnte Paulus damals Traditionen erhalten. Denn man wird nicht annehmen wollen, Gemeinden an der Küste Ägyptens (Apg 18,24) oder eine christliche Hausgemeinde in Rom (Indiz: Apg 18,2f.; Röm 16,3) hätten schon mit Antiochia oder Paulus in regem Austausch gestanden, zumal diese Gemeinden kaum sehr lange vor den selbständigen Missionsreisen des Apostels gegründet wurden. Denkt man sich ihre Missionierung als Werk der Hellenisten oder deren Sympathisanten erfolgt, was die plausibelste Hypothese wäre, bringen sie auch keine neue theologische Linie ein.

Nun muß man weiter die Beziehungen der Gemeinden untereinander beachten: Petrus als Palästiner besucht die Missionsgebiete der Hellenisten (Apg 9,32ff.; 10,1ff.) und auch Antiochia (Gal 2,11ff.). Zwischen Antiochia und Jerusalem gab es wohl überhaupt einen Austausch (Apg 15; Gal 2,1ff.). Paulus wird in einer Gemeinde der Hellenisten Christ und reist unter herzlicher Aufnahme auch später noch zu Gemeinden der Hellenisten (Apg 15,3; 21,3.8; 27,3). Er missioniert auf ihrem Missionsfeld von Antiochia aus (Apg 13f.). Manche Gründungen der Hellenisten werden wohl antiochenisch. D.h. alle drei Strömungen stehen untereinander offenbar im guten Kontakt. Paulus hat obendrein Petrus privat in Jerusalem besucht (Gal 1,18). Daraus lassen sich Konsequenzen ziehen: Wenn nur Antiochia und sein Umland als antiochenisches Missionsgebiet Heidenchristentum vertritt, muß heidenchristliche Tradition bei Paulus aus so früher Zeit aus Antiochia stammen. Natürlich kann Paulus palästinisch-judenchristliche Tradition z.B. in Jerusalem kennengelernt haben. Aber sie war in Antiochia im wesentlichen auch bekannt. Die hellenistisch-judenchristliche Tradition ist ihm seit Damaskus vertraut, steht jedoch auch am Anfang der antiochenischen Gemeinde. Im ganzen kann man also sagen: Was Paulus später an alter Tradition benutzt, entstammt im wesentlichen dem antiochenischen Gemeindewissen. Dies gilt insbesondere von denjenigen Traditionen, die in den beiden ältesten Paulusbriefen zu finden sind (1. Thess, 1. Kor) und in jedem Fall hier von den heidenchristlich orientierten Stücken.

Wer so die Bezeichnung »vorpaulinisch« als (zum größten Teil) antiochenisch präzisiert, muß noch einen Schritt weitergehen: Das heidenchristliche Denken Antiochias ist nicht unwesentlich von Paulus selbst bestimmt. Seine führende Rolle in der Gemeinde steht außer Frage. Er ist am Ende konsequenter heidenchristlich als Antiochia selbst. Also ist »vorpaulinisch« zum Teil auch als »frühpaulinisch« zu bestimmen: antiochenische Gemeindetradition und paulinisches Denken lassen sich zu dieser Zeit nicht einfach trennen.

Unter diesen Voraussetzungen kann man zwar ganz sicher immer noch kein umfassendes Panoramabild antiochenischer Theologie entwerfen, aber man kann einige Schwerpunkte derselben gut andeuten und damit ein ansatzweises Gesamtverständnis skizzieren, ohne der rekonstruierenden Vernunft zuviel zutrauen zu müssen. Um solcher Schwerpunkte ansichtig zu werden, muß man sich an die neue Grunderfahrung Antiochias erinnern: Sie bestand darin, daß der Geist auch außerhalb der zunächst judenchristlichen Gemeinde bei Nichtjuden »wirkte«, diese zum Glauben an Jesus Christus kamen und sich taufen ließen. Diese Erfahrung mit dem Geist des Evangeliums und den Folgen von Glaube und Taufe bei Nichtjuden muß also in den wesentlichen theologischen Äußerungen Antiochias aufleuchten. Weiter ist an die typischen Schlagworte aus Gal 2,4 bzw. 2,5.14, von der »Freiheit... in Christus« und der »Wahrheit des Evangeliums« (vgl. 5.1) zu erinnern. Diese Freiheit und Wahrheit bestanden darin, daß der soteriologische Stellenwert des Gesetzes verneint wurde. Antiochia hat also diese Erfahrung in einer grundsätzlichen Weise aufgearbeitet, die die bisher judenchristlich normale Zusammenschau von Gesetz und Glaube in ein kritisches Verhältnis umprägte, das sich bis hin zu antithetischen Aussagen bei der Zuordnung beider Größen auswirkte.

Der darin enthaltene »Kanon« (Gal 6,15) kommt bei Paulus in einer traditionellen Aussagengruppe zur Geltung, wie sie etwa 1. Kor 7,19; 12,13; 2. Kor 5,17; Gal 3,26-28; 5,5 f.; 6,15 begegnet. Diese Stellen versuchen je auf ihre Weise, unter Aufhebung des soteriologischen Prinzips der Synagoge den neuen heidenchristlichen Konsens zu beschreiben, bzw. genauer in einer konsensfähigen und formelhaften Wendung festzuhalten. Sie orientieren sich am Taufzusammenhang. Taufe meint – unter Zurückstellung der Beschneidung als Vorbedingung – zweierlei: den schöpferischen Geist der Endzeit erhalten zu haben und »in Christus« versetzt zu sein, d.h. zur Endzeitgemeinde zu gehören. Das allein konstituiert nun das neue Sein. Dabei kann dieser Heilsstand mit der Gewandsymbolik beschrieben werden (Gal 3,27; vgl. Röm 13,14), mit der Metapher des geistlichen Trankes (1. Kor 12,13) oder mit der festen Wendung von der

»neuen Schöpfung« (2. Kor 5,17; Gal 6,15). Die Christen sind »in Christus«, wie auch Christi Geist in ihnen wirkt, so daß die Innen- und Außenverhältnisse des Christen so neu geordnet sind, daß er zur neuen Kreatur gehört.

Diese erste Beschreibung kann in mehrfacher Weise genauer gekennzeichnet werden. Einmal religionsgeschichtlich: Die neue Grundanschauung redet synkretistisch entsprechend der Zusammensetzung der Gemeinde. So beobachtet man Zentralausdrücke, die jüdisch-apokalyptischer Herkunft sind (z. B. »neue Schöpfung«) oder hellenistisch-mysterienhafter Sprache entstammen (z. B. die Gewandsymbolik), jedoch auch sprachschöpferische Neubildungen sind (z. B. »in Christus«). Sodann fällt theologisch die starke Herausstellung der Umwandlung der ganzen Existenz auf. Dadurch ist der Bruch zu allem Gewesenen in unterschiedlicher Weise betont und das neue Leben in Christus in seiner qualitativen und umfassenden Neuheit fixiert. Endlich kommt die besondere Problemlage Antiochias noch durch das Gesetzesthema zur Sprache. Ausdrücklich wird mehrfach betont, daß das Gesetz, durch die entscheidenden Stichworte »Beschneidung« (1. Kor 7,19; Gal 5,6; 6,15) und »Jude« (1. Kor 12,13; Gal 3,28) repräsentiert, keine Geltung mehr hat. Das bezieht sich ganz sicher und ohne Ausnahme auf das Ritual- und Zeremonialgesetz. Indem die antiochenischen Christen die Synagoge mit dem Ziel, selbständiges heidenchristliches Gemeindeleben aufzubauen, verlassen, geben sie diesen, den Juden vom Heiden trennenden Teil der Gesetzesobservanz ganz auf. Diesen Entscheid setzt Paulus zeitlebens selbstverständlich voraus. Auf der anderen Seite sind die Antiochener keine Libertinisten: Neuschöpfung konstituiert sich nicht jenseits des göttlichen Willens. Vielmehr ist der Glaube durch die Liebe wirksam (Gal 5,6). Die Aufhebung des Gegensatzes von Beschneidung und Unbeschnittenheit hebt nicht die Forderung auf, »die (ethischen) Gebote Gottes« zu halten (1. Kor 7,19). Zwar besteht die Gottesherrschaft nicht »in Essen und Trinken«, d. h. in Beachtung von Speisevorschriften, wohl aber »in Gerechtigkeit und Friede und Freude im heiligen Geist« (Röm 14,17). So treibt der Geist, der in der Taufe den Leib der Gläubigen zum Tempel erwählt hat (1. Kor 6,19), zur Liebestat. Der Geist macht zwar auch die von außen kommende Gesetzesforderung überflüssig, aber er treibt von innen zur Heiligung in der Bruderliebe, weil er derjenige Gottesgeist ist, den die Propheten als Geist der Endzeit zur Veränderung der inneren Konstitution des Menschen verheißen hatten (1. Thess 4,7-9; vgl. Ez 36, 26f.).

Führte die Verselbständigung der antiochenischen Gemeinde gegenüber dem Synagogenverband zu dieser Neubeschreibung christlicher Exi-

stenz und Gemeindewirklichkeit und hatte diese Kennzeichnung in der
Taufgabe des Geistes und in der Einverleibung »in Christus« seine Zen-
tren, dann sollte es nicht mehr erstaunen, wenn Paulus gleich in seinem
ältesten Brief wie selbstverständlich existentielle Seinsaussagen über den
Christen treffen kann: »Alle seid ihr Söhne des Lichtes und Söhne des
Tages« (1. Thess 5,5). Das wird wiederum mit der Gewandsymbolik ex-
pliziert: »Da wir des Tages sind, laßt uns nüchtern leben, angetan mit dem
Panzer des Glaubens und der Liebe und mit dem Helm der Hoffnung auf
Heil« (5,8). Das erinnert natürlich z. B. an Gal 3,26-28, wenn hier im
Taufzusammenhang das neue Sein als Sohnschaft (»Alle seid ihr Söhne
Gottes... in Christus«) und die Gewandsymbolik zur Kennzeichnung der
engsten Beziehung zu Christus begegnen. Man sollte ebenso 2. Kor 5,17
vergleichen, wenn hier das neue Sein in Christus als neue Schöpfung
beschrieben ist, so daß für den Christen das Alte vergangen und Neues
geworden ist, und wenig später (5,21) diese neue Realität so zur Sprache
kommt: »Den, der Sünde nicht kannte, hat er für uns zur Sünde gemacht,
damit wir in ihm Gerechtigkeit Gottes würden«. Die Seinsaussage am
Schluß steht an der Stelle, wo 1. Thess 5,5; Gal 3,27 mit Hilfe der Gewandsymbolik Aussagen getroffen werden. Innerhalb der Heilssphäre »in
Christus« beschreibt die »Gerechtigkeit Gottes« die neue christliche Realität, wie sie durch die Taufe entstand. Ähnlich ist in 1. Kor 1,30; 6,11 – es
liegen traditionelle Taufaussagen vor – der Zustand, »abgewaschen«, »geheiligt« und »gerechtgemacht« zu sein, neue Seinsbeschreibung, die onti-
sche Gültigkeit hat, weil die Gemeindeglieder nicht mehr im alten Sein
»sind« (1. Kor 6,11a), vielmehr »in Christus Jesus«, der zur »Gerechtigkeit«, »Heiligung« und »Erlösung« »geworden ist« (1,30). Auf diese Aussagen ist später noch zurückzukommen (vgl. unten 11.3).

»In Christus« und der »Geist« sind die Brennpunktaussagen in einer
Ellipse, die, anthropologisch und ekklesiologisch zugleich verstanden,
mit der neuen Schöpfung deckungsgleich sind. Die Ellipse wiederum ist
ein Aussagezentrum innerhalb eines größeren Zusammenhanges, den wir
als frühpaulinische Erwählungstheologie bezeichnen wollen. Von ihr ist
der 1. Thess tiefgreifend und umfassend geprägt. Das soll in einem besonderen Abschnitt anschließend dargelegt werden (vgl. 6.2). Diese Erwählungstheologie ist nach dem 1. Thess für Paulus wie für die Christen in
Thessaloniki selbstverständliche Glaubenssprache. Das ist ein Signal
dafür, daß die Konzeption – sehr früh nach seinem Fortgang aus Antiochia durch den 1. Thess dokumentiert – in der antiochenischen Zeit des
Apostels entstanden ist. Achtet man auf ein entscheidendes Kennzeichen
dieser Erwählungslehre, nämlich auf den Umstand, daß ihre Pointe ge-

rade die endzeitliche Erwählung der Völker durch das Evangelium ist, dann wird diese Annahme plausibel. Ist es nämlich die programmatische Hinwendung zu den Nichtjuden, die diese Erwählungslehre prägt, dann muß man fragen: Wo anders als in Antiochia ist dieser Schritt zuerst getan worden und in dieser Frühzeit allein zu Hause? Damit stehen wir vor der These: Die paulinische Erwählungstheologie des 1. Thess ist tief verwurzelt in der antiochenischen Zeit des Apostels und gut geeignet, Antiochias Heidenmission theologisch zu begründen.

Zu dieser Erwählungstheologie gehört nach Ausweis des Kontextes von 1. Thess 1 dasjenige Predigtschema einer Heidenmissionspredigt, wie es 1. Thess 1,9f. von Paulus skizziert wird. Der Apostel erinnert an dieser Stelle seine Leser daran, »welchen Zugang« er bei den Thessalonichern »gefunden hat«, nämlich (1.) wie sie sich »bekehrt haben von den Göttern zu Gott, um dem lebendigen und wahrhaften Gott zu dienen, und (2.) seinen Sohn vom Himmel zu erwarten, den er von den Toten erweckt hat, Jesus, der uns vom kommenden Zorn errettet.« Wiederum gilt: Weil in dieser Frühzeit nur Antiochia programmatisch Heidenmission betrieb, war die Gemeinde erstmals vor die Aufgabe gestellt, ein Konzept für eine solche Mission zu entwerfen, das im christlichen Bereich allgemeine Anerkennung erwarten durfte. Hier wollte man aus innerer Überzeugung, konnte man zugleich aufgrund der eigenen Herkunft aus der Synagoge, und mußte man endlich natürlich auch um der judenchristlichen Brüder willen an die Proselytenwerbung der hellenistischen Synagoge anknüpfen, d.h. konkret: Man verarbeitete die Monotheismuspredigt des Diasporajudentums, wie sie im ersten Teil der Predigtzusammenfassung sichtbar wird. Durch die Synagoge war die kompromißlose Absage an die polytheistische Götterwelt vorgeprägt: Der Gott Israels und Vater Jesu Christi war allein Schöpfer und Herr der Welt. Die Völker verehren nur »stumme Götzen« (1. Kor 12,2), die »von Natur aus keine Götter sind« (Gal 4,8), denn der ganze Polytheismus der hellenistisch-römischen Welt verdankt sich nur dem Ungehorsam gegenüber dem einen Gott (Röm 1,18ff.). Dennoch sind die Götter nicht ohne numinose Macht, werden sie doch nicht einfach aufklärerisch für nicht existent erklärt, sondern allein in ihrer Bedeutung neu eingeschätzt (1. Kor 8,5): Sie sind für den Menschen nicht heilsam, vielmehr dämonisch (1. Kor 10,20) und ein Stabilisierungsfaktor in der Verworfenheit heidnischen Lebenswandels (Röm 1,21-24). Sie sind Zeugen, wie die Menschen die Wahrheit Gottes in Ungerechtigkeit danieder halten (Röm 1,18). Demgegenüber gilt vom Vater Jesu Christi, »von ihm und durch ihn und auf ihn hin sind alle Dinge« (Röm 11,36) und während »ein Götze nichts in der Welt ist«, »ist niemand Gott außer einer« (1. Kor 8,4). Am einprägsamsten kommt dieser Gedanke in dem vorkorinthischen Bekenntnis 1. Kor 8,6 zum Ausdruck:

> »Einer ist Gott: der Vater,
>   aus dem alles ist und zu dem hin wir sind;
> und einer ist Herr: Jesus Christus,
>   durch den alles ist und wir durch ihn.«

Für einen Hellenen mußte damit Zeus-Jupiter als Göttervater und Vater der Welt entthront sein. Er stand vor der Alternative, entweder Zeus oder den Vater Jesu Christi zu verehren. Der gerade auch an der Gestalt des Zeus ablesbaren hellenistischen monotheistischen Tendenz stellte das Christentum die Forderung der Absage an die Götterwelt zugunsten des Vaters Jesu Christi gegenüber.

Daraus hatte die Synagoge den Schluß gezogen, daß der heidnische Kult und alles, was mit ihm auch nur indirekt in Verbindung stand, strengstens zu meiden seien. Wie sehr die Abgrenzung von allem heidnisch Unreinen selbst in Antiochien noch versteckt eine Rolle spielte, zeigen die dortigen Judenchristen, die Petrus folgten (vgl. oben 5.3). Doch zunächst sah es in Antiochia anders aus. Hat doch die Gemeinde volle Tischgemeinschaft zwischen Heiden- und Judenchristen praktiziert (vgl. 5.2 und 5.3), ohne das jüdische Ritualgesetz einzuhalten. Also haben die Antiochener aus diesem Schöpfungsglauben die Konsequenz gezogen, daß »nichts durch sich selbst unrein ist« (Röm 14,14), vielmehr »alles rein« (Röm 14,20), man also alles unbesehen »essen und trinken« könne, wenn es mit »Danksagung« und »zur Ehre Gottes« geschieht (1. Kor 10,30f.; Röm 14,6). War denn nicht nach Ps 24,1 »die Erde und ihre Fülle des Herrn« (1. Kor 10,26)? Leider ist nicht mehr überprüfbar, ob bei diesem grundlegenden Entscheid auch Jesustradition wie Mk 7,15 eine Rolle spielte. Absolut auszuschließen ist das nicht, weil eine solche Neuerung sicherlich einer eindeutigen Legitimation bedurfte. Jedoch erkennbar ist nur noch, daß der gerade auch den Heiden gegebene Geist eine Motivation zu solcher Freiheit gab (vgl. 5.1).

Schon in der hellenistischen Synagoge war der Schöpfergott zugleich der endzeitliche Richter. Insofern konnte das Predigtschema 1. Thess 1,9f. auch in seinem zweiten Teil an die Proselytenwerbung anknüpfen. Aber so sicher das göttliche Gericht aller Welt bevorstand (1. Kor 3,13-15; Röm 14,10), redeten die Christen nun anders von ihm: Sie stellten Christus als Retter vor solchem Zorn in den Vordergrund (1. Thess 1,10). Nicht die Gerichtsandrohung für alle heidnische Verworfenheit (Röm 1,18ff.), sondern das von Gott in Christus bereitete Heil wurde energisch in den Mittelpunkt gerückt. Christen konnten denen, »die keine Hoffnung haben« (1. Thess 4,13), das Angebot von Glaube, Liebe und Hoffnung machen (1. Thess 1,3; 5,8; 1. Kor 13,13). Da Paulus im 1. Thess diese für das Christentum klassisch gewordene Trias wie selbstverständlich verwendet, wird sie schon in seinen antiochenischen Jahren Ausdruck christlichen Selbstverständnisses gewesen sein. So hat mit hoher Wahrscheinlichkeit die antiochenische Gemeinde ihr neues Christentumsverständnis auf einen Nenner gebracht. Das geschah in diesem Zusammenhang vielleicht auch noch durch einen anderen Begriff, dem des »Evangeliums«. Akzentuierte die antiochenische Missionspredigt nämlich das Heil und nicht das Gericht, dann lag solche Sprache nahe. Im übrigen ist durch die antiochenischen Schlagworte aus Gal 2,4.5.14 die Benutzung des Begriffs für Antiochia mit antigesetzlichem Akzent bezeugt, wofür auch der 1. Thess spricht, in dem Paulus diesen Begriff ganz selbstverständlich, heidenchristlich ausgerichtet, gebraucht.

Mit dieser soteriologischen Neufassung der Gerichtsansage aufgrund der Christologie hängt natürlich zusammen, daß das Ende der Welt – wie seit Jesus den Christen vertraut – in der Weise der Naherwartung ausgesprochen wurde (1. Thess 1,10, 4,15 usw.). Das ist hier darum noch einmal zu erwähnen, weil der neuverstandene Schöpfungsglaube dadurch eine zweite Note bekam: Der Beurteilung der Gesamtschöpfung als »rein« ist nämlich nun die endzeitliche Qualifizierung als »vergehende« zugesellt: »Das Wesen der Welt vergeht« (1. Kor 7,31). Die positive Bestimmung war das geöffnete Tor zur Mission, diese jedoch hatte nur noch wenig Zeit. Die Enttabuisierung der Welt war also kein Vorbote, Schöpfung instrumentell zur Entfaltung menschlicher Möglichkeiten zu gebrauchen. Sie war vielmehr theologische Entgrenzung, sich der verlorenen Welt zu ihrem Heil kurz vor ihrem Ende noch zuwenden zu können.

Bei dieser Hinwendung zu den Völkern darf natürlich nicht vergessen werden, daß die antiochenische Gemeinde aus der Synagoge hervorging und diese weiterhin in unmittelbarer örtlicher und geistiger Nachbarschaft lebte. Nicht zuletzt die harte antijüdische Polemik in 1. Thess 2,15 f., die Paulus so bald nach seinem Fortgang aus Antiochia leicht aus der Feder fließt, läßt erahnen, daß dieses Verhältnis nicht spannungsfrei war (vgl. unten 15.2). Vielleicht darf man die drei großen Exegesen aus 1. Kor 10,1-21; 2. Kor 3,7-18; Gal 4,21-31 in bezug auf ihren theologischen Ansatz in diese antiochenische Zeit zurückverlegen. Die Ausleger sind sich heute weitgehend darin einig, daß diese Stücke wohl kaum für ihre Briefzusammenhänge ganz neu konzipiert wurden und überhaupt, was die typologisch-allegorische Methode und die theologische Gegenüberstellung von altem und neuem Bund betrifft, nicht glatt in das paulinische Denken eingeordnet werden können. Der Erfahrungsort dieser drei Exegesen ist dabei der neue schaffende Geist, der bei den Christen erreicht hat, was das »Gesetz« nie vermochte: Menschen von Grund auf zu verändern. Jeweils wird in diesen drei Texten die Ursprungs- und Erwählungszeit Israels (Abraham, Mose, Exodus) mit der endzeitlichen Erwählungszeit, in die sich die christliche Gemeinde gestellt weiß, verbunden und zugleich kontrastiert. Die Schrift hat Israels Erwählung und Problematik aufbewahrt, damit die christliche Endzeitgemeinde ihre eigene Situation darin gedeutet findet (1. Kor 10,5 f. 11). So hatte Gott nicht an den vielen Israeliten der Exodusgeneration Gefallen, so sicher er der christlichen Gemeinde gegenüber in ganz anderer Weise ein treuer Gott ist (10,5.12f.). Doch das Gericht an der Wüstengeneration aufgrund ihres Abfalls zum Götzendienst und zur Aufkündigung der Erwählung kann sich bei einer heidenchristlichen Gemeinde als Rückfall in die alte Götterwelt im Einzelfall wiederholen. Damit ist indirekt gesagt: Die heilige Schrift Israels gilt nun der selbständigen heidenchristlichen Gemeinde, nicht mehr dem zeitgenössischen Judentum. Härter geht 2. Kor 3 mit dem Judentum ins Gericht: Mose zeigt die Inferiorität des alten Bundes. Im Unterschied zur christlichen Endzeitgemeinde (3,17f.) ist Israel bis heute dem Dienst des tötenden Buchstabens und des Todes verbunden. Nur seine Bekehrung zur christlichen Gemeinde (3,15f.) kann auch ihm Rettung bringen. Die polemische Antithetik ist in Gal 4 ähnlich hart: Israel wird der Magd Abrahams zugeordnet und sein Gottesbund als Knechtschaft bestimmt. Die christliche Gemeinde wird mit Sara in Verbindung gesetzt und als erfüllte Abrahamverheißung und Freiheit ausgelegt. Wie damals Ismael dem Isaak das Erbe bestritt, so verfolgt die Synagoge heute die christliche Gemeinde (V. 29). Damit ist die Nähe zu 1. Thess 2,15 f. angezeigt. Synagogal eingebundene Judenchristen hätten so nicht reden können.

Wir sahen schon, wie stark die Geisterfahrung die Gemeinde bestimmte. Aussagen über den Geist der Endzeit waren dabei sicher nicht nur theoretische Interpretamente. Vielmehr prägte der Geist unmittelbar die Gemeindewirklichkeit: Wie selbstverständlich fordert Paulus die Thessalonicher auf: »Den Geist löscht nicht aus! Prophetisches Reden verachtet nicht!« (1. Thess 5,19f.). Solchen Umgang mit dem Geist war er von Antiochia gewohnt. Sein ekstatisches Versetztwerden in den dritten Himmel während seiner antiochenischen Zeit läßt ihn »unaussprechliche Worte« hören, d.h. doch wohl die Sprache der Engel (2. Kor 12,1-5). Den Korinthern bezeugt er, er sei es gewohnt, in Zungen zu reden, und täte das mehr als die Korinther (1. Kor 14,18). Zum Konvent nach Jerusalem zieht man aufgrund einer »Offenbarung«, d.h. einer geistgewirkten Äußerung aus der Gemeinde(versammlung) oder einer persönlichen Offenbarung des Paulus (Gal 2,29). Ähnlich beschreibt die Apg, wie in Antiochia der Prophet Agabus auftritt (Apg 11,27f.) und die Aussendung von Barnabas und Paulus zur sog. ersten Missionsreise durch eine Geistäußerung innerhalb eines Gottesdienstes erfolgte (13,2). Nach der Rückkehr von der Mission muß man wiederum in der Gemeinde einen Bericht abgeben (14,27). Die geistgeleitete gottesdienstliche Gemeindeversammlung ist wohl überhaupt das entscheidende Beschluß- und Leitungsorgan der Kirche (Gal 2,14; Apg 13,2; 14,27). Die Aufstellung von fünf »Propheten und Lehrern« (Apg 13,1), die Aussendung als Missionare im Fall von Barnabas und Paulus (Apg 13,2), wie die Festlegung der Delegation nach Jerusalem (Gal 2,1f.) sind ohne den Konsens der Gesamtgemeinde sicherlich nicht denkbar. Die Gemeinde versteht sich als geistgeleitete Bruderschaft, die Beauftragung oder Zustimmungen dazu vornimmt.

Am Schluß dieses Abschnittes kann nun vielleicht auch auf die antiochenische Christologie eingegangen werden. Dies hat darum besondere Schwierigkeiten, weil allen Gemeinden von Gaza bis Zypern an ihr gemeinsam gelegen sein mußte. Die ungeheure Dynamik, mit der sich die Christologie in diesen frühen Jahren entfaltete, ist nur so erklärlich, daß (fast) alle christlichen Gemeinden dieser Zeit an diesem Prozeß beteiligt waren, sicherlich auch die antiochenische. Doch fällt es naturgemäß schwer, eine einzelne Gemeinde für diese oder jene Aussage verantwortlich zu machen. Auch darf man hier sicher nicht vorschnell Ausschließlichkeits- und Prioritätsurteile zugunsten einer Gemeinde abgeben. Doch gibt es einen Gesichtspunkt, der den antiochenischen Beitrag zur Entwicklung der Christologie begründen kann: Es ist der Gesichtspunkt der Universalisierung, wie er überhaupt für antiochenische Theologie typisch ist und wohl auch die Christologie unter verschiedenen Hinsichten beeinflußte, nämlich in bezug auf die endzeitliche Retterfunktion des Sohnes, auf die universale Herrschaft in der Mission, auf die Mittlerschaft aller Schöpfungswirklichkeit und auf den umfassenden Heilstod Jesu.

In dem Schema der Heidenmissionspredigt aus 1. Thess 1,9f. ist dem Sohn Gottes die endzeitliche Funktion, alle zu retten, zugewiesen, die der Predigt Glauben schenken. Die Heidenmissionspredigt universalisiert damit die endzeitliche Erlösertätigkeit Christi auf die Menschheit, denn die Predigt richtet sich ja »grenzenlos« an alle Völker. Eine ähnliche Ausweitung vollzieht die Missionsformel Röm 1,3b-4, wenn hier die jüdische Messianologie (vgl. Ps 2) benutzt ist, um Jesus aufgrund seiner

Auferstehung zum weltweiten Herrscher als Sohn Gottes zu deuten:
Seine fortan wahrgenommene geistliche Herrschaft vollzieht sich als Mission unter den Völkern.

Zum entgrenzten antiochenischen Missionskonzept gehörte die universale Schöpferaussage: Die Wirklichkeit, die die Mission, wo auch immer,
vorfindet, kommt von dem einen Schöpfer und Erhalter her und findet in
ihm ihren letzten Sinn. Diesem (schon jüdischen) Horizont wird nun auch
die Christologie eingefügt: Der Herr ist Schöpfungsmittler, wie es für das
Judentum die mythisierte Weisheit war (1. Kor 8,6). Wie die Gemeinde
ihm die Erlösung verdankt, so verdankt alle Welt seiner Vermittlung die
Existenz. Von hier ist es dann ein weiterer Schritt, an die Sendeformel
Gal 4,4f. zu erinnern: »Gott sandte seinen Sohn, von einer Frau geboren,..., damit wir die Sohnschaft empfingen«. Auch hier ist wohl doch
die Präexistenz des Sohnes flüchtig und indirekt angedeutet, und die
Sohnschaft der Christen wie in der antiochenischen Gemeindeformel
Gal 3,26-28 als neues Sein verstanden, die Gabe des gesandten Sohnes ist.
Vielleicht darf man hinzufügen: Wie Jesus seine irdische Beschränkung
auf Israel durch die Auferstehung mit der Einsetzung zum Sohn Gottes
auf Weltebene in Röm 1,3b-4 verlor, so kann auch das Stichwort »Frau«
generalisieren wollen: Er ist für jeden geboren, der zur Menschheit gehört.

Umstritten ist, woher die formelhafte und variantenreiche Wendung
von Christi Heilstod »für uns/für unsere Sünden« kommt. Ihr ältester
literarischer Beleg steht 1. Thess 5,10. Die Aussage wird hier als bekannte
ganz selbstverständlich getroffen. Sichere Belege aus dem Jerusalemer
Urchristentum oder der Verkündigung Jesu gibt es nicht. Die nächsten
religionsgeschichtlichen Parallelen weisen auf hellenistisch-jüdisches Milieu (2. und 4. Makk; vgl. noch TBenj 3,8). In ihnen ist der Tod der
makkabäischen Märtyrer so gedeutet, daß der alttestamentlich-jüdische
Sühnopfergedanke und die griechische Vorstellung des stellvertretenden
Existenzopfers für eine andere Person oder Gemeinschaft zu einem neuen
Sinnzusammenhang geformt wurde, um den unschuldigen Tod der Märtyrer als stellvertretendes Opfer für die Verfehlungen Israels zu verstehen.
Die Heilstodaussage über Jesu Kreuzestod steht wohl doch in dieser
Tradition. Sie ist möglicherweise in Antiochien entstanden. Die antiochenische Gemeinde universalisierte jedoch zugleich diese hellenistisch-jüdische Vorstellung zugunsten der Menschheit, war doch der Sohn Retter
aller Christen (1. Thess 1,10) und seine Herrschaft kraft der Auferstehung
in der weltweiten Mission gegeben, die sich an alle Menschen richtete
(Röm 1,3b-4).

Am Schluß sei noch einmal betont, was eingangs herausgestellt wurde: Zur Beschreibung antiochenischer Theologie sind begründete Vermutungen möglich, jedoch nicht mehr. Grundzüge, die zueinander stimmen, sind beschreibbar, aber manches muß offen bleiben. Was hier hypothetisch angenommen wurde (und noch ergänzungsfähig ist), rechtfertigt das Urteil: Antiochien hat während des paulinischen Aufenthaltes in der Stadt theologiegeschichtlich offenbar für das Urchristentum ganz Erhebliches und Wegweisendes geleistet.

5.6 Paulus und Jesus

In der antiochenischen Zeit des Apostels muß auch das Verhältnis des Paulus zur Jesustradition feste Strukturen angenommen haben. Dieses Verhältnis angemessen zu beschreiben, ist seit langem ein schwieriges Problem der Forschung. Wer nämlich die theologischen Gehalte der Paulusbriefe mit der Jesustradition vergleicht, wie sie in den synoptischen Evangelien erhalten ist, steht vor auffälligen Tatbeständen: In der Christologie und Heilslehre, also gerade im Zentrum der paulinischen Theologie, fehlen direkte Bezüge zur Jesustradition. Die vereinzelten Versuche, hier versteckte Beziehungen zu erspähen, sind so hypothetisch, daß sie das Gegenteil von dem bewirken, was sie erreichen wollen. Es kann nämlich nicht wegdiskutiert werden, daß Paulus sehr wohl an entscheidenden Stellen dieser Thematik Bekenntnistraditionen zitiert (Röm 1,1-7; 3,21-31; 1. Kor 15,1-11; 2. Kor 5,11-6,2; Gal 1,1-5 usw.), sich auch um einen eingehenden Schriftbeweis bemühen kann (Röm 4; Gal 3 usw.), aber nirgends die Autorität der Jesustradition einsetzt: Paulus kommt es z. B. nirgends in den Sinn zu sagen, weil Jesus nach Mk 10,45 von seinem Tod als Lösegeld für viele sprach und nach Mk 14,24 anläßlich des letzten Mahles seinen Tod als Sühnetod auslegte, muß sein Tod als Sühnetod verstanden werden. Jesu Tod ist vielmehr für ihn mit dem Aspekt »für uns« verbunden, weil damit der Sinn des Todes Jesu als göttliche Heilsveranstaltung gegeben ist. Wie Jesu eigene Einstellung zu seinem Tod war, bedeutet ihm nichts. Dasselbe müßte analog gelten, ginge man davon aus, Paulus kenne die ehemalige Verwurzelung einiger Enderwartungsaussagen in der Menschensohntradition (z. B. 1. Thess 1,10; 4,17; 1. Kor 16,22) und würde sie z. B. darum heranziehen, weil Jesus selbst sich als Menschensohn verstand. Von aller Fragwürdigkeit solcher mehrstufigen Hypothese ganz abgesehen, ist die Feststellung entscheidend: Paulus

deutet überhaupt nicht an, daß er an der Einstellung Jesu zur Menschensohntradition theologisch oder historisch Interesse habe. Diese Fragestellung ist ihm völlig gleichgültig. Nicht, was Jesus selbst vertrat, ist ihm
entscheidend, sondern inwiefern er Gottes Äußerung den Menschen gegenüber ist.

Auch bei den Schöpfungsaussagen bemüht sich Paulus nirgends, die an
solchen Ausführungen nicht ganz arme Jesustradition zu benutzen. Er
bildet Schöpfungsaussagen auf der Basis des allgemeinen hellenistisch-
jüdischen Schöpfungsglaubens (1. Thess 1,9; 1. Kor 8,1-6; Röm 1,18ff.
usw.) unter Einschluß der Benutzung der Septuaginta (vgl. z. B.
1. Kor 10,26). In der Auffassung vom Geist und beim Kirchenverständnis
war es von vornherein überhaupt schwer, ja unmöglich, Jesustradition
fortzuschreiben. Denn hier ist die nachösterliche Geisterfahrung und Ge-
meindebildung zu abgehoben von der Situation Jesu. So bleiben nur die
Enderwartung und die Mahnung zum christlichen Wandel, in denen die
Verhältnisse komplexer liegen. Aber auch hier gilt es, vor aller Differenzierung festzuhalten: Ansatz und Materialgehalt paulinischer Ethik sind
ohne grundlegende Bezugnahme zur Jesustradition entfaltet. Paulus begründet seine Ethik aus dem neuen Sein (Röm 12,1f.; Gal 5,25 usw.) und
beschreibt ihren Materialgehalt auf vielfältige Weise, wobei Jesusmateria-
lien und Jesusautorität nur unter anderem und selten in Erscheinung
treten. Stellen wie Röm 8; 1. Kor 15 usw. belegen weiter, wie Paulus ohne
jeden Bezug zu Jesu Hoffnung seine Enderwartung entfalten kann. Es ist
klar: die paulinische Theologie läßt sich nicht als direkte Fortschreibung
jesuanischer Gottesreichsbotschaft verstehen. Sie ist ihrem Wesen nach
keine traditionsorientierte Aktualisierung der Jesusverkündigung (Jesus
hat gesagt..., darum gilt...), sondern folgt einem eigenen Sprach- und
Denkmuster. Wenn man es mit einem modernen Begriff formulieren will:
Zwischen Jesus und Paulus hat ein »Paradigmenwechsel« stattgefunden.
Nur wenn man von ihm ausgeht und ihn immer im Blick hat, kann man
zu einer angemessenen Verhältnisbestimmung zwischen Paulus und Jesus
kommen.

Für eine solche ist es weiter wichtig, 2. Kor 5,16 aus der Diskussion
ganz auszuscheiden. Die Stelle lautet: »Darum kennen wir von nun an
niemanden dem Fleische nach. Wenn wir auch Christus dem Fleische nach
gekannt haben, so doch nun nicht mehr.« Diese Aussage, die ein »Erkennen« Christi »nach dem Fleisch« abwertet, ist häufig dazu benutzt worden, als Urteil des Paulus über den irdischen Jesus überhaupt zu dienen,
so als wolle Paulus im Sinne eines bewußten theologischen Programms
das Leben Jesu auf ein bloßes »Daß« zusammenschrumpfen lassen. Aber

nur unter Mißachtung des Kontextes kann aus dem Vers solche Programmatik herausgelesen werden. 2. Kor 5,16 redet nicht vom irdischen bzw. geschichtlichen Jesus im Unterschied zum erhöhten Christus, sondern urteilt über eine bestimmte Erkenntnisweise. Das Objekt derselben ist Christus in der Einheit als Irdischer und Erhöhter. Die abgeurteilte Erkenntnisweise ist die bloß menschliche und ungläubige im Gegensatz zur geistlichen, nach der der Glaube gerade auch den Irdischen versteht als den Christus, »in dem Gott war«, indem Gott »den, der keine Sünde kannte, für uns zur Sünde machte« (2. Kor 5,19.21). Doch selbst wenn 2. Kor 5,16 anders als angedeutet zu verstehen wäre, bliebe immer noch methodisch mißlich, eine einzelne Bemerkung aus ihrem kontextuellen Geflecht zu lösen und mit einem ganzen Programm zu belasten, das man zunächst und methodisch viel solider am gesamten Briefbestand des Paulus erheben sollte.

In ähnlicher Weise ist nun auch die Benutzung von Gal 1,18 zu kritisieren, wenn diese Erwähnung des paulinischen Petrusbesuches in Jerusalem umgekehrt dazu dienen soll, des Apostels fundamentale Kenntnis und Gebundenheit an die Jesustradition zu belegen. Man kann das dann ausweiten: Paulus habe überhaupt seit seiner Berufung ständig mit den damaligen Hauptzeugen der Jesusüberlieferung Kontakt gehabt. Auch haben die Gemeinden stets soviel Beziehungen miteinander gepflegt, daß man überall mit reichlicher Kenntnis der Jesustradition rechnen kann. Unter diesem Vorzeichen wird man leicht geneigt sein, noch so schüttere Anklänge an die Synoptiker bei Paulus für Indizien gewollter Aufnahme der synoptischen Tradition anzusehen. So werden aus den Paulusbriefen flugs unter der Hand Lesebücher, die zeigen, wie reichhaltig Jesustradition ausgelegt wurde. Damit ist aber den persönlichen Beziehungen zwischen Paulus und Petrus, wie den Gemeindekontakten, wie den Paulusbriefen zuviel zugemutet, bzw. Gewalt angetan (vgl. oben 2). Solche Konstruktion scheitert einfach an den paulinischen Texten selbst, die eben kein Spiegelbild solcher Annahme abgeben.

Natürlich wird man annehmen, Paulus kenne mehr Jesustradition als er nachweislich zitiert. Das allgemeine Wissen ist immer umfangreicher einzuschätzen als seine aktuelle Verwendung. Aber es bedarf der Erklärung, warum Paulus nirgends synoptischen Erzählstoff aufgreift (Wundergeschichten, legendarische Erzählungen) oder den Passionsbericht (1. Kor 11,23-26 ist kultgebundene Einzelüberlieferung!), warum er Schul- und Streitgespräche, biographische Apophthegmen, Gleichnisse, Seligpreisungen und Selbstaussagen Jesu nirgends heranzieht, sondern im wesentlichen nur Mahnungen zur Normierung des Gemeindelebens und Enderwartungsaussagen. Es bleibt zudem auffällig, daß diese auf bestimmte Gattungsbereiche beschränkte Verwendung auch insgesamt eine untergeordnete Rolle spielt, wenn man einmal von den hier und da vorgeschlagenen vagen und umstrittenen Anklängen absieht, weil es methodisch ratsam ist, vom Minimum des relativ Gesicherten und nicht vom Maximum des vielleicht noch gerade Wahrscheinlichen auszugehen. Diese stark begrenzte Rolle der Jesustradition hebt sich zudem auch deutlich von anderen Bereichen urchristlicher Überlieferung und Literatur ab, da die paulinische Zurückhaltung gegenüber der Jesustradition außerhalb der Synoptiker keineswegs nur die Regel ist.

Im übrigen muß man auch mit dem Begriff »Jesustradition« behutsam umgehen. Er kann in dieser Frühzeit nicht einfach mit dem kompletten Überlieferungsbestand der Synoptiker (einschließlich der Logienquelle) als deckungsgleich angesehen werden. Ohne eine – freilich immer auch hypothetische – Trennung von Tradition und Redaktion bei den Evangelien sollte man nicht direkt mit Paulus vergleichen. Ein Blick auf das Sondergut oder ein Vergleich zwischen Mk und der Logienquelle belehren ferner, daß die Annahme nicht ratsam ist, überall sei dieselbe Jesustradition bekannt gewesen bzw. aktiv benutzt worden. Auch die johanneische Gemeinde pflegt Jesustradition in ganz eigentümlicher Weise. Bei diesen Tradierungs- und Aneignungsprozessen haben jeweils die theologischen Positionen der Tradenten eine entscheidende Rolle gespielt. Aber nicht nur sie: diese Prozesse sind auch durch nichttheologische Faktoren mitbestimmt: Die ländliche Welt der Dörfer Galiläas, wie sie sich in den Gleichnissen Jesu widerspiegelt, mag in einem städtischen Christentum weniger oder keine Bedeutung gehabt haben. Umgekehrt kann hier das Bild vom Wettkampf in den Gymnasien viel mehr Beachtung finden (1. Kor 9,24-27), das wiederum der Jesustradition fremd ist. Gab es in Korinth einen Bedarf, sich mit dem Pharisäismus im Sinne von Mt 23 auseinanderzusetzen? Kann man sich vorstellen, in Thessaloniki seien Jesu Sabbatbrüche aktuell gewesen? Das bedeutet doch: Theologische wie nichttheologische Faktoren werden überall dazu beigetragen haben, daß Kenntnisse von Jesus umgeschrieben oder zurückgedrängt wurden. So wird schon von Anfang an ein Unterschied zwischen dem Herrenbruder Jakobus und den Hellenisten in bezug auf die aktive Benutzung und den Umfang ihrer Jesustradition bestanden haben. Diese Differenzierung hat sich mit fortschreitender Entwicklung des Urchristentums zunächst fortgesetzt. Erst in der nachapostolischen Zeit fand eine Zusammenstellung vielfältiger Stoffe in Gestalt der Großevangelien statt.

Endlich muß noch eine grundsätzliche Bemerkung zum methodischen

Problem des Vergleiches gemacht werden: Man sollte eine allgemeine (im Einzelfall variable) Traditionskompetenz als passives Wissen um einen bestimmten Traditionsumfang von der individuellen aktiven Benutzung von Tradition mit bewußter Aufnahme und Interpretation von Überlieferung unterscheiden. Die passive Traditionskompetenz ist selbstredend jeweils umfangreicher als die aktive Benutzung derselben. Über die erste läßt sich in bezug auf antike Autoren und Gemeinschaften naturgemäß nur allgemein spekulieren. Aber es ist für das Verständnis der paulinischen Theologie letztlich unwichtig, wie umfangreich das passive Wissen um Jesustradition bei Paulus war. Mag Petrus ihm u.a. auch Jesusüberlieferung zur Kenntnis gebracht haben, mögen die Hellenisten dasselbe bei ihrer Mission, also auch in Damaskus, getan haben, mag Antiochia gleich von Petrus, Jakobus und Barnabas solche erfahren haben, entscheidend ist, wie Paulus, Antiochia oder andere damit aktiv umgegangen sind, in welchem theologischen Koordinatenkreuz und welchen allgemeinen Lebenszusammenhängen sie davon Gebrauch machten oder nicht.

Dabei gestaltet sich der Nachweis aktiver Benutzung von Jesustradition komplizierter, als man zunächst annehmen möchte. Einfach liegt der Fall, wenn Paulus nachweislich angibt, Jesustradition zu zitieren und diese im synoptischen Bereich auch in relativ analoger Form bezeugt ist (Beispiel: 1. Kor 7,10f.; Mk 10,2-12; Mt 5,31-32). Komplexer wird die Sachlage schon, wenn wie im Fall von 1. Thess 4,15-17 zwar Paulus angibt, ein Herrenwort zu benutzen, solches aber in der uns bekannten Überlieferung von Jesus nicht begegnet. Denkt der Apostel überhaupt an ein Wort des Irdischen? Meint er nicht ein Wort des Erhöhten? Sodann treten Fälle auf, bei denen synoptisches Jesusgut bei Paulus anonym verwendet wird (Beispiel: Röm 12,14; Lk 6,28a). Offenbar hat solche Tradition für Paulus aus sich heraus Kompetenz und bedarf der Autorität Jesu nicht. Schon das ist eine theologisch bedeutsame Beobachtung. Soll man sich also überhaupt daran erinnern, daß solche Aussage in Übereinstimmung mit der Jesustradition steht? Steht sie es aber wirklich? Wir setzen immer schnell in vertrauter Weise voraus, Jesusworte der Synoptiker sind älter als (anonyme) Paulussätze in seinen Paränesen. Aber stimmt diese Voraussetzung? Jedenfalls kann der umgekehrte Fall nicht ausgeschlossen werden: Anonyme urchristliche Mahnung, die auch Paulus benutzt, wird im Laufe der Zeit der Autorität Jesu innerhalb der synoptischen Überlieferung unterstellt (ein Beispiel ist vielleicht 1. Thess 5,13c; Mk 9,50c). Sicherlich kann man die Skala der Möglichkeiten noch verfeinern. Darauf kommt es jetzt jedoch nicht an. Entscheidend ist die Feststellung: Wer solche vielfältigen Möglichkeiten ins Auge faßt und nur einem Arbeitsprozeß, der von

ihnen ausgeht, Einsicht in die historische Wirklichkeit zutraut, hat es
natürlich viel schwerer als jemand, der einfach die Textebene der Synoptiker mit der Textebene der paulinischen Briefe vergleicht und alle mehr
oder weniger deutlichen und dürftigen Konvergenzen statistisch sammelt.
Doch nicht die quantitativ gewonnene Summe, sondern das qualifizie-
rende Urteil ist gesucht.

Dafür ist es vor allem erforderlich, die theologische Gesamtkonzeption
unter deren Voraussetzung Jesustradition gehört und verarbeitet wird, in
den Blick zu nehmen. So macht es einen wesentlichen Unterschied aus, ob
man – wie Mt – Jesus als messianischen Lehrer in Wort und Tat versteht,
dessen Ablehnung durch Israel ihm den Tod einbrachte, den aber Gott
auferweckte, so daß er nun als Erhöhter die Mission an seine abgeschlossene Lehre binden kann, wie er sie als Irdischer vertrat (Mt 28,19f.); ja der
zudem schon als Irdischer ausdrücklich vor den nachösterlichen Propheten warnte, die in seinem Namen mehr und anderes sagen und tun werden, als er als Irdischer gebot (Mt 7,13-27). Oder ob man Jesus – wie
Paulus – von seinem Geschick her erfaßt, das als endzeitliches Handeln
Gottes heilskonstitutiv für die Menschheit ist, und die durch ihre Geschichte beschriebene Heilsperson im Geist der Gemeinde erfahrbar sein
läßt, die den Menschen neugestaltende Kraft des Geistes als Ansatz der
Ethik versteht und diesen Geist des Herrn in der Gemeinde ausdrücklich
nicht gelöscht wissen möchte. In der ersten Konzeption muß alles auf die
Tradition der Worte des Irdischen und auf die Einschärfung ihrer Gültigkeit ankommen, so sicher man zugleich an ihnen gestaltend tätig sein
kann. In der zweiten Position sind Worte des Irdischen im Grundsatz
entbehrlich. Sie können natürlich auch benutzt werden, da ja der Irdische
und der Erhöhte identisch sind. Aber sie haben keine fundamentale systematische Funktion wie im ersten Konzept. So kann man z. B. dann ein
Jesuswort autoritativ zur Begründung der strengen Einehe verwenden
(1. Kor 7,10f.), – wenn man es verwendet, hat es naturgemäß immer
Autorität –, doch man kann dasselbe Thema auch inhaltlich in gleicher
Weise ohne Jesuswort abhandeln (1. Thess 4,3-5). Die zweite Möglichkeit
ist vom Ansatz her die systemkonforme, die erste eine zusätzliche Möglichkeit. Wenn anders Antiochia und Paulus diese zweite Position vertreten, sind grundsätzlich für sie Rang und Funktion der Jesustradition
damit bestimmt.

Nun kann man diesen Rang der Jesustradition in den Paulusbriefen
ungefähr so beschreiben, aber die Behauptung aufstellen, Paulus habe in
seiner Missionspredigt den irdischen Jesus umfassender vorgestellt und
die Traditionen des Irdischen als Grundwissen mitgeteilt. In seinen Brie-

fen, die an längst bestehende Gemeinden gerichtet sind, habe er dann
darauf verzichten können, da er nicht bekanntes Basiswissen zu wiederholen brauchte. Einen möglichen Beleg für diese Annahme könnte Lukas
liefern, da er die paulinische Missionspredigt u. a. wohl durch Jesustradition bestimmt sein läßt (vgl. z. B. Apg 13,23-25.28 f.; 17,3; 28,23.31).
Doch auf Lukas sollte man erst hören, wenn es bei Paulus selbst dafür
wenigstens Anhaltspunkte gibt. Mit solchen ist es aber schlecht bestellt.
In dem Schema der Heidenmissionspredigt 1. Thess 1,9 f. (vgl. 1. Kor 1,4-
9) ist von solchem ausgeführten Grundwissen über Jesus von Nazareth
nichts angedeutet. Auch wenn Paulus sonst an seine Anfangsverkündi-
gung erinnert, wie z. B. 1. Kor 2,1-5; 11,2.23-26; 15,1-11; Gal 1,9; 3,1-5;
4,13 f.; 5,21; Phil 4,9; 1. Thess 1,5-10; 4,1.6.11, ist kein Hinweis zu erkennen, daß Paulus so verfahren sei. Im Gegenteil: Die Stellen zeigen, daß
Paulus exakt das in Erinnerung ruft, was auch sonst in den Briefen steht.
Missionsbotschaft und Briefinhalte lassen sich also nicht im genannten
Sinn unterscheiden. So erweist sich die These, die zwischen beiden im
genannten Sinn unterscheiden will, als unbegründet. Daß dann natürlich
auch ein Verweis auf Stellen wie 1. Kor 6,2-9; 1. Thess 5,2, an denen ganz
allgemein auf Gemeindewissen abgehoben wird, wenig austrägt, um den
Unterricht in der Jesustradition angezeigt zu finden, ist selbstredend deutlich.

Also ist es angebracht, daß wir noch genauer nach der paulinischen
Gesamtkonzeption fragen und als nächstes erörtern, welche Bedeutung
der geschichtliche Jesus in der Theologie des Apostels überhaupt hat.
Paulus hat Jesus von Nazareth nicht gekannt. Das ist ein wichtiger Unterschied zu Petrus und anderen Judenchristen, befindet sich aber in Übereinstimmung z. B. mit der Position von Barnabas, Timotheus und Titus
oder der Gemeinde in Damaskus und Antiochia. Wer für Paulus das
Gegenteil behaupten will, gerät in den Bereich phantastischer Spekulation. Darum ist es auch historisch unbegründet, bei Paulus einen Gesamteindruck der Frömmigkeit und Persönlichkeit Jesu vorauszusetzen, um
sich von diesem Ausgangspunkt her die Entfaltung der paulinischen Christologie zu erklären. Auch selbst wenn z. B. Petrus ihm dergleichen nachträglich vermittelt haben sollte, ist bei Paulus davon nichts zu erkennen.
Das allein entscheidet und hat Gewicht. Schon eine solche Aussage wie
Hebr 5,7-10 (vgl. 2,17 f.; 4,15) über die Versuchlichkeit Jesu und sein
Bestehen der Versuchung wäre in der paulinischen Christologie im Ansatz
stilwidrig.

Die paulinische Erfahrung mit Jesus Christus setzt bei seiner Berufung
ein. Er erfährt sich von Gott, der ihm den Auferstandenen als seine Tat

bekundet, in den Dienst genommen und orientiert sich demzufolge an diesem erhöhten Herrn. Von der jetzigen Stellung des Herrn her blickt Paulus auf die Geschichte des Irdischen, vornehmlich auf den Heilstod Jesu, und erkennt auch ihn als Tat Gottes, die Jesus als Erlöser der Menschheit kennzeichnet. Darum kommt der Irdische nicht als Persönlichkeit zur Darstellung, nicht als Vollzieher der nahenden Gottesherrschaft, nicht als Wundertäter. Nicht seine Verkündigung in Galiläa und Jerusalem interessiert, sondern Gottes Erschlossenheit durch die Grunddaten der Geschichte Jesu, also Jesus als göttliches Handeln oder als Gott gehorsame Person, durch die Gott der Menschheit zugute tätig geworden ist. So läßt sich die paulinische Christologie in bezug auf den Irdischen sehr gut in dem Satz aus 2. Kor 5,19 auf einen Nenner bringen: »Gott war in Christus, die Menschheit sich selbst versöhnend, ihnen ihre Übertretungen nicht zurechnend und das Wort von der Versöhnung unter uns aufrichtend.« Dies kann Paulus statt mit Gott als Subjekt auch mit Christus als Subjekt aussagen, z.B. in Gal 1,3f.: »... Jesus Christus, der sich für unsere Sünden gab, um uns herauszureißen aus der gegenwärtigen bösen Weltzeit nach dem Willen Gottes unseres Vaters...« Beide Aussageweisen sind zwei Seiten derselben geschichtlichen Wirklichkeit, die gedeutet wird: Christi Geschick ist göttlicher Wille und seine endzeitliche Tat, den Menschen zugute geschehen.

Dieser konstitutive Ansatz der paulinischen Christologie kann inhaltlich mit wenigen, aber für Paulus entscheidenden Angaben gefüllt werden. Das ist mehr als ein bloßes »Daß« als Aussage über den Irdischen. Aber das vorhandene »Mehr« erlaubt es keinesfalls, ansatzweise oder tendenziell daraus z.B. ein Markusevangelium zu schreiben, schon gar nicht eine Textsorte wie die Logienquelle zu gestalten. Die Evangelien gehen bei aller Kerygmatisierung durch ihren nachösterlichen Standort davon aus, daß das Einzelne und Besondere, sei es ein Wort, sei es eine Tat Jesu, ein Stück Jesuswirklichkeit für immer festhält. Paulus hingegen verzichtet auf diesen Weg im Prinzip ganz und ausnahmslos. Er trifft nur rückblickend über das Gesamtleben Jesu eine deutende Feststellung oder interpretiert den Heilssinn der »Randsituationen« wie Eintritt in die Welt, Tod und Auferstehung. Dementsprechend ist Jesus »zweigestammter« Christus, nämlich präexistent (1. Kor 8,6; Phil 2,6f.) und zugleich aus Israel (Röm 9,5), bzw. davidischer Abstammung (Röm 1,3). Er ist von einer Frau geboren (Gal 4,4) und wurde unter das Gesetz getan (Gal 4,4). Um der Wahrheit Gottes willen ist er zum Diener der Beschnittenen geworden, damit die Väterverheißungen als gültig bestätigt würden (Röm 15,8). So lebte er nicht sich selbst zu Gefallen, sondern – Ps 69,10 gemäß – nahm er die Schmähungen anderer auf sich (Röm 15,3). Er entäußerte sich selbst, nahm Knechtsgestalt an, ward den Menschen gleich und gehorsam bis zum Kreuzestod (Phil 2,7f.). Er, obwohl reich, wurde arm, damit er uns durch solche Armut reich machte (2. Kor 8,9). Er, der von keiner Sünde wußte, wurde für uns zur Sünde gemacht, damit wir in ihm Gerechtigkeit Gottes würden (2. Kor 5,21). Er wurde gekreuzigt aus Schwachheit, nun aber lebt er durch die Kraft Gottes (2. Kor 13,4). Seinen Tod besorgten die Juden (1. Thess 2,15). Dieser Tod geschah für die Menschen (1. Kor 15,3b). Bevor er den Tod am Kreuz erlitt und darum als »der Gekreuzigte« schlechthin gilt (1. Kor 1,23), so daß Paulus überhaupt nur Jesus Christus als den Gekreuzigten kennen will (1. Kor 2,2), hat er das Herrenmahl zum Gedächtnis gestiftet, so daß durch die Feier des Mahles sein Tod verkündigt wird, bis zu seinem endzeitlichen baldigen Kommen (1. Kor 11,23-26). Weil sein irdisches Dasein bis zum Tode ein Dasein allein für die Menschen war, hat ihn Gott auferweckt (1. Kor 15,3b-4) und in eine gottgleiche Herrenstellung erhöht (Phil 2,9-11). Dieser konkretgeschichtliche Jesus ist »Abbild Gottes«, so daß das Evangelium von dieser »Herrlichkeit Christi« leuchtet (2. Kor 4,6). Zugleich ist der Gesamtsinn des Irdischen als Dasein für andere Urbild mit verbindlicher Folge für den christlichen Wandel (Röm 15,1ff.; Phil 2,1ff.). Seine Kreuzigung und seine Auferstehung sind in eigentümlicher Weise gegenwärtig, wenn sie sich an den Gläubigen durch ihr Mitsterben und Mitauferwecktwerden »wiederholen« (Röm 6,1ff.; Gal 2,19f.; 6,14; Phil 3,10.21).

An dieser Kennzeichnung des Irdischen fällt zunächst die ungeheure Konzentration auf den Grundsinn des Lebens Jesu auf: Die Dörfer Galiläas, der See Genezareth und Jerusalem samt Tempel und Priesterschaft verschwinden. Jesus redet nicht als Lehrer, noch vollbringt er einzelne Taten. Er wird nicht von Johannes getauft und beruft keine Jünger in die Nachfolge. Es gibt keine Synagogen und kein Passah, keine Pharisäer und Gegner, keinen Landesfürsten Herodes noch Pilatus. Jesus hat keine »Biographie«, gehört nicht in eine bestimmte palästinische Lebenswelt, sondern allein der heilsgeschichtliche Wille Gottes mit ihm, sein Auftreten, »als die Zeit erfüllt war« (Gal 4,4), die Grundstruktur des Lebens Jesu als ein Leben für die Menschen, die Belastung des Unbelasteten und die Entlastung der Belasteten, sowie die jetzige Herrenstellung Jesu Christi sind im Blick. Die paulinischen Gemeinden sollen nicht Jesusworte memorieren und aktualisieren, sondern das Mitgekreuzigtsein einüben. Das allein ist zum Heil genug, weil darin ausreichend zur Geltung kommt, daß Jesu Geschichte Ereignis der Liebe Gottes ist (Röm 5,5f.).

Darum ist dies allein Inhalt des Evangeliums. Fragt man, woher der Apostel diese Aussagen hat, wird deutlich: vornehmlich aus der Bekenntnistradition, doch auch aus dem Alten Testament (z. B. Röm 15,3-8). Ansonsten sind es Gesamturteile, die der Apostel im Sinne seiner christologischen Denkweise selbst bildet. In jedem Fall: synoptische oder andere Jesustradition zieht er dabei nicht heran. Wer Christus ist, ist durch seine von Gott inszenierte Geschichte und deren Qualifizierung gegeben. Diese bilden eine Einheit und machen das endzeitliche Heilsgeschehen Gottes aus.

Von diesen Erwägungen her bedarf es m. E. keiner sonstigen Überlegungen, warum Paulus Jesustradition etwa gemieden haben sollte. Es ist müßig und allzu hypothetisch, ihm die Kenntnis bestimmter Elemente der Jesustradition vermutungsweise zuzugestehen, um dann, etwa bei seinen Gegnern mit ihrer postulatorisch gesetzten und unpaulinischen Benutzung derselben Jesustradition, nach Gründen zu suchen, warum es Paulus selbst unmöglich war, sich solcher Tradition zu bedienen. Vielmehr ist die Einsicht in den christologischen Ansatz hermeneutisch auszuwerten: Weil Paulus den Irdischen in der beschriebenen Weise auf einen Grundsinn hin typisiert und damit seine Aktualität generell für alle Menschen (in seinem Sinne) vollständig aussagt, ist für die Begründung christlicher Existenz und für ihren Vollzug alles gesagt. Durch solche Typisierung erreicht Paulus nämlich seine Lösung für das Problem, wie Jesus Christus allen Völkern gegenüber zur Sprache gebracht werden konnte. Dies war gerade (für Antiochia und) für ihn ein neues und brennendes Problem, weil die Völker als neue Adressaten Christus verkündigt bekommen sollten (vgl. oben 5.5). Die Zuspitzung auf einen überall sofort verstehbaren Grundsinn der Christologie entspricht dem neuen Ziel, alle Völker unter das Evangelium zu rufen. Aufgrund dieses Ansatzes, der menschheitsorientiert die Geschichte Jesu Christi auf einen knappen, jedoch eindeutigen und generellen Grundsinn typisiert (etwa: Jesus Christus ist Gottes Liebe für alle), ergibt sich zudem die Möglichkeit, innerhalb des damit gegebenen Rahmens Christologie mit Aussagen und Materialien zu entfalten, die den heidenchristlichen Gemeinden von ihrer Herkunft her verstehbar und nahe waren. Das christologisch orientierte Evangelium wird in heidenchristlichen Vorstellungen sagbar.

Blicken wir nun nach diesen grundsätzlichen Ausführungen noch einmal auf die einzelne Benutzung von Jesustradition bei Paulus. Auf zwei Themenfelder, so haben wir schon angedeutet, hat Paulus die Tradition von Jesus relativ konzentriert bewahrt: in der Enderwartung und in der Mahnung zum Wandel. Sicherlich rückt bei Paulus in der Enderwartung das Gottesreich ganz aus dem Zentrum der Verkündigung heraus. Aber der 1. Thess läßt noch erahnen, wie die Hoffnung auf eine endgültige Erfüllung in der Gottesherrschaft in der frühen Verkündigung Antiochias noch lebendig war (1. Thess 2,12), dann aber durch die Erwartung der »Parusie des Herrn« (1. Thess 2,19; 3,13; 4,15; 5,23) und des anschließenden immerwährenden Zusammenseins mit ihm (4,17; 5,10) umgestaltet wurde. Weil seit Ostern die Heilsgestalt Jesu Christi als entscheidender Inhalt des Gottesreiches gilt, ist diese Veränderung einsichtig: Jedoch bleibt in der Missions- und Taufsprache die Rede von der Gottesherrschaft in geprägter Sprache erhalten (z.B. 1. Kor 6,9f.), ohne daß allerdings jemals darauf hingewiesen würde, dies sei einmal die charakteristische Sprache Jesu gewesen. Solche sprachlich-direkte Kontinuität ist ohne grundlegende Bedeutung, weil Begründung und Sinn der neuen Sprache der Hoffnung sich konstitutiv aus dem oben beschriebenen typischen christologischen Ansatz ergeben. Er leistet als Gesamtdeutung Jesu Christi auch die Kontinuität zum Irdischen.

Innerhalb der paulinischen Enderwartung begegnet noch das »Wort des Herrn« in 1. Thess 4,15-17, dessen Kernbestand antiochenische Gemeindetradition enthält, die unter der Autorität des Herrn stand. Liegt für die Gemeinde und für Paulus Jesustradition vor (wie z.B. 1. Kor 7,10f.)? Das ist zu verneinen: Die Tradition spricht im Wir-Stil der Gemeinde und redet in dritter Person vom Herrn. Kein Christ Antiochias würde solche Redestruktur Jesus zuerkennen. Jeder wußte, so redet die prophetisch begabte Gemeinde. Also handelt es sich um ein Wort des erhöhten Herrn. Im Wissen darum benutzt es auch Paulus. Damit zeigt sich deutlich, was vom christologischen Ansatz her eigentlich auch selbstverständlich ist, daß Paulus zwischen der Autorität des Erhöhten (1. Thess 4,15-17) und des Irdischen (1. Kor 7,10f., 9,14) nicht unterscheidet: Der Irdische und Erhöhte sind ein und dieselbe Person. Natürlich kann Paulus trotzdem hier und da angeben, ob der Erhöhte unmittelbar zu ihm sprach (2. Kor 12,9) oder er in einer Traditionskette steht, die vom Irdischen bis zu ihm reicht (1. Kor 11,23-25). Auf das Gewicht des Wortes hat das aber keinen Einfluß.

Endlich gehört in die eschatologische Verkündigung des Apostels auch der Vergleich, nach dem »der Tag des Herrn wie ein Dieb in der Nacht« kommt (1. Thess 5,2). Es ist gut möglich, daß dabei zwischen 1. Thess 5 und Mt 24,43 (vgl. Lk 12,39) eine (indirekte) Abhängigkeit besteht. Aber einmal zitiert Paulus das Bildwort nicht als Jesustradition, sondern als allgemeines Gemeindewissen. Zum anderen wird das Bild auch noch 2. Petr 3,10; Apk 3,3; 16,15 gebraucht. Die Kontexte sind zudem in allen

Fällen recht variabel. Soll man nun alle Stellen von einer ehemaligen
Einzeltradition aus Mt 24 abhängig sein lassen oder mit einem je unabhängigen typischen Bildgebrauch aus apokalyptischer Mahnung rechnen?
Wie ist die Traditionsgeschichte von Mt 24,42-44 par. verlaufen? Auf
diese Fragen gibt es nur hypothetische Antworten, so daß für 1. Thess 5
die Verwendung von Jesusgut nicht eindeutig ist.

In der paulinischen Mahnung zum christlichen Wandel findet man seit
langem die meisten Bezüge zur Jesustradition. Vorab verdienen es das
Liebesgebot und verwandte Aussagen, bedacht zu werden. Dabei ist klar:
Paulus verhandelt das Thema nie mit einem Verweis, dies sei Lehre Jesu
gewesen. Ist bei Jesus die auf den Feind zugespitzte Liebe Basisaussage
und wird mit dem Schöpferhandeln begründet (Mt 5,44f. par.), so ist bei
Paulus die Bruderliebe, zu der der Geist Christi treibt, Grundaussage
(z. B. 1. Thess 4,8f.), wenn natürlich auch die thematische Behandlung der
Feindesliebe bei ihm nicht fehlt (Röm 12,14.20). Gern stellt man auch
vergleichend das Doppelgebot der Liebe in Mk 12,28-34 par. und die
paulinischen Stellen Röm 13,8-10; Gal 5,14 zusammen. Aber hier sind
doch die Unterschiede groß: Paulus faßt das Gesetz nur als Nächstenliebe
zusammen, während bei Mk Gottesliebe und Nächstenliebe gleichrangig
behandelt werden. Außerdem hat die Annahme viel für sich, Mk 12 ge-
höre nicht zur alten Jesustradition, sondern sei eine Variante der urchristlichen Liebesthematik, die nachträglich – und das heißt auch: nach Paulus
– unter die Autorität des Irdischen gestellt wurde. Das Gleichnis vom
barmherzigen Samariter (Lk 10,29-37) verwendet Paulus nicht, dafür hat
er z. B. in der Trias Glaube, Liebe, Hoffnung (1. Thess 1,3; 5,8; 1. Kor
13,13) und im sog. Hohenlied der Liebe (1. Kor 13) Ausführungen zum
Thema, die die Jesustradition nicht kennt. Solche Differenzierungen sind
vermehrbar. In jedem Fall sind für Paulus nicht Jesu Worte zum Thema
wichtig, sondern der Gesamtsinn seines Geschicks, der Jesus zum verpflichtenden Urbild aller Liebe macht (Röm 15,1ff.; Phil 2,1ff.). Dieses
Urbild mit Verbindlichkeitscharakter ist in der Geisterfahrung der Gemeinde gegenwärtig (1. Thess 4,8f.).

Trotz dieser allgemeinen Verhältnisse kann sich natürlich im Einzelfall
ein Wort wie z. B. Röm 12,14: »Segnet, die euch verfolgen, segnet und
fluchet nicht!« der in Lk 6,28 enthaltenen Jesustradition verdanken. Aber
1. Kor 4,12; 1. Thess 5,15 warnen davor, bei solcher These zu schnell
vorzugehen. Kann nicht vielleicht auch Lk 6,28 jünger sein als die paulinische Paränese? Ein Blick auf die thematisch verwandte Aufforderung im
Kontext (Röm 12,17), nicht Böses mit Bösem zu vergelten, hilft vielleicht
weiter. Sie hat respektable Varianten in der hellenistisch-jüdischen Weis-

heit (vgl. JA 23,9; 28,5.14; 29,3; Apk Sedr 7,7 usw.). Sollte sich in Röm 12 überhaupt diese anonyme Weisheitslehre wiederfinden, weil sie das Urbild Christi in diesem Fall so gut beschreiben konnte? Dann hätte Paulus auch nicht indirekt in Röm 12 an Jesu Worte gedacht. Am Rande sei auch noch notiert, daß beim sog. Hohenlied der Liebe in 1. Kor 13 ein kleiner, aber auffallender Bezug zwischen 1. Kor 13,1 und Mt 17,20 par. Lk 17,6 besteht. Das Stichwort des bergeversetzenden Glaubens ist so markant, daß Paulus hier wohl Jesustradition verarbeitet. Aber ob er es bewußt tat und das Motiv unter Jesu Autorität stehend kannte, ist noch eine andere Frage.

Mag man im Zusammenhang der paulinischen Paränese noch hier und da analoge lockere Parallelen zwischen Jesustradition und Paulus beobachten, deutlich ist jedenfalls: Im Zusammenhang ethischer Normen zitiert Paulus nur zweimal bewußt Jesustradition: 1. Kor 7,10f.; 9,14. Der zweiten Weisung fühlt sich Paulus nicht verpflichtet. Im ersten Fall zeigt 1. Thess 4,2-5, daß der Apostel die Norm der Einehe auch ohne Jesusbezug behandeln kann, worauf schon oben hingewiesen wurde. Außerdem betont Paulus im kultischen Bereich, daß die Herrenmahlüberlieferung auf Jesus zurückgeht (1. Kor 11,23-25). Mehr Nachweise bewußten Rückbezugs auf Worte des Irdischen sind zumindest unsicher. Das ist insgesamt gerade für die, die Paulus zum Traditionsvermittler von autoritativem Jesusgut machen wollen, eine magere Ausbeute. Sie bekommt nicht zuletzt dadurch Profil, daß Paulus das Alte Testament umgekehrt sehr reichlich verwendet, sei es in Gestalt direkter Zitate, sei es in lockeren Anklängen.

Um so dringender stellt sich daraufhin die sachliche Frage, inwiefern angesichts des tiefgreifenden »Paradigmensprunges« und des akuten Mangels an traditionsgeschichtlich noch nachweisbaren Beziehungen von Paulus zurück zu Jesus von einer Kontinuität zwischen beiden gesprochen werden kann. Wenn man diese Frage nicht so angeht, daß man einzelnes wie z.B. die Erwartung des nahen Endes zur Beantwortung der Frage benutzt, sondern sie so grundsätzlich wie möglich begreift, dann spitzt sich für uns diese Frage auf das Problem zu, ob die paulinische Erfassung des Irdischen eine angemessene Deutung der geschichtlichen Wirklichkeit Jesu insgesamt zu sein vermag. Wer diese Frage bejaht, wird in der antiochenisch-paulinischen Neugestaltung der christlichen Botschaft einen Gewinn sehen, weil sie ein Versuch ist, bei Wahrung des Grundsinnes Jesu Christi das Evangelium von ihm geschichtlich neu zu sagen. Wer solchem Ergebnis folgt, hat dann aber auch kein Problem, wenn sich Paulus nicht als Traditionsvermittler von Jesusgut verstehen läßt.

6. Der Anfang der selbständigen Missionstätigkeit

6.1 Der Weg von Antiochia bis Korinth

In 5.3 haben wir die These vertreten, Paulus habe bald nach seinem Streit mit Petrus die antiochenische Gemeinde verlassen. Er begann, selbständig Mission zu betreiben. So entstehen in zwei bis drei Jahren – also vom Verlassen Antiochias bis zum Schreiben an die Thessalonicher von Korinth aus (vgl. 1. Thess 3,1-6 zusammen mit 1,7f. und Apg 18,1.5) – die Gemeinden in Galatien, Philippi, Thessaloniki und Korinth.

Dieser zeitliche Ansatz der ersten Europareise des Apostels ist nicht ganz unbestritten. Man versucht nämlich, sie in die antiochenische Zeit des Paulus zu legen, um für den Apostelkonvent auf erhebliche heidenchristliche Missionserfolge zurückblicken zu können. Aber diese Frühdatierung führt in unüberwindliche Probleme. So müßte vor allem der Antiochener Barnabas dann Paulus begleitet haben. Von ihm fehlt aber für die ganze Reise jede Spur. Auch stimmen die Apg und 1. Thess; 1. Kor für die Reisezeit nach dem Fortgang des Paulus aus Antiochia so gut überein, daß es wenig ratsam ist, diese Einigkeit zu zerstören. Durch die sog. erste Missionsreise (Apg 13f.) ist zudem hinreichender Erfolg für die antiochenische Mission dokumentiert (vgl. oben 2 und 5.1). Endlich kommt man dann noch mit Gal 1 in Schwierigkeiten: Wenn anders Paulus hier gerade seine Unabhängigkeit und geographische Distanz von Jerusalem für die Zeit vor dem Konvent auszieht, hätte er sich die erste Europareise dabei als Argument nicht entgehen lassen dürfen: Selbständiger und weiter entfernt von Jerusalem hätte er sich kaum in Szene setzen können.

Zur Einstufung der Reise muß gesagt werden: Von der Zahl der Gemeinden her ist die Reise ein erstaunlicher Ertrag (manche Missionare haben Jahre auf den ersten Christen einer Region warten müssen!). Auch die geographische Ausbreitung ist – trotz aller Gewöhnung an diesen Tatbestand – unerwartet. Die schon beachtliche Ausweitung des Christentums durch die Hellenisten und Antiochener wird noch einmal entschieden überboten. Paulus muß zielstrebig dort zu missionieren begonnen haben, wo Christus bisher noch nicht verkündigt wurde (Röm 15,20). Er verläßt das antiochenische Missionsfeld und denkt fortan in römischen Provinzen und sucht vor allem deren Hauptstädte und Zentren auf. Es ist

dabei nicht auszuschließen, daß ihm schon bald Rom als Fernziel vor
Augen stand (Röm 15,22) wie auch die westliche Grenze des römischen
Reiches (Röm 15,24). Aber erst später realisiert er dies in abgeänderter
Form. Dies alles belegt ein weiteres Mal die Unabhängigkeit und Weiträu-
migkeit, an der sich Paulus offenbar seit seiner Berufung orientierte.
Paulus hätte ja auch einfach eine Nachbargemeinde aus den Missionserfol-
gen nach Apg 13 f. aufsuchen und dann dort arbeiten können.

Die Apg trägt der Bedeutung des Paulus für die Heidenmission dadurch Rechnung, daß sie nach dem Apostelkonvent in zwei großen Abschnitten 16,36-19,21 und 19,22-28,31 dem Leser das Bewußtsein vermittelt, Paulus bestimme die Epoche der weltweiten Mission nun ganz allein.
So sicher die Mission neben Paulus nicht unterschätzt werden darf, selbst
wenn sie im Dunkel der Geschichte liegt, ist eine vorrangige Besprechung
der paulinischen Mission und ein Herausstellen der inneren Dynamik
seiner Tätigkeit zweifelsfrei begründet. Allerdings schildert die Apg den
Beginn dieser paulinischen Mission eher unprogrammatisch und im einzelnen auch anders als Paulus selbst (Apg 15,36-41). Lukas verschweigt
den antiochenischen Streit, obwohl er eine heftige Auseinandersetzung
zwischen Barnabas und Paulus andeutet (15,39). Diese findet direkt nach
dem Apostelkonvent statt, hat aber anstelle eines Sachproblems ein Perso-
nalproblem zum Gegenstand: Paulus will im Unterschied zu Barnabas
Johannes Markus nicht als Gehilfen mitziehen lassen. Daraufhin ziehen
Barnabas und Markus in die syrische Heimat des Barnabas zu Gemeinde-
besuchen. Paulus und Silas/Silvanus wählen eine Route über Syrien, Kilikien, der Heimatprovinz des Paulus, um ebenfalls Kontakte zu bestehenden Gemeinden zu stärken. Von der Erschließung neuer Missionsfelder
ist keine Rede.

Nun wird man allerdings Apg 15,36-41 als lukanische Komposition
beurteilen müssen. Lukas hat den Ausgang des antiochenischen Streites
(Apg 15, 13 ff.) wahrscheinlich unmittelbar mit dem Apostelkonvent har-
monisiert (vgl. 5.2 und 5.3). Auch deutet er wohl mit der »heftigen
Auseinandersetzung« in Apg 15,39 an, daß zwischen Paulus und Barnabas mehr im Wege lag als Markus, dessen Problematik zudem verschwiegen wird. Umgekehrt läßt sich dann die lukanische Reiseroute des Apostels nach Apg 16,1 ff., die gegen den Anfang (Apg 15,36-41) doch missionarische Weite aufweist, im wesentlichen von Paulus her bestätigen:
Die Route führt direkt von Syrien über Kilikien und Phrygien nach
Galatien, sodann nach Troas und von dort nach Mazedonien, also erstmals auf europäischen Boden, genauer über die Insel Samotrake zum
Hafen Neapolis (heute: Kawalla) nach Philippi. Hier gründet Paulus seine

erste europäische Gemeinde. Es geht weiter auf der Via Egnatia über Amphipolis und Appolonia nach Thessaloniki. Von hier, sich nach Boröa südwärts wendend und die Via Egnatia verlassend, zieht Paulus über Athen nach Korinth.

Diese Route zeigt, wie Paulus auf dem schnellsten Weg das antiochenische Missionsgebiet durchquert, also hier nicht verweilt, um Gemeinden zu besuchen, sondern Neues im Sinn hat. Warum Paulus dabei nicht den Weg über die kleinasiatischen Küstenstädte wählte, muß ungeklärt bleiben. Hypothetisch könnte vermutet werden, daß es in der Asia indessen vereinzelt judenchristliche Gemeinden gab, die Paulus meiden wollte, weil er mit heidenchristlichem Ziel zu missionieren und Röm 15,20 einzuhalten gedachte. Bestätigt werden kann für die Reise die Begleitung des Silas/Silvanus (1. Thess 1,1; 2. Kor 1,19). Wenn nach Apg 16,1 Paulus unterwegs in Lystra Timotheus ebenfalls für seine Pläne gewinnt, so entspricht auch das im Ergebnis 1. Thess 1,1; 3,2. Silas, ein Judenchrist mit heidenchristlicher Theologie wie Paulus, stand doch wohl schon in Antiochia auf paulinischer Seite (gegen Apg 15,22-35), sonst hätte Paulus ihn nicht mitgenommen (Apg 15,40). Timotheus, Sohn einer Jüdin und eines Hellenen, ist der erste Mitarbeiter, den Paulus auf seinen selbständigen Missionsreisen hinzugewinnt. Daß Paulus ihn nachträglich beschnitten haben soll (Apg 16,3), widerspricht der paulinischen Auffassung so frontal (Gal 2,3; 1. Kor 7,18f.), daß diese Notiz keinen Glauben verdient. Paulus hatte doch gerade Antiochia verlassen, um gesetzesfreie Missionsgemeinden zu gründen, denen weder Lev 17f., geschweige denn die Beschneidung auferlegt werden sollte! Viel eher erwählt er Timotheus, damit in dem Dreiergespann ein Unbeschnittener zum Zeichen der Gesetzesfreiheit (Analogie: Gal 2,3) enthalten ist!

Durch Gal 4,13 wird weiter bestätigt, daß Paulus auf der Reise in der Landschaft Galatien, also der Gegend von Ankyra (heute: Ankara), Tavium und Pessinus, Gemeinden gründete, denen er später den Gal schrieb. Allerdings zeigt Gal 4,12-20 im Unterschied zur Apg auch, daß die Mission nicht ganz problemlos verlief. Paulus erkrankte schwer (vgl. 2. Kor 4,10f.; 12,7). Die Gemeinden Galatiens haben sich seiner liebevoll angenommen. Die Reiseroute Troas – Samotrake – Neapolis ist damals die typische gewesen: Man segelte in Küstennähe von Stützpunkt zu Stützpunkt. 1. Thess 2,1f. bestätigt die Abfolge Philippi – Thessaloniki. Die Stelle stellt auch sicher, daß Paulus – wie Apg 16,11-40 anekdotenhaft erzählt – aus Philippi fliehen mußte. Ebenso bekräftigen 1. Thess 1f.; 1. Kor 3,6.10f.; 4,15; Phil 4,15, daß der Apostel in den Städten Philippi, Thessaloniki und Korinth neue Gemeinden gründete. Wiederum geht das auch in Thessaloniki (1. Thess 2,14ff.; 3,1ff.; Apg 17,5ff.) und Korinth (Apg 18,1ff.) nicht ohne Konflikte ab.

Daß Paulus auf dem Weg nach Korinth Athen besuchte (1. Thess 3,1), vermerkt er selbst nebenbei, doch ist die großangelegte Areopagrede (Apg 17,22ff.) lukanisches Konzept: Lukas läßt seinen nun selbständig missionierenden Apostel die entscheidende und breit ausgeführte Heidenmissionspredigt natürlich am klassischen Ort der Antike halten, der allerdings zur Zeit des Apostels auf eine bescheidene Provinzstadt ohne politische und wirtschaftliche Bedeutung heruntergekommen war, vor allem, weil Athen seit Sullas Zeiten fast immer politisch die falsche Partei ergriffen hatte. Auch inhaltlich widerspricht die Rede so stark der paulinischen Theologie, daß man sie dem Völkerapostel auch nicht in Grundzügen zutrauen kann. Lukas hat von der antiken Geschichtsschreibung gelernt, dem Leser durch Reden, an entscheidenden Knotenpunkten der Geschichte eingeflochten, den Richtungssinn des Geschehens zu verdeutlichen. Einem analogen Anliegen dient auch der Traum, den Paulus in Troas hat und der den entscheidenden Schritt von Kleinasien nach Europa begründen soll (Apg 16,9f.). Zwar wird man dem Apostel visionäre und ekstatische Erfahrungen nicht absprechen können (2. Kor 12,1-10; vgl. 1. Kor 2,10; 14,18), aber Apg 16,9f. muß mit Apg 18,9f.; 22,17-21; 23,11; 27,23f. zusammen gesehen werden: Typische Formgebung, Sprachstil und kontextuelle Funktion erweisen die Stellen als lukanisch. Auch religionsgeschichtlich steht Lukas mit solchen erzählten Widerfahrnissen in guter Gesellschaft.

Nicht untypisch für die Apg ist weiter die Beobachtung, daß die paulinische Mission von Wundertaten begleitet war, hier vom Exorzismus an der Sklavin in Philippi (16,16-18) und von dem Befreiungswunder in 16,25-34. Auch hierzu gilt: Solche Wunder gehören für den legendarischen Episodenstil des Lukas zum Darstellungsmittel der kraftvollen Ausbreitung des Evangeliums. Umgekehrt betont auch Paulus, daß seine Mission von wunderbaren Zeichen begleitet war (Röm 15,18f.; 2. Kor 12,12). Aber er erwähnt dies nur nebenbei und summarisch. Nirgends besteht die Möglichkeit, einen von Lukas geschilderten Einzelfall mit Hilfe der paulinischen Briefe zu überprüfen. Lukas mag diese Erzählungen jeweils aus ortsgebundener Tradition kennen. Er wie seine Tradition erzählen sie aber in überindividueller Form, die es praktisch unmöglich macht, Kriterien historischer Überprüfung mit Erfolg anzuwenden. Die Sachlage entspricht also in etwa der synoptischen Tradition: Daß Jesus Wunder tat, dürfte außer Zweifel stehen. Jedoch sind die erzählten Wunder so typisch stilisiert, daß es im Einzelfall nicht gelingen will, Historie konkret zu greifen.

Dies hängt bei Lukas noch mit einem anderen Umstand zusammen: Die Wundertraditionen sind u.a. Mittel, durch die er überhaupt paulinische Mission kennzeichnet. Er verbindet jeweils mehrere Einzeltraditionen verschiedener Art episodisch zu einem Gesamteindruck und skizziert diesen offenbar beim Erstaufenthalt des Paulus in einer Stadt. Zur Ordnung solcher Episoden bedient er sich eines dramatischen Schemas, das im Groben folgende Strukturelemente aufweist, die nicht immer und überall vollständig begegnen müssen (vgl. zum Textmaterial: Apg 13,13-52; 14,1-7; 16,11-40; 17,1-15; 18,1-17 usw.): Paulus und seine Mitarbeiter suchen einen neuen Ort auf. Sie finden die Gelegenheit, am Synagogengottesdienst teilzunehmen, um den Juden die Christuspredigt auszurichten. Es ereignen sich eventuell Wunder. Die ersten Christen der Stadt werden gewonnen, so daß eine kleine Gemeinde entsteht. Die Juden jedoch mobilisieren aus Eifersucht die Stadtbewohner. Paulus wird verfolgt, bzw. er muß vor Gericht. Er und seine Mitarbeiter werden aus der Stadt vertrieben oder ziehen, der Gewalt weichend, freiwillig weiter. In Korinth haben ausnahmsweise die Juden das Nachsehen, und Paulus kann länger als gewöhnlich in der Stadt verweilen, in allen anderen Orten bleibt Paulus aber aufgrund dieses typischen Ablaufes nur kurze Zeit.

Ab und an gelingt es, Elemente des Schemas an Paulus zu überprüfen, z. B. welche Mitarbeiter ihn begleiten, die Namen von ersten Christen in den Städten, die grobe Reiseroute und die Verfolgungen. Dafür haben wir schon eingangs dieses Abschnittes Beispiele gefunden. Doch auch solche nicht konkret überprüfbaren Mitteilungen wie die Bekehrung der Purpurhändlerin Lydia (Apg 16,14f.) sind kaum frei erfunden, gilt doch allgemein, daß Gemeinden Erstbekehrte im Gedächtnis bewahrten (Röm 16,5; 1. Kor 16,15). Weiter wird man beachten müssen, daß Paulus im ganzen nur wenig über seine Biographie und die Geschichte seiner Gemeinden mitteilt. Einiges, was er andeutet, ist zudem nicht historisch und geographisch präzisierbar, z.B. viele Verfolgungen in 2. Kor 11,23-29. Doch kann dabei etwa die Auspeitschung in Philippi nach Apg 16,22 in 2. Kor 11,25 enthalten sein (vgl. 1. Thess 2,2). Lukas muß also trotz seines Schematismus nicht durchweg konstruiert haben. Dennoch wirft diese Darstellungsweise beim Historiker unbequeme Fragen auf. Etwa diese: Zu welchem Aufenthalt in einer Stadt gehört eine Episode? Welche Legende ist Wanderlegende ohne feste Ortstradition? Wie lange war Paulus wirklich in einer Stadt? Wie sind im Einzelfall Typik und Historie verwachsen? Hier wird naturgemäß vieles offenbleiben müssen. Doch immerhin haben wir auch an dem Weg der paulinischen Mission von Antiochia bis Korinth gesehen, daß einige Angaben dazu noch relativ sicher gemacht werden können.

Das literarische Zeugnis, das Paulus uns aus diesen Anfängen seiner selbständigen Mission hinterlassen hat, ist der 1. Thess. In Thessaloniki, der damaligen Hauptstadt Mazedoniens mit Sitz eines Prokonsuls, eines bedeutsamen Handelsplatzes mit eigener Gerichtsbarkeit, soll Paulus nach Apg 17,2 nur einen knappen Monat gewirkt haben. Das ist nur bedingt wahrscheinlich: So schnell bildete sich kaum eine gefestigte Gemeinde, die ohne Paulus gut zurechtkam. Wenn die Philipper Paulus finanziell in Thessaloniki unterstützten und ihn wohl zweimal mit einer Gesandtschaft zu diesem Zweck besuchten (Phil 4,15f.), setzt das einen angemessenen Zeitabschnitt voraus, da die Entfernung zwischen beiden Städten ca. 150 km beträgt. Außerdem hat Paulus in Thessaloniki selbst gearbeitet, um der Gemeinde nicht zur Last zu fallen (1. Thess 2,9). Auch das spricht für einen nicht zu knappen Aufenthalt. Doch wie immer man das Wirken des Apostels in Thessaloniki über einen Monat hinaus dehnen mag, es blieb recht kurz bemessen, weil Paulus die Stadt verlassen mußte (2,17). Auch nach dem Fortgang des Apostels war die Gemeinde Bedrängnissen ausgesetzt (1,6; 2,2.14). Um das Wohl der jungen Gemeinde besorgt, versuchte Paulus sie zweimal kurz nach seiner Flucht wieder aufzusuchen, was jedoch mißlang (2,18). Dies mag von Boröa aus geplant gewesen sein. Jedenfalls schickt Paulus dann von Athen Timotheus nach Thessaloniki (3,1f.) und erhält – inzwischen nach Korinth weitergezogen – durch ihn von der jungen Gemeinde gute Nachrichten (3,6f.). Nun schreibt er der Gemeinde selbst. Damit wird diese zweite paulinische Gemeinde auf europäischem Boden die Adressatin des ältesten Paulusbriefes und dieser Brief – nicht die Areopagrede – zum wichtigsten Zeugen paulinischer Theologie aus dieser Zeit.

Die Gemeinde – etwa 49/50 n.Chr. gegründet und 50/51 n.Chr. mit dem Brief bedacht – soll man sich nach Apg 17,2ff. wohl judenchristlichen Ursprungs vorstellen mit einer größeren Zahl ehemaliger Gottesfürchtiger. Auch werden ausdrücklich »vornehme Frauen« erwähnt. Aber das paßt nur sehr bedingt zum 1. Thess, der in jedem Fall das Vorherrschen des heidenchristlichen Anteils herausstellt (1,9f.; 2,14; 4,3ff.) und Judenchristen nicht erwähnt. Auch dürfte die Gemeinde eher arm gewesen sein (2. Kor 8,2; vgl. 1. Thess 2,9). Zur Synagoge besteht (feindliche) Distanz (2,15f.), doch die Bedrängnis erfährt die Gemeinde von den eigenen Volksgenossen (2,14), also von der mazedonischen Gesellschaft.

6.2 Der 1. Thess als Zeuge antiochenischer Missionstheologie

Obwohl indessen selbständig wirkender Apostel, schreibt Paulus den
1. Thess so kurz nach dem Fortgang aus Antiochia, daß man seine Äußerung auch noch antiochenisch verrechnen kann. Der Brief enthält ein
eigenes theologisches Konzept, nämlich eine Erwählungstheologie, die
dann in den Blick kommt, wenn man nicht vom Röm auf den 1. Thess
blickt, sondern den 1. Thess für sich allein liest, wenn man ihn also mit
den ursprünglichen Adressaten, die die anderen Paulusbriefe noch nicht
kannten, zu verstehen sucht. Die junge Gemeinde in Thessaloniki hat den
an sie gerichteten Brief jedenfalls nicht in die aus dem Röm bekannte
Rechtfertigungsbotschaft eingetragen, vielmehr sich ohne jede solche
oder ähnliche Transposition den Brief selbst angeeignet.

Bevor dieser Weg eingeschlagen wird, ist noch eine Vorfrage zu besprechen, ob nämlich der 1. Thess nicht ein späteres Kunstprodukt aus mehreren Paulusbriefen ist. Diese Frage soll verneint werden. Der 1. Thess hat
keine so harten Brüche wie z. B. der 2. Kor. Die Doppelungen und Wiederholungen, meist der Anlaß für literarkritische Operationen am
1. Thess, bleiben auch bei einer Zergliederung zum Teil erhalten. Die neu
zusammengestellten Briefe setzen komplizierte Operationen voraus. Sie
ermangeln nicht selten einer inneren Kohärenz. Versucht man das Gefüge
des jetzigen Briefes zu erfassen, erkennt man als ein vorherrschendes
Stilmittel dreifache Wortgruppen, Doppelungen, Wiederholungen und
endzeitlich ausgerichtete Abschlüsse. Diese Mittel zur Gestaltung finden
sich in dieser Form in keinem anderen Paulusbrief. Vor allem scheint die
Trias Glaube – Liebe – Hoffnung (1,3; 5,8) die Stichworte für den Brief-
aufbau abzugeben: Jeweils sind zwei Abschnitte einem dieser Stichworte
zugeordnet (Glaube: 1,2-2,16; 2,17-3,13; Liebe: 4,1-12; 5,12-24; Hoffnung: 4,13-18; 5,1-11). So ist es ratsam, von der Einheitlichkeit des Briefes auszugehen und auch keine Stücke als unpaulinische Nachträge herauszunehmen.

Fragt man nach dem leitenden Grundgedanken des Briefes, stößt man
auf den Zusammenhang von Evangelium und Erwählung. Gleich 1,4f.
konstatiert der Apostel: »Wir wissen, von Gott geliebte Brüder, um eure
Erwählung, denn unser Evangelium für euch geschah nicht durch Worte
allein, sondern auch in Kraft, d. h. durch den heiligen Geist und in großer
Zuversicht.« Dieses Urdatum der Gemeinde, gekennzeichnet durch das
Stichwort der Erwählung, steht nicht nur gleich eingangs des Briefes als
Kern der für das Briefformular typischen Danksagung, sondern wird
ebenfalls am Schluß des Briefes herausgestellt (5,23 f.): »Er selbst aber, der

Gott des Friedens, heilige euch durch und durch und bewahre euch Geist, Seele und Leib vollkommen, daß sie untadelig seien bei der Parusie unseres Herrn Jesu Christi. Getreu ist der, der euch berufen hat, er wird es auch vollenden.« Etwa gleichmäßig über den kleinen Brief verteilt stehen noch drei einschlägige Aussagen zum Thema. So schließt Paulus die Schilderung seines »Zugangs« (1,9; 2,1) zur Gemeinde mit der Mahnung in 2,11 ff. ab: »Ihr wißt, daß wir jeden einzelnen von euch... ermahnt... haben, des Gottes würdig zu wandeln, der euch berufen hat zu seiner Herrschaft und Herrlichkeit.« Ebenso deutlich reden die beiden gleich geformten Grundsätze in 4,7 und 5,9, die jeweils an formal analoger und sachlich gleich bedeutungsvoller Stelle die Paränese bzw. den Stand in der Hoffnung begründen: »Denn Gott hat uns nicht berufen (zum Leben) in Unreinheit, sondern in Heiligung.« »Denn Gott hat uns nicht bestimmt zum Zorn, sondern zur Erlangung des Heils.«

Die Kenntnisnahme dieser fünf zentralen Stellen führt zu der Feststellung: Der 1. Thess ist durch eine Erwählungstheologie geprägt, die das ordnende Koordinatensystem abgibt, in dem alle anderen Aussagen des Briefes ihren Platz haben. Um dies näher in den Blick zu nehmen, soll die Auffassung von der Erwählung näher beschrieben werden. Ausnahmslos ist Gott der Berufende (nie Christus). Darum kann die partizipiale Wendung »der euch Berufende« (2,12) nicht nur Gott kennzeichnen, sondern sogar als selbständige Gottesbezeichnung dienen (5,24). Die abgrenzenden Formulierungen in 4,7; 5,9 machen deutlich, Erwählung geschieht durch Herausnahme aus einem allgemeinen Unheilszustand. Positiv zielt die Berufung auf die »Erlangung des (endzeitlichen) Heils« (5,9). Gott beruft »zu seiner Herrschaft und Herrlichkeit« (2,12). Diese Aussagen werden interpretiert, indem der Endzustand als Zusammensein der Gemeinde mit ihrem Herrn (4,17; 5,10) beschrieben wird, der der Retter vom Zorn ist (1,10). Der göttliche Zorn ist dabei die Reaktion Gottes auf den Zustand der Menschheit (2,16; 5,9), die dadurch zu einer solchen wird, die objektiv »keine Hoffnung« hat (4,13).

Aus diesen Beobachtungen ergibt sich: Gottes Berufung ereignet sich unmittelbar vor dem Ende der Geschichte. Sie ist endzeitliche Gnadenwahl. Die Berufenen werden nicht mit der Menschheit dem Zorn verfallen, sondern alsbald endgültig Rettung erfahren. Als in der Endzeit Berufene sind sie Kirche, Ekklesia (1,1), also Endzeitgemeinde, die mit Ausnahme weniger Toter fast alle als Lebende bei der Parusie des Herrn dabeisein werden (4,15-17). Die Kirche ist die unmittelbar vor dem Ende gesammelte Menschheit, die dem Zorn entgehen soll und die von der baldigen Parusie ab immer mit dem Herrn zusammensein wird (4,17;

5,10). In der kurzen Zeitspanne bis zum Ende steht das Leben der Kirche unter der bewahrenden Heiligung des seinem Berufungshandeln gegenüber treuen Gottes (5,23f.); jedes Glied derselben steht unter dem Anspruch, seiner Berufung durch Heiligung im Wandel zu entsprechen (4,7).

Die Berufung vollzieht sich durch das Evangelium (1,4f.). Dabei ist das Substantiv feststehender Ausdruck für die Kennzeichnung der christlichen Botschaft. Vorherrschend ist die Wendung »das Evangelium Gottes« (2,2.8.9), weil darin der berufende Gott wirkt. Mit dieser Botschaft ist Paulus betraut (2,4), so daß er von »unserem (d.h. meinem) Evangelium« sprechen kann (1,5). So kennzeichnet er es als das von ihm verkündigte Evangelium (vgl. Gal 1,8f.). Neben »Evangelium« wird ohne Unterschied vom »Wort Gottes« (2,13 zweimal) und vom »Wort des Herrn« (1,8) geredet. Auch hier begegnet absoluter Gebrauch (1,6). Die Erwählung Gottes durch das Evangelium ist also worthaft. Ebenso entscheidend ist die Beobachtung, daß der Gebrauch von »Evangelium« und »Wort« nur in 1. Thess 1,2-2,16; 3,2 begegnet, also im thematischen Umfeld der missionarischen Ursprungssituation des Glaubens. Darum ist die These aufzustellen: »Evangelium« ist Begriff der Missionssprache.

Die Adressaten dieses Evangeliums sind die Heiden, die den einen und wahren Gott bisher nicht kannten (4,5), die jedoch durch diese Botschaft zu ihm und weg von den Göttern umkehren sollen (1,9). Ihre Umkehr ist als Annahme des Evangeliums Glaube an Gott (1,8). Damit werden sie versetzt aus der Bestimmtheit durch den endzeitlichen Zorn (1,10; 5,9; vgl. 5,3) in die neue Bestimmung endzeitlicher Heilserwartung (1,10; 5,9). Die, die Gott bisher nicht kannten (vgl. 4,5), kennen ihn nun. Darum sind sie vorbereitet für den Tag des Herrn. Sie halten nichts von gängigen Friedens- und Sicherheitsparolen, die in Unkenntnis des nahen Endes abgegeben werden (5,2f.); sie sind wachsam und nüchtern, angetan mit dem Panzer des Glaubens und der Liebe und mit dem Helm der Hoffnung und des Heils (5,6-8).

Spätestens an dieser Stelle wird deutlich, auf welche Grundfrage diese Theologie antwortet, nämlich auf die Frage: Wie kann ein Mensch aus der verlorenen Menschheit angesichts des nahen Endgerichts gerettet werden? So geht es in der Gesamtantwort immer um die endzeitliche Bestimmung des Menschen. Seine Unheilsperspektive wird überwunden, indem ihm durch das Evangelium eine neue Bestimmung gewährt wird. Diese gründet in Christi Tod und Auferstehung (1. Thess 4,14; 5,9f.), also in der endzeitlichen Geschichte Christi, die menschheitsbestimmend ist, sofern an den in ihr sich offenbarenden Gott geglaubt wird. Erwählung durch das Evangelium wird so zur endzeitlichen Handlung Gottes.

Der Zusammenhang von Erwählung und Evangelium wäre unvollständig beschrieben, käme nicht noch die damit verwobene Existenz des Apostels zur Sprache. Mag Paulus im Briefkopf auf den Aposteltitel verzichten, mag er in 2,7.11 zur Kennzeichnung seines Verhältnisses zur Gemeinde Metaphern aus der elterlichen Beziehung zu Kindern wählen, er weiß sich dennoch grundsätzlich ermächtigt, »mit dem Gewicht als (einer der) Apostel Christi aufzutreten« (2,7; vgl. 2. Kor 11,13). Diese Ermächtigung beruht darauf, daß er »von Gott als tauglich befunden wurde, mit dem Evangelium betraut zu werden« (2,4), so daß nun dies Evangelium sein Evangelium ist (1,5). Diese Tauglichkeitsprüfung ist natürlich keine Feststellung seiner Qualitäten, sondern göttliche Approbation, der Ruf in den apostolischen Dienst (1. Kor 15,9f.; Gal 1,15), der dem Inhalte nach Betrauung mit dem Evangelium an die Völker ist. So wie einst Gott Israel mit seinen Worten betraute (Röm 3,2), so betraut er Paulus zu diesem speziellen Dienst.

Die Adressaten des Evangeliums nehmen nun nicht einfach eine neue Belehrung über Gott zur Kenntnis, sondern sie werden mit der Botschaft durch den heiligen Geist bestimmt: »Denn unser Evangelium an euch geschah nicht nur mit Worten, sondern in Kraft, im heiligen Geist...« (1. Thess 1,5). Im Wort wirkt der heilige Geist zur Annahme der Botschaft in Freude (1,6). Wer das Evangelium annimmt, nimmt nicht ein Menschenwort an, sondern das Wort Gottes, das sich an den Glaubenden als wirksam erweist (2,13). Diese Wirksamkeit bezieht sich auf die inhaltliche Überzeugungskraft des Wortes selbst (1,6f.; 2,13). Aber es wäre vorschnell, sie auf diesen Gesichtspunkt zu beschränken. Davor sollten schon solche Aussagen des Apostels warnen, die wie 2. Kor 12,12; Gal 3,5; Röm 15,18f. von Zeichen, Wundern und Krafttaten reden, die das paulinische Evangelium begleiten. Vor diesem Hintergrund muß man die Aufforderung des Apostels in 1. Thess 5,19-21: »Den Geist löscht nicht aus! Prophetie verachtet nicht! Prüfet alles, das Gute behaltet!« so deuten, daß er solche pneumatischen Phänomene bewußt gefördert sehen will. Die Endzeitgemeinde ist eine geistgeleitete Gemeinschaft.

Allerdings ist auch mit diesen Hinweisen das Entscheidende am Geist noch nicht in den Blick gekommen. Dieses wird erst gesehen, wenn die Erwählung als endzeitliche Neukonstitution der glaubenden Personen begriffen wird. So sind die »von Gott geliebten Brüder« (1,4) durch die Geistbegabung unmittelbar »von Gott belehrt«, ihre »Heiligung« (4,3.4.7) als Bruderliebe zu vollziehen (4,8f.). Dabei wird dieses das Innere der Glaubenden verwandelnde Geschehen, aufgrund dessen sie zur Liebe befähigt und berufen sind, als Einlösung der endzeitlichen Geistbegabung beschrieben, wie sie Ezechiel (Ez 36,26f.) verheißt. Also: durch die Erwählung aufgrund des Evangeliums, in dem der Geist wirkt, löst Gott die durch die Prophetie erwartete schöpferische Veränderung des menschlichen Innern am Ende der Tage ein. Es besteht kein Zweifel, daß dieser Zusammenhang, den Paulus hier auf der Linie von Evangelium und Geistbegabung beschreibt, uns im antiochenischen Christentum im Zusammenhang von Taufe, Geist und neuer Schöpfung begegnete (5.5). Daß Paulus im 1. Thess von der Missionsbotschaft her denkt, mag damit zusammenhängen, daß er sich ausdrücklich zur Verkündigung des Evangeliums und nicht zum Taufen berufen wußte (1. Kor 1,17; indirekt 1. Thess 2,1-12). Man wird aber bei der starken Betonung der Neukonstitution der Glaubenden auch bedenken, daß Paulus selbst eine ihn zutiefst verändernde Berufung erfahren hatte (vgl. oben 4.4). Diese wird zu einem gewissen Grade den versteckten Horizont abgeben, innerhalb dessen Paulus jetzt die Annahme des Evangeliums und das Wirken des Geistes versteht. Dieser Betonung der Linie Evangelium – Glaube bei Unterordnung der Taufaussagen wird Paulus treu bleiben: Er setzt nämlich nicht nur etwa in Gal 3,1ff. und Röm 1,14ff. so zur Darstellung großer Entfaltungen seines Christentumsverständnisses ein, sondern prägt auch Tauftraditionen ausdrücklich in diesem Sinne um (vgl. etwa Gal 3,26-28; Phil 3).

Aufgrund dieser Skizze kann nun besser gewürdigt werden, daß Paulus im 1. Thess als Regelfall voraussetzt, die Erwählten, die dann noch leben, werden bei der nahen Ankunft des Herrn mit diesem – so wie sie sind – immer zusammensein (4,17; 5,10). Man muß dazu zunächst beachten: Paulus spricht – obwohl dazu 4,13ff. Gelegenheit gewesen wäre – nirgends davon, daß Christen sich für das Endheil einer Verwandlung unterziehen müßten (so später 1. Kor 15,51). Gesichtspunkte wie dieser, daß »Fleisch und Blut die Gottesherrschaft nicht ererben können« (1. Kor 15,50), liegen ihm im 1. Thess noch fern. Die nie mehr endende (»immer« 4,17) Gemeinschaft mit dem Kyrios ist durch die Erwählung bereits so vorbereitet, daß die grundlegende Veränderung des Menschen bereits geschehen ist. Oder, was dasselbe meint: Gott gibt im Evangelium seinen neuschaffenden Geist endgültig. Gerade auch in diesem Sinn ist die Ekklesia Endzeitgemeinde, gelten die Erwählten als dem Gericht enthoben, ist die kurze Zeit zwischen Erwählung und Parusie unter dem Doppelaspekt der göttlichen Treue (5,24) und der menschlichen Bewährung in der Heiligung (4,1 ff.) gesehen.

So sicher nun das neue Sein eine grundlegende Veränderung des Menschen beinhaltet, so eindeutig macht Paulus klar, daß hierbei personale

Gesichtspunkte im Vordergrund stehen: Nicht grundlos ist für ihn das neue Sein in die Linie von Evangelium und Glaube (1,4-9) eingefügt, so daß die Christen als »die Glaubenden« bezeichnet werden (1,7; 2,10.13) und die Hoffnung aus dem Glaubensstand begründet wird (4,14). Die schöpferische Kraft des Geistes, der im Evangelium wirkt, verändert den Menschen über den Glauben. Auch ist es nicht zufällig, daß der Geist den Menschen als Handelnden anspricht, indem er Bruderliebe lehrt und Willigkeit zur Liebe schafft (4,9f.). Mit der glaubenden Annahme des Evangeliums ist die Neukonstitution nicht unverbindlich gegeben. Sie ist vielmehr verpflichtende Gegenwart. Dabei weiß Paulus von einem Doppelaspekt der christlichen Existenz, dem Aspekt des erstmaligen »Zugangs« (1,9; 2,1) und der immer wieder geltenden Aufforderung »Gott zu gefallen« und darin »zuzunehmen« (4,1.10). So kennt er den Glauben als Annahme der Botschaft (1,8f.) wie auch die Glaubenstreue (3,2.5-7). Er weiß, daß Glaube, Liebe und Hoffnung Dauerbestimmungen im Existenzvollzug zu sein haben (1,3; 5,8). Heiligung ist die Bestimmung (4,7; vgl. 3,13) und der Vollzug der Berufung (4,3f.). Den zur Endzeitgemeinde Berufenen ist der Heilsstand zwar kraft der Treue Gottes zugesichert (5,23f.), aber ebenso selbstverständlich gehört die normative Beanspruchung der menschlichen Existenz zum Wesen der Erwählung (4,1-12).

Damit ist der Ansatz der Paränese im 1. Thess in den Blick geraten. Sie ist Vollzug der neu bestimmten Existenz im Glauben. Erwählt durch das Evangelium (1,4f.) und – wie Paulus wenige Jahre später in alter traditioneller Sprache sagen kann – geheiligt im einmaligen Taufakt (1. Kor 6,11), damit ist die Zugehörigkeit zu Gott in der Endzeitgemeinde und die Trennung von der Welt vollzogen. Diese konstitutive Vorbedingung für die Erlangung des Heils (1. Thess 5,9) ist Werk des Gottesgeistes, dessen Belehrung normativ die Glaubenden lenkt und zur Liebe treibt (4,8f.). Mahnung ist darum kein von außen an den Menschen herangetragenes Gesetz mehr, das er sich durch Internalisierung erst zu eigen machen müßte, sondern ist Explikation der Geisterfahrung jedes Christen und dient der gemeinsamen fortschreitenden Einübung in der Liebe, die jeder in sich spürt (4,1f.8f.10): Heilig geworden, vollzieht man die Heiligung, womit das entscheidende Stichwort genannt ist, unter dem der Wandel steht (3,13; 4,3.4.7). Darum sind in diesem Zusammenhang das alttestamentliche Gesetz wie auch die Worte des Herrn keine selbständigen Normen. Die Forderung der Einehe (4,4) mag sachlich der alten Jesustradition entsprechen, die egoistische Vorteilsnahme dem Genossen gegenüber (4,6) mag sachlich auch im Alten Testament gerügt sein, entscheidend ist

jedoch: »Gott hat uns (durch seine endzeitliche Gnadenwahl im Evangelium) nicht berufen zur Unreinheit, sondern (zum Leben) in Heiligung«
(4,7). Geistgeleitete Heilige müssen heilig leben.

Geordnet wird in der Mahnung vor allem das Verhältnis der Glieder
der Endzeitgemeinde untereinander: Nicht allgemeine Weltverantwor-
tung, sondern Bruderliebe (4,9) ist die Grundbestimmung. Nicht die
Gesamtgesellschaft, sondern die Gemeinschaft soll im neuen Wandel
leben. Das Außenverhältnis wird als Konfliktvermeidung geordnet und
durch Unauffälligkeit und Wohlanständigkeit beschrieben (4,12). Die
Welt ist Missionsobjekt. Ihr gilt das Evangelium (1. Thess 1,9f.), nicht
aber unmittelbar eine Aufforderung, sich an bestimmten Normen auszurichten. Sollte eine Endzeitgemeinde, die allein sich aus dem allgemeinen
göttlichen Zorn herausgenommen weiß und nur noch auf das alsbaldige
Kommen ihres Herrn wartet, um mit ihm immer zusammenzusein, sich
anders orientieren?

Der Inhalt des Evangeliums ist soteriologisch ausgerichtet, betrifft die
Rettung der Völker (2,16a) und muß vor allem konzentriert durch die
Christologie bestimmbar sein, insofern das Evangelium als »Evangelium
von Christus« bezeichnet wird (3,2). Mehr ist durch die Danksagung 1,2-
10 zu erfahren: In ihr wird ausgeführt, daß die Thessalonicher das paulinische Evangelium (1,5) als Wort »angenommen« haben (1,6). Diese Annahme ist ihr Glaube (1,7), genauer »ihr Glaube an den Gott« (1,8), so
daß Paulus seinen »Zugang« zu ihnen (1,9) durch eine Kurzfassung der
Heidenmissionspredigt (1,9f.) angeben kann (dazu vgl. 5.5). Sie beschreibt die Hinwendung zu dem alleinigen Schöpfer und Richtergott, der
Jesus von den Toten auferweckte, so daß dieser nun als sein Sohn erwartet werden kann, der vom kommenden Zorn errettet. Durch das Evangelium erwählt Gott also die Völker, indem er im Evangelium sich als
lebendigen und wahren Gott und Weltenrichter zu Gehör bringt, der vor
dem Endgericht seinen Sohn von den Toten auferweckte, so daß dieser
nun Rettung im sonst ausweglosen Gericht sein kann.

Diese Weise, das Evangelium durch geprägte Tradition zu bestimmen,
ist Paulus auch sonst geläufig, so daß man annehmen darf, Paulus war
solche »Definition« sehr früh nach seiner Berufung vertraut. Die biographisch besondere Berufung des Apostels ist eine Berufung unter dasjenige
Evangelium, das allgemein bei allen Christen dasselbe ist. So versteht es
Paulus selbst, wenn er 1. Kor 15,1ff. nicht nur dies, sondern überhaupt
die Beobachtungen zu den sprachlichen Stichworten in 1. Thess 1,2-10
bestätigt. Spricht er doch hier von dem Evangelium, das er den Korinthern verkündigte, das sie annahmen, durch das sie gerettet werden und

das er selbst empfangen hat, um es dann mit einer geprägten Doppelformel zum Heilssinn des Geschickes Jesu Christi inhaltlich zu beschreiben. Ganz analog verfährt er am Eingang des Röm (Röm 1,1-7). Man wird also davon ausgehen dürfen, daß 1. Thess 1,9f. im Sinne des Apostels geeignet ist, den Inhalt des Evangeliums im Kern zu erfassen.

Diese Heidenmissionspredigt betont die futurische Retterfunktion Jesu. Dies harmoniert mit den futurischen Berufungsaussagen im 1. Thess. Daß diese futurisch-christologische Aussage vorrangig für das christologische Konzept des 1. Thess ist, belegt der Brief auch sonst: Kein literarisches Zeugnis des Urchristentums ist so konzentriert auf die endzeitliche Ankunft des Herrn ausgerichtet wie der 1. Thess. Sie beherrscht nicht nur die beiden Abschnitte 4,13-18 und 5,1-11, die ausdrücklich die nahe Ankunft (Parusie) des Herrn zum Inhalt haben, vielmehr blitzt diese Hoffnung gleich eingangs in der Danksagung auf (1,3.10) wie in dem abschließenden Segenswunsch (5,23 f.). Dazwischen stehen weitere Hinweise auf sie als leuchtende Signale (2,19; 3,13). Diese Stellen belegen, wie stark die Verkündigung von dieser Hoffnung bestimmt ist und wie der Ausdruck »Ankunft des Herrn« indessen ein feststehender Begriff geworden ist. Daß er in dieser Funktion die Erwartung des Gottesreiches abgelöst hat, kann man an 2,12 studieren: Nach dieser mit typischer Selbstverständlichkeit formulierten Stelle beruft Gott »zu seinem Reich und zu seiner Herrlichkeit«. So sicher diese Aussage nicht ohne den Wurzelboden der Gottesreichsbotschaft Jesu erklärt werden kann, so deutlich ist, daß indessen die Rede von der Ankunft des Herrn diese Aussageform verdrängt hat (vgl. nur 2,12 mit 3,13).

Die Konzentration der Christologie auf die soteriologische Funktion gegenüber der durch das Evangelium erwählten Endzeitgemeinde ist gewollt. Christus ist die Personifikation des Heilsangebotes im Evangelium, das allen Völkern gilt (2,16a). Diese Funktion des Herrn wird in bestimmter Weise akzentuiert: Christologie begegnet vornehmlich als Erwartung des kommenden Herrn. Tod (4,14; 5,10) und Auferstehung Jesu (1,10; 4,14) sind dieser Linie eingeordnet. Sie haben nicht wie z. B. schon im 1. Kor einen eigenständigen Sinn. Das Geschick Jesu dient vielmehr als Hilfe, Gesichtspunkte des Endheils zu beschreiben. Im übrigen ist längst nicht so häufig von diesem Geschick geredet wie von dem Umstand, daß die Endzeitgemeinde durch die Annahme des Evangeliums »im Herrn« (1,1; 3,8; 4,1; 5,12) bzw. »in Christus« (2,14; 5,18; vgl. 4,16) lebt und »durch den Herrn« (4,2) Mahnung erfährt, also jetzt schon im Heilsbereich des Kommenden lebt und auf ihn bezogen ist.

Das theologische Konzept des 1. Thess wurde bisher beschrieben, ohne auf Juden und Griechen zu blicken. Jedoch die Synagoge behinderte das Evangelium (2,14-16) wie auch die Griechen dasselbe taten (2,14). Letztere können den kompromißlosen Monotheismus ohne Kult nicht verstehen (1,9; 4,5), haben für die enge Verbindung von Gottesverehrung und Ethos (4,1 ff.) kaum Verständnis und können sich auch der Enderwartung nur mühsam nähern. Auch die Erwählung ist trotz aller Öffnung zu den Völkern ein jüdisches Thema. Diese anstößigen Auffälligkeiten waren ihnen eine fremde Welt. Da ging es der Synagoge anders: Sie konnte sich über den Monotheismus und den ethischen Ernst eigentlich freuen. Doch diese Christen hatten Vätergott, Bund und Gesetz durch das Evangelium ersetzt und in ihm Jesus Christus zur soteriologischen Zentralfigur erhoben. Eine Wahl zwischen dem Ethos aus dem Geist oder aus dem Gesetz fiel den Juden nicht schwer. Die Neufassung des Erwählungsgedankens war für sie ein übles Plagiat, das sie als Heilsvolk tief traf: Proselyten machen, wollten sie schon, aber selbst sich durch das Evangelium erst erwählen lassen, so daß Gesetz und Beschneidung bedeutungslos wurden, das konnte nicht ihre Sache sein! So war das Christentum für sie ein illegitimer Ableger ihrer Religion.

Beide Positionen können den Blick für die Eigenart des 1. Thess schärfen: Er ist ganz selbstverständlich heidenchristlich orientiert und bezieht sich nicht mehr ständig auf den ehemaligen jüdischen Ursprung: Die Diskussion um das Gesetz und seine Geltung ist kein Gegenstand der Erörterung. Der Zwang, sich als Fortsetzung israelitisch-heilsgeschichtlicher Erwählung zu verstehen, ist nirgends zu finden. Man darf diese Feststellung nicht durch einen Verweis auf die Kürze und Zufälligkeit des Briefes einschränken, denn es geht nicht darum, ob Paulus im 1. Thess seine theologischen Gedanken vollständig entfaltet hat (Antwort: natürlich nicht), sondern um die Beobachtung, daß er imstande ist, die theologische Selbständigkeit des Heidenchristentums durch eine in Umrissen gut erkennbare, in sich geschlossene Theologie zu entfalten.

Und dennoch: Die Erwählungstheologie des 1. Thess trägt versteckt ein eigentümliches Verhältnis der Nähe und Distanz zum Judentum bei sich: »Erwählung« (1,4) ist schon nach Ausweis von Röm 9,11; 11,5.7.28 für Paulus von Haus aus ein israelitischer Begriff. Daß Gottes Erwählung durch das Verb »rufen« beschrieben wird (1. Thess 2,12; vgl. 5,24), ist Israel vor allem durch Deuterojesaja (vgl. nur Jes 45,3) bekannt. Auch »betrauen mit« (1. Thess 2,4) gehört nach Paulus selbst (Röm 3,2) zur Beschreibung israelitischer Erwählung. Die Erwählten heißen die von Gott »Geliebten« (1. Thess 1,4; vgl. Röm 11,28; Aboth 3,14) und sind untereinander »Brüder« (so z. B. Test XII). Ihr Erwählungsstand gründet in der Treue Gottes, die in der formelhaften Wendung »treu ist Gott, der...« (1. Thess 5,24; vgl. noch 1. Kor 1,9; 10,13; 2. Kor 1,18) zur Geltung kommt und alttestamentlich-jüdische Vorgänger hat (Dt 32,4; Jes 49,7; PsSal 14,1; 17,10). Daß es darum geht, Gott zu gefallen (1. Thess 2,4.15; 4,1), oder ihm zu dienen und ihm würdig zu wandeln (2,12), zu ihm umzukehren (1,9) und so seinem Zorn zu entgehen (1,9), muß nicht nochmals als jüdische Sprache nachgewiesen werden.

Auch positionell sind die Zusammenhänge zwischen der paulinischen Erwählungstheologie und der hellenistisch-jüdischen Synagoge gut erkennbar. Vor allem drei Grundpositionen seien aufgezählt: Die Predigt von dem einen Gott, der Israel erwählt hat und die Völker als Proselyten hinzukommen läßt, aber der in den anderen die Verlorenen sieht (vgl. für den Diasporapharisäer Paulus: Röm 2,17-20; 3,2; 9,4). Weiter: Das Verständnis der Erwählung als Bund zum Leben und zugleich als Gehorsam (ebd.) im Gegensatz zum Ungehorsam der Völker in Götzendienst und Lasterhaftigkeit (Röm 1,18-32). Endlich die Verantwortung aller vor Gott in seinem kommenden Gericht, dem niemand entrinnt (Röm 2,1-11), in dem aber das erwählte Volk nicht verlorengehen kann (Röm 9,6a; 11,1f.26).

Diese drei Grundpositionen bergen zugleich die Differenzen in sich. Entscheidend ist dabei natürlich die Ausrichtung am kommenden Herrn, der durch sein Geschick von Tod und Auferstehung bestimmt ist. Da dies eine Veranstaltung Gottes ist, ist damit Gott selbst neu ausgelegt. Der Gott der Väter wird zu dem Gott in Christus. Bedeutsam ist sodann das neue Geschichtsverständnis: Der im Evangelium Angesprochene ordnet sich nicht in eine lange Heilsgeschichte ein, sondern orientiert sich am nahen Gericht, am kommenden Herrn, am Geist der Endzeit. Das weitest zurückliegende Ereignis von Bedeutung ist das Geschick Jesu, das aber gar nicht Vergangenheit ist, vielmehr durch die gegenwärtige Bestimmtheit »im Herrn« Gegenwart. Der Weltenrichter sammelt unmittelbar vor dem Endgericht die Erwählten, das ist entscheidend. Wichtig ist auch die neue Option für die Adressaten der Erwählung. Das Evangelium ergeht unmittelbar an alle Völker. Die Partikularerwählung Israels ist kein Orientierungspunkt mehr. Man muß nicht zum Abrahambund hinzukommen, sondern ist durch den Geist unmittelbar erwählt – unabhängig vom Gesetz, das nicht mehr erwähnt wird. Endlich ist das Ethos der Erwählten neu begriffen: Man liebt nicht die Menschen, indem man sie zur Tora bringt und damit zu den ersten der drei Dinge, auf denen die Welt steht (Aboth 1,2.12). Der Mensch ist nicht mehr geschaffen, um die Tora auszuüben und sich so das Leben der zukünftigen Welt zu erwerben (Aboth 2,7f.). Vielmehr schafft der Geist den Menschen so neu, daß sein

Handeln in der Bruderliebe besteht und er mit der Parusie des Herrn immer mit ihm zusammenleben kann. Das Selbstverständnis des Judentums beruht auf dem Zusammenhang von Väterbund, Gesetz und Leben, das des Christentums nach dem 1. Thess auf der Trias Glaube – Liebe – Hoffnung.

6.3 Hoffnung in der Krise

Paulus schreibt den 1. Thess nicht zuletzt wegen einer Anfrage der Gemeinde, die er nach einem kurzen Gründungsaufenthalt verlassen mußte. Zwischen der Erstmission und der Absendung des Briefes liegt weniger als ein Jahr (vgl. 6.1). Timotheus hatte ihm wahrscheinlich das Problem aus Thessaloniki, daß nämlich Christen gestorben waren, vermittelt (vgl. 1. Thess 4,13). Um zu verstehen, wieso es zu dieser »Trauer« (4,13) der Christen in Thessaloniki kam, muß man sich an das Konzept der Erwählungstheologie erinnern (vgl. 6.2): Die Erwählung durch das Evangelium konstituierte die Endzeitgemeinde, die sich in ihrer Hoffnung (vgl. 1,3; 2,19; 5,8) nicht auf die Auferstehung, sondern auf die nahe Ankunft des Herrn konzentrierte (2,19; 3,13; 4,15; 5,23), über die es die Gemeinde gar nicht nötig hat, unterrichtet zu werden, weiß sie sich doch mit Gewißheit unmittelbar diesem Tag zugeordnet (5,1-11).

Überhaupt hat die ganze erste Generation des Urchristentums in einer ähnlichen hochgespannten Naherwartung gelebt: Sie gehört schon zur Botschaft Jesu und ist bis hin zum spätesten Zeugnis aus dieser Zeit (Röm 13,11-14) belegt. Erst nach dem Tod der Apostel, also etwa Mitte der sechziger Jahre, wird man die Hoffnung aus dem Stadium intensiver Naherwartung in gedehntere Zeitvorstellungen überführen. Naherwartung kommt, in der Kirchengeschichte oft beobachtbar, immer dann in eine entscheidende Krise, wenn die Protagonisten der Ursprungsgeneration, die das Ende selbst erleben sollten, sterben, und die Gemeinschaft, die sie hinterlassen, als solche in ein neues Alter eintritt. Sie versteht sich nun als zweite Generation, die auf ihre abgeschlossene Ursprungsgeschichte zurückblickt und die entschlafenen Väter zum Anlaß nehmen muß, Hoffnung mit den Aspekten von Geduld und Ausdauer zu verbinden. Hochgespannte Naherwartung ist ein Zeichen der Hoffnungsintensität, aber diese muß in eine andere Qualität überführt werden, wenn das Ende ausbleibt. Nun muß die sich dehnende Zeit als Ermöglichung qualifiziert werden, Hoffnung unter der Langmut Gottes zu bewahren.

Aber auch schon vor dieser entscheidenden Krise der Hoffnung mußte eine hochgespannte Naherwartung flexibel sein. Ist sie doch anfällig, durch unerwartete Ereignisse in Frage gestellt zu werden. Die Geschichte von Paulus und seinen Gemeinden zeigt dafür einen typischen Störfaktor, nämlich den Tod einiger Christen. Eben solchen hatte die Gemeinde in Thessaloniki nach dem Fortgang des Paulus zu beklagen. Paulus soll ihr also nicht darüber Auskunft geben, wie es überhaupt und allgemein mit den Entschlafenen zu denken ist. Sondern er soll klären, ob es denn nun um einen fatalen Wettlauf zwischen individuellem Tod und Ankunft des Herrn geht. Galt doch als Voraussetzung, daß die jetzt lebende Gemeinde bei der Ankunft dabeisein wird: Stehen Tote also außerhalb dieser nahen Zukunft?

Paulus gibt eine zweigestufte Antwort (vgl. das zweimalige »denn« V. 14 und V. 15), stellt am Schluß ein Ergebnis fest (V.17E) und endet mit einer typischen Aufforderung (V. 18, vgl. 5,11). Die Antwort hat insgesamt das Ziel, die ausnahmsweisen Todesfälle durch die Auferstehungshoffnung wieder in die Endzeitgemeinde einzubeziehen. Paulus lehrt 1. Thess 4 also weder eine allgemeine Totenauferweckung, noch eine Auferweckung der toten Christen, verbunden mit einer Verwandlung der lebenden Christen (1. Kor 15), sondern benutzt die Vorstellung der Auferstehung nur, um im Rahmen der hochgespannten Naherwartung Ausnahmefälle nicht von der Teilnahme am Endheil auszuschließen. Daraufhin kann er dann wieder in 1. Thess 5,1 ff., ohne dies Spezialproblem nochmals zu berühren, die Ankunft des Herrn als nahe bevorstehendes Ereignis auslegen. Im Unterschied zu dem Sonderfall einiger entschlafener Christen, der die Gemeinde in eine schwer lösbare Situation brachte, betont er ausdrücklich: Es ist eigentlich nicht nötig, die Gemeinde über ihr neues Sein als Endzeitgemeinde und ihren endzeitlichen Heilsempfang, der unmittelbar bevorsteht, zu belehren (5,1). Diese Beobachtungen führen zu dem Schluß, daß Paulus das Thema »Auferstehung« in der Tat bei seiner Missionsverkündigung in Thessaloniki nicht berührte. In sämtlichen Parusieaussagen des 1. Thess ist es nicht enthalten. Die Vorherrschaft der Parusieerwartung war also komplett und ist auch nach dem Schreiben des 1. Thess aufgrund einer Sonderregelung für die entschlafenen Christen wieder als vorherrschende Hoffnung bestätigt.

Es ist nun sicher glaubhaft, daß man in Thessaloniki innerhalb der kurzen Gemeindegeschichte erstmals tote Christen zu beklagen hatte. Doch ist es fraglich, ob z.B. die antiochenische Gemeinde, die indessen auf eine rund 15jährige Geschichte zurückblickte, bisher ohne Todesfälle lebte. Doch wird die Gemeinde in Thessaloniki noch keinen Kontakt mit dieser Gemeinde aufgenommen haben, zumal Paulus aus ihr vor kurzem im Streit fortging. Für sie war also auch trotz möglicher analoger Erfahrung in älteren Gemeinden die Todesproblematik neu. Aber war sie es auch für Paulus? Nun hat man aus der ersten Begründung zur Auferstehungshoffnung, die Paulus 4,14 liefert, gelesen, der Apostel habe noch Schwierigkeiten mit dem Gedankengang und das deute darauf, auch ihm selbst sei diese Problematik neu gewesen. Abgesehen davon, daß dieses Urteil über V. 14 keineswegs sicher ist, gerät man mit solcher Deutung in chronologische Probleme: Daß innerhalb einer halben Generation die Christenheit keine eines natürlichen Todes gestorbenen Mitglieder zu beklagen hatte, ist kaum vorstellbar, selbst wenn man noch für christliche Märtyrer (wie z.B. Stephanus) gesondert die Voraussetzung macht, daß sie nach damaliger Anschauung direkt in den Himmel versetzt wurden (vgl. Apg 7,59; Apk 6,9ff.; 7,9ff.; 2. und 4. Makk).

Da eine Vordatierung des 1. Thess samt der ersten Europareise in die frühe antiochenische Zeit ausscheidet (vgl. oben 2; 6.1), wird man erwägen, ob nicht die Lösung, die Paulus anbietet, sachlich dieser Zeit entstammt. Das bedeutet: Tote Christen sind für den Apostel kein neues Problem, aber nur ein Nebenaspekt der Parusieerwartung. Darum hat er beim kurzen Gründungsaufenthalt in Thessaloniki davon nicht gesprochen. Doch darum kann er nun den Thessalonichern auch eine von ihm schon in Antiochia durchdachte Lösung anbieten. Ob dieser Lösungsvorschlag Sinn gibt, entscheidet sich an der Beurteilung der paulinischen Argumentation in V. 14.

Dieser Vers lautet: »Denn wenn wir glauben: Jesus starb und ist auferstanden, so wird auch Gott die Entschlafenen durch Jesus mit ihm führen.« Für Paulus hat dieses Argument uneingeschränkten Vorrang vor dem zweiten in V. 15-17. Er schließt dabei vom Bekenntnis auf die Hoffnung. So nimmt auch in der traditionellen Trias Glaube – Liebe – Hoffnung der Glaube den ersten Platz ein; er ist grundlegend. Liebe und Hoffnung gründen in ihm. Der Glaube wiederum bezieht sich auf das im Geschick Jesu Christi erkennbare Handeln Gottes: Weil Gott Jesus nach seinem Tod auferweckte, besteht begründete Hoffnung, daß derselbe Gott auch die entschlafenen Christen auferwecken wird, um die Erwählung durch das Evangelium nicht durch solchen Tod hinfällig werden zu lassen. Doch diese Folgerung, so sicher sie sachlich intendiert ist, wird etwas anders beschrieben. Es heißt: Gott wird die Christen »führen«. Zwar ist Jesu Geschick Aufweis der Macht Gottes über den Tod, die Gott auch an den verstorbenen Christen bewähren wird, aber der Text sagt nichts direkt vom Auferwecken der Christen. Allerdings ist nach

Hebr 2,10 Christus der »Anführer des Heils«, der »viele Söhne zur Herrlichkeit führt«. Auch heißt es Hebr 13,20 (vgl. Jes 63,11) von Gott: »der herausführt von den Toten«. Denselben Ausdruck verwendet Paulus auch Röm 10,7. »Führen« scheint also durchaus zur Auferstehungssprache zu gehören. Doch der Kontext macht noch auf einen anderen Zusammenhang aufmerksam: Was in 4,16f. unter dem Doppelaspekt von Auferstehung und Entrückung geschildert ist, soll offenbar in dem »führen« aus V. 14 zusammengefaßt sein. Also ist V. 14 wohl überlegt formuliert. Durch die besondere Sprachführung wird festgehalten, daß die Dominanz des Parusieaspektes erhalten bleibt und zugleich das auferweckende Handeln angedeutet ist. Paulus will sagen: Gott führt bei der Parusie die Toten aus den Gräbern heraus und hin zum kommenden Christus (vgl. 2. Kor 4,14). So ist wohl doch V. 14 nicht ein erster tastender Versuch, von Christus auf die Auferstehung der Christen zu schließen, sondern eine gezielte Formulierung, die die notwendige Problemlösung auf den richtigen Nenner bringt. Der später für Paulus typische Schluß von Christi Auferweckung zu der der Gläubigen (1. Kor 6,14; Röm 8,11 usw.) ist nicht sprachlich gelungener als 1. Thess 4,14, sondern nur sachlich anders konzipiert: Die Auferstehungsaussage hat sich aus dem Rahmen der Parusieansage gelöst so wie auch die Aussagen in dem Auferstehungskapitel 1. Kor 15 überhaupt.

1. Thess 4,14 hat noch eine zweite sprachliche Auffälligkeit, die kurz behandelt werden muß: Es ist die Wendung, nach der Gott »durch Jesus« die Christen mit ihm führen wird. Auch hier liegt wohl kaum eine tastende und unsichere Formulierung vor, sondern eine für die paulinisch-antiochenische Sprache übliche, wie 1. Thess 5,9; 1. Kor 15,21.57 (als Geistaussage: Röm 8,11) belegen können. Gemeint ist, daß so der Heilsgrund angegeben wird. Aufgrund des Christusereignisses wird also Gott die toten Christen auferwecken.

Nach diesem christologischen Argument fügt Paulus ein zweites hinzu, das bis in vorchristliche apokalyptische Anschauung zurückreicht. Nachdem also die christologische Vergewisserung stattfand, kann nun auch im apokalyptischen Weltbild so geredet werden, daß es dem christologischen Erkenntnisgewinn dienstbar gemacht wird. Ein formaler Vergleich legt sich nahe: Wie Paulus als Pharisäer die apokalyptische Endgerichtsaussage der Gesetzesauslegung einordnete (vgl. 3.2), so legt er nun die dem Glauben an Christus innewohnende Hoffnung in apokalyptischer Sprache aus. Nicht der pharisäische Apokalyptiker ist zum christlichen geworden und hat dabei nur Gesetz und Christus ausgetauscht, sondern der Gesetzesausleger ist zum Verkündiger des Evangeliums geworden und konnte früher wie jetzt dem eigenen theologischen Standort auch apokalyptische Anschauung zuordnen. Dies geschieht allerdings nicht, ohne daß die Aneignung apokalyptischer Anschauung aufgrund der vorgegebenen Normativität, sei es des Gesetzes, sei es des Evangeliums von Christus, bestimmt, in welcher unterschiedlichen Weise Paulus mit Apokalyptik verfährt. Als Jude lag ihm an der ausgleichenden Gerechtigkeit in der Welt (vgl. 3.2), als Christ blickt er ausschließlich auf den in Christus sich treu bleibenden Gott, der die durch das Evangelium Erwählten zum Erwählungsziel führen wird (1. Thess 4,10f.; 5,7-10.23f. usw.). So entpuppt sich 1. Thess 4,13ff. als ein erstes illustratives Beispiel, wie Paulus alles von der Zentralgestalt Christi her neu wertet und durchdenkt (vgl. 2. Kor 10,5; Phil 3,8).

Im Zentrum dieser zweiten Argumentation steht das Herrenwort, das Paulus zunächst (vgl. das erste »daß« 1. Thess 4,15) mit eigenen Worten zusammenfaßt, um es dann (vgl. das zweite »daß« V. 16) zu zitieren. Wir hatten schon gesehen (vgl. 5.6), daß hier ein prophetisches Gemeindewort vorliegt. Es ist älter als der 1. Thess, deckt sich sachlich mit der in V. 14 gefundenen antiochenischen Lösung und wird darum aus Antiochia stammen, zumal auch das Vokabular und einzelne Motive aus ihm sonst Paulus nicht geläufig in die Feder fließen. Das unter der Autorität des Erhöhten stehende Wort ist nicht einheitlich. Der Kernbestand lautete wohl: »Der Herr selbst wird mit einem Befehlswort, (also) mit dem Ton des Erzengels und (= sachlich: auf) der Posaune Gottes vom Himmel herabsteigen ... Und wir werden auf den Wolken entrückt werden zur Begegnung des Herrn in der Luft.« So entspricht das Wort der Parusieerwartung der Gemeinde, die noch keine toten Christen zu beklagen hat. Als in Antiochia im Sinne der ersten Argumentation des Apostels in V. 14 die ersten Toten aus der Gemeinde Anlaß wurden, die Auferstehungshoffnung als Rettung für die Entschlafenen einzubringen, erweiterte man auch V. 16f. auf seinen jetzigen Bestand, so daß jetzt zusätzlich die toten Christen durch göttliches Handeln auferweckt werden und, mit den lebenden vereint, dem Herrn entgegengehen können, so daß die Endzeitgemeinde geschlossen für immer mit dem Herrn zusammensein wird, wie es das Evangelium verhieß.

Dieses Paulus aus Antiochia vertraute Wort gibt er also nun in Thessaloniki bekannt und verhilft der Gemeinde damit, das Hoffnungselement aus dem Schema der Heidenmissionspredigt (1. Thess 1,10), mit der auch die Thessalonicher für den Glauben gewonnen wurden, neu zu verstehen: War diese Auslegung christlicher Hoffnung (wie auch das aramäische marana-tha, d.h. »Unser Herr, komm!«, 1. Kor 16,22) mit der jüdischapokalyptischen Menschensohnvorstellung formuliert, so auch dieses Wort in 1. Thess 4,16f.: Die Gemeinde kann sich also innerhalb derselben Vorstellung verdeutlichen, wie das erwählende Handeln Gottes im Evangelium gilt, auch wenn einige der Erwählten vor der Parusie sterben. Sie soll wissen: Es gibt nichts, auch nicht den Tod, das göttliches Erwählen durchkreuzen kann, so daß weiterhin gilt: Gott bleibt sich treu (1. Thess 5,24), er wird die endgültige Gemeinschaft mit Christus (vgl. äthHen 71,15f.) gewähren.

Ist dies der Grundsinn, dann überrascht es nicht, wenn im Blick auf spätere paulinische Aussagen die Inhalte von 1. Thess 4,16f. als Variable erscheinen. Nach V. 16f. ist das Verhältnis der wenigen Gestorbenen zu den vielen Lebenden anders als in 1. Kor 15,51 bestimmt. In V. 16f. holt die Gemeinde, zu der die Auferweckten hinzustoßen, den Herrn wie einen Ehrengast ein, um mit ihm auf Erden »immer« zusammenzusein. In 1. Kor 15,50ff. ist der Tod als letzter Feind erst besiegt, wenn alle auferstanden oder verwandelt sind, also die Sterblichkeit überwunden ist. Dies ist nun so wichtig, daß weder die Einholung noch die Parusie noch der Ort des Endheils eine Rolle spielen. So ließe sich fortfahren und auch noch mit anderen Texten vergleichen. Das grundsätzliche Ergebnis bliebe dasselbe: Wohl erschließt auch 1. Kor 15 der Glaube (15,1–11) die Hoffnung (15,12ff.), jedoch variiert die inhaltliche Entfaltung der Hoffnung bis auf den konstanten Grundsinn, der darin besteht, daß der im Glauben ergriffene Gott dem Glaubenden die immerwährende Nähe Christi, wie zugesagt, nicht vorenthalten wird.

Damit kann abschließend der Ertrag der Interpretation von 1. Thess 4,13ff. zusammengefaßt werden. Es ist offenbar abermals die antiochenische Gemeinde der paulinischen Zeit, die die Weichenstellung, vom Glauben auf die Hoffnung zu schließen, entwickelte und ausbaute – auch angesichts der quer zur Parusieerwartung gemachten Erfahrung mit verstorbenen Gemeindegliedern (was man in Thessaloniki nochmals verarbeiten muß). Es ist deutlich, daß diese frühen Gemeinden sowie Paulus selbst keine apokalyptischen Gruppen sind, wohl aber christlich neu begründete Hoffnung mit apokalyptischen Farben beschreiben können, wobei nicht nur der Grund der Hoffnung (V. 14), sondern auch das eigentliche Ziel der Hoffnung (V. 17E) christologisch gefaßt werden. Heilsgrund und Heilsziel ist der in Christus nahe Gott. Außer dieser Nähe im Evangelium und in der zukünftig eingelösten Verheißung bedarf der Mensch nichts, erreicht er doch so allein die ihm angemessene Bestimmung, die ihn der sonst ausnahmslos geltenden Hoffnungslosigkeit (V. 13b) enthebt.

6.4 Der Gründungsaufenthalt in Korinth

Der paulinische Erstbesuch in Korinth währte nach Apg 18,11 etwa 18 Monate. Es wird die Zeit von Herbst 50 bis Frühjahr 52 gewesen sein (vgl. 2). Wahrscheinlich trifft Paulus zusammen mit Silas/Silvanus, von Athen kommend, in der Stadt ein. Bald stößt Timotheus aus Thessaloniki zu ihnen (1. Thess 3,6). Gegen diese Sicht könnte 1. Thess 3,1f. sprechen, wonach Paulus »allein« in Athen bleibt. Dann wäre Silas erst mit Timotheus gekommen (vgl. Apg 17,14f.; 18,5). Aber 1. Thess 3 hat Paulus nur sich und Timotheus im Blick und will sagen, er blieb ohne diesen Mitarbeiter in Athen zurück. Silas ist gar nicht im Blickfeld. Darum kann 1. Thess 3,1f. nicht als Einwand gegen die vorgetragene Rekonstruktion dienen. Beide Mitarbeiter stehen 1. Thess 1,1 im Briefkopf des in Korinth verfaßten Schreibens und dürften die wesentliche oder ganze Zeit über mit Paulus in der Hafenstadt Achajas gewirkt haben (vgl. 2. Kor 1,19; Apg 18,5). Titus, der später von Ephesus aus die Verbindung zwischen Paulus und der Gemeinde aufrechterhält, ist beim Gründungsbesuch nicht anwesend. Von Silas kennen wir als letzte Spuren bei Paulus und aus der Apg (1. Thess 1,1; Apg 18,5) seine Anwesenheit in Korinth, nach dem korinthischen Aufenthalt nur noch die fiktive Angabe aus dem 1. Petr, wonach er als Überbringer dieses Briefes eingesetzt ist (1. Petr 5,12). Gab es eine Tradition im Urchristentum, wonach Silas in die petrinische Mission überwechselte?

Korinth blickt bekanntlich auf eine glanzvolle Geschichte zurück. Seine günstige Lage half nicht unbeträchtlich dazu, daß die Stadt zeitweise die größte Bewohnerzahl Griechenlands ihr eigen nannte und wegen ihres Reichtums, erworben durch Handel und Handwerk, berühmt war. Aber die zur Zeit des Paulus römische Stadt kann auf diese Vergangenheit nicht bruchlos zurückblicken. Rom hatte ihre permanente antirömische Politik bestraft und die Stadt 146 v.Chr. – auch im Interesse der eigenen ungehemmteren Handelsexpansion – ausgelöscht. Das geschah so radikal, daß der Schutthügel Korinths rund 100 Jahre unbewohnt blieb. Cäsar befahl 44 v.Chr. den Wiederaufbau, so daß Neukorinth ab 27 v.Chr. als Sitz des römischen Statthalters für die Provinz Achaja dienen konnte. Der starke Anteil italischer Siedler wird auch an den römischen Namen kenntlich, die aus der korinthischen Gemeinde bekannt sind. Das herausragende korinthische Merkmal war alsbald wieder die Blüte seines Handels, so daß Reichtum und Lebensgenuß Platz griffen. Korinth galt als sündige Stadt und besaß neben dem relativen Wohlstand der Bürger ein buntgemischtes Hafenproletariat.

Da Paulus der Gemeinde nichts über die eigene Geschichte zu berichten braucht, lesen wir bei ihm nur nebenbei etwas über die 1½ Jahre, die er bei den Korinthern war. Als Gesamteindruck erkennt man zweierlei: einen offenbar erstaunlichen Missionserfolg und einen Konflikt um den Lebensunterhalt des Apostels. Zunächst zum Konfliktstoff! Paulus muß sich in 1. und 2. Kor verteidigen, weil er der Gemeinde nicht »zur Last« gefallen ist, obwohl er in Korinth, auf sich allein gestellt, teilweise Mangel litt. Die Korinther hätten ihn gern unterstützt, aber Paulus wollte wie in Thessaloniki sich seinen Ruhm, auch in Achaja das Evangelium umsonst gepredigt zu haben, nicht nehmen lassen. Allerdings hatten Brüder aus Mazedonien ihm nach Korinth Gemeindegaben gebracht. Damit sind wohl Zuwendungen aus Philippi gemeint, so wie diese Gemeinde ihn auch in Thessaloniki unterstützte. Die arme Gemeinde in Thessaloniki hat dieses Verfahren hingenommen, aber Korinth nicht. Daß Philippi den notleidenden Paulus unterstützen durfte, die sicher nicht unbemittelte korinthische Gemeinde aber ihren Gast nicht, daß Paulus also die Korinther um die im Altertum besonders hochgeachtete Ehrenpflicht, für Gäste zu sorgen, betrog, kränkte die korinthische Gemeinde nachhaltig (1. Kor 9,1 ff.; 2. Kor 11,5-15). Dies wurde ein Dauerkonflikt, weil die Gemeinde bald lernte, daß andere Missionare sich ganz selbstverständlich von ihr unterhalten ließen (2. Kor 11,20). Sie hat darum Paulus diese »Eigenwilligkeit« nie ganz verziehen.

Auf der anderen Seite hatte Paulus sehr bald einen beachtlichen Erfolg bei seiner Mission. Stephanas aus Korinth wird der Erstbekehrte Achajas (1. Kor 16,15). Paulus kann ihn und sein Haus taufen (1,16), was er wohl zunächst darum beim Schreiben von 1. Kor 1 übergeht und nachträgt, weil dieser gerade bei ihm in Ephesus weilt, begleitet von (zwei Männern seiner Klientel bzw. seinen Sklaven?) Fortunatus und Achaicus (16,17). Sodann hat Paulus den Synagogenvorsteher (so nur Apg 18,8) Krispus und einen Gajus getauft (1. Kor 1,14). Des letzteren – besonders großes – Haus dient spätestens beim dritten Besuch des Paulus der ganzen Gemeinde als Versammlungsort (Röm 16,23). Paulus selbst wohnt bei diesem Kollektenaufenthalt hier und diktiert Tertius den Röm (16,22). Es liegt nahe, auch Phöbe, die in Kenchreä in der Gemeinde eine führende Rolle spielt, zu denen zu rechnen, die sehr früh zum Glauben kamen, muß sie doch über längere Zeit hinweg Gelegenheit gehabt haben, sich durch herausragenden Einsatz für Paulus und die Gemeinde hervorzutun (Röm 16,1 f.). Die sonstigen Namen aus Röm 16,21-23 sind kaum mit Sicherheit in den Gründungsbesuch einzuplanen.

Nur eines ist klar, Paulus ist nicht sicher, ob er die von ihm Getauften

vollzählig benannte, und setzt voraus, daß es in Korinth noch deutlich
mehr Christen gab, die er aber nicht taufte, weil er nur ausnahmsweise
selbst die Taufe vollzog (1. Kor 1,16f.). Auch setzen die Gruppen in
Korinth, die bald nach dem Fortgang des Apostels entstehen, genügend
Christen für Gruppenbildungen voraus (1. Kor 1,10f.). Begann das alles
ganz harmlos, weil man nur noch schwer in einem Haus zusammenkommen konnte und darum dazu überging, die Gottesdienste in verschiedenen Häusern zu feiern? Jedenfalls gelingt es Paulus, in kurzer Zeit eine
große und lebendige Gemeinde zu gründen. Leider ist es nicht möglich,
die Gemeindegröße in Zahlen auszudrücken. Immerhin kennen wir für
Korinth insgesamt 17 Namen, auch einige christliche Familien. Die meisten davon gehören offenbar zu den Bessergestellten, doch bilden diese
wiederum den kleineren Teil der Gemeinde (1. Kor 1,26). Sie waren die
tonangebende Minorität. Die Apg spricht übrigens für Korinth zur Kennzeichnung der Gemeindegröße von einem »großen Volk« (Apg 18,10).
Darf man für die Zeit, als Paulus 52 n. Chr. Korinth verläßt, mit 50 bis
100 Christen rechnen? Würde solche Zahl vielleicht schon vergleichbar
sein mit dem Bestand der örtlichen Synagoge?

Jedenfalls wird für keine paulinische Gemeindegründung berichtet,
daß dabei eine Synagoge so schwer verwindbare Abgänge zu verzeichnen
hatte, wie die in Korinth. Damit stehen wir bei Apg 18. Anläßlich des
paulinischen Gründungsaufenthaltes berichtet Lukas von folgenden Begebenheiten: Paulus stößt eingangs seines Aufenthaltes sofort auf das
judenchristliche Ehepaar Aquila und Priska. Sie nehmen Paulus auf, und
er kann bei ihnen in seinem erlernten Handwerk arbeiten (V. 1-3). Sabbat-
weise spricht Paulus in der Synagoge (V. 4). Als Silas und Timotheus
eintreffen, arbeitet er nicht mehr, sondern intensiviert die Mission an der
Synagoge. Der unausweichliche Konflikt mit ihr läßt Paulus zur Heidenmission übergehen (V. 5-6). Paulus wechselt den Wohnsitz und geht ins
Haus des Titius Justus, eines Gottesfürchtigen, dessen Haus neben der
Synagoge stand (V. 7). Der Übertritt des Synagogenvorstehers Krispus
zieht einen größeren Missionserfolg nach sich. Ein Traumgesicht bestätigt
Paulus, weiterzumachen, so daß er 18 Monate in der Stadt weilt (V. 8-11).
Endlich kommt es von seiten der Synagoge, vertreten durch den (neuen)
Synagogenvorsteher Sosthenes, zur Anklage vor Gallio (V. 12-17). Bald
danach verläßt Paulus die Stadt mit Priska und Aquila (V. 18).

Um dieses Angabenbündel beurteilen zu können, ist eine Erinnerung
an schon Erwähntes hilfreich (vgl. 2.), nämlich daß das lukanische Darstellungskonzept auf zwei hier wirksamen Arrangements beruht. Lukas
plaziert gern alle Überlieferung auf den paulinischen Erstaufenthalt in

einer Stadt. Er stellt gern je ein markantes Faktum an den Anfang und Schluß. Nun war der Prozeß vor Gallio schon unter chronologischen Gesichtspunkten erörtert worden (vgl. 2.). Im einzelnen sind aus ihm die Namen der Akteure (Gallio, Sosthenes und Paulus) gesichert und doch wohl auch der gute Ausgang für Paulus. Aber Lukas baut die Szene so aus, wie sich nach ihm ein Vertreter der römischen Staatsmacht den Christen gegenüber verhalten soll: Christen sind keine Übeltäter, also kann der römische Staat sie unbehelligt lassen und sollte mit geschärftem Auge auf eventuelle Ankläger achten. Da in diesem Fall die Synagoge und diese nur in religiösen Fragen mit den Christen Probleme hat, hält sich der Staat aus solchem Streit tunlichst heraus. So benimmt sich Gallio also vorbildlich. Darum muß man bei der historischen Verwertung der literarischen Einzelheiten im Text und in bezug auf den zeitlichen Ansatz des Ereignisses am Ende des paulinischen Korinthbesuches Zurückhaltung üben.

Ein klein bißchen weiter kann man vermutungsweise noch kommen, wenn man die lukanische Notiz über Krispus heranzieht: Sein Name fällt Paulus 1. Kor 1,14 als erstes ein, als er an die von ihm Getauften denkt. Das spricht dafür, daß sein Übertritt zum Christentum Aufsehen erregte. Dies ist dann der Fall, wenn er wirklich wie Lukas angibt, Synagogenvorsteher war, vielleicht auch weitere Übertritte provozierte. Also hat Paulus an der Synagoge missioniert und durch seinen Erfolg erhebliche Unruhe verursacht. Daß ein Synagogenvorsteher Christ wird, kommt gewiß nicht alle Tage vor. Ist dieses als sinnvolle Rekonstruktion zugestanden, mußte die Synagoge einen Nachfolger für Krispus wählen. Dafür steht konkurrenzlos Sosthenes zur Verfügung, was Lukas wohl auch sinngemäß zu sagen beabsichtigt. Sosthenes kann dann eventuell bald nach Übernahme des Amtes bei Gallio für die Synagoge vorstellig geworden sein. Allerdings wird man Spekulationen wohl doch zurückstellen sollen, den Sosthenes aus der Grußliste in 1. Kor 1,1 mit dem aus Apg 18 zu vereinen. Der Name ist häufig. Daß gleich zwei Synagogenvorsteher hintereinander Christen wurden, ist schwer vorstellbar. Oder ist ein öffentlich von den Seinen verprügelter Synagogenvorsteher doch bereit, seinen Vorgänger nachzuahmen (Apg 18,17)? Falls Apg 18,17 historisch ist, wird er sich zumindest aus seinem Amt hinausgeprügelt verstanden haben.

Nun kann die lukanische Ausmalung des paulinischen Anfangs in Korinth erörtert werden. Daß Paulus Priska und Aquila in Korinth traf und mit ihnen nach Ephesus zog, darf aufgrund des Grußes 1. Kor 16,19 als historisch angesehen werden. Auch die handwerkliche Tätigkeit des Paulus ist für Thessaloniki (1. Thess 2,9) und Korinth belegt (1. Kor 9,15.18;

2. Kor 11,9). Aber wenn Paulus in Korinth Mangel gelitten hat, dann am ehesten, als er noch fremd in der Stadt war und nichts zu arbeiten hatte. Hat er aber gleich eingangs der korinthischen Zeit Arbeit gehabt, wie Lukas beschreibt, war doch wohl die Ernährung sichergestellt. Hat er überhaupt das Ehepaar so früh kennengelernt, sollte – angesichts des guten Verhältnisses zu ihm auch in Ephesus – seine Ernährung befriedigend geregelt gewesen sein. Man wird also bezweifeln, daß Paulus so schnell bei seinem Eintreffen in Korinth auf Priska und Aquila stieß. Wären sie übrigens vor Paulus in Korinth gewesen, hätte es dort schon vor Paulus Christen gegeben. Paulus betont aber, er habe in Korinth angefangen, eine Gemeinde zu gründen (1. Kor 3,6-8). Es spricht also manches dafür, daß das Ehepaar erst im Laufe des paulinischen Besuches in Korinth Station machte.

Diese Überlegungen lassen die Frage aufkommen, ob nicht die sicherlich von Lukas nicht frei erfundene Angabe, Paulus habe bei dem Gottesfürchtigen Titius Justus, dessen Haus neben der Synagoge stand, gewohnt, Indiz dafür ist, wo Paulus in Korinth seine Bleibe hatte. Lukas kann nicht motivieren, warum Paulus bei Priska und Aquila auszog. Auch sind traditionsgeschichtlich Apg 18,1-3 und 18,7 getrennte Überlieferungen, die wohl erst sekundär kombiniert wurden, sei es im Itinerar, das Lukas seiner Darstellung zugrunde legt, sei es durch Lukas selbst. Daß gerade die Gottesfürchtigen eine besondere Zielgruppe der urchristlichen Mission waren und das Christentum aus ihr der Synagoge viele »Randsiedler« abwarb, ist bekannt. Also gibt es guten Sinn, zu vermuten, Paulus habe sich gleich eingangs seines Aufenthaltes in Korinth – die Synagoge im Blick – beim Gottesfürchtigen und synagogalen Nachbarn einquartiert.

Zwei Grundzüge von Apg 18,1-17 müssen noch herausgestellt werden: Lukas huldigt wie so oft dem für ihn typischen Schema, erst kommt die Mission bei der Synagoge, hier folgen Streit und Ablehnung, dann ist der Weg frei zu den Heiden. Damit hängt es zusammen, daß Lukas nur allgemein von den Heidenchristen Korinths spricht. Namentlich nennt er Juden und Gottesfürchtige, die Christen werden bzw. sind. Dies suggeriert ein falsches Bild von der Zusammensetzung der Gemeinde. Sie lebt nicht nur heidenchristlich, sondern ist auch weitgehend bestimmt durch ehemalige Heiden (1. Kor 7,12ff.; 8,10; 12,2). Der judenchristliche Anteil ist gering. Die meisten Probleme, die Paulus im 1. Kor bespricht, sind nur verständlich, wenn man eine vorgegebene hellenistische Sozialisation der Gemeinde voraussetzt. Hierin muß also der Eindruck von Apg 18 verändert werden. Überblickt man diese Nachrichten zum ersten Aufenthalt in

Korinth, wird man urteilen, Paulus habe eine gute und recht erfolgreiche Zeit in Korinth erlebt. Das Motiv, warum er die Stadt verläßt, liegt im Dunkeln.

7. Paulus in Ephesus und in der Asia

7.1 Die ephesinischen Ereignisse

Nach seinem rund 18monatigen Aufenthalt verläßt Paulus Korinth, wohl begleitet von Timotheus (und Silas? vgl. 6.4), und segelt zusammen mit dem Ehepaar Priska und Aquila nach Ephesus (vgl. 2.; Apg 18,18f.; 1. Kor 16,19b). Die Jahre, die Paulus daraufhin in der Asia verbringt, gehören zu den fruchtbarsten und zugleich krisenhaftesten seines Lebens. Nach der erfolgreichen Zeit in Mazedonien und Achaja und ungetrübten Beziehungen zu seinen Gemeinden kommen nun Jahre von enormer Schaffenskraft und schwersten Problemen mit seinen Gemeinden. Nirgends war Paulus nach dem Fortgang aus Antiochia so lange ununterbrochen tätig wie in Ephesus und in der Asia. Die Angaben über die Dauer können allerdings nur der Apg entnommen werden. Sie nennt Apg 19,10 zwei Jahre, bezogen auf die Ereignisse in Apg 19. Jedoch muß man die Zeit für die Reisen Apg 18,18-23 noch hinzurechnen. Selbst wenn es sich dabei teilweise um Konstruktion handelt, wird man dafür genügend Zeit einzurechnen haben. So ist eine Zeitspanne von rund 3 Jahren wohl angemessen.

Ephesus ist keine paulinische Missionsgründung, wie Apg 18,2ff. noch durchschimmern läßt. Der Apostel hat dies auch nie behauptet. Wahrscheinlich beginnt die Geschichte der ephesinischen Christengemeinde judenchristlich (Apg 18,26ff.; 19,32-34). Das ist für weite Teile der Asia nicht untypisch, da hier traditionellerweise eine starke Judenschaft lebte und sich dementsprechend judenchristliche Gemeinden bilden konnten. Später wird z. B. die Apk ein klares Zeichen eines judenchristlichen Standpunktes für die Asia bezeugen. Doch wird das ephesinische Haus von Priska und Aquila (1. Kor 16,19) eine heidenchristliche Gemeinde beherbergt haben, wie das auch später für das römische Haus des Ehepaares gilt (Röm 16,3-5). Heidenchristlich lebte das Ehepaar ja auch schon in Korinth, da es sich zur korinthischen heidenchristlichen Gemeinde zählte. So kann man vermuten, daß nicht erst durch Paulus in Ephesus eine heidenchristliche Gemeinde entstand. Apg 18f. gibt dafür zwei weitere Indizien: Auch Apollos, aufgrund seines korinthischen Wirkens bekannt als heidenchristlich orientierter Missionar, wenn auch seiner Herkunft nach hellenistischer Jude aus Alexandria (wenn man Apg 18,24 vertrauen darf), wirkt in Ephesus. Der andere Hinweis: Außer den typisierten Aussagen in Apg 19,8f. weiß auch die Apg nichts über einen Konflikt zwischen Paulus bzw. der christlichen Gemeinde und der Synagoge zu berichten. Das setzt wohl doch die Selbständigkeit der ephesinischen Gemeinde von der Synagoge voraus.

Ephesus paßt zu den Orten, die Paulus sich sonst zur Mission aussuchte. Die Stadt liegt an der Westküste Kleinasiens und wurde einst von Athen aus besiedelt. Seit 133 n.Chr. ist sie ins römische Reich integriert und bald Hauptstadt der römischen Provinz Asia mit Sitz des römischen Prokonsuls (der hier zumindest immer seinen Dienst antrat) und der Provinzverwaltung. Seit Augustus nimmt sie einen gewaltigen Aufschwung, ablesbar an der regen Bautätigkeit. Sie wird unangefochten zur ersten Stadt der Asia und nach Rom, Alexandria und Antiochia zur viertgrößten Stadt des Reiches – zum Leidwesen von Pergamon, das dadurch verdrängt wurde. Dies wird begünstigt durch die gute Lage: Die Stadt ist Hafenstadt am Mündungsgebiet des Kaystros. Von ihr geht zudem die alte persische Königsstraße nach Sardis ab, die – gen Osten gerichtet – über Philadelphia, Hierapolis, Apamea und dem pisidischen Antiochien bis an den Euphrat führt. Etwas südlicher verläuft die alte Karawanenstraße durch das Mäandertal und stößt vor Hierapolis auf den gerade beschriebenen Weg. Eine weitere wichtige Straße folgt in nördlicher Richtung der Küste und verläuft von Ephesus über Smyrna und Pergamon (mit einem Abzweiger nach Thyatira) nach Troas. Das sind alles Städtenamen, die in der frühen Christenheit einen guten Klang hatten (s.u.).

Aber dies allein begründet noch nicht hinreichend, daß Ephesus eine der am häufigsten genannten Städte des Altertums war. Dies liegt vor allem an einem der berühmtesten Tempel des Altertums, dessen Hüterin die Stadt war, nämlich an dem unweit der Stadt gelegenen Artemision, dem Tempel der Artemis-Diana. Sein Umfang (viermal so groß wie der Parthenon in Athen) und seine Schönheit (u.a. Apelles, Pheidias, Praxiteles und Polykletos schmückten ihn aus) ließen ihn unangefochten einen Platz unter der Zahl der sieben Weltwunder der Antike einnehmen. Er ist zugleich – für das Altertum typisch – Schatzhaus und Bank für Kleinasien und bekannte Asylstätte. Der Kult geht in die vorhellenische Zeit zurück. In der römischen Ära ist Artemis mit Diana verschmolzen. Sie ist jungfräuliche Göttin, Tochter des Zeus und Schwester des Apoll. Sie gilt als Förderin und Schützerin allen Lebens, ist Jagdgöttin, Geburtshelferin und Todesgöttin: »Groß ist die Artemis der Epheser!« (Apg 19,28.34).

Obwohl die Apg bewußt besonders ausführlich und liebevoll die paulinischen Aufenthalte in Athen und Ephesus schildert und gerade auch das typische Bild der zuletztgenannten Stadt ganz gut einfängt, läßt sie bei näherem Zusehen sehr viele Fragen offen. Wären wir auf sie allein angewiesen, wäre die paulinische Wirksamkeit in Ephesus und der Asia kaum auch nur ungefähr zu beurteilen. So muß man vor allem aus den paulinischen Briefen und sonstigen urchristlichen Schriften Hinweise sammeln, die etwas mehr und besseres Licht auf diese Zeit des Paulus werfen. Wir hatten schon gesehen (oben unter 2), daß die lukanische Skizze über die ephesinischen Anfänge des Apostels (Apg 18,18-23) einer Überprüfung nicht standhält. Als gesichert erscheinen daraus nur die Übersiedlung nach Ephesus und möglicherweise die alsbaldige Mission in Phrygien und Galatien, keinesfalls die Reise nach Jerusalem.

Während Lukas also den Apostel zunächst sehr bald nach seiner Ankunft in Ephesus eine Reise nach Jerusalem unternehmen läßt, überbrückt er die Zeit bis zur paulinischen Rückkehr mit Hilfe einer ephesinischen Lokaltradition über Apollos (18,24-28). Ihr historischer Wert ist für die Einzelheiten recht fragwürdig: Nach 1. Kor 16,12 wirken Paulus und Apollos zusammen in Ephesus, doch nach Lukas treffen sich beide nie. Wie 1. Kor 3,4-9 belegt, kommt Apollos nach Paulus in Korinth an und ist zur Zeit der Abfassung des 1. Kor bei Paulus in Ephesus. Die Abfolge der Tätigkeit Apollos ist also: erst Korinth, dann Ephesus. Die Apg setzt die umgekehrte Reihenfolge: erst Ephesus, dann Korinth als gegeben. Da Paulus in 1. Kor 1-4 Apollos selbstverständlich als christlichen Missionar anerkennt, der im heidenchristlichen Sinn in Korinth arbeitet, ist die Auskunft der Apg, er kenne – gut 20 Jahre nach der Entstehung des Christentums! – nur die Johannestaufe, absurd (Apg 18,25). Da Lukas endlich auch die Angabe, Apollos habe von Priska und Aquila christlichen Nachhilfeunterricht bekommen, aus 18,26 kombinieren konnte, ist Apg 18,24-28 wohl insgesamt historisch nicht verläßlich.

Mit 19,1 beginnt dann für Lukas der eigentliche Aufenthalt des Paulus in Ephesus. Er ist von ihm mit dem (gemäß lukanischer Typik konstruierten) Eingangsereignis besetzt, wonach Paulus etwa zwölf Jüngern des Täufers Johannes durch Handauflegung den heiligen Geist vermittelt und sie dadurch in die christliche Gemeinde eingliedert (19,1-7). Die in lukanischer Sprache geschilderte Episode ist nicht überprüfbar. Man darf wohl davon ausgehen, daß es Täufergemeinden gab, die parallel zu den Anfängen des Christentums existierten und daß dabei auch Übertritte zum Christentum vorkamen (wie nach Joh 1 Jünger des Täufers zu Jesus kommen), aber weder ist eine ephesinische Täufergemeinde nachweisbar, noch eine Begegnung des Paulus mit einer Täufergruppe sonst bezeugt.

Lukas setzt mit einer schematisch-summarischen Beschreibung der paulinischen Tätigkeit die Schilderung der ephesinischen Ereignisse fort (19,8-20). Bei Licht betrachtet, schmilzt deren historischer Wert abermals stark zusammen, denn es bleibt im Grunde nur die Zeitangabe zum ephesinischen Aufenthalt (s.o.), die Lokaltradition, Paulus habe im Lehrsaal des Tyranus den Heiden gepredigt, und der allgemeine Hinweis auf den Missionserfolg in Ephesus und der Asia (vgl. 1. Kor 16,8f.19). Vor allem die Episode von den jüdischen Beschwörern (Apg 19,13-17) kennt Paulus nur als Randfigur. Sie ist wohl einst ohne Bezug zu seiner Person erzählt worden. Auch der Sieg über die Zauberei (19,18-20), die in der Tat in Ephesus in besonderer Blüte stand, ist zu summarisch und legendenhaft übertrieben, als daß man sie historisch verwerten kann.

Nachdem Lukas dann in 19,21f. konstruktiv die nachephesinischen Ereignisse vorbereitet, stößt der Leser erst wieder mit der Legende vom Aufstand der Silberschmiede in Ephesus (18,23-40) auf vorlukanische Tradition. Die Feindschaft zwischen heidnischem Glauben und christlicher Botschaft, weil diese die geschäftlichen Erfolge jener beeinträchtigte, ist auch andernorts lukanisches Thema (Apg 16,16ff.). Im lukanischen Darstellungskonzept ist Apg 19,23ff. die typische abschließende Erzählung zum ephesinischen Aufenthalt des Paulus. In dieser Legende fängt der vorlukanische Erzähler sehr gekonnt Lokalkolorit ein, und auch Lukas wollte sich natürlich ein Ereignis mit der weltbekannten Artemis der Epheser nicht entgehen lassen. Allerdings gilt auch hier: Paulus ist nur eine Randfigur und wohl auch erst von Lukas in die Erzählung eingebracht (vgl. 19,26.30f.). Sodann sind als Gegner der Silberschmiede die Christen Gajus und Aristarch (V. 29), aber auch ein Jude namens Alexander (V. 33f.) genannt. Beide Gegnerschaften sind nicht miteinander verbunden und Konkurrenten. Wahrscheinlich erklärt sich die jüdische Mitwirkung am Aufruhr aus lukanischer Tendenz. Gerade die Juden der Asia (vgl. Apg 6,9; 21,27.29) gelten ihm als Erzfeinde der Christen. Nun konnten sie in diesem Fall für die heidnischen Silberschmiede nicht aktiv werden, aber jedenfalls sich am Aufruhr gegen die Christen so beteiligen, daß sie ihre Unschuld am Einkommensrückgang des heidnischen Devotionalienhandels betonten und die Christen als Verursacher herausstellten.

Umgekehrt gibt es jedenfalls für einen der Christen eine wichtige Notiz bei Paulus selbst: Aristarch nämlich steht nach Phlm 24 mit dem in Ephesus inhaftierten Paulus in Verbindung. So darf man vielleicht doch schließen: Die paulinische Gefangenschaft am Ende des ephesinischen Aufenthaltes kann mit einem Ereignis zu tun haben, das jetzt in Apg 19, episodenhaft und legendarisch ausgeschmückt, zur Darstellung kommt, wobei allerdings mehr als zweifelhaft ist, ob eine kleine christliche Missionsgemeinde einen so großen Erfolg über einen etablierten Kult hätte erringen können, wie Lukas vorgibt. So will die Erzählung mehr den Christen Mut machen, was ihnen alles möglich sein kann, als daß sie unmittelbar ephesinische Historie nacherzählt. Immerhin ist sachlich eine Kollision mit einem heidnischen Devotionalienhandel ein möglicher Anlaß, daß die christliche Gemeinde in Ephesus und unter ihr speziell auch Paulus in eine akute Verfolgungssituation geraten konnte. Wer auch dies der lukanischen Legende nicht entnehmen will, muß jedenfalls eine plausible Erklärung für die Erwähnung des Aristarch finden.

Überschaut man den Ertrag aus der lukanischen Darstellung, ist er in der Tat mager und recht vage. Zwar wird auch Paulus längst nicht alle Fragen an seine Wirksamkeit in der Asia beantworten, aber er stellt uns doch in Umrissen ein qualitativ und quantitativ besseres Bild zur Verfügung, das allerdings nur aus vielen kleinen Beobachtungen und zerstreuten Hinweisen zusammengestellt werden kann und bei denen manche Zusammenhänge offenbleiben müssen. Danach hat Paulus nach seiner Ankunft in Ephesus (etwa Frühjahr oder Anfang Sommer 52) zunächst mit einiger Wahrscheinlichkeit Gemeinden in Phrygien und Galatien besucht (Apg 18,23; 19,1; Gal 4,13). Dazu konnte er die Königsstraße über Sardis oder die Straße durch das Mäandertal benutzen, an dessen Weg zunächst Magnesia und Tralles lagen, zwei Orte, für die Ignatius christliche Gemeinden bezeugt. Diese zweite Route gewinnt etwas mehr an Wahrscheinlichkeit, bedenkt man, daß Paulus dann südlich vom Mäander im Lykostal die phrygische Stadt Laodizea besuchen konnte. Jedenfalls kennt nicht nur Apk 3,14-22 hier eine christliche Gemeinde. Auch ein apokrypher Laodizeabrief, der fingiert Paulus zugeschrieben wird, zeugt vom späteren Wissen, nach dem Paulus mit dieser Gemeinde zu tun hatte. Dieses Wissen geht wohl bis auf Kol 4,16 zurück. Hier fordert ein Paulusschüler die Gemeinde in Kolossä auf, ihren Paulusbrief mit dem an Laodizea gerichteten auszutauschen. Dieser Brief zeigt, wie man in Gemeinden mit paulinischer Tradition sehr bald nach dem Tod des Apostels seine Briefe zu sammeln anfing, und stützt die Annahme, daß Laodizea paulinisches Missionsgebiet war. Der Brief ist allerdings nicht erhalten. Der Vorschlag, den Philemonbrief als Laodizeabrief zu verstehen, ist nicht gut, denn er ist kein Gemeindebrief, sondern an eine Einzelperson gerichtet, als deren Wohnort zudem Laodizea nicht gesichert ist. Man wird also festhalten müssen, daß der Brief ebenso verlorenging wie z. B. der erste Brief nach Korinth (vgl. 1. Kor 5,9).

Es hätte wohl nahegelegen, daß Paulus im Lykostal noch die beiden anderen Städte, nämlich Kolossä und Hierapolis, aufsuchte. Doch beweisen Kol 1,3-9; 4,7-9.12 mit Sicherheit, daß der Apostel zumindest den Kolossern persönlich nicht bekannt war und sein Mitarbeiter Epaphras hier Mission betrieb. Nahm Paulus Epaphras von Ephesus mit und ließ ihn, selbst weiterziehend, im Lykostal wirken? Epaphras ist am Ende des ephesinischen Aufenthaltes Mitgefangener des Paulus (Phlm 23). Doch noch eine andere Spur paulinischer Mission ist zu erkennen: Philemon, dem Paulus nach unserer Kenntnis den einzigen Brief an eine Einzelperson schickt, ist wohl von Paulus zum Christentum bekehrt worden (Phlm 19). Sein Sklave Onesimus stammt aus Kolossä (Kol 4,9) und auch Archippus, der Phlm 2 neben Philemon angeredet ist, lebt zur Zeit des Kol dort (Kol 4,17). Darum kann man vermuten, daß Paulus auf dieser Reise im Lykostal Philemon bekehrte. Das konnte allerdings nicht in Kolossä selbst geschehen sein (Kol 1,3f.), wohl aber in der näheren Umgebung. Hat Paulus dann Antiochia in Pisidien, eine Missionsgründung aus seiner antiochenischen Zeit besucht (Apg 13,14ff.)? Das weiteste Ziel dieser Reise waren offensichtlich die galatischen Gemeinden, die Paulus bald nach seinem Fortgang aus Antiochia gegründet hatte (vgl. 6.1). Das beste Indiz (jedoch nicht ganz sicher) ist Gal 4,13. Der Aufenthalt muß im Unterschied zu den späteren Problemen zwischen der galatischen Gemeinde und Paulus harmonisch verlaufen sein, hat doch Paulus u.a. wohl die Gelegenheit wahrnehmen können, für seine Kollekte zugunsten der Armen in Jerusalem zu werben und Anordnungen zu treffen (vgl. 1. Kor 16,1f.; Gal 2,10; vgl. oben 2).

Danach verliert sich für eine Zeit die Spur des Apostels ganz. Die nächsten rekonstruierbaren Ereignisse sind bestimmt durch die Briefe und Gesandtschaften, die zwischen Paulus in Ephesus und den Korinthern hin- und hergehen. Diese Kommunikation nach dem paulinischen Gründungsbesuch beginnt mit einem verlorengegangenen Brief, den Paulus an die Gemeinde schreibt (»Vorbrief«, Kor A vgl. 1. Kor 5,9). Von ihm wissen wir nur durch Zufall, weil die Gemeinde eine Äußerung des Apostels mißverstanden hat. Der Versuch, ihn in Umrissen aus dem 1. Kor zu rekonstruieren, ist zwar immer wieder einmal unternommen worden, ist jedoch für den, der die Integrität des 1. Kor vertritt (vgl. 8.1), kein geeigneter Weg, über ihn etwas Näheres in Erfahrung zu bringen. Weitere Vermutungen über den Gesamtinhalt und Charakter des Briefes verbieten sich dann. Nun ist klar, Paulus hat u.a. Verhältnisprobleme der jungen Gemeinde zu den Nichtchristen besprochen. Daß dies in einer jungen Missionsgemeinde in heidnischer Umwelt schnell ein Problem wird, versteht sich von selbst. Obendrein wird vom 1. Kor belegt, daß dies gerade auch wenig später zu besonderen Anfragen der Korinther Anlaß gab. Irgendwann in dieser Zeit muß dann Apollos als bis dahin für die Gemeinde unbekannter Missionar in Korinth aufgetaucht sein und das paulinische Werk fortgesetzt haben (1. Kor 3,4-9). Da Paulus nirgends Apollos selbst unmittelbar für die sog. Parteiungen in Korinth verantwortlich macht, ja sogar trotz des ausgebrochenen Streites in Korinth in 1. Kor 16,12 in guter Weise von ihm spricht, kann er kaum selbst aktiv die Spaltungen betrieben haben. Das Parteienwesen beginnt, als Apollos schon bei Paulus in Ephesus ist.

Auch die nächsten Ereignisse kann man alle als Vorgaben und Voraussetzungen des 1. Kor verstehen: Da ist einmal die Lebensgefahr, von der der Apostel 1. Kor 15,32 spricht (vgl. oben unter 2). Zum anderen müssen die Leute der Cloë bei ihm eintreffen, die von den korinthischen Spaltungen berichten (1,11). Sodann sind Stephanas, Fortunatus und Archaikus bei ihm (16,15-17), die wohl einen Brief der Korinther mitbringen (1. Kor 7,1; 8,1; 12,1; 16,1 u.ö.), auf dessen Fragen Paulus im 1. Kor u.a. antwortet. Auch hat Paulus selbst schon Timotheus nach Korinth in Marsch gesetzt. Er wird 1. Kor 16,10f. angekündigt, nimmt also wohl den zeitraubenderen Landweg über Kleinasien und Mazedonien, während Stephanas und seine Mitreisenden den schnelleren Seeweg mit dem 1. Kor im Reisegepäck wählten. Grundlos hat Paulus den Timotheus sicher nicht geschickt: Er erhält ausdrücklich eine Autoritätsstärkung und die Gemeinde eine Mahnung, ihn in Frieden aufzunehmen. Das ist für eine Gemeinde, die Timotheus vom Gründungsaufenthalt des Paulus her gut kennt, eine deutliche Bemerkung. Sollte er aufgrund der Nachrichten durch die Leute der Cloë in bezug auf die Parteien nach dem Rechten sehen? Das würde erklären, warum er 1. Kor 4,17 schon den Korinthern angekündigt wird. Dann ist wohl Stephanas mit dem korinthischen Brief nach dem Aufbruch des Timotheus, für Paulus unvorhersehbar und überraschend, eingetroffen, so daß Paulus nun auf die schriftliche Äußerung selbst mit einem Brief antwortet und u.a. das, was Timotheus im Auftrag des Paulus mündlich vorbringen sollte, selbst schriftlich in 1. Kor 1–4 der Gemeinde erklärt.

Natürlich ist der Apostel während dieser Zeit nicht allein mit den Ereignissen in Korinth beschäftigt, sondern ist wie Apollos und eventuell mit ihm in der Asia missionarisch tätig. Die Asia darf jedenfalls als die römische Provinz bezeichnet werden, die in den ersten Jahrhunderten n.Chr. das blühendste und weitverbreitetste Christentum ihr eigen nannte. Daran war Paulus sicherlich nicht unbeteiligt. Er hat auch in der

Asia dokumentierten Erfolg, spricht er doch selbst von einer großen und wirksamen geöffneten Tür (1. Kor 16,8 f.) in bezug auf Ephesus und läßt von »den Gemeinden der Asia« Grüße ausrichten (16,19; vgl. Apg 18,24; 19,1 ff.). Weitere Indizien kommen hinzu: Nicht von ungefähr richtet ein Paulusschüler später an die ephesinische Gemeinde einen pseudepigraphischen Paulusbrief, den Eph. Die Pastoralbriefe betonen später den »Paulinismus« in Ephesus (1. Tim 1,3; 2. Tim 1,15.18; 4,19). Apk 2,1-7 deutet durch das erstplazierte ephesinische Sendschreiben die zentrale Stellung dieser Gemeinde in der Asia an. Auch Ignatius sekundiert dem und unterstreicht mit seinem Brief nach Ephesus die spätere Bedeutung der dortigen christlichen Gemeinde, die recht groß gewesen sein muß (Ign Eph 1,3). So bezeugen praktisch Paulus selbst, Lukas in der Apg, die Apk und Ignatius gemeinsam die bedeutende Rolle von Ephesus im frühen Christentum.

Darüber hinaus wird man fragen dürfen, ob nicht die eine oder andere der Städte mit einer christlichen Gemeinde, an die die Apokalypse Johannes Sendschreiben und Ignatius Briefe schicken, paulinisches Missionsziel waren oder zumindest durch einen paulinischen Mitarbeiter missioniert wurden. Dabei zeigt ein Vergleich zwischen Apk und Ignatius, daß beide uns nur je einen Ausschnitt asiatischer Gemeinden nennen, z. B. nennt die Apk nicht: Magnesia, Tralles, Troas und Kolossä. IgnTrall 12,1; Polyk 13 lassen erkennen, daß es noch mehr christliche Gemeinden in der Asia gab als die, die von Ignatius Briefe erhalten. Wo hat eventuell hier Paulus gewirkt? Leider gibt es auf solche Frage in der Regel keine sichere Antwort. Zumindest lassen sich aber einige Vermutungen anstellen. Immerhin kämpft der judenchristlich orientierte Prophet Johannes, der die Apokalypse schrieb, in den Sendschreiben an Pergamon und Thyatira (Apk 2,12-17.18-29) gegen ein Heidenchristentum, das im Umgang mit Götzenopferfleisch und in Ehefragen gegen die Minimalforderungen der Judenchristen gegenüber den Heidenchristen aus Apg 15,29 verstößt (vgl. oben 5.2; 5.3). Sieht man sich die kirchliche Landschaft an, gibt es eigentlich nur eine Auskunft: In Pergamon und Thyatira äußert sich paulinisches Christentum. Gegen dieses zieht mit judenchristlicher Position die Apk zu Felde. Erinnert die Apk auch daran, daß Paulus nach Apg 16,14 f. in Philippi die Purpurhändlerin Lydia aus Thyatira bekehrt und tauft? Hat sie als Händlerin noch mit der Handels- und Handwerksstadt Thyatira Kontakt, für die die Purpurfärberei gut bezeugt ist? Hat sie paulinisches Christentum dort bekannt gemacht? Wer von Ephesus nach Pergamon zieht, kann Smyrna nicht aus dem Wege gehen. Auch hier gibt es nach Apk 2,8 ff. eine christliche Gemeinde. Unbekannt sind die Adressaten des Jak. Aber sein Verfasser schreibt von einem hellenistisch-judenchristlichen Standort gegen einen Paulinismus seiner Zeit (Jak 2,14ff.). Wo anders ist eine solche Gesprächslage denkbar, als besonders gut in der Asia! Auf sicherem Boden sind wir im Falle von Troas. Hier hat Paulus am Schluß des ephesinischen Aufenthaltes mit positivem Erfolg gewirkt (2. Kor 2,12; Apg 20,5 f.; Ign Philad 11,2).

Die paulinische Wirksamkeit in Ephesus und der Asia wird bald erneut durch korinthische Ereignisse mitbestimmt. Timotheus scheint von Korinth nach Ephesus zurückgekommen zu sein und Paulus von dem Wirken fremder Missionare in Korinth Nachricht gebracht zu haben. Jedenfalls setzt der jetzige 2. Kor diese Situation voraus (2. Kor 3,1; 10,12-14; 11,4 usw.). Damit hat sich das Bild gegenüber dem 1. Kor verändert. Paulus muß nicht nur mit der lebendigen inneren Geschichte seiner Gemeinde fertig werden, sondern muß zusehen, wie die Kräfte der Gemeinde, die er gerade seiner Vorstellung von einer Gemeinde einbinden wollte, neuen Auftrieb erhalten, weil die Gemeinde in den neu eintreffenden Missionaren und ihrem Wirken Geist von ihrem Geist erkennt und, sich von Paulus absetzend, ausgerechnet in den Anschauungen sich bestätigt sieht, für die sie paulinische Kritik heraufbeschwor. Paulus reagiert prompt mit dem Brief Kor C (= 2. Kor 2,14-7,4, vgl. unten 8.3), den wohl Titus überbringt. Der Brief ist unter dem Eindruck geschrieben, daß Paulus den zuletzt guten Weg der Gemeinde nur zu unterstützen braucht, um den Fremdmissionaren keinen großen Einfluß zukommen zu lassen.

Aber Titus kehrt mit einem unerwarteten Mißerfolg zurück. Paulus muß über diese fatale Situation so enttäuscht und zugleich um die Gemeinde so besorgt gewesen sein, daß er einen weiteren Briefwechsel für wenig hilfreich hält und zum stärksten Mittel greift, das ihm bleibt: Er besucht Korinth improvisiert und sicherlich auch für die korinthische Gemeinde überraschend. Jedoch, was Titus widerfuhr, ist nun auch des Apostels Schicksal: Es kommt zu einem tiefen Zerwürfnis zwischen ihm und der Gemeinde, wobei sich ein Gemeindeglied besonders beleidigend gegenüber Paulus benimmt (2. Kor 2,3-5.9; 7,8-12). Dazu werden Einzelheiten von Paulus nicht angedeutet. Nur das Ergebnis ist klar: Paulus verläßt, so überraschend wie er anreiste, so schnell entschlossen die Stadt und kehrt nach Ephesus zurück. Er hatte mit vollem persönlichen Einsatz hoch gespielt und zog als Verlierer ab!

Sollte er nun die Gemeinde aufgeben? Sollte er sie wie einst Antiochia aus seinen weiteren Kontakten ausschließen und den Fremdmissionaren überlassen? Er entschließt sich zu einem weiteren Versuch, das Zerwürfnis zu bereinigen, und schreibt »aus großer Drangsal und Angst des Herzens unter vielen Tränen« (2. Kor 2,4) erneut an die Gemeinde (Brief Kor D »Tränenbrief« = 2. Kor 10–13; vgl. unten 8.3). Dieser Brief ist von hoher Emotionalität geprägt, mit harten polemischen Zügen versehen und gibt zugleich von den Leiden des Apostels wie von seiner persönlichen Frömmigkeit am meisten von allen Paulusbriefen frei. Titus (, der vielleicht auch Paulus auf dem Zwischenbesuch begleitete,) überbringt das Schreiben. Er soll offenbar danach zu Paulus nach Ephesus zurückkehren.

Doch indessen gestalten sich die Ereignisse in Ephesus für Paulus unerquicklich. Gegen Ende des Jahres 54 n.Chr. gerät die christliche Gemeinde in Ephesus wohl unter Druck. Die Apg schildert das anekdotisch mit Hilfe der Legende vom Aufstand der Silberschmiede (Apg 19,23ff.; vgl. oben unter 2.). Im zumindest mittelbaren Zusammenhang damit wird die Gefangenschaft des Apostels in Ephesus stehen (2. Kor 1,8f.; Phlm; Phil 1,12ff.; vgl. Kol 4,10.18). Paulus wird dann den Winter über in Haft gewesen sein. Timotheus sorgt für ihn (Phlm 1; Phil 1,1), auch Aristarchos (Apg 19,29 = Phlm 24) und andere Mitarbeiter aus der Asia (Phlm 24). Paulus ist nicht der einzige gefangene Christ: zumindest Epaphras sitzt mit ihm ein (Phlm 23). Dazu kann man die Angaben aus dem pseudepigraphischen Kol vergleichen (Kol 4,7-14), die leichte Variationen enthalten.

In diese Zeit der Gefangenschaft gehört der »kleine« Missionserfolg, den Paulus beim Sklaven des Philemon verbuchen kann: Onesimus, der seinem offenbar einst von Paulus zum Christen bekehrten Herrn (Phlm 19) fortgelaufen ist, kommt in Ephesus mit Paulus in Kontakt und wird – nun als Christ – zu Philemon mit einem Brief (Phlm) zurückgeschickt. Auch die treuen Philipper melden sich in diesem Winter wieder bei Paulus. Sie haben von seiner Gefangenschaft gehört und bringen durch Epaphroditos dem Apostel Gaben (Phil 4,10ff.). Dieser bedankt sich mit dem Phil A, dem »Gefangenschaftsbrief« (vgl. unten 12.3). Aus ihm erfahren wir, daß es gegen Ende der ephesinischen Gefangenschaft für den Apostel nicht gut stand, ja er um sein Leben bangen mußte (Phil 1,21-24).

Doch die Lage wendete sich nochmals zum Guten. Paulus kann nach einer (unerwarteten?) Haftentlassung fluchtartig Ephesus verlassen und sich gen Troas wenden, wo er kurze Zeit Mission betreibt, um dann nach Mazedonien aufzubrechen (2. Kor 2,12f.). In Troas erwartet der Apostel offenbar Titus, aus Korinth kommend, fand ihn aber nicht vor. Darum zog er ihm nach Mazedonien entgegen (2. Kor 2,13). Wahrscheinlich haben Priska und Aquila Paulus in Ephesus bei der Flucht geholfen. Jedenfalls macht es guten Sinn, Röm 16,3 f. auf diese letzte ephesinische Gefangenschaft des Paulus zu beziehen. Hier lobt Paulus das ihm vertraute Ehepaar, daß es für sein Leben seinem eigenen Hals hingehalten« hat. Vielleicht sagt auch Apg 20,10 f. indirekt etwas zu dieser Situation: Weil Paulus die ephesinische Gemeindeabordnung umständlicherweise anläßlich seiner Kollektenreise nach Milet kommen läßt, also doch wohl selbst Ephesus meidet, kann dies bedeuten, daß ihm in Ephesus weiterhin Gefahr droht.

Überblickt man die drei ephesinischen Jahre, so stehen am Anfang und Schluß die Kollisionen mit der Polis, dazwischen die weitgespannten missionarischen Bemühungen und die große Krise mit der korinthischen Gemeinde. Nimmt man an, daß Paulus etwa jetzt am Schluß dieses Abschnitts auch von den in Galatien eingedrungenen Judaisten hörte, denen er bald von Mazedonien aus brieflich entgegentreten wird (vgl. unten 11), dann zeigt sich, wie für Paulus in diesen Jahren Glanz und Elend eng beieinander liegen. Weil in dieser Zeit für Paulus das Rad der Geschichte relativ hektisch läuft, sollen zur Übersicht (s. S. 172/173) die Ereignisse nochmals zusammengestellt werden.

7.2 Paulinische Polemik gegen die Gefährdungen der Gemeinden

Die ephesinische Zeit des Apostels und die anschließende Reise über Mazedonien nach Korinth ist nicht zuletzt durch »die Sorge für alle Gemeinden« (2. Kor 11,28) bestimmt. Daß damit nicht nur einfach ganz allgemein die stetige apostolische Fürsorge für alle Missionsgründungen gemeint ist, sondern für Paulus akute bedrohliche Probleme in den Gemeinden anklingen, beweisen die korinthische Korrespondenz, der Gal und der Phil. Diese ersten literarischen Zeugnisse von urchristlichen, polemisch einander zugeordneten Positionen machen deutlich, daß man in der Tat von einer Doppelkrise auf dem paulinischen Missionsfeld sprechen kann. Denn wie immer man im einzelnen die Gegner des Apostels beschreibt, deutlich lassen sich zwei theologische Zentren erkennen: Die eine polemische Situation entsteht im Streit um das Gesetz und seine Geltung, die andere in der Auslegung des Geistverständnisses und der Selbstdarstellung der Missionare. Die letztere ist das korinthische Problem, die erstere ist im Gal und Phil aktuell. Diese ist die judaistische Front, jene die enthusiastische. Beide Fronten sind nach dem Urteil des

Apostels für sein Werk ähnlich lebensbedrohlich: Die korinthische Gemeinde hat er erst nach einer recht kurvenreichen und stürmischen Geschichte und nach einem dramatischen Abbruch des Dialoges wieder auf seine Seite gebracht. Die galatischen Gemeinden hat er wohl verloren.

Die judaistische Front (vgl. ausführlich unten 10.2), erkennbar an der Beschneidungsforderung gegenüber Heidenchristen und der Konsequenz neuer Gesetzlichkeit, ist ein Verrat am Apostelkonvent (vgl. 5.2). Paulus kann hier subjektiv aus einer Position der Stärke heraus, die sich auf diesen gesamtkirchlichen Konsens gründet, argumentieren, indem er heidenchristlich gegründete Gemeinden vor dem Anachronismus zu bewahren versucht, in die Lebensweise einer innerjüdischen Sondergruppe zurückzufallen. Objektiv steht die Lage für Paulus schlechter, denn die Judaisten haben im Judenchristentum und nicht zuletzt in Jerusalem selbst, dem Ort des Apostelkonvents, offenbar starken Rückhalt. Man schert sich in diesen Kreisen um den Konventsbeschluß wenig. Paulus kann nicht einfach die Jerusalemer von damals bitten, die Judaisten um der Einheit der Kirche willen zur Einhaltung des Konventsbeschlusses aufzufordern. Eine Einheit der Kirche gibt es nur in der Synagoge, sonst nicht – das ist ihre These. So muß sich Paulus trotz des Konventsbeschlusses doch allein dieser Gegner erwehren. Diese judaistische Gefahr entsteht nicht auf dem paulinischen Missionsfeld selbst. Sie ist hier Import. Die judaistischen Missionare kommen von außerhalb der paulinischen Arbeitsfelder, reisen gleichsam der paulinischen gesetzesfreien Mission hinterher und setzen von Kleinasien aus sogar nach Europa über (Phil B).

Die enthusiastische Gefahr ist vor allem eine ungewollte Folge der paulinischen Mission selbst (vgl. näher unten 8.2; 8.4). Paulus will, daß der Geist sich in seinen Gemeinden frei entfalten kann (1. Thess 5,19; Gal 3,1-5) und die christliche Freiheit gedeiht. Nun aber kommen die ehemaligen Heiden Korinths und verbinden dieses Anliegen mit Anschauungen und Verhaltensweisen, die sie noch aus ihrer religiös-kulturellen Sozialisation vor der Taufe kannten. Sie erkennen Geist von ihrem Geist, als dann Fremdmissionare eintreffen, die nach des Paulus Meinung nun alles noch schlimmer machen. So ist die Situation des Paulus etwas delikater und komplizierter: Er muß »ja, aber« sagen; Geist und Freiheit erhalten, aber Wesen und Grenzen christlichen Selbstverständnisses durch die Kreuzestheologie und die Bindung der Freiheit an die Liebe gegenüber den Enthusiasten neu bestimmen.

So droht auf der einen Seite, christliche Freiheit vom Gesetz verschluckt zu werden, auf der anderen Seite scheint sie Selbstauflösungs-

Wahrscheinlicher Ablauf der ephesinischen Ereignisse

Nr.	Ereignis	Bemerkungen	ungefähre Zeit
1	Abschluß des Gründungsbesuches in Korinth: Seereise mit Silas und Timotheus sowie mit Priska und Aquila nach Ephesus	Apg 18,18f; 1. Kor 16,19b	Frühjahr/ Sommer 52
2	Besuch der Gemeinden in Phrygien und Galatien (2. galatischer Besuch); Mission u.a. im Lykostal, auch durch Epaphras	Apg 18,23; 19,1; Gal 4,13; Phlm 19.23; geschah vor 1. Kor 16,1f	Sommer 52
3	Brief A nach Korinth:»Vorbrief«	1. Kor 5,9; vor Nr. 5	52
4	Apollos in Korinth	1. Kor 3,4–9	52/53
5	Lebensgefahr des Paulus in Ephesus	1. Kor 15,32	52/53
6	Apollos bei Paulus in Ephesus. (Gemeinsame?) Mission in der Asia	1. Kor 16,12; Apg 18,24ff; 19,1ff vgl. Nr. 3	53
7	Die Leute der Cloë aus Korinth bei Paulus	1. Kor 1,11	Frühjahr 52
8	Stephanas, Fortunatus und Archaikus aus Korinth bei Paulus. Sie bringen Brief der Korinther an Paulus mit.	1. Kor 16,15–17 1. Kor 7,1; 8,1; 12,1; 16,1 u. ö.	Frühjahr 54
9	Timotheus nach Korinth unterwegs	1. Kor. 4,17; 16,10f	Frühjahr 54
10	Brief B nach Korinth (Überbringer Stephanas usw.?)	= 1. Kor; im mäßigen Abstand nach Nr. 5; vor »Pfingsten« 1. Kor. 16,8	Frühjahr 54
11	Erfolgreiche Mission in der Asia	1. Kor. 16,8f; 19; Apg 19,10; Phlm vgl. Eph; Kol; Past	52–54
12	Fremdmissionare (»Überapostel«) in Korinth	2. Kor. 3,1; 10,12–14; 11,4	Sommer 54
13	Kollekte in Korinth kommt zum Erliegen	2. Kor. 8,10; 9,2	54/55

Nr.	Ereignis	Bemerkungen	ungefähre Zeit
14	Timotheus kommt zurück und bringt Nachrichten über Nr. 12	Nachricht in Nr. 15 vorausgesetzt vgl. Nr. 20	Sommer 54
15	Brief C nach Korinth. Überbringer Titus	= 2. Kor. 2,14–7,4	Sommer 54
16	Mißerfolg des Titus in Korinth. Titus kehrt zu Paulus zurück	vorausgesetzt in Nr. 17	Herbst 54
17	Zwischenbesuch in Korinth (2. Besuch); Zerwürfnis mit einem Gemeindeglied; überstürzte Abreise	2. Kor. 2,3f.9; 7,8–12	Herbst 54
18	Brief D nach Korinth = »Vierkapitelbrief« = »Tränenbrief«; Überbringer Titus	= 2. Kor. 10–13 vgl. 2. Kor. 2,4; 12,18; geschrieben sehr bald nach Nr. 17	Spätherbst 54
19	»Aufstand« des Silberschmieds Demetrius	Apg 19,23ff: Ereignis, das zu Nr. 20 führt (Apg 19,29 = Phlm 24)?	Ende 54
20	Längere Gefangenschaft mit Todesgefahr am Schluß. Timotheus bei Paulus	2. Kor. 1,8f; Phlm; Phil 1,12ff Phil 1,1; Phlm 1	Winter 54/55
21	Onesimus beim gefangenen Paulus. Phlm; Überbringer Onesimus	Phlm 10–13; Paulus ist schon längere Zeit in Haft: Phlm 9–13; hofft auf baldige Freiheit Phlm 22	Winter 54/55
22	Philippi erfährt von paulinischer Gefangenschaft, schickt Epaphroditos mit Gaben.	Phil 2,25; 4,10ff; Todesgefahr für Paulus: Phil 1,21–24 (vgl. 2. Kor. 1,8f)	Winter 54/55
	Brief A nach Philippi = »Gefangenschaftsbrief«; Überbringer Epaphroditos	= Phil 1,1–3,1; 4,1–7.10–23	
23	Judaisten missionieren in Galatien	Gal 1,6–9; 3,1–5; 4,8–11.17–20; 6,12–16	Winter 54/55
24	Haftentlassung, fluchtartiger Aufbruch nach Troas, Weiterreise nach Mazedonien	2. Kor. 2,12ff	Frühjahr 55

symptome zu zeitigen. Paulus muß gegen beide Fronten unmittelbar
nacheinander kämpfen. Die Art und Weise, wie Paulus diesen Doppel-
kampf aufnimmt, ist praktisch dieselbe. Wie er das tut, ist nicht zuletzt
darum zu wissen wichtig, weil man nur so die Bedingungen beachten
kann, unter denen uns überhaupt paulinische Gegner bekannt sind. Zugleich werden Aspekte seiner Person und seines Umgangs mit den Gemeinden sichtbar. Die inhaltliche Auseinandersetzung mit den Problemen
soll demgegenüber zurückgestellt werden, bis die entsprechende Korrespondenz selbst behandelt wird (vgl. unten 8.3; 8.4; 10.2; 11; 12.4).

Zunächst ist deutlich, daß Paulus die in Galatien oder Korinth eingedrungenen Missionare wohl nicht oder nur flüchtig aus eigener Anschauung kennt. Er weiß um die judaistische Front in relativ guten Umrissen
von der Analogie des Konvents her (vgl. oben 5.2). Daß die damaligen
Gegner dieselben in Galatien sind, ist mit nichts angezeigt. Die korinthischen Gegner kann er zur Zeit des Kor C (vgl. unten 8.4) nicht kennen.
Er könnte diese Gegner anläßlich seines Zwischenbesuches (vgl. unten
7.1) kurz gesehen haben, also etwas unmittelbarer über sie informiert
gewesen sein, als er Kor D (vgl. unten 8.5) schrieb. Aber er weiß über alle
Gegner offenbar das Aktuelle und Konkrete nur vom Hörensagen, also
über Dritte, weil er, als er Kor C, Kor D und Gal schreibt, weder in
Korinth noch in Galatien weilt. Die Auskünfte, die über seine Mitarbeiter
oder eventuell auch über ihm ergebene Gemeindeglieder zu ihm gelangen, sind jedoch längst positionell gefärbt und ausgewählt. Dies gilt dann
erst recht vom Umgang des Paulus mit diesen Nachrichten. Auch muß er
den Gemeinden nicht beschreiben, was bei ihnen vor sich geht. Das
wissen sie in der Regel natürlich besser als Paulus selbst. So setzen seine
Briefe mehr voraus, als sie informativ mitteilen. Jedoch auch dort, wo
Paulus einmal als direkter Zeuge eines Streites später selbst über das
Ereignis anderen berichtet wie in Gal 2,11-21 vom Petrusbesuch in Antiochia, schildert er die gegnerische Seite sofort nur ausgewählt und autoritativ abwertend. Sie erhält nur ganz begrenzt das Wort, während sein
eigener Standpunkt diskursiv und breit zur Geltung kommt und natürlich
unwidersprochen am Schluß steht.

So ist offenkundig: Paulus will gar nicht dem Gegner gerecht werden,
denn seine Auseinandersetzung ist ganz selbstverständlich tief verwurzelt
in der Gegnerbekämpfung der damaligen Zeit. Sie ist zutiefst von apologetischer Parteilichkeit bestimmt. D.h. man wirbt nicht um Verständnis
für die verschiedenen Standpunkte, erörtert das Für und Wider der Positionen und zieht dann aus solcher differenzierenden Darlegung den
Schluß: So sicher der andere auch positive Gesichtspunkte für sich anfüh-

ren kann, ist der eigene Standpunkt trotz einer gewissen Nachbesserungsmöglichkeit der solidere. Darum soll man aus Einsicht diesem besseren Weg folgen. Also weit gefehlt, wenigstens ansatzweise einen herrschaftsfreien Dialog zu führen, hält man die eigene Sache selbstverständlich für die einzig wahre. Das Anliegen der Gegner ist natürlich falsch (vgl. z. B. 2. Kor 10,12f.; Gal 1,6-9; 3,1-5; 5,7f.). Man selbst muß sich nicht korrigieren, sondern war von Anfang an und immer auf der richtigen Seite (z. B. Gal 1f.). Der Gegner hingegen soll abschwören, die Gemeinde muß sich wieder ganz auf die richtige Seite stellen (z. B. 2. Kor 2,9; 10,6; 13,9f.; Gal 3-5). Es gibt also in solchem polemischen Streit nur ein Entweder-Oder. Ausgleichsmöglichkeiten und Kompromisse sind ausgeschlossen. In solcher apologetisch-parteilichen Gesprächslage kann es darum das Hören der anderen Seite oder ein einfühlsames Eingehen auf die eigentlichen Motive, Begründungen und Hintergründe des Gegners nicht geben. Sein Selbstverständnis oder seine tieferen Absichten sind bedeutungslos. Ein wirkliches inhaltliches Abwägen seines Standpunktes bleibt unerwünscht. Weil er längst verurteilt ist, bevor Paulus zur polemischen Feder greift, wäre es strategisch töricht, ihn noch ausführlich zu Wort kommen zu lassen, ihn abwägend zu würdigen oder gar eigene Schwächen zuzugestehen.

Weiter wird in solcher Polemik nicht zwischen einer Person und ihrer Sache getrennt. Vielmehr muß der, der außerhalb der Wahrheit steht, auch persönlich Lügner, Scharlatan, Wichtigtuer, Unruhestifter usw. sein, aus unlauteren und ehrlosen Beweggründen handeln und kann nur niedere Motive haben: »Falsche« Lehre kann man nur vertreten, wenn man selbst »falsch« ist (vgl. z. B. 1. Kor 4,18f.; 2. Kor 11,3.13-15; Gal 2, 11.13; 4,17; 5,12f.; Phil 3,15-19 usw.). Wie einerseits ein Feind einen schlechten Charakter und Lebenswandel haben muß, so ist andererseits natürlich der Vertreter der Wahrheit eine integre Person, ist unschuldig, ehrlich, lauter und ohne Fehl (vgl. 1. Kor 1,14-17; 4,1-5; 2. Kor 1,12.18; 4,2; 10,12.15 usw.). Zugleich wird dem Gegner eine heilvolle Zukunft durch Verfluchung abgesprochen (Gal 1,6-9) oder sein Unheil vorausgesagt (2. Kor 2,15; 1. Thess 2,16). Man selbst weiß sich gegenüber dem göttlichen Gericht in guter Position (1. Kor 3,10; 4,4). Desgleichen sind Ursprung und Herkunft der Gegner natürlich von satanischen Mächten bestimmt (2. Kor 11,14), die eigene Position demgegenüber von Gott (2. Kor 2,17). Solche Verbindung zwischen Person und Sache soll natürlich den Gegner treffen, seinen Anklang bei anderen schwächen, ihn von vornherein ins schlechte Licht setzen. Sie soll positiv den Vertreter der Wahrheit mit weißer Weste zeigen, damit sein Anliegen ankommt. Auch dieser Grundzug bestätigt, in der polemischen Situation kann es nur Sieger und Besiegte geben – und diese Antithese wird bis ins Endgericht verlängert (vgl. 1. Thess 2,16; Gal 1,8f.; Phil 3,19; Röm 16,20).

Die literarische Konfliktbewältigung folgt typischen Strategien: Die gegnerische Position wird in bewußter Auswahl angedeutet, gelangt also nur atomisiert zur Darstellung, indem Schlagworte, Parolen, indirekte Anspielungen oder Kurzzitate als Kennzeichnung für ausreichend empfunden werden (z.B. 1. Kor 1,12; 6,12; 8,1; Gal 6,12f.; 1. Thess 5,3 usw.). Nicht genug, daß diese ihres sinnstiftenden Zusammenhanges entrissen, also als Exponenten einer Gesamtanschauung bewußt vernachlässigt sind, sie werden obendrein auch sofort negativ beurteilt, im gleichen Atemzug korrigiert oder schlicht abgelehnt. Sie sind also zur angedeuteten dunklen Folie herabgestuft, auf deren Hintergrund die wahre eigene Position ausführlich und breit zur Darstellung gelangt. Beliebt ist in solchem Zusammenhang der Polemik das Mittel der Ironie (2. Kor 10–13) und des Sarkasmus (2. Kor 11,16-21; Gal 5,12). Mit rhetorischen Suggestivfragen wird für den eigenen Standpunkt geworben, als wäre es das selbstverständlichste auf der Welt, daß bei ihm alles Recht liegt (z.B. 1. Kor 5,6; 6,2f.5.15f.; 9,4ff.; 11,22; 2. Kor 11,7; Gal 4,8f.). Man baut glatte Alternativen auf wie gut und böse, Weisheit und Torheit (Röm 16,19; 1. Kor 1–2), Wahrheit und Heuchelei (Gal 2,11-14). Oder man bildet positive Worte verunglimpfend um, die nun negativ einfangen, was die Gegner positiv vertreten. So verstanden sich die Missionare aus 2. Kor 10–13 wohl als geistbegabte Apostel. Paulus formuliert – rhetorisch nicht ungeschickt – flugs, es sind »Überapostel« (2. Kor 11,5; 12,11), um auf diese Weise sofort sein Werturteil kundzutun. Die Neubildung muß er natürlich auch gleich mehrfach anbringen. Wiederholte Urteile prägen sich fester ein. Ebenso überzeugen die Judaisten die Galater natürlich nicht, sondern »behexen« sie (Gal 3,1). Man lehnt Verhaltensweisen des Gegners grundsätzlich ab, gerade auch, wenn man sie in veränderter Weise selbst praktiziert. So stellt sich Paulus als Feind der Rednerkunst dar, weil die Gegner darin glänzen (Röm 16,18; 1. Kor 2,1ff.), benutzt aber sehr gezielt rhetorische Mittel wie Elemente der Gerichtsrede oder der sog. Diatribe, um seinen Standpunkt ins rechte Licht zu setzen. Eigene Schwächen werden zu Stärken umgedeutet (1. Kor 2; 2. Kor 11,16ff.). Stärken des Gegners wie den Umgang mit charismatischen Erfahrungen hat man selbst, nur man redete bisher nicht davon (2. Kor 10–13). Der Gemeinde wird deutlich gemacht, daß Paulus nur ihr Wohl will, sie vor Spaltung und Zerstörung bewahrt, also ihr wohlverstandenes Eigeninteresse vertritt (Röm 16,17; 1. Kor 1,10ff.; 11,18;

14,1 ff. usw.). Überhaupt weiß Paulus immer seine Position eingeordnet in »höhere Interessen«, die er ab und an auch später der Gemeinde nennt, damit sie wenigstens nachträglich größere Zusammenhänge durchschaut und einsieht, was die richtige Seite ist (vgl. 1. Kor 2,6 ff.; 2. Kor 2,9 f.; 7,8-13). Insgesamt vertritt er im Konfliktfall relativ autoritativ die Seite der Wahrheit, selbst wenn nicht immer so kraß wie 1. Kor 5,3-5.

Weiter gilt es, die literarisch-rhetorischen Mittel zu beachten, mit denen Paulus arbeitet: Neuerdings ist von verschiedener Seite mit gutem Erfolg untersucht worden, wie Paulus in 1. Kor 1–4; 15; 2. Kor 10–13; Gal die antike Rhetorik in Gestalt der Verteidigungsrede vor Gericht zumindest teilweise benutzt, um seine Position zu stützen. Heute wie damals ist solche Apologie kein neutrales Darstellungsinstrumentarium. Im Gegenteil: Hier werden absichtlich rhetorische Mittel in den Dienst einer Sache gestellt. Nicht die Beschreibung objektiver Wahrheit, sondern die Werbung für einen Standpunkt und sein endgültiger Sieg sind das Ziel. Die Apologie ist in Rede umgesetzte Lehre von der Verteidigungsstrategie, will mit allen Mitteln nur eines, daß die vorgetragene Position gewinnt. Sie ist kein Dialog mit dem Ziel der Wahrheitssuche, sondern Instrument, den Gegner in die Knie zu zwingen. Im übrigen ist sie bei Paulus auch immer so angelegt, daß der Apostel seine Gegner keines direkten Wortes würdigt. Er redet immer nur zu seinen Gemeinden über die Gegner. Der Kampf geht also um die direkte Gewinnung der Gemeinde durch Abtrennung von den Gegnern, um die sich Paulus selbst gar nicht weiter kümmert. Paulus ist also nie von der allgemeinen und umfassenden Frage geleitet: Wie bekommt man alle christlichen Strömungen zu einem Dialog an einen Konferenztisch? Sondern er fragt begrenzt und speziell: Wie erhalte ich meine Gemeindegründungen so unter dem Evangelium, wie ich es verstehe?

Ein anderes literarisches Mittel ist die Möglichkeit, die Individualität der Gegner oder ihrer Position so zu verallgemeinern, daß sie sich überindividueller Typik zuordnen lassen, also durch Typik und übliche Klassifizierung gekennzeichnet werden können. Wie man usuelle und aktuelle Paränese unterscheiden kann, muß man also auch traditionelle Topoi und aktuelle Polemik in der Bekämpfung anderer Positionen voneinander abheben. Jedenfalls vorwiegend typisch, und also usuell, ist offenbar eine Polemik wie die in Röm 16,17-20, denn die Gemeinde selbst wird ja ausdrücklich gelobt (V. 19), und es ist keine unmittelbar aktuelle Situation aufgrund des Röm ausfindig zu machen, die Anlaß dieser Verse sein könnte. Anders steht es z.B. mit 1. Kor 11,18 f.: Hier ist der aktuelle Anlaß vom Kontext her offenkundig (Mißstände beim Herrenmahl), jedoch benutzt Paulus trotzdem eine Tradition, um einen größeren Zusammenhang aufzuweisen, also eine Verallgemeinerung vorzunehmen. Auch fällt auf, daß Paulus sich nicht etwa nur im korinthischen Parteienstreit (1. Kor 1–4) von der Rhetorik anderer abgrenzt (2,4.13), sondern dies auch sonst tut (z. B. 1. Thess 2,4-6; 2. Kor 10,10f.; 11,6; vgl. auch Röm 16,18). Mag in Korinth an diesem Aspekt des Streites auch ein Stück Aktualität hängen, in jedem Fall äußert Paulus offenbar auch eine typische Grundhaltung.

Endlich ist ein wenig beachtetes Feld der paulinischen Polemik ihre Emotionalität. Im tiefen Innern ist Paulus immer auch eifersüchtig, wenn fremde Arbeiter in den von ihm gegründeten Gemeinden auftreten, sollen doch die Gemeinden einst sein Ruhm sein, wenn er im Endgericht vor seinen Herrn tritt. Diesen Ruhm sollen ihm nicht andere wegnehmen (vgl. z. B. 1. Kor 3,1-17; Gal 1,16; 3,1-5; 4,12-20; 1. Thess 2,1.9-12.19f.). Im Streit mit den Überaposteln schreibt er den Korinthern ins Stammbuch: »Ich liebe euch mit der Eifersucht Gottes…« (2. Kor 11,2). Den Judaisten unterstellt er Eiferei, um sie abzuqualifizieren (Gal 4,17f.). So ist das Spannungsfeld von seiner Mission und der Fremdmission offenbar auch mit der Kategorie der Eifersucht besetzt. Solche Position muß natürlich bei allem Recht, das Paulus zugestanden sein soll, zu emotional geleiteten Zuspitzungen, Übertreibungen und Verstehensschwierigkeiten führen. Ist nicht auch die kompromißlose Verfluchung der Gegner in Gal 1,6-9 eingebettet in die emotionale Werbung um die Gemeinde (4,12-20) und die ebenso emotional geladene Beurteilung der Gegner (6,11-16)? Wie Paulus seine Emotion auch direkt benennen kann (z. B. Freude: 2. Kor 7,4.9; Liebe: 2,4; Zuneigung: 6,11-13; 7,3; Vertrauen: 7,4; oder aber: Stolz: 7,4; Ratlosigkeit: Gal 4,20; Herzensnot mit Tränen: 2. Kor 2,4), so wirbt er auch bei der Gemeinde um positive Gefühle (z. B. 6,11-13; 7,5-16). Wer eine falsche Position vertritt, muß sich umgekehrt schämen (1. Kor 6,5) und soll Trauerarbeit leisten (5,2). Also ist auch hier die menschliche Dimension der Gefühle deutlich im Spiel. Sie wird Standort und Sprache mitfärben. Man kann wohl sogar sagen: Je näher die gegnerische Front beim Apostel steht und je weniger ein Gesichtspunkt ihrer vertretenen Sache als solcher sich schon von der paulinischen Position unterscheidet, desto emotional geladener wird seine Polemik (2. Kor.).

Endlich gibt es für die Austragung solcher polemischen Fehden auch eine Art Komment: Dazu gehört offenbar ein schon eben in anderem Zusammenhang notiertes Phänomen: Im Verlauf eines Streites redet Paulus keinen Gegner direkt an. Es gibt keinen Briefabschnitt oder gesonderten Brief an Gegner. Es wird immer nur über sie zur Gemeinde geredet. Diese soll überzeugt werden, nicht die Gegner selbst. Ein anderes Element dieses Komments ist folgendes: Wo das Entweder-Oder so hochstilisiert, wo die Diastase zwischen Wahrheit und Lüge so extrem ausgezogen wird – und das natürlich auf beiden Seiten –, da gibt es in der Regel nur zwei Ausgänge des Streites: Unterwerfung oder Abbruch der Beziehungen. In Korinth hat sich Paulus am Schluß durchsetzen können, die Gemeinde sich gefügt. In Antiochia hat Paulus gegenüber Petrus, Barnabas und der Gemeinde wohl das Nachsehen gehabt (vgl. oben 5.3). Er verließ als »Verlierer« – im Bewußtsein, dennoch Wahrheitsträger zu sein – die Gemeinde und brach offenbar alle weiteren Verbindungen zu ihr ab. Ähnlich hat er wohl in Galatien die Gemeinden verloren.

Überblickt man diese Panoramaskizze paulinischer Polemik, wird man vor einer Würdigung nochmals festhalten müssen: Im Prinzip sind die eingesetzten Mittel nicht neu. Schon wer z. B. nur Ciceros Reden gegen Catilina liest, wird darin das meiste wiederfinden. Paulus ist hierin also deutlich auch ein Kind seiner Zeit. Die erste Konsequenz wird sodann sein müssen, daß man mit der Rekonstruktion von Gegnern und bekämpften Positionen Zurückhaltung üben muß. Die Filter, durch die der Polemiker Paulus uns seine Gegner sehen läßt, sind wenig lichtdurchlässig, verzerren und färben ein. So nimmt es nicht wunder, wenn nur wenig wirklich Sicheres von der Frontstellung auf der Gegenseite als Basis für eine Rekonstruktion zur Verfügung steht. Die paulinische Polemik öffnet jedenfalls insgesamt mehr den Blick für die Akzentuierung der paulinischen Meinung, als daß sie gegnerische Konzeptionen freigibt. Dennoch wird man, die Hypothetik behutsam kalkulierend, nicht ganz auf die Darstellung der Gegner verzichten müssen. Allerdings muß vieles einfach ehrlicherweise offenbleiben, wo bisher die rekonstruierende Vernunft zupackender war. Die paulinische Polemik ist zugleich auch Spiegel seiner selbst. Sie zeigt einen zeitgebundenen und recht menschlichen Apostel, der es ungewollt mit dieser Art der Polemik doch wohl sich selbst, seinen Gemeinden und Gegnern auch schwergemacht hat.

7.3 Die Gefahren an Leib und Leben

Die Zeit in Ephesus ist für Paulus eingangs und ausgangs durch Konflikte mit den städtischen Behörden geprägt, die bis zur akuten Lebensbedrohung gehen. In der Regel nehmen die Paulusinterpreten dies zur Kenntnis und behandeln die paulinischen Angaben zu seinem Leiden als Teilaspekt, wie Paulus seine Existenz innerhalb seiner Kreuzestheologie einordnet. Mag dies ein wichtiger Gesichtspunkt der paulinischen Theologie sein (vgl. dazu auch 8.5), so sind doch die Gefährdungen des Paulus an Leib und Leben qualitativ und quantitativ so groß, daß sie zunächst auch in ihrer Faktizität historisch Beachtung erfordern. Natürlich ist ebenso von anderen Personen des Urchristentums das Märtyrertum bezeugt (z.B. von Stephanus, Jakobus und Petrus). Paulus sitzt nicht allein als Christ im Gefängnis, wie nicht zuletzt die Gefangenschaft am Schluß der ephesinischen Periode zeigt (vgl. 7.1) und die Apg legendarisch, aber wohl nicht untypisch für die Apostel berichtet (Apg 4,2f.; 5,17f.; 12,1ff.). Verfolgt wurden ebenso die Hellenisten in Jerusalem (Apg 8,1; 11,19), und Paulus selbst hat in Damaskus die christliche Gemeinde zu vernichten versucht (vgl. oben 4.3). In 1. Thess 2,13ff. berichtet Paulus von der Verfolgung der Jerusalemer Urgemeinde und der Gemeinde in Thessaloniki. Doch was immer man im einzelnen noch aufzählen mag, und wie immer man dabei die Kargheit unserer Überlieferung aus dieser Zeit in Rechnung stellt, es kann kein Zweifel darüber bestehen, daß der Apostel auffällig oft und besonders schweren Verfolgungen ausgesetzt war. Wenn er sich auch 2. Kor 11,23 mit seinen Gegnern auseinandersetzt, also polemisch zugespitzt redet, so sprechen die Ausführungen doch auch dann noch eine deutliche Sprache: »In Mühsalen viel reichlicher, in Gefängnissen viel reichlicher, in Schlägen überreichlich, in Todesgefahren oftmals«, so unterscheidet er sich von den Überaposteln (vgl. 2. Kor 11,5). Ja, er kann davon sprechen, daß seine Kräfte angesichts übermäßiger Not ganz erschöpft waren, so daß er an seinem irdischen Leben schon verzweifelt war (2. Kor 1,8-10).

Paulus hat in der Regel über seine überstandenen Notsituationen nicht viel geredet. Wie er über seine pharisäische Zeit und seine Verfolgung der Christen nur typisiert weniges zur theologischen Bedeutung seiner Berufung heranzieht (vgl. oben 4.3), so besteht für ihn auch an dieser leidvollen Seite seiner missionarischen Existenz kein biographisches Interesse. Er verbirgt die konkrete Biographie hinter katalogartigen und typisierten Reihungen (vgl. Röm 8,35; 1. Kor 4,9-13; 2. Kor 4,7-9; 6,4-10; 11,23-33; 12,10), die der ehemalige hellenistische Jude als stilistische Mischung aus den Bereichen der Apokalyptik und Popularphilosophie der Form und zum Teil der Begrifflichkeit nach kennt. Noch ein anderer Vergleich liegt nahe: Wie Paulus nur nebenbei von seiner großen glossolalischen Begabung (1. Kor 14,18) redet und nur als »Narr in Christus« seine persönlichen Offenbarungserfahrungen (2. Kor 12,1 ff.) preisgibt, so kann er auch einmal die persönlichen Leidenserfahrungen innerhalb einer typisch strukturierten Form so einzeichnen, daß sie doch relativ konkret und biographisch sind. Das geschieht innerhalb derselben Narrenrede, in der er von seinen Offenbarungen spricht, nämlich in 2. Kor 11,23-33. Anhand dieses Textes lassen sich auch die anderen Peristasenkataloge und Einzelangaben wie 1. Kor 15,30f. auf ihre lebensgeschichtliche Relevanz hin befragen.

Der Kernbereich dieser Aufzählung aus 2. Kor 11 lautet:

I.

V. 23 »In *Mühsalen* viel reichlicher (als die Überapostel);
in Gefängnissen viel reichlicher.
In Schlägen viel reichlicher;
in Todesgefahren oftmals.

V. 24 Von den Juden erhielt ich fünfmal die Vierzig weniger einen (Schlag).

V. 25 Dreimal wurde ich ausgepeitscht;
einmal wurde ich gesteinigt;
dreimal erlitt ich Schiffbruch;
einen vollen Tag brachte ich über der Meerestiefe zu.

II.

V. 26 Durch *Reisen* (erwies ich mich) häufig (als Diener Christi):
durch Gefahren der Flüsse,
durch Gefahren der Räuber,
durch Gefahren von meinem Volk,
durch Gefahren von den (anderen) Völkern,
durch Gefahren in der Stadt,
durch Gefahren in unbewohnter Gegend,
durch Gefahren auf dem Meer,
durch Gefahren unter Falschbrüdern.

III.

V. 27 In *Mühsal* und Drangsal,
in Nachtwachen oftmals.
In Hunger und Durst,
in Fasten oftmals.
In Kälte und Blöße . . .«

Der Text hat deutlich drei Teile: Er beginnt mit den Mühsalen durch Synagoge und Polis, schildert dann die Reisegefahren und kommt letztlich auf die Mühsal (dasselbe Stichwort wie eingangs des ersten Teils) aufgrund der Störung vitaler Lebensbedingungen zu sprechen. Allerdings ist diese Systematik, so klar sie durch die sprachliche Struktur angezeigt ist, inhaltlich nicht ganz durchgehalten. Zum Stichwort »Todesgefahren« stellt Paulus z.B. V. 25b auch die auf Reisen erfahrenen, die eigentlich in den zweiten Teil gehörten. In ihm steht ebenfalls nochmals der Gegensatz zwischen dem Volk Israel und den Völkern als Gefahrenbereich. Er bestimmte jedoch schon V. 23. Die Mühsale des dritten Teils wird man sich wohl auch schon jedenfalls zum Teil in den vorher aufgezählten enthalten denken. Paulus will nicht statistisch eine Addition seiner Leiden zusammenstellen, sondern unter verschiedenen Gesichtspunkten sein Leben als ein Leiden qualifizieren. So können einzelne Erfahrungen durchaus mehrfach als Beispiele dienen.

Weiter zeigen sich bestimmte paarige Ordnungsprinzipien, die typisch sind, wie z.B. Flüsse – Räuber, Stadt – unbewohnte Gegend, (das unberechenbare, heimtückische) Meer – Falschbrüder, Kälte – Blöße. Ebenso – nur seltener – stehen typische Dreierketten: Gefängnis – Schläge – Todesgefahr, Hunger – Durst – Fasten. Auch der Satzbau (z.B. Anfänge, Abschlüsse, Reihung und Zahl der Worte) ist bewußt stereotyp gehalten. Man sieht daran, wie Paulus hinter der Form die biographische Vielfalt verbirgt. Denn daran kann nun vom Kontext her und nicht zuletzt wegen V. 24f. kein Zweifel sein: Paulus kann diese Mühsale und Gefahren alle mit seinem bisherigen Leben zur Deckung bringen. Er übertreibt nicht.

Will man diese Lebenswirklichkeit näher bestimmen, hat man davon auszugehen, daß Paulus in dem Peristasenkatalog seine apostolische Existenz bis zum Zeitpunkt der Abfassung von 2. Kor 12 beschreibt, d.h. die Leiden beziehen sich auf die Zeit von der Berufung (32 n.Chr.) bis zur Abfassung der Apologie (etwa Spätherbst 54 n.Chr.), umfassen also gut 20 Jahre. Nach dieser Zeit gäbe es reichlich Gelegenheit, die Liste zu ergänzen: Die ephesinische Gefangenschaft mit Todesgefahr folgt auf dem Fuß (vgl. 7.1). Bekannt sind sodann die Gefangennahme in Jerusalem und der lange Weg, bis Paulus als Gefangener in Rom ankommt. In Rom ist die Enthauptung sein Schicksal (vgl. unten 15.3). So nimmt es nicht wunder, wenn Paulus auch sonst die ständige Todesnähe als seine Erfahrung angibt: »Gott hat uns Apostel als die Letzten hingestellt, wie zum Tode Verurteilte, sind wir doch ein Schauspiel der Welt, den Engeln und Menschen geworden« (1. Kor 4,9). Oder er redet von sich im apostolischen Plural unter Verwendung von Ps 118,18: »Als die Sterbenden –

und siehe, wir leben; als die Gezüchtigten – und doch nicht getötet«
(2. Kor 6,9). Auch der Katalog Röm 8,35 f. endet nach der Aufzählung
der Peristasen mit einem Zitat aus Ps 44,23 : »Wie geschrieben steht: ›Um
deinetwillen werden wir den ganzen Tag getötet, sind wir wie Schlacht-
schafe geachtet.‹« Endlich begegnet 2. Kor 4,10 die christologische Aussage: »Alle Zeit tragen wir das Sterben Jesu am Leib herum«, nachdem
das die irdische Existenz Aufreibende katalogartig beschrieben wurde.

Darum kann man auch nicht mehr erstaunt sein, wenn 2. Kor 11,23 ff.
sehr schnell auf die Lebensgefahren im engeren Sinn zugeht. Denn die
Aufzählung: Mühsale, Gefängnisse, Schläge, Todesgefahren (vgl. 2. Kor
6,5.9: »... Schläge, Gefangenschaften..., Mühsale... als Sterbende...«)
gipfelt nicht nur in den Lebensbedrohungen im engeren Sinn, sondern ist
auch Anlaß, biographisch konkret anschließend die Schläge (vgl. noch
1. Kor 4,11; auch 2. Kor 12,10: »Mißhandlungen«) und sonstigen Todesgefahren (vgl. Röm 8,35: »Schwert«) aufzuzählen. Paulus beginnt mit der
jüdischen Strafe des Auspeitschens (Dt 25,3), bei der man vierzig Peit-
schenhiebe auf den bloßen Körper erhalten soll. Da sich jedoch ein Ver-
zählen einschleichen kann, wird, damit das Gesetz nicht verletzt wird, mit
39 Schlägen aufgehört. Die fünfmalige Züchtigung dieser Art bezeugt,
wie oft Paulus mit der Synagoge in Konflikt geriet. Weder er selbst, noch
die Apg geben auch nur für einen Fall an, wann oder wo das geschah.
Mancher hat übrigens diesen Strafvollzug nicht überstanden, jeder hatte
danach einen zerfetzten, schwer blutenden Rücken. Der spätere Mischna-
traktat Makkoth gibt genaue Anweisung, wie zu verfahren war: Während
der Synagogenwärter kräftig zuschlug, verlas der Richter Worte aus der
Tora.

Die dreimalige Auspeitschung, die sich 2. Kor 11,25 anschließt, ist die
römische (vgl. die Abfolge: eigenes Volk – Völker V. 26). Sie wurde mit
Ruten, Stöcken oder Peitschen vollzogen, wobei der Delinquent unbeklei-
det – meist an einer Säule fest angebunden – geschlagen wurde. Schlag-
begrenzungen gab es nicht (vgl. Apg 16,23: »viele Schläge«). In den
Provinzen waren meist die römischen Soldaten die Ausführenden. Man
benutzte dabei die Geißelung zur Folter, Züchtigung und als Todesart
und vollzog sie auch an römischen Bürgern (Apg 16,37). Von den drei
römischen Auspeitschungen lokalisiert die Apg eine nach Philippi
(Apg 16, 22 f.). Alle Quellen schweigen über die anderen. Ob jüdisch oder
römisch, die Auspeitschung war eine besonders grausame Strafe und
führte nicht selten zum Tod des Gemarterten. In jedem Fall muß der
Körper des Paulus auch von diesen Züchtigungen mit vielen tiefen Nar-
ben überdeckt gewesen sein, weil die Geißelung zahlreiche und tiefe

Wunden hinterläßt. War man auch im ganzen Altertum mit der Bestrafung durch Schläge solcher Art schnell bei der Hand, so darf man doch annehmen, daß achtmaliges Auspeitschen sicherlich, für einen Menschen zu erdulden, eine Seltenheit war.

Die Erwähnung der Steinigung, die 2. Kor 11,25 folgt, ist wieder jüdische Sitte (vgl. Lev 24,10-14; Dt 17,2-7; Apg 7,58f.). Sie ist synagogale Todesstrafe und erfolgt z.B. aufgrund von Gotteslästerung. Man führt den Verurteilten außerhalb des Ortes und bewirft ihn unter Beteiligung aller Anwesenden solange mit Steinen, bis er tot ist (Apg 7,58; vgl. Joh 8,5). Nach Apg 14,19 hat Paulus diese Tötungsart in Lystra auf der von Antiochia aus und mit Barnabas unternommenen Missionsreise erlitten. Wenn die Apg in 14,20 berichtet, Paulus sei gleich danach aufgestanden und wieder in die Stadt gegangen, so muß Lk sich das wohl als Wunder vorgestellt haben. In der Regel überlebt niemand die Steinigung, man soll es ja auch nicht. Wer ausnahmsweise doch mit dem Leben davonkommt, ist so vielfältig und schwer an Kopf, Rumpf und Gliedmaßen verletzt und hat so viele Frakturen, daß er sehr lange braucht, um wieder relativ gesund zu sein.

Nach den Todesgefahren durch Synagoge und römische Behörden – also durch Menschen – nennt Paulus die Gefahren der Natur, konkret den dreimaligen Schiffbruch, worin das vierundzwanzigstündige Umhertreiben auf dem offenen Meer enthalten sein kann, aber nicht muß. Von Homers Odyssee bis in die Spätantike gibt es reichliche Seefahrtsschilderungen mit allen Gefahren für das Schiff, die Schiffsladung und die Menschen. Auch der Grundstock von Apg 27 ist offenbar eine solche Darstellung, die ursprünglich mit Paulus nichts zu tun hatte. Ob Paulus überhaupt auf der Reise als Gefangener nach Rom Schiffbruch erlitt, kann hier offengelassen werden. In jedem Fall läge das Ereignis nach der Abfassung der Aufzählung in 2. Kor 11. Leider läßt sich weder mit Hilfe der Apg noch des Paulus die drei- oder viermalige ernste Seenot näher bestimmen. Bekannt sind folgende Schiffspassagen des Apostels, die vor der Abfassung von 2. Kor 11 liegen: a. Missionsreise mit Barnabas (Apg 13,4.13; 14,26), b. Erste Europareise (Apg 16,11f.), c. Reise von Korinth nach Ephesus (Apg 18,18ff.), d. Zwischenbesuch in Korinth (vgl. oben 7.1). Paulus ist also auf (fast) jeder Reise, innerhalb der er ein Schiff benutzte, einmal in Seenot geraten. Es ist schwer überprüfbar, ob das ungewöhnlich oft war. Jedenfalls galten Seefahrten im Altertum als gefährlich. Entsprechend hoch waren Frachtraten und Aufschläge für einen Schiffstransport.

Die vier Doppelpaare an Gefahren (vgl. die Nennung der »Gefahr« in Röm 8,35) auf Reisen (vgl. pauschal 1. Kor 4,11: »unstetig lebend«) sind über das Gesagte hinaus nicht hinreichend zu greifen. Für Reisegefahren kennt auch die damalige Literatur anschauliche Schilderungen der Beschwerlichkeiten und Gefährdungen, wobei das Räuberunwesen oft einen traurigen Vorrang einnimmt. Wahrscheinlich wird man im Sinne des Paulus unter diese Gefahren die Gefährdung zählen, von der 1. Kor 15,32 spricht und die eingangs der ephesinischen Zeit liegt (vgl. oben 2). Auch die bei der katalogartigen Aufzählung nachgetragene Flucht aus Damaskus (2. Kor 11,32f.) paßt am besten hierher. Die vitalen Lebensbeeinträchtigungen nennt Paulus auch sonst, nämlich Nachtwachen (2. Kor 6,5), Hunger (Röm 8,35; 1. Kor 4,11), Durst 1. Kor 4,11), Fasten (2. Kor 6,5) und mangelnde Kleidung (Röm 8,35; 1. Kor 4,11). Man darf schließen, daß diese Phänomene ungebetene, aber häufige Gäste des Paulus waren. Vor allem waren damals die Gefängnisse alles andere als Stätten der Humanität. In ihnen hat Paulus sicher zwangsläufig solche Erfahrungen machen müssen, ohne daß sie auf diesen Bereich beschränkt waren.

Überblickt man diese Beobachtungen, wird man festhalten, daß Paulus ungemein widerstandsfähig war, aber auch ein Leben am Rande der damaligen Gesellschaft führte. Seine Kollisionen mit den Juden und den Organen der Städte, seine unstete Lebensweise ohne festen Wohnsitz und Familie lassen erahnen, daß, von außen gesehen, Paulus in der Tat leicht als »Abschaum der Welt« und »Auswurf von allem« (so die Selbstbezeichnungen 1. Kor 4,13 als Abschluß eines Peristasenkatalogs) angesehen werden konnte.

Zu seinen Leiden zählt der Apostel endlich auch seine Krankheit (vgl. 2. Kor 12,6ff.; Gal 4,13ff.). Zu ihr ist eine Diagnose fast ganz unmöglich, denn der Patient lebt nicht mehr und beschreibt sein körperliches Leiden nicht als damaliger, schon gar nicht als heutiger Mediziner, ja überhaupt nur begrenzt und mit zufälligen Andeutungen, die vor allem zwei Deutehinsichten verbinden: eine, die die Dämonologie zum Verständnis benutzt, und eine, die von einer körperlichen Schwäche ausgeht. Beide Verständnisse sind für Paulus keine Gegensätze, sondern Sichtweisen, die integrierbar sind. Geht man von dem Sicheren aus, kann festgehalten werden: Es handelt sich um eine chronische Krankheit (2. Kor 12,7f.), die den Apostel ab und an unvorhersehbar heimsucht (Gal 4,13f.) und eventuell Schmerzen verursacht (»Schläge« Satans!). Woher Paulus die malignen Zustände hat, ist letztlich offen. Immerhin ist jedoch der Satan, der Paulus ins Gesicht schlägt, sonst gerade der Feind des Evangeliums (2. Kor 12,7; vgl. 2. Kor 11,14; 1. Thess 2,18). Auch ordnet Paulus nach 2. Kor 12,10 die Krankheit den Leiderfahrungen zu, die er um Christi willen bei der Verkündigung des Evangeliums auf sich nehmen muß. Das legt es nahe, nicht an eine angeborene Krankheit oder eine solche aus vorchristlicher Zeit, sondern versuchsweise bei ihr an eine Folge seiner todesbedrohlichen Verfolgungen, z. B. der Steinigung aus 2. Kor 11,25 zu denken. Sie ereignete sich nach Apg 14,19 vor der Erstmission in Galatien, anläßlich der Paulus – für uns erstmals greifbar – an seiner Krankheit litt, und führte sicherlich zu mehrfachen Schwerstverletzungen. Solche – freilich nicht sichere – Anamnese kann zur Annahme von inneren Hirnverletzungen führen, die das äußere Krankheitsbild verursachten, von dem Paulus Andeutungen macht. In jedem Fall ist eine Deutung, die die Berufungsvision, die Glossolalie oder ekstatische Erfahrungen bei Paulus mit dem Krankheitsbild in Beziehung bringen und dies alles als ein und dasselbe Gesamtphänomen betrachten will, von den Texten her auszuschließen. Kein kleinstes Indiz in der paulinischen Korrespondenz legt solche Vermutung nahe. Apg 9,8; 22,11 entspricht der Typik solcher Schilderung und darf nicht biographisch ausgemünzt werden.

Zum äußeren Krankheitsbild gibt es nur ambivalente Angaben. Das Interpretament des ins Gesicht schlagenden Satans kann auf epileptiforme oder depressive Anfälle hinweisen (2. Kor 12,7), wobei das Gesicht verkrampft oder teilnahmslos abstumpft, findet aber im Altertum sonst auch auf ein breites Spektrum von Krankheiten Anwendung, weil die Antike überhaupt die Dämonologie benutzt, um ungesunde Phänomene zu erklären. Auffällig bleibt jedoch, daß Satan gerade »ins Gesicht« schlägt. Wenn die Galater gern ihre Augen ausgerissen hätten, um sie Paulus zu geben (Gal 4,15), so kann damit ein Krankheitsbild angedeutet sein, bei dem Auffälligkeiten im Augenbereich auftraten. Aber auch diese Angabe kann gut übertragen verstanden werden: Die Galater hätten ihm ihr Wertvollstes gegeben, so herzlich waren sie ihm zugetan. Immerhin, die kleine Einschränkung in Gal 4,15, »wenn möglich«, hätten die Galater dies getan, soll vielleicht doch andeuten, daß es um eine direkte und nicht nur bildliche Aussage geht, denn allgemein ihr Bestes haben die Galater ja wohl doch überhaupt gegeben (4,14b!). Wenn die Galater den apotrophäischen Akt des Ausspuckens vor Paulus nicht vollzogen haben (Gal 4,14) – was jedoch verständlich gewesen wäre, wenn sie es getan hätten –, besagt dies abermals, daß es nahelag, die Krankheit mit dämonischen Mächten in Beziehung zu sehen. Man sieht also, wie zweideutig die Indizien schon für das äußerliche Krankheitsbild sind. Erst recht muß es da praktisch unmöglich sein, eine Diagnose zu stellen. Nun kann man jedoch einmal die Hypothese von der Steinigung als Ursache fortentwikkeln und dabei beachten, daß die möglichen Sehstörungen nur ein Aspekt des Krankheitsbildes sind, nicht aber das alleinige, weil Gal 4,13 f. und

2. Kor 12,7 ff. zusammen Berücksichtigung erhalten müssen. Will man so verfahren, kann man alle drei Indizien für das äußere Erscheinungsbild gut zusammenfügen: Epileptiforme Verkrampfungen sind gerade besonders auch im Gesicht und an den Augen erkennbar, im Altertum als Besessenheit gedeutet, und als Folge von inneren Hirnverletzungen nachgewiesen. Eventuell kämen auch starke Migräneanfälle mit Sehstörungen noch in Frage, wobei allerdings die Schläge Satans weniger gut paßten. Aber noch einmal: Vermutungen und Diagnosen sind und bleiben zweierlei.

Nun, nachdem die Faktizität des Leidens in seiner ganzen Schwere festgehalten ist, soll abschließend gefragt werden, wie Paulus mit dieser Galle, von der er einen randvollen Becher zu trinken bekam, umging. Daß er sie eher nur versteckt hat als breit beschrieben, wurde schon hervorgehoben. Schon gar nicht hat er sich in eine Leidensmystik oder Märtyrer-Ideologie verstiegen oder sich mit seinen Erfahrungen heroisiert, wie es zum Beispiel die Heraklessage tat, und wie es auch im hellenistischen Judentum z. B. mit dem Josephsbild geschah (T Jos). Auch will festgehalten sein, daß Paulus nicht selbst das Leiden suchte. Das Leiden war keine Leistung, die er erbringen wollte, die er sich zusätzlich auferlegte wie den Broterwerb (1. Kor 9,15 ff.). Es ist vielmehr klar, daß er – auch mehrfach – um Errettung aus Leiderfahrung bitten kann (2. Kor 12,8), und sein Evangelium ausgewiesen ist durch Zeichen und Wunder (Röm 15,18 f.; 2. Kor 12,12), worunter sicherlich für ihn auch Heilungswunder fallen. Kranke in der Gemeinde können als unheilvolle Folge verkehrter Glaubensexistenz verstanden sein (1. Kor 11,30). Leid fällt dem Apostel also zu, wenn und sofern er im Dienst Christi steht, weil diesem Dienst überall Feinde erwachsen, die absichtlich (wie die Juden oder die Behörden der Polis) die paulinische Evangeliumsverkündigung behindern oder die unabsichtlich (wie z. B. die Räuber 2. Kor 11,26) Paulus in den Weg seiner missionarischen Tätigkeit treten. Daß Paulus um des Evangeliums willen reisen muß, interessiert die Räuber nicht. Leid ist Zeichen der vergehenden Welt (Röm 8,18; 1. Kor 4,11.13), auf die das Evangelium stößt. Wenn die Herrschaft Christi endgültig sich durchgesetzt hat, werden das Leid und der Tod ein Ende haben (1. Kor 15,26). Bis dahin wird es allerdings für Paulus dabei bleiben, daß den Boten des Evangeliums Erfahrungen von Leid angesichts des Soseins der Welt nicht erspart bleiben.

Auf diesem Hintergrund deutet Paulus seine Leiderfahrungen von dem her, dessen Apostel er ist: vom gekreuzigten Christus. Dabei kann man mehrere Leitgedanken erkennen. Zunächst werden die Leiden als Kehr-

seite des apostolischen Dienstes verstanden, zu dessen Evangeliumsverkündigung sie passen, ist doch der Apostel aufgrund der Leiden »ein
Wohlgeruch Christi unter denen, die gerettet werden, und unter denen,
die verlorengehen, den einen (also) ein Geruch aus Tod zum Tod, den
anderen ein Geruch aus dem Leben zum Leben« (2. Kor 2,15 ff.). So dient
er dem Evangelium – wie er im Wir-Stil schreiben kann – »als Unbekannte und doch erkannt; als Sterbende, und siehe, wir leben; als Gezüch-
tigte und doch nicht getötet; als Betrübte, aber allezeit fröhlich; als Arme,
die aber viele reich machen; als solche, die nichts haben, und doch alles
besitzen« (2. Kor 6,9f.). Weit entfernt, gegen das Leid zu revoltieren oder
Gott und die Menschen anzuklagen, kann Paulus also dies ihm Aufge-
zwungene integrieren: Es dient der Herausstellung des tieferen Sinnes des
Evangeliums selbst. Paulus verarbeitet das Leid also gerade nicht wie
Hiob.

Der zweite Leitgedanke hat seine treffendste paulinische Formulierung
in 2. Kor 4,10 erhalten: »Alle Zeit tragen wir das Sterben Jesu am Leib
herum, damit auch das Leben Jesu an unserem Leib offenbar wird.« So ist
die »Gemeinschaft mit seinem Leiden« eine Gleichgestaltung seinem
Tode (Phil 3,10). Diese Konformität mit dem Kreuz Christi ist qualifizie-
render Aufweis der Christuszugehörigkeit; darum kann man auch die
Verherrlichung mit ihm erhoffen (Röm 8,17). Wie sich an dem in
Schwachheit gestorbenen Christus die auferweckende Macht Gottes erwies, so gilt auch: »Wir sind schwach in ihm, aber wir werden mit ihm
leben aufgrund der Kraft Gottes« (2. Kor 13,4). Leiden weist also in die
Gemeinschaft mit Christus ein. Diese umfaßt nicht nur das Leiden, sondern auch das Auferwecktwerden durch Gott.

Ein dritter Leitgedanke sagt aus, daß jetzige Leiderfahrung auch schon
jetzt zugleich Erfahrung des tröstenden Gottes ist, Erfahrung seiner
Gnade (2. Kor 12,9f.). Leid weist auf, daß »die überragende Größe der
Kraft Gott angehört und nicht von uns stammt« (2. Kor 4,7). So ist sie
Einübung in den evangelischen Grundsatz, daß »wir das Vertrauen nicht
auf uns selbst setzen, sondern auf Gott, der die Toten auferweckt«
(2. Kor 1,9). Wer das Sterben Jesu an seinem Leib trägt, erfährt auch, wie
das Leben Jesu jetzt schon in ihm erscheint (2. Kor 4,10). Tägliches Auf-
gezehrtwerden und leibliches Getötetwerden sind gepaart mit der von
Gott bewirkten Erneuerung (2. Kor 4,16). So entsteht das Neue jetzt
schon im vergehenden Alten in einem täglichen Prozeß. Der Ort des
Leides ist also zugleich der Ort göttlicher Nähe (2. Kor 1,5). In der Todesnähe begegnet das göttliche Leben.

Ein vierter Leitgedanke wiegt das irdische Leid gegenüber dem himm-

lischen Heil auf und kommt zu dem Schluß, daß »die schnell vorüberge-
hende leichte Last unserer Trübsal uns nach überreichem Maße zu überreichem Ertrag ein ewiges Maß an Herrlichkeit schafft, da wir nicht auf
das Sichtbare, sondern auf das Unsichtbare schauen« (2. Kor 4,17f.; vgl.
Röm 8,18). Paulinische Hoffnung besagt also, daß das Leid in gar keinem
Verhältnis zur ewigen Herrlichkeit steht.

Endlich entfaltet ein letzter Leitgedanke, daß das apostolische Leiden
ein exemplarisches ist: Alle Christen sind Miterben Christi, wenn anders
sie mitleiden, damit sie auch mit ihm verherrlicht werden (Röm 8, 17). So
werden die Thessalonicher gelobt, daß sie das Beispiel des Apostels nachgeahmt haben und unter viel Trübsal das Evangelium mit Freude annahmen, so daß sie wiederum Vorbild für die Gläubigen Mazedoniens und
Achajas wurden (1. Thess 1,6f.). Ähnlich wird die Gemeinde in Philippi
gelobt, daß sie nicht nur an Christus glaubt, sondern auch für ihn leidet,
indem sie denselben Kampf erlebt, wie sie ihn beim Apostel sieht und
hört (Phil 1,29f.). Apostolische Existenz ist gerade auch mit ihrer Signatur des Leides vorbildliche Darstellung christlichen Lebens. Sie ruft zur
Nachahmung.

7.4 Die Infrastruktur auf dem paulinischen Missionsfeld

Die ephesinische Zeit des Apostels lenkt am augenfälligsten den Blick auf
einen strukturellen Aspekt der paulinischen Mission: Weder vorher noch
nachher muß er zu einer so großen Zahl von Gemeinden, deren Apostel
(1. Kor 1,1; Gal 1,1 usw.), Vater (1. Kor 4,14ff.) und grundlegender Verkündiger der Christusbotschaft (1. Kor 3,5 ff.) er war, Kontakt halten, die
Alltagsprobleme dieser jungen Gemeinden lösen, sie im Evangelium festigen, wenn sie Gefahren anderer Missionen ausgesetzt waren, usw. Die
paulinische Mission in Kleinasien, Mazedonien und Griechenland umfaßte ein so weitreichendes Gebiet, wie es wohl von keinem anderen
Missionar im Urchristentum sonst für das Evangelium erschlossen und
betreut wurde. Wenn Paulus 2. Kor 11,28 auf »den täglichen Andrang zu
ihm und die Sorge für alle Gemeinden« hinweist, ist das keine leere
Floskel, sondern beschreibt eine Situation, die aus seinen Missionserfol-
gen praktisch von selbst erwuchs.

Außerdem gründete Paulus keine Gemeinden, um sie wie Monaden
leben zu lassen. Das örtliche Gemeindekonzept der an das Haus gebunde-
nen und in ihm zusammenkommenden Gemeinde (vgl. unten 9.1) sollte ja

nicht bedeuten, daß es viele einzelne Hausgemeinden gab, die je für sich z. B. einen privaten Verein bildeten und ihre Tätigkeiten und Beziehungen darauf beschränkten, am jeweiligen Ort auf sich bezogen zu leben. Er pflegte das gesamtkirchliche Bewußtsein und Zusammengehörigkeitsgefühl, wie schon die Grußlisten der Briefe ausweisen, oder ein Verweis wie z. B. 1. Kor 11,16 auf die gesamtkirchliche Sitte zeigt. Vor allem geschah dies natürlich dadurch, daß er allen Gemeinden dasselbe urchristliche Christuszeugnis ausrichtete und Taufe und Herrenmahl in den Gemeinden einführte. Er wollte jedoch nicht nur dies, sondern darüber hinaus die Gemeinde als Trägerin gesamtkirchlicher Verantwortung. So unterstützt Philippi die paulinische Mission finanziell. Die Gemeinden nehmen andere Missionare für einige Zeit bei sich auf. Vor allem aber stellen die Gemeinden Mitarbeiter für die Mission zur Verfügung oder sammeln für Jerusalem eine Kollekte. Es gibt also genügend konkrete Hinweise, wie Paulus von der Ortsgemeinde erwartet, daß sie aktiv teilhat an der Auferbauung der weltweiten Endzeitgemeinde.

Solche ausgewählten Hinweise dafür, wie Paulus gesamtkirchliches Verhalten fördert, können bei ihm nicht überraschen, weil er offenbar der erste urchristliche Theologe war, der überhaupt eine kirchliche Einheitskonzeption entwickelte. Sie gründet in dem einen Heilswerk Christi (vgl. 5.6), wie es etwa in den traditionellen bekenntnisartigen Formulierungen über das Geschick Jesu Christi zum Ausdruck kommt (z. B. 1. Kor 15,3b-5), und hat in dem einen Evangelium und dem einen Geist, durch die Gott in die Endzeitgemeinde beruft (vgl. 6.2), ihr Einheitsband. So wird man durch die Taufe in den einen »Leib Christi« hineingenommen und hat Anteil an den Charismen des einen Geistes (1. Kor 12). Gerade Paulus hat mit den Antiochenern Erfahrungen gesammelt, wie der kirchengeschichtlich neue Weg einer Gemeinde der gesamtkirchlichen Einbindung bedarf. Dies zeigt der Apostelkonvent in Jerusalem (vgl. oben 5.2). Ohne diesen Grundsatzbeschluß im Rücken hätte Paulus wohl kaum in Antiochia Petrus entgegentreten können (Gal 2,11ff.). Nur im Wissen, daß in diesen Fällen andere die Einheit aufs Spiel setzten, konnte er gegen Petrus auftreten. Weil ihm so fundamental am Einheitsgedanken liegt, muß er auch sofort bei den »Parteiungen« in Korinth (1. Kor 1-4) eingreifen und solches Verhalten mit dem Wesen der Kirche für unvereinbar halten. Werden Evangelium und Christus in seinem Urteil verfälscht, kann er um der Bewahrung des Fundaments der kirchlichen Einheit willen andere aus der Kirche ausschließen, wie die Wandermissionare im 2. Kor (vgl. besonders 2. Kor 11,4.13-15) und die Judaisten in Galatien (Gal 1,6-9). Er weiß um die geschichtlichen Gefährdungen kirchlicher Einheit und daß sich der Einheitsgedanke nicht von selbst durchsetzt, sondern man für ihn eintreten muß.

Gelingt es also Paulus, Strukturen zu schaffen, die seine Verantwortung für die Gemeinden und die Verantwortung der Gemeinden für die gesamte Christenheit ermöglichten und die nicht nur in einzelnen spontanen Tätigkeiten bestanden? Bei der Beantwortung dieser Frage gilt es zunächst, auf die Bedingungen zu achten, die dem Aufbau einer solchen Struktur zugrunde lagen. Im Unterschied zur Mission von Antiochia aus gliedert Paulus nicht geographisch relativ nahe Gemeindeneugründungen aus dem Umfeld einer Metropole an ein »Gemeindenetz« an. Waren auch diese neuen Missionsgemeinden im Umland Antiochias selbständig wie die späteren paulinischen, so hatten sie doch von vornherein den natürlichen Verbund durch die geographischen, politischen und wirtschaftlichen Zusammenhänge der Region als Vorbedingung gegenseitigen Kontaktes. Auch konnten die Entfernungen untereinander bei einer oder wenigen Tagesreisen schnell überwunden werden. Es war also relativ leicht, Kontakte zu pflegen. Dies alles ändert sich mit der selbständigen und großräumig angelegten Mission des Paulus grundlegend. Selten lebten die Gemeinden so nahe beieinander wie in Korinth und in Kenchreä (Röm 16,1). So lagen zwischen Korinth und Galatien Welten, und Philippi und das Lykostal hatten kaum enge natürliche Beziehungen. Auch fehlte den paulinischen Gemeinden der hellenistischen Städte ein Ort mit christlicher Gemeinde, der für sie politische Zentralfunktion wahrnahm. Vielmehr waren sie selbst zentrale Orte einer Region, in der es fast durchweg zunächst nur sie allein als Christen gab. Sie waren zudem auf einen Missionar ausgerichtet, der sie nach einem relativ kurzen Gründungsaufenthalt allein ließ und von dem man in der Regel noch nicht einmal genau wußte, wo er sich gerade aufhielt. Wußte man es vielleicht doch, war er eventuell weit weg und zumal in der winterlichen Regenzeit nicht erreichbar.

Paulus mutet seinen Neugründungen also von Anfang an und systembedingt sehr viel Selbständigkeit und Verantwortung für die eigene Entwicklung zu. Wir kennen genügend Gemeinden, die das verkrafteten, wie z.B. die Gemeinden in Thessaloniki und Philippi, oder langsam mit paulinischer Hilfe wie Korinth lernten, im Sinne des paulinischen Christentums zu leben. Aber wie viele Gemeinden waren solchen Anforderungen gewachsen, oder lösten sich sogar wieder auf (vgl. Plinius, Briefe X 96,6) oder unterlagen einer Gegenmission (wie wohl die galatischen Gemeinden)? Zu den internen Problemen, die zwangsläufig in allen Missionsgemeinden auftauchten, kam für das paulinische Missionsfeld noch hinzu, daß in der sonstigen Christenheit seine Mission nicht unbestritten war. Wie sollte die Gemeinde sich hier im Einzelfall verhalten? Wie sollte sie sich auf fremde Missionare einstellen, die in Konkurrenz zu Paulus missionierten oder ihm sogar das Recht zur Mission absprachen?

Wie also hält Paulus Kontakt zu seinen Gemeinden, wie pflegt er deren Bewußtsein für die Gesamtkirche? Zunächst ist klar, was er nicht tut: Er schafft weder örtliche noch provinziale Ämter und hält sich dann an diese. Zwar werden bestimmte Aufgaben in der Gemeinde von einzelnen Personen wahrgenommen und sollen Beachtung erhalten (Röm 12,6-8; 1. Kor 12, 28f.; 1. Thess 5,12f.). Aber diese Aufgaben gehören zur Gemeinde insgesamt, können einzeln oder mehrfach und wechselweise ausgeübt werden. Sie sind charismatisch definiert und nicht als Amt. So zieht Paulus auch nie »Amtsträger« der Gemeinde zur Verantwortung. Immer ist es die gesamte Gemeinde, die er anredet, ermahnt, fordert. Auch verbindet Paulus die Einzelgemeinden nicht untereinander durch Konvente oder Aufgabenverteilungen auf verschiedenen Ebenen. Jede Gemeinde ist für alles allein verantwortlich. Sie ist nicht ein Teil der Kirche, sondern ganz Leib Christi.

Den Gemeinden gegenüber steht nur der Apostel selbst. Seine Autorität ist unmittelbar von Christus hergeleitet (vgl. oben 4.5). Sie kommt darum nicht aus der Gemeinde. Sie hat ihrerseits ihre gesamtkirchliche Signatur durch die Zugehörigkeit des Apostels zu dem begrenzten Kreis der Osterzeugen (1. Kor 9,1; 15,8-11). Darum überrascht es nicht, wenn die gesamtkirchliche Infrastruktur des paulinischen Missionsfeldes praktisch und vornehmlich über die persönliche Zuordnung auf ihn als den Gemeindegründer organisiert ist: Er weiß, was in Galatien (Judaisten), Korinth (z.B. 2. Kor 10–13), Philippi (Phil B) oder Rom (vgl. Röm 14f.) geschieht. Er weiß, welche ihm bekannten Christen sich z.Z. in der Reichshauptstadt aufhalten (Röm 16). Er schreibt die Briefe und sendet Mitarbeiter aus. In gewisser Weise ist er das personalisierte Nervenzentrum seiner Mission, und das trotz erschwerter Bedingungen: Er ist selbst viel, oft improvisiert unterwegs und nicht selten in seiner Bewegungsfreiheit stark behindert (vgl. oben 7.3).

Fragt man, wie er bei solchem Ansatz Kontakte und übergemeindliche Zusammenhänge ausbaut, stößt man auf drei Instrumente, die er einsetzt: die eigenen Besuche seiner Gemeinden, seine Briefe und den Mitarbeiterkreis. Sie werden noch ergänzt durch die besondere Kollekte für die Armen in Jerusalem, zu der sich Paulus auch nach seinem Fortgang aus Antiochia persönlich verpflichtet fühlte und die gerade den heidenchristlichen Gemeinden den Zusammenhang mit dem Judenchristentum deutlich machte. Davon ist an anderer Stelle gehandelt (vgl. 2 und 15.1). Was nun seine Besuche angeht, so sind sie strukturell nichts Neues, wie man z.B. an Petrus oder den Jakobusleuten sieht, selbst wenn Paulus besonders viel gereist ist. Überhaupt waren die nicht in die Gemeinden eingebundenen Wanderprediger von den Judaisten über Gestalten wie Apollos bis zu den Gegnern des Paulus im 2. Kor sicher nicht ganz selten. Ihr Wandern von Gemeinde zu Gemeinde stärkte zweifelsfrei gesamtkirchliches Verständnis. Man muß allerdings auch sehen, daß Paulus in dem Augenblick, wo er sich gezielt auf eine Mission im Westen des römischen Reiches ausrichtet, seine Gemeinden im Osten so gut wie allein lassen will.

Die schriftliche Korrespondenz des Apostels war in der ersten urchristlichen Generation ganz ungewöhnlich. Es sind nach unserer Rekonstruktion mehr als 10 Briefe, und zwar (fast) durchweg theologisch gehaltvolle Schreiben, die Paulus verfaßte. Als Analogie kennen wir innerhalb des Christentums dieser Zeit nur eine schriftliche Anfrage der Korinther an Paulus (1. Kor 7,1), wenn anders das Schreiben der Jerusalemer an die Gemeinde in Antiochia aus Apg 15,22 ff. spätere Konstruktion ist (vgl. oben 5.2). Selbst wenn man für die erste urchristliche Generation vorsichtigerweise offenläßt, ob noch hier oder da einmal ein Brief geschrieben wurde, kann man relativ sicher festhalten, daß der bewußte Einsatz solcher Korrespondenz eine Besonderheit des Paulus war, der damit auf die Herausforderungen seines weiten Missionsfeldes reagierte. Nach dem Tod des Apostels hat man diese Korrespondenz als Mittel gesamtkirchlicher Einheit in der ganzen Kirche zu schätzen gelernt: Man tauschte die Paulusbriefe unter den Gemeinden aus (vgl. Kol 4,16), vermehrte sie durch pseudepigraphische Nachbildungen, schrieb die Briefe ab und sammelte sie, so daß sie zum Kern des späteren Kanons werden konnten (vgl. oben 1.1).

Jedoch gilt es in diesem Zusammenhang, ganz besonders der Mitarbeiter zu gedenken, weil Paulus hierbei speziell auch die Aktivität der Gemeinden forderte. Dabei wird man zwei Mitarbeitertypen zu unterscheiden haben, nämlich solche, die Paulus sich selbst unabhängig von den Gemeinden auswählte, und Gemeindegesandte, die die einzelnen Ortsgemeinden von sich aus für bestimmte Zeit dem paulinischen Missionswerk zur Verfügung stellten.

Unter den engsten Mitarbeitern, die Paulus sich also selbst auswählte, ist an erster Stelle Timotheus zu nennen. Paulus beruft ihn gleich eingangs seiner ersten selbständigen Europareise zum Mitarbeiter (vgl. oben 6.1). Er wurde wohl von Paulus bekehrt (1. Kor 4,17) und begleitet den Apostel fortan – soweit wir sehen können – ununterbrochen (vgl.

1. Thess 3,2 und Röm 16,21). In vier paulinischen Briefen (1. Thess 1,1; 2. Kor 1,1; Phlm 1; Phil 1,1) ist er als Mitadressat genannt. Dieser Hervorhebung seiner Person entspricht die Wertschätzung, die Timotheus in der paulinischen Korrespondenz hier und da erfährt (1. Kor 4,17; 16, 10f.; Phil 2,20-22), und der Zuteilung von Aufgaben, die ihm Paulus gibt (1. Kor 16,10f.; 1. Thess 3,2f.; Phil 2,20-22). Die nachpaulinische Zeit hat Timotheus als Nachfolger des Völkerapostels in Ephesus und der Asia angesehen (1./2. Tim) und ihm auch im 2. Thess und Kol als Mitautor ein Denkmal gesetzt.

Unmittelbar nach Timotheus ist Titus zu erwähnen. Auch Titus ist – jedenfalls nach Tit 1,4 – von Paulus in der antiochenischen Zeit für das Christentum gewonnen worden, nahm als Heidenchrist und Begleiter des Paulus am Jerusalemer Konvent teil (vgl. oben 5.2 und Gal 2,1-3) und hat sich sein besonderes Verdienst in den Wirren der korinthischen Gemeinde erworben, da er als des Paulus Vertrauter entscheidend dazu beitrug, daß diese Gemeinde Paulus nicht verlorenging (vgl. oben 7.1 und 8.3). Titus stößt nach dem paulinischen Fortgang aus Antiochia offenbar erst in Ephesus wieder auf Paulus. Er wird wohl wie Paulus Antiochia bald verlassen haben, nachdem die antiochenische Gemeinde sich petrinisch orientierte, und indessen in der Asia missioniert haben. Während Timotheus noch im Röm genannt ist (16,21), fehlt hier eine Erwähnung des Titus. Wäre er zur Zeit der Abfassung des Röm in Korinth bei Paulus gewesen, hätte der Apostel ihn sicherlich genannt. So darf man vermuten, Titus ist, nachdem er mithalf, Korinth und Paulus auszusöhnen, von Mazedonien aus andere Wege als Paulus gegangen. Eine Lokaltradition nennt Dalmatien (2. Tim 4,10). Nach Tit 1,5 ist er (später?) auf Kreta. Auch dem Titus hat die nachapostolische Zeit im pseudepigraphischen Tit ein ehrendes Andenken gesetzt. Die Alte Kirche ehrte ihn als Missionar und ersten Bischof von Kreta.

Auf der ersten Europareise wird Paulus neben Timotheus noch von Silvanus (Silas) begleitet (vgl. oben 6.1). Er stand als Judenchrist mit heidenchristlicher Ausrichtung in Antiochia auf der paulinischen Seite (gegen Apg 15,22-29). Seine Mitarbeit auf der ersten Missionsreise ist durch 1. Thess 1,1; 2. Kor 1,19 gesichert. Da er in 1. Thess 1,1 im Briefkopf vor Timotheus genannt wird, ist er wohl der Dienstältere. Nach dem Gründungsaufenthalt in Korinth verliert sich seine Spur, wenn anders 2. Thess 1,1 nur eine Aufnahme von 1. Thess 1,1 ist, und auch die Erwähnung in 1. Petr 5,12 keine sicheren Schlüsse zuläßt. Nach dieser letzten Stelle schreibt Silvanus aus Rom im Auftrag des Petrus den 1. Petr. Das ist vielleicht ein Indiz, daß er zur petrinischen Mission überwechselte.

Zweifelsfrei sind diese drei Personen die wichtigsten in der paulinischen Mission. Sie haben gemeinsam, daß sie direkt von Paulus zu Mitarbeitern ausgewählt wurden, gemeindeunabhängig sind wie Paulus und afamiliär leben, keinen Besitz oder festen Wohnsitz haben und offenbar weitgehend vom Apostel selbst unterhalten werden (2. Kor 12,18). Sie führen nicht den Aposteltitel, sondern sind eben Mitarbeiter des Paulus. Diese Aufgabe nehmen sie über eine längere Zeit wahr. Paulus nimmt sie in seine Art, Mission zu betreiben (vgl. 1. Kor 9), hinein und kann durch ihre Zuordnung zu seiner Mission seine Aufgaben besonders eindrucksvoll verstärken.

Neben diesen drei Mitarbeitern gibt es wenige, die wohl auch nicht von den Gemeinden Paulus zeitweilig zugeschickt wurden, sondern durch paulinische Initiative wie z.B. Apollos teilweise in Ephesus (vgl. oben 7.1) oder Epaphras im Lykostal (vgl. oben 7.1) im Sinne des Paulus missionierten. Auch Onesimus (Phlm) wird von Paulus selbst zu speziellen Diensten erbeten. Daß Sosthenes im Briefkopf des 1. Kor erscheint, zeugt ebenfalls von einer Zugehörigkeit zum engen Mitarbeiterkreis, zumal sonst nur noch Silvanus und Timotheus so herausgestellt werden. Von diesen vier wohl auch engeren Mitarbeitern wissen wir insgesamt wenig, weil wir nur ganz schemenhaft, auf kleine Momentaufnahmen begrenzt, von ihnen Nachrichten besitzen.

Im Prinzip ist eine gemeinsame Mission im Urchristentum nicht neu. Neben der Einzelmission z.B. des Philippus in Apg 8, des Petrus in Antiochia oder des Apollos in Korinth (1. Kor 3,6ff.; Apg 18,24) hat es schon immer die Kollegialmission zu zweit gegeben (Mk 6,7 = Lk 10,1), die sich gemeindeunabhängig unmittelbar vom Herrn bzw. Geist zur Mission gesandt wußte. Die Zahl der Überapostel nach dem 2. Kor ist nicht angegeben, doch gehören auch sie als Analogie hierher, denn sie sind nicht von einer Gemeinde beauftragt, vielmehr lassen sie sich ihre selbständige Arbeit von den besuchten Gemeinden nur bezeugen (»Empfehlungsbriefe«). Von der Gemeinde unabhängige Mission hat es seit den nachösterlichen Anfängen der Kirche im ganzen Urchristentum und darüber hinaus gegeben. Paulus hat also durch den Aufbau seines engeren Mitarbeiterkreises eine vorgegebene Struktur ausgebaut.

Differenzierter ist die Lage bei den Mitarbeitern des Apostels, die ihm die Gemeinden senden. Voraussetzung dafür ist die Zuweisung der missionarischen Tätigkeit in die Verantwortung der Gemeinde. Nicht einzelne Personen, sondern sie als ganze hat hierbei die missionarische Verpflichtung. Paulus kennt diese Auffassung im Prinzip aus Antiochia. Dort hatte die Gemeinde z.B. Barnabas und ihn auf Zeit und regional begrenzt in die Mission gesandt (Apg 13f.). Beide Apostel lebten innerhalb der Gemeinde, werden in das antiochenische Umfeld geschickt und kehren zur Gemeinde dann zurück. Hieran kann Paulus anknüpfen. Aber er gestaltet theologisch und organisatorisch selbständig um: Er geht davon aus, daß die Gemeinden nicht nur als Vororte einer Region oder Provinz für die Christianisierung des Umfeldes verantwortlich sind, wie überhaupt jeder Christ in seinem Lebensbereich Menschen für Christus gewinnen soll (vgl. 1. Kor 7,16; 9,19ff. und 10,31-11,1; Phil 2, 14-16 usw.), sondern daß sie für das paulinische Missionsfeld insgesamt missionarische Verantwortung tragen. Darum erwartet Paulus, daß die Gemeinden ihm für das breite Tätigkeitsfeld seines missionarischen Dienstes Mitarbeiter senden (1. Kor 16,15-18; Phil 2,29f.). Diese werden auf Zeit von der Gemeinde ausgewählt (2. Kor 8,19; 1. Kor 16,3), so daß für ihre Sendung die ganze Gemeinde zuständig ist – offenbar bis hin zum Lebensunterhalt dieser »Gesandten der Gemeinden« (2. Kor 8,23; Phil 2,25). Sie verselbständigen sich nicht von den Gemeinden und kehren nach ihrem Dienst dorthin zurück.

Dieser weitere Kreis der Mitarbeiter wechselt naturgemäß ständig. Dabei wird die Bedeutung dieses Kreises schon daran anschaulich, daß Paulus, die Apg und die Briefe aus der Paulusschule insgesamt mehr als 50 Mitarbeiter des Paulus namentlich nennen, ohne daß dabei die summarischen Angaben (z.B. 2. Kor 8,18.22f.; 9,3.5; 12,18) Berücksichtigung gefunden hätten, und ohne daß die ortsgebundenen Hilfen von Personen (wie z.B. Priska und Aquila) bedacht sind, die Paulus jeweils in den Gemeinden zur Seite standen, wenn er sie besuchte. Das ist eine zweifelsfrei auffällig große Zahl, die von der Vitalität der Gemeinden ebenso zeugt, wie von der organisatorischen Leistung des Paulus. So waren die Gemeinden unmittelbar in ökumenisch-missionarisches Denken und Handeln eingebunden, und so konnte Paulus dank ihrer Mitarbeit so großräumig missionieren und nach kurzer Zeit die Gemeinden verlassen, ohne daß sie des Kontaktes zu ihm beraubt wurden. Dabei hat der Theologe Paulus darauf Wert gelegt, daß diese Mitarbeiter nicht »seine« Gehilfen waren, sondern als Mitarbeiter am Werk der Mission galten (1. Thess 3,2; 1. Kor 3,5-9; 2. Kor 6,1-4). Sie sind also dem Evangelium zugeordnet, nicht Paulus unterstellt. Auch hat Paulus die Bedeutung dieses Kreises stets im Auge gehabt (Röm 16,3; 1. Kor 3,9; 2. Kor 1,24; 1. Thess 3,2 usw.) und wird wohl gewußt haben, daß er mit ihm eine Struktur schuf, die damals neu war. Wie man an den deuteropaulinischen Schriften sieht, hat der engere und weitere Mitarbeiterkreis Paulus überlebt. Das war wohl auch seine Absicht, denn angesichts der vielen Lebens-

gefahren, denen er entkam, mußte er doch wohl auch trotz aller Naherwartung dafür Sorge tragen, was aus den Gemeinden wurde, wenn er
nicht mehr lebte. Selbst wenn das Lebensschicksal dieser Mitarbeiter so
gut wie vollständig unbekannt ist, ja oft noch nicht einmal die Namen
oder nur gerade der Name solcher Missionare bekannt ist, hat dieser Kreis
für die Ausbreitung des frühen Christentums ganz entscheidendes geleistet.

Paulus und die Verkündigung des Evangeliums bilden ein klassisches
Thema der Paulusdarstellungen. Daß Paulus nicht nur mit dem Wort
umgehen konnte, sondern auch im organisatorischen Bereich ein Stück
Einheit der Christenheit gestaltete, sollte dabei nicht in Vergessenheit
geraten.

8. Der Geist der Freiheit und die Kreuzestheologie

8.1 Der erste Korintherbrief als einheitlicher Brief

In die ephesinische Zeit des Apostels fällt fast die gesamte korinthische Korrespondenz, vorab der 1. Kor 5,9 erwähnte Brief und der 1. Kor selbst (vgl. 7.1). Allerdings ist die Einheitlichkeit oder Mehrschichtigkeit des 1. Kor umstritten. Gerade auch dort, wo man literarkritische Operationen z. B. am 2. Kor und Phil gutheißt, ist das literarische Urteil über den 1. Kor ganz geteilt. Von solcher Position hängt es natürlich ab, wie man die Entwicklung in Korinth und wie man die Einstellung des Paulus zu ihr nachzeichnet. Wir haben bisher die Einheitlichkeit des 1. Kor vorausgesetzt und dementsprechend die Geschichte der korinthischen Gemeinde beschrieben. Wollen wir nun die theologischen Linien dieser Situation nachzeichnen, muß zunächst geklärt werden, inwiefern sich der 1. Kor besser als ein einheitlicher Brief verstehen läßt und inwiefern Teilungshypothesen bei ihm problematisch sind.

Wer Röm 1–8 auf die impliziten Kompositionshinweise, die Einheit im thematischen Konzept und die Anordnung der Gedankenschritte untersucht, wird schnell grundlegende Kohärenzsignale auf der Textebene sammeln können. Denn die paulinische Gedankenführung ordnet sich hier einem zusammenhängenden Themenbereich unter (vgl. unten 13.2). Dementsprechend formt Paulus sein Darstellungskonzept in Gedankenschritten geordnet und argumentierend. Seine Darstellungsweise nähert sich dabei dem Traktat. Ganz anders – und in der paulinischen Briefliteratur einmalig – verhält es sich mit dem 1. Kor. Hier folgen verschiedene auf ein Einzelproblem zugeschnittene Stücke aufeinander, die je konkrete Gemeindesituationen widerspiegeln und die aktuelle Probleme unterschiedlicher Art in lockerer Folge und situationsbezogen behandeln. Die sog. Parteiungen in 1. Kor 1–4, die Verwandtenehe in 1. Kor 5 oder das Schleiertragen nach 1. Kor 11 haben zunächst nur dies gemeinsam: Sie deuten die Vielfalt des korinthischen Gemeindelebens an. Eine solche Fülle verschiedener Aspekte des Gemeindelebens wird sonst in der Tat in keiner urchristlichen Quelle mehr sichtbar, so daß der 1. Kor unschätzbare Einblicke in die Gemeindewirklichkeit, wie sie hinter der Textebene steht, freigibt. Auf der Ebene des Textes jedoch muß sich bei ihm die literarische Kohärenzfrage anders stellen, ist doch das Briefkonzept –

wie angedeutet – ein anderes als in dem eben genannten Beispiel Röm 1–8.

Dies gilt es zu berücksichtigen, bevor man versucht, den 1. Kor zu zerlegen. Denn durch eine Zerschneidung verändert man diese lockere, jedenfalls nicht deduktiv angelegte Kohärenz im Prinzip nicht. Zwar kann man z. B. den in sich geschlossenen Abschnitt über die Parteiungen in Korinth (1. Kor 1,10-4,21) für sich nehmen und erhält dann für ihn ausnahmsweise auch nur einen besonderen thematischen und literarischen Zusammenhang. Aber praktisch führen alle neueren Ordnungsversuche und Aufteilungen des 1. Kor auf verschiedene Briefe zu dem gleichen Ergebnis: Die neuen Briefkonstrukte tragen grundsätzlich die dem ganzen 1. Kor jetzt eigene Art der Darstellungsweise als Charakterzug immer noch an sich. Darum muß aus der Beobachtung zum Briefcharakter für eine literarkritische Argumentation gefolgert werden, daß fehlende Brücken zwischen den einzelnen Abschnitten oder kleinere Unebenheiten bei der relativ geschlossenen Behandlung zwischen dem einen oder anderen Thema noch keinen Grund hergeben, zu literarkritischen Operationen überzugehen.

Dieser Weg, nämlich zuerst auf den jetzigen Gesamteindruck des Briefes zu achten, empfiehlt sich auch im Blick auf die anderen Paulusbriefe. Wir haben schon die besondere Eigenart des 1. Thess betrachtet (vgl. 6.2). Noch einmal ganz anders ist z. B. der Brief 2. Kor 10–13 gestaltet (vgl. 8.3 und 8.4) oder Phil B (vgl. 12.4). Daraus ist zu schließen: Paulus besitzt eine große konzeptionelle Wandlungsfähigkeit bei der Gestaltung der Briefe. Der schriftliche Dialog mit seinen Gemeinden folgt also keineswegs strukturell beschränkten Bahnen.

Noch eine andere Überlegung läßt Vorsicht bei literarkritischen Operationen am 1. Kor angeraten sein: Bei der Aufteilung z. B. des 2. Kor (vgl. unten 8.3) gelingt es, für die rekonstruierten Briefe neben einem eigenen Thema und Darstellungskonzept auch je eine eigene Situation des Briefschreibers und der Adressaten zu erkennen. Dabei ist diese situative Differenz so groß, daß eine Zugehörigkeit der unterschiedlichen Situationen zu ein und demselben Brief mit ausgewiesenen Gründen ausgeschlossen werden kann. Das Aufdecken solcher situativen Verschiedenheit ist eine entscheidende und unentbehrliche Hilfe, die literarkritischen Beobachtungen zu gewichten und zu unterstützen. Ohne solche Dissonanz in den Situationen sollte eine Briefzerlegung nur mit größter Zurückhaltung erfolgen, besser unterbleiben. Fehlt ein Gegensatz oder eine harte Spannung in den Situationsangaben, ist der Ertrag literarkritischer Operationen für den Historiker auch nur gering und die Hypothetik der literarkritischen Position unkontrollierter.

Nun zeigt es sich, daß die situativen Angaben im 1. Kor nicht absolut homogen sind, aber keinesfalls widersprüchlich. Es stimmt z. B., daß Paulus in 1. Kor 1–4 und 11,18 ff. von »Parteiungen« mit verschiedener Akzentuierung spricht. Aber er verhandelt auch beide Male andere Probleme, greift zudem offenbar an der zweiten Stelle in 11,18 f. auf eine urchristliche Tradition zurück und plaziert im Brief beide Einzelprobleme relativ weit voneinander entfernt. Auch trifft es weiter zu, daß die paulinischen Reisepläne nach 1. Kor 4,19 sich etwas anders lesen als nach 16,3 ff. Jedoch führen die erkennbaren Nuancen nicht zum Urteil, Paulus widerspreche sich oder habe seine Pläne eindeutig verändert. Diese beiden Beispiele mögen genügen, um festzuhalten: Bisher ist es nicht mit hinreichender Sicherheit gelungen, für einzelne Teile des 1. Kor wirklich unterschiedliche Situationen nachzuweisen. Ist aber die im 1. Kor insgesamt vorausgesetzte Situation noch einheitlich verstehbar, dann fehlt der Literarkritik ein wesentliches Standbein.

Ein Teil der literarkritischen Operationen am 1. Kor führen oft zu einer Gesamtthese, die davon ausgeht, daß ehemalige Briefe jetzt stückweise in beiden kanonischen Briefen nach Korinth aufgegangen sind, so daß ein Redaktor erst Briefe zerlegt haben muß, um die Teile dann wieder verschiedenen Briefen zuzuordnen. Solche Annahme weckt grundsätzliche Bedenken. Hier ist der hypothetisch gesetzte Entstehungsprozeß des 1. und 2. Kor zu komplex. Es ist vor allem dabei aber auch außer acht gelassen, daß der 2. Kor – deutlich unterschieden vom 1. Kor – insofern eine gleiche Situation seiner Teile voraussetzt, als Fremdmissionare in Korinth neu eingedrungen sind. Hingegen besitzt der 1. Kor darin ein Einheitsband, daß aus der internen Gemeindegeschichte heraus Probleme entstehen, die nach Paulus einer dringenden Lösung bedürfen. Dieses unterschiedene Einheitsband in beiden Briefen sollte man nicht ohne triftige Gründe vernachlässigen. Man wird also sehr wohl die Einheitlichkeit des 1. Kor sowie die Mehrschichtigkeit des 2. Kor vertreten und die eben gemachte Beobachtung dafür einsetzen können. Dieser spezielle Hinweis auf den 1. und 2. Kor läßt sich auch noch verallgemeinern: Je komplizierter die Verschachtelung und stückweise Einsetzung von Briefteilen auf der jetzigen Textebene angenommen wird und je zahlreicher die erschlossenen Briefe sind, desto unwahrscheinlicher wird die These zur Entstehung eines jetzt vorliegenden Briefes. Es ist z. B. vergleichsweise einfacher, sich 2. Kor 10–13 als Block angehängt vorzustellen, als verschiedene kleine Stücke ehemaliger, aber nun zertrümmerter Briefe ohne Einhaltung der alten Reihenfolge auf die neuen Textebenen des 1. und 2. Kor verteilt zu denken.

Diese Erwägungen können jedoch allein die Annahme, der 1. Kor sei einheitlich, noch nicht sichern. Dazu bedarf es ausgewählter Beispiele zu Kohärenzsignalen aus dem 1. Kor. Es wäre natürlich eine merkwürdige Annahme, daß Paulus wahllos die Abfolge der verhandelten Probleme setzte. Insofern muß es bei aller Lockerheit der Themenfolge doch Verbindungslinien geben. Die Vielfalt der korinthischen Probleme ist vor dem Diktat durch seine eigene deutende Aneignung und Anordnung gegangen. Er will die Geschichte der Gemeinde lenken, also muß er die korinthische Vielfalt des Lebens interpretieren und übergeordnete Gesichtspunkte, gemeinsame Hintergründe von Einzelverhalten, vereinheitlichende Wertungen u.ä. einbringen. Indem solche Arbeit des Apostels freigelegt und durchsichtig gemacht wird, können zugleich literarkritische Urteile stillschweigend hinterfragt werden.

Sucht man nach Elementen, die im 1. Kor vom Gesamteindruck her Kohärenz fördern und zugleich ein Stück Eigenart des Briefes freigeben, wird man sicher die vielfältigen Informationsquellen, darunter vor allem auch einen Brief aus Korinth nennen. Davon wird noch zu reden sein. Indem der Apostel auf solche Vorgaben reagiert, unterliegt er Anordnungsbedingungen, falls er nicht willkürlich auf Informationen und Anfragen kreuz und quer eingeht. Die Situation, in der Paulus seinen Part spielt, hat also schon eine bestimmte Struktur, selbst wenn wir sie heute nicht mehr genau kennen. Als eine weitere Eigenart des 1. Kor wurde die Vielfalt der konkreten Probleme herausgestellt. Auch sie folgen in ihrer Anordnung bei näherem Zusehen nicht einfach dem Zufall des Würfels. Sie hängen von Stichwortfolgen und thematischen Zusammenhängen ab. Hier sei dafür nur auf das Freiheitsthema verwiesen, wie es gerade im 1. Kor so durchgehend immer wieder anklingt und behandelt wird (3,21-23; 4,6-8; 5,2; 6,12f.; 8,1.9; 9,1.4f.19; 10,12.23f.; 14,9.12.23.26). Die Vielfalt des Lebens in Korinth erhält also so sachliche und briefliche Struktur. Eine dritte Beobachtung führt zu der These, daß es bis auf den kleinen Phil B keinen paulinischen Brief mehr gibt, in dem Paulus sich selbst so oft und selbstverständlich immer wieder als Vorbild einbringt (vgl. 2,1-5; 4,14-16; 5,3-5; 7,7.8.40; 8,13; 9; 10,33; 11,1. 2; 14,18f.; 15,32). Das hätte er in der Situation, die der jetzige 2. Kor voraussetzt, nicht mehr tun können, weil er als Apostel dort selbst in den Streit mit hineingezogen ist. Dieses wiederholte Verbindlichmachen seiner Lebensführung setzt ein intaktes Autoritätsverhältnis voraus. Ist nicht auch diese Beobachtung ein gutes Indiz zur einheitlichen Situation und literarischen Kohärenz des 1. Kor?

Diese drei Beobachtungen zeigen, daß es sich durchaus lohnt, den

1. Kor nach seiner Struktur und Eigenart zu befragen. Diese Befragung soll nun mit einem Gang durch den Brief fortgesetzt werden. Paulus setzt nach dem Briefeingang (1. Kor 1,1-3) und der Danksagung (1,4-9) mit dem großen einheitlichen Abschnitt 1,10-4,21 zu den »Parteien« in Korinth ein. Diese sog. Parteiungen sind ein inneres Gemeindeproblem, das die Einheit der einen durch das Evangelium erwählten Endzeitgemeinde (1,18-31) gefährdet. Paulus sieht die Gemeinde noch nicht in getrennte Konfessionen auseinanderdriften, denn er spricht sie im ganzen 1. Kor noch durchweg als eine Gemeinde an. Aber er erkennt in den Rivalitäten ein Stück egoistischer Selbstdarstellung, die in Spannung zum selbstlosen Suchen des Wohles der ganzen Gemeinde steht. Diese Rivalität entfaltet sich im Zusammenhang von Taufe, bzw. Täufer (1,10-17) und geistgewirkter Weisheit (2,6-16), bzw. rhetorischer Darstellung derselben (2,1-5). Paulus argumentiert global aus einer Gesamtbeurteilung gegen solches geistliche Konkurrenzdenken, indem er den Reichtum der Charismen (1,7) – und dazu gehören auch die durch den Geist vermittelten Geheimnisse der Weisheit (2,7.10) – lobt, sie aber durch eine Zuspitzung seiner aus dem 1. Thess bekannten Erwählungslehre unter einen kreuzestheologischen Ansatz (vgl. vor allem 1,18-31) stellt, von dem her nach ihm alles geistliche Leben geordnet und beurteilt werden muß.

Dieses interne Gemeindeproblem wird Paulus von einer besonderen Informantengruppe, den Leuten der Chloë (1,11), übermittelt. Es mag sein, daß dies Thema darum auch eingangs des Briefes steht, weil es chronologisch die älteste Nachricht für Paulus ist. Jedoch kann man noch einen anderen Gesichtspunkt anführen: Grundsätzlich wird auf dem paulinischen Missionsfeld das Leben der Gemeinde in zwei konzentrischen Kreisen bedacht, nämlich dem stark betonten Innenkreis der Bruderliebe und dem Außenkreis zu den Bürgern der Polis, der nachgeordnet behandelt wird. Man kann dies schnell am Aufbau der typischen Paränese in 1. Thess 4,1-12; Gal 5,13-6,10; Röm 12–13 studieren. Dieser Denkansatz, der zugleich Ordnungsprinzip ist, bestimmt nun auch die Abfolge 1. Kor 1,10-4,21 (Innenverhältnis) und 5,1-6,20 (Außenverhältnis). Denn die Einzelfälle, die in 5,1-6,20 verhandelt werden, sind alle unter das Verhältnis der Gemeinde zur heidnischen Umwelt zu stellen.

Der erste Fall in 5,1-8, der durch Stichwortanschluß (vgl. »aufblähen« 4,18f.; 5,2) angefügt ist, also sich eines Mittels bedient, das wir schon aus dem 1. Thess kennen (vgl. oben 6.2), behandelt den Fall einer illegitimen Ehe, die ein Gemeindeglied eingegangen ist. Dies fällt unter die »Hurerei«, wie sie selbst »bei den Völkern« nicht begegnet (5,1). Der Übeltäter muß darum von der Gemeinde nach draußen (V.13) verstoßen werden.

Das Stichwort »Hurerei« gibt Paulus sodann Gelegenheit, ein Mißverständnis auszuräumen, das aufgrund seines Vorbriefes auftrat (5,9-13): Dort verbot er die »Vermischung« mit »Hurern« (5,9). Zur »Hurerei« gehören für Paulus überhaupt alle Formen geschlechtlicher Gemeinschaft, abgesehen von der strengen Einehe. Die Gemeinde verstand, mit solchen Hurern, die allgemein in der Polis leben, darf sie nicht verkehren, bezog die paulinische Äußerung also aufs Außenverhältnis. Paulus stellt klar: Gemeint waren innergemeindliche Beziehungen. Dann folgt (6,1-11) die Behandlung einer Eigentumsangelegenheit vor heidnischen Gerichten. Nach Paulus darf das Außenverhältnis der Gemeinde durch solche (in Hellas beliebten) Gerichtsstreitereien nicht belastet werden. Vielmehr soll der Streit durch Nachgeben oder intern in der Gemeinde gelöst werden. Zu beachten ist dabei, daß die Abfolge der Themen »Hurerei/Einehe« und »Angelegenheiten« aller Art zwischen den Brüdern (in Handel und Recht) auch die Paränese 1. Thess 4,4f. und 4,6f. bestimmt, die Paulus von Korinth nach Thessaloniki schrieb (vgl. auch Hebr 13,4-6). Die Abfolge von 1. Kor 6 auf Kp. 5 ist also strukturell vorgeprägt. Paulus kommt dann nochmals auf das Thema »Hurerei« zu sprechen (also zum dritten Mal), nämlich in der allgemeinen und kulturgeschichtlich damals in Griechenland üblichen Form des Ganges zur Hetäre (6,12-20). Er beginnt dabei seine Ausführungen mit dem korinthischen Schlagwort: »Alles ist mir erlaubt« (6,12), nachdem er das darin sich äußernde Freiheitsbewußtsein auch schon am Ende der Abhandlung über die Parteien (3,21-23) angegangen war.

Alle Probleme in dem Abschnitt 5,1-6,20 haben noch eine konstitutive Gemeinsamkeit: Paulus behandelt sie vom Gesichtspunkt der Heiligkeit der Gemeinde her. Diese Heiligkeit, die auch bereits 1. Thess 4,1-12 entscheidendes Stichwort war und im 1. Kor schon zweimal beim Parteienstreit in 1,30f.; 3,16f. anklang, darf durch Handlungen mit Außenrelevanz nicht in Frage gestellt werden (5,6-8.12f.; 6,2.9-11.17-20). So kann man dem ganzen Abschnitt als Überschrift die Aussage geben: Gemeindeprobleme mit Außenwirkung, die die Heiligkeit der Gemeinde tangieren. Angemerkt sei endlich noch, daß Paulus im Unterschied zum vorangehenden Abschnitt 1,10-4,21 in diesem keine Informanten namentlich nennt. Er hat vom ersten Fall »gehört« (5,1), was wohl auch für die anderen Probleme innerhalb von 5,1-6,20 gelten kann. Jedenfalls geht er erst mit 7,1 sichtbar auf schriftliche Anfragen der Korinther ein. Entspricht das vielleicht auch der zeitlichen Abfolge, wie auf ihn die Nachrichten kamen, nämlich erst besuchen ihn die Leute der Chloë, dann kommen die ungenannten Informanten aus 1. Kor 5f., und endlich erhält er den Brief der

korinthischen Gemeinde? Leider muß es hier bei einer Vermutung bleiben.
Ein eigenständiger Teil ist dann als nächstes das Kapitel 7 über Ehe
und Ehelosigkeit. Es mag die erstplazierte Anfrage aus dem Brief der
Korinther gewesen sein (7,1), fügt sich allerdings auch gut an ein Haupt-
stichwort aus 1. Kor 5 f. an, insofern das Stichwort »Hurerei« und die
Fragen zur christlich legitimen Ehe zwei Seiten desselben Problemfeldes
sind (vgl. 1. Thess 4,3-5). Allerdings gilt es zu beachten: Ging es in
1. Kor 5 f. um den Mißbrauch der Sexualität, so wird nun um die Frage
des Verhältnisses von Askese im Sexualbereich und legitimer Einehe gestritten. Dabei erörtert Paulus den Einzelfall »Ehe und Askese« so, daß er
ihn grundsätzlich ausweitet, indem er nämlich die in Korinth unstrittigen
anderen Strukturen wie Beschnittensein und Unbeschnittensein und Skla-
vesein und Freisein mit heranzieht, ja das Weltverhältnis der Christen
überhaupt skizziert. Im übrigen mag es auch nicht Zufall sein, daß –
ähnlich wie der Abschnitt 1,10-4,21 – auch 1. Kor 7 einen Bezug zur
Danksagung aufweist, nämlich das Stichwort »Gnadengabe« (1,7; 7,7).

Mit 1. Kor 8,1 beginnt dann die Beantwortung einer weiteren Frage
aus dem Brief der Korinther: Es geht um das besondere Verhältnis der
christlichen Gemeinde, die einen exklusiven monotheistischen Glauben
vertritt, zum heidnischen Kult und zur Götterwelt der Antike. Der Abschnitt endet 11,1. Sein Anschluß an 1. Kor 5 f. und 7 kann mit dem für
das Alte Testament und das Judentum typischen Zusammenhang von
Fremdgötterkult und Sexualsünden (vgl. Röm 1,18ff.) bzw. von »Misch-
ehen« (1. Kor 7,12ff.) und Götzendienst in Beziehung stehen. Paulus kann
dabei natürlich auch einfach dem korinthischen Brief mit seinen Anfragen
entlanggehen. Wer den 1. Kor in mehrere Briefe zerlegt, findet fast immer
in diesem Abschnitt 8,1-11,1 hinreichend Anlaß, Schichten zu entdecken.
Aber auch hier gibt es genügend Beobachtungen, die den Abschnitt als
Einheit verstehen lassen.

Zuerst behandelt Paulus mit deutlichem Rückgriff auf die grundsätzliche Position der Korinther (8,1-6) den entscheidenden strittigen Fall von
vordringlicher Aktualität: Ob nämlich ein Christ an einer gesellschaftlichen Einladung in einem dem Tempel zugeordneten Raum teilnehmen
kann. Wobei es nicht um eine solenne Kultfeier geht, sondern »nur« um
eine Feier z.B. einer Zunft, Großfamilie oder Geschäftsbeziehung. Wer so
»im Götzenhaus« – wie in typisch jüdisch abwertender Sprache vom
Tempelbezirk gesprochen ist – »zu Tisch liegt« (8,10), kommt spätestens
beim Fleischgenuß – antike Schlachtungen haben immer auch eine sakrale
Seite (vgl. 8,1a.7.13) – indirekt mit dem heidnischen Kult in Beziehung.
Die paulinische Position ist klar: Vom christlichen Glauben her (8,4-6) ist

prinzipiell die Teilnahme an solcher Einladung möglich. Aber ein Christ orientiert sich nicht allein an seinem Glauben und der Erkenntnis aus demselben, er lebt nicht seiner Stärke, sondern hat sich vorrangig an dem schwachen Bruder zu orientieren, für den Christus auch gestorben ist (8,10f.). Dieser Bruder mag solcher Freiheit gegenüber noch skrupulös sein, weil er die Trennung zwischen Kult- und Gesellschaftsmahl im Tempelbereich noch nicht sicher nachvollziehen kann, also dem gesellschaftlichen Ereignis doch noch numinosen Charakter zuspricht.

Weitere Einzelfälle werden erst später behandelt, nämlich in 10,12ff. Diese Fälle sind so knapp und nachgeordnet besprochen, daß man den Eindruck gewinnt, sie sind nicht die eigentlich regelbedürftigen Beispiele. Paulus bespricht der Reihe nach: die rundum verbotene Teilnahme von Christen an heidnischen Kultmahlen (10,14-22), den gestatteten Fleischeinkauf auf dem Markt der Stadt (10,24-26) und die Einladung in ein heidnisches Privathaus (10,27-30), bei dem in der Regel unter bestimmten Bedingungen alles gegessen werden darf. Damit hat Paulus in 1. Kor 8 und 10 alle typischen Fälle angesprochen, bei denen normalerweise ein Christ mit seiner heidnischen Vergangenheit und Umwelt in Berührung kommen kann, wenn es um das Essen geht. Bringt man alle Fälle in eine systematische Ordnung, ergibt sich: Der Einkauf auf dem Markt ist unproblematisch. Die Einladung in ein heidnisches Privathaus fast immer problemlos. Die Teilnahme an einer Feier (ohne Kult) im Tempelbezirk ist mit Recht in Korinth ein Streitfall. Denn sie ist zwar möglich, wird aber wegen der Ausrichtung am schwachen Bruder die seltene Ausnahme sein. Die Teilnahme am heidnischen Kult ist selbstredend verboten. Wer so die Einzelfälle versteht und gewichtet, also vor allem nicht in 8,7ff. und 10,14-22 denselben Kasus in je anderer Weise verhandelt findet, hat keinen Anlaß, Stücke auf verschiedene Briefe zu verteilen.

Von dieser Ausgangslage her kann nun die Funktion von 1. Kor 9 bestimmt werden. Machte die Starken in Korinth die Erkenntnis frei (8,1.4), so ist auch Paulus als Apostel »frei« (9,1). Seine Freiheit zeigt sich nach 1. Kor 9 speziell in einer Sache, in der er gern angegriffen wird: Er ist frei, sich von den Gemeinden ernähren zu lassen. Er hat das Recht, auch eine Frau mit sich zu führen (9,4ff.). Aber er verzichtet auf diese Seite seiner Freiheit ganz um des Evangeliums willen, genau wie er von den Starken, denen er ihre »Freiheit« nicht abspricht, Verzicht fordert (8,9-11): Gerade als freier Apostel wird er allen ein Knecht (9,19-23), den Juden und den Nichtjuden. Nicht grundlos steht dann in der Aufzählung 1. Kor 9,20-22 vor der Zusammenfassung, die mit V. 19 eine Rahmung abgibt, Paulus sei den Schwachen (vgl. 8,10-12!) ein Schwacher geworden.

Das paßt nicht recht in die Systematik der Reihe, zeigt aber um so vehementer an, wie Paulus auf den Fall in 1. Kor 8 abzielt. Wie ein Wettkämpfer im Stadion setzt er allen Einsatz daran, mit diesem freiwilligen Knechtsdienst das Lebensziel zu erreichen (9,24-27). Paulus stellt sich also den Starken als Vorbild hin, das auch sie bei ihrer Handlungsweise bestimmen soll. Wie Paulus vom anderen her, den er für Christus gewinnen will, denkt, so soll der Starke auch vom Bruder her sein Handeln bestimmt sein lassen. Das jedoch bedeutet: Wer einen so wortreichen Zusammenhang wie 1. Kor 9 aufbringen muß, um die Starken aus 1. Kor 8 zum Freiheitsverzicht zu veranlassen, weiß, daß er gegenüber denen, die das Ausleben ihrer Freiheit in Anspruch nehmen und so Stärke demonstrieren, einen schweren Standpunkt hat. Haben die Starken nicht bei Paulus selbst gelernt, daß das Handeln aus dem Glauben folgen soll? Warum sollen sie diesen Zusammenhang nun nicht in Betracht ziehen und sich am glaubensschwachen Bruder orientieren? Also ist speziell der 1. Kor 8 von Paulus verhandelte Fall der eigentliche Streitpunkt in Korinth. 1. Kor 10,14ff. folgen nach, weil sie (fast wie eine usuelle Paränese) nach dem heiklen Problemfall sammeln, was sonst noch zum gesamten Umfeld gehört.

Diese Deutung hat eine weitere Konsequenz: Z. Z. des 1. Kor kann der paulinische Apostolat in Korinth nicht umstritten gewesen sein. Denn wenn Paulus seine apostolische Freiheit thematisiert (9,1f.) und den Verzicht auf sie als Vorbild herausstellt (9,3ff.), dann kann er nicht aktuell als Apostel angegriffen worden sein, wie man immer gern wieder aus der »Apologie« (9,3) herausliest. Dies ist auch aus anderen Gründen unwahrscheinlich: Paulus wird zumindest von der Pauluspartei (1. Kor 1,12-17) hoch geschätzt. Er kann 1. Kor 15,1-11 die konsensfähige Basis seiner Argumentation so formulieren, daß er auch sein Apostelamt, ohne daß aktuell polemischer Kontext erscheint, mit in die Formulierung einbezieht. Weiter spricht gegen aktuelle Polemik der Umstand, daß gar nicht nur Paulus allein, sondern auch Barnabas wie er lebt. Beide sind dabei ganz allgemein als eine Gruppe einer anderen Apostelgruppe gegenübergestellt (9,4-6). Paulus redet auch in 9,3 bei seiner »Verteidigung« gar nicht die korinthische Gemeinde an. Er formuliert vielmehr ganz allgemein, daß er denen, die seinen Rechtsverzicht als Schwäche auslegen, bestens antworten kann. Der Apostel setzt also nur ganz generell voraus, daß man in Korinth wie in der Christenheit überhaupt um solche Angriffe u.a. auf sein Apostolat wisse. Aus dieser ihm und Barnabas gern hier und da vorgeworfenen Schwäche macht er nun seine Stärke, und diese trägt für die Starken normativen Vorbildcharakter. Darauf kommt es an.

Noch eine weitere Überlegung stützt diese These. Paulus kommt nämlich ausdrücklich ganz am Schluß, nämlich in 10,31-11,1, nochmals auf seine Vorbildfunktion zu sprechen. Wie man 8,1-6 als programmatischen Einstieg in das Problemfeld anzusehen hat, so ist 10,31-11,1 der bewußt gestaltete Abschluß dazu. Er hält zunächst in einem summarischen Grundsatz das Thema und sein Ergebnis fest (10,31), um dann zu fordern, daß die Korinther sich den Juden und Griechen gegenüber sowie im Blick auf die Gemeinde – also nach außen und innen – unanstößig verhalten sollen (V. 32), wie ja auch der Apostel selbst so ganz im Sinne von 1. Kor 9 verfährt (V. 33). Ihn soll die Gemeinde nachahmen, wie er Christus nachahmt (11,1; vgl. Röm 15,1 ff.; Phil 2,1 ff.). Wer so betont nochmals sich als Vorbild herausstellt, muß nicht nur eine relativ unbestrittene Position in der Gemeinde haben, sondern kann auch 1. Kor 9 nicht nur – wie oft angenommen – als Exkurs mitten in einem anderen Thema gestaltet haben. Im Blick auf den ganzen 1. Kor ist hinzuzufügen, was schon oben angedeutet wurde, daß nämlich Paulus in keinem anderen Brief so oft und an soviel zentralen Stellen zugleich sein Vorbild zur Problemlösung thematisiert.

Endlich läßt sich unter diesen Einsichten in den Aufbau von 8,1-11,1 auch der Abschnitt 10,1-13 in seiner Funktion bestimmen: Die Starken sollen nicht nur um der Schwachen willen ihre Freiheit begrenzen (1. Kor 9), sondern wissen, daß auch immer noch sie selbst wie alle Christen gefährdet sind. So wurde Israel zwar auf Mose getauft und trank aus dem geistlichen Felsen, der Christus war, aber diese Zurüstung bewahrte es nicht vor einem ganzen Katalog von Sünden, insbesondere vor dem Rückfall in die Idolatrie (10,7). Das geschah den Christen zur Warnung (10,11): Wer wie die Starken meint zu stehen – also die christliche Überlegenheit der Götterwelt gegenüber voll ausspielt –, der sehe zu, daß er nicht falle (10,12) – also wieder in die Macht der alten Götter gerät! Damit ergibt sich: Paulus arbeitet das aktuelle Problem der Teilnahme am gesellschaftlichen Mahl im Tempelbezirk so auf, daß er vor allem die Begrenzung der Freiheit um der Schwachen willen fordert, dann aber auch den Starken zu bedenken gibt, daß ihre Stärke schnell in Schwäche umschlagen könnte. Wahrscheinlich ist dabei die typologische Exegese von Israels Wüstenzeit nicht neu konzipiert, sondern als relativ fertige von Paulus hier verwendet worden (vgl. oben 5.5).

Nach den Problemfällen in der Beziehung zum heidnischen Kult kommt Paulus nun auf Probleme des christlichen Kultes in Korinth zu sprechen (11,2-34). Zwei Einzelfälle, die ihm offenbar mündlich zugetragen wurden, werden besprochen: das Schleiertragen der Frau (11,2-16)

und die Lieblosigkeit beim Sättigungsmahl unmittelbar vor dem Herrenmahl (11, 17-34). Der lockere Übergang mag darin eine Brücke haben,
daß die abschließende Mahnung aus 8,1-11,1, unanstößig gegenüber
Juden und Griechen und in der Gemeinde zu leben, wohl auch den
Leitfaden für die Behandlung des Schleiertragens abgibt. Der Abschnitt
muß dann nicht innerhalb des 1. Kor suspekt erscheinen, wenn seiner
selbstverständlichen und problemlosen Voraussetzung, daß auch Frauen
sich im Gottesdienst äußern dürfen (1. Kor 11,5), von dem Schweigegebot aus 14,33-36 nicht widersprochen wird. Wer das Schweigegebot für
eine nachpaulinische Interpolation hält (vgl. oben 1.1), hat darum keine
zwingende Veranlassung, 11,2ff. aus seinem Kontext zu lösen. Die Rücksichtnahme auf die Schwachen als Hauptforderung aus 8,1-11,1 ist auf
andere Weise dann bei den Mißständen anläßlich des zweiten Falles, nämlich des Verhaltens einiger bei der Herrenmahlfeier, aktuell (10,17ff.).

Mit 1. Kor 12−14 behandelt Paulus wieder eine Anfrage − wohl die
dritte − aus dem Brief der Gemeinde (12,1). Es geht um die Charismen,
die geistlichen Gaben, die sich in der Gemeinde lebendig zu Wort melden
und zu Turbulenzen im Gottesdienst (1. Kor 14) geführt haben. Paulus
wählt einen grundsätzlichen und langen Anmarschweg zur Qualifizierung
der Charismen als Lebensäußerungen im Leibe Christi, − sie gipfeln
(12,31b) in der Beschreibung der Liebe als Maß und Inhalt der Geistga-
ben −, um dann daraufhin in 1. Kor 14 die konkreten Probleme des sich
im Gottesdienst vehement und ungezügelt äußernden Geistes zu erörtern.

In 1. Kor 15 kommt Paulus dann zum letzten großen Thema des Briefes, nämlich zur Auferstehungshoffnung. Daß Hoffnung und Eschatologie am Schluß von Ausführungen stehen, ist aus Reden, Paränesen und
etwa der Drei-Wort-Parole Glaube − Liebe − Hoffnung allgemein bekannt. Das Thema ist Paulus wohl kaum aus dem Brief der Gemeinde
zugetragen, sondern eher mündlich (15,1.12). Doch kommt der Brief
wohl noch einmal im Abschlußkapitel 1. Kor 16 anläßlich der Kollekte
(16,1) zur Beantwortung. Im übrigen zeigt das Abschlußkapitel den üblichen Briefschluß bei paulinischen Briefen.

Damit kann die Erörterung der Kohärenz auf der Textebene abgeschlossen werden. Es hat sich gezeigt, daß man den Brief gut als Einheit
verstehen kann und keine wirklich zwingenden Gründe vorliegen, diesen
Brief aufzuteilen. Die nachfolgende Erörterung geht von dieser Einheitlichkeit des 1. Kor aus.

8.2 Enthusiasmus und Kreuz

Zwischen der Abfassung des 1. Kor und dem Ende des paulinischen Gründungsaufenthaltes in der Hauptstadt Achajas liegen etwa zwei Jahre. Daß eine junge Gemeinde in so knapper Zeit erheblich von ihrem theologischen und ethischen Stand des Anfangs abdriftet, ist relativ unwahrscheinlich. Vielmehr ist im allgemeinen eine junge Missionsgemeinde in ihrer Anfangsphase weitgehend vom Gründungsmissionar abhängig. Dies liegt in der Natur der Sache. Sie kennt ja noch kaum anderes Christentum als das vom Erstmissionar vertretene. So ist er nahezu konkurrenzlos Autorität. Diese meistens zutreffende Annahme muß jedoch nicht überall und immer gelten. Sie besitzt jedoch in der Regel den Vorrang vor anderen Annahmen.

Nun hat man allerdings die Differenzen zwischen Paulus und den Korinthern, wie sie sich im 1. Kor widerspiegeln, für so groß empfunden, daß man für Korinth einen nachhaltigen nichtpaulinischen Veränderungsschub ansetzte. Man spricht dann etwa von einer tiefgreifenden Gnostisierung korinthischer Theologie. Gegen sie muß sich Paulus zur Wehr setzen. Allerdings fehlen gnostische Vergleichstexte aus so früher Zeit. Darum gelingt es überhaupt nur in Form eines hypothetischen Rückschlußverfahrens, kleine Indizien und isolierte Sätze des 1. Kor als versteckte Hinweise für eine gnostische Theologie zu reklamieren. Dann werden diese Hinweise als Bausteine für ein gnostisches Systemkonstrukt verwendet, bei dem wesentliche Teile – vor allem die systematischen Zusammenhänge – hinzugesetzt werden müssen.

Insbesondere konnte aus dem 1. Kor bisher nicht mit hinreichender Wahrscheinlichkeit, und schon gar nicht konsensfähig eine gnostische Christologie rekonstruiert werden. Vielmehr haben gerade solche Versuche heftige Kritik hervorgerufen. Auch der Wunsch, ein dualistisch-gnostisches Welt- und Geschichtsbild einschließlich einer entsprechenden Kosmogonie nachzuweisen, scheitert an so klaren monistischen Schöpfungsaussagen wie 1. Kor 8,1-6. Die erkennbaren korinthischen Differenzen zu Paulus in der Anthropologie, Eschatologie und Ethik sind so geartet, daß man sie in keinem Fall nur gnostisch deuten kann, ja einzelne Beobachtungen zu diesen Themenfeldern sperren sich gegen solche Auslegung. Davon wird noch zu handeln sein. Stellt man nun zu dieser Sachlage die ungünstige Quellensituation für das religionsgeschichtliche Vergleichsmaterial und die Beobachtungen zur Typik paulinischer Polemik (vgl. oben 7.2) hinzu, dann wird man einer Gnosis in Korinth nicht viel abgewinnen können, zumal Paulus die Gemeinde in grundlegenden Glaubensfragen ausdrücklich lobt, wie gleich zu zeigen ist.

Ein anderer Versuch, die korinthische Situation einzuschätzen, geht davon aus, daß Apollos, der nach 1. Kor 1,10 ff.; 3,1 ff. zu den sog. Partei-häuptern zu zählen ist, einen entsprechenden Innovationsschub nach dem Fortgang des Paulus in Korinth einbrachte. Man kann dann die Notiz aus Apg 18,24, Apollos sei Alexandriner und rede- sowie schriftkundig, mit der Weisheitstheologie aus 1. Kor 1–4 verbinden und in Apollos einen alex-andrinischen Missionar sehen, der dieses Denken mit dem Christentum zu vereinen wußte. Mit dieser theologischen Grundeinstellung hätte er dann die Auffassungen der korinthischen Gemeinde gründlich verändert.

Auch diese Hypothese läßt sich schwerlich halten: Man muß dann nämlich Apg 18,24 aus dem Gesamtbild der Apg zu Apollos herausreißen und auch die allgemeine Typik solcher Kennzeichnung einer urchrist-lichen Person im Rahmen der Apg vernachlässigen, begibt sich also auf das Feld ungeschichtlicher Vereinfachung. Ebenso deutlich ist, daß eine Brücke von Apg 18,24 zu den weisheitlichen Aussagen in 1. Kor 1–4 eine nachträgliche Kombination ist, denn von den speziellen Aussagen zur Weisheit in 1. Kor 1–4 steht Apg 18,24 überhaupt nichts. Weiter deutet Paulus selbst zwischen der Person des Apollos und sich gerade keine theologischen Gegensätze an, die diese beiden zu Rivalen machte. Im Gegenteil: Nach 1. Kor 16,12 bittet er Apollos, nach Korinth zurückzu-kehren! Endlich sollte man überhaupt das Streben nach Weisheit bei den Parteiungen in Korinth nicht gleich als Erklärungsbasis für alle anderen Probleme Korinths wählen, da Weisheit und Parteien ab 1. Kor 5 aus der Darstellung des Apostels verschwunden sind. Man wird vielmehr ein-zelne korinthische Probleme einschließlich des Parteienstreites einer geist-bestimmten Grundhaltung zuschreiben, die sich in verschiedenen Lebens-äußerungen – u.a. auch im Weisheitsstreben – ausdifferenzierte.

So hat es offenbar immer noch am meisten Sinn, nicht nur die paulini-sche Antwort an Korinth als Fortsetzung der apostolischen Theologie zu verstehen, sondern auch die theologische Entwicklung in Korinth selbst als innergemeindliche Entfaltung aufgrund der paulinischen Erstmission zu begreifen. Für diese These spricht jedenfalls die Gesprächsanlage im 1. Kor, die so verläuft, daß Paulus seine Erstverkündigung als gemein-same und unbestrittene Basis zur Konsensgewinnung einsetzt (z.B. 1. Kor 1,26 ff.; 15,1 ff.), sich zugleich als geltendes Vorbild und geachtete Autorität (vgl. oben 8.1) ins Spiel bringt und niemanden erwähnt, der in Korinth eine Gegenmission veranstaltete. Dabei stand diese korinthische Entwicklung unter den Bedingungen einer neu entstandenen heiden-christlichen Gemeinde, die ihr ehemaliges Verständnis von Religion, Kul-tur und Weltdeutung sicher nicht einfach abgelegt, noch bereits schon während des paulinischen Aufenthaltes in Korinth mit dem Apostel voll abgestimmt hatte. Das Problem der korinthischen Gemeinde war also einmal, wie der ihr bekannte Paulinismus im Kontrast zum Alten stand oder inwiefern das Alte auch Hilfe sein konnte, das Neue zu verlebendigen. Zum anderen – und das ist noch wichtiger – hatte Paulus in Korinth ja nicht einfach eine Lehre hinterlassen wie ein Rabbi seine Gesetzesauslegung, sondern das lebendige Wirken des Geistes in den verschiedenen Geistesgaben hatte seine gewichtige Eigendynamik. Das war grundsätzlich von Paulus auch so gewollt (1. Kor 1,4-9).

Bei solchem Ansatz kann auch gewürdigt werden, daß man in Korinth nicht nur einfach einer neuen theologischen Strömung folgte und dabei eine andere ablegte. Es ist lebensfremd, jede Lebensäußerung der Gemeinde ausschließlich aus einer markanten theologischen Position herzuleiten. Vielmehr gestattet unser Ansatz gerade auch, nicht-theologische Faktoren und unprogrammatisches Verhalten im Einzelfall zu beachten. Insgesamt spielt zwischen Paulus und der Gemeinde eben auch die unterschiedliche Sozialisation beider eine Rolle, und die Gemeinde zeitigt zum Teil Lebensäußerungen, die einfach in jeder anderen heidenchristlichen Gemeinde in Hellas auch hätten auftreten können.

Wie liebten z. B. die Griechen das Prozessieren (vgl. 1. Kor 6,1 ff.)! Daß zwei korinthische Christen vor ein städtisches Gericht ziehen, war für sie und die Gemeinde möglicherweise gar nichts Bedenkliches, gehörte vielmehr zum normalen Alltagsleben. Anders sieht dieser Fall von der Warte des Paulus aus: Er führt typischerweise als mittlere Lösung den Weg der hellenistischen Synagoge an, die sich – soweit das möglich war – ihre eigene Gerichtsbarkeit aufgebaut hatte. Nicht bei allen Völkern (war auch Korinth eine Ausnahme?) war es verboten, daß ein Sohn die zweite Frau seines verstorbenen Vaters heiratete, für die er in jedem Fall sorgen mußte (1. Kor 5,1 ff.). Allerdings ist dies dem ehemaligen Juden Paulus ganz selbstverständlich ein Ärgernis, begründet durch Normen alttestamentlicher Gesetzgebung, jedoch auch z. B. in Rom nicht gestattet. Die Kopfbedeckung der Frau (1. Kor 11,2 ff.) war im Hellenismus eine sich gerade wandelnde Sitte. Sie wurde im Orient viel strenger gehandhabt als z. B. in Hellas. Wie sie z. Z. des Paulus in Korinth praktiziert wurde, entzieht sich unserer Kenntnis. Vielleicht wollten die korinthischen Frauen nur in den Häusern (hier, wo der Gottesdienst stattfand und alle Geschwister waren) das tun, was wohl in vielen Häusern der Polis allgemeine Sitte war, nämlich vor Vertrauten im häuslichen Bereich ohne Verschleierung aufzutreten. Gehörten denn etwa die Gemeindeglieder nicht zu den Vertrauten? Was die christlichen Frauen in der Öffentlichkeit der Polis, auf den Straßen und dem Markt taten, stand wohl gar nicht zur Diskussion. Paulus hingegen denkt von der Sitte in der hellenistischen Synagoge und dem Osten des Reiches her, wo offenbar auch in allen christlichen Gemeinden (1. Kor 11,16) die Kopfbedeckung der Frauen (noch) selbstverständlicher und nicht schon sich verändernder Brauch war.

Diese vermehrbaren Beispiele illustrieren, wie in der Tat nicht alles, was in Korinth geschah, im strengen Sinn neues theologisches Programm sein mußte. Sie zeigen auch, daß dieses Urteil unter Umständen sogar dann gelten kann, wenn Paulus seinerseits einen Fall wie den der verbotenen Ehe aus 1. Kor 5,1 ff. von sich aus mit als Fall enthusiastischer Haltung verstehen will, wie der Vorwurf der »Aufgeblasenheit« in 5,2 (vgl. 4,6.18 f.; 8,1; 13,4) andeutet. Wissen wir, wie Paulus den Fall durch Diagnose und Wertung aus seiner Optik veränderte? Auch kann es Beispiele geben, die Korinth selbst sozusagen zur nachträglichen Rechtfertigung unter die Freiheitsparole stellte. Sekundäre Theologisierung von Alltagsverhalten ist in der Kirchengeschichte nicht ganz selten zu erkennen. Jedenfalls ist der Gang zur Hetäre dem Griechen kulturell so selbstverständlich, daß solche Unternehmung nicht erst durch ein neues libertinistisches Programm eingeführt oder beibehalten werden mußte. Allerdings konnte man daraus auch ein theologisches Programm machen, um so eine vertraute heidnische Sitte christlich fortzusetzen (6,12 ff.). Man kann aber auch umgekehrt aus Übertreibung sich betont von der geltenden Kultur abgewendet haben. Zu solchen »Überreaktionen« neigen nicht selten junge Gemeinden. Z. B. spielte in der griechischen Götterwelt und Polis die Sexualität eine besonders hohe Rolle. Umgekehrt war der Gott der Christen von dieser Sphäre ganz abgehoben, die Christen Vertreter strenger Einehe (1. Thess 4,3-5), Paulus selbst sogar sexueller Asket. War das nicht für Christen die einzig mögliche, weil konsequente Weise der Abkehr von der vergehenden alten Welt (1. Kor 7)? D. h. man kann die gegensätzliche Haltung in 6,12 ff. und 7,1 ff. auch als Problem der Kontinuität und Abstoßung traditioneller Kultur verstehen. In jedem Fall darf man die Problemlage zwischen Paulus und seiner Gemeinde nicht eindimensional sehen. Das Bedingungsgeflecht ist vielschichtig und vielfältig. Leider aber ist zu oft nicht zu erkennen, welche und wie viele Faktoren eine Rolle spielen und welche dabei dominant sind. Das liegt daran, daß Paulus sich solcher mehrdimensionalen Sicht ganz versagt. Seine Sicht filtert unsere Einsicht. Die Stärke des Apostels, die darin liegt, daß er jeden konkreten Einzelfall sofort theologisch durchdenkt und ins Grundsätzliche auszieht, ist zugleich ein Aspekt seiner Schwäche als Informant, geht doch die Vielschichtigkeit eines Falles damit für uns verloren.

Man wird über diese Beispiele aus dem Handlungsbereich hinaus auch im geistigen Bereich der Weltdeutung ähnliche Beobachtungen machen können, in denen die verschiedene geistige Herkunft des Paulus und der Gemeinde durchschimmert, selbst wenn dabei auch die neue christlich-theologische Position entscheidende Bedeutung erhält. So läßt das Parteienwesen nach 1. Kor 1,11-17 erahnen, daß für die Korinther wohl das Religionsverständnis der hellenistischen Mysterienreligionen, nach denen der Mystagoge (die Person, die einen neuen Verehrer einer Gottheit einweiht) gegenüber dem Neophyten (dem Neuling) eine besondere Stellung einnimmt, auf den christlichen Täufer eines Gläubigen übertragen wurde. Dies ist wahrscheinlich ein Hintergrundmotiv in 1. Kor 1–4, das dem ehemaligen Juden Paulus allenfalls vom Hörensagen bekannt war, aber jedenfalls keine erlebte Welt. Manches, was Paulus vielleicht dem Freiheitsdrang der Korinther zuordnete (6,12f.; 8,1; 10,23), hatte u. a. auch etwas damit zu tun, daß im Griechentum Religion und Ethos im Unterschied zum Judentum nur locker verbunden waren. Auch die grundsätzliche Ausrichtung der Korinther am erhöhten und siegreichen Herrn (4,8; 12,3), der das Kreuz überwunden hatte, könnte einem Grundzug hellenistischer Heroenverehrung entsprechen, wonach der siegreiche Held nach bestandenen Prüfungen (per aspera ad astra) gefeiert wurde. Dieser Grundzug trifft z. B. für die zu dieser Zeit gerade besonders blühende Heraklessage zu: Herakles wurde als Heroe und Gott verehrt, nachdem er viele Lasten und Leiden auf sich genommen und siegreich hinter sich gelassen hatte. Konnte man nicht auch einen christlichen Hymnus wie in Phil 2,6-11 (falls er in Korinth bekannt war) nach diesem Muster deuten? Die in 1. Kor 6,12ff.; 15,1ff. durchschimmernde Anthropologie mit ihrer Aufteilung des Menschen in Ich-Seele und Körper ist dem Griechentum im Unterschied zum alttestamentlich-jüdischen Menschenbild, das ganzheitlich denkt, vertraut. Natürlich lassen sich mit diesen Hinweisen allein die korinthischen Probleme nicht verstehen. Aber es sollte bei der Deutung der korinthischen Situation im Einzelfall selbstverständlich sein, daß solche für Hellenen typischen Aspekte einer Weltdeutung nicht erst mit theologischer Programmatik in Korinth neu eingeführt werden mußten, so klar auch sie innerhalb eines theologischen Konzeptes auftreten konnten.

Daß nun zugleich und darüber hinaus doch die korinthische Situation auch auf eine theologische Dynamik schließen läßt, kann an der paulinischen Reaktion erkannt werden. Wie Paulus theologisch argumentierend den Korinthern antwortet, ist dafür also ein Indiz, denn seine theologische Argumentation gegenüber den Korinthern mag im Einzelfall die nebentheologischen Dimensionen mißachten, sie kann aber nicht überhaupt auf der ganzen Linie an der korinthischen Theologie vorbeireden. Dafür ist Paulus mit der korinthischen Gemeinde zu vertraut. Allerdings ist gerade dieser polemische Umgang des Paulus mit seiner Gemeinde auch eine deutliche Grenze für die Einsicht in die korinthische Theologie. Davon war schon ausführlich die Rede (vgl. oben 7.2). Eingedenk solcher Einsichtsbegrenzung sind darum solche Indizien korinthischer Theologie zu sammeln, die mehrfach und nicht nur bei einem Streitfall bei Paulus aufleuchten und die, ohne hypothetische Zwischenglieder zu bemühen, Aspekte einer Gesamtanschauung freigeben. Lassen sich dann diese Hinweise als spezielle Akzentuierungen und Weiterentwicklungen der beim Gründungsaufenthalt des Paulus in Korinth vom Apostel vertretenen Theologie verstehen, ist die Wahrscheinlichkeit groß, daß die Rekonstruktion jedenfalls in groben Zügen historische Wahrscheinlichkeit für sich buchen kann.

Dabei gilt es zu beachten, daß Paulus zwischen sich und der Gemeinde in entscheidenden Grundanschauungen Übereinstimmung konstatiert. Diese Feststellung ist darum von grundlegender Bedeutung, weil damit die Übereinstimmung zwischen paulinischer Missionsverkündigung und korinthischer Gemeindewirklichkeit einerseits und den Zeugnissen für Antiochia und Thessaloniki andererseits sichtbar wird (vgl. oben 5.5; 6.2). Die Ausgangsbasis der korinthischen Entwicklung entspricht dann in den Grundzügen der bis dahin von Paulus vertretenen Erwählungsbotschaft. Dies wird gleich eingangs in der Danksagung sichtbar, wenn Paulus hier (1. Kor 1,4-9) festhält, »daß ihr in allem reich seid in ihm (d. h. Jesus Christus), in jedem Wort und jeder Erkenntnis, wie denn auch das Zeugnis von Christus unter euch fest gegründet wurde, so daß ihr an keiner Gnadengabe Mangel habt, während ihr auf die Offenbarung unseres Herrn Jesu Christi wartet...« Damit hat Paulus nicht nur als Lob formuliert, was für die Gemeinde zugleich die entscheidende Gefahr ist, nämlich der Reichtum der Geistphänomene, sondern auch in der Christologie mit ihr prinzipielle Übereinstimmung konstatiert (vgl. als Gegensatz Gal 1,6-9!). Dies kann näher bestimmt werden: Auch die Korinther verstehen sich im Sinne der Erwählungstheologie des 1. Thess als Endzeitgemeinde (darauf kann sie Paulus öfters ansprechen: 5,6ff.; 6,9ff.19f. usw.), die durch Christi Heilstat (5,7; 6,20; 8,11; 11,24; 15,3b-4), im Evangelium verkündigt (15,1-3; vgl. 1,17a), erwählt ist (1,4-9; 1,26ff.; 7,17ff.). Die Glieder der Gemeinde sind durch den Geist neu konstituiert, ganz im Sinne der Aussagen zur geistlichen Verwandlung der Gläubigen (vgl. oben 5.5; 6.2 und im 1. Kor 1,30; 3,8; 6,11.15.19; 7,13f.; 12,12ff.; 15,29).

Sie hoffen auf die nahe (7,29ff.; 10,11; 15,51; 16, 22) Ankunft ihres Herrn (1,8f.; 3,11ff.; 11,26; 15,50ff.; 16,22). Sie haben den Götzen abgeschworen (8,1-6; vgl. 1.Thess 1,9) und vertreten den urchristlichen Schöpfungsglauben (1.Kor 8,1-6; 10,26). Das Geschick Jesu Christi, wie es 1.Kor 15,3b-4 im Bekenntnis zur Definition des heilschaffenden Evangeliums herangezogen ist, ist auch ihr Bekenntnis (15,1-3), denn Paulus argumentiert 15,1-11 im Wissen, insoweit mit seiner Gemeinde übereinzustimmen. Taufe (1,14-17; 15,29) und Herrenmahl (11,23ff.), beides als die entscheidenden sakramentalen Handlungen verstanden (10,1-6a), sind bei ihnen im Gebrauch und hoch geschätzt. Das entspricht der antiochenischen Gemeinde, insofern hier die Taufeinschätzung ganz analog ist (vgl. oben 5.5), und das Herrenmahl im Mittelpunkt des Gemeindelebens steht (vgl. Gal 2,11-21 und oben 5.3). Wir können also festhalten: Paulus hat in Korinth mit seiner Erwählungstheologie missioniert und die Gemeinde orientierte ihr Christentum an ihr. Insoweit besteht zwischen Paulus und der Gemeinde kein Streit, sondern im Gegenteil Harmonie.

Nun lebt schon nach dem 1.Thess die erwählte Endzeitgemeinde im Geist und Paulus ruft dazu auf, diesen Geist nicht auszulöschen (vgl. oben 6.2). Doch mit seinen vielen sich vehement und vital zu Wort und Tat meldenden Geistesgaben stellt der Geist in Korinth vor neue Probleme. Paulus anerkennt die reichlichen Geistesgaben der korinthischen Gemeinde (1,5-7), aber er sieht hierbei auch tiefe theologische und gemeinschaftsbedrohliche Probleme. In Korinth vollzieht man vermittels des Geistes recht unmittelbar die identifikatorische Einheit mit dem erhöhten Herrn und partizipiert so schon jetzt an seiner Weltüberlegenheit und endgültigen Herrschaft (4,8), ja man versteht das Heilsgeschehen als geistliche Offenbarung der tiefsten Geheimnisse Gottes. Dies interpretiert man als verborgene Weisheit, die der Welt nicht zugänglich ist (2,6-12). Der Besitz derselben ist ein die Welt hinter sich lassender Heilsstand.

Weiter sind nun Taufe und Herrenmahl, Zungenreden und Ekstase sakramentale Handlungen und Erfahrungen, die den Heilsstand der Entrücktheit und Abgehobenheit von der Welt begründen, bzw. vergegenwärtigen. Mit der Taufe wird nicht nur – wie es allgemeine urchristliche Vorstellung war – der Geist gegeben (3,16f.), sondern offenbar auch die geistlichen Erfahrungen und Einsichten des Täufers mitvermittelt (1, 12ff.). Die Taufe ist weiter ein geistlicher Trank der Christusunmittelbarkeit (10,4) und läßt an seinem Zustand der Unsterblichkeit Anteil haben. Darum müssen ungetauft gestorbene Gläubige nachträglich durch die Handlung einer Vikariatstaufe, die ein gläubiger und getaufter Verwandter an sich stellvertretend vollziehen läßt, getauft werden. Anders können sie nicht zum ewigen Leben gelangen (15,29). Die Taufe allein feit gegen die irdische Vergänglichkeit. Dabei ist der Streit um die Beschneidung als Vorbedingung der Taufe längst vergessen, was die strengen Judenchristen Apg 15,1-5 formulierten, nicht mehr aktuell. Jedoch kann man nun einen formal analogen Glaubenssatz aufstellen. Er lautet sinngemäß: Man muß sich taufen lassen, sonst kann man nicht am transmortalen Heil teilnehmen (vgl. Joh 3,3.5). Dieser Satz hat grundlegende Bedeutung für die Probleme in 1. Kor 15.

Das Herrenmahl ist numinose geisthaltige Speise (10,2f.), darum darf es in keinem Fall einem Gemeindeglied vorenthalten werden, wohingegen man mit dem Liebesmahl auch ohne die Zuspätkommenden beginnen kann (11,20ff.). Das bedeutet eine Steigerung in der Ausrichtung auf das Sakrament unter Zurückstellung allgemein menschlicher Probleme wie das Sattwerden. Die numinose Partizipation am Herrn durch den Verzehr der sakramentalen Elemente nährt geistlich den einzelnen. Darauf allein kommt es an.

Ekstase und Glossolalie sind Zeichen des übersprudelnden Geistes in jedem Gottesdienst: Je mehr davon sichtbar und erfahrbar wird, desto besser – selbst wenn der Gottesdienst in ein mittleres Chaos auszuarten droht (1. Kor 14). Entscheidend ist allein: Je mehr geistliche Erfahrung und je mehr Unmittelbarkeit mit dem Weltüberwinder Christus, desto wesensgemäßer lebt das einzelne Glied der Endzeitgemeinde, desto weltenthobener darf es sich schon jetzt fühlen.

Paulus hat dieses ekstatisch und sakramental orientierte Christentum – bis hin zur Vikariatstaufe – noch nicht als solches kritisiert. Das soll heißen: Er hat das Kennzeichen der Endzeitgemeinde als Leben im Geist und als geistlich und sakramental vermittelte neue Schöpfung in Christus, wie er es schon 1. Thess 4,9f.; 5,4-10.19f. vertrat, nicht zurückgenommen. Wohl aber hat er sich mit dem Enthusiasmus, den die Korinther darauf entfalteten, auseinandergesetzt. Dies tut er in einer solchen Weise, daß er diese urchristlich neue theologische Grundhaltung der Korinther von seinem Verständnis des Evangeliums her kritisiert. Damit stehen wir vor den Folgen der hohen Bewertung von Geist und Sakrament in Korinth.

Sie sind für Paulus als erstes an den Parteiungen (1. Kor 1-4) kenntlich. Einige sich um die Täufer in einzelnen Häusern sammelnde Gruppen (1,12ff.) rivalisieren untereinander um die beste und höchste Einsicht in die göttliche Weisheit als Zeichen der gegenwärtigen Teilhabe am himmlischen Ort der Erlösung. Paulus nennt das polemisch »Parteiungen« und »Streitereien« (1,11f.), wobei er jedoch die Gemeinde als Einheit anredet, also wirkliche Spaltungen noch nicht erkennt. Was ihn umtreibt, ist viel-

mehr, wie man sich, gegenseitig von Hausgemeinschaft zu Hausgemeinschaft beurteilend, »aufbläht« (4,6f.): Man will vollkommener als die
anderen in die Weisheit Einsicht haben (2,6ff.). Zugleich erfährt man sich
durch diese geistvermittelte Weisheit, die in die Tiefen der Gottheit eindringt (2,10), in die himmlische Vollkommenheit schon jetzt versetzt,
denn man ist, so das Urteil des Apostels – »satt« an den himmlischen
Gaben, »reich« an geistlicher Fülle, so daß man schon jetzt mit Christus
»mitherrscht« (4,8). Noch irdisch, ist man doch kraft des Taufgeistes und
seiner Gaben schon »himmlisch« und »vollendet«.

Zugespitzt: Die Gemeinde scheint für Paulus in polemischer Überspit-
zung zu einzelnen untereinander wetteifernden Ekstatikern und ekstatischen Gruppen zu werden, die gegenseitig über die tiefsten Offenbarungen streiten. Paulus deutet davon auch 14,2.23 etwas an und gibt
2. Kor 12,1-5 kund, daß ihm selbst ekstatische Erfahrungen als solche
nicht fremd sind (vgl. auch 1. Kor 14,18). Aber er holt solchen Triumpha-
lismus identifikatorischer Einheit mit dem erhöhten Herrn und mit der
himmlischen Welt zurück unter die Bedingungen der Endzeitgemeinde,
die noch mitten in dieser Welt und vor dem Ende aller Dinge lebt. Nach
1. Thess 4,1ff. führte der Geist in den konkreten Alltag einer guten Eheführung und einer beruflichen Ehrlichkeit, also mitten in das unmittelbare
Stück Welt, das der Gläubige erlebte. Ekstatischer Ausstieg aus der Welt
war offenbar kein Thema. Das hat sich nun für Paulus in Korinth miß-
licherweise verändert. Darum hebt er auf die Weltverhaftung des Christen
ab, indem er den Blick vom erhöhten Christus auf den Gekreuzigten
lenkt. Die Erwählung (1,26ff.) und die Begabung mit dem Geist (1,7f.)
geschehen aufgrund desjenigen Zeugnisses von Jesus Christus (1,6), das
»das Wort vom Kreuz« ist (1,18ff.). So muß in allen Belangen nicht der
Erhöhte, sondern der gekreuzigte Christus die göttliche Weisheit der
Gemeinde sein (1,30).

Damit wird der ab jetzt für Paulus entscheidende Sinn der Erwählungsbotschaft des 1. Thess pointiert herausgestellt. Er wird zugespitzt durch
das Stichwort »Kreuz«. Dieses Wort und seine verbalen Verwandten
(kreuzigen, mitgekreuzigt werden) lagen, als Paulus den 1. Kor schrieb,
keinesfalls auf der üblichen Straße der urchristlichen Geschichte. Natürlich redet der Passionsbericht der Evangelien von der Kreuzigung Jesu;
und es spricht vieles dafür, daß das auch schon in der ältesten Form des
Berichtes so war. Aber er berichtet nur von der geschichtlich besonderen
Weise der Tötung Jesu (etwa im Unterschied zu einer Steinigung), ohne
diesen Umstand selbst theologisch auszuwerten. Die Annahme liegt nahe,
daß auch Paulus auf solche von der Todesart Jesu erzählende Weise das

Stichwort »Kreuz« kannte. Darüber hinaus läßt sich allerdings kein sprachlicher Beleg finden, der vor und neben Paulus den Wortstamm »kreuz-« mit seinen Derivaten benutzte. Jedenfalls kommt in der gesamten urchristlichen Bekenntnisbildung, die Paulus irgendwie gekannt hat oder gekannt haben könnte, davon nichts vor.

Selbstverständlich wird hier der Tod Jesu erwähnt und gedeutet, aber eben nicht der Tod als Kreuzigung (vgl. z.B. 1. Thess 4,14; 5,10; 1. Kor 15,3b-4; Röm 1,3b-4a; 3,24f. usw.). Auch die alte Jesusüberlieferung kann allenfalls das Wort vom Kreuztragen beisteuern (Mk 8,34 parr.). Aber dieses singuläre Wort hat seine eigene Sprache. Zu den paulinischen kreuzestheologischen Aussagen läßt sich nicht die geringste traditionsgeschichtliche Verbindung herstellen, so daß man die schwierige Altersfrage der Überlieferung gar nicht erst diskutieren muß. Von diesem Befund her liegt die Annahme nahe, daß die noch erkennbaren Grundzüge der antiochenischen Theologie (vgl. oben 5.5) einschließlich des 1. Thess (vgl. oben 6.2) nicht nur zufällig auch vollständig von der Kreuzessprache schweigen. Das führt zur These: Paulus hat erstmals in Auseinandersetzung mit dem korinthischen Enthusiasmus diese Sprache aufgegriffen und theologisch gefüllt. Sprache und Theologie sind also seine persönliche und neue Leistung. Er setzt dieses neue Potential ein, um seine Gegenposition gegenüber Korinth auf den Punkt zu bringen.

Diese These wird gestützt durch einen Blick auf die nach dem 1. Kor geschriebenen Paulusbriefe und die nachpaulinische urchristliche Literatur. Paulus selbst redet, seit er 1. Kor 1–4 kreuzestheologisch gestaltete, weiterhin in dieser Sprache: Er wird sie insbesondere auch mit seiner Rechtfertigungsbotschaft verbinden (Gal 2,16; 3,1; 5,11.24; 6,12.14; Phil 2,8; 3,18; Röm 6,6). Vor allem aber wird er die theologischen Linien, die er erstmals im 1. Kor auszieht, weiterverfolgen auch unabhängig von dem Wortstamm »kreuz-«. Beim Betrachten der nachpaulinischen urchristlichen Literatur lohnt sich eine Unterscheidung in Schriften, die paulinischen Einfluß bewahren, und solche, die unabhängig von Paulus und seiner Theologie reden. Außerdem sollten nur solche Schriften bedacht werden, die nicht nur vereinzelt einmal auf Jesu Kreuz zu sprechen kommen, sondern die ein kreuzestheologisches Konzept bieten. Unter diesen Bedingungen läßt sich festhalten: Im paulinischen Einflußbereich stehen mit kreuzestheologischen Aussagen Kol und Ignatius. Selbständig gegenüber Paulus vertreten kreuzestheologische Aussagen in nachpaulinischer Zeit Mk, Joh und Hebr. Das bedeutet: Paulus ist der erste Zeuge kreuzestheologischer Aussagen im Urchristentum. Der besondere Charakter derselben zeigt die Eigenständigkeit des Apostels. Diese hebt sich deutlich von den anderen Schriften ab, selbst wenn das jetzt nicht näher ausgeführt werden soll.

Wenn also gilt, daß der Apostel angesichts der korinthischen Probleme seine Erwählungstheologie transformiert in eine besondere, speziell ihm eigene Kreuzestheologie, dann hat es Sinn, die Konturen solcher Neufassung paulinischer Theologie anläßlich ihres ersten Auftretens zu verfolgen. Der Apostel setzt sie als erstes beim Problem der Parteiungen ein (1. Kor 1–4). Innerhalb dieser Kapitel ist 1. Kor 1,18-31 ein Schlüsseltext. Er ist nicht nur der erste Text im 1. Kor, der das Stichwort »Kreuz« aufbietet, sondern reflektiert auch ausdrücklich den Zusammenhang von Erwählung und Kreuz Christi. Dies geschieht so, daß mit beabsichtigter Signalwirkung zunächst das die Menschen erwählende Evangelium als »Wort vom Kreuz« ausgelegt wird (1. Kor 1,18-25). Danach blickt Paulus auf den Ertrag solcher Evangeliumsverkündigung, nämlich auf die berufene Gemeinde (1,26-31). Dabei leidet es keinen Zweifel, daß die im zweiten Abschnitt beschriebene Erwählung unter der theologischen Leitfunktion des »Wortes vom Kreuz« nun über die Aussagen des 1. Thess hinaus zugespitzt ist auf eine neue Kennzeichnung der Objekte göttlicher Erwählung, indem sie analog zum Gekreuzigten als Objekte, die nichts vorzuweisen haben, bestimmt werden. Mit 1. Kor 1,18-31 gestattet uns Paulus also eine Art Werkstattbesichtigung, wie er seine Erwählungstheologie durch eine neue Deklination derselben umschreibt. Oder anders: 1. Kor 1,18-25 sind vom Apostel kenntlich gemacht als maßgebliches Thema der Theologie, das nun seine inhaltlichen Bedingungen über die Beschreibung der bisher entfalteten Erwählungstheologie wirft. Der kreuzestheologische Ansatz wird nun »Kanon«, wie Paulus ihn später einmal bezeichnen wird (Gal 6,16), von dem her jede theologische Aussage Kontur und Inhalt erhält.

An 1. Kor 1,18-31 läßt sich darüber hinaus sehr schön beschreiben, was Paulus unter seiner Kreuzestheologie verstanden hat. Es gelingt ihm nämlich, in diesem Textabschnitt die wesentlichen Merkmale dieses Ansatzes anklingen zu lassen, so daß seine Fortschreibung in der korinthischen Korrespondenz und in den Briefen mit Rechtfertigungssprache in deutlicher Kontinuität dazu stehen. Darum macht es guten Sinn, bei 1. Kor 1,18-31 noch etwas zu verweilen, um der Umrisse der paulinischen Kreuzestheologie ansichtig zu werden.

Diese ist – und das muß ausdrücklich betont werden – kein Versuch, z.B. den christologischen Stellvertretungsgedanken neu zu fassen, also den Heilstod Jesu als Tod für die Menschheit einer neuen Deutung zuzuführen. An der Deutung des Todes Jesu in solchem Sinn bleibt die

Kreuzestheologie in der gesamten korinthischen Korrespondenz erstaunlich desinteressiert: Der Tod Jesu ist mit dem Stellvertretungsgedanken in 1. Kor 1,13; 8,11; 11,24; 15,3; 2. Kor 5,14f. usw. traditionellerweise verknüpft, ohne daß das Formelhafte und Selbstverständliche dieser Aussage erschlossen wird. Überhaupt ist die Kreuzestheologie für den Apostel nicht eine Einzelaussage innerhalb der Christologie, also eine Spezialfrage, wie Jesu Tod zu deuten sei. Sie lehrt nicht, über das Stichwort des Kreuzes eine Station im Leben Jesu etwa neben der Inkarnation, Erhöhung und seiner endzeitlichen Wiederkunft präziser zu verstehen.

Vielmehr geht es bei der Kreuzestheologie um den im Evangelium die Gemeinde erwählenden Gott und sein Verhältnis zur Welt. Das »Wort vom Kreuz«, wie es den Berufenen und dadurch Erwählten als »Kraft Gottes« widerfährt (1. Kor 1,18.26), deckt mit dem Gekreuzigten als Inhalt auf, wie Gott im Widerspruch zur menschlichen Erwartung Schwaches erwählt und Starkes zerstört. Dabei kommt dieser dem Gekreuzigten entnommenen Einsicht bleibende Bedeutung zu, weil Gott hier für immer und endgültig als der erscheint, der das, was nichts gilt, erwählt, so daß sich vor Gott niemand irgendeines Aspektes von Größe rühmen kann (1,28). So sagt die Kreuzestheologie, was der Glaubende von Gott halten darf, und was er von sich und aller Welt zu halten hat. Sie ist also eine Weise der Gottes- und Weltdeutung, indem sie lehrt, alles von dem im Gekreuzigten offenbaren Gott her zu verstehen, und sie ist dementsprechend zugleich eine Platzanweisung für alle Wirklichkeit vor Gott. In der Kreuzestheologie ist nicht das Kreuz Gegenstand der Erörterung, sondern schlechterdings alles wird durch das Kreuz einer neuen Erörterung zugeführt.

Ist damit eine erste Skizze des Anliegens der paulinischen Kreuzestheologie erstellt, so können in einem zweiten Durchgang einzelne Elemente aus 1. Kor 1–4 Beachtung erhalten. Wir setzen dabei nochmals beim Gottesverständnis ein. Hier ist nämlich die paulinische Zuspitzung wichtig, daß Gott sich ausschließlich und nur so als Gott erweist, daß er immer und ausnahmslos Nichtiges erwählt. Darum will Paulus nichts kennen außer Jesus Christus und diesen als Gekreuzigten (1. Kor 2,2). Es gibt also kein göttliches Handeln an der Menschheit und für sie, das nicht allein von dem Grundsatz bestimmt ist, wie ihn das Kreuz Christi offenkundig macht: Gottes Kraft erweist ihre Stärke, wo die Schwachheit als Kreuz groß ist. Durch diesen Ansatz ist die Kreuzestheologie immer auch von einem polemischen Grundton bestimmt: Die Wertungen der Menschen, was Weisheit oder Torheit sind, die Klassifizierungen nach Bildung, politischer Macht und familiärer Herkunft (vgl. 1. Kor 1,22f.26) werden durchkreuzt. Gottes erwählendes Handeln läßt sich nicht von Menschen vorschreiben, nach welchen gängigen Kriterien dies geschehen soll, sondern besitzt im Kreuz ein eigenes Kriterium. In Korinth trifft das die nach Weisheit suchenden Korinther. In Phil 3 trifft das den nach eigener Gerechtigkeit suchenden Paulus. Im Kreuz geschieht also die Umwertung aller Dinge dieser Wirklichkeit in einer bleibenden und verbindlichen Weise, weil der Gekreuzigte ein für alle Mal nur den Gott bekundet, der in der Tiefe, im tödlichen Elend, in der Verlorenheit und Nichtigkeit Gott und Retter sein will. Nur weil er so und nie anders Gott sein will, ist das Evangelium Rettung für jeden, der glaubt, – ausnahmslos.

Paulus bewertet in 1. Kor 1 f. mit Hilfe der Kreuzestheologie speziell die Weisheit der korinthischen Ekstatiker. Indem er ihre weltübersteigende Weise kritisiert, sie also von dem Erhöhten weg zum Gekreuzigten zurückbringen will, akzentuiert er innerhalb der Christologie um. War für den 1. Thess die herausragende Bindung an den kommenden Herrn typisch, und suchten die Korinther, Welt durch Mitherrschen mit dem Erhöhten zu überwinden (1. Kor 4,8), so bindet Paulus aufgrund der neuen Erfahrung mit Korinth nun den Glauben an den Gekreuzigten. Des Christen Ort ist nicht schon jetzt beim herrschenden Christus (1. Kor 15,23), sondern dort, wo Gott mitten in der Welt für ihn und seine Verlorenheit gegenwärtig ist. Er weist ihn also ein, Gotteserfahrung da zu machen, wo Gott selbst Christus und menschliches Elend zusammenfügte. Nicht die Antizipation des Vollkommenen ist also angesagt, sondern den gekreuzigten Christus als Geschenk an die Menschheit zu erfassen (2,2.12). Diese neue Gewichtung innerhalb der Christologie wird sich bis in den Röm fortsetzen.

Paulus fordert endlich die Korinther auf, aus diesem Ansatz ihr Selbst- und Weltverständnis zu überdenken: Sie haben nichts, dessen sie sich vor Gott rühmen könnten, sie können sich nur des Herren rühmen (1. Kor 1,28.31). Ihr gegenseitiges Abschätzen (4,1-5) wird als Aufgeblasenheit (4,6) entlarvt. Gefordert ist, dem Geist Gottes zu folgen und dankbar einzusehen, was Christen geschenkt erhielten (4,12). Darum muß es für den Apostel dabei bleiben, daß weltliche Wertmaßstäbe (1,22 f.26) nicht durch die Hintertür im geistlichen Gewand wieder Eingang in das gemeindliche Verhalten finden, wie es durch die Rivalität um die Geistesgaben in Korinth offenkundig geschieht. Stattdessen ist eine Einstellung gefordert, die Paulus später so beschreibt, daß die Welt ihm gekreuzigt und er der Welt gekreuzigt ist (Gal 6,14). Dies hat zu gelten, weil der Glaubende mit Christus mitgekreuzigt ist (Gal 2,19; Röm 6,6; vgl. Phil 3,10).

Endlich kann nun auch ein schon 1. Thess 2,5 ff. anklingender Gedanke der Kreuzestheologie gut eingeordnet werden: Da eine imponierende Darstellung des Evangeliums nicht dem Kreuz entspricht, ist es ganz konsequent, wenn das Evangelium in seiner rhetorischen Darstellungsweise (1. Kor 2,1 ff.) und in der persönlichen Lebensführung des Apostels als des Verkündigers desselben (4,9 ff.) so dargeboten wird, daß es, weltlich gesehen, schwach ist, um die darin wirkende göttliche Kraft um so deutlicher zur Geltung zu bringen.

Es mag sein, daß Paulus den korinthischen Parteienstreit auch u. a. darum an den Anfang des Briefes stellte, weil er meinte, dieser sei ein exemplarisches Demonstrationsfeld, um die korinthische Entwicklung insgesamt zu bewerten. Es mag sein, daß er mit der Argumentation gegen den himmelstürmenden Geist in 1. Kor 1–4 die korinthische Vielfalt der Lebensäußerungen zu bündeln und zu beurteilen beabsichtigte. In jedem Fall wird Paulus in der gesamten Korrespondenz mit Korinth Grundzüge seiner Kreuzestheologie als die entscheidende Weise, Christentum überhaupt zu verstehen, immer wieder herausarbeiten (vgl. unten 8.4; 8.5). Wie er das im einzelnen im 1. Kor tut – auch ohne daß direkt vom Kreuz gesprochen wird –, soll nun noch durch einige Grundlinien gekennzeichnet werden.

Überschaut man die 1. Kor 1–4 nachgeordneten Ausführungen des Apostels, so wird als erstes deutlich, daß er mehrfach die Sakramentsauffassung und das ekstatische Erleben derselben Kritik unterzieht: In 1. Kor 1–4 holte er den Taufgeist aus den Höhen des Himmels in die Tiefe des Kreuzes. In 10,1 ff. setzt er voraus, daß die Korinther aufgrund von Taufe und Herrenmahl sich so sicher mit dem himmlischen Christus vereint wissen, daß sie sich gegen eine irdisch-geschichtliche Versuchung zum Abfall vom Glauben gesichert wähnen, und erinnert sie an die Wüstengeneration, die trotz solcher Gaben Gott verleugnete. In 11,17 ff. führt die Hochschätzung des Herrenmahls zur Lieblosigkeit im konkreten Umgang innerhalb irdischer Lebensbedingungen mit den Brüdern. 1. Kor 14 kämpft der Apostel gegen den Vorrang himmlischer Verzückung zugunsten der geschichtlichen Ordnung der gottesdienstlichen Feier. Die Vikariatstaufe in 15,29 signalisiert eine Auffassung, nach der die Taufe schon irdisch unsterblich macht und den Tod als immer noch geltende geschichtliche Wirklichkeit für wesenlos erklärt. Für Paulus wird jedoch der Tod als letzter Feind erst am Ende der Geschichte besiegt (1. Kor 15,54 ff.).

Diese Signale lassen sich auf einen Nenner bringen. Die Korinther haben sicherlich noch nicht die geschichtlich-horizontal ausgerichtete Er-

wartung des kommenden Herrn aufgegeben, aber, griechischer Welt-
orientierung entsprechend, schlägt bei ihnen immer wieder das vertikale
Denken in oben und unten durch. Entscheidend ist die Partizipation am
oben angesiedelten Vollkommenen. Alles, was nach oben weist und daran
Anteil gibt, ist recht und wird begierig aufgegriffen. Angesichts dieses
Konstitutivums kann das Geschichtlich-Irdische vernachlässigt werden,
also die versuchliche eigene Existenz, der Bruder, die Gemeinschaft und
der Tod. Hier muß Paulus mit seiner Kreuzestheologie gegensteuern: Bis
zum Ende der Geschichte herrscht Christus allein. Die Gemeinde steht bis
dahin noch dort, wo der Gekreuzigte war, nämlich diesseits des Todes
(1. Kor 15,20ff.). Die Vollendung als Unsterblichkeit ist bis dahin nur als
Zusage des treuen Gottes gegeben (1,9; 15,51ff.). Ist also das Schauen von
Angesicht zu Angesicht Zukunft (13,12), nicht schon gegenwärtiger Zustand (2,10), dann gehören zur Unvollkommenheit nicht nur die begrenzte Erkenntnis (13,12) und die nur augenblicksweise Ekstase, sondern auch
die Sünde (15,3b.5b) und die Versuchlichkeit (10,11ff.). Dann gilt es, auch
Rücksicht zu nehmen auf den schwachen Bruder (8,9-11), auf die Gemeinde (1. Kor 14,1ff.) und auf den Fremden, der zum Gottesdienst
kommt (14,23ff.).

Ein zweiter Grundzug ist mit der Kritik am Freiheitsbewußtsein der
Korinther gegeben. Auch hierbei gibt es zunächst eine Übereinstimmung
zwischen Paulus und der Gemeinde. 1. Thess 4,8f. hatte Paulus festgehalten, daß Gott der ganzen Gemeinde – also jedem – den Geist gegeben hat,
darum sind alle unmittelbar »gottgelehrt«, d.h. Pneumatiker (Geistbegabte). Wenn man daraufhin dem pneumatischen Wirken in der Gemeinde keine Begrenzung geben soll (1. Thess 5,19f.), dann heißt das
konkret, daß jeder Pneumatiker frei in der Entfaltung seiner Geistesgaben
ist. 1. Kor 2,15 kann Paulus in Übereinstimmung mit den Korinthern
sogar zugespitzt das stolze Wort prägen: »Der Geisterfüllte (der Pneumatiker) beurteilt alles, er selbst jedoch kann von niemandem beurteilt werden«.

Allerdings hat Paulus im 1. Thess die aus solcher Unmittelbarkeit zu
Gott kommende Freiheit als Heiligung und Bruderliebe gefaßt, denn der
Geist selbst weist nach ihm ja in beides ein (1. Thess 4,3-10). So war die
Freiheit Freiheit von dem alten Wandel, Gebundenheit an den Willen
Gottes und bezogen auf das Wohl der Gemeinschaft. Man war mit dem
»Panzer des Glaubens und der Liebe« angezogen (5,8) und zugleich Glied
unter allen »Söhnen des Lichtes« (5,5). Dieser Zusammenhang wird nach
der Diagnose des Apostels nun in Korinth zumindest entschieden gelok-
kert, wenn nicht in manchen Fällen aufgekündigt. So widerspricht dem

Liebesgebot das »Aufgeblähtsein« (1. Kor 4,6f.). Darum gilt Korinth die Mahnung: »Keiner soll sich unter Menschen rühmen. Denn alles ist euer, sei es Paulus, sei es Apollos, sei es Kephas, sei es der Kosmos, das Leben, der Tod, sei es Gegenwärtiges oder Zukünftiges«, wie soweit ganz in Übereinstimmung mit den Korinthern die christliche Freiheit als das neue weltüberlegene Sein beschrieben wird, um dann die entscheidende Fortsetzung zu erhalten: »Ihr aber seid Christi; Christus aber ist Gottes« (3,21-23). Wer Christus ist, hatte Paulus gerade erklärt, nämlich der Gekreuzigte (1,18ff.).

Mit gleicher Absicht greift Paulus das korinthische Schlagwort: »Alles ist (mir) erlaubt« auf (6,12; 10,23). Es ist Ausdruck pneumatischen Selbstverständnisses, wie 2. Kor 3,17b (»Wo der Geist des Herrn ist, ist Freiheit«) bezeugt, wobei der Kontext 2. Kor 3,4ff. zugleich verdeutlicht, welchem Wurzelboden sich diese Aussage verdankt, nämlich der Diskussion um die Gesetzesfreiheit. Das »Alles ist erlaubt« ist also korinthische Beschreibung der »Freiheit in Christus« (Gal 2,4), wie sie aufgrund des Wirkens des Geistes in Antiochia verstanden und antigesetzlich ausgelegt wurde (vgl. oben 5.2 und 5.3). Damit ist zunächst klar, daß Korinth unter das »alles«, was erlaubt sein soll, nicht einfach sämtliche Normen subsumierte, also gleichsam das Ethos durch Schrankenlosigkeit auflöste. Konkret führt ein Blick in den 1. Kor auch nur dazu, daß offenbar in Korinth Tabus bei den Speisevorschriften (Fleischgenuß) und außereheliche sexuelle Kontakte mit Hetären bzw. Dirnen diskutiert wurden. Das belegen einerseits der korinthische Slogan aus 1. Kor 6,13: »Die Speisen sind für den Bauch da und der Bauch für die Speisen; Gott jedoch wird jene und diesen vernichten« und die Diskussion um das Götzenopferfleisch in 1. Kor 8; 10, sowie die Ausführungen zur Hurerei in 6,13bff.

Unter der Behandlung dieser Themen haben sich allerdings nun auch die Akzente verändert: Die Abrogation des alttestamentlichen Ritualgesetzes muß z.B. nicht mehr gegenüber einer judenchristlichen Front begründet werden, sondern gilt stillschweigend als unbestrittene und selbstverständliche Entscheidung, die kirchengeschichtlich zurückliegt. Eine Diskussion über die antiochenischen Grundentscheide in ihrer Antistellung gegen die Synagoge ist bedeutungslos geworden. Man hat nämlich diese »Freiheit in Christus« neu in den Kontext der aktuellen Probleme des Kontaktes mit dem alten Heidentum hineingestellt, wobei Götterwelt und Sexualität kulturgeschichtlich nicht von ungefähr die beiden entscheidenden Brennpunkte sind. Dabei wird aus dem göttlichen Schöpferhandeln (8,1-6) und aus Gottes erwartetem endzeitlichen Umgehen mit dem irdischen Leib des Menschen (6,13) erschlossen, daß in diesen Fällen Freiheit herrschen kann.

Paulus hat diese Auslegung christlicher Freiheit durch drei Aspekte besonders deutlich zurückgewiesen: 1. Kor 6,12a; 10,23 wird vordringlich auf den Nutzen für die Gemeinschaft abgehoben. Die Freiheit ist kein christliches Individualrecht, das von der Gemeinde abgehoben oder gar gegen sie sich verwirklichen darf, sondern ist wie der Geist und seine charismatischen Erscheinungsweisen auf den Aufbau des einen Leibes Christi bezogen (1. Kor 12; 14). Darum ist zweitens die Abfolge Glaube – Erkenntnis – Handeln zu hinterfragen. Selbst wenn dabei die Erkenntnis stark und richtig ist, ist das Recht, sie in unmittelbare Handlung umzusetzen, noch nicht gegeben, denn die Liebe, die die Gemeinde aufbaut, wird vorrangig zum Zuge kommen müssen, weil der schwache Bruder, für den Christus auch starb, z. B. nicht ins Heidentum zurückfallen darf (1. Kor 8). Drittens ist die Freiheit immer gefährdet durch die Versuchlichkeit und Rückfälligkeit des Menschen ins alte Leben. Also hat die Freiheit ihre Grenze dort, wo sie in neue Gefangenschaft umschlägt (1. Kor 6,12b; 10,1 ff.). Man darf wohl, ohne Widerspruch zu erwarten, behaupten, daß dieser Dialog zwischen den Korinthern und Paulus um den christlichen Freiheitsbegriff das tiefste zu diesem Thema ist, was das Urchristentum überhaupt dazu aufzuweisen hat. Dies liegt nicht zuletzt daran, daß Paulus den korinthischen Freiheitsdrang und das pneumatische Freiheitsbewußtsein nicht einfach gesetzlich einbindet und damit entleert, sondern daß er vom Wesen christlicher Freiheit her denkt und für sie Freiraum schafft.

Ein dritter und besonders schwer zu präzisierender grundsätzlicher Kritikpunkt des Apostels an den Korinthern ist ihre Anthropologie. Dabei geht es konkret um die Frage, ob und inwiefern Paulus eine dualistische Anthropologie der Korinther zurückweisen muß. In der Regel wird bei dieser Diskussion der Ausdruck »dualistisch« recht allgemein gebraucht, d. h. in dem Sinne, Paulus habe eine ganzheitliche Anthropologie, nach der der Mensch »Leib« (Soma) ist, während die Korinther den Menschen in Leib und Seele aufteilen und nur dem besseren Teil des Menschen, der Seele oder dem Ich, Erlösung zusprechen. Doch ist es wichtig zu klären, inwiefern die Korinther nur allgemein hellenistisch denken oder zugespitzt gnostisch. Der Unterschied ist darin zu erblicken, daß im ersten Fall nur dichotomisch gedacht ist, d. h. innerhalb einer Zweiteilung des Menschen, der Leib nicht schon negative Potenz und als solches zugleich Gefängnis für die Seele ist, sondern nur von der endzeitlichen Erlösung ausgeschlossen bleibt, weil er irdisch-vergänglich, also allein dieser vergehenden Schöpfung zugeordnet ist. Im zweiten Fall ist der Leib Phänomen einer bösen Welt, die nicht mehr als gute Schöpfung angesehen werden kann. Er ist Kerkermeister des Ichs und gottfeindliche Potenz zugleich.

Nach allem, was noch durch die korinthische Korrespondenz hindurchschimmert, dürfte Paulus sich nur gegen eine dichotomische Anthropologie wenden. Für diese Annahme spricht zunächst der sichere Tatbestand, daß die Korinther den Schöpfungsglauben mit Paulus teilen (1. Kor 8,1-6), d. h. »die Erde und ihre Fülle« (10,26), also auch die irdische Existenz des Menschen für gute Schöpfung halten. Weiter wird man 1. Kor 6,13a und 15,50 zum Ausgangspunkt für eine Skizze korinthischer Anthropologie nehmen dürfen. Beide Sätze stimmen darin überein, daß der Leib durch Gott vernichtet werden wird, bzw. die Unsterblichkeit nicht ererben kann. Beide Sätze sagen jedoch nichts über eine neue pneumatische Leiblichkeit aus, wie sie Paulus selbst beschreibt (1. Kor 15,35 ff.). Sie setzen voraus, daß die Ich-Seele nach dem Tod entkleidet, also »nackt« sein wird (2. Kor 5,2b). Beide Sätze unterscheiden dabei stillschweigend und typisch hellenistisch zwei Teile des Menschen: die unsichtbare Ich-Seele und den sichtbaren Körper. Die Ich-Seele ist von Haus aus für die Korinther zur Umgestaltung in eine Unsterblichkeit befähigt, jedoch zunächst sterblich, bedarf sie doch der Taufe, um gegen die Vergänglichkeit durch den Geist (2. Kor 5,5!) gegenüber dem Tod immun zu werden. Darum ist für sie die Vikariatstaufe dann unbedingt notwendig (1. Kor 15,29), wenn ein ungetaufter Gläubiger verstorben ist. Im Tode »wandert« das Ich »aus dem Leib aus« (2. Kor 5,8), das »irdische Wohnzelt« wird »abgebrochen« (5,1), also verwest. Aber eben: Der Leib ist irdische Wohnung auf Zeit, nicht gottwidriger Kerker. Ich und Leib werden nicht qualifizierend als gut und böse unterschieden, sondern nur endzeitlich und geschichtlich aufgeteilt, also als unvergänglich geworden und als bleibend sterblich gekennzeichnet.

Weil aber der Leib nur irdische Behausung ist, die nicht Anteil am Heil erhält, können die Korinther ihn ethisch für irrelevant erklären (1. Kor 6,13bff.) oder schon jetzt von ihm im Verhalten Abschied nehmen, d. h. z. B. eheliche Askese üben (1. Kor 7). Der Weg zur Hure ist also nicht demonstrative Verachtung des bösen Leibes, sondern das Leibliche ist zu einer ethisch unverbindlichen Angelegenheit geworden, weil der Leib keine konstitutive Bedeutung für das Endheil hat. Die Korinther, die die sexuelle Askese propagieren, sind nicht Feinde eines unheiligen Leibes, sondern wollen angesichts der Vergänglichkeit des Leibes, die sein baldiges Vergehen bedeutet, schon jetzt von ihm frei sein und sich ganz auf ihre in der Taufe gegen den Tod immun gewordene Ich-Seele konzentrieren. Die korinthische Anthropologie ist also ein Produkt aus selbstverständlicher, schon vor dem Christsein kulturgeschichtlich vertretener Zweiteilung des Menschen, aus einer neuen christlichen Taufauffassung und aus einer endzeitlichen Erwartung, die den Gegensatz von vergänglich und unvergänglich auf Leib und Seele verteilt.

Paulus korrigiert solche Auffassung in mehrfacher Weise: Durchweg gilt für ihn, daß der Leib nicht ein Teil des Menschen ist, sondern er selbst ist Leib. Darum kann der Mensch sich nicht als Ich von seinem Leib distanzieren. Das meint: Er ist als ganzer Geschöpf Gottes und steht ganzheitlich vor Gott. Auch bezieht sich für Paulus natürlich die Taufe auf den ganzen Menschen: Der alte Mensch wird mit Christus gekreuzigt, so daß der »Leib der Sünde« vernichtet wird und der Christ nicht mehr der Sünde dienen muß (Röm 6,6; vgl. 1. Kor 6,9-11). Also gehört der Leib, d.h. der ganze Mensch als leibliche Existenz, dem Herrn (1. Kor 6,13b) und hat sich Gott als lebendiges Opfer darzubringen (Röm 12,1). Er ist Tempel des heiligen Geistes, so daß man gerade mit ihm Gott preisen soll (1. Kor 6,19f.). Im Endgericht wird es um diese leibliche Existenz des Menschen gehen (2. Kor 5,10). Endlich wird auch der endgültige Heilszustand des Menschen nicht als körperloses Ich gedacht, sondern als neue geistliche Leiblichkeit (1. Kor 15,35ff.; 2. Kor 5,1ff.). Paulus plädiert also für die Verbindlichkeit leiblicher Existenz und läßt weder jetzt noch später eine Zerteilung des Menschen zu. Der Mensch ist immer ganz er selbst und steht so vor Gott, seinem Schöpfer und Richter, und dem Nächsten gegenüber.

Ein vierter Aspekt in der paulinischen Polemik gegenüber Korinth ist die Auseinandersetzung mit den Tendenzen, das Verhältnis zur Welt vorzeitig aufzukündigen. Der zum erhöhten Christus sich emporschwingende Ekstatiker überbetont seine Weltenthobenheit und übt sich in relativ kompromißloser Distanz zur Welt. Da ist zunächst das Mißverständnis aufgrund des Vorbriefes des Apostels (5,9ff.). Man versteht in Korinth Paulus gern in dem Sinn, daß er rät, mit allen Übeltätern außerhalb der Gemeinde den Kontakt abzubrechen. Vielleicht gibt es Ehepartner, die gern aus ihrer Ehe mit einem heidnischen Partner herauswollen (7,12ff.). Im Gottesdienst dominiert das ekstatische Durcheinander, so daß ein Fremder, dem man eigentlich offen zugewandt sein sollte, den Eindruck gewinnen muß, daß die Gemeinde von Sinnen ist (14,23ff.). In 2. Kor 6,14-7,2 ist ein unpaulinisches, aber vielleicht für Korinth nicht ganz untypisches Stück erhalten, das um der Heiligkeit der Gemeinde willen die Gemeinschaft mit der Welt praktisch aufkündigt. Doch nicht nur die Welt als die anderen, sondern auch die Welt, insofern man selbst zu ihr gehört und ein Teil von ihr ist, wird abgestoßen: Durch Askese läßt man die Ehe hinter sich (1. Kor 7). Durch die Sakramente ist man den Tod und die Versuchlichkeit los (10,1 ff.; 15,29).

Paulus hat in solchen Fällen durchweg den Christen mitten in der Weltwirklichkeit belassen. Nicht das Verlassen und Leugnen der Welt ist nach ihm christlich, sondern die Treue und Geduld mitten in ihr. So ist es für eine christliche Ehefrau, die mit einem heidnischen Mann zusammenlebt, viel schwerer, an dieser Ehe festzuhalten, als die Ehe zu scheiden und in ein christliches Haus überzuwechseln. Eheliche Askese mag in der Tat ein Stück Sorge für diese Welt abnehmen, aber der paulinische Rat geht dahin, Eheversprechen und Ehen nicht von sich aus aufzukündigen und die partnerschaftliche Gegenseitigkeit vorrangig zu bedenken. Endlich ist es eine Torheit, die eigene Versuchlichkeit als ein Stück Welt, die man ist, zu übersehen. Christlich ist es, sie einzukalkulieren, aber dabei das Vertrauen auf Gott nicht preiszugeben (1. Kor 10,12 f.).

Ein fünfter und letzter Gesichtspunkt muß nur noch anklingen, da er schon in den anderen Themen enthalten war, nämlich die Auseinandersetzung um die Enderwartung. Korinth hatte hierbei die urchristliche Naherwartung und die endzeitliche Erwählung samt der Geistbegabung so ausgebaut, daß der Ekstatiker schon jetzt an Christi Herrschaft Anteil hat. Anthropologisch hatte zudem die korinthische Gemeinde die Immunisierung der Ich-Seele vor dem Tod und ihre endgültige Errettung gelehrt, jedoch den Leib der Vergänglichkeit zugewiesen. Paulus läßt das Geschöpf als ganzes von seinem Schöpfer erlöst werden (1. Kor 15, 35 ff.) und läßt die Zuordnung auch der Erwählten zur Todessignatur dieser Welt bis zum Ende bestehen. Nur Christus hat schon den Tod überwunden; ein Mitherrschen mit ihm ist erst mit dem Ende, wenn der Tod überhaupt besiegt sein wird, gegeben (15,20 ff. 52 ff.). Der Christ weiß um die vergehende Welt, aber er praktiziert die Distanz zu ihr nicht in der Ekstase, sondern mitten in der Welt im konkreten Umgang mit allen weltlichen Bezügen (7,29 ff.). Die Spannung zur vergehenden Welt wird nicht durch pneumatischen Ausstieg auf Zeit unterbrochen, sondern im Ethos mitten im Alltag der Welt ausgehalten.

So kann man zusammenfassen: Paulus versucht durchweg, die Korinther aus dem Himmel der Ekstase und vorzeitigen Vollendung mitten in diese Welt zurückzurufen. Seine Kreuzestheologie dient dabei als Platzanweisung für den Glaubenden, den Glauben nicht mit vorzeitigem Schauen zu verwechseln, die Liebe nicht durch die pneumatische Selbstdarstellung erkalten zu lassen und die Hoffnung als Gewißheit auf eine noch ausstehende Erlösung zu begreifen (1. Kor 13,13). Die Korinther scheinen zu dieser Zeit für Paulus wohl auch ein williges Ohr gehabt zu haben. Jedenfalls macht der 1. Kor den Eindruck, daß Paulus einem Erfolg in der Steuerung gegen den Enthusiasmus mit relativer Zuversicht entgegensieht. Er schreibt nämlich insgesamt aus einer Position der Gelassenheit und Stärke, der als Gründer der Gemeinde weiß, die Gemeinde muß geführt werden, jedoch sie hört auch auf ihn. Doch dann kam es anders: Korinth erhielt unerwarteten Besuch von Wandermissionaren, die mit dem korinthischen Enthusiasmus geistesverwandt waren und die die Gemeinde in ihrem von Paulus kritisierten Christentum gerade bestärkten. Paulus war weit weg in Ephesus, die neuen Missionare am Ort. Sie stärkten den Korinthern den Rücken; der 1. Kor forderte hingegen ein Umdenken und den weniger bequemen Weg. So kam, was kommen mußte: Der Geist sprudelte in Korinth abermals über. Paulus muß erneut um seine Gemeinde kämpfen, ja nun in einer Weise, die um vieles dramatischer war als die Probleme des 1. Kor.

8.3 Die Briefsammlung des zweiten Korintherbriefes

Die Darstellung der ephesinischen Ereignisse (vgl. oben 7.1) gab schon Gelegenheit, auf die nach dem 1. Kor sich fortsetzende Korrespondenz des Apostels mit der korinthischen Gemeinde, wie sie im 2. Kor aufbewahrt ist, einzugehen. Dabei wurde vorausgesetzt, daß der kanonische 2. Kor eine Briefsammlung ist, die mehrere apostolische Briefe enthält. Diese Annahme ist nun zu begründen, damit die Gesprächsentwicklung zwischen Paulus und der Gemeinde gewürdigt werden kann. Glücklicherweise gibt es heute in den Grundzügen solcher literarkritischen Analyse eine breitere Übereinstimmung, selbst wenn die Warnungen vor einer Zerlegung der Briefe nicht verstummen und Einzelheiten der Analyse strittig sind.

Der wohl auffälligste Anlaß zur Literarkritik im 2. Kor ist der Umstand, daß Paulus in zwei breit angelegten Kapiteln (2. Kor 8f.) auf dem Hintergrund eines guten Verhältnisses zur Gemeinde werbend für die Kollekte zugunsten der Jerusalemer eintritt, um dann in 2. Kor 10–13 neben dem Gal die schärfsten und polemischsten Äußerungen zu schreiben, die wir von ihm kennen. Diese tiefgreifende Dissonanz läßt sich nicht einfach z.B. mit neuen Nachrichten, die Paulus während des Diktates erhielt, oder einer schlaflosen Nacht erklären: Wer 2. Kor 10–13 in so hartem, ironischem, ja teilweise sarkastischem Ton schreibt und alle apologetischen Register zieht, um die Gemeinde den Fremdmissionaren zu entwinden, denen sie zur Zeit weitgehend zustimmt, kann nicht unmittelbar vorher für Liebesgaben werben und sich dennoch einen Erfolg ausrechnen. Vielmehr muß gelten: Wer 2. Kor 10–13 nach der Werbung für die Kollekte anfügt, weiß, daß er diese Werbung torpediert. 2. Kor 10–13 setzen ein Klima zwischen Paulus und der Gemeinde voraus, in der jede Bitte im Sinne einer freiwilligen Geldsammlung zwecklos ist.

Nun haben 2. Kor 10–13 nicht nur schlechterdings keinen Zusammenhang mit 2. Kor 8f. und stoßen übergangslos aufeinander, sondern sind auch gegenüber allen anderen Aussagen im 2. Kor autark. Sie sind von der Textsorte (Apologie) und vom Inhalt her selbständig, zeigen einen dreiteiligen wohldurchdachten Aufbau, in dessen Zentrum die Narrenrede (11,16-12,13) steht, wie die entsprechenden Textsignale in 11,1.16f.19.21; 12,6.11 bezeugen, und haben mit 13,11-13 einen Briefschluß, der in der Typik 1. Thess 5,16ff.; Phil 4,4ff. gleicht und Stichworte aus 2. Kor 13,9 aufnimmt. Der Apologie fehlt vielleicht nur ein Briefanfang. Er wurde wahrscheinlich beim Anschluß an 2. Kor 9 abgetrennt und ging verloren. Das führt zu der These: Ein Redaktor hat 2. Kor 10–13 seiner Selbständigkeit als Brief beraubt und den Vier-Kapitel-Brief ohne Briefeingang als Block an den Schluß des jetzigen 2. Kor gestellt.

Diese literarkritische Operation reicht allerdings noch nicht aus, um die wechselnden Situationen und Brüche im 2. Kor erklären zu können. Bei näherem Zusehen kann man nämlich im 2. Kor drei verschiedene und nicht harmonisierbare Verhältnisse zwischen Paulus und der Gemeinde beobachten. Der eine Fall läßt sich so kennzeichnen: Paulus muß sich gegen Vorwürfe, die vor allem Fremdmissionare vertreten, verteidigen. Dabei geht es um die apostolische Lebensführung und die Art seiner Verkündigung (2. Kor 2,17; 3,1f.; 4,2f.; 6,3). Diese Vorwürfe werden nicht so exzessiv wie 2. Kor 10–13 behandelt, vielmehr stellt Paulus eine lange Darlegung über die geistgewirkte Freiheit des Evangeliums, die christliche Hoffnung und den apostolischen Versöhnungsdienst (2. Kor 3,4-6,2) ins Zentrum seiner Ausführungen. So will er vornehmlich durch positive Erörterung seinen Standpunkt beschreiben. Er tut dies im Wissen, daß die Gemeinde ihm im Grunde zugetan ist und noch ein gegenseitiges Vertrauensverhältnis besteht, so daß er mit einem warmen, väterlichen und werbenden Ton zur Gemeinde reden kann (6,11-13; 7,2-4). Paulus sieht demnach mit Argwohn auf die neuen Ereignisse in Korinth, nimmt die Kritik der Fremdmissionare an ihm ernst, aber rechnet damit, daß das bisher ungestörte gute Verhältnis zur Gemeinde dadurch keinen Schaden nimmt, ja daß er, auf es aufbauend, durch eine moderat polemische, weitgehend jedoch sachliche Darlegung seines Evangeliums-verständnisses die Gefahr von außen meistern kann.

Die zweite Situation läßt sich als Verschärfung dieser eben geschilderten verstehen. Es ist die in der Apologie 2. Kor 10–13 zutage tretende. Paulus nimmt nun die Vorwürfe der Fremdmissionare so ernst, daß er sich ihnen ausschließlich widmet. Er greift schonungslos an bis zur Verteufelung der Gegner (vgl. nur 2. Kor 10,2.12; 11,5 f.12-14). Er fühlt sich von ihren Vorwürfen so tief getroffen, daß er zu einem ganz außergewöhnlichen Mittel greift, um sich ihrer Vorwürfe zu erwehren: Er hält eine Narrenrede (11,16-12,13). Er merkt, es geht dabei nicht einfach nur um einzelne Vorwürfe gegenüber seiner Person – so sicher es die gibt –, sondern um das Verständnis des Evangeliums überhaupt (11,4). Wie er darum später den Judaisten die Verfluchung entgegenschleudert (Gal 1,6-9), so sind jetzt die Überapostel verkleidete Satansdiener (11,13 ff.), deren schlimmes Ende vorhergesagt wird (11, 15b). Auch sein Verhältnis zur Gemeinde ist aufs schwerste belastet und tief gestört. Er sieht die akute Gefahr, die Gemeinde ganz zu verlieren, denn sie stimmt weitgehend mit den Missionaren überein und ist entsprechend antipaulinisch orientiert (10,2.6.9-11; 11,2-5.18; 12,11-13.16). Paulus droht ihr und kündigt mehrfach bei seinem nächsten Kommen ein hartes Durchgreifen an (13,2 f.10): »Ich befürchte, daß ich euch bei meinem Kommen nicht so finde, wie ich euch zu finden wünsche, und daß ihr mich so findet, wie ihr mich nicht zu finden wünscht. Ich fürchte, daß es zu Streit, Eifersucht, Zorn, Konflikten, Verleumdung, übler Nachrede, Überheblichkeit und Ungehörigkeiten kommt...« (12,20). Schreibt so einer, der sich noch als Herr der Lage wähnt? Zwar erhofft Paulus noch die »vollständige Erneuerung« der Gemeinde, fordert ihre Rückkehr »zur Ordnung« ein (13,9.11), aber die solenne Aufzählung von gleich acht Beschreibungen des Zerwürfnisses und des fehlgeleiteten Dialogs demonstrieren, wie konfliktgeladen das gegenseitige Verhältnis zwischen Paulus und der Gemeinde geworden ist.

Die dritte Situation begegnet am Anfang des 2. Kor (1,1-2,13) und in dem Stück 7,5-16. Ihre Grundstimmung ist die Freude über die Aussöhnung (1,7.13f.): »Ich freue mich, daß ich in jeder Weise euch gegenüber Zuversicht haben kann« (7,16), so enden die Ausführungen. Paulus will »Helfer zur Freude« der Gemeinde sein und merkt an, daß sie »im Glauben fest verwurzelt« ist (1,24). Die Konflikte aus der Vergangenheit klingen nur noch am Rande an (1,12; 3,1). Sie sind nicht mehr aktuell, vielmehr gelten sie als überwunden. Auch der besondere Fall einer Beleidigung durch ein Gemeindeglied soll vergeben sein (2,5-8). Ein harter Brief, der zuvor geschrieben wurde, wird nun ebenfalls versöhnlicher interpretiert, so daß ihm nach Beilegung des Konfliktes etwas Schärfe genommen wird (2,4.9; 7,8f.). Die gegenwärtige Versöhnung erfordert gleichsam eine Nachbesserung in bezug auf sein Verständnis.

Da die erste Situation kaum in so demonstrativ versöhnlicher Weise, wie es in der dritten Situation geschieht, bewältigt werden mußte, führt ein Vergleich der Situationen auf eine historische Abfolge in der dargestellten Reihenfolge. Diese läßt sich durch weitere Beobachtungen stützen. Nach 13,1 faßt Paulus einen dritten Besuch ins Auge, nachdem ein zweiter für den Apostel unglücklich verlief, da Paulus durch viele gedemütigt wurde, die nicht zur Umkehr entschlossen waren, und sich ihnen gegenüber nicht durchsetzen konnte (12,21; 13,2). Dieser zweite Besuch muß nach der glücklichen Zeit des längeren Erstaufenthaltes liegen. Von ihm sprechen auch 1,15-2,11: Paulus muß seine geänderten Reisepläne rechtfertigen und stellt dabei klar: Einen weiteren Besuch mit betrüblichem Ausgang habe er vermieden und darum einen Brief »aus großer Bedrängnis und Herzensnot unter vielen Tränen« geschrieben (2,4), den Titus überbrachte (2,13). Der Brief stimmte die Gemeinde traurig, führte aber auch mit des Titus Hilfe zum Sinneswandel bei den Korinthern (7,6-16).

Diese Textaussagen führen zu der mutmaßlichen Abfolge: Nach dem zweiten Besuch ohne Erfolg schrieb Paulus den harten Brief, mit Titus als Überbringer, und später dann den Versöhnungsbrief. Es ist weiter klar, daß dann 2. Kor 2,14-7,4 vor dem harten Kampf um die Gemeinde selbst, also vor dem zweiten Besuch geschrieben sein muß, ist doch hier das Verhältnis zwischen Paulus und der Gemeinde noch gut und die Gefahr durch die Missionare als begrenzt eingeschätzt. Da Paulus nun weiter erst im Versöhnungsbrief von seiner ephesinischen Lebensgefahr spricht, der er fluchtartig entkam (1,8-10), muß alles davor Geschehene in die ephesinische Zeit vor der letzten dortigen Gefangenschaft plaziert werden (vgl. oben 7.1). Außerdem muß der erste noch gelassen wirkende Brief ein Mißerfolg gewesen sein. Daraufhin entschließt sich Paulus zum improvisierten Besuch in Korinth und erlebt ein so volles Desaster, wie er es nach unserer Kenntnis bei keiner anderen seiner Gemeinden anläßlich eines Besuches erfuhr. Mit der bald danach geschriebenen Apologie 2. Kor 10-13, d.h. dem Tränenbrief nach 2. Kor 2,4, hat er dann Erfolg.

Allerdings bleiben bei dieser Beurteilung der Lage immer noch einige Probleme offen, die kurz betrachtet werden müssen: Identifiziert man naheliegenderweise den harten Brief mit dem sog. Tränenbrief (2,4), ist zu fragen, wo es denn in diesen vier Kapiteln 2. Kor 10-13 um Tränen geht. Man liest von Aggression, Polemik, Ironie u.a.m., doch nicht eigentlich von Tränen. Diese Differenz löst sich aber auf, wenn man sieht, daß im Versöhnungsbrief der Apologie nicht neutral gedacht wird. Sie gibt keine genaue Inhaltsangabe für die Annalen der Geschichte, sondern will das belastende Vergangene und nun glücklich Überwundene ins bessere Licht rücken. Paulus will sagen: Den »aus großer Bedrängnis und Herzensnot« geschriebenen Brief – diese Kennzeichnung steht auch 2,4 voran – habe ich damals aus Angst um euch Korinther geschrieben und eigentlich nicht im Zorn, sondern mit tiefer Traurigkeit (»unter vielen Tränen«).

Ein weiteres Problem ist das Gemeindeglied, das Paulus bei seinem Zwischenbesuch beleidigte (2,5-11; 7,12). Von ihm ist nämlich nur im Versöhnungsbrief die Rede, nicht im Tränenbrief 2. Kor 10-13. Spricht das nicht gegen die Identifikation von 2. Kor 10-13 mit dem Tränenbrief? Auch dagegen läßt sich argumentieren. Es mag nämlich eingangs des Briefes ehedem davon die Rede gewesen sein. Doch ist das weniger wahrscheinlich, weil Paulus kaum in dieser persönlichen Angelegenheit gleichsam mit der Tür ins Haus gefallen sein wird. Es mag eher sein, daß Paulus absichtlich von diesem persönlichen Fall in der Apologie absah und diese Angelegenheit mit in 12,20f.; 13,2 versteckte, weil es ihm vordringlich darum ging, den Einfluß der Fremdmissionare zu bannen, wenn anders sonst Korinth für ihn ganz verloren war. Dies würde sich auch mit der Bemerkung 2. Kor 7,12 zur Deckung bringen lassen. Nachdem dann die Fremdmissionare abgezogen waren, was der Versöhnungsbrief voraussetzt, galt es, zwischen Paulus und der Gemeinde nur noch diesen internen Fall zum guten Abschluß zu bringen. Endlich ist zu bedenken, daß Titus mit der Apologie nach Korinth reist. Es ist gut vorstellbar, daß er Anweisung hatte, falls die Gemeinde für Paulus gewonnen werden konnte, diesen persönlichen Fall anzusprechen. Im übrigen ist ganz unklar, wie und warum das Gemeindeglied sich verletzend gegen Paulus stellte. Wer das wüßte, könnte die Beurteilung des ganzen Falles besser vornehmen. Wenn etwas Phantasie gestattet ist, kann folgende Erwägung vorgetragen werden: Bei diesem Gemeindeglied übernachteten die Fremdmissionare. Paulus forderte bei seinem Zwischenbesuch deren Abzug, wogegen sich dieses Gemeindeglied aus theologischer Sympathie für die Missionare und auch um des Gastrechts willen wehrte. Das geschah in einer Paulus sehr kränkenden Art. Dann wäre klar: Erst mußten die Missionare weg sein, bevor dieser Fall ins reine gebracht werden konnte. Die Apologie war dann zur Behandlung des Falles noch nicht geeignet.

Weiter ist bei dieser Rekonstruktion der Ereignisse aus dem 2. Kor noch nicht über 2. Kor 8f. entschieden. Beide Kapitel setzen voraus, Paulus ist in Mazedonien und schreibt an eine Gemeinde, die ihm zugetan ist und die er gerade in Mazedonien wegen ihres Eifers für die Kollekte sehr gelobt hat (vgl. oben 2). Es dürfte sich von selbst verstehen, daß diese Situation nur zu der des Versöhnungsbriefes paßt. Damit müssen aber nicht gleich beide Kapitel zu ihm gehören. Auf den ersten Blick machen nämlich beide für viele Exegeten einen selbständigen Eindruck und erregen wegen ihrer Parallelität den Verdacht, zwei verschiedenen Anlässen zuzugehören. Aber bisher ist es noch nicht recht gelungen, eine wirklich verschiedene Situation in beiden zu bestimmen. Auch gibt es wenig Sinn, zwei (fast) gleichlautende Schreiben kurz hintereinander zu derselben Gemeinde gesandt zu sehen oder bei den Adressaten hilfsweise zwischen Korinth und Achaja zu unterscheiden. Wir haben oben (vgl. 2) versucht zu erklären, warum Paulus möglicherweise so ausführlich über die Kollekte sprach. Auch ist es immer noch am einfachsten, 2. Kor 8f. nicht als gesondertes Schreiben, sondern als Abschluß des Versöhnungsbriefes zu erklären, weil sonst Titus am Schluß des mazedonischen Aufenthaltes des Apostels recht oft zwischen Korinth und Paulus hin- und hergependelt sein müßte. Wer jedoch eine kompliziertere Lösung für 2. Kor 8f. vorzieht, gewinnt sachlich keinen wirklichen Vorteil zum Verständnis der Ereignisse des 2. Kor.

Endlich sei noch einmal daran erinnert, daß wir 2. Kor 6,14-7,1 bereits oben (vgl. 1.1) als nachpaulinischen Zusatz eingestuft haben, und daß wir bisher zwei paulinische Briefe an Korinth kennengelernt haben: Kor A (1. Kor 5,9) und Kor B = 1. Kor, so daß nun der Ertrag der literarkritischen Erwägungen zum 2. Kor zusammengefaßt werden kann:

1. Fremdmissionare treffen in Korinth ein (2. Kor 2,17; 3,1; 5,12 und die Apologie durchweg).
2. Paulus reagiert noch relativ gelassen mit Brief C = 2. Kor 2,14-7,4 (ohne 6,14-7,1), den wohl Titus überbringt.
3. Der Mißerfolg des Briefes C führt zum paulinischen Zwischenbesuch, der mit einem harten Zerwürfnis endet.
4. Titus überbringt die Apologie = Brief D = 2. Kor 10–13 (Tränenbrief oder Vierkapitelbrief).
5. Die Gemeinde stellt sich auf die paulinische Seite. Die Missionare ziehen ab.
6. Paulus entkommt der ephesinischen Haft und schreibt auf dem Wege nach Mazedonien den Versöhnungsbrief = Brief E = 2. Kor 1,1-2,13; 7,5-16; 8f.

Blickt man auf die redaktionelle Arbeit der Zusammenfügung von drei Briefen zum jetzigen 2. Kor, so darf vermutet werden, daß der Bearbeiter wahrscheinlich – außer hier und da einige Briefeingänge und -abschlüsse, die als entbehrlich galten, – nicht viel ausgelassen hat, weil bei den Briefen C, D und E jedenfalls keine großen Lücken feststellbar sind. Das zwingt allerdings noch nicht notwendig zur Feststellung, er habe von den ehemals selbständigen Briefen nichts fortgestrichen. Jedoch ist es rein spekulativ, sich über fehlende Teile ein Urteil zu bilden. Man wird die Korrespondenz vom Ist-Zustand her beurteilen und voraussetzen, daß man damit die Lage auch hinreichend beschreiben kann.

Die inhaltlichen Gesichtspunkte für die Redaktion sind nur zu erahnen. Es mag sein, daß zunächst Brief E als Rahmen für Brief C benutzt wurde, damit der versöhnliche Grundton dominieren konnte und die Bitte um die Kollekte am Schluß zu stehen kam. Später ist dann Brief D angefügt worden, weil auch sonst gern die Warnung vor Irrlehrern, Spaltungen und Gefährdungen der Gemeinden am Ausgang von Reden, Briefen und Testamenten steht (Mt 7,21 ff.; Röm 16,1/ff. usw.). Der Redaktor mußte sich dabei über den Erfolg der Kollekte ja keine Gedanken mehr machen. Die Briefe, die die Redaktion zum 2. Kor zusammenfügte, waren ja nicht mehr wegen ihrer historischen Problemlage von Interesse, sondern als allgemeine Erbauung und Mahnung für die Kirche. Sie konnte den 2. Kor auf je ihre Weise für sich aktualisieren, ohne auf die konkreten korinthischen Probleme Rücksicht zu nehmen.

8.4 Ekstase oder Versöhnungsdienst

Die Briefsammlung des 2. Kor zeigt eine längere und sehr kontrovers geführte Diskussion um die in Korinth eingedrungenen Fremdmissionare. Was sind die theologischen Pointen des Streites, was ist sein Ertrag für die paulinische Theologie und das paulinische Selbstverständnis? Wer unter diesen Gesichtspunkten die Korrespondenz sichtet, stellt zunächst im Vergleich mit dem 1. Kor fest: Die bunte Vielfalt der Lebenswirklichkeit ist verschwunden. Es werden nicht einzelne Themen behandelt, die das Leben der Gemeinde untereinander bestimmen (z. B. Parteiungen, Herrenmahlfeier, Gottesdienst) oder ethische Probleme im Innenverhältnis (z. B. Ehefragen, Bruderliebe) oder Außenverhältnis (z. B. ein Streit vor Gericht, das Essen von Götzenopferfleisch) besprochen. Es werden auch nicht Aspekte und Einzelthemen der Trias Glaube – Liebe – Hoffnung kontrovers diskutiert, so daß man aus dieser Fülle erst durch wiederholtes Lesen und Bedenken ein Gesamtbild des Enthusiasmus erstellen kann, der als Grundhaltung bei vielen der benannten Phänomene des 1. Kor in Rechnung zu setzen war. Vielmehr ist im 2. Kor alles in eigentümlicher Weise auf die nicht ausgleichbare Spannung zwischen dem geistlichen Selbstverständnis und der entsprechenden Selbstdarstellung der Fremdmissionare einerseits und auf die analoge paulinische Position andererseits zugeschnitten. So sind die neu in die Gemeinde eingedrungenen Wandermissionare die entscheidende Voraussetzung des 2. Kor. Nicht einzelne dogmatische oder ethische Probleme geben der Kontroverse die Prägung, sondern die grundsätzliche Frage nach dem wahren Verständnis eines Apostels und seiner Verkündigung: Wer kann apostolisches Selbstbewußtsein beanspruchen, und wie soll er sich äußern, wenn der Dienst am Evangelium Jesu Christi dazu Maßstab ist?

Diese Fragestellung wie ihre Durchführung weisen auch sofort den Unterschied zur Problemlage im Gal (vgl. unten 11) auf: Zwar sind die Fremdmissionare in Korinth auch ehemalige Juden (2. Kor 11,22) wie die Judaisten in Galatien, aber ihr christliches Selbstverständnis läßt sie nicht für Beschneidung und Gesetz eintreten. Darum spielt ihre jüdische Herkunft keine besondere Rolle mehr. Sie sind keine Judaisten, haben keine Beziehung zur Jerusalemer Urgemeinde, berufen sich nirgends auf eine große judenchristliche Gestalt (z. B. auf Petrus). Sie haben vielmehr ihr Judentum ebenso abgelegt wie Paulus und viele andere Christen der ersten Generation des Urchristentums. Sie würden die Beschneidungsforderung ähnlich wie Paulus als Rückkehr unter die durch Christus überwundene Gesetzesobservanz ablehnen. Sie werden mit Paulus formulieren können: »Wo der Geist des Herrn ist, ist Freiheit« (2. Kor 3,17). Sie harmonieren gerade auch darum mit der korinthischen Gemeinde so gut, weil sie wie diese heidenchristlich leben und in bestimmten Geisterfahrungen das Christentum verwirklicht sehen. Sie sind Enthusiasten, die die Korinther gegen Paulus und seine Kreuzestheologie unterstützten und denen die Korinther zeitweilig gern ihr Gehör liehen, weil sie gegenseitig enthusiastische Sympathie erfuhren.

Haben die zugewanderten Missionare dann keine gegenüber Paulus abgehobene Lehre vertreten, z. B. in der Christologie, Eschatologie oder Anthropologie? Das mag sein, ist aber aus dem 2. Kor nicht mehr mit hinreichender Deutlichkeit zu erheben, weil Paulus sich darauf konzentriert, die Unterschiede als zwei sich ausschließende Weisen des Verständnisses vom christlichen Apostolat und von seinem Auftrag zu beschreiben. Natürlich sieht auch Paulus, daß die enthusiastische Erfahrungstheologie ein eigenes Verständnis von Religion und Theologie impliziert (2. Kor 11,4). Er entfaltet auch ausdrücklich inhaltlich sein Verständnis des Evangeliums und Apostolats (2. Kor 3,4-6,2). Aber er polemisiert nicht gegen einzelne Details einer anderen Theologie, sondern gegen ihren Ansatz. Er will zeigen, wie und warum sich im Grundsatz ein Verständnis des Apostolats aufgrund der Kreuzestheologie und eine Auslegung des Apostolats aufgrund bestimmter gegenwärtiger Geisterfahrungen ausschließen.

Es sieht auch so aus, als hätte Paulus insoweit das Grundanliegen der Fremdmissionare richtig getroffen. Wer das Erleben der ekstatischen Zugehörigkeit zur himmlischen Welt zum Ansatz des Christentumsverständnisses macht und die Demonstration der Überlegenheit gegenüber allem Irdischen als unmittelbare Folge solcher enthusiastischen Unmittelbarkeit mit dem erhöhten Herrn betrachtet, der wird zwar alle christliche Überlieferung in diesem Lichte sehen, muß aber nicht eigens eine Theologie entwerfen, die man wie z. B. den Doketismus im 1. Joh dann als Häresie verdammen kann. Das geistliche Erleben kann durchaus Vorrang vor aller theologischen Lehrentfaltung haben. Je höher die Unmittelbarkeit mit Christus aufgrund jenes Erlebens geachtet wird, desto geringer kann eine Lehrbildung im einzelnen im Blickpunkt stehen und erforderlich sein. Ekstatisches Erleben transformiert in himmlisches Sein. Das ist allemal wichtiger als späteres Nachdenken darüber, was sich nun im Nachhinein als Lehre ausformulieren läßt. So etwa können die Missionare gedacht haben. Ihr Missionsziel kann also allein darin bestehen, überall das Feuer des Geistes zu entzünden und zur ekstatischen Erfahrung aufzurufen. Wer also den Gegnern des Paulus eine ausgebaute Häresie unterstellen will, muß sich fragen lassen, ob er nicht vielleicht etwas sucht, was historisch gar nicht vorhanden war. Selbst wenn es jedoch einmal vorhanden gewesen sein sollte, bleibt immer noch die Begrenzung für eine Rekonstruktion, die durch die Art und Weise gegeben ist, wie Paulus mit den Missionaren umgeht. Sie liegt in einem Doppelten: In der Wahl einer Grundsatzdiskussion, allein konzentriert auf das Apostelverständnis und seinen Verkündigungsauftrag, und in der typischen polemischen Anlage der Auseinandersetzung (vgl. oben 7.2).

Diese Konzentration auf einen entscheidenden Punkt in einer polemischen Situation ist im übrigen Paulus durchaus auch sonst geläufig, ja sie kennzeichnet geradezu seine Art, solche Diskussion zu führen: So wissen wir über die Parteiungen in Korinth nach 1. Kor 1–4 so wenig, weil Paulus, die Einzelphänomene zurückstellend, grundsätzlich erörtert, warum Rivalität innerhalb der Gemeinde dem Wesen des Evangeliums widerspricht (vgl. oben 8.2). Oder ein anderes Beispiel: In der Rede gegen Petrus nach Gal 2,14-21 (vgl. 5.3 und 11.2) spitzt Paulus das Problem auf die abschließende Feststellung zu: Wenn durch das Gesetz Gerechtigkeit erlangt werden kann, dann ist Christus umsonst gestorben. Diese vermehrbaren Beispiele zeigen, daß diese Art zu diskutieren von Paulus oft gewählt wird.

Nun hat man freilich immer wieder versucht, eine Theologie der Gegner zu rekonstruieren. Dabei steht naturgemäß die Frage nach ihrer Christologie im Mittelpunkt des Interesses. Dazu gibt es Vorschläge von einer doketischen und damit gnostischen Christologie über eine jüdisch-hellenistische Christologie des Gottmenschen (theios aner), verbunden mit der Pflege einer entsprechenden Jesustradition, bis zu einer Konzeption, nach der Jesus der zweite Mose und eschatologische Prophet ist (was man mit der Gottmenschchristologie gut verbinden kann). Es hat fast den Anschein, als wolle man die breite religionsgeschichtliche Palette der damaligen Zeit angesichts der dürftigen Hinweise im 2. Kor selbst einmal durchprobieren. Jedenfalls zeigt der Variantenreichtum, wie wenig eindeutig die Beweislage und wie hypothetisch die konstruktive Anstrengung dabei ist. An zwei Beispielen soll dies näher erläutert werden.

Man hat die Antithetik von altem und neuem Bund in 2. Kor 3,4-18 dazu benutzt, um aus dem schwierigen Text eine Vorlage zu rekonstruieren. Sie soll, auf Ex 34 aufbauend, positiv von Mose handeln und Jesus als Vollender des Mose verstehen. Paulus hingegen soll in seinen Ausführungen gegen den alttestamentlichen Text im Lichte des neuen Bundes die Auffassung antithetisch abwerten. Die Vorlage soll die Theologie der Fremdmissionare widerspiegeln, so daß Paulus ihre Position dadurch zu überwinden versucht, daß er den biblischen Text und die gegnerische Position zugleich umdeutet und seine eigene antithetisch dazusetzt. Ganz abgesehen von der Fragwürdigkeit einer so genauen Rekonstruktion einer zu Paulus konträr (!) stehenden Vorlage, ist die Ansiedlung derselben bei den Gegnern eine reine Vermutung. Der bloße Verweis auf die jüdische Herkunft der Missionare (2. Kor 11,22) kann natürlich solche Annahme nicht sichern. Vor allem aber würde Paulus durch dieses Verfahren sich selbst in ein solches Zwielicht stellen, daß man ihm das kaum zutrauen kann: Wie will der Apostel jemanden überzeugen, dessen heiligen Text und dessen eigenes Verständnis desselben der Gegner regelrecht umbiegt? Man muß vielmehr annehmen, weil Paulus sich mit Korinth und den Missionaren in der entsprechenden Abwertung des alten Bundes einig ist, kann er diese sicherlich nicht neu konzipierte Exegese zu Ex 34 (vgl. oben 5.5) benutzen, um sein Verständnis des Evangeliums und seines eigenen Auftrages zu unterbreiten.

Im Brennpunkt des Interesses bei der Suche nach einer gegnerischen

Christologie steht neben 2. Kor 5,16 (dazu vgl. oben 5.6) auch 2. Kor 11,4, wo man aus der Formulierung, der Gegner »verkündige einen anderen Jesus«, folgerte, die Gegner hätten in bezug auf den irdischen Jesus eine doketische Lehrmeinung oder ein Gottmensch-(theios aner)-Verständnis des Irdischen. Nun kann Paulus zwar ab und an wohl durch absoluten Gebrauch von »Jesus« (ohne z. B. »Jesus Christus« zu sagen) ausdrücken, daß er speziell den Irdischen meint (2. Kor 4,10f.; Gal 6,17), aber er benutzt auch einfaches »Jesus« wie »Jesus Christus« oder »Jesus, der Herr« (vgl. nur Röm 3,26; 8,11; 2. Kor 4,14; 1. Thess 1,10; 4,14). Die Formulierung in 2. Kor 11,4 ist also von daher nicht eindeutig, zumal Paulus im Kontext (11,2f.) unmittelbar davor den Christustitel verwendet. Doch muß vor allem daran Kritik geübt werden, daß man den Zusammenhang der Aussage ganz vernachlässigt. Im vollen Wortlaut steht dort: »Ihr nehmt es gut und gerne hin, wenn irgendeiner kommt, einen anderen Jesus verkündigt, den wir nicht verkündigten, oder wenn ihr einen anderen Geist empfangt, den ihr (von uns) nicht empfangen habt, oder ein anderes Evangelium, das ihr (von uns) nicht angenommen habt.« Man wird dabei den Dreiklang Christologie, Pneumatologie und Verkündigung nicht auseinanderreißen dürfen. Vielmehr will der Satz als ganzer und in seiner Funktion im Kontext betonen, daß diese drei Grundelemente, die für eine Beschreibung des ganzen Christentums stehen, bei den Gegnern anders als bei Paulus verstanden werden. Paulus hebt nicht auf eine andere Lehre über den Irdischen ab, sondern auf ein anderes Christentumsverständnis überhaupt. Gegenüber stehen sich Kreuzestheologie und Enthusiasmus.

Hat also die Suche nach einer zu Paulus konträr stehenden Christologie angesichts der Quellenlage wenig Sinn, kann man sich um so konzentrierter auf die Beschreibung des breit ausdiskutierten Gegensatzes in bezug auf das Verständnis des Apostolats einlassen. Innerhalb der korinthischen Korrespondenz geschieht diese Diskussion zunächst in Brief C, der fast ganz, nämlich in 2,14-6,10, in einer im einzelnen oft besonders schwer verständlichen, in den großen Linien jedoch klaren Darlegung des paulinischen apostolischen Dienstes sein Zentrum hat. Paulus betrachtet dabei seinen Verkündigungsdienst unter zwei Gesichtspunkten: Zunächst unter dem Aspekt der göttlichen Herrlichkeit (2,14-4,6 = Teil I), dann unter dem Leitgedanken der irdischen Nichtigkeit und Schwäche der apostolischen Existenz (4,7-6,10 = Teil II). Teil I beginnt den großen gedanklichen Bogen mit dem Bild des Triumphzuges der christlichen Verkündigung. Gott veranstaltet ihn. Paulus ist das Mittel, mit dem Gott ihn durchführt (2,14-16). Auf das Ende des Bogens stößt man in 4,5f. Hier beschreibt Paulus, wie der siegreiche Triumphzug Christi (2,14) zu seinem Ziel kommt: Im Evangelium wirkt die Macht des Schöpfergottes. Sie erleuchtet die Herzen, so daß in ihnen die Erkenntnis der Herrlichkeit Christi Platz greift, die die Gläubigen von Herrlichkeit zu Herrlichkeit verwandelt (vgl. 3,18).

Unter diesem Bogen der Verherrlichung der Macht und des Inhalts des Evangeliums steht zentral die Grundfrage, wer zum Dienst an diesem Evangelium fähig ist (2,16c). Die erste Antwort liest man 2,17-3,3: Paulus ist dazu erwiesenermaßen fähig, weil durch ihn als Apostel die Korinther die Kraft des Evangeliums, d.h. den Geist des lebendigen Gottes, an ihren Herzen erfahren haben als die sie verwandelnde und heilschaffende Macht, sind sie doch paulinischer Missionserfolg. Die zweite Antwort (3,4-11) lautet: Gott selbst hat Paulus befähigt, Diener des neuen Bundes, also des lebendigmachenden Geistes zu sein. Eine dritte Antwort folgt in 3,12-18: Paulus kann seinen Dienst so ausüben, daß er – ohne etwas verbergen zu müssen – mit großer Offenheit die Herrlichkeit des Herrn verkündigen kann. Endlich folgt in 4,1-6 eine letzte Antwort, in die das Bogenende 4,5 f. integriert ist: Die offene Wahrheitsverkündigung führt nicht überall zum erwünschten Ziel, sondern vollzieht zwischen Gläubigen und Ungläubigen eine Scheidung. Der Erfolg des Evangeliums ist ambivalent.

Groß ist die Macht und Herrlichkeit des Evangeliums von Jesus Christus! So könnte man diesen Teil I überschreiben. Die Gegner des Apostels werden die triumphatischen Aussagen als solche sicher gern gehört haben. Insbesondere werden der Triumphzug über den Tod und die unmittelbare innere Erleuchtung und Verwandlung, wie sie durch die Enden des Bogens zum Ausdruck kommen, willige Zustimmung erfahren haben. Das sind Worte und Gehalte, die die Missionare und Korinther gern hörten. Paulus wird das wissen und bei dem Briefkonzept bedacht haben. Der Streit wird darum gehen, ob der Befähigung, die Paulus für diesen Dienst in Anspruch nimmt, von den Missionaren applaudiert wird. So sieht offenbar Paulus auch selbst die Gesprächslage, denn die Frage, wer ist dazu (d.h. zum Dienst am Evangelium) befähigt (2,16c), wird nicht allgemein beantwortet, sondern so erörtert, als lautete sie: Bin etwa ich nicht dazu befähigt?

Vor allem kommt nun mit dem Teil II diese Problematik mit der persönlichen Note voll zum Zuge. Hatte Paulus die Theologie der Herrlichkeit des Evangeliums steil ausgezogen, indem er von sich absah – er ist nur Instrument im Triumphzug (2,14); die Gemeinde ist Christi Werk (3,2f.); die paulinische Befähigung zum Dienst kommt von Gott (3,5);

Paulus verkündigt nicht sich selbst, sondern Christus (4,5) –, so schildert er nun seine apostolische Existenz in zugespitzter Weise mit Niedrigkeits- und Nichtigkeitsprädikaten in dem Wissen, dies wollen seine Gegner als Kriterien für ein Apostolat nicht hören. Sie wollen vielmehr die Unmittel- barkeit göttlicher Erkenntnis und die Verwandlung in die Herrlichkeit Christi zum Anlaß nehmen, sich selbst als schon Vollendete darzustellen. War das nicht der alte korinthische Geist, gegen den sich Paulus schon im 1. Kor wandte (vgl. 1. Kor 2,10ff.; 3,7f. und oben 8.2)?

Wir halten hier für zwei Zwischenbemerkungen inne, für eine formale und eine inhaltliche. Formal ist festzuhalten, daß Paulus auch sonst einen ersten, den Konsens beschreibenden oder stiftenden Teil formulieren kann, um daraufhin die Kontroverse auszutragen: In 1. Kor 15 wird z.B. im Streit um das Verständnis der Auferstehung zuerst die gemeinsame und unbestrittene Basis beschrieben (1. Kor 15,1-11), um dann daraufhin die Kontroverse auszutragen und der paulinischen Lösung zuzuführen. Oder: In Gal 3,1-5 fordert Paulus die Galater auf, sich an die zwischen Paulus und den Galatern gemeinsame Erstmission zu erinnern, um an- schließend den Streit um Gesetz und Evangelium auszutragen. Als ein letztes zufällig gegriffenes Beispiel soll 1. Kor 8 dienen: Wiederum leitet Paulus die Diskussion um das Götzenopferfleisch mit dem Konsens ein (8,1-6). Danach bezieht er im anliegenden Streitfall Position.

Zur inhaltlichen Beobachtung: Es ist erstaunlich, mit welcher Beharr- lichkeit der Apostel die Alleinwirksamkeit und Macht des Wortes Gottes und die Kreuzestheologie mit ihren für Korinth wichtigen Aspekten (Kreuz Christi als Inhalt des Evangeliums, Leiden des Apostels, Schwach- heit der paulinischen Rede) vom 1. Kor zum Brief C durchhält. Es ist ebenso auffällig, wie er diese theologische Position dort und hier mit so unterschiedlichen sprachlichen Mitteln, vorgegebenen Traditionen und verschiedener konzeptioneller Gestaltung der Briefabschnitte zum Zuge kommen läßt. Für die Durchdringung eines Problemfeldes und die schöp- ferische Darlegung desselben hat Paulus zweifelsfrei – gerade auch im Verhältnis zum frühen Urchristentum – eine auffällig hohe Begabung.

Im einzelnen läßt sich der Teil II so beschreiben: Der Einsatz in 2. Kor 4,7 markiert den neuen Gesichtspunkt: »Diesen Schatz« – nämlich das die Herzen verwandelnde Evangelium, das gerade so hoch verherr- licht wurde – »haben wir in zerbrechlichen Gefäßen, damit die übermäch- tige Kraft (allein) von Gott und nicht von uns kommt«. Formal wie in Teil I wird auch dieses Mal von diesem Anfang der Bogen bis zum Schluß geschlagen: »Wir sind arm und machen doch viele reich; wir haben nichts und haben doch alles« (6,10). Alles, was dazwischen ausgeführt wird, dient dieser Dialektik. Vier Gedankenschritte sind zu erkennen. Im ersten Abschnitt (4,7-15) wird zunächst in vier Diastasen »das Todesleiden Jesu am Leib« des Apostels beschrieben, damit so auch »das Leben Jesu« sichtbar werden kann (4,7-10). Solche Leiden des Apostels, in denen er die Erfahrung macht, von Gott nicht verlassen zu sein, haben das missionarische Ziel, Menschen aufgrund der Alleinwirksamkeit des Evangeliums zu gewinnen, und nähren die Hoffnung, daß Paulus und seine Gemeinden zusammen an Jesu Auferweckung teilnehmen werden (V. 11-15). Mit analogem Stil wie der erste Abschnitt setzt auch der zweite (4,16-5,10) ein (4,16-18). Er stellt das Abtöten des irdischen Menschen zum gleichzeitigen Erneuern des inneren Menschen in dialektische Spannung, um dann (wiederum ganz analog zum ersten Abschnitt) begründend (vgl. 4,11) fortzufahren, wie diese Spannung in der zuversichtlichen Hoffnung auf himmlische Beheimatung beim Herrn einmal ihre Auflösung erfahren wird (5,1-10). Auch der dritte Abschnitt ist formal ähnlich wie die ersten beiden aufgebaut (5,11-6,2: a. 5,11-13; b. 5,14-6,2). Er entfaltet, wie Paulus unter den in den beiden vorhergehenden Abschnitten besprochenen Bedingungen nun inhaltlich das Evangelium verkündigt, das die Botschaft von der Versöhnung enthält, wie sie durch das Kreuz Christi begründet wurde. Im letzten Abschnitt (6,3-10) faßt Paulus abschließend die Beschreibung seiner apostolischen Existenz zusammen: Paulus gibt niemandem Anstoß und erweist sich als Gottes Diener: in den Bedrängnissen, im Umgang mit den christlichen Gaben des Evangeliums und in den Widersprüchlichkeiten von Verkanntsein und Anerkanntsein.

Der kurze Gang durch den Brief C macht im Rückblick zweierlei deutlich: 2. Kor 2,14-6,10 sind nicht inhaltlich fragmentarisch. Was immer sonst bei der Redaktion fortfiel, was erhalten ist, ist thematisch und formal gut gerundet. Inhaltlich zeigt der Brief C, wie Paulus persönlich in seinem Dienst als Apostel angegriffen ist und darum das Verständnis seines Dienstes beschreiben muß. Die Bezeichnung »Dienst« für die missionarische Tätigkeit ist dabei allgemein urchristlich (Röm 12,7; 1. Kor 12,5; vgl. Röm 16,1; 1. Kor 3,5), jedoch wohl eine besonders von den Fremdmissionaren beliebte Kennzeichnung ihrer Tätigkeit, denn nirgends kommt dieser Wortstamm so oft vor wie im 2. Kor. Nach 2. Kor 11,23 nennen sich die Missionare ausdrücklich »Diener Christi« (vgl. 11,15). Paulus bedient sich also ihrer Sprache, ohne einem ihm ganz fremden Ausdruck zu folgen. Dabei legt er seine Argumentation vornehmlich so an, daß er der Gemeinde seine Position deutlich macht. Nur ab und an macht er in direkter Weise klar, daß er jetzt über die Fremdmissionare redet. Stil und

Gedankengang sind dann zugleich von der Gegenüberstellung zweier Standpunkte geprägt (so 2,17; 3,1.5; 4,2f.5; 5,12f.; 6,3f.), den einen lehnt er ab (Vordersatz mit Verneinung), den anderen setzt er positiv dagegen (Stil: »sondern...«). Darüber hinaus mag es auch noch indirekte und versteckte Anklänge an das gegnerische Verständnis geben, aber sie sind unsicher. Darum soll besonders auf die eindeutigen, weil offenen Hinweise abgehoben werden.

Die Anlage des Briefes, so sagten wir, macht klar, daß die Frage nach der persönlichen Eignung zum apostolischen Dienst (2,16; 3,5f.; 5,5) kontrovers ist. Nach paulinischem Urteil »schreiben« die Gegner »sich selbst etwas zu«, Paulus hingegen gründet seine Befähigung allein auf Gott (3,5). Die Gegner »rühmen sich« unter Verweis auf sich und ihre Fähigkeiten (5,12). Die Fortsetzung in 5,13 macht einsichtig, daß die Fähigkeiten ekstatische Erfahrungen sind. Aber wie schon 1. Kor 14,13-19 will Paulus diese nur im privaten Gegenüber zu Gott machen, die Mission und Gemeindepredigt hingegen als verstehbare Rede vorgetragen wissen. Darum schweigt Paulus in 2. Kor 2,14-6,10 von eigenen Ekstasen ganz und entfaltet – im Sinne von 1. Kor 14 – sein apostolisches Verständnis des Evangeliums als »verstehbare« Rede, indem er die von Gott durch Christus bereitete Versöhnung auslegt (5,14ff.). Er wird später im Brief D nur gezwungenermaßen als Narr in Christus auf besondere pneumatische Erfahrungen eingehen (11,1ff.). Paulus wird dort paradoxerweise seine ekstatische Himmelsreise ohne für die Gemeinde erkennbare Offenbarung schildern, jedoch die Antwort auf seine Bitte um Befreiung von seiner Krankheit allen kundtun, weil sie gemeinderelevant ist und das Verständnis seines Apostolats von der Kreuzestheologie her göttlich autorisiert.

Aus diesen Beobachtungen läßt sich schließen, daß die Gegner sozusagen Virtuosen der ekstatischen Erfahrung sind. Ihr »Rühmen« besteht in der Schilderung, was sie z.B. als Himmelsreisen erlebt haben, und in der demonstrativen Darstellung ihrer Ekstasen im Gemeindegottesdienst, so daß die Gläubigen dadurch mitgerissen werden. So werden also die Turbulenzen aus dem korinthischen Gottesdienst (vgl. 1. Kor 14) mit anderen Personen fortgesetzt. Solche Befähigung schreiben sie sich selbst zu: Wir können uns und die Gemeinde ekstatisch in den Himmel versetzen und so am Vollkommenen teilhaben und teilhaben lassen! Da sie Wandermissionare sind, ist es ihnen willkommen, wenn eine Gemeinde, die sie verlassen, ihnen schriftlich mit auf den Weg gibt, was sie in der Gastgemeinde, aus der sie gerade kommen, ekstatisch alles geleistet haben. Das sind wahrscheinlich die »Empfehlungsbriefe«, die Paulus 3,1 so energisch zurückweist und um derentwillen er überhaupt so allergisch auf eine Selbstempfehlung (5,13) reagiert.

Paulus läßt dagegen nur eine mögliche Empfehlung zu: Die Predigt vom Kreuz und der in ihr wirkende Geist ergreift die Herzen der Menschen, die dadurch von innen heraus von der Liebe Christi (5,14) überwunden werden. So verweist Paulus auch seinen korinthischen Gegnern gegenüber nicht auf seine Berufung. Sie ist nach seinem Verständnis ja nie ekstatische Ersterfahrung, aus der die Möglichkeit folgt, dauerhaft andere ekstatisch zu affizieren. Sie ist vielmehr einmalige Autorisierung zur verstehbaren Auslegung des Evangeliums, durch das Gott allein wirkt. Wo solche Alleinwirksamkeit des göttlichen Wortes Gemeinde schafft, dort ist der Apostel empfohlen (3,1-3). Auch wird klar, wieso Paulus die Tätigkeit der Missionare indirekt eine Selbstverkündigung nennen kann (3,5; 5,12): Er vermißt bei ihnen den geschichtlichen Rückbezug auf das »Gott war in Christus« (5,19) und diagnostiziert, daß ihre ekstatischen Erfahrungen Inhalt ihrer Verkündigung geworden sind. Wo die gegenwärtige Glaubenserfahrung die Bindung an das Kreuz Christi verliert, ist das Wort Gottes verfälscht (4,2f.). Die gegenwärtige Unmittelbarkeit ekstatischer Verschmelzung mit der Ewigkeit verdeckt die göttliche Heilstat in Christus. Diese gilt es vor dem Gewissen offenzulegen (5,11) und dazu gehört die apostolische Existenz als ein Gleichgestaltetsein mit dem Sterben Christi (4,9f.). So kontrastiert Paulus die Ekstase, die ansteckt und zur Weltüberwindung führt, mit der jedermann verstehbaren evangelischen Botschaft (5, 14ff.), die zum Gewissen und Herzen redet (3,3; 5,11), zum Glauben führt (4,13f.) und über die Erfahrung des Glaubens, wie Gott in der Verlorenheit und Nichtigkeit rettet (4,16ff.), die Hoffnung auf endgültiges Heil durch das letzte Gericht hindurch nährt (5,1-10).

Einen letzten Vorbehalt hat Paulus gegenüber den Missionaren. Er sticht ihm so in die Nase, daß er ihn gleich eingangs anmerkt: »Wir sind jedenfalls nicht wie die vielen anderen, die mit dem Wort Gottes ein Geschäft machen« (2,17). Die eingedrungenen Missionare lassen sich also den Einsatz ihrer pneumatischen Potenz bezahlen. Paulus hatte in dieser Angelegenheit schon einmal den Korinthern geschrieben (1. Kor 9,13ff.). Aber darauf geht er nicht wieder ein. Er konstatiert nur knapp seinen deutlichen Dissens. Mehr ist ihm dieser Teil des Problems hier nicht wert. Schon an 1. Kor 9 war deutlich, daß der paulinische Verzicht auf Unterhalt durch die Gemeinde die Ausnahme ist. Üblich und allgemein praktiziert war die Regel, daß Missionare von den Gemeinden ernährt werden. Wenn Paulus hier also die Missionare angreift, wird er nicht ohne weiteres auf Verständnis stoßen.

Man kann von diesem Bild der Fremdmissionare im Spiegel der paulinischen Polemik vielleicht einen Augenblick absehen, um wenigstens ansatzweise das Selbstverständnis der Ekstatiker zu beschreiben. Vielleicht werden sie gegen Paulus sagen, er komme vor lauter Reden über den Geist und über Christus nicht dazu, die Gemeinde in den Geist und zu Christus zu führen. Er binde nämlich die Gemeinde vor allem rückwärts an die Geschichte Jesu Christi und nicht an den jetzt Erhöhten. Hat nicht Christus das Kreuz überwunden? Warum soll man sich also an Überwundenes klammern? Das ist christologisch rückständig und unzeitgemäß, denn Christus ist jetzt der Erhöhte, dessen Geist die Gemeinde durchwehen soll, um mit ihm verbunden zu sein. Nach dem paulinischen Standpunkt ist Christentum für sie darum nur mittelbar gegeben. Es gilt aber, es als unmittelbare Geisterfahrung und direkten Bezug zum Erhöhten zu leben. Weil Paulus das nicht tut – also wohl offenbar gar nicht kann, da er den Beweis des Geistes und der Kraft nicht antritt –, ist er kein wirklicher Apostel. Die Gemeinde hat zu wenig, wenn sie ihm folgt. Das paulinische Anfangswerk in Korinth muß darum im Geist vollendet werden. Dazu sind sie gekommen, denn Evangelium und Glaube sind gut, Geist und Ekstase als himmlische Weltenthobenheit besser.

Der Apostel hoffte, mit Brief C würde er die Gemeinde wieder für sich gewinnen. Es kam anders. Der Konflikt verschärfte sich insbesondere auch durch seinen Zwischenbesuch (vgl. oben 7.1). Paulus greift danach abermals zur Feder und verfaßt die Apologie seines Apostolats, den Brief D (vgl. oben 8.3). Ein Rückblick auf den Brief C zeigt, wie Paulus Linien seiner Kreuzestheologie aus dem 1. Kor weiter auszieht. Ein Vorgriff auf Brief D ergibt, daß der Apostel in ihm die Kreuzestheologie noch zugespitzter gegenüber den Gegnern ausspielt.

8.5 Paulus als Narr in Christus

Im Rücken den Besuch in Korinth, der zum Desaster führte, zur Demütigung und Traurigkeit (2. Kor 10,1.10; 12,20f.), vor sich in der Planung einen neuen Besuch, der nur mit Drohgebärde und der Ansage harten Durchgreifens angekündigt werden kann (10,6.11; 12,20f.; 13,2), die Gegenwart belastet durch den Kampf gegen die »Überapostel« (11,5; 12,11) und ein tief gestörtes Verhältnis zur Gemeinde (11,7.12.19f.; 12,20f.; 13,9), die er dennoch eifersüchtig liebt (11,2; 12,14f.), – das sind keine guten Bedingungen für das Gelingen einer Kommunikation. Auch der

Brief selbst (2. Kor 10–13 = Brief D vgl. oben 8.3), den Paulus, zutiefst verwundet, aggressiv und mit voller Härte schreibt, beginnt sofort mit der Aufarbeitung von Vorwürfen gegen Paulus (10,1.7.10) und endet mit der Forderung der Unterwerfung (13,9.11a). Auch dies förderte sicher nicht den guten Ausgang des Gesprächs, das sich mehr wie ein Schlagabtausch darstellt. Und dennoch: Nicht Brief C, sondern dieser Brief hat die Gemeinde wieder Paulus zugeführt, ohne damit den möglichen Anteil des Titus an der Aussöhnung schmälern zu wollen (vgl. 8.3).

Im übrigen steigert sich das zu Brief C geäußerte Erstaunen (vgl. oben 8.4) beim Lesen dieser Apologie des paulinischen Apostolats noch einmal, wenn man bedenkt, in wie kurzer Zeit Paulus wiederum in so neuer, einfallsreicher und selbständiger Weise nochmals seine Kreuzestheologie konkretisieren kann. Die fantasievolle List, dies durch eine Narrenrede (11,16-12,13) zu tun, ist ein hohes Zeichen rhetorischer und konzeptioneller Fähigkeit des Apostels. Dies Urteil gilt, wie auch immer die Gegner über die paulinische Rhetorik gedacht haben mögen. Es lohnt sich gerade auch, etwa 1. Kor 1–4; Brief C und D als die wesentlichen Repräsentanten der paulinischen Kreuzestheologie zu vergleichen und dabei Entdeckungen zum wandlungsfähigen und schöpferischen Paulus zu machen, um einzusehen, wie groß die paulinischen Möglichkeiten waren, seinen theologischen Ansatz fortzuschreiben, sprachlich neu zu fassen und in bestimmten Grenzen zu verändern.

Die Apologie hat im Zentrum die Narrenrede (11,16-12,13), die auf das Offenbarungswort in 12,9a zuläuft. Dieses hat für die gesamte Rede grundlegende und normierende Bedeutung: Wenn die Überapostel sich der ekstatischen Zugehörigkeit zur himmlischen Welt rühmen, dann kann Paulus seine Kreuzestheologie, die sich der Schwachheiten rühmt und so der Kraft Gottes Raum gibt, auch mit seiner besonderen Offenbarung begründen, die er angesichts seiner Krankheit erfuhr: »Es genügt dir meine Gnade, denn meine Kraft kommt (gerade) in der Schwachheit zur vollen Entfaltung«. Dies ist die einzige persönliche Offenbarung, deren Inhalt Paulus der Gemeinde mitteilt angesichts der vielen, von denen wohl die Überapostel zu berichten haben. Mit dieser einen entwertet er alle anderen und macht den Weg frei für ein Verständnis der apostolischen Existenz im Sinne der Kreuzestheologie. So rahmt er um die Narrenrede je ein Teil, wobei sich Anfangs- und Schlußteil häufig in den Motiven entsprechen (vgl. 2. Kor 10,2a mit 12,14; 13,1 – 2. Kor 11,7ff. mit 12,14-18 – 2. Kor 10,2 mit 12,20ff.; 13,2b – 2. Kor 10,8 mit 12,19b – 2. Kor 10,7 mit 13,3 – 2. Kor 10,9-11 mit 13,10), weil sich jeweils der umstrittene Apostel vor denselben Problemen sieht.

Im Eingangsteil (10,1-11,15) geht der Apostel gleich gezielt auf drei Vorwürfe ein, die gegen ihn erhoben werden: In 10,1-11 argumentiert Paulus gegen den Vorwurf, er sei im persönlichen Auftreten schwach, jedoch in den Briefen gewichtig und stark (10,1.10). Dann kreist 10,12-18 um das Vergleichen, Sich-Rühmen und Sich-selbst-Empfehlen (10,12.13.18), worin die Gegner groß sind und Paulus klein machen. Endlich widmet sich Paulus in 11,1-15 dem Vorwurf, weil er im Reden ein Stümper sei, habe er nicht den Mut, sich von der Gemeinde ernähren zu lassen (11,6f.). Alle drei Abschnitte steigern sich in der Aggression und Abwertung der Gegner. 10,2.7 wird noch relativ verhalten auf die Gegner Bezug genommen. In 10,12f. werden sie schon regelrecht abgekanzelt. In 11,13-15 sind sie am Schluß betont satanisiert. Auf die drei Vorwürfe gegen ihn geht der Apostel in unterschiedlicher Weise ein. Den ersten wird er beim dritten Besuch – wenn es denn sein muß – entkräften (10,2.6.8.11). Eine gewisse Schwäche, die er im bisherigen Auftreten zeigte, gesteht er zu (11,21; 13.3 f.9). Für den dritten bittet er die Gemeinde um Verzeihung (12,13b), so daß nur der mittlere eine gründliche briefliche Behandlung erfordert. Sie geschieht in der Narrenrede. Damit hat Paulus abermals eine komplexere Diskussionslage auf einen – den für ihn theologisch entscheidenden – Punkt zugespitzt.

Die Narrenrede in der Mitte des Briefes birgt innerhalb ihrer Rahmung (11,16-21a; 12,11-13) ebenfalls drei Abschnitte: In 11,21b-33 steht der große Peristasenkatalog im Zentrum, mit dessen Hilfe sich Paulus seiner Schwachheiten rühmt. Ihm folgen die Schilderungen der beiden Offenbarungen (12,1-6.7-10). Der Schlußteil (12,14-13,10) kreist um die Vorbereitung der Gemeinde auf des Apostels drittes Kommen: Auch dann wird er der Gemeinde nicht zur Last fallen (12,14-18), aber hart durchgreifen (12,19-21) und in der Kraft Gottes auftreten (13,1-4), falls die Gemeinde sich nicht aufgrund des harten Briefes vorher selbst prüft (13,5-10). Von den Gegnern spricht Paulus im Schlußteil nicht mehr. Er setzt voraus, daß er es bei seinem Kommen nur noch mit der Gemeinde zu tun haben wird. Das soll wohl heißen, er wird nur kommen, wenn die Gemeinde vorher die fremden Missionare weiterziehen ließ. In der Tat hat die Gemeinde so reagiert, denn der Versöhnungsbrief geht von dieser Situation aus (vgl. oben 8.3): Paulus muß in ihm nur noch sein Verhältnis zur Gemeinde wieder ganz ins reine bringen, die eingedrungenen Missionare sind verschwunden.

Aus der Einsicht, daß die Narrenrede den für Paulus entscheidenden Kontroverspunkt anspricht, hat es Sinn, von ihr her den Brief D auszulegen. Die Rahmung derselben macht die Frontstellung klar: Die Gemeinde soll Paulus als Narr gewähren lassen. Sie soll es ertragen, daß er sich rühmt. Sie erträgt es ja auch, von den Überaposteln versklavt, ausgebeutet, vereinnahmt, anmaßend behandelt und ins Gesicht geschlagen zu werden: Fünf harte Beurteilungen des Auftretens der Gegner und zugleich Beschreibungen der Unfreiheit und Erniedrigung der Gemeinde. Zu solchen Verhaltensweisen ist Paulus zwar zu schwach, aber damit ist auch schon das Stichwort gefallen, wessen er sich rühmen will, nämlich seiner Schwachheiten (11,16-21a). Am Schluß faßt er zusammen: Gezwungenermaßen ist er zum Narren geworden, selbst wenn eigentlich die Gemeinde ihn vor den Überaposteln rühmen müßte. Hinter ihnen ist er in nichts zurückgeblieben, obwohl er nichts ist, denn die Zeichen des Apostels sind unter der Gemeinde von ihm vollbracht worden. Sie ist bei seiner Mission nicht zu kurz gekommen (12,11-13).

Die Rede des Selbstruhms hält Paulus der Gemeinde dann zunächst, indem er vor allem seine apostolischen Leiden aufzählt. Auf diese Weise ist er Diener Christi. Er strebt dabei wohl eine gewisse Vollständigkeit an. So trägt er offenbar nach dem Abschluß 11,30f. die Flucht aus Damaskus nach (11,32f.; vgl. formal 1. Kor 1,16), um nichts auszulassen, was seinem gegenwärtigen Gedächtnisstand entspricht. Auch will er erreichen, daß dieser Abschnitt über seine Leiden im Brief nicht kürzer ausfällt als die Schilderung der »Erscheinungen und Offenbarungen« (2. Kor 12,1). Dadurch enthält 11,21b-33 den längsten Peristasenkatalog, den Paulus je schrieb. Hat er sich so als Diener Christi seiner Schwachheiten gerühmt, werden die Fremdmissionare sich ihrer Stärken gerühmt haben. Sie verstehen sich als Diener Christi wegen ihrer ekstatischen Erfahrungen. Mit ihnen knechten sie die Gemeinde und beuten sie aus, legen ein anmaßendes Selbstwertgefühl an den Tag und spiegeln sich in ihren Offenbarungen. Weil Paulus das weiß, muß er selbst auf solche Erfahrungen zu sprechen kommen (12,1ff.).

Um die literarische Balance zu seiner Schwachheitsschilderung zu bekommen, wird er allerdings nun wortkarg: Mit zwei gleichgebauten und typisierten Sätzen (12,2 und 12,3f.) schildert er abständig zu sich eine Entrückung in den dritten Himmel, d.h. ins Paradies. So etwas dürfte eigentlich aus dem Stoff sein, aus dem die Ekstasen der Überapostel stammten. Sie übersteigerten ihre irdische Existenz durch ekstatische Himmelsreisen. Was hat Paulus auf solcher Reise erfahren, das den Selbstbekundungen der Überapostel analog wäre? Kann er der Gemeinde auch Spezialoffenbarungen verkündigen? Der Ertrag der Entrückung ist in dem kleinen überschießenden Schlußsatz 12,4b festgehalten: Seine Augen haben keine himmlische Topographie gesehen. Nur seine Ohren haben überhaupt etwas wahrgenommen, doch ist seine Zunge unfähig, die Laute auszusprechen.

Daß es die für die Gläubigen zubereitete himmlische Heimat (das Paradies) gibt, wußte der Glaube schon immer (1. Kor 15; 2. Kor 5,1 ff.; Phil 3,20 f.). Dieses Ewige blieb jedoch nun auch in der Ekstase unsichtbar (vgl. 2. Kor 4,18). Allen Christen bezeugt der Geist, Miterben mit Christus zu sein (Röm 8,16 f.). Doch unter den Bedingungen der Leiden der Jetztzeit (Röm 8,18; vgl. analog 2. Kor 11,23 ff.) gibt es nur ein Hoffen auf das, was Christen noch nicht sehen, wohl aber in Geduld erwarten (Röm 8,24 f.). Es hat auch keinen Wert, Christus im Himmel oder in der Unterwelt zu suchen, vielmehr ist er im Evangelium nahe (Röm 10,5-8), darum erfuhr Paulus in der Entrückung nichts zusätzlich Mitteilbares. Die »Ergebnislosigkeit« der paulinischen Himmelsreise ist also – mag sie bei den Überaposteln Kopfschütteln verursachen – für Paulus gerade Ergebnis, um dessentwillen er nun davon redet. Sie ist gut genug, um zu zeigen, daß es neben dem Evangelium keine Offenbarung mit eigenem Inhalt gibt. Es kann also dabei bleiben, was Paulus der Gemeinde schon zuvor schrieb: Den Schatz des Evangeliums – eine andere Offenbarung gibt es nicht – haben Christen wie Apostel nur in irdisch-zerbrechlichen Gefäßen (2. Kor 4,7; vgl. 11,23 ff.).

Das muß die Gemeinde nun nicht nur mühsam indirekt aus dem Ertrag der Entrückung, der keinen eigenständigen Ertrag sein eigen nennen kann, selbst erschließen. Paulus kann es ihr an einer weiteren Offenbarung direkt ausführen und damit auch den hermeneutischen Schlüssel zum Verständnis von 12,4b nachliefern (12,6-10). Wollte nämlich Paulus sich anders, als er es tat, und genauso, wie die Überapostel es in der Gemeinde tun, seiner himmlischen Erfahrungen rühmen, ist er durch seine Krankheit davon abgehalten. Wie, das kann Paulus wieder beredter schildern, weil er nun abermals bei seinen Schwachheiten angelangt ist. Er benutzt dabei die typische Sprache der Erzählung von Heilungswundern (stilgemäße Schilderung der Krankheit, der Bitte um Heilung und der autoritativen Antwort) und läßt auch das zweigliedrige Wort der Heilungsverweigerung (autoritativer göttlicher Bescheid und Begründung) in der Gestalt geprägter Sprache geformt sein. Paulus gibt die Offenbarung also in einem überindividuellen Sprachmuster wieder. Insofern sind Erfahrungswelt und nacherzählte Welt sicherlich zu unterscheiden. Inhaltlich ist in der Schilderung ausgesagt: Ein Engel Satans – Satan ist der Versucher (1. Kor 7,5; 2. Kor 2,11), der Paulus auch sonst hinderlich ist (1. Thess 2,18), der aber am Ende von Gott vernichtet wird (Röm 16,20), nun aber sich mit den Überaposteln verband (2. Kor 11,13-15) – hat einen Pfahl in

seinen Körper gestoßen. Paulus ist mit einer Krankheit belastet (vgl. oben
7.3), die ihn daran hindert, überheblich zu werden. Soweit die Krank-
heitsschilderung. Dann folgt die Bitte um Heilung. Dreimal – damit ist
angezeigt, daß jede weitere Bitte zwecklos ist – hat er Gott um Gene-
sung gebeten. Die himmlisch autoritative Antwort ist eine endgültige und
nacherzählbare Rede wie das Evangelium, weil sie seinem Grundsinn
entspricht. Damit ist Paulus wieder beim Thema des Peristasenkatalogs
aus 11,23 ff. Die »Erscheinungen und Offenbarungen« (12,1) führen zu
keinem anderen Ergebnis, als die von außen dem Apostel zugefügten
Leiden in seinem apostolischen Amt: Er soll der schwache Apostel sein,
damit die im Evangelium nahe Gnade Gottes sichtbar und alleinwirksam
ihre Macht erweisen kann. Darum will Paulus sich seiner Schwachheiten rühmen und nicht irgendeiner Stärke wie die Überapostel, die sich auf
ihre Ekstasen etwas einbilden. Er will seine Elendserfahrungen aller
Art bejahend annehmen, weil er dann nicht in den Himmel der Ekstase heraufsteigen muß wie die Missionare, sondern weil dann Christi
Kraft zu ihm herabkommt, nämlich als die Kraft des nahen Evangeliums (Röm 10,8f.). Darum ist er paradoxerweise stark, wenn er schwach
ist.

Damit zeigt sich, wie Paulus sachlich analog zum Brief C (vgl. oben
8.4) seine apostolische Existenz von der Kreuzestheologie her versteht
und in diesem Ansatz den eigentlichen Gegensatz zu den Gegnern sieht,
die die Todessignatur dieser Welt (1. Kor 15,26.54f.) im Überstieg in den
Himmel jetzt schon zu überwinden trachten. Paulus plädiert statt für
solchen Ausstieg aus irdischer Begrenztheit, Todesbedrohung, Schwäche
und Schmerz für die Annahme derselben, damit in, mit und unter ihnen
Erfahrungen mit dem jetzt (2. Kor 6,2) nahen (12, 9b) göttlichen Wort
von der Versöhnung (5,20f.) gemacht werden können. Damit stellt er sich
seinen Gegnern und der Gemeinde, indem er grundsätzlich sich mit diesen einig ist, daß sich seine apostolische Existenz – wie alle christliche –
glaubhaft darstellen muß. Die Glaubwürdigkeit wird nur ganz entgegengesetzt begründet wie bei den Missionaren. Diese bieten dafür das Außergewöhnliche an, die Erfahrung der Ekstase, die die irdischen Bedingungen hinter sich läßt. Sie werfen Paulus dann konsequent vor, er lebe noch
in diesen irdischen Gegebenheiten, das gerade sei verdächtig (10,2). Paulus insistiert auf einem Erfahrungsbeweis gerade mitten unter den widrig-
sten Weltbedingungen, damit sich darin die göttliche, also weltüberlegene
Kraft zu erkennen gibt (10,3; 12,7-9). Der andere Jesus, der andere Geist
und das andere Evangelium (11,4), kurz das andere Christentumsverständnis sind damit freigelegt.

Die systematische Durchdringung eines zunächst diffusen Problemfeldes und seine Durchleuchtung auf die darin sich äußernden Grundsätze hin ist zweifelsfrei auch sonst eine Stärke des Apostels. Allerdings hat er es dabei nie versäumt, die konkreten Einzelphänomene außer acht zu lassen. Dies geschieht in 2. Kor 10–13 vor der Narrenrede. Die Apostel (Rückschluß aus 11,5; 12,11) und Diener Christi (11,15.23), wie sie sich wohl selbst bezeichnen, leben nicht nur ihren Ekstasen, sie setzen das darauf basierende Überlegenheitsgefühl in Taten um: Sie treten persönlich imponierend auf, stellen sich auf Konkurrenz ein, indem sie ihre ekstatischen Vorzüge als apostolische Legitimationszeichen anpreisen, dies in rhetorisch gekonnter Weise tun und sich von der Gemeinde selbstverständlich ernähren lassen (Rückschlüsse aus 10,1-11,15; vgl. außerdem 12,11-13). Da Paulus das Gegenteil ist und tut, gilt er als abqualifiziert, da er sich konsequent dem Ausweis einer solchen Legitimation entzieht (vgl. 13,3). Das alles entspricht fast ganz genau der Lage im Brief C. Nur daß in der Apologie die Empfehlungsschreiben nicht ausdrücklich genannt sind, im Brief C hingegen noch die Frage nach der angemessenen Rhetorik des Evangeliums im Hintergrund steht. Besonders grell wirkt auch die Art, wie Paulus eingangs der Apologie gleichsam in einer geballten Ladung die Vorwürfe gegen ihn herausschleudert, sie zurückweist, bzw. zum Gegenangriff übergeht. Es ist denkbar, daß 2. Kor 10,1-11,15 den Diskussionsstand widerspiegeln, wie Paulus ihn vom Zwischenbesuch im Gedächtnis hat.

Will man den Fremdmissionaren historisch Gerechtigkeit widerfahren lassen, muß man feststellen, daß ihr Phänotyp im Hellenismus der urchristlichen Zeit nicht auffällig war, eher häufiger vorkam. Es ist Paulus, der sich davon von Anfang an betont absetzte. Die korinthische Gemeinde kannte also den Typ solcher »Überapostel« gut, ihr war viel eher das paulinische Verständnis seines Apostolats zunächst fremd. Denn was die Apg über die Athener berichtet, sie seien stets begierig, Neues zu hören (Apg 17,18-21), traf genauso für Korinther und alle die anderen hellenistischen Städte der Zeit zu. Die Marktplätze, Rhetoren- und Philosophenschulen sowie Knotenpunkte von Handelsstraßen waren schon immer Treffpunkte für umherziehende Heilskünder wie Sophisten, Goeten, Rhetoren, Zauberer und Wundertäter usw. Wanderprediger mit Heilslehren gab es genug, warum sollte sich nicht auch das Christentum solcher Werbemöglichkeit bedienen? Natürlich hat man sie nicht immer gleich wie im Falle von Paulus und Barnabas in Lystra als »Götter in Menschengestalt« angesehen und ihnen opfern wollen (Apg 14,11-13). Aber außergewöhnliche Kontakte und Beziehungen zur Götterwelt und

ihren besonderen Kräften hat man ihnen sehr oft zugetraut (vgl. Apg 8,9-
11). Und die Heilslehrer selbst haben natürlich ihre Beherrschung über-
menschlicher Kräfte und Fähigkeiten, ihre Souveränität dem nur Menschlichen und alltäglich Normalen gegenüber aufgrund ihrer göttlichen
Kraft, ihres geheimen Tiefenwissens über Kräfte der Natur ausgespielt.
Sie priesen ihre Fähigkeiten an, durch die die Menschen gestärkt werden
sollten gegenüber einem schlimmen Schicksal, befreit werden von schweren Krankheiten und Unheil, Freunde der Götter werden konnten, die
ihnen im Tode gnädig gestimmt und im Hades gütig sein würden. Sie
vermittelten ein Stück Schicksals- und Weltüberlegenheit, konnten zwar
das Los der Menschen nicht den Göttern angleichen, aber dem Menschen-
geschlecht doch begrenzt Anteil an göttlicher Macht und Vollkommenheit gewähren, zumindest Elend und Hoffnungslosigkeit lindern. Sie
konnten die Menschen die Nähe der Götter erfahren lassen und sie lehren,
daß die Menschen auch von dem Göttergeschlecht stammten (vgl.
Apg 17,28). Sie waren, als von den Menschen abgehobene göttliche Menschen, Mittler göttlicher Kräfte und Lehren.

Dies vertraten sie, verbunden mit einer demonstrativ herausgehobenen
Lebensweise: Im persönlichen Auftreten versuchten sie, durch besondere
Schönheit oder durch abstoßendes ungepflegtes Aussehen aufzufallen.
Die Konkurrenz war groß und für wirksame Reklame mußte man schon
zu besonderen Signalfarben greifen. Auch pflegte man im Habitus gern
eine besondere Distanz zum Volk, stellte betontes Imponiergehabe zur
Schau, durchschaute sofort Situationen und Personen und spielte die
Überlegenheit voll aus. Auch im Lebensstil hob man sich vom Üblichen
ab: Man lebte oft afamiliär, trug Armut und Genügsamkeit zur Schau und
lebte vom Bettel und von der Bezahlung für Rede, Wunder usw. (vgl.
Apg 8,18f.), ließ sich in die Häuser einladen, aber schlief auch oft in
heiligen Hainen, Tempelbezirken oder in freier Natur. Man lebte unstet
und ruhelos aus Prinzip und weil man nach kurzer Zeit auch allzuoft, als
Scharlatan entlarvt, aus der Stadt gejagt wurde oder vor dem Zorn betro-
gener Bürger fliehen mußte. Da keiner dieser Leute täglich Wunder vollbringen konnte oder demonstrative Taten (z. B. Verzückungen, Wahrsa-
gerei) vorführte, war man vor allem angewiesen, sich rhetorisch stark in
den Vordergrund zu spielen. Rede- und Disputiergewandtheit standen
hoch im Kurs. Wer hier nicht glänzen und die Menschen nicht durch
blendende Rhetorik überreden konnte, war in dem harten Konkurrenzge-
schäft bald ausgebootet. Aber natürlich mußte man seine charismatische
Kraft auch durch Taten nachweisen: Wundertaten, Weissagungen,
Traumdeutungen und ekstatische Ereignisse waren dafür beliebte Mittel.

Die Zeit war insgesamt recht wundersüchtig und erwartete übernatürliche Demonstrationen.

Zu diesem Phänotyp passen im groben auch die Fremdmissionare in Korinth. Sie ziehen umher, treten demonstrativ imponierend auf, besitzen eine überdurchschnittliche rhetorische Schulung, spielen sie voll aus, rühmen sich der besonderen Nähe zur himmlischen Welt, sind Ekstatiker und lassen die Gemeinde ihre herausgehobene Besonderheit deutlich spüren und sich natürlich selbstverständlich freihalten und bezahlen. So sind sie eine akute Hellenisierung christlicher Mission.

Auf diesem Hintergrund wird die Differenz zu Paulus noch einmal plastisch. Paulus tritt »schwächlich« auf, d. h. er vermeidet Imponiergehabe und war wohl auch wenig geeignet, diesen Stil zu pflegen. Er will aber auch die herausgehobene Distanz zur Gemeinde nicht, denn statt Macht zu demonstrieren und Abstand zu wahren, will er persönlich wie ein Vater oder eine Mutter Nähe zur Gemeinde haben (vgl. 1. Thess 2,7 ff.; auch 2. Kor 6,11 f.; 7,3 f.). Zwar ist auch seine Verkündigung begleitet von »Zeichen und Wundern« (2. Kor 12,12; Röm 15,19), aber diese sind nicht Inhalt seiner Lehre, noch haben sie je den Zweck, ihn selbst herauszustellen. Das eigentliche Wunder ist für ihn das sich selbst durchsetzende Evangelium. Wo Gemeinden aus der Evangeliumsverkündigung entstehen, da ist für ihn Gott am Werk. Für solches göttliche Wirken läßt er sich nicht bezahlen, obwohl auch er weiß, daß Missionare von den Gemeinden unterhalten werden sollen. Er gerät mehr in Verzückung als die damit reich begabten Korinther (1. Kor 14,18), aber das vollzieht sich privat. Er entzündet in der Gemeinde keine Massenverzückung oder demonstriert durch Entrückung seine Weltüberlegenheit. Er will nur eines: Das Evangelium als verstehbare Rede verkündigen, und vertraut auf den im Wort gegenwärtigen Geist, der Menschen überzeugt. Er will ihnen gerade den gekreuzigten und nicht den triumphierenden Christus vor die Augen malen (Gal 4,19; 1. Kor 1,18 ff.), und darum gehören auch seine Schwachheiten und Leiden zu seinem apostolischen Dienst. Darum will er nicht durch gezielte rhetorische Mittel beschwatzen und überreden (1. Thess 2,4 f.; 1. Kor 2,3 f.), wie es etwa die sophistische Rhetorik lehrte, sondern von der Sache her und an die Sache gebunden überzeugend missionieren. Er folgt damit einem z. B. ciceronischen Anliegen, aber doch wohl kaum um ciceronische Rhetorik schulmäßig zu vertreten. Denn für ihn begründet sich diese Position aus seinem Evangeliumsverständnis. Da er seine grundlegende Differenz zu den hellenistischen Konkurrenten schon in 1. Thess 2 – hier mehr allgemein – andeutet, wird man davon ausgehen, daß er bewußt von Anfang an hier auf

Distanz ging und einen Antityp darstellte. Sein Verhalten war ihm allein evangeliumsgemäß, doch konnte er so auch am deutlichsten aufzeigen, daß er kein Betrüger und nach persönlichem Gewinn Ausschau haltender Missionar war. Er stellte sich der Konkurrenz, indem er die Schwächen dieser Missionare (herrisches Auftreten, Bezahlung, oft auch Betrug) durch das Gegenteil in seiner Lebensführung überwand (vgl. 2. Kor 1,12; 2,17; 5,11f.; 7,2). Es darf vermutet werden, daß die Korinther – trotz des harten Briefes D – dies verstanden haben und vielleicht darum sich von den Überaposteln lossagten und sich wieder mit dem Apostel des gekreuzigten Christus aussöhnten. Auch wird man die paulinischen Aburteilungen seiner Gegner (z.B. 2. Kor 11,13.20) etwas besser verstehen können, wenn man sich in die gelebte paulinische Gegenposition hineinversetzt.

Von den weiteren Ereignissen zwischen Paulus und Korinth war schon die Rede (vgl. oben 7.1; 8.3). Paulus ist offenbar überglücklich, als er von Mazedonien aus den Versöhnungsbrief (Kor E) schreiben kann und seine geliebte Gemeinde wiedergewonnen hat: Aus dem großen Polemiker ist nun der auf Freude und Aussöhnung gestimmte Paulus geworden.

9. Die Missionsgemeinden als Hausgemeinden

9.1 Die soziale Wirklichkeit der Gemeinden

Die korinthische Korrespondenz und hier vor allem der 1. Kor gibt am deutlichsten Hinweise, wie es im Urchristentum um die allgemeine Sozialstruktur der Gemeinden bestellt war. Darüber hinaus lassen sich aus den Korintherbriefen in Verbindung mit anderen Briefen klare Konturen zur sozialen Organisationsform der jungen Kirchen als Hausgemeinden gewinnen. Beides hängt miteinander zusammen und soll darum gemeinsam erörtert werden.

Um im Blick auf die allgemeine Sozialstruktur zu einem tragfähigen Urteil zu kommen, muß zu Beginn das Augenmerk auf die generellen antiken Sozialverhältnisse geworfen werden. Es geht nicht an, daß man ideale oder neuzeitliche Gesellschaftsordnungen als Brille zur Beobachtung des frühen Urchristentums benutzt, vielmehr müssen die frühen Gemeinden der hellenistischen Städte aus ihrem damaligen sozialen Bedingungsgeflecht heraus beschrieben werden. Zur Kennzeichnung der sozialen Schichtung im römischen Reich in nachaugusteischer Zeit orientiert man sich am besten an einer Dreiteilung in Pyramidenform. Die oberste Spitze nahm der römische Stand der Senatoren ein, unmittelbar gefolgt vom Ritterstand. Beide Gruppen können zusammen als besonders kleine Spitze in der Pyramide betrachtet werden. Diese kleine Zahl stand umgekehrt proportional zu den Privilegien, die ihr von Geburt und Herkunft her eigen waren. Bei ihnen häuften sich nämlich Reichtum, Macht und Bildung. In diese Schicht ist das paulinische Christentum noch gar nicht eingedrungen. Umgekehrt bildete die breite Basis der Pyramide die besonders große Masse der Besitzlosen, Sklaven, Tagelöhner, Kleinhandwerker, Bauern usw. Dazu gehören die Landbevölkerung und das städtische Proletariat. Zwischen Oberschicht und Unterschicht stößt man auf die mittlere Schicht, die, durch kaiserliche Maßnahmen gefördert, vor allem in der urbanen Umgebung anzutreffen ist und es durch Handel, Produktion oder Dienstleistung zu relativem Wohlstand gebracht hatte. Wenn Paulus in den Städten missionierte, hatte er es vor allem mit diesem Besitzbürgertum und der unteren städtischen Schicht zu tun. Die Landbevölkerung spart er bei seinen missionarischen Bemühungen aus, weil er sich auf die hellenistischen Städte konzentrierte.

Von diesen Beobachtungen her kann man nun auf die korinthischen
Daten sehen. Es ist klar: Eine hausweise sich versammelnde Gemeinde
kann nur leben, wenn gutsituierte Bürger ihre Häuser dafür zur Verfügung stellen. Das tun z.B. Priska und Aquila (1. Kor 16,19; Apg 18,18f.;
Röm 16, 3), Krispus (Apg 18,8; 1. Kor 1,14), Stephanas (1. Kor 1,16;
16,15f.) und Gajus (Röm 16,23; 1. Kor 1,14), wohl auch Phöbe
(Röm 16,1f.). Man darf auch an ein Haus des Titius Justus (Apg 18,7)
und des Erastos (Röm 16, 23) denken. Die Grußliste in Röm 16 erwähnt
gleich mehrere Hausgemeinden. Andere wiederum (oder auch dieselben)
sorgen für die Aufnahme von Aposteln und Gesandtschaften in ihren
Häusern, reisen selbst oder finanzieren Reisen anderer (vgl. Röm 16,23;
Apg 18,7). Als nach Paulus z.B. Apollos und fremde Missionare in Korinth weilen, werden sie unterhalten (z.B. 2. Kor 11,7ff.; 1. Kor 9; vgl.
auch Apg 19,1; 1. Kor 1,12; 3,4-6). Bis auf Paulus selbst lassen sich auch
offenbar alle Wanderprediger während ihres Besuches in Korinth als
Gäste freihalten. Die Gruppierungen in Parteien (1. Kor 1-4) setzt verschiedene, an Häusern orientierte Treffpunkte voraus. Bei den Mißständen anläßlich der Herrenmahlfeiern sind es doch wohl die Reichen, die für
das allgemeine Sättigungsmahl die Gaben mitbringen und dann mit der
Mahlzeit beginnen, bevor sich andere, die über ihre Freizeit nicht nach
Belieben verfügen können, hinzugesellen und mit dem Rest vorliebneh-
men müssen (1. Kor 11,17ff.). Schon von Berufs wegen werden ein Synagogenvorsteher wie Krispus (Apg 18,8), der höhere städtische Verwal-
tungsbeamte Erastos (Röm 16,23) oder der Gottesfürchtige Titius Justus
(Apg 18,7) zur gehobenen Schicht gehört haben: Vom Synagogenvorsteher erwartet man eine großzügige Beteiligung an der Unterhaltung einer
Synagoge. Ein Amt wie das des Erastos bekommt kein Armer und daran
wird man auch nicht arm. Gottesfürchtige gehören mehrheitlich zur gehobenen Schicht, darum scheuen insbesondere sie aus gesellschaftlichen
Zwängen den vollen Übertritt zur Synagoge. Wenn Paulus den Gemeinden zumutet, in größerer Zahl und recht regelmäßig Mitarbeiter auszu-
senden und z.B. für den Dienst bei Paulus freizustellen, weist das auch
darauf hin, daß die Gemeinden dazu finanziell in der Lage gewesen sein
mußten (vgl. oben 7.4). Auch Paulus nimmt von der »reichen« Gemeinde
in Philippi Unterstützung an, und Korinth ist etwas eifersüchtig, daß
Paulus sich nicht von ihr aushalten läßt (vgl. oben 8.2). Endlich fällt die
Kollekte von Mazedonien und Achaja für die Urgemeinde in Jerusalem
sehr gut aus (vgl. oben 2). Das alles deutet nicht gerade auf kleinste
Sozialverhältnisse hin.

Vor allem aber bezeugt der Apostel in 1. Kor 1,26-29 unabsichtlich selbst, daß die wohlhabende Schicht der Provinzhauptstädte in den Gemeinden vertreten war. Vom Gedankengang her müßte Paulus hier festhalten: Gebildete, politisch bzw. finanziell Mächtige und durch vornehme Geburt Hervorgehobene gibt es in der korinthischen Gemeinde nicht, weil Gott das Törichte, Schwache und Nichtedle erwählt hat. Er sagt aber sperrig zur theologischen Erwählungsaussage, daß es von den Bessergestellten »nicht viele« in der Gemeinde gibt. D.h. doch: Die Gemeinde ist gemischt aus der gehobenen und unteren städtischen Schicht. Entsprechend der allgemeinen soziologischen Lage sind die Vertreter der »Reichen« geringer an Zahl, die untere Schicht stärker vertreten. Die nähere Kenntnis einzelner korinthischer Namen läßt sogar eher vermuten, daß die Bessergestellten in Korinth proportional etwas mehr vertreten waren als ihre Schicht in der Stadt selbst. Doch wie dem auch sei, eines ist klar: Die christliche Gemeinde gehörte nicht einer bestimmten Schicht an, kannte natürlich auch keine berufsspezifische oder ethnische Selektion, sondern wandte sich tatsächlich an »alle«. Sie stand damit vor dem Problem innergemeindlicher Integration, nicht aber vor den Problemen, die durch Eingrenzung auf bestimmte Kreise aufzutauchen pflegen.

Die Skizze der allgemeinen Sozialverhältnisse nahm schon Bezug auf die Art und Weise, wie sich die Gemeinden konstituierten, nämlich als Hausgemeinden. Dabei fällt es auf, daß diejenigen Religionsgemeinschaften, die von Osten nach Westen vordrangen, als auch das Urchristentum sich auszubreiten begann, im wesentlichen unabhängig von den Familienstrukturen ihren Weg nahmen. Nur das Diasporajudentum setzte seit Jahrhunderten auf das Haus, d.h. auf die Familie. Von der hellenistischen Synagoge übernahm dies dann das Urchristentum. Allerdings mit drei entscheidenden Unterschieden: Das frühe Christentum besaß keine Entsprechung zum Tempel, dem Einheitssymbol des Judentums, für das dieses weltweit eine jährliche Abgabe machte und zu dem man je nach Möglichkeit auch einmal wallfahrtete, wenn eines der Wallfahrtsfeste anstand. Zweitens besaß das Diasporajudentum in der Regel, wo es irgendwie einzurichten war, eine oder mehrere Synagogen am Ort, in denen ein Teil der Kulthandlungen und natürlich der Torauntericht stattfanden. Hierzu gab es in der Anfangszeit des Christentums auch gar keine Entsprechung. Endlich kannte das Judentum den volksbezogenen genealogischen Zusammenhang. Wiederum hatte das Urchristentum dazu nichts Analoges. So war das frühe Christentum in den hellenistischen Städten in noch viel eindeutigerer Weise auf das Haus angewiesen. Das antike Haus im Sinne von Haus als Wohnraum und familiärem Hauswesen wurde so überhaupt Gründungszentrum einer Ortsgemeinde, Stätte der Versammlung zum Gottesdienst, Herberge für Missionare und Gesandtschaften, Ort der Ausstrahlung für die Mission und Rahmen für die neue christliche Lebensgestaltung.

Das antike Haus mit der Stellung des Familienvaters an der Spitze war im römischen Reich der entscheidende Baustein der Stadt und des Reiches. Die Familie war dabei nicht zuletzt das einzige soziale Netz, das die Antike kannte. In der Regel war das Haus auch zugleich grundlegend für die Wirtschaft, insofern hier das produziert wurde, wovon die Familie lebte. Natürlich war das Haus auch von hoher Bedeutung für die antike Religion. Dementsprechend war es mit vielen Rechten zur Entfaltung und Gestaltung des Lebens ausgestattet. Daß das Christentum sich hausweise ausbreitete, muß darum als besonders glückliche Entscheidung auf dem Missionsfeld angesehen werden, nahm es doch damit von einer vorgegebenen Struktur Besitz, die gerade auch für religiöse Minderheiten hinreichend Spielraum bot, sich zu entfalten.

Diesen Raum zur Entfaltung nutzte man so, daß man nach außen der heidnischen Gesellschaft, den Magistraten und den römischen Provinzbeamten gegenüber nicht auffällig wurde, vielmehr bürgerliche Normalität vorlebte und keinen Anstoß gab (vgl. 1. Thess 4,12; 1. Kor 5 f.). Dieses frühe Christentum kannte dementsprechend keine Programme zur Weltveränderung. Es machte sich nicht auf, das Sklavenproblem der Antike zu lösen, eine Gesellschaft mit sozialer Gerechtigkeit aufzubauen, die Umverteilung politischer Macht zu empfehlen, unterdrückte Gruppen besserzustellen oder allgemeine Menschenrechtsdiskussionen zu entfachen. Dies hätte schon die Hoffnung auf das ganz nahe Weltende nicht zugelassen. Auch gibt es nirgends im Urchristentum einen Hinweis dafür, daß man die abgestufte Partizipation an Macht, Besitz und Rang in der Welt für gesellschaftspolitisch schädlich hielt. Man darf hierbei die gesellschaftspolitischen Diskussionen etwa seit der Zeit der Aufklärung nicht vorschnell in die Antike zurückverlegen. Jedoch ist das nur die eine Seite der Medaille.

Auf der anderen Seite konnte man – gerade bei Beibehaltung der allgemeinen Gesellschaftsstruktur – im Haus selbst christliche Lebensgestaltung als Endzeitgemeinde vollziehen. Das Haus wurde so als gottesdienstlich genutzter Raum wie als Ort des alltäglichen Lebens zum Ort, an dem Glaube, Liebe und Hoffnung ohne Trennung von sonntäglichem Gottesdienst und alltäglichem Leben praktiziert wurden. Da nun das Christentum sich an alle Bewohner der Stadt richtete, bedeutete dies, daß sich in einem christlichen Haus auch alle versammelten, also auch viele, die vorher wenig oder keine Beziehungen zueinander besaßen: Arme und Bessergestellte, Sklaven und Freie, Frauen und Männer, Griechen und

Orientalen, die verschiedensten Berufe usw. Damit stehen wir vor der entscheidenden Aufgabe dieser Hausgemeinden, nämlich vor der Frage, wie sie diese Glieder zu einer Gemeinschaft zu verbinden vermochte. Diese Aufgabe gab es in der Antike sonst eigentlich bei keiner größeren Glaubensgemeinschaft, da sie gern soziale und berufliche Auswahl trafen. Hier hatte das Christentum also von seinem Ansatz her eine besonders auffällige und schwere Aufgabe, ohne auf gelebte Vorbilder zurückgreifen zu können.

9.2 Die integrative Kraft der Gemeinden

Die Gemeinden entstehen, weil Boten des Evangeliums sich von Gott gesandt wissen, die Botschaft gehört wird, aus dem Hören Glaube entsteht und der Glaube zum Anrufen des Herrn führt. So beschreibt Paulus den missionarischen Vorgang Röm 10,14f. Unmittelbar davor steht ein für unseren Zusammenhang entscheidendes Wort zum Gesamtergebnis der Mission: »Es ist kein Unterschied zwischen Juden und Griechen. Denn es ist der eine und derselbe Herr über allen, sich als reich erweisend allen gegenüber, die ihn anrufen« (Röm 10,12). Die unterschiedslose Teilhabe am Evangelium, die allen offensteht und alle gleich behandelt, ist also der erste und grundlegende Aspekt, wenn man die Integrationsbemühung der Gemeinden bedenkt.

Dazu kommt sofort ein Zweites: Sicherlich verlangte das Christentum dem einzelnen viel Mut und die Fähigkeit ab, Abstand von seinem alten Leben, seinen gesellschaftlichen Bindungen und seiner bisherigen Religion zu nehmen. Aber es gab ihm dafür mit allen Gliedern der christlichen Gemeinde etwas Neues, das Paulus in Phil 3,20f. in vorgeprägter Sprache so beschreibt:

»Unsere Bürgerschaft ist im Himmel,
von dort erwarten wir als Retter den Herrn Jesus Christus,
der den Leib unserer Niedrigkeit verwandeln wird,
gleichgestaltet dem Leib seiner Herrlichkeit,
entsprechend der Kraft, nach der ihm das Vermögen eignet,
sich auch das All zu unterwerfen.«

Das Christentum verband sich also als Hoffnungsträger einer weltüberwindenden Kraft, die allen, die die Botschaft annahmen, eine jenseits aller Vergänglichkeit angesiedelte Heimat zusprach, die gemeinsam eine ungeheure Weltüberlegenheit bedeutete.

Dies alles blieb nun nicht auf verbale Aussagen beschränkt. Dieser gemeinsame Überzeugungskanon wurde von einem auf Gemeinschaft zugeschnittenen Leben getragen, in dem die prinzipielle Gleichheit aller Glieder galt. So sagte es schon eine alte, wohl antiochenische Tauftradition (vgl. oben 5.5):

»Alle seid ihr Söhne Gottes in Christus Jesus, ...
denn alle, die ihr auf Christus getauft seid,
habt Christus angezogen:
Da ist nicht Jude noch Grieche,
Sklave oder Freier
männlich oder weiblich,
denn alle seid ihr einer in Christus Jesus« (Gal 3,26-28).

Das Gemeinsame der Taufe macht alle zu gleichrangigen Geschwistern, für deren Kreis die in der vergehenden Welt geltenden Unterschiede, Privilegien und Nachteile nicht mehr gelten. Wer aus der Taufe kommt, ist christusbekleidet, hat Anteil an der Vielfalt der Charismen (1. Kor 12−14), darf sich im Gottesdienst auch als Frau äußern (1. Kor 11,5) und kann z. B. auch, Sklave der er ist, als Mitarbeiter bei Paulus Dienst tun (Phlm). Am Mahl des Herrn nehmen alle teil, und es ist ausdrücklich ein Mißstand, wenn beim vorangehenden Sättigungsmahl auf die Lohnabhängigen und Sklaven nicht gewartet wird (1. Kor 11,17ff.).

Aber diese Gleichheit bezieht sich nicht einfach nur auf den Gottesdienst. Dies ist schon darum nicht zu erwarten, weil ja Gottesdienst und tägliches Leben des Christen gemeinsam an das Hauswesen gebunden sind. So sind nun in einem christlichen Haus beide Ehepartner durch wechselseitige Orientierung des einen am Wohl des anderen zur gegenseitigen Rücksichtnahme und zur gewährenden Liebe verpflichtet (1. Kor 7,3f.). Ebenso verändert sich in einem christlich geführten Haus das Verhältnis von Herr und Sklave: Weder werden die zu einem Haus gehörenden Sklaven zwangsgetauft, noch können sie durch Übertritt zum Christentum von ihrem Herrn die Freiheit verlangen, wohl aber werden beide daran erinnert, daß die innere Gestaltung des gesellschaftlichen Verhältnisses nun auf einer ganz neuen Basis steht und das Folgen für die Ausgestaltung dieses Verhältnisses haben muß (Phlm; 1. Kor 7,21-24).

Zu dieser praktizierten Gleichheit in Christus kommt für Paulus als zentrales Anliegen die Wahrung der Einheit der Gemeinde. Rivalisierende Gruppen sind ein Fremdphänomen gegenüber dem Evangelium, aber auch ein Mißstand, der der Integrationsaufgabe der Gemeinde entgegensteht (1. Kor 1−4). Die Gemeinde soll vielmehr »einmütig mit einem Mund« Gott preisen (Röm 15,6). Im Gottesdienst darf nicht jeder, wann er gerade will, sein Charisma zur Geltung bringen. Solche Turbulenzen zerstören den gemeinsamen Gottesdienst. Es sind zentrifugale Kräfte, die der integrativen Rücksichtnahme und Ordnung weichen müssen (1. Kor 14). Die »Erbauung« der Gemeinde als ganzer bleibt dabei oberstes Ziel und Anliegen (Röm 14,19; 15,2; 1. Kor 8,1). So stehen der innere Friede (Röm 15,33) und die gleiche Gesinnung aller (1. Kor 1,10) hoch im Kurs. Dieser Einheitsgedanke der Gemeinde kommt auch sehr schön darin zum Ausdruck, daß der kommende Herr am Ende der Tage die Gemeinde als ganze mit sich vereint (1. Thess 4,17; 5,10).

Integration wird erfahren und praktiziert, wenn Eigenverantwortung und Kompromißfähigkeit Bedeutung gewinnen. Schon allein der Umstand, daß Paulus nach der Erstmission seine vor kurzem entstandenen Gemeinden gezwungenermaßen oder aus der Absicht, an anderer Stelle zu missionieren, verläßt, macht darauf aufmerksam, wie schnell und selbstverständlich er ihnen Selbständigkeit zumutete. Selbst einer so jungen Gemeinde wie der in Thessaloniki schreibt er ohne Wenn und Aber, sie bedürfe der Mahnung zur Bruderliebe nicht, weil sie darin von Gott belehrt sei (1. Thess 4, 9f.). Die Korinther machen es ihm sicherlich schwer, der Freiheit weiterhin uneingeschränkt das Wort zu reden. Aber Paulus hütet sich strikt und konsequent, je ohne Argumentation und Suche nach einem Konsens eine Regelung durchzusetzen. Trotz der korinthischen Erfahrungen hält er gegenüber den Philippern an der freiheitlichen Linie fest (Phil 4,8).

Ebenso kann der Apostel selbst Kompromisse vorschlagen, wo es für ihn noch gerade möglich ist. Z. B. sind für ihn Streitigkeiten über Eigentum unchristlich, weil ein Christ lieber Unrecht trägt, als es anderen zuzufügen. Aber wenn dennoch ein solcher Streit einmal nötig ist, soll man zwar keine heidnischen Gerichte bemühen, doch ein weiser Bruder mag dann ein Urteil sprechen (1. Kor 6,1ff.). Oder ein anderes Beispiel: Eigentlich ist es gut, wenn angesichts der Endzeit alle ehelos leben. Aber die meisten besitzen dieses Charisma nicht, darum kann der Apostel eine größere Zahl flexibler Lösungen vorschlagen, die Eheführung, Eheschließung und Ehescheidung betreffen (1. Kor 7). Auch beim Genuß von Götzenopferfleisch verschmäht er die radikale Lösung, die das Judenchristentum offenbar selbstredend gegangen ist (vgl. Apk 2,14): Er verbietet nicht einfach den Genuß, sondern schlägt differenzierte Lösungen vor, die die Einsicht und Rücksichtnahme großschreiben (1. Kor 8; 10,14ff.).

Dieser Weg verlangte den Gemeinden sicher auch viel innere Kraft ab, wobei nicht genügend betont werden kann, wie wenig geübt indessen diese jungen Hausgemeinden in einer christlichen Lebensführung waren.

Paulus mag dabei immer auch auf seine antiochenischen Erfahrungen gesehen haben. Hier war ja im gemeindlichen Konsens der Weg zur Eigenständigkeit gegenüber der Synagoge gelungen. Es fällt weiter auf, daß das Stichwort Freiheit außerhalb der echten Paulusbriefe im Urchristentum später kaum noch eine Rolle spielte.

9.3 Das himmlische Bürgerrecht und die vergehende Welt

Neben dem grundlegenden Problem der neuen Gemeinschaftsbildung mußten die jungen Missionsgemeinden natürlich auch ihr Außenverhältnis neu ordnen. Die Rahmenbedingungen dafür gibt das Selbstbewußtsein der Gemeinden ab. Diese Gemeinden waren ja durch das erwählende Evangelium zur Endzeitgemeinde berufen worden (vgl. oben 6.2). Dies bedeutete nicht nur, daß sie zeitlich mit dem baldigen Ende der Welt rechneten, vielmehr waren sie Endzeitgemeinde in einem noch qualifizierteren Sinn: Der Geist als Zeichen der Endzeit war ihnen schon gegeben. Durch Evangelium und Taufe waren sie so verwandelt, daß sie nur noch auf das immerwährende endgültige Zusammensein mit dem Herrn warten mußten. Ihr Bürgerrecht war nicht mehr an eine bestehende Stadt gebunden, sondern himmlisch (Phil 3,20).

Darum war auch die Einstellung zur Welt neu geworden. Das vergehende Wesen der Welt (1. Kor 7,31) wird durch den Tag des Herrn, der wie ein Dieb in der Nacht kommen wird (1. Thess 5,2), bald offenkundig werden. Noch die jetzt lebende Gemeinde wird das erfahren (1. Thess 4,15; Röm 13,11), denn die Zeit ist zusammengedrängt, d.h. äußerst knapp (1. Kor 7,29). Zu diesem Zeitaspekt tritt auch hier der sachlich-qualifizierende: Die Menschheit hat außerhalb des Evangeliums keine Hoffnung (1. Thess 4,13), steht unter dem Zorn Gottes (Röm 1,18-3,20). Entsprechend wurde der Übertritt zum Christentum mit der Taufe als Bruch mit der vergehenden und bösen Welt gedeutet: Man gehörte einst zur sündigen Menschheit, jetzt aber war man heilig (1. Kor 6,9-11).

Diese Skizze macht deutlich, daß ein Übertritt zum Christentum als Umbruchsituation empfunden werden mußte. Dies galt um so mehr, als ja das Evangelium von den Heiden kompromißlose Abwendung von den Göttern erwartete. Sie kannten als übliche Situation etwas anderes: Man nimmt an verschiedenen Götterfesten teil, läßt sich in mehrere Mysterien einweihen und kann neben Zeus eine ganze Schar sehr verschiedener Numina verehren. Die hellenistisch-römische Welt der Religion war tolerant und synkretistisch. Nur vom Judentum kannte man den exklusiven Monotheismus. Nun forderte auch das Christentum – bei aller Flexibilität, die Paulus 1. Kor 8–10 an den Tag legen kann – die strenge Abkehr von der alten Götterwelt, war sie doch ein Zeichen menschlicher Gottlosigkeit und Verachtung des wahren Schöpfers und Erlösers. Weil in der Antike Religion, Kultur, Politik und Alltagsleben eine enge symbiotische Einheit bildeten, kann man sich den vom Evangelium geforderten Bruch an dieser Stelle kaum tief genug ausmalen. War es nicht eine Gefahr für die Polis, wenn Christen die Staatsgötter, die das Wohl der Stadt garantierten, verachteten? Wer einen Geschäftsvertrag nicht mehr mit anerkannten Göttern beschwören wollte, war der noch ein verläßlicher Vertragspartner? Wenn eine Christin als Ehefrau eines heidnischen Mannes den Hausgöttern nicht mehr mit der ganzen Familie huldigen wollte, konnte man ihr dann das Hauswesen noch anvertrauen? Wenn eine Familie zu Einladungen in den Tempel nicht mehr mitging, konnte man dann auf die Dauer mit ihr den gesellschaftlichen Verkehr aufrechterhalten? Fragen über Fragen! Sie verdeutlichen, wie tiefgreifend das Christwerden in das Leben der Menschen eingriff.

Gab es in bezug auf die Beziehungen vom Christentum zu den antiken Religionen also nur Abbruch und Konfrontation, so konnte und wollte man solchen Dauerkonflikt nicht auch auf allen anderen Gebieten von Kultur, Politik und Gesellschaft austragen. Tendenzen in diese Richtung gab es sehr wohl. Nach 1. Kor 5,9 f. muß Paulus sich ausdrücklich dagegen verwahren, so mißverstanden zu werden, daß man jedem Sünder aus dem Weg zu gehen habe. Auch der in 2. Kor 6,14-7,1 eingesprengte Fremdtext fordert das Kappen aller Brücken zur Welt. Aber Paulus und seine Gemeinden haben in der Regel wohl so nicht gedacht. Es galt zu differenzieren. Natürlich hat sich jeder Christ eine innere Freiheit gegenüber allem Weltlichen zu bewahren (1. Kor 7,29-31), aber die Trennung von der sündigen Welt muß nur innerhalb der Bruderschaft streng genommen werden (1. Kor 6). Natürlich gilt es, die Heiligkeit der Gemeinde durch Heiligung zu vollziehen (1. Kor 5 f.; 1. Thess 4,1 ff.), aber einem vorzeitigen Ausstieg aus der Welt ist damit noch lange nicht das Wort geredet.

Da ist zunächst die politische Ordnung der Polis mit ihren verschiedenen Behörden. Christen sind hier keine Staatsverächter, erkennen sie doch grundsätzlich in diesen weltlichen Strukturen ein Ordnungsgefüge göttlicher Schöpfermacht (Röm 13,1-7). So hatte schon das hellenistische Diasporajudentum mit dem Rat des Jeremia (Jer 29,5-7) ein pragmatischkonformes und im Ansatz loyales Verhalten zu den fremden Staatsmäch-

ten geübt. Wenn man schon in der religiösen Abgrenzung kompromißlos
war, wollte man den Völkern doch zeigen, daß man den fremden Regierungen gegenüber wesentlich kooperativer eingestellt war. War nicht der
fremde Herrscher Kyros auch ein Werkzeug des einen Gottes Israels, des
Lenkers aller Geschichte (Jes 45,1-7)? An dieser Tradition orientierten
sich nun auch die jungen christlichen Gemeinden in den hellenistischen
Städten. So verbittet sich Paulus als Geistträger das Richten über sich
(1. Kor 4,1ff.), aber als römischer Bürger hat er sich den römischen Gerichten nicht einfach entzogen. Gerade weil die Gemeinden – wohl häufiger als die Diasporasynagoge dieser Zeit – immer wieder ungewollt in
Konflikte mit den Regierungen gerieten (vgl. 1. Thess 1,6; 2,14;
1. Kor 15,32; 2. Kor 11,23-33; Apg 13f.; 15-18), mußte man versuchen,
gegenzusteuern: Man war von Haus aus nicht illoyaler oder aufrühreri-
scher Staatsbürger und wollte somit in der Öffentlichkeit auch nicht als
subversiv angesehen werden. Natürlich konnte man am offiziellen Staatskult nicht mehr teilnehmen. Die Steuern z. B. wollte man jedoch gerade
darum um so penibler zahlen (Röm 13,6f.), damit allen deutlich würde,
wo allein der Konflikt angesiedelt war.

Im übrigen war das gesellschaftliche Außenverhältnis so bestimmt, daß
man sich als »untadelige Kinder Gottes« mitten in einem verdrehten und
verkehrten Geschlecht lebend wußte (Phil 2,15), daß man »wohlanständig
wandelte« (1. Thess 4,12; vgl. Phil 4,8), »Gutes« tat »gegenüber allen«
Menschen (Gal 6,10), sich der Not anderer annahm (Röm 12,15) und
»nicht Böses mit Bösem« vergalt (Röm 12,17). Wenn irgend möglich,
hielt man mit allen Frieden (12,18). Das Ethos nach außen war also auf
personale Bewährung des einzelnen im Einzelfall ausgerichtet. Ein Wort
der Gemeinde an die Welt gab es noch nicht. Gesellschaftsverändernde
Programme lagen außerhalb des Gesichtsfeldes. Man wollte missionieren
und so die Menschen verändern, aber überlegte sich nicht, wie ein Staat
und seine Gesellschaft grundsätzlich auszusehen hätten.

In einem Fall ging man allerdings etwas weiter, nämlich im Fall des
allgemeinen Ethos der Zeit. Sicherlich galt die konkrete Lebensführung
der Nichtchristen als durch und durch negativ (Röm 1,18ff.; 1. Kor 6,9-
11; Phil 2,15 usw.). Heiden waren Sünder schlechthin und standen unter
dem göttlichen Zorn. Aber waren auch die Normen in Sitte, Brauchtum
und Gesetzen so rundum und pauschal als alte und vergehende Welt zu
verwerfen? Nein: Christen hatten den Auftrag, allem, »was wahr, was
ehrbar, was gerecht, was rein, was liebenswert ist, was einen guten Ruf
hat«, ja jeder »Tugend« und jeder Tat, die »Lob« verdiente, nachzudenken
(Phil 4,8). Paulus legt – vor allem auch den Juden gegenüber – Wert

darauf, daß das christlich verstandene Liebesgebot das Gesetz des alten Bundes erfüllt (Röm 13,8 ff.; Gal 5,14). Ja, der Apostel kann sogar an einem Grundgedanken des hellenistischen Judentums weiter entlang denken, wenn er allen Menschen grundsätzlich ein Wissen des göttlichen Willens in bezug auf die Lebensgestaltung zuschreibt, selbst wenn diese praktisch dem nicht zu entsprechen trachten (Röm 1,19; 2,12-16). So leuchtete also mitten in der dem Ende zuneigenden Welt doch auch noch der Wille des einen Schöpfers auf. Das bedeutete doch: Man nahm für sich gegenüber Hellenen und Juden in Anspruch, im Normenbereich nicht ein absolutes Sonderethos zu vertreten, sondern auf das zu zielen, was im allgemeinen zur Entfaltung wahrer Humanität gehört. Es gibt trotz der Verlorenheit der Welt in ihrer ethischen Diskussion Wahres und Gutes, das Christen so zu würdigen wissen, daß es nun zu seinem von Gott gewollten Recht kommt.

Diese Würdigung hatte zwei Seiten: Einmal mußte sich das Christentum, wenn es denn so an der allgemeinen Diskussion über das Ethos teilnehmen wollte, klarmachen, wie es im Normenbereich gewichten und auswählen wollte. Zum anderen mußte es gerade dort, wo es die Schwäche aller Nichtchristen feststellte, nämlich daß Norm und Tat nicht zur Deckung kamen, Besseres leisten. Im zweiten Fall darf man ohne Zweifel davon ausgehen, daß die jungen Gemeinden rigoros und konsequent hohe ethische Ansprüche an sich stellten (vgl. Röm 12,1 f. usw.) und Außenstehende das auch beobachteten. Im ersten Fall gelang es Paulus, von seinem christologischen Ansatz her einen Maßstab zur Auswahl und Gewichtung einzubringen, der durch die in Christi Geschick erkennbare Liebe deutliche Gestalt besaß (Röm 15,1 ff.; Phil 2,1 ff.).

Der Überblick über das Verhältnis der Christen zur vergehenden Welt wäre unvollständig, würde nicht noch in Erinnerung gerufen, daß diese Gemeinden weltliche Strukturen ja auch mitten in ihren Häusern anwesend hatten. Wir haben schon angedeutet (vgl. oben 9.2), wie die Gemeinden gerade die Spannungen zwischen Armen und Reichen, Sklaven und Freien und das Verhältnis zwischen Frau und Mann innerhalb des Hauses von innen heraus neu gestalteten. So sicher also im Außenverhältnis Strukturen kein Thema waren, im Innenverhältnis wurden sie mit christlichem Geist gefüllt.

9.4 Der Gottesdienst der Hausgemeinden

Mit Hilfe der korinthischen Korrespondenz – vor allem des 1. Kor – erfahren wir nicht nur über die korinthische Gemeinde die konkretesten Angaben zur Sozialstruktur einer urchristlichen Gemeinde, sondern können auch ausnahmsweise Einblicke in das gottesdienstliche Leben werfen. Natürlich gab es noch keine festen gottesdienstlichen Formen (schon gar nicht in Gestalt von Agenden). Doch Paulus hat darauf geachtet, daß sich Grundelemente überall in den Gemeinden entsprachen (1. Kor 11,16; 14,33). Insofern läßt sich von Korinth – die Sonderprobleme Korinths in bezug auf den Mißbrauch beim Sättigungsmahl (1. Kor 11,17ff.), bei dem Durcheinander der Geistäußerungen (1. Kor 14) und die auffällige Hochschätzung der Sakramente und ihre theologische Deutung (1. Kor 1; 11,17ff.; 15,29) einmal zurückgestellt – wohl doch auf das heidenchristliche Missionsfeld überhaupt rückschließen.

Paulus unterscheidet mehrere Formen und Anlässe der Zusammenkunft der Gemeinde. Sie werden jedoch alle gemeinsam verbal als »Zusammenkommen« (1. Kor 5,4; 11,17.20.33 f.; 14,23.26) bezeichnet. Diese der hellenistischen Vereinssprache entlehnte Ausdrucksweise zeigt schon an, daß typisch kultische Begrifflichkeit gemieden wird. Diese wird theologisch übertragen verwendet, um die Existenz der Gläubigen und ihren Wandel zu beschreiben (Röm 12,1 f.; 15,16; 1. Kor 1,30; 5,6-8; 6,11; 7,14 usw.). Dem korrespondiert, daß die christlichen Gemeinden wohl die einzige Gemeinschaft im Altertum war, die keinen besonderen Kultort besaß, vielmehr am Ort des alltäglichen Lebens, in den Privathäusern (Röm 16,5; 1. Kor 16,19; Phlm 2) zusammenkam. Dementsprechend fehlen kultische Geräte, Gewänder, Symbole, rituelle Vorbereitungen (Waschungen und Reinheitsvorschriften). Die christliche Existenz und ihr Ethos wurden zum Gottesdienst in der Welt; die Gottesdienste im engeren Sinn finden am Familientisch und in den Räumen der Häuser – also mitten in der Welt – statt. Zum Sättigungsmahl und Herrenmahl kam man am selben Tisch und im selben Raum kontinuierlich nacheinander zusammen (1. Kor 11,17ff.).

Im einzelnen kann man verschiedene gottesdienstliche Handlungen erkennen. Wenn Paulus die Herrenmahlprobleme und die Probleme des übersprudelnden Geistes im Wortgottesdienst in der Anlage des 1. Kor weit getrennt voneinander behandelt (1. Kor 11; 14), deutet das wohl auf zwei institutionell verschiedene Zusammenkünfte hin. Dieser Schluß erhält dadurch eine Stütze, daß Paulus auf der anderen Seite in 1. Kor 10,1ff. Taufe und Herrenmahl zusammenstellt, also die beiden später als Sakramente bezeichneten Handlungen. Auch ist zu fragen, ob nicht Sonderprobleme, wie in Apg 15; 1. Kor 5,1 ff.; Gal 2,11 ff. genannt, in eigenen Versammlungen der Gesamtgemeinde behandelt wurden. Dann hätten wir mit sakramentalen Handlungen, Wortgottesdiensten und besonderen Veranstaltungen zu rechnen.

Sammeln wir zuerst die Beobachtungen zu den sakramentalen Handlungen! Die Taufe geschah »auf den Namen Jesu (Christi)« (1. Kor 1,13; 6,11). Mit ihr wurde der Gläubige dem Herrn unterstellt (1. Kor 12,3) und erhielt Anteil am Heilswerk Christi (1. Kor 1,13). Er wurde Vollmitglied der christlichen Gemeinde (nicht nur einer einzelnen Hausgemeinde), also in den »Leib Christi« bzw. »in Christus« eingegliedert (1. Kor 12,4ff.; Gal 3,26-28), so daß seine bisherige Existenz nichts mehr galt, ja er zur neuen Kreatur gehörte (1. Kor 6,9-11; 7,19; 2. Kor 5,17). Er wurde mit dem Geist begabt (1. Kor 6,19) und hatte Anteil an den Charismen (1. Kor 12–14). Er war abgewaschen, geheiligt und gerecht gemacht (6, 11; 1,30) und hatte diesem Stand der Heiligung gemäß zu leben (5,1ff.; 6,1ff.; 1. Thess 4,1ff.). Beim Taufakt hatte der Täufling offenbar in Anwesenheit der Gemeinde ein öffentliches Bekenntnis zu Christus abzulegen (etwa wie Röm 10,9f.) und erhielt eine Taufparänese, die natürlich auch immer der ganzen Gemeinde galt (Röm 6,1ff.; 1. Kor 6,9-11.15-20 usw.). Nun durfte er am Herrenmahl teilnehmen (vgl. die Abfolge Taufe – Herrenmahl in 1. Kor 10,1ff.). Den Wortgottesdienst hingegen feierten auch schon die Ungetauften mit (14,22-25). Neubekehrte mußten wohl erst eine gewisse Zeit am Wortgottesdienst teilnehmen, bis sie getauft wurden. Feste Regeln für ein Katechumenat gab es aber sicherlich noch nicht. Die Taufen vollzogen Gemeindeglieder und Missionare (1,11ff.). Es ist offenbar eine Ausnahme, daß Paulus als Apostel nur selten tauft (1,16). Die Erstgetauften genossen besonderes Ansehen in der Gemeinde (Röm 16,5; 1. Kor 16,15). In Korinth wurde die Taufe insbesondere auch mit der Immunisierung vor der Vergänglichkeit verbunden, so daß sich Verwandte (oder Freunde), die bereits getauft waren, für Gläubige, die noch nicht getauft waren und starben, stellvertretend taufen ließen (Vikariatstaufe: 1. Kor 15,29). Wieweit das eine weiter verbreitete Praxis in den Gemeinden war, entzieht sich unserer Kenntnis. Belege aus anderen Gemeinden für diese Zeit fehlen.

Das Herrenmahl (so der feststehende Ausdruck 1. Kor 11,20) wurde in Korinth mit einem vorangehenden Sättigungsmahl zusammen gefeiert (1. Kor 11,20ff.). Das war nicht die einzige urchristliche Form (vgl. 11,25). Im Mittelpunkt standen die Einsetzungsworte, die den Heilstod Jesu der Gemeinde vergegenwärtigten und übereigneten, doch auch den

Blick auf die Parusie des Herrn richteten (11,26). Man wird aus
1. Kor 10,1 ff.; 11,27 ff. schließen, daß zwischen den Gaben des Sätti-
gungsmahles und den sakramentalen Gaben unterschieden wurde: Diese
sind pneumatische, numinose Speise und Trank und in besonderer Weise
»christushaltig« (10,3 f.). Darum haben sie eine eigene Bezeichnung
(»Brotbrechen«, »Kelchsegnen« 10,16) und können der Gemeinde zum
Gericht (11,27 ff.) genossen werden (was nicht individuell aufgerechnet
werden darf). Sie stiften »Gemeinschaft« mit dem erhöhten Herrn (10,16;
vgl. 1,9) und aktualisieren die »Gemeinschaft des Geistes« (2. Kor 13,13;
Phil 2,1). Die Gemeinschaft der Gläubigen untereinander kam in der
gemeinsamen Mahlzeit, die vorher stattfand, zur Geltung. Dieses zutiefst
sakramentale Verständnis des Herrenmahles hat zwar in der korinthischen
Taufauffassung eine Korrespondenz, wird jedoch sicherlich nicht das im
Urchristentum allein geltende gewesen sein. Wenn auch kein liturgisches
Formular, so doch Elemente und Anklänge aus einer verbreiteten Herren-
mahlsliturgie wird Paulus 1. Kor 16,20-23 aufgreifen. Dazu mögen gehören: der geschwisterliche Kuß, der Fluch über solche, die sich fälschlich
eingeschlichen haben, und der Gebetsruf: »Unser Herr, komm!«
     Auch für den Wortgottesdienst sind einzelne Elemente sichtbar. Eine
verbindliche Ordnung gibt es noch nicht. Nur unter der Voraussetzung
einer relativen Offenheit in der einzelnen Gestaltung des Gottesdienstes
kann es nämlich zu den korinthischen Turbulenzen kommen (1. Kor 14).
Natürlich gab es gattungsspezifische Äußerungen, die jeden Gottesdienst
bestimmten, insofern gab es einen festen Bestandteil gottesdienstlicher
Formen. Paulus nennt 14,6.15 f.: Gesang, Lehre und pneumatische Phänomene wie Prophetie, Offenbarung, Zungenrede und die Übersetzung des
Zungenredens. Er erwähnt 14,1 ff. noch Gebet, Lobpreis und das Amen-
Sprechen der Gemeinde, sowie 12,1-3 das akklamatorische Bekenntnis.
Eine gewisse Ordnung und Abfolge dieser Äußerungen scheint üblich
gewesen zu sein (11,34; 14,33.40), doch entziehen sich Einzelheiten unserer Kenntnis oder Möglichkeit einer genauen Rekonstruktion.
     Zu einem Teil der Formen, die nicht immer präzise voneinander abge-
hoben sind, haben wir Beispiele: So bezieht sich Paulus z.B. 8,1-6 auf das
der Gemeinde vertraute Bekenntnis. In Phil 2,6-11 z.B. zitiert er einen
Hymnus der Gemeinde. Zum Lobpreis wird man auch Stücke wie
1. Kor 1,3-7 und zu Danksagungen etwa Phil 1,3 ff. heranziehen. Daß die
Gemeinde regelmäßig beten soll, auch gerade für den Apostel, begegnet
mehrfach als Aufforderung (Röm 12,13; 15,30; Phil 4,6; 1. Thess 5,17
usw.). Lehre und Prophetie haben doch wohl mit der Christuspredigt und
Mahnung zum Wandel zu tun, wie sie die Paulusbriefe selbst betreiben.

Diese sollen ja auch im Gottesdienst verlesen werden (1. Thess 5,27).
Wenn Paulus z.B. 1. Kor 15 das Evangelium, als kerygmatische Formel
gefaßt, auslegt oder 1. Kor 10; 2. Kor 3; Gal 3–4; Röm 4 längere Schrift-
stellen interpretiert, oder typische Paränese niederschreibt (Röm 12 f.;
Gal 5 f.; 1. Thess 4,1-12), dann spiegeln sich darin doch wohl entsprechende gottesdienstliche Gepflogenheiten. Doch ist die ausdrückliche Verlesung des Alten Testaments erst für später bezeugt (1. Tim 4,13). Hatten
so bald nach ihrer Gründung gleich alle Gemeinden schon eine Septuaginta oder wenigstens Teile aus ihr? Das ist nicht immer wahrscheinlich.
Andererseits setzt Paulus oft die Kenntnis der Septuaginta voraus (vgl.
etwa 1. Kor 9,9, 14,21; Röm 7,1). Geht das ohne gottesdienstliche Verlesung derselben? Zu den geistgewirkten Rufen gehört sicherlich das
»Abba« (Röm 8,15; Gal 4,6), der Gebetsruf »Unser Herr, komm!«
(1. Kor 16,22; Phil 4,5; Apk 22,20; Did 10,6) und die Akklamation »Herr
(ist) Jesus« (1. Kor 12,3). Daran sieht man, daß auch der Geist u.a. Formen und feste Inhalte benutzt. Er äußert sich nicht nur in zufälliger
Spontaneität mit unvorhersehbarem Inhalt. Allerdings wird man angesichts von Stellen wie 1. Thess 5,19f.; 1. Kor 14; Gal 3,1-5; Röm 12,11
eine durchaus gewollte geistgeleitete und also offene Gestaltung des Gottesdienstes in Rechnung stellen. Die Stimmung ist auf Freude und Jubel
eingestellt (Phil 4,4). Nach dem Gesamteindruck der paulinischen Briefe
müssen Christuspredigt und Paränese eine zentrale Stellung eingenommen haben. Apostel und Missionare werden dabei als Gäste zu Wort
gekommen sein. So konnten z.B. die »Überapostel« aus dem 2. Kor bei
der Gemeinde Eindruck machen.

Unklar ist für den Historiker, wann welche Gottesdienste stattfanden.
Jedenfalls wird der Sonntag als der Auferstehungstag des Herrn dabei in
jedem Fall einen Vorrang gehabt haben (1. Kor 16,1f.; Apg 20,7;
Apk 1,10; Did 14,1), an ihm speziell der Abend, an dem man gewöhnlich
überhaupt die Hauptmahlzeit zu sich nahm (1. Kor 11,21f.). Allerdings
wird man die Wochentage nicht einfach ausschließen können (Ign
Eph 13). Den Vorrang des Sonntags zugestanden, gab es wohl doch auch
verschiedene Gepflogenheiten in den Gemeinden. Ämter zur Leitung des
Gottesdienstes gab es noch nicht. Natürlich entstanden naheliegende Auf-
gabenzuweisungen: Der hausweise Gottesdienst gab in jedem Fall dem
Hausherrn und der Frau des Hauses einen Vorrang (Röm 16,1f.;
1. Kor 11,15f.; 1. Thess 5,12f.) – vor allem natürlich auch beim Mahl.
Frauen durften sich überhaupt innerhalb des Gottesdienstes gleichberech-
tigt äußern (Gal 3,26-28; 1. Kor 11,5; hingegen ist 1. Kor 14,33-36 ein
Nachtrag im Sinne von 1. Tim 2,11f.). Das Durcheinander im korinthi-

schen Wortgottesdienst zeigt eine wenig gelenkte, eher auf gemeinsamen Konsens aufgebaute Ordnung an. Korinth gesteht den Zungenrednern einen gewissen Vorrang zu. Paulus will das zugunsten verstehbarer Rede zurückgenommen wissen und auch die Zahl der Äußerungen begrenzt sehen. Das ist offenbar für die Korinther eine neue Regel. Allgemein üblich war sicherlich das Vorherrschen verstehbarer Rede (1. Kor 14,15 f.). Dies mußte nicht zuletzt auch wegen der konstitutiven missionarischen Ausrichtung des Wortgottesdienstes so sein (14,22 ff.). Paulus lenkt die Korinther also zum Üblichen zurück. Als christlicher Brauch setzte sich bald allgemein als Begrüßung und Verabschiedung der heilige Kuß durch (Röm 16,16; 1. Kor 16,20; 2. Kor 13,12; 1. Thess 5,26). Die Teilnahme des Christen am Gottesdienst, speziell am Herrenmahl, schloß jede Teilnahme an einer heidnischen Kulthandlung aus (1. Kor 10,14-22) und nahm selbstredend auch keine Rücksicht auf das jüdische Zeremonialgesetz.

Zu den Versammlungen der Gesamtgemeinde ist nicht sehr viel zu sagen. Sie fanden wohl je nach Bedarf zu wichtigen Anlässen statt (vgl. Apg 15; 1. Kor 5,1 ff.; Gal 2,11 ff.), also dann, wenn es etwas zu beraten galt, was alle sich sonst am Ort oder in der Gegend hausweise versammelnden Einzelgemeinden gemeinsam zu klären hatten: Einen Ausschluß aus der christlichen Gemeinde konnte eine Hausgemeinde allein nicht sozusagen mit einfachem Hausverbot regeln, denn ein offenkundiger Sünder sollte natürlich auch nicht alsbald in einer benachbarten Hausgemeinde Einlaß finden. Die Kollekte für Jerusalem wollte und sollte auch nicht eine einzelne Hausgemeinde im Alleingang besorgen, sondern das war die Aufgabe einer Stadt oder Provinz, also eine gemeinsame Planung (vgl. oben 2). So gab es immer wieder in unregelmäßigem Abstand Veranlassung, daß eine Gesamtgemeinde zusammenkam. Ob man dann auch gemeinsam Gottesdienst feierte, entzieht sich unserer Kenntnis.

Wer die urchristlichen Äußerungen zum christlichen Gottesdienst überschaut, muß feststellen, daß die Christen hiermit durchaus etwas Eigenes und Neues schufen. Sicherlich hat man Elemente des synagogalen Gottesdienstes entlehnt (z. B. Bekenntnis, Gebet, Schriftlesung und -auslegung), auch u. a. hellenistisches Verständnis für die Deutung des Herrenmahles in Korinth übernommen, aber man hat die Christusbotschaft und ihr Verständnis zum Fundament und Ziel gottesdienstlicher Handlungen gemacht und sich dabei u. a. auch Vorgegebenes angeeignet.

10. Der letzte Besuch in Mazedonien und Achaja

10.1 Die sog. Kollektenreise

Zwar plante Paulus von Ephesus längst eine weitere Reise nach Europa (1. Kor 16,2.5-9), jedoch hatten sich die Ereignisse in Ephesus im Winter 54/55 n.Chr. für ihn denkbar schlecht entwickelt (vgl. oben 7.1), so daß zunächst an Reisepläne nicht zu denken war: Paulus geriet in Gefangenschaft und Lebensgefahr, der er im Frühjahr 55 n.Chr. – wahrscheinlich durch beherzten und lebensgefährlichen Einsatz von Priska und Aquila – mit knapper Not entkommen kann. So verläßt er wohl fluchtartig Ephesus. Er wird diese zentrale Stätte seines Wirkens nicht mehr aufsuchen und muß die früher geplante Europareise nun unter ganz anderen Voraussetzungen beginnen.

Die erste Stadt, die Paulus nach der Flucht aus Ephesus aufsucht, ist Troas (2. Kor 2,12). Der Ort im Nordwesten Kleinasiens ist beherrscht vom Idagebirge und der natürliche Ausgangspunkt für ein Übersetzen nach dem europäischen Mazedonien. Nach Apg 16,8 diente er dazu auch schon zu Beginn der ersten paulinischen Reise nach Europa. Umgekehrt haben die Griechen in diesem Ort einen wichtigen Stützpunkt zur Kolonisierung und Eroberung Kleinasiens gesehen. So hat z.B. Alexander der Große ganz in der Stadtnähe am Granikos seine erste große Schlacht geschlagen, als er zur Eroberung Persiens auszog. Es sieht nicht so aus, als habe der Apostel dieses Mal Troas nur zur Durchreise benutzt. Vielmehr scheint es so, daß eine missionarische Tätigkeit eingeplant war. Paulus berichtet auch von einem Erfolg seiner Evangeliumsverkündigung (2. Kor 2,12). Doch ist die Gemeinde im Dunkel der Geschichte versunken. Bei Paulus dürfte Timotheus gewesen sein (vgl. 2. Kor 1,19), der ihn zumindest bis Korinth begleitete (Röm 16,21), selbst wenn Apg 19,21f. das etwas anders darstellt. Hingegen wartete Paulus auf Titus, der ihm aus Korinth endlich die ersehnten guten Nachrichten bringen sollte (2. Kor 2,13).

Jedoch muß Paulus auf Titus offenbar doch zu lange warten. Nachdem der Apostel schon des Titus Rückkehr nach Ephesus vergeblich ersehnt hatte, bricht der Apostel nun auch von Troas auf, ohne daß Titus bei ihm auftaucht. Die innere Unruhe um die korinthische Gemeinde nagt weiter an ihm. Er setzt nach Mazedonien über und schreibt von einer schlimmen

Zeit, die er durchzumachen hatte: Er findet keine Ruhe, wird geplagt von allen möglichen Bedrängnissen, äußeren Kämpfen und inneren Ängsten (2. Kor 7,5). Wird das letztere sich auf Korinth beziehen, so die äußeren Kämpfe möglicherweise auf die galatische Situation: Paulus reagiert mit dem Gal auf die eingedrungenen Judaisten, von denen er kurz vor dem Aufbruch aus Ephesus hörte.

Es ist nicht mehr auszumachen, wann Titus endlich bei Paulus eintraf. Um so klarer äußert sich Paulus zu den guten Nachrichten, die sein treuer Mitarbeiter ihm mitbringt:»Aber Gott, der die Niedrigen tröstet, hat uns durch des Titus Ankunft Trost geschenkt. Jedoch nicht nur seine Ankunft (verursachte dies), sondern (insbesondere) auch der Trost, den er bei euch (Korinthern) erfahren hatte. Er berichtete uns auch von eurer Sehnsucht nach uns, von eurem Bedauern und eurer eifrigen Zuwendung zu uns, so daß meine Freude immer größer wurde« (2. Kor 7,6f.). Titus hatte also mit seiner ebenso heiklen wie schwierigen Mission vollen Erfolg. Der Apostel war überglücklich, sein geliebtes Korinth wiedergewonnen zu haben.

Natürlich hat Paulus von der Aussöhnung mit Korinth in Philippi und Thessaloniki erzählt, denn beide Städte hat er so gut wie sicher auf seiner Reise durch Mazedonien besucht. Es waren seine letzten Aufenthalte in diesen Gemeinden. Überglücklich über die Korinther, hat er nun in Mazedonien auch von der seit einem Jahr laufenden Kollekte in der Hauptstadt Achajas berichtet. Die mazedonischen Gemeinden schließen sich dieser Aktion spontan an (vgl. oben 2). Solche Sammlung in einer ganzen Provinz dauert etwas länger. Paulus wird also in Mazedonien überwintert haben (55/56 n.Chr.). In dieser Zeit reifen auch seine Pläne, die Kollekte aus Gesamthellas selbst mit nach Jerusalem zu bringen, um dann den Osten des römischen Reiches ganz zu verlassen und endlich (vgl. oben 6.1) nach Rom und Spanien aufzubrechen (2. Kor 8,18-24; Röm 1,15; 15,22-29). Noch einmal wird Titus, begleitet von zwei Mazedoniern, nach Korinth gesandt. Paulus will natürlich das Versöhnungsangebot der Korinther auch von seiner Seite bekräftigen und zugleich nun energisch erneut für die Kollekte werben, indem er auch die Beteiligung der Mazedonier mitteilt (Brief E nach Korinth: 2. Kor 1,1-2,13; 7,5-16; 8f.).

Über die Bedeutung dieser Kollekte ist viel diskutiert worden. Wir haben indessen zu ihr einige Beobachtungen gemacht (vgl. oben 2), die für die Würdigung der Gaben für Jerusalem wichtige Hinweise geben: Aus Gal 2,10 ist zu entnehmen, daß die beiden Antiochener Paulus und Barnabas für Antiochia die Verpflichtung übernahmen, Jerusalem finanziell zu unterstützen. Die geschichtliche Situation und der Rahmen des

Konvents lassen keineswegs den Schluß zu, damit sei das Heidenchristentum überhaupt zu diesem Dienst verpflichtet worden. Dagegen steht schon die Tatsache, daß die Missionsgründungen der Stephanusanhänger gar keine Verhandlungspartner waren und die spätere selbständige Mission des Paulus noch jenseits des Horizontes stand. Dennoch fühlt Paulus sich als Einzelperson, die damals ihr Wort gab, lebenslang an diese Abmachung gebunden. Allerdings hebt er immer bewußt die Freiwilligkeit der Gemeinden, die er um die Kollekte bittet, hervor (z.B. 2. Kor 8,3 f.; 9,2.7).

Die Verpflichtung, die Paulus in Jerusalem einging, ist weiter nicht Teil des eigentlichen Konventsbeschlusses. Das betont Paulus ausdrücklich Gal 2,10. Der Beschluß ist von dieser zusätzlichen Abmachung ganz unabhängig. Paulus versteht sie gegenüber Jerusalem nach seinem Fortgang aus Antiochia als persönliche Verpflichtung und vermeidet für ihre Bezeichnung alle rechtlichen Begriffe. Eine Analogie zur Tempelsteuer aller Juden ist darum in keinem Fall gegeben. Nicht die Begriffe Steuer oder Recht sind angemessen, sondern die Beschreibung als Gabe und Spende. Allerdings darf der Spendencharakter auch nicht alsbald dazu führen, die Kollekte in den größeren Zusammenhang der Almosen von Außenstehenden und Proselyten für Israel zu stellen. Paulus selbst deutet diesen generellen Rahmen nirgends an, und seine Gemeinden haben das sicherlich nicht so verstanden. In jedem Fall wußte Paulus als ehemaliger Pharisäer um das sich darin aussprechende Selbstverständnis der Synagoge, nämlich um die Selbsteinschätzung als vorrangig gegenüber allen Völkern. Da Paulus aber gerade die Gleichrangigkeit des Heidenchristentums vertrat, kam für ihn schon aus solchen Gründen diese Einordnung der Kollekte nicht in Frage. Er hätte sie weder damals in Jerusalem noch irgendwann später akzeptiert. Außerdem sind die Almosen für Israel ihrer Art nach Spenden je einzelner Personen. Bei der paulinischen Kollekte geht es jedoch um Gaben von Kirchenprovinzen.

Die Kollekte gilt den sozial armen Christen in Jerusalem, denn anders ist der Ausdruck »die Armen der Heiligen« (Röm 15,26) nicht zu deuten: Die Jerusalemer Christen insgesamt sind »die Heiligen« (Röm 15,25.31). Unter ihnen gibt es eine nicht quantifizierte Teilmenge materiell verarmter Christen, die die Jerusalemer Urgemeinde nur schwer miternähren kann. Ihnen gilt ausdrücklich die Sammlung des Geldes. Wieweit man aus Apg 2,44f.; 4,32-37; 5,1-11; 6,1-6 erschließen kann, welche Hintergründe die Verarmung hatte, ist umstritten. Lukas, der hier weitgehend selbst zu Wort kommt, will aus der Sicht des Späteren mit Anleihen bei der pythagoreischen Sozialutopie eine normative urchristliche Zeit beschreiben. Historisch wird die Situation in Jerusalem aber eher durch die Naherwartung und endzeitliche Stellung Jerusalems als Heilsort des kommenden Menschensohnes verursacht gewesen sein. Man kann etwa annehmen, daß galiläische Christen mit den Jerusalemern in der Zionstadt den Auferstandenen als endzeitliche Heilsgestalt erwarten wollten, in Galiläa dafür ihre bürgerliche Existenz aufgaben, in Jerusalem verarmten und auf die Versorgung durch die dortigen Christen angewiesen waren. Jedenfalls wird es einen »Liebeskommunismus« (freiwillige Gemeinschaft aller Produktionsmittel) oder eine freiwillige Gemeinschaft aller Erträge als Lebensstil der Gesamtgemeinde nicht gegeben haben. Doch wie immer man hier urteilt, Paulus interessiert sich nirgends für eine Ursachenforschung der teilweisen Verarmung der Jerusalemer Urgemeinde. Ihre faktische Armut ist ihm allein Veranlassung, daß auch in diesem Fall einer des anderen Lasten tragen soll (Gal 6,2), und daß es gilt, Gutes zu tun gegenüber jedermann, allermeist aber gegenüber den Gläubigen (Gal 6,10).

Von dieser Basis ausgehend, kann Paulus nun darüber hinaus theologische Motive benennen, die auf den Wert und die Bedeutung der Kollekte abheben. So schreibt er 2. Kor 8,8 f.: »Nicht als Befehl sage ich das, sondern weil ich ... eure Liebe als geneigt erproben möchte. Denn ihr kennt ja die Gnade Jesu Christi: Um euretwillen ist er arm geworden, wiewohl er reich war, um euch durch seine Armut reich zu machen.« Es ist also das für alle Christen in gleicher Weise geltende »Gesetz Christi«, unter das sich hier die Korinther gestellt sehen sollen (vgl. Gal 6,2). Einen zweiten Gesichtspunkt erwähnt der Apostel wenig später (2. Kor 8,13 f.), wenn er von einem Ausgleich zwischen Mangel und Überfluß spricht, d. h. auf die selbstverständliche Christenpflicht des Teilens abhebt (2. Kor 9,13). Endlich kann er Röm 15,26 f. ausführen: »Mazedonien und Achaja haben den Beschluß gefaßt, gemeinsam etwas für die Armen der Heiligen in Jerusalem zu tun ... Sie sind ihnen ja auch verpflichtet. Denn wenn die Völker an ihren geistlichen Gütern Anteil nahmen, sind sie nun auch verpflichtet, ihnen mit ihren irdischen Gaben zu dienen.« Wie also die Völker an dem von Jerusalem ausgehenden Evangelium Anteil erhielten (vgl. Röm 15,19), so sollen diese nun auch den Jerusalemern an ihren Gaben Anteil geben. Paulus will also das wechselseitige Geben und Nehmen in der einen Kirche Jesu Christi betonen. Die Kollekte wird so zu einem Band der Gemeinschaft zwischen Juden- und Heidenchristen. So ist sie für Paulus »Dienst« (2. Kor 8,4; 9,1.12 f.) und »Gemeinschaft(swerk)« (2. Kor 8,4; 9,13). Um dieses Gemeinschaftsgedankens willen verzichtet Paulus auch angesichts der drohenden Probleme in Jerusalem (Röm 15,30–32) nicht auf die Überbringung der Gabe (vgl. unten 15.1). Ja, die judaistische Front, die sogleich in unser Blickfeld treten wird, fordert Paulus geradezu heraus, die Kollekte als Test dafür zu sehen, ob das Judenchristentum die Gleichrangigkeit des Heidenchristentums noch anerkennt oder wirklich trotz des Konventsbeschlusses die Gemeinschaft aufkündigen will.

Verfolgt man die Ereignisse auf der sog. Kollektenreise weiter, so ist von einer neuen Hiobsnachricht zu berichten, die Paulus erreicht, nachdem er Philippi, wohl auch schon Mazedonien, verlassen hat: Die Judaisten folgen seinen Spuren nach Europa. Seine Gemeinde in Philippi ist bedroht. Abermals muß sich Paulus gegen die antiheidenchristliche Front im Judenchristentum wehren. Er schreibt Phil B (vgl. 10.2 und 12.4). Spätestens jetzt muß ihm endgültig klargeworden sein, daß seine Reise nach dem judenchristlichen Jerusalem mit der Kollekte der heidenchristlichen Gemeinden ernste Probleme in sich birgt (Röm 15,30f.). Nun wird aus der Liebesgabe zugleich eine Art Nagelprobe, wie es Jerusalem mit dem Heidenchristentum hält.

Korinth ist die letzte Station dieser Reise (56 n.Chr.). Paulus nimmt hier anläßlich des Kollektenbesuchs, wenn man der Apg trauen darf, für rund 3 Monate Quartier (Apg 20,2f.) und schreibt von Korinth – nach erfolgreicher Beendigung der Kollekte auch in Achaja – den Röm (Röm 15,25-32; 16,21-23). Der Röm wird zum letzten Lebenszeichen aus der Hand des Paulus und nicht nur darum sein Testament. Dies gilt nämlich insbesondere auch deshalb, weil er in ihm seine Theologie in einer einzigartigen Weise in systematischer Reife darstellt (vgl. unten 13.3). Nach dem Röm ist Paulus unmittelbar im Aufbruch nach Jerusalem. Die Apg bestätigt, daß dieses Reiseziel auch erreicht wurde (Apg 21). Damit aber beginnt ein neuer Lebensabschnitt für Paulus, für den keine paulinischen Nachrichten mehr zur Verfügung stehen.

Überblickt man die sog. Kollektenreise durch Europa, so enthält sie für den Apostel die ersehnte Aussöhnung mit Korinth und den großen Kollektenerfolg in Mazedonien und Achaja. Aber zugleich ziehen schwere Unwetter auf dem Missionsfeld auf, das Paulus nun endgültig verlassen will (Röm 15,23f.): Die Judaisten stellen nicht nur in Asien, sondern auch in Europa sein heidenchristliches Missionswerk in Frage. Auch muß Paulus ernsthaft befürchten, daß er in Jerusalem bei der Ablieferung der Kollekte Probleme bekommt. Steht damit die Einheit der Kirche aus Juden- und Heidenchristen wieder auf dem Spiel – trotz des Apostelkonvents? So hinterläßt Paulus, wenn er sich nach der Westhälfte des römischen Reiches ausrichtet, im Osten alles andere als eine gefestigte Lage. Zudem kommt er gerade von der ephesinischen Lebensbedrohung her und steht schon wieder vor einer neuen in Jerusalem. Paulus selbst und seine Gemeinden kommen offenbar aus den Krisen nicht heraus.

Doch gilt es, noch eine andere Rechnung für diese Zeit aufzustellen. Sieht man einmal von dem Versöhnungsschreiben nach Korinth ab, das sozusagen etwas verspätet die korinthische Korrespondenz abschließt, dann besteht der literarische Ertrag dieser zwei Jahre in den Briefen, die die Rechtfertigungsbotschaft des Apostels enthalten, also in der Ausformung der Theologie, durch die Paulus zwar nicht unmittelbar nach seiner Zeit, jedoch auf die Länge der Kirchengeschichte gesehen, gerade an den Knotenpunkten derselben Wirkungsgeschichte zeitigte. Das freilich hat Paulus schon darum nicht selbst erahnen können, weil er von der Naherwartung des Endes aller Dinge in seinem Hoffen bestimmt war.

Abschließend sei nochmals in Fortsetzung der Aufstellung am Ende von Abschnitt 7.1 die Ereignisfolge dieser Zeit tabellarisch zusammengestellt:

Paulus auf der Reise von Ephesus nach Korinth

Lfd. Nr.	Ereignis	Bemerkungen	ungefähre Zeit
1	Von Ephesus nach Troas. Aufenthalt in Troas: Missionserfolg, Timotheus bei Paulus bis Korinth	2. Kor. 2,12 2. Kor. 1,1; Röm 16,21 (anders Apg 19,22)	55
2	Reise Troas – Mazedonien. Gal	2. Kor 7,5; Gal 4,13	55
3	Titus kommt aus Korinth mit guter Nachricht und erreicht Paulus in Mazedonien.	2. Kor 2,13; 7,13–16: längere Pause seit 2. Besuch (2. Kor 1,23)	55
4	Paulus ist in Mazedonien (Überwinterung); Mazedonier beteiligen sich an Kollekte Achajas.	2. Kor 8,3f; 9,2f	Winter 55/56
5	Paulus legt Reise Korinth – Jerusalem endgültig fest, um dann nach Rom – Spanien zu reisen.	2. Kor 8,18–24; Röm 1,15; 15,22–29 (vgl. Apg 19,21f)	55/56
6	Brief E nach Korinth:»Versöhnungsbrief«.	= 2. Kor 1,1–2,13; 7,5–16; 8f. Situation: 2,13; 7,5ff; 8,6.16–19	55/56
7	Brief B nach Philippi.	= Phil 3,2–21; 4,8f; geschrieben nach 2. Besuch in Philippi (Phil 3,18), der z.Z. von Nr. 4 liegt	56
8	Aufenthalt in Korinth (3. Besuch): »Kollektenbesuch«.	3 Monate Apg 20,2f; Röm 15,25f; 16,22	Sommer 56
9	Der Röm als »Testament« des Paulus.	von Korinth: Röm 15,25–32; 16,21–23	56

10.2 Das antiheidenchristliche Judenchristentum

Der letzte Winter, den Paulus in Ephesus verbringt, ist u. a. dadurch gekennzeichnet, daß der Apostel von dem Einbruch der judaisierenden Fremdmission in seinen galatischen Gemeinden erfährt (vgl. unten 7.1). Sein fluchtartiger Aufbruch im Frühjahr 55 in Richtung Mazedonien erlaubt es ihm nicht, nochmals persönlich in Galatien nach dem Rechten zu sehen. So schreibt er den Galaterbrief offenbar, als er auf dem Weg durch Mazedonien ist. Die sog. Kollektenreise beansprucht nun nämlich seine ganze Aufmerksamkeit. Darum kommt ihm die neue Gefahr im Nordosten seines bisherigen Missionsterrains zweifelsfrei zur Zeit völlig ungelegen. Sie erwischt ihn sozusagen auf dem falschen Fuß, zumal der damit aufbrechende Streit für ihn längst auf dem Apostelkonvent (vgl. oben 5.2) sachlich entschieden war, also auch noch aus seiner Sicht ein völlig überflüssiger Streit war.

Zum großen Verdruß des Apostels bleibt es nicht beim galatischen Streit. Denn nachdem Paulus in Philippi auf seiner Reise durch Mazedonien Station gemacht und die Gemeinde schon wieder verlassen hatte, hört er, daß die Judaisten auch Philippi zu besuchen vorhaben, also von Asien nach Europa übersetzen und den Spuren des Apostels folgen. Paulus verhält sich analog zur galatischen Situation: Er setzt seine Reisepläne konsequent fort und schreibt der Gemeinde Phil B (vgl. unten 12.2 und 12.4). So ist die sog. Kollektenreise nicht zuletzt durch die Auseinandersetzung des Apostels mit dieser gegnerischen Mission gekennzeichnet.

Es ist weiterhin gut denkbar, daß Paulus mit der Warnung in Röm 16,17-20 ebenfalls Judaisten treffen will. Der Röm gehört ja nicht nur in die Zeit der Kollektenreise (vgl. unten 13.2), sondern deutet für die Jerusalemreise zur Überbringung der Kollekte Probleme mit judaisierenden Judenchristen an (Röm 15,31; vgl. unten 15.1). Außerdem ist bei aller üblichen Typik der Gegnerkennzeichnung in Röm 16,17f. die Nähe zu Phil 3,18f. sehr auffällig. Wer also diese Warnung vor Irrlehren an Rom gerichtet sein läßt (vgl. dazu 13.2), kann dann konstatieren: Noch ist die Reichshauptstadt von diesen Gegnern nicht heimgesucht, jedoch rechnet Paulus mit einer anstehenden Bedrohung auch der römischen Gemeinde (Röm 16,19). Er schwört die Gemeinde auf eine Bekämpfung des gemeinsamen Feindes ein und ordnet ihn Satan zu (Röm 16,20a), wie er die Judaisten im Gal und Phil B vom Heil ausschließt.

Wie läßt sich diese judaistische Front näher beschreiben? Sicherlich rät die Art der paulinischen Polemik (vgl. oben 7.2) zur Vorsicht, zuviel wissen zu wollen. Auch hat Paulus diese Gegner in Galatien und auf dem

Weg nach Philippi wohl nicht persönlich gekannt (vgl. Gal 1,7; 5,7.12; 6,12f.; Phil 3,2.4; Röm 16,17f.). Aber neben Nachrichten aus Galatien selbst (woher weiß Paulus sonst solche speziellen Fakten wie Gal 4,9f.?), kennt er die gegnerische Position aus eigener Anschauung vom Apostelkonvent her (vgl. oben 5.2) und hat zu ihr aufgrund seiner vorchristlichen Existenz als gesetzesstrenger Pharisäer (vgl. oben 3.2) einen guten Zugang. Der Historiker wiederum kann mit Hilfe des zentralen Programmpunktes der Judaisten, d.h. ihrer Beschneidungsforderung (Gal 5,2f.12; 6,12f.; Phil 3,2-5), ihre jüdische Heimat kennzeichnen, bzw. sie auf diesem Hintergrund verstehen. Obwohl also diese Gegner ausschließlich abwertend und polemisch angegriffen werden, kann sie Paulus doch im Kern nicht verzeichnet haben, noch kann eine heutige Rekonstruktion in der Beschreibung ihrer Grundzüge ganz fehlgehen.

Judaisten sind eine extreme Sondergruppe innerhalb des Judenchristentums. Dabei ist das Wort »Judenchristen« ein Kunstwort des neuzeitlichen Historikers. Keine urchristliche Gemeinde hat sich je selbst so bezeichnet. Gemeint sind mit diesem Sammelbegriff alle Gläubigen, die jüdischer Herkunft, beschnitten und zugleich christlich sind. Falls sich z.B. in Galatien Christen beschneiden ließen, also damit Proselyten wurden, das jüdische Gesetz einhielten und zugleich Christen blieben, gehören auch sie dazu.

Nach solcher allgemeinen Definition sind zu den Judenchristen zu zählen: die palästinische Urgemeinde, die galiläischen Gemeinden, der Stephanuskreis und die Anfänge seiner Missionsgründungen, wohl auch die Anfänge der Missionsgemeinden in Alexandria, Ephesus und Rom, die Gegner des Paulus auf dem Apostelkonvent, in Galatien und Philippi, aber auch im 2. Kor 10–13 (vgl. 11,21ff.). Das Urchristentum beginnt überhaupt judenchristlich. Die antiochenische und dann die selbständige paulinische Mission sind zunächst die entscheidenden Ausnahmen heidenchristlicher Missionsgründungen. Der anfangs noch unerwartete Erfolg der Heidenmission macht die Spannungen zwischen Judenchristen und Heidenchristen zu einem entscheidenden Wesensmerkmal der ersten urchristlichen Generation.

Blickt man in die nachpaulinische Zeit, so zeigen u.a. Gemeinden wie die der Logienquelle, des Matthäus, des vierten Evangelisten, des Jakobus und der Apokalypse Johannes deutlich judenchristliches Gepräge, wenn sie auch nachweislich dann langsam mit mehr oder weniger harten Konflikten (man vgl. Mt mit Joh) der Synagoge entwachsen. Dabei hängt das Schicksal des Judenchristentums in dieser Zeit an zwei Ereignissen: an dem antirömischen Aufstand von 66–71/72 n.Chr. und an der Konstituierung der pharisäischen Orthodoxie mit der Synode zu Jabne/Jamnia unter Gamaliel II um 80 n.Chr.

Judenchristen hatten wohl im allgemeinen schon aus antizelotischer Einstellung gegen 66 n.Chr. die Flucht nach Pella im Ostjordanland ergriffen (Euseb, Kirchengeschichte 3,5,3). Sie hatten damit – wie später das Judentum insgesamt – ihren Mittelpunkt, die Heilsstadt Jerusalem, verloren. Diese Flucht geschah auch sonst nicht von ungefähr: Das damalige Oberhaupt der Judenchristen, der Herrenbruder Jakobus, war zwischen dem Fortgang des Prokurators Festus und dem Amtsantritt des Albinus auf Betreiben des Hohenpriesters Hannas II getötet worden (62 n.Chr.; vgl. Josephus, ant 20,197-200; Hegesipp bei Euseb, Kirchengeschichte 2,23,11-18). Das darf als Verfolgung der Judenchristen in Jerusalem gewertet werden: Man tötete das Haupt und meinte zugleich alle zu ihm zählenden Glieder. So starb Jakobus in der Zionstadt Jerusalem etwa gleichzeitig mit Paulus in der Weltstadt Rom. Jedenfalls war die Flucht nach Pella auch ein Zurückweichen aus der Bedrängnis, wie sie der Tod des Jakobus anzeigte.

Nach dem verlorenen Krieg des Zelotismus – es war von vornherein aussichtslos und töricht, sich der römischen Militärmacht zum Kampf zu stellen – übernahmen die gemäßigten Kräfte, die Pharisäer, die führende Rolle im Judentum und schlossen alsbald alle »häretischen« und unliebsamen Gruppen des Judentums aus, d.h. die Pharisäer mauserten sich zur frührabbinischen Orthodoxie, so daß die Vielfalt des Judentums, wie sie vor 70 n.Chr. bestand, abstarb. Sichtbares Zeichen dieser neuen Zeit war die Verfluchung aller möglichen »Ketzer«, die um 90 n.Chr. in das Achtzehnbittengebet aufgenommen wurde. Wenn auch in diesem offiziellen Gebet der Synagoge die Judenchristen nicht allein oder besonders hervorgehoben gemeint waren, so konnten sie sich doch im synagogalen Gottesdienst nicht selbst verfluchen. Darum konnten sie nicht länger in der Synagoge bleiben, in der sie aus theologischen Gründen Heimat behalten wollten.

So hatte das Judenchristentum im ersten Jahrhundert n.Chr. zwei schwere Krisen zu verarbeiten: Das Aufblühen des Heidenchristentums als Infragestellung und Konkurrenz der eigenen Position und die für das Judentum insgesamt dunklen Jahre des antirömischen Aufstandes. Es ist klar, daß nicht zuletzt angesichts solcher Infragestellungen die Versuche, sich selbst einen Standort zu bilden, mannigfaltig waren, zumal ja auch das Judentum selbst vor 70 n.Chr. durch die Pluralität von verschiedenen Strömungen gekennzeichnet war. Innerhalb dieser Identitätssuche sind die antiheidnisch eingestellten Judenchristen die extreme Position auf der

einen Seite, die heidenchristlich assimilierten Judenchristen aus
2. Kor 10–13 z. B. die Gegenposition auf der anderen Seite. Dazwischen
standen etwa in der Mitte diejenigen, die den Konventsbeschluß mittru-
gen (vgl. oben 5.2), jedoch auch diejenigen, die später Einschränkungen
zu ihm machten wie die Jakobusleute in Antiochien (vgl. 5.3), oder die
wie Paulus besonders konsequent heidenchristliche Theologie vertraten,
wenn er in seinen Missionsgründungen den Judenchristen die Integration
in die Gemeinde auf heidenchristlicher Basis abverlangte (vgl. den Vorwurf Apg 21,21). Ist die Lage im groben richtig beschrieben, dann war
zweierlei klar: Wie es zwischen den Gegnern des Paulus in Galatien und
denen im 2. Kor 10–13 wohl kaum noch eine Gesprächsmöglichkeit gab,
so mußte Paulus für diejenigen, die der heidenchristlichen Kirche die
Legitimation absprachen, zur gegnerischen Zentralfigur werden. Dabei ist
auffällig, daß man seit dem Konvent nicht mehr Paulus direkt zur Rede
stellt, wohl aber seine Missionsgemeinden unter das Gesetz, also in die
Synagoge zwingen will. Diese programmatisch antiheidenchristlich eingestellten Judenchristen, d. h. Judaisten, betreiben also auf dem paulinischen
Missionsfeld eine Gegenmission, weil für sie heidenchristliche Gemeinden
überhaupt keine Existenzberechtigung haben. Das drückt ihre Beschneidungsforderung aus.

Judaisten kann es erst geben, als in Antiochia heidenchristliche Gemeinden gegründet werden. Seit diesem Entscheid formieren sie sich.
Darum wird ihre erste Erwähnung in Apg 15,1.5; Gal 2,4 bei der Vorgeschichte zum Konvent in Jerusalem und auf ihm selbst historisch zutreffen. Man kann aus diesen Notizen erkennen: Ihr Zentrum ist die Jerusalemer Urgemeinde (vgl. Gal 6,12f.). Ihre ursprünglich pharisäische Haltung paßt dazu ebenfalls, selbst wenn man diese nur lukanische Angabe
nicht pressen sollte. Waren es nicht gerade die Pharisäer, die das Gesetz
des Mose bis hin zu den Reinheitsgeboten im ganzen Volk durchsetzen
wollten? Hatte nicht auch Paulus ehedem als Pharisäer die damaszenischen
Christen verfolgt – aus Eifer für das Gesetz? Die Gegner der Judaisten
sind also zunächst die Antiochener. Trotz des Rückhaltes der Judaisten im
judäischen Judenchristentum unterliegen sie auf dem Konvent. Ihr christliches Einheitsprogramm: »Es ist (heils-)notwendig, daß sie (d. h. die
Heidenchristen Antiochias) sich beschneiden lassen und man sie unter-
weist, das Gesetz des Mose zu halten« (Apg 15,5; zum Stil vgl. etwa:
Joh 3,3.5; 3,27; 5,19; 6,44.65; 9,33), setzt sich nicht durch. Die Einheit in
Christus wird nicht über das Gesetz, sondern über das Evangelium, den
Geist und die Taufe bestimmt (vgl. oben 5.2). Mit dieser Niederlage in
Jerusalem haben sie sich offenbar nie abgefunden, so daß sie nun zu einer

Gruppe werden, die auch gegen den Konventsbeschluß arbeitet. Auch die Klauseln des Jakobus (vgl. oben 5.3) sind für sie kein möglicher Kompromiß, weil das Christentum für sie solche weitestgehende Freigabe des Gesetzes nicht sanktionieren darf. Dabei bleibt ihr Zentrum Jerusalem. Dazu paßt, daß sie auch in Galatien und Philippi als Außenstehende auftreten.

Der antiochenische Zwischenfall ist kein Kapitel in der Geschichte der Judaisten, denn hier geht es unter prinzipieller Anerkenntnis heidenchristlicher Gemeinden um den Erhalt judenchristlicher Teile der Gemeinde (vgl. oben 5.3). Die Beschneidungsforderung tritt nicht in Erscheinung. Überhaupt sieht es so aus, als träten die Judaisten nach dem Konvent mit ihren Aktivitäten vorerst zurück, waren sie doch die Verlierer gegenüber einer breiten und respektablen Mehrheit. Gegen die großen christlichen Gestalten dieser Zeit konnten die Judaisten, die keinen namhaften Wortführer besaßen, sondern nur als Gruppe stark waren, vorerst wenig ausrichten. Jedenfalls aktivieren sie ihre Bemühungen, für den Historiker sichtbar, überhaupt erst wieder Mitte der fünfziger Jahre. Paulus hatte indessen seine selbständige Mission mit den beiden großen Zentren in Korinth und Ephesus mit großem Erfolg betrieben: Nun erst, gegen 55 n.Chr., versuchen es die Judaisten erneut, den Gang der Geschichte auf alleinigen judenchristlichen Kurs umzulenken.

Der Zeitpunkt ist für sie strategisch günstig: Sie beginnen »abseits« im entlegenen Galatien, und Paulus ist indessen mit der sog. Kollektenreise und viel weiterreichenden Plänen danach (Röm 15,22-24) voll beschäftigt. Auch liegt der Konvent schon einige Jahre zurück. Die genaueren Hintergründe lassen sich jedoch allenfalls erahnen: War Jakobus, der dann 62 n.Chr. als Märtyrer endet, in Jerusalem nicht mehr stark genug? War das zelotische Treiben und Denken, das thorastreng und nationalistisch alles Fremde bekämpfte, schon so erstarkt, daß die Judaisten für ihre Haltung aus der allgemeinen Entwicklung des Judentums heraus einen Unterstützungsschub erhielten? Immerhin beginnt rund 10 Jahre später der offene Aufstand gegen Rom! Hatten allgemein die judäischen Christen soviel Ärger mit dem Judentum, daß für sie das Heidenchristentum zu einer ernsten Belastung wurde? Spielte die abgelieferte Kollekte Galatiens dabei eine Rolle? Heidenchristliches Geld ist unrein. Es wäre ein aktueller und willkommener Anlaß für die Judaisten, in Galatien Gegenmission zu betreiben. Jedenfalls reisen sie auch wenig später Paulus nach, der offenbar gerade in Philippi die Kollekte für Jerusalem eingesammelt hatte. Auch befürchtet Paulus, daß in Jerusalem die heidnisch unreine Kollekte ernste Probleme machen kann (Röm 15,25.31f.; vgl.

Apg 21,20-26). Vielleicht wurde sie dort gar nicht angenommen (vgl. unten 15.1).

Die in diesen Fragen anklingenden Aspekte schließen sich kaum gegenseitig aus. Sie sind keine Alternativen. Im übrigen sind sie gut denkbar, aber nicht alle sicher belegt. Nahe liegt jedenfalls auch die Vermutung, daß Judaisten beim letzten Besuch des Paulus in Jerusalem die Hand direkt im Spiel hatten. Was Apg 21,20-26 berichtet, ist zwar recht legendarisch, aber Röm 15,31 scheint eindeutig für solche Auffassung zu sprechen (vgl. unten 15.1). Falls sie sich als Gegner des Paulus in Szene setzten, dann war es der letzte bekannte Akt in diesem Dauerkonflikt zwischen beiden. So haben die Intimfeinde paulinischer Mission dem Heidenapostel das Leben schwer gemacht, ihm vielleicht auch in Galatien und Jerusalem eine schmerzliche Niederlage beigebracht, aber die Entfaltung des Heidenchristentums letztlich nicht behindern können, weil sie die innere Dynamik dieser Mission nicht ernsthaft gefährden konnten.

Sie selbst gehen aufgrund des jüdischen Aufstandes und der sich danach durchsetzenden normativen jüdischen Linie wohl als Gruppe im Strudel der Geschichte unter: Da sie selbst keine Bleibe mehr im Judentum haben, hat ihr Missionsziel, alle Christen ins Judentum zu integrieren, keine Basis mehr, ist doch ihnen selbst das verwehrt, was sie als Ziel für alle Christen anstreben: als eine Gruppe im Synagogenverband zu leben. So bleiben sie eine Episode von rund 25 Jahren in der Geschichte des Urchristentums.

Der Abriß der Geschichte der Judaisten hat schon wichtige Aspekte ihrer Theologie anklingen lassen. Von ihr soll nun noch die Rede sein. Dabei ist ganz deutlich, daß sie sich Christentum nur als innerjüdische Gruppierung denken können. Gehörten nicht auch Jesus und die Anfänge der nachösterlichen Gemeinden ins Judentum? So dürfen sie sich als konservative Bewahrer dieses Ursprunges verstehen. Darin liegt ihre Stärke. Dies bedeutet aber zugleich, daß die genealogische Abrahamskindschaft, also die leibliche Zugehörigkeit zum Zwölfstämmevolk, für sie konstitutiv ist. Darum hebt Paulus Phil 3,5 seine Herkunft als genuiner Jude polemisch hervor. Darum können für Judaisten Nichtjuden nur dann an der Erwählungsgeschichte Israels partizipieren, wenn sie über die Beschneidung nachträglich ins Judentum inkorporiert werden. Wenn Paulus in polemischer Zuspitzung und Konzentration die Beschneidungsforderung der Judaisten bekämpft, bringt er also ihr Anliegen auf den entscheidenden Punkt. Denn für Judaisten sind Heidenchristen nur als Christen anzusprechen, wenn sie als ein Spezialfall allgemeiner jüdischer Proselytenwerbung angesehen werden (vgl. Mt 23,15). Eine heidenchristliche Kirche mit eigener Legitimation ist für sie eine theologische Unmöglichkeit; aber genau dafür tritt Paulus ihnen gegenüber z.B. in Gal 1,11-2,21 ein. Damit sind die Judaisten im guten jüdischen Sinn Vertreter der fundamentalen Unterscheidung von Israel und den Völkern, von erwähltem Volk und den heidnischen Sündern (vgl. Röm 9,3-5; Gal 2,15 usw.).

Von diesem Ansatz her ist die Beschneidung zu deuten: Sie ist Zeichen der Bundeserwählung und Unterscheidungsmerkmal gegenüber den unbeschnittenen Völkern (vgl. paulinisch: Gal 2,7; Röm 4,10-12). Ohne die Beschneidung gibt es keine Partizipation am Heil, das der einst Abraham erwählende Gott verheißen hat. Unbeschnittene können keinen Anteil am Segen Abrahams haben (Gegensatz: Gal 3,6-14). Ebenso gilt: Judenchristen, die sich wie Paulus für ein heidenchristliches Leben entscheiden und die Beschneidung gebürtiger Juden nicht mehr vollziehen (vgl. Apg 21,21), stellen sich und ihre Kinder außerhalb des Heilszusammenhanges.

Ist die Erwählung auf Abraham und seine Nachkommen konzentriert und können die Völker nur daran über die Beschneidung Anteil bekommen, dann wird verständlich, warum Paulus gerade Abraham gleichsam heidenchristlich neu verstehen lehrt (Gal 3,6ff.; Röm 4), dabei die natürliche Abstammung von ihm außer Kurs setzt, um eine im übertragenen Sinne an den Glauben gebundene Zugehörigkeit zu ihm zu begründen. Phil 3,5.7 kann er seine natürliche jüdische Herkunft als Unwert beschreiben. Zugleich ist für Paulus klar: Gottes Erwählen geschah nicht nur einst bei Abraham, sondern im Evangelium sind jetzt die Völker neu und eigenständig erwählt (vgl. Gal 3,1-5 und zum 1. Thess oben 6.2). Damit ebnet Paulus die Grenze zwischen Juden und Völkern ein, die die Judaisten immer wieder aufrichten. Die antiochenische Theologie, wie sie in den Formeln wie Gal 3,26-28; 5,6; 1.Kor 12,13 usw. zum Ausdruck kommt, muß ihnen als Blasphemie und Ketzerei gelten.

Die Beschneidungsforderung ist nicht ein einzelnes oder formales Anliegen der Judaisten. Sie ist Ausdruck für die Übernahme des ganzen Gesetzes (Apg 15,5). In Übereinstimmung mit Aussagen wie in Mt 5,17-19; 7,21-23 (die paulinische Antithese: Gal 3,19-22) darf es für sie keinen Gegensatz zwischen der Christologie oder der Auffassung vom Geist und dem Gesetz geben. Genau dafür aber setzt sich Paulus Gal 3,1-4,31 vehement ein. Insistiert er auf dem Spannungsverhältnis von Gesetz und Evangelium, so beharren sie auf der Identität beider Größen. Verheißt doch für sie nur das Gesetz Leben (vgl. Gal 3,12). Wer es nicht auf sich nimmt, steht unter seinem Fluch (vgl. Gal 3,10). Darum gilt auch von ihrer Seite der Vorwurf an Paulus, daß er Christus zum »Diener der Sünde« entwürdigt (Gal 2,17; vgl. Röm 6,1.15), weil er das Gesetz aufhebt (Röm 3,31a). Paulus ermäßigt für sie die göttlich gesetzten Preise der Erwählung, wenn er den Völkern ein ungesetzliches Leben, also ein sündiges Verhalten in der Unverbindlichkeit gegenüber dem geoffenbarten göttlichen Willen zugesteht. Darum muß Paulus die neu begründete Beanspruchung des Christen in seiner Lebensführung ohne Gesetz ausdrücklich beschreiben (Gal 5,13-6,10; Phil 3,12ff.). Messen die Judaisten Christus und das gesamte Christentum am Gesetz, so mißt Paulus Gesetz und Christentum an Christus allein (Gal 2,21 als Antithese zu V. 17; Phil 3,7-11).

Die umfassende Zurückführung der Galater unter die Botmäßigkeit des Gesetzes ist zwar für Paulus ein »fleischlicher« Weg (Gal 3,3) und sogar parallelisierbar mit der Einstellung der ehemaligen Heiden gegenüber dem Götterkult (Gal 4,8f.), aber für die Judaisten bis hin zum Festkalender (4,9f.) konkrete Wirklichkeit. Dieser Festkalender ist an eine bestimmte Elementenlehre (4,3.9f.) geknüpft, womit wohl in irgendeiner nicht mehr näher erkennbaren Weise an die Grundelemente Erde, Wasser, Feuer und Luft gedacht war. Das hat dazu geführt, den Judaisten Einflüsse synkretistischer Art zu unterstellen. Doch hier ist Vorsicht geboten. Nicht nur ist das gesamte Judentum seit der Diadochenreiche, also auch der neutestamentlichen Zeit, ein sozusagen synkretistisches Phänomen. Sondern es muß auch in Geltung bleiben, daß die Judaisten mit solchen Forderungen sich im Einklang mit dem Gesetz wähnten. Sicherlich vertrat nicht jeder in Judäa eine Elementenlehre, aber ein hellenistischer Jude wie z.B. Philo kann sie zur Ehre und zum Verständnis des Gesetzes heranziehen. Das Gesetz war ja überhaupt nicht nur ein schriftlich fixierter Kodex. Es durchwaltete zugleich den Kosmos und war das Mittel, durch das Gott die Welt schuf. So war auch das, was die Welt zusammenhielt, und u.a. auch die Ordnung der Gestirne mit ihren Bahnen torahaltig. Die Gestirne bestimmten wiederum den Festkalender, wie dieser natürlich auch in der schriftlichen Tora fixiert war (vgl. äthHen; Jub; Qumran). So werden auch die Judaisten mit Elementenlehre und Festkalender die Harmonie von Schöpfung und Tora betont haben. Selbstredend ist der Festkalender, weil er toragemäß ist, heilsnotwendig. Seine Befolgung steht unter der Segensverheißung. Feste sind nicht einfach soziale Errungenschaften, sondern besondere Zeiten für das Wirken des göttlichen Segens. So kommt mit dieser Anschauung die Tora als Heilsmittlerin besonders gut zur Geltung. Heilsmittler ist für Paulus jedoch allein Christus.

Es fällt auf, daß man aus Gal oder Phil B eigentlich nichts Eindeutiges über die Christologie der Judaisten erfährt. Vielmehr stellt Paulus seine Christologie der Gesetzesauffassung der Gegner gegenüber. Setzt man den Ansatz der Judaisten beim Gesetz in Rechnung, dürfte allgemein klar sein, daß für sie Christus Erwahlung und Gesetz fortschreibt und deren Funktionen unterstützt und verlängert. Weitere Konkretisierungsversuche würden in die Spekulation führen.

Es gehört wohl zur Ironie der Geschichte, daß die Judaisten indirekt und ungewollt Wegbereiter der Entfaltung der paulinischen Rechtfertigungsbotschaft wurden und damit auch ihrer Wirkungsgeschichte bis heute. Denn hätten sie Paulus nicht zum Kampf herausgefordert, besäßen wir die zwei ersten Zeugen der ausformulierten Rechtfertigungsbotschaft des Apostels, also den Gal und Phil B, nicht. Auf beiden Briefen fußt der Röm. So haben sie nicht erreicht, was sie eigentlich wollten, jedoch gegen ihren Willen gefördert, wogegen sie zu kämpfen angetreten waren.

11. Paulus und die galatischen Gemeinden

11.1 Die unbekannten Galater

Der Galaterbrief ist das einzige Zirkularschreiben des Apostels. Er nennt keine Orte, sondern nur die »Galater« als Adressaten (Gal 1,2; 3,1). Paulus rechnet also mit mehreren Ortsgemeinden in derselben Gegend. Besäßen wir nicht den Galaterbrief und die kleine Notiz 1. Kor 16,1 f., würde man den wenigen inhaltsarmen und nur nebenbei fallenden Hinweisen der Apg keinen Wert beimessen. Ja, wir würden bezweifeln, ob das Christentum zu dieser Zeit der ersten urchristlichen Generation überhaupt bis hierhin gekommen wäre. Von den genannten Zeugnissen abgesehen, kennt der Historiker überhaupt nichts über die weitere Geschichte der Gemeinden. Was soll man auch von einer so weit nordöstlich gelegenen Gegend des römischen Reiches wissen, in die ein römischer Statthalter nur widerwillig ging? Zu den diplomatisch gehobenen Posten, die es im römischen Reich zu besetzen galt, gehörte diese Provinz ganz sicher nicht. Die Gegend war rauh und unwirtlich, die Völkerschaften für Römer und Griechen fremd und barbarisch. Man erinnerte sich eingangs des ersten Jahrhunderts noch sehr gut daran, daß hier das notorische Räuberunwesen erst durch die starke Hand der Römer gebändigt werden konnte. Daß die politische Subordination unter die Römer dauerhaft gefestigt sei, dafür wollte man wohl im römischen Senat auch nicht gern die Hand ins Feuer legen.

Wer sind die Galater? Das Wort »Galater« ist sprachlich mit dem Wort »Kelten« verwandt. Dieser Zusammenhang ist kein Zufall: Die Galater sind kleinasiatische Kelten, die mit den in Gallien von Cäsar bekämpften Kelten stammverwandt sind. Im dritten vorchristlichen Jahrhundert stießen nämlich Kelten, die im Donaubecken wohnten, nach Kleinasien vor und überzogen für ein gutes Jahrhundert mit ihren kämpferischen Horden die Gegend. Ihre kriegerische Härte empfahl sie auch als Söldnertruppen dieses oder jenes Fürsten. Richtig seßhaft sind sie in dieser Zeit noch nicht geworden. Erst der römische Konsul Vulso zwang ihnen 186 v. Chr. die Seßhaftigkeit und eine feste politische Struktur auf. Der Tetrarch (später: König), der nun von Roms Gnaden regierte, konnte im Laufe der Zeit – nicht zuletzt aufgrund glücklicher Kriege gegen unruhige Nachbarvölker – die Urbevölkerung unterdrücken, die Nachbarvölker befrieden und sogar seinem Reich einordnen und in Rom wohlwollende Aufmerksamkeit erlangen. So machte Augustus, der Neuordner des römischen Reiches, aus dem Landstrich nach dem Tod des letzten Galaterkönigs eine römische Provinz (25 v.Chr.), die den Namen Galatia erhielt und sich nach Süden hin viel weiter erstreckte als das alte keltische Siedlungsgebiet.

Nun kann man fragen: Schreibt Paulus an die Orte im Siedlungsgebiet der Kelten oder an Gemeinden in der römischen Provinz Galatia? Allgemein und mit Recht geht man heute davon aus, daß Paulus in Gal 3,1 die Kelten anredet. Nichtkeltische Stämme in der Provinz Galatia hätten es sich verbeten, dabei mit vereinnahmt zu werden. Dann muß man die galatischen Gemeinden vor allem am Halys mit Ankyra (heute: Ankara) als Zentralort suchen, sowie etwa in Tavium und Pessinus. Dies nennt man gern die Landschaftshypothese (oder nordgalatische These) im Unterschied zur Provinz- oder südgalatischen Hypothese.

Nun muß man deutlich sehen: Diese Identifizierung der Adressaten des Briefes bringt nicht viel ein: Kultur- und religionsgeschichtlich wissen wir über diesen ganzen nordöstlichen Bereich des römischen Reiches sehr wenig. Die Religion der alten Stämme ist – wie überall zu dieser Zeit in Kleinasien – hellenisiert. Griechische Götter und hellenistische Kulte haben ihren Einzug gehalten und mit den alten Kulten teils sich verbunden, teils sie verdrängt. Daß es eine Judenschaft in dieser Gegend gab, ist nicht bezeugt. Aber das besagt nicht viel. Man mag fragen, ob Judaisten dahin ziehen, wo keine Synagoge und nur eine heidenchristliche Gemeinde lebte. Doch man kann natürlich auch eine heidenchristliche Gemeinde zur Synagogengemeinde umformen. Da auch Paulus in seinem Brief zum Hintergrund der Gemeinde nichts mitteilt, außer daß ihre jetzigen Mitglieder einst Heiden waren (Gal 4,8f.), bleiben uns die Adressaten des Briefes praktisch unbekannt.

Die Geschichte der christlichen Gemeinden am Halys ist nur soweit etwas erkennbar, als es um den paulinischen Kontakt mit ihr geht: Der Gründungsbesuch um 49/50 n.Chr. erfolgte wohl zusammen mit Timotheus und Silas (vgl. oben 6.1). Er war überschattet durch die Krankheit des Paulus (Gal 4,12-20). Eingangs der ephesinischen Zeit (52 n.Chr.) besucht Paulus die Gemeinden ein zweites Mal (vgl. oben 7.1) und regt die Kollekte für Jerusalem an (1. Kor 16,1f. vgl. oben 2). Um 54/55 trafen in der Gegend die antipaulinischen Judaisten ein (vgl. oben 7.1; 10.2), auf deren Gegenmission der indessen aus Ephesus aufgebrochene Paulus mit dem Galaterbrief reagiert (ca. 56 n.Chr.; vgl. oben 10.1). Wer den Brief überbringt, welcher Erfolg oder Mißerfolg ihm beschieden war, das alles wissen wir nicht. Mit einer paulinischen Niederlage muß aber gerechnet werden. Der Galaterbrief ist der älteste und ausführlichste Zeuge des antijudaistischen Kampfes des Heidenapostels. Er enthält zugleich die bedeutendsten Hinweise für die Biographie des Paulus nach seiner Berufung (vgl. oben 2). Er ist endlich der älteste Zeuge der paulinischen Rechtfertigungsbotschaft. Der Galaterbrief darf als Vorbote des Römerbriefes gelten und wird darum gern der kleine Römerbrief genannt.

11.2 Der Galaterbrief und die antike Rhetorik

Die Umstände, unter denen Paulus den Gal schreibt (besser: diktiert, vgl. Gal 5,11 und dazu 1. Kor 16,21; Röm 16,22), sind uns schon bekannt (vgl. oben 7.1; 10.1). Die Leser wurden ebenfalls bereits, so gut das ging, vorgestellt (vgl. 11.1). Endlich sind auch die judaistischen Gegner skizziert (vgl. oben 10.2). Nun soll es um die Mittel gehen, mit denen Paulus durch den Brief versucht, die galatische Situation zu seinen Gunsten zu lösen. Neuere Untersuchungen haben verdeutlichen können, daß gerade der Gal für solche Beobachtungen ein besonders gutes Beispiel abgibt. Zu dieser Fragestellung sind schon allgemeinere Ausführungen getätigt worden (vgl. oben 3.3). So wurde nicht nur die höhere Allgemeinbildung des Apostels gekennzeichnet, die ihm ein Anwenden elementarer rhetorischer Regeln vermittelte, sondern auch speziell darauf eingegangen, daß Paulus sich in polemischen Situationen wie in einzelnen Partien der korinthischen Korrespondenz und eben gerade auch im Gal rhetorischer Elemente aus der Gerichtsrede bedient. Dabei ist der Gal der einzige Brief, der als ganzer – wenn auch in gebrochener Form – das Grundmodell einer Gerichtsrede nachbildet, also ein eigentümliches Ineinander von Briefformular, Briefstil und Verteidigungsrede abgibt.

Ist diese These richtig, dann ist der Wert solcher Untersuchung offenkundig. Wenn nämlich die strukturelle und funktionale Disposition des Briefes auf diese Weise wirklich erhellt werden kann, hat das für die Einsicht in die paulinische Argumentation grundlegende Bedeutung. Kann doch dann von einem Gesamtkonzept her alles Einzelne im Brief verstanden werden. Die Zufälligkeiten beim Herausgreifen von Aussagen und ihre Bestimmung als wesentlich oder polemisch usw. ist zu einem guten Teil der subjektiven Einschätzung enthoben.

Der Gal als einziges Zirkularschreiben aus der Hand des Paulus soll in verschiedenen Gemeinden kursieren und im Gottesdienst verlesen werden (vgl. 1. Thess 5,27; Kol 4,16). Der Brief soll dabei – wie in dieser Zeit allgemein üblich – die Gegenwart und Predigt des Apostels ersetzen. Damit will er unmittelbar wirken und persönliche Nähe herstellen. Dazu benutzt Paulus verschiedene Mittel wie die häufige Anrede (vgl. 1,11. 13; 3,1.15; 4,12.28 usw.), die Frage (vgl. 1,10; 3,1-5; 4,9.15 f.21 usw.), persönliche Urteile (z.B. 1,6; 3,1; 4,11.20), Erinnerungen an gemeinsame Geschichte (z.B. 3,1-5; 4,12-20; 5,7) und überhaupt einen Diskussionsstil (analog der sog. kynisch-stoischen Diatribe), der lebendige Gesprächssituationen nachahmt (vgl. 3,1-5,12).

Im Formular des Briefes lehnt er sich – wie bei seinen anderen Schreiben – an den orientalischen Briefstil an und gestaltet ihn nach seinen Vorstellungen aus. Dies gilt insbesondere für den Briefkopf (Präskript). Während der Grieche den Briefkopf als einen meistens knappen unpersönlichen Satz schreibt (z.B. 1. Makk 10,18: »König Alexander dem Bruder Jonathan: Grüße«, vgl. Apg 15,23; 23,26; Jak 1,1), besteht der orientalische Briefkopf aus zwei Sätzen, einem unpersönlichen, der Absender (superscriptio) und Adressat (adscriptio) angibt und nicht selten durch appositionelle und relativische Ausgestaltungen gekennzeichnet ist, und einem persönlichen, der die Grüße enthält (salutatio). Als Beispiel mag Dan 3,31 dienen: »Nebukadnezar, der König, an alle Völker aller Nationen und Zungen, die auf der ganzen Erde wohnen. Euer Heil möge gut gedeihen«. Paulus benutzt diesen orientalischen Briefeingang, um meistens die ersten Signale für den Inhalt des Briefes einzufügen. So auch im Gal 1,1-5.

Einmalig ist dabei für den Apostel, daß Paulus sofort Polemik in den Eingang einträgt (V. 1b: »nicht von Menschen, noch durch Menschen, sondern durch Jesus Christus und Gott, den Vater...«). Damit wehrt er einen Vorwurf ab, den er gleich wieder in 1,10f.12.16bf.18-20 aufgreifen wird. Üblicher ist, daß Paulus in den Briefkopf bekenntnishafte feste Formulierungen einflicht. In diesem Fall sind es gleich zwei: »Gott..., der ihn von den Toten auferweckte« (V. 1c), und »Jesus Christus, der sich für unsere Sünden gab, damit er uns aus dem gegenwärtigen bösen Äon herausreiße gemäß dem Willen Gottes...« (V. 4). Eine schöne formale Analogie für die gleiche Auffüllung des Briefeingangs mit bekenntnisartigen Formulierungen liegt in Röm 1,1-7 vor. Natürlich ist es nicht Zufall, wenn in Gal 1,1-5 zwei Bekenntnistraditionen zu stehen kommen, die zusammen Kreuz und Auferstehung Jesu, also seine heilskonstitutive Geschichte beschreiben. Ebenso ist es nicht von ungefähr, wenn Paulus dieses im Bekenntnis festgehaltene Geschick sofort als »Evangelium« bezeichnet (1,6ff.11ff.). Denn genau dies definiert für Paulus den Inhalt

des Evangeliums (vgl. 1. Kor 15,1ff.; Röm 1,1-7. 16f.). Für den Gal
kommt aber nun noch ein Aspekt hinzu: Gerade dieses Evangelium in
seiner paulinischen Zuspitzung als heidenchristliches ist in der galatischen
Situation umstritten. Darum muß Paulus seine gottunmittelbare Herkunft
und Autorität in 1,6ff.; 1,11ff. im Kontrast zum Vorwurf, sie sei nur
menschlich, begründen. Das bedeutet aber: Paulus hat sich im Briefkopf
nicht nur polemisch gegen seine Gegner abgesetzt (1,1b), sondern legt
auch gleichzeitig das Fundament für seinen eigenen Standpunkt (1,1c.4).
So kommt Paulus – offenbar bewußt geplant – sofort zur Sache, indem er
den Streit in seinem Sinne angeht.

Solcher Planung ist auch die Doxologie am Schluß des Briefeingangs
zuzuordnen (V. 5). Sie steht hier ungewöhnlich. Als Erklärung bietet sich
folgende Beobachtung an: Normalerweise dankt Paulus nach dem Briefkopf Gott für die Gemeinde (vgl. etwa 1. Kor 1,4-9; Röm 1,8-15). Das
kann er im galatischen Fall nicht. So schließt er den Briefeingang mit der
Doxologie ab und beginnt dann ab V. 6ff., indem er sich nun an den
Aufbau der Gerichtsrede hält. Erst am Briefschluß (6,11.18), dem im
übrigen die Grüße und z.B. Reiseabsichten mangeln, wie ja auch in 1,1f.
kein Mitabsender genannt wird, greift Paulus wieder auf die Typik des
Briefformulars zurück.

Gal 1,6-9 läßt sich dann als Einstieg oder Anfang nach dem Aufbau der
Gerichtsrede verstehen (Einleitung: exordium, prooemium). Hier geht es
um den möglichst direkten Zugang auf den zur Entscheidung anstehenden Fall sowie um eine erste eindringliche Wertung. Der Gegner wird
angegriffen und ein klares Signal als Urteil über den Fall abgegeben:
Recht und Unrecht verteilen sich alternativ auf den Redner und seine
Gegner. Alternativ und kompromißlos wertend ist zweifelsfrei auch 1,6-9,
wenn hier das paulinische Evangelium dem anderen, das keines ist, gegenübergestellt, ja die gegnerische Seite verflucht wird. Auch ist der Streit
mit dem Stichwort »Evangelium«, wie es die Galater von Paulus empfangen haben, und dem Hinweis, des Gegners Verkündigung sei kein Evangelium, auf den Punkt gebracht. In der alttestamentlich-jüdischen Tradition steht die Verfluchung der Gegner, die am Schluß des Briefes (6,11-18)
ihre Entsprechung im bedingten Segenszuspruch an die Galater besitzt.
Diese Brücke hat noch in 5,1-12 einen Mittelpfeiler, der den Abschluß des
entscheidenden Argumentationsteiles bildet. So wird an drei besonders
herausgehobenen Stellen die Trennung zwischen der Gemeinde und den
Fremdmissionaren vollzogen und dies durch die Alternative von Heil und
Unheil theologisch hoch gewichtet.

Nach einem kleinen Übergang (Gal 1,10), der auch in der Gerichtsrede zwischen dem harten Eingangston und der geschichtlichen Aufarbeitung des Falles vermitteln soll, folgt gemäß der antiken Rhetorik die parteiliche Darstellung der Geschichte des anstehenden Streites (narratio): 1,11-2,21. Der eigene Standpunkt soll untermauert werden, indem in selektiver Auswahl und meistens in historischer Reihenfolge die entscheidenden geschichtlichen Knoten beschrieben und gewertet werden, die zugunsten der eigenen These herangezogen werden können. Paulus hebt auf drei Tatbestände ab: a. auf seine Berufung und Anfangszeit (1,11-24), b. auf den Apostelkonvent (2,1-10) und c. auf den antiochenischen Streit mit Petrus (2,11-21).

Dabei bleibt das paulinische Evangelium, das die Galater aus der Erstverkündigung kennen (1,9), weiter das eigentliche Thema, und zwar zugespitzt als gesetzesfreies, also heidenchristlich ausgerichtetes Evangelium (1,11.16; 2,2.5.14). Paulus, der um des Gesetzes willen gerade die Gemeinde Gottes zu zerstören suchte, wird unmittelbar von Gott zum gesetzesfreien Evangelium für die Völker berufen. Dieser göttliche Ursprung und die paulinische Selbständigkeit als Apostel ist dabei insofern von den Judenchristen Judäas anerkannt worden, als sie – Paulus nicht persönlich kennend – Gott preisen, daß er so an Paulus gehandelt hat (1,11-24). Auf dem Apostelkonvent haben sich dann die »Säulen« und die antiochenische Gesandtschaft mit Paulus als Sprecher geeinigt, daß wie Petrus als göttlich berufener Apostel für den Aufbau judenchristlicher Gemeinden zu gelten hat, so Paulus für die heidenchristlichen Gemeinden. Das heidenchristliche Evangelium des Paulus ist also kirchlich voll anerkannt worden (2,1-10). Die Judaisten leugnen nicht nur zu Unrecht den göttlichen Ursprung paulinischer Mission, sondern stellen sich auch gegen den geltenden kirchlichen Konsens. Dieser stand allerdings noch einmal anläßlich des petrinischen Besuchs in Antiochia in Frage (2,11-21). Aber Paulus hat auch hier die Wahrheit des Evangeliums um keinen Fingerbreit aufgegeben (– und gedenkt das natürlich auch jetzt den Judaisten gegenüber erst recht nicht zu tun).

Betrachtet man die geschichtliche Darstellung unter rhetorischem Blick, ist Gal 1,11-2,21 allerdings nur bedingt eine geschichtliche Aufarbeitung des anliegenden Streitfalles. Paulus widmet sich ja nur problemorientiert seinem eigenen Leben und sucht in ihm Elemente, die hierher gehören. Er untersucht überhaupt nicht die Geschichte zwischen den galatischen Gemeinden und den Judaisten. So ganz schulmäßig verfährt er also nicht.

In der Gerichtsrede folgt meistens nach diesem geschichtlichen Teil ein kleiner Abschnitt, der den sachlichen Ertrag der voranstehenden Ausführungen sammelt und die Punkte benennt, die dann im argumentativen und diskutierenden Teil zu behandeln sind (propositio, d.h. Vorstellung der entscheidenden Diskussionspunkte). Diese Funktion nimmt bei Paulus zusätzlich die Rede gegen Petrus wahr (2,14b-21), die eigentlich den Abschluß des geschichtlichen Teils bildet. Darum läßt sie sich nicht als eigener Teil, abgehoben von der geschichtlichen Darstellung, verstehen. Vielmehr ist sie Abschluß dieses Teils und zugleich Einstimmung auf 3,1 ff. Ein zweites Mal wird also sichtbar, daß Paulus nicht ganz schulmäßig vorgeht. Will man die Rede strukturell beschreiben, offenbart sie sich als kleine Gerichtsrede innerhalb des Briefes als einer großen Gerichtsrede und ersetzt als solche die übliche »Vorstellung«. So kann man 2,14b als Eröffnung (exordium), 2,15 f. als geschichtliche Verteidigung (narratio), 2,17 als Vorstellung (propositio), 2,18-20 als Beweisführung (probatio) und endlich 2,21 als Plädoyer (peroratio) begreifen. Es darf als ein persönlicher Kunstgriff des Apostels gewertet werden, wenn er die rhetorischen Möglichkeiten in dieser Form wahrnimmt.

Nun, mit Gal 3,1-5,12, kommt Paulus, dem Aufbau der Gerichtsrede folgend, zum Zentrum der Darstellung, also zur Beweisführung (probatio oder argumentatio bzw. confirmatio). Jetzt muß auf den Prüfstand, was die eigene These begründet. Es muß klar werden, warum die eigene und nicht des Gegners Position im Recht ist. Der Einstieg und der geschichtliche Teil führten nur hierher. Jetzt fällt der Entscheid. Kann der Redner hier nicht überzeugen, hat er verspielt. Dabei sollen die Argumentationsketten in lebendiger Weise (als Dialog, mit Zitaten gewürzt, durch leuchtende Beispiele einsichtig, durch rhetorische Fragen aufgelockert) vorgestellt werden. Die argumentative Strategie ist im Prinzip frei. Die paulinische Strategie versucht es mit zwei Argumentationsabläufen, wobei der zweite der Sache nach wiederholt und festigt, was der erste begründete. Beide Abläufe sind also gleichsam parallel (3,1-4,7; 4,8-31). Daraufhin folgt ein zweigliedriger Schlußteil (5,1-6.7-12), dessen Zuordnung zu 1,6-9; 6,11-16 schon angedeutet wurde. Diese Doppelungen sind wiederum nicht ganz schulmäßig.

Der erste Argumentationsablauf der Beweisführung beginnt mit der Befragung der Zeugen (interrogatio). Paulus führt die Galater an den Anfang ihres Christwerdens (3,1-5). Hatte nicht das gesetzesfreie Evangelium, das nun von der Seite seiner Wirkung her, also als Geistbegabung der Galater zur Sprache kommt (vgl. dieselbe Argumentation in 2,7-9!), sie vom »Gesetz« freigemacht? Wollen sie etwa jetzt wirklich »fleischlich« vollenden, was sie geistlich begannen? Im zweiten und dritten Stück (3,6-9; 3,10-14) begreift Paulus dann durch Interpretation der Schrift (insgesamt sechs Zitate mit dem Zentrum der Abrahamgestalt) und des christlichen Bekenntnisses (V. 13 f.) die Gegensätzlichkeit von »Gesetzeswerken« und »Hören des Glaubens« in umgekehrter Reihenfolge wie 3,5, um nach dieser konfrontativ und alternativ gedachten Gegenüberstellung in zwei weiteren Stücken (3,19-22; 3,23-29) die Neubestimmung des Gesetzes angesichts des Evangeliums vorzuführen. Dabei kann das Gesetz aus geschichtlichen Gründen das Evangelium als Abrahamverheißung nicht verändern und kann ihm auch sachlich und funktional nicht Konkurrenz machen. Nun verändert sich der Ton: Der beschreibende und definierende Stil wechselt ins »Wir« und »Ihr«: In zwei synthetisch-parallelen Stücken (3,22-29; 4,1-7) macht Paulus den Galatern klar, wie sie durch Taufe und Geist vom Gesetz als Zuchtmeister, aus dem Zustand der Unmündigkeit in den Stand der Sohnschaft bzw. des mündigen Erben versetzt wurden. Damit ist die Geistbegabung durch das Evangelium (3,1-5) inhaltlich ausgelegt und den Galatern klargemacht, daß ihr neuer Gesetzesdienst Rückfall in einen Zustand bedeutet, den sie längst überwunden haben. Mit diesen insgesamt sieben Stücken ist der erste Argumentationsablauf gekennzeichnet. Die einprägsame Strukturierung der Stücke ist nicht zuletzt daran erkennbar, daß sämtliche Abschlüsse (3,5.9.14.18. 22.29; 4,7) sich entsprechen und die Hauptthese variieren.

Der zweite Argumentationsgang (4,8-31) beginnt wiederum mit einer Befragung, nun aber zweigestaffelt (4,8-11; 4,12-20). Abermals wird auf die Geschichte der Gemeinden abgehoben, nämlich auf die Rückfallproblematik und die erste Aufnahme des Apostels in den Gemeinden. Die Schlußverse (V. 11.20) bekunden die Aporie, in die Paulus angesichts des jetzigen Verhaltens der Galater geraten ist. Dann setzt er nochmals (vgl. 3,6ff.) zum Schriftbeweis an (4,21-31), der mit der Grundthese endet, die aus den Abschlüssen des ersten Argumentationsablaufs der Sache nach schon bekannt ist.

Nun folgt, eindringlich die Galater beschwörend und die Gegner sarkastisch aburteilend, der Abschluß der Beweisführung in 5,1-6; 5,6-12: Verfluchung (1,9), Sarkasmus (5,13) und Entlarvung der Gegner (6,12f.) entsprechen sich ebenso wie umgekehrt der auf verschiedene Weise geäußerte Wunsch des Apostels, die Gemeinde möge auf den Weg des gesetzesfreien Evangeliums zurückkehren.

Mit diesen letzten Ausführungen verläßt Paulus vorerst die Struktur der Gerichtsrede ganz. Eigentlich müßte nun die Zurückweisung der gegnerischen Gründe (refutatio) folgen. Aber einen solchen Teil sieht Paulus nicht vor. Insofern weicht er wieder von der Schulmeinung der Rhetoriker ab. Er hat nämlich versteckt in der Beweisführung für seine

Position hier und da gegnerische Positionen schon zurückgewiesen, also – wenn man so will – die Widerlegung in die Beweisführung eingebaut. Außerdem enthält der folgende Teil auch verborgen eine Widerlegung eines gegnerischen Angriffs, wie nun zu zeigen ist.

Das Werben für das gesetzesfreie Evangelium war das entscheidende Ziel der Argumentation in 3,1-5,12. Wenn aber nun die Gesetzesfreiheit den Christen nicht in die Unverbindlichkeit entlassen, sondern das Leben im Geist den geistlichen Wandel nach sich ziehen soll (5,25), dann muß Paulus nun den alten, jedenfalls Paulus längst bekannten Vorwurf entkräften, gesetzesfreies Evangelium mache Christus zum Diener der Sünde (2,17; vgl. Röm 5,1.15). Dem stellt er sich dadurch, daß er – wie in paulinischen und urchristlichen Briefen auch sonst üblich (Röm; Eph; Kol usw.) – am Schluß des Briefes zum Stil der Paränese greift, also den normativen Charakter des christlichen Wandels beschreibt (5,13-6,10): Er mahnt die Gemeinde, die Freiheit als Chance und Auftrag zur Liebe zu begreifen.

Nachdem er dies ausführlich getan hat, kommt er zum Schluß des Briefes (6,11-18). Dabei mischen sich Briefstil und beschwörende Wiederholung der entscheidenden Problematik samt ihrer Lösung in besonderer Weise, so daß u.a. auch die Gerichtsrede mit ihrem Abschluß (peroratio oder recapitulatio) nochmals struktursteuernd gegenwärtig ist. Auf den Bogen zu 1,6-9 wurde schon hingewiesen.

Der Gal läßt sich also als ein apologetischer Brief verstehen, der Grundstrukturen der Gerichtsrede variiert. Dieses Verständnis der Briefstruktur zeitigt natürlich Folgen für die Interpretation. Von diesem inhaltlichen Verständnis des Briefes wird noch gesondert gesprochen werden (vgl. unten 11.4).

11.3 Die Wurzeln der paulinischen Rechtfertigungsaussagen

Der Gal ist der älteste Zeuge der ausgeführten Rechtfertigungsbotschaft des Apostels insofern in seinem Zentrum, der Beweisführung (argumentatio bzw. probatio) in 3,1-5,12, die Aussagen zur Rechtfertigung beherrschende Bedeutung erhalten (vgl. oben 11.2). Eine ähnliche zentrale Stellung besaßen Aussagen zum Wortstamm »gerecht« weder im 1. Thess noch in der korinthischen Korrespondenz, obwohl sie dort nicht ganz fehlten. Sie fallen aber dort mehr nebenbei an und haben keine den gesamten Gedankengang leitende und prägende Rolle inne, wie z.B. die

Erwählungssprache (1. Thess) oder die kreuzestheologische Sprache (1./2. Kor) vorherrschende Funktion haben. Dies ändert sich mit dem Gal. Wer sieht, wie Paulus die Fähigkeit besitzt, etwa die Kreuzestheologie in kurzer Zeit so variantenreich wie in der korinthischen Korrespondenz darzustellen (vgl. oben 8), kann nicht besonders verwundert sein, wenn der Apostel sich nun im Gal nochmals sprachlich umorientieren kann.

Aber tut er das wirklich? Oder ist die Rechtfertigungsbotschaft im 1. Thess und in der korinthischen Korrespondenz nur zeitweilig etwas zurückgetreten? War also Paulus von Anfang an der Apostel der Rechtfertigungsbotschaft? Wo sind die Wurzeln dieser theologischen Sprache? Jedenfalls ist bisher deutlich geworden, daß Paulus seine Erwählungstheologie und seine Kreuzestheologie entfaltet hat, ohne daß man beide sprachlichen Ausprägungen seines theologischen Denkens für sachlich unvollständig halten könnte oder müßte. Es fällt weiter auf, daß die Rechtfertigungssprache in ihrer typisch paulinischen Ausprägung die erwählungs- und kreuzestheologischen Aussagen zur Voraussetzung hat und an zentralen Stellen von ihnen her sich entfaltet. Jedoch tritt umgekehrt der Wortstamm »gerecht« in den Briefen vor dem Gal nur an typischen Orten mit traditionellen Aussagen auf, und dies auch nur recht sporadisch.

Bei der Frage nach der Entstehung der Rechtfertigungsbotschaft darf man weiter nicht außer acht lassen, daß Paulus sie erst in höchst polemischen Zusammenhängen gegen die Judaisten einbringt, nämlich im Gal und Phil B (vgl. unten 12.4), bevor er sie dann im Röm auch im Stil einer mehr sachlich orientierten Darstellung entfaltet. Hat diese Gegnerschaft etwas mit der Verwendung der theologischen Sprache zu tun? Das sollte man nicht von vornherein ausschließen. Man erinnere sich nur daran, daß der Apostel in der korinthischen Korrespondenz beweglich und dialogisch auf seine Kontrahenten einging. Wer diese Möglichkeit einkalkuliert, wird dann aber auch daran denken, daß Paulus schon einmal, nämlich in seiner antiochenischen Zeit, eine sachlich zum Gal sehr ähnliche Situation erlebte, als es um die Frage ging, was ist Einheitsband der Christenheit, und diese Frage so beantwortet wurde, daß jedenfalls das Gesetz aus dem definierenden Kanon ausgeschlossen wurde (vgl. oben 5.2-5.5). Hat in dieser Zeit die Rechtfertigungssprache in irgendeiner Weise schon einmal besondere Bedeutung gehabt? Diese Frage wird man nicht vorab sofort verneinen können.

Darf man sogar noch weitergehen und die damaszenische Situation von Verfolgertätigkeit und Berufung zum Heidenapostel ins Gedächtnis rufen (vgl. oben 4)? Wenn man allerdings die Quellenlage dazu bedenkt, werden in diesem Fall die Rückschlüsse äußerst hypothetisch. Mag die Antithetik zwischen Gesetz und Evangelium hier angesiedelt, mögen Grundentscheide paulinischer Theologie hier gefallen sein, daß Paulus die Rechtfertigungssprache schon in der Weise wie in Gal; Phil B in dieser Frühzeit benutzte, ist darum so unwahrscheinlich, weil sie von der antiochenischen Zeit bis zum Gal nur in ganz begrenzten formelhaften Zusammenhängen nachgewiesen werden kann, und umgekehrt Gal und Phil B die antiochenische und korinthische Theologie des Apostels fest in sich bergen. Man muß also ein Erklärungsmodell bevorzugen, wonach Grundentscheide (noch unabhängig von der Rechtfertigungssprache) in Damaskus fallen, dann zunächst sprachlich typische und formelhafte Aussagen mit dem Wortstamm »gerecht« dingfest gemacht werden können, und endlich Paulus diese Sprache in einer spezifischen Weise wählt, um in ihr die Pointen seiner Theologie auszudrücken.

So fragen wir als nächstes: In welchen typischen Zusammenhängen begegnen Aussagen mit dem Wortstamm »gerecht« in den paulinischen Briefen? Diese Aussagegruppen wollen wir als semantische Wortfelder bezeichnen, weil es von der Vorstellung und Aussage her in sich gerundete Zusammenhänge sind, die als sinnstiftende Bildfelder dienen und weil dabei eine typische, aber nur begrenzt variable Sprache Verwendung findet. Das erste typische Wortfeld dieser Art begegnet in traditionellen Endgerichtsaussagen. Um diese Beobachtung richtig einzuschätzen, muß man sich daran erinnern, daß das gesamte Urchristentum (praktisch seit Johannes dem Täufer) grundlegend von der Erwartung eines unmittelbar nahen Endgerichts bestimmt war: Gottes begründeter Zorn über den desolaten Zustand der Menschheit wird alsbald hervortreten und nur die sich schon jetzt sammelnde Endzeitgemeinde wird dabei vor Gott bestehen können, denn Christus wird ihr Retter sein (1. Thess 1,10; vgl. oben 6.2). Dabei werden die Endereignisse nicht als Endkampf und göttlicher Sieg, auch nicht als kosmischer Weltenbrand oder als Weltvernichtung geschildert. Vielmehr konzentriert sich die Darstellung auf das Verhältnis Gottes und Christi zu den Menschen. So findet man bei Paulus nur selten einen Horizont angedeutet, der die Wirklichkeit überhaupt und insgesamt im Blick hat (vgl. 1. Kor 15,20-28; Röm 8,18-22). Bei der großen Menge seiner Aussagen wird nur die entscheidende Beziehung zwischen Gott und den Menschen, noch genauer zwischen Gott oder Christus und der Endzeitgemeinde beschrieben.

Genau an dieser Stelle begegnen nun Aussagen, die das göttliche Hoheitsrecht des Richtens (Röm 14,10f.; vgl. auch 1. Kor 4,4 usw.) näher beschreiben. Dazu gehören folgende typische Formulierungen: Alle müssen vor dem Richterthron Gottes stehen (Röm 14,10; vgl. 2. Kor 5,10) und jeder muß »Rechenschaft ablegen« (Röm 14,12). Dabei ist wichtig, daß ausnahmslos jeder einzelne so vor dem Richter stehen wird (1. Kor 3,13 f.; 2. Kor 5,10), damit sein »Werk geprüft« werden kann (2. Kor 3,13). Es wird »offengelegt« (ebd.), indem der Herr »das Verborgene der Finsternis beleuchtet« und »die Pläne der Herzen erscheinen läßt« (1. Kor 4,5). Jeder wird dann empfangen, was er an Gutem oder Bösem getan hat (2. Kor 5,10). Positiv bedeutet das: »Lob« wird jedem von Gott zuteil werden (1. Kor 4,5). Auf diese Weise kann er vor Gott »bestehen« (vgl. 1. Kor 8,8). Diese aus zerstreuten Textaussagen des Paulus gesammelten Motive bilden nicht nur einen geschlossenen Zusammenhang, sondern lassen sich auch an dem ausführlicheren Gerichtsgemälde in Röm 2 sehr schön überprüfen. Dieses wurde schon genutzt, um Paulus als ehemaligen Pharisäer zu beschreiben (vgl. oben 3.2). Damit schält sich als These heraus: In der Vorstellung des Endgerichts als einer endzeitlich-forensischen Gerichtsszene gibt es Kontinuität vom Pharisäer Paulus bis zum Heidenapostel. Sie gründet in einer bildlichen Anschauung, die in der Antike jedermann in den Audienz- und Gerichtsszenen der Herrscher, Feldherrn und Provinzgouverneure erfahren konnte. Dafür gibt es auch Beispiele im Neuen Testament (Mk 15,1 ff.parr.; Joh 18,18 ff.; Apg 18,12 ff.). Solche alltägliche Wirklichkeit wird als Farbpalette benutzt, um Endgerichtsszenen auszugestalten (vgl. Mt 25,31 ff.; Röm 2; Apk 4; Barn 21,1-6).

Im engen Zusammenhang solcher Aussagen stößt man nun auch auf Formulierungen mit dem Wortstamm »gerecht«: So begegnet 1. Kor 4,4 in passivischer Form das Verb: »gerechtfertigt werden«. Paulus schreibt dort, er sei sich keines Fehlverhaltens bewußt, aber darin sei er noch nicht gerechtfertigt, um fortzufahren, daß dies erst der Herr durch sein Beurteilen am Endgerichtstag tun wird. Nach Phil 1,10 f. sollen Christen am Tag des Herrn lauter und unanstößig sein, erfüllt mit der Frucht der Gerechtigkeit zur Ehre und zum Lob Gottes (vgl. auch 2. Kor 9,8 f.). Oder nach Gal 5,5 erwarten die Christen, die Hoffnung auf Gerechtigkeit eingelöst zu sehen. Mit den Worten aus Röm 2,12 f. werden die Täter des Gesetzes als »Gerechte vor Gott« dastehen, weil sie »gerechtgesprochen werden«. Der Tag des Zorns wird überhaupt der Tag des »gerechten Gerichtes Gottes« sein (Röm 2,5; vgl. 12,19). Mit Röm 4,4 läßt sich zusammenfassend sagen: Auf das Verrichten der Werke hin wird im Endgericht »Lohn«, und zwar »nach Schuldigkeit« zugesprochen, und solches positive Reagieren Gottes läßt sich als »Anrechnen zur Gerechtigkeit« begreifen.

Nun ist wichtig zu sehen, daß auch diese Aussagen zum Wortstamm »gerecht« insoweit noch in keiner Weise die spezielle paulinische Rechtfertigungsbotschaft enthalten. Sie geben aber in ihrer unspezifischen und jüdisch-urchristlichen Allgemeinheit (vgl. äthHen 1–5; 48; 61; LibAnt 3,10; Jub 5,10-19; Barn 21,1-6 usw.) einen Anteil von dem Holz an, aus dem Paulus Elemente seiner Rechtfertigungsbotschaft schnitzte. Dabei ist nun von besonderer Bedeutung, mit welchen Kategorien sich der Apostel, durch sprachliche Signale angezeigt, das Richten Gottes vorstellt. Einmal kann er Sprache benutzen, die der alten Vorstellung des Tun-Ergehens-Zusammenhanges entlehnt ist, also jener Vorstellung, nach der das Tun eines Gemeinschaftsgliedes unmittelbar auf ihn und seine Gemeinschaft zurückschlägt. Diese Anschauung kann Paulus z.B. mit der Metapher von Saat und Ernte beschreiben: »Irret euch nicht; Gott läßt sich nicht spotten! Denn was der Mensch sät, das wird er ernten« (Gal 6,7). Wie Saatgut und Ernteergebnis organisch zusammenhängen, eines die unmittelbare Ursache für das andere ist, so wird auch die Tat wie eine Saat aus sich Folgen entlassen. Bei der Analyse von Röm 2 (vgl. oben 3.2) stießen wir auf weitere Beispiele, haben aber zugleich Beobachtungen gemacht, die die erkenntnisleitende Funktion dieser Anschauung in Zweifel zogen.

Viel häufiger begegnet auch eine Vorstellung, die man ganz allgemein als autoritative Herrschaftsäußerung beschreiben kann. Solche Anschauung ist den Thron- und Tribunalszenen eigentlich auch ganz selbstverständlich eigen. Nun schlägt das Unglück gerade nicht gleichsam wie von selbst auf den Übeltäter zurück, wenn man ihm nur freien Lauf läßt, sondern die Tat steht isoliert da. Über sie wird vor Gericht verhandelt, wie sie zu beurteilen ist. Ein besonderer herrscherlicher, bzw. richterlicher Akt ist dafür notwendig. Er richtet sich meist nach gängigen Normen, begründet damit das Urteil, das Strafe oder Belohnung enthält. Die Strafe vollstrecken die Büttel, Soldaten oder Gefängniswärter, indem sie Befehl erhalten, wie sie mit einem Delinquenten verfahren sollen (vgl. Mk 15,15; Joh 19,16), oder der unschuldig Angeklagte wird mit einem Urteilsspruch freigelassen (Apg 18,14-16). An diesen Beispielen sieht man zugleich, wie isoliert und einsam ein zu Richtender ist. Er ist wie seine Tat individualisiert, seine Zuordnung zu einer Gemeinschaft in der Regel unwichtig. Leitende Vorstellung ist das Gericht über den einzelnen Täter, der sein persönliches Verhalten zu rechtfertigen hat. Solche autoritativen Herrschaftsäußerungen dienen endlich auch nicht immer nur der Pflege allgemein anerkannter Rechtsgrundsätze, sondern setzen oft auch Macht durch, stabilisieren siegreiche Autorität, sind also Instrumente politischer

Herrschaft. Damit gewinnt der Richtende eine ganz andere Stellung, als daß er nur Sachwalter eines eigentlich von selbst ablaufenden Prozeßzusammenhanges von der Tat zu ihrer Folge ist. Er ist Souverän, oft nicht ohne Willkür, in jedem Fall von mächtigem Eigengewicht in seinen Urteilen geprägt. Sein richterliches Wort schafft neue Fakten. Die oben zusammengestellten Texte bezeugen, daß Paulus aus solcher Anschauung heraus aspektweise und in Auswahl formuliert, wenn er das Endgericht schildert. Man kann dies sogar noch präzisieren: Im Rahmen des göttlichen autoritativen Gerichtsurteils begegnen bei ihm auffällig oft feste Wortprägungen aus der Handels- und Arbeitswelt, wie Lohn empfangen, Lohn nach Schuldigkeit zugesprochen erhalten, Rechenschaft ablegen, ein Werk prüfen usw. Wir sahen bereits, daß solche Metaphern für die endgerichtliche Wirklichkeit bei ihm wohl pharisäischer Herkunft sind (vgl. oben 3.2).

Haben wir damit ein erstes semantisches Wortfeld beschrieben, das für die paulinische Rechtfertigungsbotschaft Bedeutung hat, so treten wir in eine ganz andere Welt ein, wenn wir uns dem nächsten Wortfeld zuwenden. Es ist die Taufauffassung und -sprache, wie sie die antiochenische Gemeinde ausgebildet hat (vgl. dazu oben 5.5) und wie Paulus sie z.B. in seiner Erwählungstheologie benutzte (vgl. oben 6.2). Nun geht es nicht mehr um endzeitliches forensisches Urteilen, vielmehr um geistgewirktes gegenwärtiges Sein in der neuen christlichen Existenz, wie sie in der Taufe in einem einmaligen Akt geschaffen wurde. So kann Paulus mit Hilfe alter Tauftradition in 1. Kor 6,9-11 davon sprechen, daß die Heidenchristen Korinths einst »Ungerechte« (ihrem Wesen nach) waren. Mit dieser Vergangenheit sind sie aber jetzt nicht mehr identisch, denn »ihr wurdet abgewaschen, geheiligt, gerechtgemacht durch den Namen des Herrn Jesu Christi und durch den Geist unseres Gottes«. Die Taufe auf den Namen Jesu Christi war Übermittlung des Geistes. Dieses Geschehen bewirkte eine effektive Veränderung der menschlichen Existenz, so daß sie nun von aller sündigen Befleckung abgewaschen ist (vgl. Apg 22,16; Kol 1,14; Eph 1,7.14), der heiligenden Wirkung des Geistes unterliegt (vgl. 1. Thess 4,3f. mit 4,7f. und Röm 6,22; 2. Thess 2,13), und im Gegensatz zum existentiellen Seinsstand als »Ungerechter« nun »gerechtgemacht worden« ist. Die Taufe wird also hier als eine einmalige Handlung verstanden, die den Menschen durch das Wirken des heiligen Geistes grundlegend verändert, der aus dem alten Menschen einen neuen macht. Das passivische an den Taufakt gebundene Gerechtgemachtwerden ist dabei Beschreibung dieser radikalen Wende, von der her nun der Christ lebt. Ein Blick auf 1. Kor 1,30 bestätigt, daß die verbale Dreiergruppe (in umgekehrter Reihenfolge) auch als Substantivanordnung in geprägter Taufsprache begegnet. Danach ist Christus für Christen »Gerechtigkeit und Heiligung und Abwaschung geworden«. Das geistgewirkte Verändertwerden hat also einen christologischen Ursprung, so daß der Geist in der Taufe den Heilsertrag des Christusgeschehens wirksam werden läßt. Die Stichworte Gerechtigkeit und Heiligung bestimmen ebenfalls die Taufausführungen in Röm 6,1ff. (vgl. V. 13.16.18-20 und V. 19.22), wobei die tiefgreifende Existenzveränderung durch das Mitsterben mit Christus in der Taufe und durch die Neuheit des Wandels erfaßt wird, ja das der Sünde Gestorbensein (Röm 6,2.6f.11), bzw. das Befreitsein von der Sünde (Röm 6,18) offenbar an die Stelle der »Abwaschung« getreten ist. Allerdings fehlt in Röm 6 eine Erwähnung des Geistes. Dafür ist aber die Gerechtigkeit als den Menschen bestimmende Macht verstanden (6,13.18-20), also gleichsam die schöpferische Kraft des Geistes und ihre Gerechtigkeitsfolge in eins gesehen. 1. Kor 1,30 wirft auch Licht auf 2. Kor 5,21, wenn hier in traditioneller Weise der Austausch zwischen Christus und dem Menschen so beschrieben wird: »Er hat den, der Sünde (als Erfahrung und Täter) nicht kannte, (stellvertretend) für uns zur Sünde gemacht, damit wir Gerechtigkeit Gottes werden (konnten) in ihm (vgl.: »in Christus« Gal 3,26.28)«. Dazu paßt recht genau Röm 4,25, wenn Paulus hier formelhaft die Ausführungen über Abraham abschließt, indem er Christus so beschreibt: »der (von Gott) dahingegeben wurde um unserer Übertretungen willen und (von ihm) auferweckt wurde um unserer Gerechtmachung willen«. Die beiden zuletzt zitierten Traditionen zeigen wiederum, wie der durch Christus vermittelte neue Heilsstand der Christen seinshafter Natur ist. Wenn dabei auch die Taufe als Vermittlungshandlung des neuen Seins nicht ausdrücklich zu erkennen ist, so darf sie doch angesichts der anderen Stellen als Hintergrund angesetzt werden. Im Blick auf die bisher zitierten Texte mit Taufaussagen zum Wortstamm »gerecht« machen wir noch abschließend die Beobachtung, daß nach 1. Kor 1,30; 6,11; 2. Kor 5,21; Röm 4,25 zwischen einer verbalen Formulierung und einer Substantivbildung mit Genitiv oder einem absoluten Gebrauch kein besonderer Bedeutungsunterschied erkennbar ist.

Wir haben damit den Kernbereich des zweiten semantischen Wortfeldes erfaßt, von dem auszugehen ist, wenn man diesen Zusammenhang diskutiert. Doch gibt es darüber hinaus weitere Aussagen, die unter gewissen Umständen in der Nähe dieser Textstellen angesiedelt werden sollten. Dies gilt zunächst für die Formel in Röm 3,24-26, sofern man die gute Möglichkeit wählt, den Anfang der Formel so zu bilden: »Wir werden umsonst gerecht gemacht... durch die Erlösung, die in Christus Jesus (ist), ...« Einer geprägten Kettung von Heilsverben begegnet man weiter in Röm 8,29 f., wenn Paulus vorherbestimmen, berufen, gerechtmachen und verherrlichen mit Gott als Subjekt und den Menschen als Objekten aneinanderfügt. Endlich ist im Zusammenhang in dem unpaulinischen Stück 2. Kor 6,14-7,2 das neue Sein der Gemeinde als Tempel Gottes beschrieben. Wie die Gemeinde darum in gewisser Weise etwa mit dem Licht seinshaft zusammengehört, so auch mit der Gerechtigkeit.

Wir halten inne und fassen zusammen: Neben den Gerechtigkeitsaussagen, wie sie an dem endzeitlich-forensischen Gerichtsakt Gottes gebunden erscheinen, gibt es bei Paulus eine stattliche Zahl von Aussagen zum Wortstamm »gerecht«, die einem ganz anderen und eigenständigen semantischen Wortfeld zugehören. Sie sind präsentische Taufaussagen, die das neue Sein des Christen als von Christus verursacht und geistvermittelt beschreiben. Beide Felder unterscheiden sich im übrigen auch in bezug auf ihre religionsgeschichtliche Verwurzelung. Die Gerichtsaussagen entstammen der jüdischen Apokalyptik und fanden auch Eingang in das hellenistische Diasporajudentum (vgl. oben 3.2). Die Taufaussagen sind hellenistisch-antiochenischer Herkunft (vgl. oben 5.5). Es wird sich später zeigen, daß die ausgeführte Rechtfertigungsbotschaft des Apostels von beiden Wortfeldern zehrt, ja Paulus in demselben großen Gedankengang beide Aussageweisen in seine Darstellung integrieren kann. Dies gilt vor allem vom Röm.

Die These lautet nun, daß es neben diesen beiden semantischen Wortfeldern – bis auf einen gesondert zu sehenden Bereich – keine Vorkommen zum Wortstamm »gerecht« bei Paulus gibt, die von ausschlaggebender Bedeutung für seine ausgeführte Rechtfertigungsbotschaft wären. Denn man wird davon absehen können, z.B. allgemeine katalogartige Aufzählungen zum Ethos (Phil 4,8), Qualifikationen von gerecht in polemischen Situationen (2. Kor 11,15; Phil 3,6; 1. Thess 2,10) und allgemeine Gottesprädikationen (Röm 3,5.26) als wesentliche Bestandteile der paulinischen Rechtfertigungsbotschaft anzusehen. Dann bleibt nur die eine angedeutete Ausnahme übrig, bei der es sich jedoch nicht um ein weiteres semantisches Wortfeld handelt, sondern um ein ganzes Buch, nämlich um die Septuaginta. Es ist klar, Paulus hat seine Rechtfertigungsbotschaft nicht ohne seine heilige Schrift formulieren können. Wenn in Phil B (vgl. unten 12.4) ein Schriftbezug fehlt, so liegt darin gewiß keine gewollte Programmatik. Denn Paulus hat sich gleich beim ersten Ausformulieren der Rechtfertigungsbotschaft im Gal intensiv um den Schriftbeweis bemüht.

Dabei kann man zeigen, daß es bestimmte Kernstellen gab, in denen er sein Verständnis wiederfand. Es sind solche Belege, die von ihm nicht nur einmal benutzt werden und die nicht nur nebenbei auftreten. Dazu gehören: Hab 2,4: »Der aus Glauben Gerechte wird leben« (Röm 1,17; Gal 3,11); Ps 143(142)2: »Kein Lebender ist vor dir gerecht« (Anklang in Röm 3,20; Gal 2,16); und natürlich Gen 15,6: »Abraham glaubte Gott, und es wurde ihm zur Gerechtigkeit angerechnet« (Röm 4,3.9.22; Gal 3,6). Zu diesen drei Kardinalbelegen, die direkt Gerechtigkeitsaussagen enthalten, ist vor allem noch ein Beleg zu stellen, der – auch ohne den Wortstamm »gerecht« zu gebrauchen – für Paulus selbst entscheidende Bedeutung gewann, nämlich Jer 9,22: »Wer sich rühme, der rühme sich des Herrn«. Diese Stelle wird als eine Kernstelle der paulinischen Kreuzestheologie (1. Kor 1,31; 2. Kor 10,17) sinngemäß mit in die Rechtfertigungsbotschaft hineingenommen (vgl. Gal 6,14a; Röm 3,27-31).

Kann man nun folgern, Paulus habe mit diesen drei Standbeinen (Endgerichtsaussagen, Tauftradition und Septuaginta) seine Rechtfertigungsbotschaft erstmals im Gal entfaltet? In gewisser Weise mag das stimmen. Allerdings muß noch einmal an die bisher offene Frage erinnert werden, welchen Anteil Antiochia bzw. der noch in Antiochia weilende Paulus daran hat. Dazu machen wir folgende Überlegung: Natürlich wird man in Antiochia wohl auch entsprechende Endgerichtsaussagen, wie oben zusammengestellt, gekannt haben. Zweifelsfrei weisen die eben besprochenen Taufaussagen nach Antiochia als ihrem Entstehungsort. Aber die paulinische Rechtfertigungsbotschaft enthält z.B. immer an entscheidender Stelle eine dem Gesetz gegenüber polemische Spitze. Das aber fehlt beiden semantischen Wortfeldern. Gibt es also Spuren einer solchen Polemik bei Gerechtigkeitsaussagen, die vielleicht nach Antiochia zurückreichen?

Dies ist jedenfalls dann der Fall, wenn man eine Stelle wie Röm 14,17 für geprägt ansieht. Der Text lautet: »Die Gottesherrschaft ist nicht Essen und Trinken, sondern Gerechtigkeit und Friede und Freude im heiligen Geist«. Die These, der Vers stamme aus der Zeit vor der Abfassung des Röm läßt sich so begründen: Die Rede von der Gottesherrschaft – sie fehlt sonst im ganzen Röm – ist sicher älter als Paulus. Sie begegnet bei Paulus gern in definitorischen Sätzen (vgl. 1. Kor 4, 20; 15,50; Gal 5,21 usw.), die von Haus aus thesenartig einen Gemeindekonsens festhalten wie auch in Röm 14,17. Die Zusammenstellung von »Essen und Trinken« ist vom Kontext in Röm 14f. nicht gedeckt. Beide Stichworte sucht man in ihm vergeblich. Sachlich ist in ihm das Problem des Essens und das Einhalten von besonderen Tagen im Vordergrund (Röm 14,2-6); nur ganz nebenbei ist auch einmal speziell vom Weingenuß die Rede (14,21).

Das alles deckt sich mit »Essen und Trinken« nur bedingt. Die Dreiergruppe »Gerechtigkeit, Frieden und Freude« besitzt ebenfalls im Kontext nur begrenzte Verwurzelung: Der Wortstamm »gerecht« ist ganz abwesend und vom Frieden, bzw. von Frieden und Freude ist nur 14,19; 15,13, offenbar in Abhängigkeit von 14,17, geredet. Auch vom heiligen Geist steht im Kontext eigentlich nichts, denn im abschließenden Segenswunsch (15,13) begegnet er ebenso allgemein stilgemäß wie von der vorangehenden Problementfaltung her unvermittelt. So darf man die These aufstellen: In 14,17 liegt alte Tradition vor.

Ihre Auslegung muß nun kontextunabhängig erfolgen. Dann aber bietet sich konkurrenzlos folgendes Verständnis an: Die Gottesherrschaft als die Anwesenheit des Geistes in der Gemeinde besteht nicht im Einhalten von rituellen Vorschriften bei Mahlzeiten. Sie existiert ihrem Wesen nach als Gerechtigkeit im Sinne der Taufgerechtigkeit, von der schon die Rede war, als Friede, d.h. als harmonische Einheit der ganzen Gemeinde (1. Thess 4,9f.; 5,13; Röm 12,10; das Gegenteil: 1. Kor 3,3) und als freudige Grundstimmung der Gemeinde angesichts der heilvollen Nähe des Herrn (vgl. 1. Thess 1,10; Phil 4,4f.; Röm 13,11-14). Waren es nicht die Mahlzeiten, bei denen sich in Antiochia einst der Streit um die Geltung des Gesetzes entzündete (vgl. oben 5.3)? Also läßt sich Röm 14,17 als Fossil der antiochenischen Situation verstehen, in der vom neuen Geist- und Gemeindeverständnis her das Gesetz außer Kraft gesetzt wurde. Damit kommen wir zu dem Urteil: Antiochia kannte zwar nicht gleich die paulinische Rechtfertigungsbotschaft des Gal, wohl aber gibt es Hinweise, daß in der antiochenischen Gemeinde die Taufgerechtigkeit direkt antigesetzlich ausgelegt wurde.

Diese Beobachtung ermutigt, nach weiteren Spuren für solche Haltung der Antiochener zu suchen. Nun hatten wir bei der Analyse der Paulusrede in Antiochia anläßlich des petrinischen Besuches schon auf das Satzungetüm Gal 2,16 hingewiesen (vgl. oben 5.3). In ihm steht – im Gegensatz zum Kontext – ein unpersönlich formulierter, einen Gemeindekonsens thetisch festhaltender Satz. Er lautet: »Ein Mensch wird nicht durch Werke des Gesetzes gerecht, sondern allein durch den Glauben an Jesus Christus«. Diese These wird als Gemeindewissen eingeführt (»Wir wissen, daß...«), hat in Röm 3,28 eine deutliche Entsprechung mit einer analogen Einleitung und atmet die antiochenische Luft. Darauf deutet das generalisierende »ein Mensch«, das im Sinne von Gal 3,26-28, der alten Tauftradition, jeden Menschen ohne Vorbedingung unter die Christusbotschaft stellt, also stillschweigend z.B. den Unterschied zwischen gesetzestreuen Juden und gesetzlosen Völkern aufhebt. Ebenso bedeutungsvoll ist der Hinweis, daß in diesem Satz die Gesetzeswerke (wie z.B. Beschneidung und Ritualgesetz) ihrer Heilsbedeutung enthoben sind und die Annahme der Missionsbotschaft von Christus (d.h. »glauben« vgl. 1. Thess 1f.; 1. Kor 15,1f.; Röm 13,11 usw.) zur Taufe führt, die »gerecht« macht. Der Gemeindegrundsatz formuliert also auf seine Weise, was in dem antiochenischen Schlagwort von der »Freiheit in Christus« (Gal 2,4; vgl. oben 5.2) enthalten ist.

Eine weitere Stelle, die es lohnt, in diesem Zusammenhang besprochen zu werden, steht Gal 5,5 f.: »Wir erwarten im Geist aus Glauben das Hoffnungsgut der Gerechtigkeit; denn in Christus hat weder Beschneidung noch Unbeschnittensein Wert, sondern ein Glaube, der durch Liebe wirksam wird.« Wenn hier auch keine selbständige feste Formel vorliegt, so enthält die Aussage doch typische traditionelle Elemente. Dazu gehört die Rede von einer futurischen Gerechtigkeit, die Paulus als Christ durch Taufe und Glaube zur Gegenwartsbestimmung der Christen macht, die aber dem jüdischen, durch das Gesetz bestimmten Heilsverständnis entspricht (vgl. Röm 2,13.20; oben 3.2). Dazu ist der Zusammenhang von »in Christus« und »weder Beschneidung noch Unbeschnittenheit« zu stellen (vgl. Gal 3,26-28). Auch die drei Stichworte »im Geist« sowie »Glaube« und »Liebe« passen sehr gut zum frühen heidenchristlichen Selbstverständnis (vgl. oben 6.2). Darf man also annehmen, daß hinter Gal 5,5 f. auch antiochenische Problematik und Entscheidung durchschimmern? Dann kann man sagen: In Gal 5,5 f. wird von der neuen Position »in Christus« der jüdische Heilsweg mit seiner Erwartung abgelehnt. Christen definieren ihr eigenes Heilsverständnis, indem sie sich gegen das jüdische abgrenzen.

Unsere Suche nach vor dem Gal liegenden Aussagen beim Wortstamm »gerecht« mit einem Gegensatz zum Gesetz hat also ein positives Ergebnis gezeigt. Es gibt Traditionsreste, die sich so verstehen lassen, daß Paulus in Antiochia und die antiochenische Gemeinde z.Z. des Paulus zwar noch keine Rechtfertigungsbotschaft im Sinne von Gal, Phil B oder Röm besaßen, jedoch Rechtfertigungsaussagen in zwei typischen semantischen Wortfeldern formulieren konnten und darüber hinaus auch in der Grundproblematik von Gesetz und am Evangelium orientierter Gesetzesfreiheit feste Aussagen machten. Nachdem so die Wurzeln der paulinischen Rechtfertigungsbotschaft freigelegt sind, kann die Auslegung der Rechtfertigungsbotschaft des Gal folgen.

11.4 Der Galaterbrief als ältester Zeuge der Rechtfertigung

Ein Überblick über den Gal zeigt, daß sich seine Rechtfertigungssprache auf die Rede gegen Petrus in 2,14b-21 und auf den argumentativen Mittelteil 3,1-5,12 beschränkt. Denn der Wortstamm »gerecht« begegnet im Gal verbal nur in 2,16f.; 3,8.11.24; 5,4, substantivisch nur in 2,21; 3,6.21; 5,5 und adjektivisch nur als Zitat aus Hab 2,4 in Gal 3,11. Dabei nimmt die Rede gegen Petrus die Aufgabe einer Einführung und Vorstellung der entscheidenden Gesichtspunkte wahr. Der große Mittelteil des Gal liefert die zentrale argumentative Abrechnung mit den Gegnern (vgl. oben 11.2). Während jener thetisch und zusammengedrängt die Stichworte und Grundaussagen herausstreicht, entfaltet dieser dieselben ausführlich und umfassend. Darum macht es guten Sinn, die folgenden Ausführungen auf 3,1-5,12 zu konzentrieren und natürlich die Paulusrede gegen Petrus dabei mit im Gesichtsfeld zu behalten.

Allerdings ist es nicht ratsam, sich sofort auf 3,1-5,12 einzulassen, so als läge hier ein selbständiger Block für sich vor. Der Abschnitt ist vielmehr einem Gesamtplan des Briefes eingeordnet. Wie die rhetorische Analyse ergab (vgl. oben 11.2), sind es neben 2,14b-21 vor allem die Stücke 1,6-9 und 6,11-16, die mit dem Schlußabschnitt der Argumentation zusammen (5,1-12) besondere Hilfen zur Einsicht in die Funktion und in das Thema des Briefes bereitstellen. Hier interessiert jetzt vor allem die Feststellung, daß diese Stücke ausnahmslos durch die kreuzestheologisch zugespitzte Erwählungssprache bestimmt sind, also den Geist der korinthischen Korrespondenz atmen: Gott hat die Galater durch das Evangelium Christi in den neuen Heilsstand »berufen« (1,6f.; 5,8), nämlich dem der »Gnade Christi« bzw. »Gottes« (1,6; 2,21; 5,4). Dieser Stand gründet allein (6,14a!) im »Kreuz unseres Herrn Jesu Christi« (6,14). Nun aber droht, daß die Galater aus dieser Gnade vielleicht schon gefallen sind (1,6; 5,4), weil sie, durch die Judaisten verführt (1,7; 3,1; 5,10), das Ärgernis des Kreuzes zunichte machen (5,11), indem sie meinen, das von Paulus vertretene Evangelium bedürfe im Falle der Galater einer Ergänzung (5,3; 6,12). Es müsse ergänzt werden, weil die Erwählung durch das Evangelium bei Heidenchristen erst wirksam zum Heil werden könne, wenn sie durch die Beschneidung unter das Gesetz Israels führe. Auch das im Abrahambund erwählte Israel sei ja an das Gesetz gewiesen. Jedoch, so setzt Paulus dagegen, auf diese Weise wird aus dem Evangelium ein Nicht-Evangelium (1,6-9), also das Evangelium gerade als Evangelium zunichte gemacht, weil der Anstoß des Kreuzes Christi so außer Kraft gesetzt wird, bzw. dann Christus umsonst gestorben ist (2,21b; 5,11). Es wird also das Gnadenhafte des Evangeliums zerstört (vgl. 1,6; 2,21; 5,4). Warum? Wer das Gesetz als integralen Teil des Bundes ansieht, so daß die gnadenhafte Erwählung Gottes in der menschlichen Gesetzeserfüllung ihre nachfolgende Entsprechung erhält, billigt dem Gesetz nach Paulus einen Platz zu, der ihm nicht gebührt. Diese Einheit von Bund und Gesetz als Heilsweg zum Leben gibt den »Werken des Gesetzes« eine Bedeutung, die sie nach dem Apostel nicht haben dürfen. Wer so verfährt, will – wie Paulus urteilt – »durch das Gesetz gerechtfertigt werden« (2,21; 5,4f.). Er will sich auf seine Gesetzeserfolge stützen und den Ruhm der Erlösung nicht Christus allein zugestehen (Gal 6,13f.). Es genügt ihm nicht, »in Christus gerechtfertigt zu werden« (2,17). Er läßt sich nicht allein auf die Kreuzesgnade ein, sondern gibt seinem Tun des Gesetzes Anteil an seiner endzeitlichen Erlösung.

Man ersieht daraus: Die Rechtfertigungsterminologie taucht in dem Augenblick auf, als Paulus sie im Rahmen des Koordinatensystems von Erwählung und Kreuz Christi zur Auslotung der besonderen galatischen Situation verwendet. Die korinthische Kreuzestheologie ist also Voraussetzung der galatischen Position des Apostels. So kann man sagen: Die Rechtfertigungsbotschaft wird im Gal benutzt, um das Anliegen der Kreuzestheologie zu aktualisieren, indem es diese in ein neues Sprachgewand kleidet. Die kreuzestheologischen Signale, die gerade auch den argumentativen Mittelteil 3,1-5,12 eingangs und ausgangs umspannen (3,1; 5,11!), werden dabei wie programmatische Hinweise gesetzt, von denen her die Rechtfertigungssprache verstanden werden will. Mit anderen Worten: Die Theologie der korinthischen Korrespondenz muß für das Verständnis des Gal neben der inneren Briefstruktur die wichtigste Leitfunktion erhalten, weil die Briefstruktur selbst dies anzeigt. Dabei gilt es zu beachten, daß der grundsätzliche Vorwurf gegenüber den Korinthern (1. Kor 1f.) im Gal gegenüber den Judaisten wiederkehrt (Gal 2,21; 5,11): In beiden Fällen wird die Heilsbedeutung des Kreuzes Christi jeweils minimiert. Paulus bringt also beide so unterschiedliche Theologien auf denselben Nenner: Sie sind in derselben Gegnerschaft dem Kreuz Christi gegenüber vereint. Sie vertrauen zunehmend auf etwas, was sie selbst sind und vorweisen können (2. Kor 12; Gal 6,13f.), wo man sich doch nur auf den Herrn rühmend einlassen darf (1. Kor 1,31), d.h. ausschließlich sich des »Kreuzes Christi« rühmen darf (Gal 6,14). Seit 1. Kor 1,18-31 wissen wir, daß der tiefste Grund dieses Urteils in dem im Kreuz Christi offenbaren Gottesbild liegt.

Dieses paulinische Urteil über die Gegner im Gal führt zur Frage, welche Position die Judaisten einnahmen. Von ihrer Kennzeichnung oben in 10.2 sind folgende Aspekte jetzt von Bedeutung: Die Judaisten werden die Erwählung der Völker nur als Fortsetzung der besonderen Erwählung Israels verstanden haben, und zwar in einer bestimmten Weise: Leitend ist das Verständnis der göttlichen Erwählung Abrahams. Ihm und seinem Samen, d. h. dem Zwölf-Stämme-Volk als genealogische Fortsetzung des Erzvaters, gilt Gottes erwählendes Handeln. Heiden können ausnahmsweise über die Beschneidung in diesen Zusammenhang inkorporiert werden, also als (christliche) Proselyten. Darum geht Paulus in seiner Argumentation Gal 3,6ff. schnurstracks auf eine neue Deutung Abrahams zu. Nun ist weiter die Beschneidung als Gesetzesforderung nicht isoliert zu sehen, sondern sie ist nur als Signal des Gesamtzusammenhanges von Bund und Gesetz zu verstehen. Mit der Gesetzesbefolgung antwortet also der Bundesgenosse auf Gottes Bund und läßt sich auf den Grundsatz der Tora ein, daß, wer die Gesetzesvorschriften tut, aufgrund solchen Tuns das Leben gewinnen wird (Gal 3,12). In diesem Zusammenhang können die Judaisten auch direkt formuliert haben: Man kann nur durch das Gesetz »gerechtfertigt werden«. Denn auch die Judaisten lasen natürlich etwa Gen 15,6 (vgl. Röm 4,3) und deuteten den Glauben Abrahams, der rechtfertigt, als Gesetzestreue, die zum Leben führt, indem Gott sie rechtfertigend anerkennt. Rechtfertigungssprache – so sahen wir schon (vgl. 11.3) – war z. B. bei Endgerichtsschilderungen dem Judentum ganz allgemein bekannt. So kann es also durchaus sein, daß Paulus von seinen Gegnern weiß, sie reden in dieser Sprache. Doch auch wenn Paulus nicht direkte Kenntnis davon besaß, bleibt bestehen, daß Paulus, dem der jüdische Zusammenhang von Tora, Gerechtigkeit und Leben natürlich vertraut war, sich im Wissen, mit der Rechtfertigungssprache die Gegner gut treffen zu können, von sich aus auf sie einläßt.

Der kreuzestheologische Ansatz des Paulus läßt sich nun noch in einem wichtigen Punkt genauer beschreiben. Die korinthische Korrespondenz hatte gezeigt, daß die Kreuzestheologie des Paulus nicht darauf abzielte, die besondere Todesart Jesu zu benutzen, um eine bestimmte Anschauung über die Bedeutung des Todes Jesu vorzutragen, sondern daß es um die Erfahrung des Evangeliums als »Wort vom Kreuz« ging: Das Evangelium in seiner konkreten Wirkung auf die Glaubenden wurde so erfaßt. Nach der Darstellung der Erwählungstheologie (vgl. oben 6.2), die ja in der Kreuzestheologie zugespitzt wird, wäre es nun geradezu ungewöhnlich, wenn dabei nicht vom Geist gesprochen würde. Und in der Tat ist Gal 3,2-5.14; 4,6; 5,5 so von ihm die Rede, daß er als die den Menschen neu konstituierende Kraft des Evangeliums begegnet. Dieses Wirken des Geistes wird nun kreuzestheologisch interpretiert. Das Evangelium versetzt nämlich in die Gnade Christi (1,6 f.), indem es den Menschen dem Gesetz sterben läßt, damit er Gott leben kann (2,19a). Das wird später (4,1 ff.) als Befreiung aus der Gesetzesknechtschaft und Erhebung in den Stand freier Sohnschaft und Unmittelbarkeit zu Gott erklärt, in der eben zitierten Paulusrede gegen Petrus jedoch zunächst als »mit Christus gekreuzigt worden sein« (2,19b). Das Leben in der geistgewirkten neuen Gottesbeziehung ist also durch den Zustand des Gekreuzigtseins mit Christus beschrieben. Dadurch lebt der Mensch nicht mehr selbst, sondern Christus in ihm (2,20). Darum ist die Welt dem Christen gekreuzigt und der Christ der Welt (6,14), denn durch seine geistliche Kreuzigung ist der Glaubende der Welt, die diese Signatur des Kreuzes nicht ihr eigen nennt, enthoben. Wenn dann dieser Umbruch des geistgewirkten Sterbens auch noch mit dem Stichwort »neue Schöpfung« in Zusammenhang gebracht wird (6,15), wird deutlich: Die kreuzestheologische Beschreibung der heilsamen, jedoch nur über das Sterben des Menschen führenden Wirkweise des Geistes im Evangelium entspricht sachlich der paulinischen Anschauung in der korinthischen Korrespondenz (vgl. oben 8) und ist eine Neuauflage der Auslegung des den Menschen grundlegend verändernden Geistwirkens aus der Erwählungstheologie (vgl. 6.2). Sie bedeutet für das Verständnis der Rechtfertigung: Sie ist geistliches Sterben, weil in ihr der Gott am Werk ist, der ausschließlich das, was nichts ist, ins Leben ruft (1. Kor 1,28).

Von dieser Einsicht her wird nun noch ein weiterer Gesichtspunkt aktuell. Paulus erinnert in 4,12 ff. seine Galater daran, daß er einst als kranker Apostel bei ihnen missionierte, sie sich aber trotzdem nicht von ihm abwandten, vielmehr ihn wie einen Boten Gottes, ja wie Jesus Christus bei sich aufnahmen. Nun aber liegt er ihretwegen wiederum in Geburtswehen, bis Christus in ihnen Gestalt gewinnt, natürlich als der Gekreuzigte (5,11). Wie ja auch seine Schwachheit sich als kreuzeskonform entpuppte, da der Missionserfolg in Galatien so allein der Kraft des Evangeliums zugewiesen werden mußte, die dem Kreuz entspringt. Es wird längst deutlich sein, daß auch diese Aussagen Reflex der korinthischen Korrespondenz sind, an die kreuzestheologisch verstandene »schwache« Redeweise des Paulus in 1. Kor 2,1 ff. erinnern und besonders im »Tränenbrief« (vgl. oben 8.5) ihre Heimat haben. Dieses Urteil kann man noch damit absichern, daß die relativ unvermittelt und erst ganz am Schluß die Polemik bestimmende Rede vom »Rühmen« des Kreuzes Christi, das paradoxerweise als ein Sterbevorgang des Menschen geschieht (Gal 6,14), natürlich wie ein Echo der Narrenrede aus dem 2. Kor zu verstehen ist (vgl. 8.5). Hier ist sie nur aktualisiert, steht doch das paulinische Rühmen im Kontrast zum Rühmen der Gegner, die sich der Beschneidung der Galater rühmen (6,13), während in der Narrenrede das Rühmen der Überapostel dem paulinischen Rühmen seiner Schwachheit entgegenstand.

Damit hat sich uns ein sinnkonstituierender Grund erschlossen, der als Tiefenschicht der ganzen Thematik in 3,1-5,12 unterlegt ist. Paulus hatte den Korinthern verdeutlichen müssen, daß im Evangelium ein Gott am Wirken ist, der das Schwache der Welt erwählt, so daß man sich vor Gott nicht rühmen kann, es sei denn der Gaben Christi und der eigenen Schwachheiten (1. Kor 1,26-31; 2. Kor 11,30; 12,5). Der paulinische Gott bestätigt nicht die Stärken der Menschheit (1. Kor 1,26f.), sondern ist immer nur damit beschäftigt, was als nichts gilt, zu retten (1. Kor 1,18), und so alle zu retten, weil vor ihm alle nichtig und sündig sind. Diese kreative Alleinwirksamkeit Gottes, durch die allein die Tiefe menschlicher Verlorenheit erreicht wird, durch die weiter das Evangelium umfassend für alle dasein kann, kurzum die das Evangelium ohne Wenn und Aber als Gnade anbietet, sieht Paulus in Gefahr, verraten zu werden, wenn die Judaisten in Galatien die Beschneidung predigen. Indem ihnen die Gnade allein offenbar nicht genug ist, weil und insofern sie zusätzlich Gesetzesobservanz fordern, sagen sie im Urteil des Paulus etwa dieses: Gottes alleinige Kreativität reicht nicht hin, um den Menschen zu retten. Er muß selbst auch noch dazu etwas tun: Gesetzeswerke. Erst beides zusammen macht die Gerechtigkeit aus. So hat derselbe Gott ja auch an Israel gehandelt. Er hat Israel erwählt und ihm das Gesetz gegeben. Gott kann jetzt nicht die Heiden erwählen, ohne auch ihnen das Gesetz aufzuerlegen. So messen sie das neue Christliche am Alten, während Paulus das Alte am Neuen, d.h. an Christus, mißt (Gal 2,21; 5,14-16). Sie nehmen Israels Bund und sein Gesetz als Ursprungsgeschehen zum Verständnis Gottes. Er läßt sich neu sagen, wer Gott ist, indem er auf das Christusgeschehen blickt und in ihm zugleich das Elend und die Erlösung aller Menschen sieht. So kann man im Sinne des Paulus zwischen den feurigen Virtuosen der Ekstase aus dem 2. Kor und den nüchternen Predigern des Gesetzes aus dem Gal etwas Gemeinsames sehen: Beide lassen Gott nicht allein Gott sein, weil beide auf je verschiedene Weise Gott in seiner Ausgelegtheit im Kreuz Christi korrigieren. Die Ekstatiker halten nichts davon, daß das Kreuz bleibende irdische Beschreibung der menschlichen Situation ist. Sie überhöhen des Menschen sündiges Elend schon irdisch durch Ekstase. Die Gesetzesleute verkleinern den Erlösungsaspekt des Kreuzes. Zur Gnade des Kreuzes stellen sie die heilsnotwendige Forderung des Gesetzes. Sie können sich mit der Gnade allein nicht anfreunden.

Von diesen Beobachtungen her kann nun Gal 3,1-5,12 selbst bedacht werden. Paulus beginnt seinen ersten siebenfach gestaffelten Argumentationsgang (vgl. dazu 11.2) mit dem Erfragen der Erfahrungen, die die galatischen Christen mit dem Evangelium bei der Erstmission gemacht haben (3,1-5). Die Antworten der Galater, so setzt der Apostel stillschweigend voraus, müssen in seinem Sinne ausfallen, denn er war ja selbst der Erstmissionar und kennt die Ursprungsgeschichte der galatischen Gemeinden. So geht es im folgenden darum, diese Erfahrungen nochmals auszulegen, indem sie in den großen Horizont einer neu verstandenen Heilsgeschichte gestellt werden, nämlich indem von der Glaubensbotschaft mit ihrem Zentrum im Christusereignis her Abrahams Erwählung und die mosaische Gesetzgebung neu bestimmt und so qualifiziert werden, daß den Galatern einsichtig wird, mit den Gaben von Evangelium und Geist haben die glaubenden Galater genug zum Heil. Ja, das mit dem Geist gesetzte Heil läßt sich gar nicht mehr steigern, denn wer im Zeichen der Sohnschaft »Abba« ruft, hat den Heilsgott in Christus in einer so unmittelbaren Weise, daß sie nicht mehr überboten werden kann. Jede Ergänzung durch die Beschneidungsforderung würde dies alles sogar wieder zerstören.

Nun hatte Paulus in Galatien gesetzesfreie Heidenmission im Sinne der endzeitlichen Erwählung der Völker durch das Evangelium betrieben. Trifft unsere Rekonstruktion zu, tat er es bald nach seinem Fortgang aus Antiochia und noch vor Abfassung des 1. Thess (vgl. oben 6.1). Man darf also annehmen, daß Paulus in Galatien mit der theologischen Auffassung des 1. Thess missionierte (vgl. oben 6.2). Dann läßt sich Paulus mit der Befragung der Gemeinde in 3,1-5 rund sechs Jahre später auf einen Weg ein, der nachprüfbar zu dieser Mission stimmig ist. Die Ursprungserfahrung der Gemeinde ist in der Tat deckungsgleich mit den Antworten, die Paulus auf seine Fragen erwartet. Die Galater haben nicht aus »Werken des Gesetzes« den Geist empfangen, sondern »aus dem Hören der Glaubenspredigt« (Gal 3,2). Und wie Paulus auch die Gemeinde in Thessaloniki darauf ansprechen kann, daß sie ein Evangelium angenommen habe, das »in der Kraft des heiligen Geistes« (1. Thess 1,5) zu ihnen kam, das als »Wort Gottes« in den Gläubigen »wirksam ist« (2,13), so kann er auch von den Galatern erwarten, wie sie bestätigen, daß unter ihnen der Geist aufgrund der paulinischen Predigt kräftig wirkte, nicht aufgrund von »Werken des Gesetzes« (Gal 3,5). Ja, ein Vergleich zwischen 1. Thess 1f. und Gal 3,1-5 belehrt darüber, wie Paulus überhaupt gern, sei es zur Stärkung der Gemeinde, sei es zur Gewinnung einer fast schon an eine Fremdmission verlorengegangene Gemeinde, die theologische Deutung

der Erstmission als Basis seiner Ausführungen heranzieht. War nicht der
Hinweis auf das Wirken des Geistes auch Anlaß, auf dem Apostelkonvent
der Heidenmission Antiochias Anerkennung zu zollen (vgl. oben 5.2)?
Hatte Paulus nicht auch im korinthischen Parteienstreit (1. Kor 1–4) oder
beim Auferstehungsproblem in 1. Kor 15 oder beim Kampf gegen die
Überapostel beim verkündigten Evangelium, seinem Inhalt und den Folgen z. B. für das Gemeindeleben, für die Hoffnung, für das Verständnis
des Apostolats eingesetzt? Man wird also diesem Einstieg in Gal 3,1-5 in
die Problematik großes Gewicht beimessen müssen. Konkret: Paulus setzt
z. B. nicht mit der Frage ein: Was geschah am Kreuz (vgl. z. B. Gal 3,13)?
Wie wurde hier über das Gesetz entschieden? Er orientiert sich vielmehr
an der Wirkung, die die gesetzesfreie Evangeliumspredigt kraft ihres
Geistes tätigte und zieht daraus seine Schlüsse.

Wenn also die Predigt des Evangeliums sich als Kraft des Geistes
eindrücklich macht, dann muß Paulus in seiner weiteren Argumentation
alles daran gelegen sein, judaistische Gesetzespredigt, d. h. das Gesetz
selbst, und paulinische Evangeliumspredigt so voneinander abzuheben,
daß die erste des Geistes entblößt dasteht und die zweite durch die gottge-
wollte Wirkung des Geistes in ihr gekennzeichnet ist. Da Paulus in keiner
Weise auch nur ein Ergebnis zulassen will, das Evangelium und Gesetz
irgendwie vereinbar macht (Gal 1,6-9; 6,11-16), kann er nicht nur die Disqualifizierung des Menschen als Sünder herausstellen, dem gegenüber das
Gesetz dann nur zu schwach ist, im übrigen dieses aber ungeschoren lassen.
In solchem Fall wäre die Möglichkeit gegeben, daß das Evangelium den
Sünder verändert, damit er nun das Gesetz tun kann, so wie in Qumran
die göttliche Gnade die fleischliche Sünderexistenz des Menschen regene-
riert, damit er dem Gesetz lebt. Paulus verbittet sich jedoch prinzipiell
jedes Additiv zum Evangelium, weil es das Evangelium selbst verfälschen
würde. Also muß auch das Gesetz selbst von ihm kritisiert werden. In der
Tat wird Paulus vom Gesetz so reden, daß es ganz abgehoben von Geist
und Gottunmittelbarkeit begrenzte und durch den Geist des Evangeliums
überholte Aufgaben hatte, und die Predigt des Glaubens so beschreiben,
daß der in ihr wirkende Geist als Erfüllung der Abrahamverheißung gilt
und in die endzeitliche Sohnschaft führt. Das bedeutet theologiegeschichtlich nichts anderes als dieses: Paulus erhebt das gesetzesfreie heidenchristliche Evangelium zum Maß, was Christentum zu sein hat. Denn wer
wie Paulus die leibliche Nachkommenschaft Abrahams durch die Glau-
bensnachkommen ersetzt (Gal 3,9), die Beschneidung als Erwählungszei-
chen der leiblichen Nachkommen Abrahams für heilsunerheblich erklärt
(3,28), ja die Beschneidung dem göttlichen Gericht unterstellt (1,8f.;

5,10-12), wenn sie den Völkern auferlegt wird, der ist nicht mehr dankbar, daß das Judenchristentum nun auch Heidenchristentum gleichberechtigt anerkennt (vgl. die Situation z. Z. des Apostelkonvents, oben 5.2), sondern mißt Christentum überhaupt am heidenchristlichen Evangelium. Dies ist auch theologisch für Paulus konsequent, denn wer Heidentum und Judentum zum »alten Äon« rechnet (Gal 1,4; 3,26-28), zur Zeit bevor der Glaube kam (3,23-25) und der Geist wirkte (3,1-5; 4,6; 5,5), und wer diese Zeit vor dem Geist noch dazu als Zeit der Knechtschaft für Heiden und Juden deklariert (3,23; 4,3.8-10.24f.), der hat gar keine andere Wahl.

Nach der Gemeindebefragung im ersten Abschnitt führt Paulus, für den heutigen Leser unvorbereitet, hin zu Abraham (Gal 3,6-9). Dieses überraschende Auftreten erklärt sich am besten aufgrund der damals bekannten Hintergrundsituation: Die Gegner werden an Abraham – wie das Judentum insgesamt – die Erwählungsgeschichte Israels festgemacht haben. Nun spricht auch Paulus von einem erwählenden Handeln Gottes, das im Evangelium jetzt die Endzeitgemeinde sammelt (vgl. oben 6.2). Kann Paulus seine Mission und Abraham nicht zusammenbringen, haben die Judaisten an dieser Stelle die stärkere Position, denn natürlich will Paulus an der Selbigkeit des Vaters Jesu Christi und des Gottes Israels festhalten, so sicher er darüber hinaus das Christusereignis neu zur Bestimmung Gottes verwendet. Darum muß Gottes Zuwendung zum Menschen auch schon im Alten Bund so beschrieben sein, daß sie als christusanalog erkannt werden kann. Um dies aufzuweisen, formt der Apostel ein durchaus eigenwilliges Bild aus den Toraaussagen über Abraham. Die Verheißung Gottes bezieht sich nicht auf einen leiblichen Sohn und leibliche Nachkommen, vielmehr wird die Nachkommenschaft Abrahams ungenealogisch und nur geistlich-übertragen verstanden: Nachkommen sind nicht Isaak und Jakob mit seinen Söhnen, sondern wer wie Abraham das Gottesverhältnis allein auf den Glauben gründet (3,6f.). Damit ist das Volk Israel als Volk bei der Verheißung übergangen. Alle Völker sind – unter der Bedingung des Glaubens – unmittelbare Objekte der Verheißung. Auch die Segensverheißung selbst ist von der Konkretheit der Landverheißung und Nachkommenschaft, die so zahlreich wie Sand am Meer sein soll, entkleidet. Der Segen bleibt zunächst Gal 3,8f. formal und offen, um dann später durch die Geistgabe an die christliche Gemeinde bestimmt zu werden (3,26-4,7). Es ist klar, daß hier gezielt Bedingungen geschaffen werden, das paulinische Evangelium als direkte Folge dieser Deutung des Erzvaters verstehen zu können. Ist es doch das Evangelium, das alle Völker zum Glauben ruft und die Glaubenden segnet, d.h. mit dem Geist begabt (3,9.14).

Damit wird auch einsichtig, warum Abraham überhaupt nur unter doppeltem Gesichtspunkt ins Blickfeld tritt: Als Adressat der Verheißung aufgrund der Gottesanrede (Gal 3,8 = Gen 12,3; 18,18) und als der, der dem in der Verheißung ihm zugewandten Gott glaubt und dies als Gerechtigkeit angerechnet bekommt (Gal 3,6 = Gen 15,6). Das ist nach Paulus die gegenwärtige Situation jedes Menschen unter dem Evangelium! Dabei stellt Paulus das Zitat aus Gen 15,6 an den Anfang, um Signalwirkung durch die beiden Stichworte Glaube und Gerechtigkeit zu erzielen, weil sie für ihn insbesondere geeignet sind, die Erfahrung der Galater mit dem paulinischen Evangelium zu erfassen. Denn daß Abraham glaubte und Gott ihm den Glauben als Gerechtigkeit anrechnete (Gal 3,6), ist nicht einfach ein geschichtliches Urteil über Abraham, sondern ein »Vorhersehen der Schrift« (Gal 3,8a), das durch die endzeitliche Sendung Christi (Gal 4,4) Wesensbeschreibung göttlichen Handelns überhaupt ist. Paulus entwirft also kein geschichtlich orientiertes Abrahambild, sondern findet bei Abraham wieder, was er von Christus längst weiß. Anders gewendet: Was mit Abraham geschah, hat endzeitliche Bedeutung, so wie die Wüstenzeit Israels in 1.Kor 10,1ff. (vgl. besonders V. 6.11 und oben 5.5) für die Endzeitgemeinde Jesu Christi Relevanz hat. Indem die Christen mit dem Evangelium geistliche Erfahrungen machen wie Paulus und die Galater nach Gal 3,1-5, erschließt sich ihnen dieser Schriftsinn als der von Gott ursprünglich auch gewollte. So kann man zuspitzen: Die Tora, der die Schriftzitate über Abraham entnommen sind, ist nicht mehr Repräsentantin für Israel und seine Geschichte, sondern ist Ankündigung der Endzeit, die jetzt mit der Glaubenspredigt (Gal 3,23-25) Gegenwart ist. Also kann Paulus schließen: »Die aus Glauben werden gesegnet mit dem glaubenden Abraham« (V. 9), und wenig später den verheißenen Segen inhaltlich mit dem Empfangen des endzeitlichen Geistes (im Evangelium) füllen (V. 14b). Damit ist die Erfahrung der Galater bei ihrer Erstmission eine Einlösung der Abrahamverheißung geworden und das Gesegnetwerden mit dem Geist identisch mit der »Anrechnung zur Gerechtigkeit«, beruht doch beides ausdrücklich auf dem das Evangelium annehmenden Glauben (V. 2.6.14).

Daß der Geist gerecht macht, ist Paulus aus dem semantischen Wortfeld Taufe – Geist – Gerechtigkeit (vgl. oben 11.3) bekannt. Diese Sprache ist wahrscheinlich auch den Galatern vom gleichen Umfeld her vertraut, denn Paulus muß sie nicht neu einführen. Das bedeutet: Die paulinischen Aussagen zum Wortstamm »gerecht« in Gal 3,1-5.12 entspringen in der Regel der Tauftradition und dieser Anschauung: Der Geistbegabte ist der Gerechte. Dies findet seine indirekte Bestätigung darin, daß überhaupt in

Gal 3,1-5,12 die heilsgeschichtliche, also an dem Erzvater orientierte Seite der Rechtfertigung im Blick ist (vgl. 18b.22.29; 4,7). Der endgerichtliche Aspekt, der das andere semantische Wortfeld zum Wortstamm »gerecht« bedingen würde (vgl. dazu 11.2), fehlt in dieser paulinischen Konzeption. Allerdings kann bei Dominanz der geistgewirkten Gerechtigkeit eine juridische oder eine der Geschäftssprache entlehnte Formulierung einfließen (vgl. etwa 2,17; 3,6.13.15-18; 4,1f.). Das ist für Paulus kein Gegensatz, wie ja beide Ausdrucksweisen engstens in 2,17-21 vereint stehen.

Nun muß man jedoch noch sehen, daß Paulus gleichsam ein Stück Basis zu dieser tauforientierten Geistaussage ausgetauscht hat: Er sagt nicht, daß der Getaufte als Geistbegabter im Akt der Taufe gerechtgemacht wurde, sondern daß das Evangelium den Glaubenden unter der Geistwirkung als Gerechten vor Gott gelten läßt. So kann man sinngemäß Paulus so auszeichnen: Der Glaube ist die Gerechtigkeit, oder der Glaube als Leben unter dem Evangelium ist diejenige Beziehung des Menschen zu Gott, die Gott als gerecht ansieht. So wird aus dem Taufakt mit seiner einmaligen Gerechtmachung ein kontinuierliches In-Beziehung-Stehen des Menschen zu Gott, und diese Glaubensbeziehung ist das Gerechtsein.

Hat Paulus damit zu verstehen gegeben, wie er die Predigt des Glaubens und den darin wirkenden Geist mit der Gerechtigkeit in Verbindung bringt, und zugleich diese Linie als dem eigentlichen Selbstzeugnis des Gesetzes entsprechend erwiesen, indem er das Gesetz mit Gen 15,6 sowie 12,2; 18,8 zitierte, kann er dazu nun die »Werke des Gesetzes«, auf die die Judaisten abheben, in Gegensatz stellen. Das geschieht in verschiedenen Aussagekreisen in Gal 3,10-29. Daß Paulus dabei an einen sich ausschließenden Gegensatz von Evangelium und Gesetz denkt, wurde schon ansatzweise erwähnt. Wer durch das Gesetz gerecht werden will, ist von Christus und seiner Gnade abgefallen (Gal 5,4). Das ist die paulinische Position. Konkret heißt das: Das Tun des Gesetzes – hier in Galatien als Beschneidung und Festkalender materiell gefüllt – ist schädlich. Weit entfernt also von einer Auffassung wie der, Sünde sei nur ein Defizit an Gebotserfüllung, wird hier die Erfüllung des Gesetzes selbst gerade verboten (so deutlich natürlich auch in anderen Zusammenhängen das Nichttun Sünde sein kann). Die Judaisten fordern vom Gesetz her mit Recht die Beschneidung und damit das Halten aller Gebote. Das macht Paulus ihnen nicht streitig. Worüber er mit ihnen streitet, ist, daß dies dem Evangelium widerspricht. Also Paulus fordert die Christen zum Nichttun des Gesetzes auf und sieht genau und nur darin ihre Heilschance, wenn sie unter Absehen vom Gesetz glauben. Ja, durch den Gesetzesdienst wird sogar ein Heilsschaden angerichtet, der mit dem Götterkult analogisierbar ist (Gal 4,8f.). Darum kann auch z.B. die Schlußaussage in Gal 2,16: »Aus Gesetzeswerken wird niemand (von Gott) gerechtfertigt«, nicht nur eine resignierende Zustandsbeschreibung zur Verkehrtheit des Menschen sein, sondern enthält ein prinzipielles Urteil über die Absicht, die Gott selbst mit dem Gesetz hat. Gott hat es nicht gegeben, damit es Leben und Gerechtigkeit gebe (3,21f.).

Das meint: Der Vater Jesu Christi will sich unabhängig von Christus nicht geistschenkend betätigen. Darum vermeidet es Paulus in Gal 3f. strikt, Geist und Gesetz irgendwie in Beziehung zu bringen. Dieses Schweigen ist für das damalige Judentum beredt, war doch gerade durch die Identifikation von Weisheit-Geist und Tora die lebenspendende Kraft der Tora, die durch Verinnerlichen der Gesetzesvorschriften zum Zuge kam, begründet. Trennt Paulus diesen Zusammenhang, hebt er das Heilvolle der Tora auf und macht aus dem Gesetz »Buchstaben«, die dann nur noch »töten« können, weil der Mensch Sünder ist (2. Kor 3,6). Gerade wer die vor dem Gal geschriebenen Aussagen wie 2. Kor 3,4-18 mit im Blick hat, wenn er Gal 3f. liest, wird erkennen, daß Paulus nicht nur zufällig vom Geist im Gesetz schweigt, wenn anders er 2. Kor 3,15-17 dem Gesetz solchen Mangel ausdrücklich attestiert.

Ähnlich gravierend wirkt sich für das paulinische Gesetzesverständnis in Gal 3 aus, daß Paulus den Zusammenhang von Bund und Gesetz aufhebt. Schon dies muß die Judaisten und alle Juden stutzig machen, daß Paulus von der Beschneidung Abrahams schweigt. An ihr würde ja das Gesetzesthema zur Geltung kommen. Daß Paulus dieses gewollte Schweigen auch als eigene Schwäche seiner Position verstehen lernte, zeigt wohl sein Bemühen um diese Frage später in Röm 4,11f. Doch zunächst gilt: Paulus will Bund und Gesetz aus ihrer jüdischen Zwillingsgeschwisterschaft lösen. Hatte er 2. Kor 3 dazu den Kontrast von altem Bund und neuem Bund (traditionsgebunden) aufgebaut, so benutzt er nun ein noch radikaleres Mittel: Das Verhältnis Gottes zu Abraham konstituiert sich jenseits des Gesetzes. Die Verheißung an Abraham läuft glatt auf Christus und die Gläubigen zu. Diese Verheißung gilt als endgültiges und nicht mehr revidierbares Testament Gottes. Ausdrücklich wird festgehalten, daß das 430 Jahre später gegebene Gesetz (eine frühjüdische Berechnung, die allerdings insoweit sticht, als es in der alttestamentlichen Erzählfolge deutlich später verkündigt wurde, als Abraham lebte) dagegen nichts ausrichten kann (Gal 3,17f.). Ist das Gesetz so aus seiner für das Judentum konstitutiven Verwiesenheit auf die vorgängige Gnade des Bundes gelöst, muß zwangsläufig Paulus die Frage nach dem Sinn und der Aufgabe des Gesetzes neu stellen (3,19).

Damit ist klar, welche Antwort zu erwarten sein wird, nämlich ein Gesetzesverständnis, das in jedem Fall die Schwäche des Gesetzes selbst beinhaltet. Somit wird man Gal 3,19f. so auszulegen haben: Weit entfernt, Geist und Lebensträger zu sein, ist das Gesetz nur um der Übertretungen willen ergangen. Es ist Zuchtmeister des Sünders, soll ihn hart bewachen und zwangsweisen Gehorsam eintreiben (3,22.24; 4,1-3), damit immerhin ein relativ geregeltes Miteinander der Sünder denkbar ist (vgl. Röm 13,3f.). Wiederum muß auffallen, daß Paulus so deutet und nicht die Aussage: »um der Übertretungen willen« auf das Kultgesetz bezieht. Das nämlich wäre gut jüdisch: Das Gesetz hat ein Heilmittel gegen die Sünde anzubieten, weil Gott in ihm Kult und Sühne für Verfehlungen vorsieht. Aber von dieser heilvollen Gesetzesinstitution will Paulus gar nichts wissen. Er übersieht sie, obwohl er sie natürlich kennt und weiß, daß seine Gegner – mit dem Festkalender angedeutet – genau auch diese Seite des Gesetzes hervorkehren. Er setzt polemisch dagegen: Das Gesetz ist von Gott als ein Zuchtmeister und als nichts anderes von Anfang an gegeben.

Eine zweite Aussage in Gal 3,19f. begrenzt die Zeit, in der das Gesetz so wirken soll, nämlich bis Christus kommt. Setzt man wiederum einmal typisches jüdisches Verständnis des Gesetzes bei den Gegnern voraus, dann lautete ihre Position etwa: Das Gesetz ist vor der Welt da und für alle Zeit ohne Einschränkung gültig (vgl. oben 3.2). Nun ist das Gesetz verspätet »hinzugefügt« und keinesfalls dauerhaft gewollt. Gott will, daß es nur vom Mose bis zur Glaubenspredigt sein den Sünder kerkerndes Wesen betreibt. Eine andere Aufgabe hat es nicht, und diese nur für diese begrenzte Zeit.

Es folgen zwei weitere Aussagen, die wohl zusammenzusehen sind: Das Gesetz ist von Engeln verordnet und durch die Hand eines Mittlers, nämlich Mose, dessen Name verschwiegen wird. Daß diese Kennzeichnung dem Gesetz innerhalb des Argumentationsgefälles Ehre antun solle, wird man sicher nicht begründen können. Allerdings werden die Engel auch keine gottfeindlichen Mächte sein, dann könnte Paulus ja wohl die Verheißungen Gottes (wie die in Gal 3,6-9) nicht im Gesetz finden, oder später in Gal 5,14 die Liebe in einem besonderen Sinn gerade auch als Erfüllung des Gesetzes ansehen. Wohl aber zeugen die (gottnahen) Engel davon, daß somit dem Gesetz die Unmittelbarkeit zu Gott fehlt. Diese darf das Gesetz auch nicht haben, wenn anders sonst Gott als direkter Erblasser der Verheißung sein erstes Testament durch das Gesetz ergänzen könnte. Ist Gott nicht direkt Geber der Tora, kann diese die Abrahamverheißung nicht vervollständigen. Wegen der Vielzahl der Engel bedarf es jetzt natürlich auch des einen Mittlers (3,20). Auch hier ist die gegnerische Position klar: Die Engel werden als himmlischer Glanz der Offenbarung gelten, und natürlich redet Gott unmittelbar mit Mose (vgl. z. B. Ex 34).

Diese Annahme fehlender Unmittelbarkeit muß Paulus aber noch aus einem anderen Grund aufrechterhalten: Für ihn gilt, daß Gott zu Abraham direkt redet (Gal 3,6-9) und daß die Christen über den Geist Unmittelbarkeit zu Gott haben (Gal 4,6). Diese geistgewirkte Gotteskindschaft, die des Zuchtmeisters nicht mehr bedarf, kommt zu den Glaubenden allein aus dem Abraham verheißenen Christusgeist. Angesichts dieses direkten Gottesverhältnisses bietet das Gesetz für Christen schlicht zu wenig. Es ist nicht von ungefähr, daß Paulus diese evangelische Unmittelbarkeitsthematik eingangs in 3,1-5 und am Ende in 4,1-7 anschlägt. Nun ist klar: Evangelium und Geist versetzen in die Sohnschaft, das ist der Heilsstand der Gerechten. Das Gesetz kommt als fremde Forderung von außen auf den Menschen zu (3,23 f.; 4,1-3). Das Evangelium als Geistträger führt von innen heraus und unmittelbar zum Vater Jesu Christi. Im übrigen steckt der Grundgedanke zu dieser Gegenüberstellung von Evangelium und Gesetz bereits in 2. Kor 3.

Von diesen Aussagen her wird nun eine letzte, den ganzen Textabschnitt strukturierende Aussage über das Gesetz klar: Paulus teilt die gesamte Menschheitsgeschichte in eine lange erste Periode als Zeit der noch nicht realisierten Verheißung und in eine mit dem Kommen der Christuspredigt einsetzende zweite Zeit des Evangeliums (3,23-25; 4,4). Sie macht aus der Jetztzeit Endzeit (4,4; vgl. 2. Kor 6,1 f.). Es ist die Zeit, in der Christus aus dem »bösen Äon« herausreißt (Gal 1,4), und der Geist das Abba ermöglicht (4,6). Das Gesetz ist in diesem Kontrastschema der überwundenen alten Zeit zugeordnet, ja es kann noch nicht einmal zu Christus hinführen. Es wird vielmehr von Christus begrenzt und abgesetzt (Gal 3,24 f.; 4,2.4). Dieses Kontrastschema – auf die gesamte Geschichte ausgedehnt – erinnert natürlich an den Kontrast bei Taufaussagen, wenn sie vom Täufling so reden, das sie sagen, was er einst war und nun neu geworden ist (z. B. 1. Kor 6,9-11). Auf die Tauftradition führten schon die Gerechtigkeitsaussagen in Gal 3 f. Formelhafte Traditionen, die Paulus Gal 3,26-28; 4,3-6 aufgreift, stammen aus demselben Sitz im Leben. Immer wieder wird also erkennbar, wie Paulus von Aussagen aus dem Taufverständnis her in Gal 3 f. seine Gedanken formuliert.

Dieses Gesetzesverständnis läßt sich an der Art und Weise kontrollieren, wie Paulus Gal 5,13 ff. die christliche Lebensführung begründet und beschreibt. Die christliche Gemeinde lebt im Geist der Freiheit und nicht in Gesetzesknechtschaft, wie Paulus zunächst Gal 4,21-31 festhält. Also gilt: Christen sind in die Freiheit vom Gesetz berufen (5,13). Weil sie im Geist leben, sollen sie auch im Geist wandeln (5,25). Denn als Geistbegabte stehen sie in einer solchen Unmittelbarkeit zu Gott (4,6f.), daß sie von Gott direkt belehrt sind und prüfen können, was sein Wille ist (Röm 12,1f.; Phil 4,8; 1. Thess 4,8f.). Natürlich stößt der geistgeleitete Christ bei der Klärung der Lebensnormen auch auf Gesetzesaussagen. So kann Paulus feststellen, daß das Liebesgebot der Christen eine Zusammenfassung der Grundnorm des Gesetzes ist (Gal 5,14). Aber seinem Wesen nach und in bezug auf seine Verbindlichkeit ist das Liebesgebot zunächst »Gesetz Christi« (Gal 6,2), d.h. Norm, die dem Grundsinn des Geschicks Christi entstammt und entspricht (Röm 15,1ff.; Phil 2,1ff.). Darum ist sie verbindlich, kommt sie doch nicht als Gesetzesbuchstabe von außen als Forderung auf den Menschen zu, sondern ist die innere Christusgegenwart des Geistes im Gläubigen.

Wir haben den Abschnitt Gal 3,1-4,7 bisher betrachtet, ohne im einzelnen auf 3,10-14 einzugehen. Hier werden eingangs die Glaubensleute den Gesetzesleuten gegenübergestellt und von letzteren gesagt, daß, wer sein Leben von den Werken des Gesetzes her aufbaut, unter dem Fluch, d.h. Tod (3,13; 1. Kor 15,5b) steht, weil er nie alle Gesetzeswerke vollbringen kann (Gal 3,10). Dahinter darf man zunächst das verschärfte Bewußtsein für die Gehorsamspflicht des Menschen gegenüber Gott sehen, wie es damals Juden und Christen vertraten (Jub; Qumran; Aboth 3,8; die alten Materialien der Bergpredigt): Das Gesetz läßt sich nicht in geringere oder höhere Gebote aufgliedern. Alle sind gleichrangig, weil alle von Gott selbst kommen. Aber es ist die Frage, ob Paulus es nur so meint, ob also Sünde zwar überall anzutreffen ist, jedoch nur als ein Defizit an Gesetzesbefolgung gilt. Jedenfalls sperrt sich dagegen die Beobachtung, daß Paulus dann ja gerade die Christen zur Sünde treibt, wenn er ihnen das Nichttun des Gesetzes (Beschneidung, Festkalender) abverlangt. Auch ist die Erfahrung des schöpferischen Geistes, der den Menschen von grundauf verwandelt (Gal 3,1-5; 3,26-4,7), Signal dafür, daß der Mensch dem Willen Gottes erst entsprechen kann, wenn er im Kraftfeld von Evangelium und Geist sich glaubend verhält. Dann können aber die Glaubensleute nicht nur additiv das noch fehlende Tun des Gesetzes hinzubringen, sondern Gesetzesleute und Glaubensleute stehen sich alternativ als zwei grundsätzlich verschiedene Lebensweisen gegenüber. Das quantifizierende Denken in Gal 3,10 steht auch nur im Zitat aus Dt 27,26. Ob Paulus selbst es so versteht, ist am Kontext gesondert zu prüfen. Jedenfalls will er mit dem Zitat weder die Sünde definieren, noch die Voraussetzung prinzipieller Möglichkeit, das Gesetz zu halten, einschärfen, sondern die Verfluchung, d. h. Todesverfallenheit des Menschen als längst gültigen Zustand belegen. Im Kontext sagt er auch nicht: Diejenigen, die nicht alle Werke vollbringen, stehen unter dem Fluch, sondern: die, die von den Werken des Gesetzes her leben, sind fluchbeladen. Sie unterscheiden sich von denjenigen, die aus Glauben leben und im Segen Abrahams stehen (3,9). Also will Paulus nicht sagen: Es wird zuwenig Gesetz getan, sondern er betont: Statt gesetzlich zu leben, gilt es zu glauben! Paulus fordert die Galater nicht auf: Tut mehr Gesetz! Sondern quält sich mit der Sorge ab, ob die Galater nicht endlich ganz vom Gesetz ablassen, weil sie es um der Segensverheißung nicht beachten dürfen. So paßt ein alternatives Verständnis ausgezeichnet und allein zur Gesamtabsicht von 3,1-5,12, wie wir sie bereits skizzierten.

Zu dieser Aussage gehört für Paulus noch unmittelbar eine zweite: Gesetzesmenschen sind nicht nur Sünder, sie erwarten auch Falsches vom Gesetz: Denn Gott hat in der Schrift selbst festgelegt, daß nur der aus Glauben Gerechte Leben erlangen wird (3,11). Dieses Zitat aus Hab 2,4 stimmt also mit dem Gotteswort an Abraham Gen 15,6 = Gal 3,6 überein. So verweist das Gesetz selbst zur Heilserlangung über sich hinaus und von sich weg. Die Judaisten erwarten etwas vom Gesetz, was es nach seinem Selbstverständnis gar nicht geben will. Damit ist für Paulus der Weg frei, den Samen Abrahams, dem die göttliche Verheißung gilt, exklusiv christologisch zu verstehen (Gal 3,16) und den außergesetzlichen Heilsweg in der christlichen Glaubensgemeinschaft zu finden.

Bisher haben wir nur am Rande über die Heilstat Christi und sein Geschick gesprochen. Sie begegnet in Gal 3,1-4,7 in zwei traditionellen Aussagen (3,13a.14; 4,4), die nach demselben »teleologischen Schema« aufgebaut sind (Struktur: Christus... für uns..., damit wir...), das wir auch sonst aus dem Urchristentum kennen (vgl. z.B. Röm 8,3; 14,9; 2. Kor 8,9; Joh 3,16; Tit 2,11-13; 3,4-7; 1. Petr 2,21.24; 3,18; 1. Joh 4,9). Einmal ist dabei Jesu Geschick als sein Tod, das andere Mal als seine Sendung betrachtet. Beide Male wird mit der Metapher des Loskaufes (vgl. auch 1. Kor 6,20; 7,23), wie sie zur Handelssprache gehört (vgl. für Paulus: 1. Kor 7,30), beschrieben, was Christus tat. Es ist nicht zufällig, daß diese beiden Stellen erst so spät in die Erörterung einfließen: Der Leitgedanke des Paulus geht ja vom Evangelium und dem Geistempfang aus und führt zur Beschreibung der geistlichen Situation der Gemeinde. Darin hat die Heilstat Christi nur die Bedeutung, das Woher der geistbegründeten Sohnschaft (4,5 f.), bzw. den Geistempfang durch den Glauben zu beschreiben (3,14b). Beide Aussagen dienen also nicht dazu, für sich grundsätzlich und gesondert zu klären, wie Christus durch sein Geschick die Sünde und ihre Folgen beseitigte. Ohne die im Glauben (3,14b) angetretene Abrahamserbschaft (4,5-7) also unabhängig von der gegenwärtigen Gemeindewirklichkeit redet Paulus gar nicht davon. Dies entspricht der Beobachtung zur bisherigen Korrespondenz des Paulus, in der aus demselben Grund Paulus nur knapp und selbstverständlich, oft mit vorgegebener Tradition, z.B. auf Christi Tod für uns eingeht. Nirgends fühlt er sich gedrängt, die Tat Christi für uns als solche zu erklären. Er erörtert keine vom anerkennenden Glauben losgelöste Christologie. Er fragt: Wovon darf der Glaubende sich als erlöst verstehen? Er fragt nicht: Wie beschreibe ich die Heilszubereitung Christi für sich am deutlichsten? Vielmehr wechseln dabei seine Sprachfelder und Andeutungen von Vorstellungszusammenhängen, weil sie gebündelt sind in ihrer gleichen Funktion, nämlich dem Glaubenden die auf ihn zukommende Gabe zu erläutern.

Ein kurzer Blick muß nun noch auf den zweiten Argumentationsgang in Gal 4,8-5,12 geworfen werden. Insofern er dazu dient, die bisher entfaltete Position zu festigen, wird man wenig Neues erwarten dürfen. So will Paulus auch offenbar vor allem seine harten Aussagen zum Gesetz nochmals begründen. Dazu zieht er die – wohl ältere – Hagar-Sara-Allegorie Gal 4,21-31 (vgl. dazu 5.5) heran. Sicherlich, sie ist jetzt gegen die Judaisten gerichtet. Aber diese vertreten einen innerjüdischen Standpunkt, und auch Paulus argumentiert so, daß die intendierte Kennzeichnung des Judentums als Gesetzesreligion grundlegende Aussage wird. Denn wer Hagar, Sklaverei, Sinaibund und jetziges Jerusalem in eine Reihe stellt und antithetisch dazu die Linie Sara, Freiheit (heiden-)christliche Gemeinde aufbaut, der hat über Israel insgesamt geurteilt. Dieses Urteil ist sachlich ebenso hart wie die Aussagen in Gal 3,6-9.19.25. Die Erben der Abrahamverheißung sind die (Heiden-)christen. Israel aber steht mit seinem Gesetz in heilloser Sklaverei bis heute.

Wir halten inne und versuchen eine abschließende Würdigung der paulinischen Argumentation. Dabei wird man festhalten müssen: Gal 3,1-5,12 ist keine dogmatisch ausgewogene Abhandlung über Gesetz und Glauben, sondern ein höchst polemischer Text. Wie es im Altertum auch sonst in der Gerichtsrede erwartet wurde, werden alle Register gezogen. Cicero und Philo können dafür eindrückliche Beispiele beisteuern. Man darf also auch bei Paulus anfragen, ob die guten Absichten, die er verfolgt, nicht zum Teil mit Mitteln ausgeführt werden, die zur Kritik herausfordern. So mag es natürlich angehen, daß Paulus sich sein Abrahambild in Gal 3,6-9 so zurechtschneidet, wie er es tut. Aber in 4,21 ff. ist er doch wohl zu weit gegangen: Welcher Jude würde sich so glatt von Sara trennen lassen! Hat er nicht auch für seinen Standpunkt die Schrift voll auf seiner Seite? Widerspricht nicht auch das Abheben des Gesetzes von Gott in Gal 3,19 sonstigen paulinischen Aussagen (z.B. Röm 7,12) und der Sinaitradition in der Tora? Wo hat die christologische Engführung des Samens Abrahams (Gal 3,16), die Paulus übrigens Röm 4 nicht wiederholt, Anhalt am alttestamentlichen Text? Natürlich können die Judaisten auf die gängige kollektive Deutung der Schrift verweisen! Und endlich: Muß der Sarkasmus sein, daß die Beschneidungsleute sich gleich verschneiden lassen sollen (Gal 5,12), wo Paulus doch zu gut weiß, daß das Gesetz Eunuchen für kultunfähig erklärt? Es gibt also Anlaß, bei Paulus nachzufragen, wie er bei weniger emotional geladener Situation seinen Standpunkt vertreten hätte. Wer Paulus verstehen will, muß also zwischen seinem Sachanliegen und seinen polemischen Attacken unterscheiden.

12. Die Gemeinde in Philippi

12.1 Die Geschichte der Gemeinde in Philippi

Als Paulus erstmals der Gemeinde in Philippi schreibt (Phil A, vgl. 12.3), existiert sie bereits etwa fünf Jahre, denn der Apostel war auf seiner ersten selbständigen Missionsreise, aus Galatien kommend, mit Silas und Timotheus nach Europa übergesetzt und hatte in Philippi seine erste christliche Gemeinde auf europäischem Boden gegründet (vgl. oben 6.1). In der Tat war auch Philippi damals weitgehend römisch – also europäisch – geprägt, im Unterschied zu den Städten, die Paulus vorher kennenlernte und die ihre orientalische Einbettung sicher nicht verleugnen konnten und wollten.

Natürlich wußte man z. Z. des Paulus nicht, daß Philippi auf diese bedeutungsvolle Weise mit der Ausbreitung des Christentums für immer verbunden sein würde. Denn selbst wenn es schon vorher in Rom Christen gegeben hatte (vgl. unten 13.1), so waren es doch zu dieser Zeit, für die spätere Christentumsgeschichte Europas untypisch, in Rom noch synagogal eingebundene Judenchristen: Philippi ist also die erste heidenchristliche Gemeinde auf europäischem Boden. Dies ist nicht der einzige Knoten der Geschichte, der mit der Stadt verbunden ist, wußte man doch im Altertum, daß unweit des Ortes Antonius und Oktavian die Cäsarmörder geschlagen hatten. Das war 42 v. Chr., als Philippi ein kleines mazedonisches Dorf war.

Philippi hieß ursprünglich Krenides, also (Ort der) kleinen Quellen. Es war nämlich Sumpfgelände, das Philipp von Mazedonien erst trockenlegen mußte, um aus dem Ort sein Bollwerk gegen die Thraker zu bilden. Nun erhielt die Stadt auch ihren neuen Namen. Später lief Amphipolis Philippi den Rang ab. Erst mit den Plänen der Römer, die Ostgrenze des Reiches und den Weg von Rom nach Byzanz zu sichern, wurde aus Philippi bald nach der berühmten Schlacht eine gut befestigte römische Militärkolonie, wobei die bisherige Bevölkerung nicht verdrängt wurde. So ist die Stadt gleichsam zweimal gegründet worden: von Philipp von Mazedonien und von Augustus, der sie zur Colonia Julia Augusta Philippensium umbenannte. Die Stadt liegt nicht nur an der Via Egnatia, sondern besaß auch einen im Altertum hochgeschätzten doppelten Vorteil durch ihr Umland: Der Holzreichtum diente dem Schiffbau, und die fruchtbare Ebene war bekannt für gute landwirtschaftliche Nutzung. Auch die Edelmetallgruben im Pangaiongebirge (Gold und Silber) mehrten einst den Reichtum der Stadt nicht unwesentlich, doch waren sie in römischer Zeit wohl bereits alle ausgebeutet. Die Bürger besaßen das Recht zur Selbstverwaltung, waren von Tributleistungen nach Rom befreit und hatten das italische Bürgerrecht erlangt. Diese Vorrechte waren für Veteranenansiedlungen aus dem römischen Heer üblich.

Als Paulus nach Philippi kommt, findet er dort nach Apg 16,13 außerhalb der Stadt eine Gebetsstätte der Juden (keine Synagoge) vor. Daß er dort allerdings nur Frauen antrifft, ist doch etwas unwahrscheinlich. Jedenfalls gab es wohl nur eine kleine jüdische Gemeinde in der Stadt, die noch kein Recht erworben hatte, innerhalb der Mauern eine Synagoge zu bauen oder das auch finanziell gar nicht konnte. Das deckt sich mit den spärlichen Angaben aus dem Phil über die Zusammensetzung der Gemeinde: Epaphroditus (2,25 ff.; 4,18), Euodia, Syntyche und Clemens (4,2 f.) sind römisch-hellenistische Namen. Auch berichtet Paulus (3,2 ff.) von seiner jüdischen Herkunft so, wie er es Heidenchristen gegenüber tun muß. Er deutet mit keinem Wort an, daß es in der Gemeinde eine nennenswerte große Zahl ehemaliger Juden gab. Doch darf man dagegenhalten: Ziehen Judaisten in Gemeinden ohne jeden judenchristlichen Rückhalt in einer Gemeinde (Phil 3)? Oder war Philippi für sie nur auf dem Weg und nicht das eigentliche Ziel ihrer Reise? Jedenfalls bestätigt die Apg den Gesamteindruck des Phil (Apg 16,11 ff.): Genannt sind die gottesfürchtige Lydia aus Thyatira, eine Geschäftsfrau, selbständig und gut situiert, in deren Haus sich die christliche Gemeinde versammelt (16,14 f.), die Sklavin, die heidnische Wahrsagerin ist (16,16.19 f.), und endlich der römische Beamte, der für das Gefängnis verantwortlich war (16,27.31 f.). Wie immer es mit der Historizität dieser Angaben der Apg im einzelnen bestellt sein mag, im typischen Sinn zutreffend scheinen sie in jedem Falle zu sein. In Philippi existierte also eine christliche Gemeinde, die sich vor allem aus ehemaligen Heiden zusammensetzte. Dabei ist die Lydia aus Thyatira wohl kaum eine bloße Erfindung der Apg: An Erstbekehrten hatte man biographisches Interesse. Auch daß sie eine Zugereiste war, wäre zu umständlich erfunden. Allerdings fällt ihre Nichterwähnung im Phil auf. Hat Lukas aus »der Lydischen« den Namen Lydia gemacht, so daß sie mit einer der beiden Frauen in Phil 4,2 identisch ist? Oder war sie, als Paulus den Phil A schrieb, nicht in Philippi?

Der Apostel hat an seinen kurzen Aufenthalt in Philippi nicht nur gute Erinnerungen. Im Zusammenhang mit einer behördlichen Festnahme und Auspeitschung (Apg 16,22; 1. Thess 2,2; 2. Kor 11,25) steht wahr-

scheinlich sein plötzlicher und erzwungener Aufbruch aus Philippi (vgl.
1. Thess 2,1 f.). Doch gab es seitdem zwischen Paulus und der Gemeinde
regen Kontakt, obwohl Paulus allenfalls einige Wochen beim Gründungsaufenthalt in der Stadt weilte (Apg 16,18). Das setzt ein gutes Einvernehmen zwischen der Gemeinde und ihm voraus. Der Phil bestätigt diese
Vermutung, ist doch der Brief – abgesehen von Phil 3 – von einer besonders herzlichen Grundstimmung getragen. Die noch erkennbaren Kon-
taktnahmen lassen sich zusammenstellen: Gleich nach Thessaloniki sendet
ihm die kleine Gemeinde zweimal finanzielle Unterstützung (Phil 4,15 f.),
ebenso einmal wenig später nach Korinth (2. Kor 11,9), so daß Paulus auf
seiner ersten Europareise ohne weitere Hilfe der anderen Gemeinden
arbeiten kann (1. Thess 2,9; 1. Kor 9,12). Wahrscheinlich besucht dann
Timotheus auch Philippi auf seinem Weg nach Korinth vor Abfassung
des 1. Kor (vgl. 1. Kor 16,10f.). Titus als Überbringer des Kor C und Kor
D hat wohl ebenfalls hier Station gemacht (vgl. oben 7.1). Bei seinem
Zwischenbesuch in Korinth mag Paulus selbst die Gemeinde wieder be-
grüßt haben. Diese möglichen Besuche von Paulus und seinen Mitarbeitern sind darum recht wahrscheinlich, weil, wer den Landweg von Ephesus über Mazedonien nach Korinth wählt, eigentlich an Philippi nicht
vorbeiziehen kann. Sicher bezeugt ist die Anwesenheit des Epaphroditus
aus Philippi bei Paulus in Ephesus, als Paulus gefangen ist. Wiederum
bringt der Mitarbeiter finanzielle Unterstützung für Paulus mit
(Phil 4,10ff.). Natürlich besucht der Apostel dann sein geliebtes Philippi
anläßlich der sog. Kollektenreise. Nicht zuletzt die Gaben aus Philippi
sorgen wohl für eine stattliche Kollekte (vgl. oben 2). Der Kollektenaufenthalt ist zugleich der Abschiedsbesuch des Paulus in dieser Gemeinde.
Sie erhält aber danach noch in geringem Abstand den Phil B (vgl. unten
12.2) mit der Warnung vor den Judaisten.

Im Unterschied zur galatischen Situation gibt es wohl doch ein Zeugnis, das bestätigen kann, wie Paulus mit dem Phil B die Gemeinde dem
Heidenchristentum erhalten konnte. Polykarp von Smyrna erinnert nämlich in seinem Brief an die Philipper rund zwei Generationen später die
Christen der Stadt an die festen Wurzeln ihres Glaubens, von denen man
seit alters spricht und die bis heute bestehen (Polykarp Phil 1,2), und setzt
dabei zwischen Paulus und der Gemeinde ein aus der Erinnerung unge-
trübtes Verhältnis voraus. Die Gemeinde gilt ihm als typisch paulinische
Gemeinde (3,2; 11,3). Dies wäre sicherlich anders, wenn die Judaisten die
Gemeinde für sich gewonnen hätten; sie hätte nämlich dann antipaulinisch
werden müssen.

12.2 Der Philipperbrief als Briefsammlung

Neben dem 2. Kor macht es vor allem der Phil dem Leser schwer, ihn als einheitlichen Brief zu verstehen. Dies liegt vor allem an dem Abschnitt 3,2-21, der sich in den Brief nicht recht einfügen will. Grundlegend ist dabei die unbestreitbare Beobachtung, daß Phil 1 f.4 auf einen freudigen und herzlichen Grundton abgestimmt sind, wie man ihn in dieser Helligkeit und Häufigkeit in keinem anderen Paulusbrief mehr antrifft. Paulus ist der Gemeinde nicht nur aufs wärmste zugetan, sondern sieht auch außer einer Gefahr von seiten nichtchristlicher Außenstehender (1,27-30) und einer kleineren, persönlichen Unstimmigkeit zwischen zwei Gemeindegliedern (4,2f.) keine Probleme, die das Verhältnis der Gemeinde zu ihm trüben könnten. Dies ist nun abrupt und wie aus heiterem Himmel in 3,2-21 ganz anders: Nun muß die Gemeinde angesichts von christlichen Fremdmissionaren (3,2.18f.), die für die Gemeinde bedrohlich werden, an die Theologie und den Wandel des Apostels gebunden werden (3,15.17). Es herrscht eine polemische Atmosphäre und angespannte Erwartung, wie die Gemeinde sich wohl verhalten werde. Nicht das geringste Lob wird ihr mehr zuteil. Statt liebevollem und herzlichem Einvernehmen herrscht ein eher kalter und strenger Ton, der klarstellt, was der paulinische Standpunkt ist und was Paulus von der Gemeinde erwartet. Auch Selbstrechtfertigungsaussagen klingen an (3,12f.), die Paulus natürlich in Phil 1 f.4 gar nicht nötig gehabt hat. Auch wenn die Gemeinde selbst keinen direkten Tadel erhält wie die Galater, bleibt der Unterschied zu Phil 1 f.4 doch offenkundig.

Hat man einmal diese Gegensätze wahrgenommen, lassen sich andere Beobachtungen hinzufügen: Auffällig ist, daß das »Freuet euch im Herrn!« (3,1) unmittelbar vor diesem polemischen Teil steht, durch 2,18 mit Phil 1 f. gut verbunden ist und sehr bald nach Phil 3 wiederum auftritt (4,4), als hätte es dazwischen gar keine Probleme gegeben. Auch die noch erkennbaren Gemeindesituationen sind verschieden. Nach Phil 1,5 lobt Paulus die Gemeinschaft der Philipper am Evangelium, die vom ersten Tag bis zum gegenwärtigen Augenblick ungetrübt besteht. Der Apostel bestätigt der Gemeinde in Phil 2,12, daß sie ihm bis jetzt treu ergeben sei, so daß er guten Mutes erwarten kann zu erfahren, wie es um sie steht (2,19). Wer so eine deutliche Sprache von Lob und Zuversicht gegenüber der Gemeinde äußert, kann nicht plötzlich in harte Polemik gegenüber Fremdmissionaren verfallen, um die Gemeinde aus anstehender großer Gefahr zu retten. Die Angst um die Gemeinde in 3,2ff. ist unvereinbar mit der Gelassenheit und Problemlosigkeit, mit der Paulus im sonstigen Brief die Zukunft der Gemeinde sieht. Diese Beobachtungen ergeben: Phil 3 steht wie ein isolierter Block an unglücklicher Stelle.

Weitere Beobachtungen sind weniger stark, doch auch nicht ganz unbedeutend: Nur in Phil 1 f. ist von der Gefangenschaft und Todesgefahr des Apostels die Rede. Hingegen kommen in Phil 3 aktuelle paulinische Lebensumstände überhaupt nicht mehr vor: Paulus beschränkt wie im Gal solche persönlichen Aussagen auf ein Minimum. Jetzt hat nicht er Probleme, sondern die Gemeinde macht ihm große Sorgen. Wäre nicht sachlich z.B. Phil 3,10f. ein vorzüglicher Anlaß, um eine eventuell noch bestehende Todesgefahr des Apostels anklingen zu lassen? Ausschließlich in Phil 3 kommt innerhalb der Polemik paulinische Rechtfertigungssprache zur Geltung (3,6.9). Im sonstigen Brief ist nur nebenbei und unspezifisch das Wortfeld um das Verb »rechtfertigen« begrenzt zugegen (1,7.11; 4,9). Endlich läßt sich weiter zeigen, daß Phil 1,1.2.4 und Phil 3 je für sich einen guten Aufbau haben, also eine je ihnen eigene Rundung und Struktur. Davon ist noch gesondert zu reden.

Diese Tatbestände insgesamt lassen sich auch mit Mühe kaum noch durch Hinweise auf eine Diktatpause, auf einen Stimmungsumschwung, auf temperamentvolle Stilbrüche oder durch zwischenzeitlich neue Nachrichten erklären. Eine andere Deutung liegt viel näher: Zwei ursprünglich selbständige Briefe sind später ineinandergefügt worden. Dann kann man z.B. vermuten: Der harte polemische Ton allein war bei einem bekannten und traditionell guten Verhältnis zwischen Paulus und dieser Gemeinde beim wiederholenden Verlesen in den Gemeinden nicht angebracht. Und konnte man wirklich solche wuchtige Ketzerpolemik dauernd generalisieren? War der Brief nicht auch etwas klein im Umfang? Also umrahmte man ihn mit dem anderen Brief, um seine Härte zu mildern. Etwas verwegen kann man sogar so spekulieren: Weil die Judaisten in Philippi nicht Fuß fassen konnten, signalisiert Phil 4 das nach wie vor ungetrübte Verhältnis zwischen Paulus und seiner Gemeinde (vgl. dazu 12.1).

Nun ist klar, entscheidet man sich mit literarkritischen Mitteln für zwei nun ineinandergeschobene Briefe, ist der eine auch jetzt ein vollständiger Brief, der andere, nämlich Phil 3, ein Fragment. Zwar bietet sich in Phil 1 f. keine Gelegenheit, einen Anfang für das Fragment zu finden, jedoch ist Phil 4 so umfangreich, daß man nach einem Abschluß für Phil 3 Ausschau halten kann. Nun muß man allerdings sagen, daß es besonders schwerfällt, relativ locker gestaltete Briefabschlüsse wie in 1. Thess 5,12-28; 1. Kor 16,1-24 und eben Phil 4 für literarkritische Fragen zu öffnen. Sicherlich ergibt ein Vergleich dieser sich in vielen Punkten nahestehenden Briefabschlüsse Hinweise auf eine verwandte Struktur, manche gleichen Themen, Sequenzen und Stichworte. Aber Paulus dekliniert hier nicht nach fester Regel ein Paradigma, sondern variiert eine Typik mit einer bestimmten Breite an Veränderungen. Paulus könnte also in der Tat Phil 4 geschlossen für Phil 1f. als Abschluß diktiert haben. Dies gilt auch für Phil 4,10-20(23). In diesem Stück könnte man einen eigenen Dankesbrief für erhaltene Geldgaben sehen, wie es mehrfach vorgeschlagen wird. Aber dann wird nicht nur der Zusammenhang zwischen den beiden Hinweisen zu Epaphroditus (2,25-30; 4,18) samt der paulinischen Notlage (1,12ff.; 4,14) und der Erwähnung des kaiserlichen Hauses (1,13; 4,22) zerstört, sondern es wird auch z.B. das Motiv »im Herrn«, wie es 3,1; 4,1.2.4.10 jeweils an betonter Stelle auftritt, ohne hinreichenden Grund auf verschiedene Schichten verteilt. Der besonders herzliche Ton (vgl. etwa 4,14f.) paßt zudem ausgezeichnet zu Phil 1f. Steht nicht auch 1.Kor 16,1-4 die Erwähnung der Gemeindesammlung am Schluß des Briefes?

Dennoch kann man in Phil 4 wohl doch ein Stück aus dem Brief Phil 3 erkennen, nämlich in 4,8f. Die zwei unmittelbar aufeinanderfolgenden Friedensgrüße (4,7.9c) stehen merkwürdig eng beieinander. Paulus als Vorbild (4,9a) entspricht der Aussage in 3,15.17. Auch die allgemein gehaltene Mahnung zum guten Wandel (4,8) schließt an 3,15f. an. So darf man annehmen: Man ist den jetzt versteckten literarischen Brücken zwischen Phil 3 und 4,8f. auf die Spur gekommen. Hinzugefügt sei: 4,8f. passen sich in Stil und Ton dem polemischen Brief an: Die schlichte Bruderanrede (vgl. 3,13.17) und ein knapper versöhnlicher Gruß (4,9c), der in Röm 16,20; 2.Kor 13,11; Gal 6,16 gerade auch nach scharfer Polemik steht, unterstützen diese Ansicht.

Wenn außerdem gern 4,1 oder 4,1-3 dem polemischen Brief zugeordnet werden, macht das Probleme: Die herzliche und harmonische Anrede in V. 1 hat wohl in Phil 1,9.25; 2,1f.12.24 Entsprechungen, nicht aber in Phil 3. Hierzu paßt auch der warme Ton in V. 3. Das Motiv »im Herrn« wurde schon als einheitliches Motiv im Kontext erkannt. Endlich wäre die Anrede »Brüder« (4,8) unmittelbar nach der wortreichen Anrede in V. 1 sicherlich überflüssig. Die Zwietracht zwischen den beiden Frauen in V. 2 (vgl. dazu Phil 2,2) hat nichts mit den Fremdmissionaren zu tun. Aus dieser Zwietracht zu konstruieren, darin läge das Einfallstor für die Fremdmissionare verborgen, ist nur Phantasie.

Damit kann als Ergebnis festgehalten werden: Phil B (= 3,2-21; 4,8f.) wurde in Phil A (= 1,1-3,1; 4,1-7.10-23) eingefügt. Dabei verlor Phil B seinen Briefanfang. Da 4,8f. eine letzte Mahnung und einen abschließenden Friedensgruß enthalten, kann der Schluß als praktisch vollständig gelten, wenn man einmal von möglichen persönlichen Grüßen absieht. Der Redaktor ist also sehr behutsam mit den Briefen umgegangen. Konservativ und respektvoll gegenüber der paulinischen Hinterlassenschaft, hat er vor allem nur die Unmöglichkeit eines doppelten Briefkopfes vermieden.

Die Gegenprobe für dieses literarkritische Ergebnis ist der Nachweis, daß die beiden rekonstruierten Briefe sinnvoll strukturierte Einheiten sind. Das ist im Falle von Phil A allgemein zugestanden. Hier bietet sich folgende Gliederung an: Nach dem Briefkopf und der Danksagung (1,1-2.3-11) folgt die Beschreibung der paulinischen Notsituation, über die die Gemeinde offenbar gern und dringend verläßliche Nachrichten erhalten möchte (1,12-26). Daran reiht sich ein Abschnitt 1,27-2,18, der das Leben der philippischen Gemeinde als Anspruch des Evangeliums (1,27) beschreibt und durch den typischen Dreitakt von Glaube (1,27-30), Liebe (2,1-11) und Hoffnung (2,12-18) geprägt ist. Es schließt sich der lange Schlußteil des Briefes an, der mit den Reiseplänen (2,19-30) beginnt, dann am Leitmotiv der Freude Mahnungen zur inneren Einheit, zum Außenverhältnis und zur Zukunft sammelt (3,1; 4,1-7), ausführlich den Dank für erhaltene Unterstützung entfaltet (4,10-20) und mit Schlußgrüßen und Gnadenzuspruch abschließt (4,21-23). Niemand käme auf die Idee, daß dies kein vollständiger Brief sei, stünden nicht jetzt 3,2-21 dazwischen.

Phil B ist in seiner Gliederung viel umstrittener. Dies gilt aber wohl nur solange, wie man ihn nicht von den Grundelementen einer antiken Gerichtsrede her aufgebaut sieht: Was nämlich Paulus in vergleichbarer Situation im Gal rhetorisch unternimmt (vgl. oben 11.2), kommt ihm auch jetzt beim Diktieren des Phil B in den Kopf. Er beginnt (Einleitung oder exordium) mit scharfer Aburteilung der Gegner. Diese soll die Gemeinde als abqualifiziert erkennen (dreimaliges: »Achtet auf...!« am Anfang der Sätze). Der Apostel kontrastiert dazu über das Wortspiel »Verschneidung« – »(geistliche) Beschneidung« das neue Sein der Gemeinde (Phil 3,2f.: »Denn wir...«). So schafft er wie in Gal 1,6-9 strategisch dieselbe Trennung von der Gemeinde und den Gegnern, die wegen der sofort V. 2 (vgl. noch V. 5) anklingenden Beschneidungsforderung wie im Gal 5,2; 6,12 gleich eingangs als Judaisten zu erkennen sind. Daraufhin wechselt der Stil. Das biographische Ich des Apostels tritt, stilistisch betont, in den Vordergrund. Paulus schildert seinen ehemaligen jüdischen Wandel in V. 4-6 und dessen neue Beurteilung aufgrund seiner Christuserfahrung (V. 7), um klarzustellen, daß die Judaisten eine längst vergangene und abzuurteilende Position vertreten (3,4-7). Damit wird deutlich, daß Paulus im Stil der geschichtlichen Aufarbeitung des Problems redet (geschichtliche Darlegung oder narratio), wie sie auch Gal 1,11-2,21 vorlag, nur daß Paulus ausschließlich auf die Gal 1,11-24 geschilderten Ereignisse in Kurzform eingeht, also sich auf seine Berufung als exemplarische geschichtliche Erfahrung beschränkt, an der die falsche Position der Gegner aufgewiesen werden kann. Zwischen dem Eingang der Rede und der geschichtlichen Aufarbeitung herrscht Stichwortanschluß (Phil 3,3.4: »Vertrauen auf (das) Fleisch«). Dasselbe gilt für den Übergang von V. 7 zu V. 8 (»als Verlust ansehen«).

Nun ab V. 8 bleibt zwar das »Ich« erhalten, doch während es in 3,4-7 unverwechselbar biographisch war, wird es jetzt exemplarisch und damit verallgemeinerungsfähig. In 3,4-7 ist vom geschichtlich Individuellen des paulinischen Lebens gehandelt, nun jedoch wird der Ertrag dieser paulinischen Wende durch das neue Maßnehmen von Christus her zu einer Entfaltung der christlichen Existenz überhaupt. Aus dem der Vergangenheit angehörenden Messen des paulinischen Lebens von Christus her (3,7) wird das gegenwärtige Urteilen (V. 8), ein Urteilen, wie es für alle Christen Geltung hat. Darum stehen ab jetzt präsentische Verben im Vordergrund; Aoriste zur Kennzeichnung der Heilstat Christi als Vorbedingung von solchem Urteilen sind ihnen zugeordnet und futurische Aussagen beigefügt, um die Konsequenzen des neuen Verstehens aufzuzeigen. Darum wird nun auch nicht nur der individuelle paulinische Wandel gemessen (wie in V. 7), sondern »alles«, also alle erfahrbare Wirklichkeit schlechthin (V. 8 zweimal). D.h. mit V. 8 beginnt gegenüber V. 7 eine doppelte Generalisierung: Von Christus her wird überhaupt und immer gemessen, und Christus ist dabei das Maß aller Dinge. Damit ist hinreichend deutlich: Mit V. 8 geht Paulus zum argumentativen Teil seiner Ausführungen über (Beweisführung oder probatio). Wie im analogen Abschnitt Gal 3,1-5,12 stößt man dabei auf die polemisch gestaltete Rechtfertigungsbotschaft. Abermals verkürzt Paulus sozusagen diesen Teil gegenüber dem Gal, indem er nur die für ihn inhaltlich entscheidende Argumentation aus Gal 3,1-4,7 in veränderter Form aufgreift, nämlich die polemische Rechtfertigungsbotschaft. Wie er im Gal mit der Gemeindeerfahrung einsetzt (3,1-5), so spiegelt sich jetzt seine Argumentation in seiner eigenen Erfahrung. Darum entfällt auch der Rekurs auf Abraham sowie jeder Schriftbezug. Das neue, mit Christus gegebene Verstehen der Wirklichkeit ist an der paulinischen Berufung vollständig aufweisbar. Dadurch bedingt, ist auch das Denken in zwei geschichtlichen Epochen, nämlich der Zeit vor Christus und der durch ihn neu bestimmten Gegenwart, abgelöst durch die Beschreibung der existentiellen Wende von der vorchristlichen zur christlichen Existenz. Dieser Neuansatz in Phil 3,8 ist nun Anfang eines Abschnittes, der bis V. 16 geht. Dabei gliedert sich diese für die Gerichtsrede zentrale Partie in drei Unterabschnitte: In V. 8-11 beherrscht der Gabecharakter des neuen Lebens in Christus den Gedankengang. In V. 12-14 wird diese Gabe als gestalterische Kraft des Lebens begriffen. Es ist die Antwort des Glaubens, die sich von Christus ergriffen weiß und sich nun nach der himmlischen Berufung ausstreckt. Herrscht in beiden Unterabschnitten das für die Verallgemeinerung offene Ich des Apostels, so wird nun abschließend in V. 15 f. der geschilderte Doppelaspekt christlicher Existenz, dargestellt am Apostel selbst, der Gemeinde als Vorbild zur Nachfolge aufgegeben. So kann man vergleichen: Wie im Gal am Schluß des ersten Argumentationsganges in 3,23-29 und 4,1-7 nach den grundsätzlichen Teilen in 3,6-22 das neue geistliche Leben der Gemeinde normativ thematisiert wird, so endet ebenso in Phil B die exemplarische Schilderung christlicher Existenz (3,8-11.12-14) mit der direkten Zuspitzung auf die Gemeinde (3,15 f.). So liegt also in 3,8-16 der argumentative Teil der Gerichtsrede vor, wobei V. 16 als Abschluß inhaltlich 3,3 ins Gedächtnis ruft sowie die Ausführungen in V. 8-11.

Endlich ist Phil 3,17-21 unschwer als ein Gal 6,11 ff. vergleichbarer Abschnitt zu beurteilen (Abschlußplädoyer oder peroratio). Eine letzte scharfe Kontrastierung der gegnerischen und der paulinischen Position und ein letztes eindringliches Werben um die Gemeinde ist zu erkennen. Die Aufforderung aus 3,15 a, wie Paulus zu denken, wird durch die Mahnung zur Nachahmung des Apostels (3,17) aufgegriffen. Die Gegner werden 3,18 f. ähnlich abgeurteilt wie Gal 6,12 f. Ihrem Verderben wird das Heil der Gemeinde, wenn sie denn im paulinischen Sinne lebt (Phil 3,17), entgegengesetzt, wie in Gal 6,14-16 der der Gemeinde geltende bedingte Segen nach der Aburteilung der Gegner steht. Der Übergang von der gegnerischen Aburteilung zum Zuspruch an die Gemeinde erinnert sprachlich an den Übergang von Phil 3,2 zu V. 3.

So fehlt von den rhetorischen Grundelementen der Gerichtsrede, wie Paulus sie auch im Gal verwendet, in Phil 3 nichts mehr. Der Gang der Darstellung ist vollständig. Doch wenn anders es sich Phil 3 um einen Brief handelt, muß auch Phil B noch einen brieflichen Abschluß gehabt haben, wie er ja auch Gal 6, mit der peroratio verbunden, begegnete. Dieser wurde bereits in Phil 4,8 f. gefunden. 4,8 beginnt, angezeigt durch das »im übrigen« (vgl. Gal 6,17) und durch die Anrede »Brüder«, mit einem letzten Imperativ, der sachlich eine Kurzform einer Paränese wie in Gal 5,13-6,10 ist, funktional jedoch an der Stelle von Gal 6,17 steht. Ebenso entsprechen sich Gal 6,18 und Phil 4,9 als Briefabschlüsse. Für die inneren Verhältnisse in Phil B ist noch der Hinweis von Bedeutung, daß nun in 4,9 die aus 3,15.17 bekannte spezielle, nämlich an der polemischen Zuspitzung orientierte Mahnung, dem Vorbild des Apostels zu folgen, verallgemeinert wird: Die Gemeinde soll sich überhaupt an sein Vorbild halten.

Die vorgetragenen Analysen zu Phil A und Phil B zeigen, wie die Gegenprobe die literarkritische Arbeit bestätigen konnte. Eine weitere Bestätigung bietet für manche übrigens noch Polykarp in seinem Brief an die Gemeinde in Philippi, wenn er ein gutes halbes Jahrhundert später als Paulus von mehreren paulinischen Briefen an die Philipper redet (Polyk, Phil 3,2). Aber da Polykarp nachher im selben Brief (Phil 11,3) von nur einem Brief an die Philipper spricht, entfällt diese zusätzliche Stütze. Darüber hinaus leistet die Gegenprobe jedoch noch mehr. Sie erlaubt es nämlich, auch die Situationen beider Briefe zu beschreiben. Phil A ist ein Gefangenschaftsbrief, der dieselbe prekäre Lage des Apostels voraussetzt wie Phlm und 2. Kor 1,8f. (vgl. oben 7.1). Paulus muß mit seinem Tod rechnen (Phil 1,21-24). Die unerwartete Freiheit und Chance zur sog. Kollektenreise ist noch nicht in greifbarer Nähe, denn die Schilderung des in Phil 2,24 in Aussicht gestellten Kommens des Apostels nach Philippi fällt angesichts der Zusagen zu den Reiseplänen bezüglich des Timotheus und des Epaphroditus recht karg aus. Umgekehrt ist Paulus schon längere Zeit in Haft, da die Gemeinde in Philippi ihn von Philippi aus über Epaphroditus bereits mit finanziellen Mitteln unterstützt hat (4,10-20). Phil A steht also zeitlich der korinthischen Korrespondenz nahe. Das läßt sich noch etwas präzisieren: Die Gefangenschaft, die Phil 1 noch andauert, ist 2. Kor 1 gerade überstanden. So tut man gut, Phil A vor 2. Kor 4 zu stellen und in den Winter 54/55 n.Chr. zu legen. Er wird also vor dem großen Kampf des Paulus mit den Judaisten geschrieben.

Anders liegen die Dinge in Phil B. Von einer Haft des Paulus ist keine Rede mehr. Der Kampf gegen Judaisten beherrscht die ganze Szene. Nun ist es unwahrscheinlich, daß Paulus diesen Brief noch vor seinem Eintreffen in Philippi anläßlich der überraschend im Frühjahr 55 begonnenen sog. Kollektenreise schrieb. Ehe der Brief durch Boten dorthin gelangte, wäre Paulus auch ebenso schnell selbst dort gewesen. Auch gibt es in Mazedonien und Achaja von Haus aus keine Judaisten. Sie müssen von Judäa/Syrien und Kleinasien nach Europa übergesetzt haben. Das macht es wahrscheinlich, daß sie z.B. erst in Galatien auftreten, bevor sie nach Europa weiterziehen. So ist der galatische Kampf vor Phil B anzusetzen. Wenn Paulus nun den Gal eingangs der sog. Kollektenreise schrieb (vgl. oben 2 und 10.1), dann sollte Phil B danach entstanden sein.

Diese Reihenfolge wird durch ein kleines Indiz in Phil 3,18 unterstützt. Dort schreibt Paulus, er habe die Gemeinde mehrfach vor den »Feinden des Kreuzes Christi« gewarnt. Dies paßt nun sicher z.B. nicht zur Gründungssituation, weil für diese erste Europareise des Paulus eine solche Gefahr nicht erkennbar ist. Nun hatte aber Paulus vor dem eiligen Aufbruch aus Ephesus von den galatischen Judaisten erfahren und nach Galatien auf dem Weg durch Mazedonien geschrieben. Dies ist ein besonders guter Anlaß, daß Paulus, auf der sog. Kollektenreise in Philippi anwesend, die Gemeinde vor den Judaisten warnte. Das aber hat zur Folge, daß Phil B nach dem Aufbruch des Apostels aus Philippi auf seiner weiteren Strecke der Kollektenreise geschrieben wurde. Die Judaisten ziehen Paulus hinterher. Er kann und will nicht mehr zurück nach Philippi, weil er die Kollekte zum Abschluß bringen will, und der Plan, Rom und Spanien zu besuchen, vor ihm steht (Röm 15,25-29). So bedrohen die Judaisten seine Gemeinde in Philippi wiederum zur Unzeit. Die galatische Situation bekommt auch hierin eine Dublette.

Macht man sich in dieser Weise ein Bild von den Ereignissen, dann läßt sich auch das Verhältnis von Phil B zum Röm klären, der aufgrund von Röm 16,21-23 im Jahre 56 n.Chr. von Korinth aus kurz vor dem Aufbruch nach Jerusalem zur Ablieferung der Kollekte geschrieben wurde (vgl. unten 13.2). Gal und Phil B stimmen darin überein, daß sie beide polemisch orientiert sind. Nach den obigen Ausführungen legt es sich dabei nahe, Phil B als nachträglich geschriebenen »kleinen Gal« zu verstehen. Umgekehrt entfaltet der Röm die Rechtfertigungsbotschaft des Apostels erstmals ohne direkte Polemik gegenüber einem aktuellen Gegner und als systematischen Rahmen für die paulinische Theologie insgesamt. Dann darf man vermuten: Phil B wurde vor Röm geschrieben, so daß der Kampf, den Paulus in Gal und Phil B ausfechten mußte, Vorbedingung für den Röm ist. Also ist Phil B auch etwa 56 n.Chr. kurz vor dem Röm nach dem Fortgang des Paulus aus Philippi noch von Hellas aus an die Gemeinde in Philippi gerichtet worden. Der sog. Kollektenreise entstammen damit die drei Briefe, nämlich Gal, Phil B und Röm, die die paulinische Rechtfertigungsbotschaft enthalten. Damit ist die dritte Schriftengruppe als Kennzeichen der letzten Phase paulinischer Theologie ins Blickfeld geraten. Sie schließt an die ephesinische mit der korinthischen Korrespondenz, Phlm und Phil A an und greift die zugespitzte Kreuzestheologie auf, wie diese wiederum die antiochenische Phase, zu der die erste Missionsreise nach Europa gehört, also die Erwählungstheologie fortsetzte.

12.3 Der Gefangenschaftsbrief

Man kann die Paulusbriefe in zwei Gruppen einteilen, indem man fragt, wo jeweils das eigentliche Problem liegt, das den Brief bestimmt, ob beim Absender oder bei dem Adressaten. Der 1. Thess (vgl. 6.3), die korinthi sche Korrespondenz (vgl. 8) und Phil B (vgl. 12.2) sind eindrückliche Beispiele dafür, daß Paulus nicht seine Probleme, sondern die je einer seiner Gemeinden behandelt. Er löst also die Probleme anderer. Umgekehrt liegt bei dem kleinen Phlm das Problem bei Paulus: Zu ihm ist der entlaufene Sklave Onesimus gekommen, so daß der Apostel nun zusehen muß, wie er bei Philemon für eine Lösung des Falles werben kann, die in seinem Sinne ist. Auch der gewichtige Röm gehört zu dieser Gruppe: Paulus will das ihm noch unbekannte Rom besuchen, sich selbst theologisch vorstellen und Unterstützung für seine Spanienmission erhalten. Die Gemeinde mag in sich Probleme haben (Röm 14,1-15,13), aber sie macht Paulus eigentlich keine Probleme, ist sie doch gar keine paulinische Gemeinde, um die sich der Apostel kümmern müßte (vgl. 13.2). Der dritte Brief, der hierher gehört, ist nun Phil A (vgl. oben 12.2). Die Gemeinde hat über Epaphroditus den eingekerkerten Paulus unterstützt, darum ist es nun an Paulus, sich dafür zu bedanken (Phil 4,10-20) und seine Situation zu schildern (1,12-26). Weil jedoch in der Gemeinde alles so gut läuft und Paulus dennoch der Gemeinde eine apostolische »Predigt« halten möchte, um nicht nur von sich zu reden, sondern seine apostolischen Aufgaben der Gemeinde gegenüber wahrzunehmen, verdanken wir diesem Brief eine knappe, aber besonders eindrückliche Darstellung, wie Paulus sich das Leben einer Gemeinde theologisch vorstellt. Dabei ist es nicht ohne Reiz, den ephesinischen Paulus (Phil A) mit dem antiochenischen (1. Thess, vgl. oben 6.2) zu vergleichen.

Schon gleich die Danksagung zeigt, wie der Ansatz der Erwählungstheologie aus 1. Thess erhalten blieb: Paulus dankt Gott, »wegen der Gemeinschaft (der Gemeinde) in bezug auf das Evangelium, (wie sie) vom ersten Tag an bis jetzt (besteht)«. Er vertraut darauf: »Der bei euch (ein) gutes Werk begann, wird es bis zum Tag Jesu Christi vollenden« (1,3-6). Das erinnert natürlich sofort an Stellen wie 1. Thess 1,2-7; 3,11-13; 5,23 f. Innerhalb der kurzen Zeitspanne von endzeitlicher Erwählung durch das Evangelium und nahem Tag des Herrn (vgl. Phil 4,5) gilt einerseits die Treue Gottes (2,13; 4,6 f.), andererseits die Aufforderung: »Eure Liebe soll noch mehr überfließen in Erkenntnis und jedem Anstand, damit ihr prüft, was zu unterscheiden ist. Rein und untadelig sollt ihr für den Tag Christi sein, erfüllt von Gerechtigkeitsfrucht, die durch

Jesus Christus (kommt), zu Ehre und Lob Gottes« (Phil 1,9-11). Die Erwählung zum Heil ist also nicht ohne verbindliche Folgen für den Wandel der Gemeinde in der Zeit zwischen Erwählung und Tag des Herrn. Das Stichwort »Liebe« übt Leitfunktion aus. Es wird ganz selbstverständlich benannt und ist »Frucht« der Tat Christi am Menschen, nirgends jedoch am Gesetz orientiert, das überhaupt in Phil A keine Erwähnung findet. Auch dies hat natürlich seine grundsätzliche Entsprechung im 1. Thess. Allerdings ist im Unterschied zu ihm der Leitbegriff der »Heiligung« in Phil A nicht gebraucht.

Die Übereinstimmung mit dem 1. Thess geht jedoch noch weiter, wenn man erkennt, daß der große Hauptteil 1,27-2,18 in seinen drei Teilen der aus dem 1. Thess so vertrauten Dreiergruppe Glaube (1,27-30; vgl. besonders V. 27c.29), Liebe (2,1-11; vgl. besonders V. 1.2) und Hoffnung (1,12-18) entspricht, wobei die Hoffnung nur der Sache nach, nicht als Stichwort selbst auftaucht (vgl. die Stichworte »Heil« V. 12 und »Tag des Herrn« V. 16 mit 1. Thess 5,8 f. bzw. 5,2.4). Es verwundert natürlich auch nicht, wenn der Glaube sich auf das Evangelium bezieht und der Aufforderung, in einem Geist zu stehen, zugeordnet ist (Phil 1,27), wie ja auch die Liebe der »Gemeinschaft des Geistes« in einer Reihung voransteht (2,1). So tritt das gleiche geistdurchwirkte Gemeindeleben in den Blick wie im 1. Thess.

Natürlich zielt die Intention des Apostels dann konsequenterweise auf Einheit und Integration der Gemeinde (2,1ff.). Das wird breit entfaltet. Hingegen ist das Außenverhältnis einerseits durch Überlegenheitsbewußtsein (2,15) und andererseits durch Leiderfahrung (1,29f.) geprägt und klingt nur an. Seine aktive Gestaltung durch die Gemeinde wird in dem kurzen Satz 4,5 gefordert: »Eure Güte laßt unter allen Menschen bekannt werden!« Es ist mit Händen zu greifen, daß diese Akzente und Inhalte in Kontinuität zum 1. Thess stehen.

Was hat sich dann gegenüber dem 1. Thess verändert? Das entscheidende Signal für eine Antwort gibt das Stichwort »Kreuz« in 2,8. Wenn anders Paulus, seit dem 1. Kor belegt, die in Himmelsstürmerei abdriftende Geisterfahrung der korinthischen Gemeinde an ein Evangelium bindet, das zugespitzt den Gekreuzigten zum Inhalt hat (vgl. oben 8.2; 8.4; 8.5), dann hilft dieses Stichwort in 2,8, genau zuzusehen, was sich wandelte. Dafür ist zunächst die Beobachtung wichtig, daß Paulus in Phil 2,6-11 zur Begründung seiner Mahnung (2,1-4) einen urchristlichen Hymnus zitiert, den ältesten, den wir aus dem Urchristentum kennen. Dieser beschreibt im berichtenden Lobpreis den christlichen Heilsträger in zwei Strophen, nämlich als eine Himmelsgestalt, die sich erniedrigte

(V. 6-8), und als einen erniedrigten Toten, den Gott über die Maßen erhöht hat (V. 9-11). Dort, wo nun der Hymnus von der tiefsten Erniedrigung redete (»er erniedrigte sich selbst, wurde gehorsam bis zum Tod« (V. 8), fügt Paulus einen Zusatz hinzu: »(... bis zum Tod,) einem Kreuzestod«. Mit einem Zusatz ist hier schon darum zu rechnen, weil kreuzestheologische Aussagen außer bei Paulus in der ersten urchristlichen Generation nicht begegnen (vgl. oben 8.2).

Daß dieser Zusatz, der aus der parallelistischen Zeileneinteilung des Hymnus herausfällt, den Philippern, selbst wenn sie den Hymnus nicht selbst schon vorher als gottesdienstliches Lied sangen, auffallen mußte, steht wohl außer Zweifel. Dann konnten sie aber im gleichen Zusammenhang noch wahrnehmen, daß das in V. 8 verwendete Motiv der Erniedrigung Christi, in V. 3 nochmals als Mahnung an die Gemeinde auftritt: »In Erniedrigung (d.h. demütiger Haltung) achtet einander höher als euch selbst!«

Und wenn diese Aufforderung V. 4 von der Mahnung gefolgt ist: »Keiner achte auf das seine, sondern jeder (achte) auf das des anderen!«, dann lag es nahe, an den Anfang des Hymnus zu denken, der erzählt, wie Christus gerade nicht begierig daran festhielt, Gott gleich zu sein, sondern sich entäußerte, ein Knechtsdasein annehmend (V. 6f.). So gibt es also über den kreuzestheologischen Zusatz in V. 6 hinaus zwei Brücken, die Paulus zwischen der Mahnung zur Liebe und dem Hymnus geschlagen hat. Alle drei Textsignale stehen mit der ersten Strophe des Hymnus in Verbindung, sind also beim Thema christologischer Selbsterniedrigung angesiedelt. Die zweite Strophe des Liedes hat keine Brücke zum Kontext und wohl auch überhaupt keinen paulinischen Zusatz erhalten.

Mit anderen Worten: Da die Gemeinde noch diesseits des Todes lebt und nur Christus allein bisher als Erhöhter herrscht (vgl. 1. Kor 15,20-28.53-57), ist für Paulus die Gemeinde, wie sie durch das Evangelium und kraft der Taufe »in Christus« lebt (Phil 2,5), an den Gekreuzigten gewiesen. Die Erhöhung Christi durch Gott nach Phil 2,9-11 macht für Christen die Selbsterniedrigungsphase Christi zum verpflichtenden Grundsinn der Lebensführung. Die Liebe, zu der die Gemeinde von Gott, über den Geist belehrt, aufgerufen ist (so sagte es schon 1. Thess 4,8f.), wird als Weg der Niedrigkeit gefaßt, wie sie einer Kreuzestheologie angemessen ist. Damit hat Paulus Phil A – nun unpolemisch – den theologischen Weg der korinthischen Korrespondenz weiter beschritten. Er hat, durch die korinthischen Turbulenzen mit dem Geist belehrt, die allgemeine und darum auch mißbrauchbare Verbindung von Geist und Liebe durch die Bindung an das Kreuz Christi konkretisiert. Nicht Geist und (neue) Gesetzlichkeit werden verkoppelt, sondern der entscheidende Punkt aus dem verbindlichen christologischen Ursprungsgeschehen des christlichen Glaubens wird mit Geist und Liebe, wie sie die Gemeinde durchwalten, zusammengebunden. So bleibt der Liebe eine geschichtlich offene, schöpferische Dynamik eigen, aber sie erhält doch auch durch die Konkretion mit Hilfe des Kreuzes eine feste Prägung, die sie, inhaltlich normativ, an ihren Ursprung bindet.

Diese Art und Weise, christliches Lebensverständnis und Lebensgestaltung in grundsätzlicher Weise an das Christusgeschehen zu binden, kennt Paulus auch sonst. In 2. Kor 8,9 wirbt Paulus für die Gaben der Kollekte als Erprobung der Liebe: »Denn ihr kennt die Gnade unseres Herrn Jesu Christi, daß er, obwohl er reich war, um unseretwillen arm wurde, damit ihr durch seine Armut reich würdet.« Röm 6,9-11 lauten: »...Christus von den Toten auferweckt, stirbt nicht mehr. Denn was er gestorben ist, ist er ein für alle Mal der Sünde gestorben; was er lebt, lebt er für Gott. So sollt auch ihr euch als solche ansehen, die für die Sünde tot sind, aber für Gott leben in Jesus Christus, unserem Herrn.« Am nächsten bei Phil 2 stehen zwei Stellen in Röm 15. Zunächst formuliert Paulus in 15,1-3: »Wir aber, die Starken, sind verpflichtet, die Schwachheiten der Schwachen zu tragen und nicht uns selbst zu Gefallen zu leben. Jeder von uns lebe dem Nächsten zu Gefallen für das Gute zur Auferbauung (der Gemeinde). Denn auch Christus hat nicht sich selbst zu Gefallen gelebt, sondern wie geschrieben steht: ›Die Schmähungen derer, die dich schmähen, sind auf mich gefallen.‹« (Ps 69,10 wird also als Ich-Rede Christi verstanden, der mit »dich« jeden Menschen anredet). Wenig später schreibt Paulus (Röm 15,7): »Darum nehmet einander an, wie auch Christus euch angenommen hat, zur Ehre Gottes...«

Zum Verständnis dieser Aussagen ist es wichtig zu sehen, daß nirgends etwa eine Tugend oder Gesinnung des irdischen Jesus zur Nachahmung empfohlen wird. Jesus ist gerade nicht als Prophet oder Lehrer verstanden, der für seine Schüler ein Vorbild lebt und dessen tugendhafte Vorbildlichkeit ein Maßstab zum Leben seiner Nachfolger wird. Dem widerspricht der entscheidende Umstand, daß sich Jesu Tun gar nicht auf eine Gesinnung oder Haltung des Irdischen bezieht, sondern gerade vom Präexistenten gesprochen ist, der sich ins irdische Dasein erniedrigte. So bleibt die Sonderstellung Jesu unverrückbar bestehen, ja sie ist Basis der Aussage: Christus wird beschrieben als endzeitliche Heilsperson, die ein besonderes, gerade nicht nachahmbares Geschick ihr eigen nennt: Welcher Christ stirbt schon für die Menschheit? Welcher Christ kann auf solche Weise arm werden, daß er eine himmlische Lebensweise aufgibt?

Welcher Christ kann die Gottgleichheit aufgeben und erhält eine Herrenstellung über alle Wirklichkeit? Wenn also nicht ein vorbildliches Menschenleben nachgeahmt werden soll, wie sind dann diese Stellen zu deuten?

Um dies zu erkennen, machen wir uns klar, daß Christus immer durch eine Geschichte beschrieben wird. Sie ist soteriologisches Ursprungsgeschehen für alle Glaubenden. Durch sie wird Christus zur endzeitlichen Zentralgestalt des Heils. Sein Gesamtgeschick geschah »für uns«. Genau dieses – nicht seine subjektive Demut – wird beschrieben mit Aussagen zum grundlegenden und objektiven Gesamtsinn dieses Geschehens und dieser Heilsperson: Christus als Heilsperson lebte nicht sich selbst zu Gefallen. Er als Präexistenter erniedrigte sich. Das heißt: Solche Aussagen beschreiben das für die Menschheit Heilvolle in Gestalt eines Gesamturteils über den Gesamtvorgang der Sendung Christi. Als endzeitliche Zentralgestalt des Heils ist Christus so bestimmt, daß er in einer fundamentalen Weise ausweislich seines Gesamtgeschicks »für uns« da war. Zugunsten dieser Deutung gibt es eine indirekte Bestätigung, wenn man beachtet, daß bei Paulus immer nur ein und derselbe Grundzug des christologischen Geschehens im Blick ist. Also nicht verschiedene Tugenden oder Verhaltensweisen werden bei Jesus entdeckt, vielmehr immer nur auf das eine abgehoben, was das Christusgeschehen zum Heilsgeschehen »für uns« macht, also das Sich-Schenken dadurch, daß Christus dem Verlorenen nachgeht und es annimmt.

Von diesem Heilsinn leben die Glaubenden. Sie sind in ihn hineingenommen: Sie sind durch Christus – d.h. durch Evangelium und Geist – reich gemacht, d.h. erlöst worden. Dieser Christus hat sich ihrer angenommen, d.h. sie errettet. So sind sie durch das Urbild ihres Heils geprägt. Der Geist der zuvorkommenden Liebe Gottes in Christus hat sie erreicht (Röm 5,5.8). Sie leben »in Christus« (Phil 2,5). Sie haben Christus »angezogen« (Gal 3,27). Kurzum: Sie sind neu geworden. Sie sind selbst ein Stück dieser Christuswirklichkeit geworden. Der Sinn des Christusgeschehens, nämlich das »für uns«, hat sie erreicht und umgestaltet. Christen stellen also gar nicht erst durch Nachahmung eine Beziehung zu dem Vorbild Christus her. Ihre Beziehung zu Christus gründet gar nicht im nachvollziehenden Tun, sondern in einem Sein, also im Leben im neuen Heilsstand.

Nun erst folgt daraus: Lebensverständnis und Lebensvollzug der Christen müssen christusartig sein. Ihr Verstehen und Handeln muß der neuen Wirklichkeit entsprechen. Geprägt durch Christus, muß das Leben der Christen Konformität zum Ursprungsgeschehen, also zum Geschick Christi, ausstrahlen. Die Grundstruktur des Christusgeschehens, dem sich das neue Sein der Christen verdankt, war Erniedrigung im Sinne des Daseins für das Verlorene. Darum muß, wer »in Christus« ist, dieselbe Signatur tragen. In diesem Sinne kann Paulus davon reden, er sei ein »im Gesetz Christi« lebender Apostel (1. Kor 9,21). Oder er kann die Galater ermahnen, daß sie, die Geistbegabten, den Bruder, der einen Fehltritt tat, im Geist der Sanftmut zurechtweisen sollen, ja einer des anderen Lasten tragen müsse, denn auf diese Weise würde »das Gesetz Christi« erfüllt (Gal 6,1f.). In diesen Fällen geht es nicht um den Fortbestand der Geltung der Tora, die durch Christus für Christen neue Autorität erhalten soll, sondern um den inneren Kern, um das »Wesen« des Christusgeschehens als verbindlichen »Kanon« (vgl. Gal 6,16). Vom Gesetz ist also im übertragenen Sinn geredet. Es geht um die normative Seite des Christusgeschehens selbst als Kehrseite des Heilssinnes dieses Ereignisses. Dieser wiederum kann auch als »Gesetz des Geistes des Lebens« (Röm 8,2; vgl. auch Röm 3,27) bezeichnet werden, also als bestimmt durch den lebendigmachenden Geist.

Nun kann man weiter beobachten, daß neben die normative Prägung durch die Christuswirklichkeit auch Paulus selbst als Vorbild für die Gemeinde treten kann. Insofern nämlich Paulus selbst christusgeprägter Apostel ist, repräsentiert er Christuswirklichkeit. Sie soll die Gemeinde, die selbst christusbestimmt ist, wahrnehmen und dabei des Apostels Handeln als vorbildlich erkennen, also nachahmen. So wird Paulus als Apostel Vorbild für die Lebensführung seiner Gemeinden. Dies klingt gleich im ältesten paulinischen Dokument an (vgl. 1. Thess 2,1-12) und zieht sich über den starken Gebrauch in 1. Kor (vgl. oben 8.1) durch fast alle Briefe: Paulus beendet z.B. nicht nur den Gal mit diesem Thema (Gal 6,14-16; vgl. auch 4,12), sondern hat sein Christwerden und sein Christsein in Phil B (vgl. unten 12.4) für das Lebensverständnis und die Lebensgestaltung jedes Christen paradigmatisiert. Wie Paulus selbst ein Stück verleiblichte Christuswirklichkeit ist (vgl. z.B. 2. Kor 2,15; 4,7-10), so setzt er in seiner Lebensführung ja auch bewußt alles daran, christliches Vorbild als Apostel seines Herrn zu sein (1. Kor 9,19-27). Dieses Vorbild soll der Gemeinde Hilfe sein, selbst christliches Leben zu gestalten.

Von diesen Beobachtungen her kann noch einmal ein Gedanke, der schon bei der Besprechung von Phil 2 anklang, etwas grundsätzlicher bedacht werden. Es geht um die Frage der ethischen Entscheidungsfindung in den Gemeinden. Wenn Paulus einerseits der Verbindlichkeit christlicher Lebensführung wie selbstverständlich das Wort redet, weil für ihn eben Gottes Wille nicht vernachlässigt werden darf (vgl. Gal 6,7f.;

Röm 13, 1.5), andererseits er aber kein torafixiertes Ethos für Christen zulassen kann und will (vgl. Gal 2,19f.; 5,13; Phil 3,8-10; Röm 7f.), dann steht Paulus vor dem Problem, wie er den Willen Gottes als Heiligung (1. Thess 4,3.7f.) normativ strukturiert und inhaltlich beschreibt, ohne in neue Gesetzlichkeit zu verfallen. Reicht es wirklich aus, nur dazu aufzufordern: »Alles prüft, das Gute behaltet!« (1. Thess 5,21)? Ist es schon genug, das Prüfen des göttlichen Willens an die Verwandlung durch Erneuerung des eigenen Sinnes zu binden (Röm 12,2)? Mit solchen grundsätzlichen Aussagen waren die jungen Gemeinden doch wohl im Ernstfall überfordert! Das gilt sicher nicht nur für Korinth. Eine dem Evangelium angemessene Weise, die Komplexität einer Entscheidung durch einen einsichtigen und anerkannten Richtungssinn zu bestimmen, besteht nun zweifelsfrei darin, den normativen Gehalt des Christusgeschehens zu beschreiben oder die Christusgemäßheit eigener Lebensführung zu veranschlagen. Genau dies tut Paulus in bezug auf Christus an dieser zentralen Stelle in Phil oder in bezug auf sein Vorbild so reichlich z. B. im 1. Kor.

Ethische Einzelfragen werden also z. B. über das Vorbild der apostolischen Lebensführung auf Entscheidungsziele hin ausgerichtet. Der Sachentscheid wird durch einen Personalentscheid mitbestimmt. Das gelebte Vorbild läßt normative Lebensgestaltung erfahren und hilft, die Komplexität der Lebensvielfalt so zu reduzieren, daß eigene Entscheide möglich werden. Es gibt wahrscheinlich einen recht anschaulichen Beleg, hinter dem die Reflexion über dieses Problemfeld erkennbar wird. Er steht in dem Brief, der als nächster zu besprechen ist, also in Phil B. Hier formuliert Paulus am Schluß, nachdem er vorher sein Vorbild überhaupt in den Vordergrund gerückt hatte, zunächst so (Phil 4,8): »Im übrigen, Brüder, allem, was wahr, was ehrbar, was gerecht, was rein, was liebenswert, was wohllautend ist, wenn es irgendeine Tugend und wenn es irgendein Lob gibt, dem denket nach!« Man ist versucht zu sagen: noch offener kann man den ethischen Entscheid kaum beschreiben! Doch dann fährt Paulus fort (4,9): »Was ihr auch gelernt und überkommen und gehört und gesehen habt an mir, das tut.« Der komplexe Sachentscheid wird also durch Personalisierung gelenkt.

Phil A war als Brief zu beschreiben, dessen Hauptanlaß der Dank für Unterstützung aus Philippi war. Doch nutzte Paulus zugleich diesen Anlaß, die Gemeinde in Philippi in ihrer Lebensführung zu stärken. Diese Thematik wurde gerade nachgezeichnet. So soll abschließend noch ein besonderes Wort zur Ausnahmesituation gesagt werden, die darin besteht, daß nur Philippi (vgl. Phil 4,15f.) Paulus Gaben zusenden durfte (vgl.

oben 6.4; 8.5). Zunächst zum Apostel! Grundsätzlich betont der Apostel, daß er das Recht auf Unterhalt durch die Gemeinden hat. Er verzichtet freiwillig darauf (1. Kor 9,4-6.9.11). Dieses Recht ist nicht person-, sondern standesgebunden: Apostel ganz allgemein dürfen sich mit ihren Frauen von den Gemeinden versorgen lassen (1. Kor 9,5). Paulus nennt nur noch den Antiochener Barnabas, der wie er persönlich auf diese Versorgung verzichtet (1. Kor 9,6). Nur von Paulus kennen wir dazu Hinweise, warum er so verfährt. Der Hauptgrund ist der, daß Paulus dem Evangelium kein Hindernis in den Weg legen möchte (1. Kor 9,12). Eine ausgestreckte offene Hand verschließt zu oft das Ohr. Darum trennt er die Verkündigung des Evangeliums und den Lebensunterhalt voneinander. Er missioniert umsonst und arbeitet als Gelegenheitsarbeiter zum Broterwerb (1. Thess 2, 9; 1. Kor 4,12). Da die Konkurrenten aller Art auf dem Missionsfeld von ihren Reden leben, hebt Paulus sich auf diese Weise zugleich von diesen allen ab (2. Kor 11,12). Auf diesem Hintergrund kann Paulus dann auch als zusätzliches Argument betonen, daß die bekannte Weisheit, die Eltern werden nicht von ihren Kindern ernährt, auch bei ihm gilt: Weil er Vater der Gemeinden ist, will er die Kinder nicht zum Lebensunterhalt heranziehen (2. Kor 12,14f.). Endlich spielen zwei persönliche Motive in den Entscheid hinein: Er möchte sich so den Ruhm erwerben, mehr für das Evangelium als das Pflichtgemäße getan zu haben (1. Kor 9,15). Er lebt zudem einen Lebensstil, der ein Stück auch asketisch ist (1. Kor 9,24ff.; Phil 4,11-13). Aber warum bilden bei dieser paulinischen Einstellung gerade die Philipper eine Ausnahme? Soviel ist klar, ist nur eine Gemeinde Ausnahme, kann es keine Konkurrenz unter den Gemeinden in bezug auf den Apostel geben. Weiter erbittet Paulus auch nie selbst von Philippi Gaben, sondern nimmt freiwillige Hilfe an. So bleibt er unabhängig. Die Ausnahme wird nicht von ihm provoziert, ist er doch nur Empfänger, nicht Initiator. Aber das reicht natürlich noch nicht zur Erklärung. Jedoch für den Fall, daß Paulus die Gemeinde für relativ wohlhabend und spendenfreudig hielt (zu Indizien vgl. oben 2; 12.1), könnte dies alles zusammen eine mögliche Verstehenshilfe sein.

12.4 Der Brief gegen die Judaisten

Nach dem Gal (vgl. oben 11.4) ist Phil B (vgl. oben 12.2) die zweite und kaum weniger heftige Reaktion auf die Judaisten (vgl. oben 10.2). Diese grell gezeichnete Polemik ist für Paulus erklärlich, weil die Judaisten den heidenchristlichen – also seinen – Gemeinden die Existenzberechtigung absprechen und damit die paulinische Mission überhaupt in Frage stellen. Paulus reagiert formal mit denselben Mitteln der antiken Rhetorik wie im Gal (vgl. oben 11.2; 12.2). Doch wie er schon in den korinthischen Wirren sich einfallsreich in Argumentation und Darstellungskunst erwies, so begnügt er sich auch in diesem Fall nicht damit, den Gal dem Inhalte nach einfach zu wiederholen. Zwar lag dieses Wiederholungsverfahren noch näher als bei der korinthischen Korrespondenz, da Paulus nicht zu derselben Gemeinde, sondern zu zwei voneinander weit getrennt lebenden Gemeinden schreibt. Aber dennoch wählt Paulus den Weg, seine Grundeinstellung gegenüber den Judaisten nochmals in neuer Weise zu erörtern. Man darf mit gebotener Vorsicht vergleichen: Die zwei Generationen später entstandenen Briefe des Ignatius von Antiochien z.B. haben solchen Reichtum an Variation zweifelsfrei nicht zu bieten. Nimmt man die Briefe gegenüber den korinthischen Schwärmern und den Judaisten einmal zusammen, dann entstehen sie etwa alle innerhalb von vier Jahren. Dies wirft abermals ein klares Licht auf die kreative Schaffenskraft des Apostels.

Paulus und die Judaisten haben in bezug auf ihre Vergangenheit eine gemeinsame Position, wo sie einst der Sache nach ein Herz und eine Seele waren: Ihnen war der konsequente Gesetzesweg eigen. Paulus und die Judaisten haben allerdings in bezug auf ihre Gegenwart nichts gemeinsam, wohl aber etwas, was sie wie Feuer und Wasser unterscheiden läßt: die jetzige Einstellung zum Gesetz. Wenn es nun Paulus gelingt, an seiner eigenen Geschichte aufzuweisen, wie seine jetzige Einstellung und das Abstoßen der alten Position christlich konsequent sind, dann sollte er den Philippern verständlich machen können, wo auch sie zu stehen haben.

So wählt Paulus in Phil gegenüber Gal ein klar unterschiedenes Konzept: Waltete hier die Epocheneinteilung in Gesetzeszeit und Glaubenszeit, so wird nun von der individuellen Wende des Apostels her bestimmt, was das Alte und was das Neue ist. Daraus ergeben sich weitere Unterschiede: Der heilsgeschichtliche Bogen von der Glaubensgerechtigkeit zu Abraham entfällt und damit jeder Schriftbezug. Es wird nicht mehr christusgeleitet aus der Tora heraus argumentiert, sondern von Christus her wie von außen über das Gesetz als ganzes geurteilt. Auch wird nicht eingangs auf die Geisterfahrung der Gemeinde abgehoben, da die Komponente der Erfahrung – auch am Anfang – durch die Person des Paulus vertreten ist. Überhaupt hatte ja Gal 3,1-5,12 gleichsam »objektiv« und im Blick auf die Gesamtgemeinde die Problematik erörtert: Nicht der

Glaube des einzelnen, vielmehr die allgemeine Glaubenspredigt, nicht die subjektive Einstellung des Glaubenden, sondern der vom Glauben her zu entfaltende Heilsstand der Gemeinde standen im Blickfeld. Nun aber kommt mit Phil B eine betont vom Subjekt her entworfene Sicht christlicher Existenz in den Brennpunkt. Paulus beobachtet seine Existenz als Christ und verallgemeinert solche Aussagen über sich. Damit erhält die ganze Anlage des Kapitels zugleich eine nach vorn offene Dimension. Betonte Gal 3,1-5,12: Das Ziel aller Verheißungen Gottes ist in Christus und der gemeindlichen Geisterfahrung erfüllt, und geriet dabei das Futurum des christlichen Glaubens an den Rand der Darstellung (vgl. Gal 5,6 als randständigen Hinweis), so wird jetzt die futurische Dimension christlicher Existenz geradezu in den Vordergrund gerückt: Christsein heißt, von Christus ergriffen sein und darum sich nach der himmlischen Bürgerschaft mit Christus ausstrecken. Indem die Subjektivität eines einzelnen so zum Erfahrungsort für allgemeingültige Erkenntnis wird, also Subjektivität und Verstehen von Christentum eine Ehe eingehen, zeigt sich, welche hohe Bedeutung der einzelne und seine Subjektivität im frühen Christentum erhalten haben (vgl. noch 1. Kor 8,11).

Solche Paradigmatisierung der paulinischen Lebensgeschichte setzt allerdings im anliegenden Streit voraus, daß die paulinische Autorität in der Gemeinde (noch) unangefochten ist. In der Tat scheint hier ein Unterschied zwischen den Galatern und Philippern offenkundig zu werden: Für jene galt die Autorität des Paulus indessen wohl nicht mehr ganz uneingeschränkt (vgl. Gal 1,1.10-12; 4,12-20). Diesen kann der Apostel sich selbst ohne weiteres als zentrales Vorbild für ein christliches Leben überhaupt hinstellen (Phil 3,17; 4,9). Für den Gal ist das nur nebenbei zu beobachten (Gal 4,12; 6,14-16). Damit ist ein weiterer Unterschied eng verwoben: Im Gal gerät die Gemeinde selbst ins Zwielicht und ist fast schon von den Gegnern vereinnahmt (Gal 1,6f.; 3,1; 4,16-20.21; 5,7). In Phil B hat Paulus eine gelassenere Einstellung zur Gemeinde, weil sie wahrscheinlich noch intakt ist (Phil 3,15f.18; 4,8f.). Paulus warnt vor den kommenden Eindringlingen, aber diese haben in der Gemeinde doch wohl noch keine Aufnahme gefunden. Die judaistische Gefahr ist aktuell und ernst, aber ihr Bazillus hat sich in der philippischen Gemeinde wohl noch nicht eingenistet.

Wie immer nun der Briefeingang ausgesehen haben wird, das eigentliche Briefkorpus, das uns erhalten ist, setzt mit dem exordium ein (Eingang in die Gerichtsrede; Phil 3,2f.). Mit einem anaphorischen dreimaligen »Achtet auf!« beginnt Paulus furios und kämpferisch, die Gegner abzuklassifizieren, wie er sie auch im Schlußplädoyer nochmals in einer aburteilenden Reihung plakativ kennzeichnet (3,18f.). Dabei begegnet manches, was vom Gal her bekannt ist: Aus den Beschneidungsleuten wird die »Verschneidung« (vgl. Gal 5,12). Ihre damit signalisierte heilskonstitutive Gesetzesposition macht sie zu »Feinden des Kreuzes Christi« (Gal 6,12f.). Daß ihr Ende nur das Verderben sein kann, hatte der Apostel durch seinen Fluch (Gal 1,6-9; vgl. 5,10) auch schon im Gal betont. Wenn sie nun (nur) auf Irdisches aus sind, trifft sich das mit Gal 6,12 (vgl. 4,29).

Ist diese Kennzeichnung der Gegner als Judaisten im allgemeinen unstrittig (vgl. oben 10.2), so taucht doch die Frage auf, ob Paulus, auch abgesehen vom Eingang und vom Schlußplädoyer in Phil B versteckt polemisiert. Immer wieder wird das besonders bei den Vollkommenheitsaussagen in Phil 3,12.15 vermutet. Wehrt er sich selbst betont dagegen, schon »vollkommen zu sein« und bezeichnet eine Teilmenge aus der Gemeinde als »vollkommen«, weil ihr Selbstanspruch in diese Richtung geht und Paulus das mit 3,13f. ausdrücklich korrigieren will? Theoretisch wäre das denkbar: Daß durch Werke der Glaube »vollendet« wird, könnte ein sinnvoller Standpunkt der Judaisten sein, wie judenchristliche Aussagen belegen (vgl. Jak 2,22 und 1,4; 3,2; auch Mt 5,48; 19,21). Oder geht die Kontroverse anders herum: Man wirft Paulus vor, er halte sich unchristlicherweise schon für vollkommen, müsse aber erst einmal das Gesetz halten, bevor er so reden dürfe? Dann würde Paulus dies für seine Person ablehnen und den Vorwurf ironisch an einen Teil der Gemeinde zurückgeben. Auch diese Gesprächseinschätzung ist grundsätzlich möglich: Daß man z.B. in Korinth den Geistbesitz und die Anteilnahme an den Sakramenten so einschätzte, daß man sich als vollkommen und schon vollendet betrachtete, ist darum sicher, weil Paulus ausdrücklich dagegen polemisiert (1. Kor 4,8) und sich dabei offenbar auf die Sprache Korinths einläßt, die Vollkommenheitsaussagen gekannt hat (1. Kor 2,6).

Aber beide Deuteversuche machen doch auch Probleme. Sie setzen nämlich voraus, daß die Gegner schon in der Gemeinde Fuß gefaßt haben (Phil 3,15). Dafür gibt es aber sonst keine weiteren Textsignale. Im Gegenteil: Die Vielen, die als Feinde des Kreuzes Christi wandeln, sind gerade nicht mit der Gemeinde identisch (3,18a). Müßte Paulus nicht dann auch wie im Gal die Gemeinde selbst mitangreifen? Wir haben außerdem immer wieder beobachten können, wie Paulus sich einen entscheidenden Kontroverspunkt herausgreift und den grundsätzlich angeht. So wird er auch in Phil B verfahren sein. Die inhaltliche Argumentation wird in der geschichtlichen Darstellung (narratio) und in dem argumentativen Teil (probatio) in der Tat auf einen Punkt gebracht: dem Gegensatz von der

Gerechtigkeit aus dem Gesetz und der aufgrund des Glaubens an Christus. Sonstige Polemik bleibt dann in Phil B für den Rahmen des Briefes aufgespart (3,2f.17ff.). Sie ist hier plakativ-aburteilend, nicht argumentativ angelegt.

Wie sind aber dann die Vollkommenheitsaussagen zu verstehen? Zu 3,12 gibt der Kontext, der immer der beste Ratgeber in solchen Fällen ist, eine hinreichende Auskunft: Paulus will unpolemisch wiederholen, was er V. 11 sagte: Er ist noch nicht auferstanden, sondern jagt noch diesem Ziel nach. Daß diese Endvollendung mit dem Prädikat der Vollkommenheit belegt werden kann, ist gut bezeugt (vgl. 1. Kor 13,10; Joh 17,23; Hebr 5,9; 7,28). In V. 15 wiederum will Paulus möglichst alle in der Gemeinde zu seiner Christentumsauffassung bringen, so daß er sagt: Ihr seid »wahre Christen«, denkt ihr wie ich. Auch für solchen allgemeinen Gebrauch von »vollkommen« gibt es sprachliche Analogien (vgl. 1. Kor 14,20; 1. Joh 4,12.17f.). Doch ist hier auch noch eine Variante denkbar: Wahrscheinlich hat Phil 3,16 den Stand der Getauften und ihren Wandel im Blick: Die Gemeinde ist zur geistlichen Beschneidung (3,3) »gelangt«. Dann können mit den Vollkommenen ganz einfach die Getauften genannt sein (vgl. dazu Hebr 5,13-6,3). So ergibt sich folgender Sinn: Wer getauft ist, möge wie Paulus denken (V. 15a), will er davon abweichen (V. 15b), sehe er zu, daß er den Heilsstand als Getaufter nicht verläßt (V. 16). Als Ergebnis kann also festgehalten werden: Es macht guten Sinn, die Vollkommenheitsaussagen in 3,12.15 nicht mit Polemik zu belasten. Sie lassen sich gut anders verstehen und stehen dann in Harmonie zum Gesamtbrief.

Wendet man sich dem Aussagegefälle von 3,4-16 (narratio und probatio) zu, so zeigt sich: Paulus deutet seine Wende als Neuorientierung, wie sie exemplarisch ist, wenn Menschen Christen werden. Sie ist also als Bekehrung, nicht als Berufung verstanden (vgl. dazu 4.4). Dabei ist nicht sein ehemaliges Judesein selbst exemplarisch, sondern paradigmatisch ist, wie Paulus sein altes Leben ablegte und alles von Christus her neu deutete. Natürlich ist ihm biographisch seine »Gerechtigkeit aus dem Gesetz« gerade gegenüber den Judaisten willkommen. Aber sie ist ersetzbar durch jeden anderen möglichen Vorzug, den ein Mensch mitbringen kann (vgl. 1. Kor 1,21-31; Gal 3,26-28). Das biographisch einmalige Ich des Paulus in V. 3-7 wird ja zu einem generellen Ich in V. 8ff., das »alles«, was es auch immer sei, in gleicher Weise als Altes und Wertloses abstößt. Aus dem einmaligen, nun schon zurückliegenden Urteilen bei der Wende des Apostels wird das jedem zuzumutende immer wieder zu vollziehende Urteilen eines Christen. Nur so können die Heidenchristen in Philippi sich selbst in das vorgetragene Verständnis des Paulus einbringen. Darauf zielt ja Phil B.

Daß sie dies so tun sollen, ist nicht nur vom Inhalt her ganz selbstverständlich, sondern von Paulus aus durch die Anlage des Briefes sehr schön ausgewiesen. Paulus beginnt ja nicht mit sich selbst, sondern umrahmt seine exemplarisch verstandene Geschichte mit »Wir«-Aussagen, die für die Gemeinde und Paulus wie für alle Christen überhaupt gelten: »Wir sind die Beschneidung, die wir durch den Geist Gottes (ihm) dienen und uns in Jesus Christus rühmen, nicht aber auf das Fleisch vertrauen...« (3,3). Ebenso enden seine Ausführungen am Schluß (3,20f.): »Unser Bürgerrecht ist im Himmel, von dort erwarten wir auch als Retter den Herrn Jesus Christus...« Das bedeutet doch: Weil alle Christen den Geist Gottes erhalten haben (vgl. Gal 3,1-5) und damit die Herzensbeschneidung (vgl. Röm 2,28f.), ist die grundlegende Einstellung ihres Lebens derart, daß sie sich nicht auf irdisch Vorfindliches einlassen (z.B. 1.Kor 1,26-28; Gal 6,13), also darauf ihr Heil aufbauen, sondern sich ausschließlich der den Menschen verändernden Geistesgaben im Heilsbereich Jesu Christi rühmen, also auf ihnen allein ihr Heil gründen. Darum ist es nur konsequent, wenn Christen sich von ihrem himmlischen Bürgerrecht her verstehen und ihr Lebensvollzug Ausrichtung auf dieses Ziel hin ist. Was Paulus dann tut, ist nichts anderes, als daß er sein Leben als exemplarische Auslegung solches allgemeinen Verständnisses begreift und damit zugleich die Judaisten zurückweist.

Die paulinische Auslegung seiner Existenz ist nun zutiefst von der Totalitätsaussage in 3,8 bestimmt: »Aber ich sehe sogar alles (!) als Schaden an wegen des überragenden Gewichtes der Erkenntnis Jesu Christi, meines Herrn, durch den ich alles (!) als Verlust verbucht habe und für Kot halte, damit ich Christus gewinne...« Dies erinnert nicht von ungefähr an Stellen wie z.B. 2.Kor 10,4f., wonach Paulus jedem hohen Bau, der sich gegen die Erkenntnis Gottes erhebt, und jeden Gedanken gefangenführen will unter den Gehorsam gegenüber Christus (vgl. weiter dazu unten 14.1 und 14.4). Wie kann die individuelle Erfahrung des Apostels in seiner Wende (3,6f.) eine solche ausnahmslos alle Wirklichkeit neu bestimmende Bedeutung Christi freisetzen? Dies ist nur unter der Bedingung möglich, daß der dem Apostel in seiner Bekehrung erscheinende Christus mit seinem grundlegenden Geschick Gottes Gottheit in einer solchen Weise verbindlich festlegt, daß damit das Verhältnis Gottes zur Welt insgesamt in nicht mehr revidierbarer Weise definiert ist und sich also alle und alles danach zu richten hat.

Dies ist für Paulus in der Tat der Fall. Schon als Jude wußte Paulus natürlich, daß Gott als Schöpfer, Erhalter und Richter aller Wirklichkeit der alles Umgreifende und alles Bedingende ist (vgl. 3.2 und 1. Kor 8,6; Röm 14,10). Gottlosigkeit und Sünde des Menschen sind ohnmächtige Gegenentwürfe gegenüber diesem alles übersteigenden Gott. Gott wird dennoch in jedem Fall am Ende »alles in allem sein« (1. Kor 15,28). Wo also von Gott geredet wird, muß in solchem Totalitätshorizont von ihm gesprochen werden. Jedoch dieses Wirklichkeitsverständnis, wonach die Welt als Schöpfung von Gott her und auf ihn hin begriffen wird, ist nun von Gott selbst noch einmal in eine neue Dimension hinein zugespitzt worden, indem er im endzeitlichen Heilsgeschehen Jesu Christi sich zum umfassenden Schöpfer der endzeitlichen und heilvollen Bestimmung der verlorenen Menschheit machte: »Gott war in Christus« (2. Kor 5,19).

Dadurch ist Jesus Christus nicht ein Adamit wie alle Menschen, sondern numinoser Begründer einer neuen Menschheit, die sich nun nicht mehr von Adam her orientieren muß. So will der Gott der Schöpfung auch als Gott des Heils in globaler und ausnahmsloser Weise Erlösergott sein. Seine Gottheit teilt er mit niemandem. Sie besteht nämlich im Schaffen aus dem Nichts und im Tote Auferwecken (Röm 4,17): Wie in Adam alle sterben müssen, so werden nun in Christus alle durch Gott lebendig gemacht (1. Kor 15.22). Darum lautet das christologische Einmaleins: »Einer ist für alle gestorben, also sind alle gestorben... Das Ganze (kommt) aus Gott, der sich uns durch Christus versöhnte...« (2. Kor 5,14f.18). So wird das endzeitliche Geschick Jesu Christi, also seine Sendung, sein Tod und seine Auferstehung, Endbestimmung der Menschheit. Jesus Christus, selbst bestimmt durch das von Gott ihm zugedachte Geschick, wird umfassend für alle endzeitlicher Schicksalsträger der Erlösung. So ist er erlösende Weisheit, durch die das, was nichts gilt, erwählt wird, und das, was Geltung beansprucht, zunichte wird, um so erlöst zu werden (1. Kor 1,28.30). Also kann sich vor Gott niemand rühmen, vielmehr nur empfangen und sich dann des Herrn rühmen (1. Kor 1,29.31): »Denn was hast du, das du nicht empfangen hast? Hast du es aber empfangen, was rühmst du dich, als hättest du es nicht empfangen?« (1. Kor 4,7).

Die Totalitätsaussage in Phil 3,8 ist also keine zufällige Aussage, sondern tief verwurzelt in dem christologischen Grundkonzept, wie es – die herangezogenen Belege erweisen es – vor allem in der Kreuzestheologie der korinthischen Korrespondenz erkennbar wird. Der Apostel bringt hier nur die alles beherrschende Zentralität Christi auf eine knappe Formulierung, um von dieser Mitte her alle Aussagen in Phil B zu entfalten. Dabei ergibt sich als Inventur des menschlichen Ist-Bestandes: Die Vorzüge, die Paulus als Jude von den Eltern ererbte oder sich einst selbst erwarb (Phil 3,5 f.), sind wertlos geworden. Gilt es doch, »von nun an, nichts mehr auf fleischliche Weise«, also nach der Zuordnung zur sündigen adamatischen Menschheit, »zu kennen« (2. Kor 5,16). Von nun an, das heißt lebensgeschichtlich für Paulus, seit seiner Berufung, für die Philipper von der Taufe an (Phil 3,3.7). Scither sind sie ja christuseingebunden.

Aber Paulus spricht nicht nur von einer Wertlosigkeit als Ergebnis der Inventur. Das Urteil lautet vielmehr: Die Gerechtigkeit aus dem Gesetz ist Kot (3,8). Das erinnert an den kurz zuvor geschriebenen Gal: Das Gesetz ist gar nicht dazu gegeben, um Gerechtigkeit zu geben (Gal 3,21). Es ist nicht Lebensträger, sondern Sklavenschicksal der Menschheit auf Zeit. Also: Die Vorzüge der Christuserfahrung lassen das Gesetz nicht nur etwas verblassen oder lassen den gesetzlich untadeligen Lebenswandel von einst nur komparativisch weniger wert sein als Christus. Vielmehr: Die Gerechtigkeit aus dem Gesetz ist ein Unwert. Die Metapher vom (stinkenden) Kot in Phil 3,8 ist sogar extremer Negativbegriff, der zu den Hunden gehört, die die Judaisten sein sollen (3,2). Juden nennen Gottlose und Heiden »Hunde«. Also wer von Christus her wertet, stuft nicht nur graduell herab, sondern qualifiziert grundsätzlich ab. Das soll ja auch das Gesprächsziel ergeben: Judaisten haben nicht einfach nur eine weniger gute Theologie, sondern ihre Gesetzestheologie ist ein Irrweg. Nicht nur das Bessere (die paulinische Theologie) ist des auch noch Guten (die judaistische Position) Feind, sondern das paulinische Christusverständnis weist die Vermischung von Christus und Gesetz entschieden zurück. Darum ist die gesetzliche Gerechtigkeit »Verlassen auf Fleisch«, statt »Gott im Geist (Christi) zu dienen« (3,3). Sie offenbart sich als verkehrtes Gottesverhältnis, also ist sie Sünde. Sie ist dies nicht im vordergründigen Sinn, wonach im Endeffekt doch keiner das ganze Gesetz halten kann, so daß das paulinische positive Selbsturteil über sich und seine gesetzliche Gerechtigkeit ein Trugschluß ist. Sie ist Sünde, weil sie zutiefst an Gottes Heilswillen vorbeilebt, also ein Lebensverständnis hat, daß in grundlegender Weise Christi Bedeutung verkennt.

Von Christus her wird jedoch nicht nur Vergangenes abgestoßen, sondern auf eigentümliche Weise Zukunft eröffnet. Christus »erkennen«, heißt nämlich, Erfahrung sammeln mit »der Kraft seiner Auferstehung« und »der Gemeinschaft seiner Leiden«, »seinem Tod gleichgestaltet« werden, um auch – wie er – »zur Auferstehung der Toten« zu gelangen (3,10f.). Das erinnert natürlich sofort an die zugespitzten Aussagen aus 2. Kor 10–13. Doch gelingt es Paulus, dies passivische Gestaltetwerden durch »wiederholendes« Erfahren des Geschicks Christi zugleich als kon-

zentrierte Aktivität zu beschreiben, wenn er – ein Thema aus 1. Kor 3,24-
27 nochmals aufgreifend – das Leben des Christen als zielorientiertes
Zulaufen auf den Sieg der himmlischen Berufung Gottes in Jesus Christus
versteht (Phil 3,13-15). Damit nicht genug: Das Ziel endgültiger Berufung wird auch noch in besonderer Weise als christusvermittelt verständlich gemacht (V. 20f.). Denn das himmlische »Bürgerrecht« der Christen
ist ja nicht ein hinterlegter himmlischer Bürgerbrief, sondern eine Person,
die die Christen erwarten: Der Gleichgestaltung seinem Tode jetzt (3,10)
entspricht nämlich nun die Verwandlung in die Herrlichkeit Christi, des
Retters und Herrn dann. So ist die erwählungstheologische Grundposi-
tion, nach der Evangelium, Taufe und Geist zum endzeitlichen Heil berufen (vgl. oben 6.2), durch kreuzestheologische Neuinterpretation vertie-
fend ausgelegt: Mit der Gabe von Taufe und Geist (Phil 3,3) beginnt das
Mitsterben mit Christus als Ausrichtung auf die himmlische Berufung.
Diese ist Gleichgestaltung mit der Christusherrlichkeit. Dabei ist ein Gesamtverständnis christlichen Lebens skizziert, bei dem sich das Urgeschehen Jesu Christi beim einzelnen Glaubenden »wiederholt«. Weil dies
Paulus noch dazu auf so kleinem Raum gelingt, ja vielleicht sogar mit
V. 20f. in einem ehedem selbständigen Hymnus endet, entsteht der Eindruck besonderer Dichte und Geschlossenheit.

Innerhalb dieser Explikation christlicher Existenz von der Zentralgestalt Christi her stehen nun auch die Gerechtigkeitsaussagen: Paulus will
»erfunden werden in Christus«, so daß er »nicht seine Gerechtigkeit hat,
die aus dem Gesetz, sondern die durch den Glauben an Christus, die
Gerechtigkeit von Gott aufgrund des Glaubens« (Phil 3,9). Von der Gerechtigkeit ist hier offenkundig so geredet, daß sie im Rahmen des Kontextes das Heil bezeichnet, wie es mit der Gabe des Geistes (V. 3) beginnt
und mit der Verwandlung (V. 21) endet. Das möchte Paulus ja: in allen
diesen Bezügen, rundum immer, »in Christus« erfunden werden, also
niemals aus dem endzeitlichen Urgeschehen Christi im Nachvollzug her-
ausfallen. »Erfunden werden« (vgl. Röm 4,1; 1. Kor 4,2; Gal 2,17; vgl.
Barn 20,6) bedeutet Gottes Urteil, ob es sich so verhält. Die »von Gott«
kommende »Gerechtigkeit« ist natürlich das durch das Geschick Christi
vermittelte Heil. Es steht der »eigenen Gerechtigkeit aus dem Gesetz«
gegenüber. Insofern stehen sich eine Gerechtigkeit als Fabrikat des Menschen aufgrund des Gesetzes und eine Gerechtigkeit, vermittelt durch
Christus und von Gott her kommend, also als Gabe Gottes, gegenüber.
Das erinnert an die Abrahamdeutung in Gal 3 (vgl. oben 11.4) und
entspricht dem Gottesbild, das soeben anläßlich der Deutung von Phil 3,8
skizziert wurde. Selbst wenn für Paulus nur das typische Stichwort »Glau-

ben« gleich zweimal fällt (3,9), aber das »tun« nicht direkt als Opposition begegnet, ist durch die Formulierung »meine Gerechtigkeit« der Gegensatz hinreichend deutlich gemacht.

Das Textsignal, das mit dem Ausdruck »erfunden werden« gegeben ist, führt zu der Frage, wie es bei unserem Text mit den Wortfeldern bestellt ist (vgl. dazu 11.3), in denen vor Gal und Phil B Gerechtigkeitsaussagen bei Paulus begegneten. Kein Zweifel, Paulus setzt mit der Tauftradition ein und fährt teilweise entsprechend fort: Die Seinsaussage (V. 3: »Wir sind die Beschneidung«), die übertragene Bedeutung der Beschneidung, die Rede vom Geist Gottes (alles V. 3), der personbezogene Gegensatz einst und jetzt, wie er sachlich V. 4-7.13 prägt, die Art, wie das Lebensgeschick Christi und der Christen durch Vokabeln mit der Vorsilbe »mit-« verknüpft werden (V. 10.21), vielleicht die Bezeichnung der Christen als »Vollkommene« (V. 15) wird man, ohne Widerspruch zu erregen, hierfür aufzählen dürfen. Allerdings ist nirgends der Taufakt selbst im Blick, sondern die in der Taufsprache verwurzelten Aussagen sind zur Kennzeichnung des gesamten christlichen Lebens verwendet. Nicht das Sakrament, vielmehr die Lebensführung insgesamt wird beschrieben. Dazu paßt recht gut die Feststellung, daß dieser Weise der Beschreibung christlicher Existenz in analoger Form Erwählungs- und Bekehrungssprache assoziiert ist, was hier nur vermerkt zu werden braucht.

Doch fällt auf, daß Paulus daneben, voll integriert, noch eine andere Sprache benutzt, nämlich die Handelssprache, z.B. redet er von Gewinn und Verlust (V. 7f.), vom Bewerten bzw. Einschätzen (V. 7f.), von Urteilsergebnissen wie »untadelig«, bzw. »Kot« (V. 6.8), vom »haben« (wie einen Besitz, V. 9), vom »beurteilen« (V. 13) und »erfunden werden« (V. 9). Gerade die Gerechtigkeitsaussagen in V. 6.9 sind in diese Sprache eingebettet. Das erinnert an die Verwendung des Wortstammes »gerecht« im Zusammenhang endgerichtlicher Beschreibung (vgl. oben 11.3). Doch auch hierfür gilt: Paulus hat diese Aussagen ihrem ursprünglichen Ort insofern entzogen, als er nicht zukünftige Endzeit schildern will, sondern gegenwärtiges Geschehen im Blick hat. Wie bei den Taufaussagen beschreibt der Apostel also das präsentische Leben der Christen. Ist aber die endzeitliche Gabe der Gerechtigkeit im Glauben schon gegenwärtig (V. 9), dann verwundert es nicht, wenn Paulus in Phil B von einem futurischen Endgericht nicht mehr spricht, vielmehr, dem Grundgedanken von Röm 5 und 8 entsprechend, vom Gerechtigkeitszuspruch, bzw. von der Geistbegabung unmittelbar auf die endzeitliche Hoffnung und Vollendung schließt.

Eine letzte Bemerkung zu Phil B ist angebracht, sie betrifft das Gesetz.

Es fällt an Phil B auf, daß Paulus die unmittelbare Polemik gegenüber dem Gesetz auf eine Grundaussage beschränkt hat. Im Gal hatte er hierzu viel weiter ausgeholt (vgl. oben 11.4). Dennoch besteht in der Grundeinstellung volle Übereinstimmung: Nicht nur daß bei der Beschreibung des christlichen Lebens die Tora überhaupt keinen Platz mehr hat, sie ist auch 4,8 f. bei der abschließenden Mahnung nicht berücksichtigt: Der Wille Gottes wird nicht durch Torastudium erforscht, sondern durch Sichtung aller weltweit vertretenen ethischen Normen – darunter auch der Tora. Bei der besonderen Bewertung der Normenfülle besitzt nochmals die Tora keinen Sonderplatz, den erhält nämlich Paulus als Vorbild, insofern er im Sinne des Christseins von 3,8 ff. lebt. Normenkriterium ist demzufolge das neue Leben des Christen: Ethos entfaltet sich als Frucht des Geistes Christi.

13. Der Römerbrief als Testament des Paulus

13.1 Die Anfangsgeschichte der römischen Gemeinde

Die christliche Gemeinde in Rom ist ebensowenig von Paulus gegründet worden wie z.B. die Gemeinde in Ephesus (vgl. oben 7.1). Wie Paulus von Ephesus aus in der Asia Mission betreibt, so will er auch von der römischen Gemeinde, personell (und finanziell?) unterstützt, nach Spanien ziehen (Röm 15,24). Hier, nicht in Rom, sieht er ein Land, das Christus noch nicht kennt (vgl. Röm 15,20). Das schließt nicht aus, daß er wie in Ephesus auch in Rom selbst das Evangelium verkündigt (Röm 1,13-15), jedoch – wie er ausdrücklich betont – als gegenseitiges Stärken des Glaubens (1,11 f.), nicht als Erstmission. Der römischen Gemeinde bestätigt er nämlich, daß ihr Glaube längst vor seinem Kommen in der Christenheit bekannt ist (Röm 1,8; vgl. 1. Thess 1,8), ja er schon seit Jahren – also längst vor der Abfassung des Röm – sie besuchen wollte (Röm 1,13; 15,22). Kann man Paulus unterstellen, daß er wußte, in Italien gab es bisher nur die römische Gemeinde (Apg 18,1 f.; 28,15), allenfalls noch Christen in der Hafenstadt Puteoli (Apg 28,13 f., doch vgl. unten 15.3), dann war klar, daß seine Absicht, im Westen des römischen Reiches zu missionieren, am besten in Rom ihren Ausgang nahm. Wie und wann entstand also die christliche Gemeinde Roms?

Das Christentum verbreitete sich ganz allgemein vom Osten nach dem Westen des römischen Reiches. Dazu paßt, daß wir in paulinischer Zeit westlich von Hellas mit Sicherheit nur in Rom eine christliche Gemeinde kennen. Diese römische Gemeinde muß es wohl schon gegeben haben, bevor Paulus in Mazedonien und Griechenland Erstmission betrieb, denn er macht etwa 50 n.Chr. in Korinth Bekanntschaft mit dem aus Rom gekommenen christlichen Ehepaar Priska und Aquila. Die stadtrömische Gemeinde ist also wohl die erste nachgewiesene Gemeinde auf europäischem Boden, so sicher Paulus dann bewußt erstmals programmatisch auf europäischem Boden in Mazedonien und Hellas missionierte. Rom muß, da es vor 50 n.Chr. praktisch nur in Palästina, Syrien und Kleinasien Christen gab (vgl. oben 5.5), unmittelbar von hier aus mit dem Christentum in Kontakt gekommen sein. Noch eines ist sicher: Die römischen Christen verstanden sich zuerst als synagogal gebundene Judenchristen. Im Unterschied zur heidenchristlichen Mission des Paulus war es also eine judenchristliche Mission, die in Rom tätig war. Darum müssen wir auf die stadtrömischen Synagogen sehen, um die Anfänge des Christentums in Rom zu erhellen.

Palästinische Juden kamen offenbar erstmals um 160 v.Chr. in offiziellen Kontakt mit der erstarkenden römischen Macht: Judas Makkabäus schließt mit dem römischen Senat einen Vertrag, um gegenüber den Seleukiden einen besseren politischen Stand zu haben (1. Makk 8). Etwa zwei Jahrzehnte später werden erstmals Juden (neben Chaldäern und Sabaziosanhängern) vom zuständigen Prätor der Stadt aus Rom ausgewiesen, weil man das Fremdartige und wohl auch die missionarischen Aktivitäten dieser östlichen Religionen in der Hauptstadt des Reiches nicht dulden mochte. Zu dieser Zeit gab es also schon eine stadtbekannte Judenschaft in Rom, offenbar Handwerker und Händler. Solche Ausweisungen hatten damals selten dauerhafte Wirkung und richteten sich auch meistens nur gegen solche Fremde (peregrini), die bekannt und auffällig wurden. So kann es nicht verwundern, daß 139 v.Chr. wieder Juden der Stadt verwiesen werden. Nachdem Pompejus dann 63 v.Chr. Syrien und Palästina erobert hatte, wuchs die Zahl der stadtrömischen Juden deutlich an (Gefangene als Sklaven). Unter Cäsar wurden den Juden dann über die alte Erlaubnis hinaus, sich in Vereine zu gliedern, weitere Rechte reichsweit zuerkannt, so z.B. die Einhaltung des Sabbats, begrenzte eigene Gerichtsbarkeit und Befreiung vom Militärdienst (Josephus, Antiquitates 14,190-264). Augustus bestätigt diese Rechte (ebd. 16,162-173), die unter Tiberius ein Senatsbeschluß erheblich einschränkt (19 n.Chr.; Tacitus, Annalen II 85,4; Sueton, Tiberius 36). Hierbei wird sogar eine weitere Ausweisung aus Rom verfügt, die offenbar abermals die Proselytenwerbung zum Anlaß hatte, doch gleichzeitig auch den ägyptischen Isiskult traf.

Auch nach dieser Maßnahme muß sich die Judenschaft in Rom recht bald wieder gesammelt haben, da – wohl 49 n.Chr. – Claudius erneut eine Ausweisung von Juden – und nun wohl erstmals unter Einschluß von Judenchristen – aus der Stadt Rom verfügte. Damit beginnt für den Historiker der erste Einblick in die Geschichte der Christen Roms. Sueton (Claudius 25) berichtet dazu anläßlich einer ganzen Reihe verschiedener Verordnungen des Kaisers: »Da die Juden, von Chrestos angetrieben, fortwährend Unruhe stifteten, wies er sie aus Rom aus.« Chrestos ist ein damals bekannter Name. Sueton will sagen: Ein zur Zeit der Vertreibung lebender Chrestos hat als Anführer für die Unruhen gesorgt. Aber Sueton schreibt nicht nur erst zwei Generationen nach dem Ereignis, sondern unterliegt einer bei den Römern üblichen Verwechslung von Chrestos und Christus (vgl. zu ihr Tacitus, Annalen 15,44; Tertullian, Apologie 39). Man darf also davon ausgehen, daß Anhänger des »Christus« – also Christen – ursächlich mit den Unruhen zu tun hatten. Daß man so urteilen darf, belegt Lukas mit Apg 18,1 f., wo er die Ausweisung des Ehepaares Priska und Aquila aus Rom unmittelbar mit dem Claudiusedikt zusammenbringt. Wer so Sueton und Lukas zusammen interpretiert, gewinnt auch relative Sicherheit in der Datierung der Austreibung: Man muß vom Prozeß des Paulus vor Gallio (vgl. oben 2) und unter Beachtung der Zeitangabe in Apg 18,2.11 zurückrechnen. So kommt man auf das wahrscheinlichste Datum 49 n. Chr. Dieses Datum wird durch Orosius (Historien 7,6,15 f.) bestätigt.

Nun kann man allerdings fragen: Wann bzw. wo wurden Priska und Aquila Christen, in Rom oder Korinth? Die Antwort lautet: in Rom. Wenn Lukas (Apg 18,1 f.) das Ehepaar als jüdisch kennzeichnet, dann meint er, sie seien Judenchristen (so auch seine Ausdrucksweise in z. B. Apg 16,1.20; 22,12 usw.). Paulus hat das Ehepaar nicht getauft (vgl. 1. Kor 1,14-16), aber in Korinth bei ihm gearbeitet und logiert (Apg 18,2 f.). Daß Paulus heidenchristlich orientierte Mission in Korinth in Konkurrenz zur Synagoge (z. B. 1. Kor 1,14 = Apg 18,8!) vom Haus eines streng jüdischen Ehepaares betreiben konnte oder wollte, ist undenkbar. Dies gilt erst recht, wenn dieses Ehepaar in Rom kurz zuvor im Streit zwischen Juden und Judenchristen auf jüdischer Seite gestanden hätte. Dann müßte es in Korinth antipaulinisch reagieren! Vielmehr: Das Haus von Priska und Aquila ist darum für Paulus so geeignet, weil dieses längst zu Rom getaufte Ehepaar den Streit zwischen Synagoge und Christentum auf der christlichen Seite erlebte und zumindest schon tendenziell die Trennung von der Synagoge guthieß, damit heidenchristliche Mission ungehindert geschehen konnte.

Damit ist aber auch der wahrscheinliche Grund der römischen Unruhen genannt: Die Judenchristen Roms streiten sich mit der Synagoge um die Frage, ob vor allem auch Gottesfürchtige getauft werden dürfen, ohne die Beschneidung zu erhalten, ob also der judenchristliche Teil der Synagoge die Mission so betreiben darf, daß Heiden (als Gottesfürchtige) voll in die christliche Gemeinschaft aufgenommen werden und damit die Trennung zwischen Synagoge und Heidentum verwischt wird. Dieses Problem kennen wir längst aus der Mission der Hellenisten. An diesem Problem hat sich Paulus als Pharisäer in Damaskus gerieben. Dieses Problem führte u. a. in Antiochia zur Trennung von der Synagoge (vgl. oben 4.2; 4.3; 5.1). Diese Annahme paßt nun auch sehr gut zu der Beobachtung, daß die römische Gemeinde entstand, als die Entwicklung des

Christentums unter dem Einfluß der Hellenisten noch synagogal gebunden war, aber die synagogalen Grenzen absichtlich verletzte, ohne sich schon von der Synagoge zu lösen. Priska und Aquila werden also aus Rom mit anderen Judenchristen und Juden (das lukanische: »alle Juden« in Apg 18,2 ist sicher eine volkstümliche Übertreibung) ausgewiesen, weil sie auf christlicher Seite besonders aktiv für die Öffnung der Mission eintraten. Vielleicht sammelte sich schon damals in Rom in ihrem Haus wie später auch anderenorts (Röm 16,3-5; 1. Kor 16,19; vgl. Apg 18,1-3) eine christliche Gemeinde.

Ist damit die theologische Ausrichtung der ersten Christen Roms richtig gekennzeichnet, ergibt sich ein Hinweis, wie das Christentum so früh und mit dieser Tendenz nach Rom kam: Es müssen Christen gewesen sein, die von der Stephanusmission erreicht wurden, die das Evangelium nach Rom brachten. Sie müssen aus dem geographischen Raum stammen, der vor dem Beginn der selbständigen Paulusmission durch die Mission der Hellenisten christliche und noch an die Synagoge gebundene Gemeinden besaß. Somit scheiden die Jerusalemer Judenchristen und ein mögliches galiläisches Christentum aus: Diese Judenchristen tauften in dieser Frühzeit und auch meistens später nur Christen, die schon als Juden beschnitten waren. Sie provozierten also den Konflikt mit der Synagoge nicht durch Taufen Gottesfürchtiger. Es scheiden aber auch die Antiochener aus, weil sie sich – voran Barnabas und Paulus – bald direkt an die Heidenmission wagten und die synagogale Unabhängigkeit eingingen. Gerade dies geschieht in Rom aber erst nach dem Claudiusedikt, wie noch zu zeigen ist. Man wird aber endlich auch den Stephanuskreis im engeren Sinn als Gründer einer römischen Christenheit ausschließen. Der geographische Horizont der Mission der Hellenisten scheint in Apg 6,5f.8f.; 7,4ff.; 9,1ff.; 11,19f. richtig wiedergegeben: Er ist mit dem östlichen Rand des Mittelmeeres mit leichter Ausdehnung nach Süden und Norden angemessen beschrieben. Lukas, der den Erfolg der Ausbreitung des Evangeliums von Jerusalem nach Rom als Programm beschreiben will, hätte sich sicherlich nie die Möglichkeit entgehen lassen, eine so namhafte Gründung der römischen Gemeinde zu erwähnen, wenn ihm das bekannt gewesen wäre. So aber muß Lukas die vor Paulus existierende Gemeinde in Rom geradezu verstecken (Apg 18,1f.; 28,15): Paulus missioniert in Rom gleichsam neu (28,17ff.). Auch die römische Christenheit, die sich gern der Märtyrer Petrus und Paulus rühmt (1. Clem 5), hat keinen klangvollen Namen, noch ein Anfangsdatum für die in Rom beginnende Mission. Das alles deutet darauf hin, daß unbekannte Christen, die von der Stephanusmission gewonnen wurden, zuerst in Rom für Christus warben.

Es waren Juden, die als Seefahrer, Händler oder Handwerker, ursprünglich ansässig im hinteren Mittelmeerraum, nach Rom kamen und das Christentum mitbrachten. Sie orientierten sich, wie sie es in ihrer Heimat gewohnt waren, auch in Rom an der Synagoge, brachten aber im Keim den Streit mit, der Claudius einschreiten ließ.

Dies paßt nun auch zu dem, was wir von den Juden in Rom wissen. Zur Zeit des Augustus können wir mit Sicherheit vier Synagogen in der Stadt nachweisen mit dem Schwerpunkt trans tiberim (d. h. auf der anderen Tiberseite), also etwa in dem heutigen Bezirk Trastevere. Darunter sind viele Freigelassene, wohl ehemalige Sklaven aus dem Pompeiusfeldzug, und Beisassen (peregrini), die Wohn- und Arbeitsrecht, aber keine stadtbürgerlichen Rechte besaßen. Allerdings, wer mit der Stadt über einen Synagogenbau verhandeln kann, muß eine rechtlich anerkannte Gruppe sein, von der Zahl her Gewicht haben und sich Grundstückskauf und -bau leisten können. Das trifft wohl u. a. für viele Freigelassene zu, die zudem bei der Freilassung meistens das reichsrömische Bürgerrecht erhielten. In der nachaugusteischen Zeit des ersten Jahrhunderts n. Chr. muß nun die jüdische Bevölkerung Roms stark angewachsen sein, begünstigt durch die von Augustus für das Großreich geschaffenen guten Bedingungen für Handel und Handwerk und den verwaltungstechnischen Verbund der Provinzen mit Rom. Die inschriftlich nachgewiesene Zahl der Synagogen steigt deutlich an. Diese Inschriften sind vorwiegend griechisch abgefaßt, also in der Sprache, in der auch Paulus die christliche Gemeinde anredet. Unter diesen Synagogen befinden sich auch solche, die nach Ortsnamen aus dem Ostrand des Mittelmeeres benannt sind, also die Heimatorte der nach Rom aus dem Osten Zugewanderten angeben. Unter solchem griechischsprechenden und aus dem Osten stammenden Zustrom von Diasporajuden nach Rom werden auch die ersten Judenchristen zu suchen sein, die in Rom Christus verkündigten.

Wie verläuft nun die Entwicklung der christlichen Gemeinde in Rom nach dem Claudiusedikt weiter? Paulus (Röm) und Lukas (Apg 18,1) setzen auch für die Zeit nach dem Edikt eine christliche Gemeinde voraus. Tacitus (Annalen 15,44,4) und Clemens (1. Clem 6,1) lassen wenige Jahre später unter Nero (64 n. Chr.) eine größere Zahl von Christen umkommen. Das Claudiusedikt traf also offenbar auf judenchristlicher (wie jüdischer) Seite nur die namhaften und den Behörden auffälligen Anführer des Streites. Beide Angaben lassen sogar den Schluß als möglich erscheinen, daß gerade nach dieser Ausweisung die christliche Gemeinde größeren Zuwachs bekam. Dazu ist ein zweiter sicherer Gesichtspunkt zu stellen: Zur Zeit Neros sind die Christen bereits eine bekannte und zugleich von der Synagoge unterschiedene, also selbständige Gruppe. Nero kann sie in die große Politik als auffällige und beargwöhnte Religionsanhänger einbinden und ihnen den Brand Roms angesichts allgemeiner Empörung über seine Tat zuschieben. Die Juden bleiben ganz unbehelligt.

Diese Entwicklung zwischen Claudiusedikt und Neros Verfolgung ist nur konkret so verständlich, wenn man annimmt, daß sich die nicht wie Priska und Aquila ausgewiesenen Judenchristen alsbald in Rom von der Synagoge trennten und heidenchristlich orientierten. Das tat ja auch das ausgewiesene Ehepaar sofort in Korinth. Das war wohl auch die beste Lösung für den Streit um die Gottesfürchtigenmission, der Claudius dann einschreiten ließ. Das setzt Paulus im Röm, also etwa 7–8 Jahre nach der Ausweisung des Claudius für Rom voraus, wenn er die römische Gemeinde um Unterstützung seiner heidenchristlichen Mission bittet (Röm 15,24), gerade auch angesichts seiner Befürchtungen, mit der Synagoge und den Judenchristen Jerusalems Probleme zu bekommen (vgl. unten 15.1). Auch haben die nachweislich heidenchristlich orientierten Christen, die wie Priska und Aquila noch vor Paulus wieder nach Rom zurückkehrten, keine Probleme in der römischen Gemeinde: Paulus grüßt das Ehepaar gleich eingangs der an klangvollen Namen nicht armen Grußliste (Röm 16,3 ff.) und weiß, daß sie wieder eine Hausgemeinde um sich scharen. Die römische Gemeinde ist also etwa um die Jahrhundertmitte – also nach dem Apostelkonvent (vgl. 5.2) – denselben Weg gegangen, den einige Jahre vorher Antiochia beschritt und den seither wohl viele Gemeinden mitgingen, die z. B. der Mission der Hellenisten entstammten oder der Paulusmission zuneigten. Die paulinische Heidenmission und die Umwandlung judenchristlicher Gemeinden in der jüdischen Diaspora zu von der Synagoge unabhängigen, damit gesetzesfreien und heidenchristlich lebenden Gemeinden gehen also bald nach dem Konvent Hand in Hand. Rom ist dafür ein schönes Beispiel und keinesfalls die Ausnahme.

Lebte nach dem Edikt des Claudius sehr bald die Christenheit Roms als heidenchristliche selbständige Kirche, dann wird man fragen, wie sich angesichts der Herkunft dieser Gemeinde Judenchristen und Heidenchristen in ihr verhielten. Dabei ist es wichtig, sich zu erinnern, daß die Juden Roms zahlreiche Synagogen besaßen, die je für sich eine bestimmte organisatorische Selbständigkeit ihr eigen nannten. Juden wohnten zwar in Trastevere konzentriert, aber sicher nicht nur hier. Sie verbanden sich nach bestimmten sozialen oder landsmännischen Gemeinsamkeiten zu einer eigenen Synagoge, wie man den Synagogennamen der Inschriften entnehmen kann. So gibt es eine Synagoge der Hebräer, der Augustesier (das waren kaiserliche Freigelassene) oder der Herodianer, und Synagogen, die Städtenamen tragen wie Tripolis. Die Apostelgeschichte erwähnt eine Synagoge der Libertiner (Apg 6,9) und läßt »Juden und Proselyten« aus Rom zum Pfingstfest in Jerusalem anwesend sein (Apg 2,10). Wenn also aus solcher jüdischen Infrastruktur die christliche Gemeinde hervorging, dann wird sie analoge Gestalt gehabt haben.

Das bestätigt auch die Grußliste in Röm 16. Da ist eine Hausgemeinde, die bei Priska und Aquila zusammenkommt (16,3-5). In 16,14 und 16,15 werden zwei weitere Personenkreise genannt, die je als Hausgemeinden zu erkennen sind. Bei anderen Namen in 16,3ff. ist das zu vermuten, aber nicht sicher. D.h. doch: Die Christen Roms organisieren sich in mehreren Hausgemeinden. Man kann sogar relativ begründet den Indizienbeweis führen, daß wir in so früher Zeit vor allem in Trastevere und an der stadtnahen Strecke der Via Appia solche Gemeinden antreffen. Sie werden sich in ähnlicher Weise wie die Synagogen zusammengefunden haben, bzw. aus einer solchen herausgewachsen sein. So wird der Streit zwischen den Starken und Schwachen in Röm 14f. um bestimmte Speise- und Festtagsregelungen wohl Unterschiede in den Gewohnheiten der Hausgemeinden widerspiegeln.

Nun darf man allerdings diese Unterscheidungen nicht so sehr betonen, daß man die römische Christenheit in isoliert lebende Inseln und verschiedene Zellen zergliedert. Paulus schreibt seinen Brief an die Gesamtgemeinde (Röm 1,7). Er redet die römischen Christen so an, daß er bis auf die Grußliste keine Unterscheidung von Hausgemeinden vornimmt. Dasselbe Bild ergibt sich für das ausgehende erste Jahrhundert aus 1. Petr 5,13 und 1. Clem (Briefkopf). Daß Paulus die römischen Christen eingangs des Briefes nicht als Ekklesia (Kirche) bezeichnet, kann nicht dagegen zählen. »Geliebte Gottes« und »berufene Heilige« zu sein (Röm 1,7), bedeutet, zur Endzeitgemeinde zu gehören, die durch das Evangelium erwählt ist (vgl. oben 6.2). Höheres gibt es für Paulus und die frühe Christenheit nicht. Im jetzigen Phil kommt auch die Bezeichnung Ekklesia nur einmal nebenbei vor (Phil 4,15). Im Gal und 1. Thess begegnet der Ausdruck nur je einmal im Briefkopf. Paulus nimmt der römischen Gemeinde nichts weg, wenn er den Begriff zur Bezeichnung der Gemeinde nicht verwendet. Er hat Möglichkeiten genug, die Christen als Kirche anzusprechen.

Aufschlußreicher sind die Rückschlüsse zur Zusammensetzung der Gemeinde aus ihrer synagogalen Herkunft. Einen maßgeblichen Anteil werden in den ersten Jahren die Gottesfürchtigen als Randsiedler der Synagoge abgegeben haben. Sie waren ja der eigentliche Anlaß zum Streit zwischen Judenchristen und Juden. Sodann werden natürlich ehemalige Juden wie Priska und Aquila dazugehört haben. Paulus nennt weitere ehemalige Juden in der Grußliste (Röm 16,7.11). Nach der Verselbständigung der Gemeinde dürften bald die Heiden an Zahl zugenommen haben. Sie setzt Paulus jedenfalls als tonangebend und das Gemeindeleben bestimmend in Röm 1,5-8; 11,11-25; 15,15-24 voraus. Auch Röm 14f. sind die Starken, die Speisegebote und Festtage nicht einhalten, dominant. Man wird bei ihnen den heidenchristlichen Anteil nicht gering einschätzen dürfen. Auffällig ist, daß man bei einem Vergleich der Namen bei über der Hälfte aller in der Grußliste genannten Personen auf orientalische Herkunft schließen kann. Das entspricht auch der Art, wie die Synagoge im ersten Jahrhundert wuchs, so daß man dieses Indiz auswerten darf: Die römische Christenheit bestand zu einem großen Teil aus Zugereisten vom östlichen Rand des Mittelmeeres. Rom sog ja überhaupt solche Personen aufgrund von Handel, Handwerk und Verwaltung an. Die christliche Gemeindezusammensetzung macht also dabei keine Ausnahme. Umgekehrt ergibt sich daraus: In die stadtrömische alteingesessene Gesellschaft ist die Christenheit zu dieser Zeit im allgemeinen noch nicht eingedrungen.

13.2 Der Römerbrief als einheitlicher Brief

Über die Entstehungssituation des Röm sind wir recht gut informiert. Paulus diktiert den Brief dem uns sonst unbekannten Tertius (Röm 16,22), sicherlich wegen der Länge des Schreibens über mehrere Tage verteilt. Er wohnt bei Gajus, der darum mit dem von Paulus einst getauften Korinther Gajus (1. Kor 1,14) identisch sein muß, weil der Apostel nach Röm 15,26f. die von Mazedonien und Achaja gesammelte Kollekte für abgeschlossen hält und sich im Aufbruch nach Jerusalem befindet. Diese Situation paßt nur zu Korinth, dem letzten Aufenthalt des Paulus in Achaja auf der sog. Kollektenreise unmittelbar vor dem Aufbruch nach Jerusalem (vgl. oben 2). Der sonst häufige Name Gajus (vgl. z.B. Apg 19,29; 20,4) kann also nicht zweifelhaft machen, daß Paulus bei seinem alten Bekannten in Korinth logiert. Wenn Paulus zudem der römischen Gemeinde (nicht der ephesinischen, s.u.) Phöbe aus dem korinthischen Vorort Kenchreä empfiehlt (Röm 16,1f.), fügt sich das geographisch exzellent dazu. Phöbe ist wahrscheinlich die Überbringerin des Briefes. Auch daß Timotheus bei Paulus ist (Röm 16,21a), paßt in dieses

Mosaik. Von den drei weiteren Personen, deren Anwesenheit namentlich bezeugt ist (16,21b), stammen zwei wohl aus Mazedonien (vgl. Apg 17,5 ff.; 20,4), so daß die Vermutung naheliegt, ihre Anwesenheit ist mit der in Mazedonien abgeschlossenen Kollekte in Verbindung zu bringen. Sie begleiten Paulus also als Abgesandte der mazedonischen Gemeinden nach Jerusalem. Diese Situation erlaubt es dann auch, als ungefähres Entstehungsdatum des Briefes das Jahr 56 n.Chr. anzunehmen. In jedem Fall entsteht der Brief nach 2. Kor 8 f., den beiden Kollektenkapiteln, die wir zum »Versöhnungsbrief« gestellt haben (vgl. oben 2 und 8.3). In ihnen ist die Kollekte Achajas gerade noch nicht abgeschlossen. Auch die wichtige Zuordnung zum Gal (vgl. oben 10.1; 11.4) und zum Phil B (vgl. oben 12.2; 12.4) ist damit geregelt: Der Röm steht am Schluß dieser Reihe von Briefen mit Rechtfertigungssprache, ja ist darüber hinaus der letzte Brief, der uns von Paulus bekannt ist.

Aber darf man überhaupt von nur einem Brief reden? Muß man nicht diesen längsten aller Paulusbriefe aus inneren Gründen literarkritisch aufteilen, also als Briefsammlung verstehen? Den häufigsten Anstoß zu solchen Überlegungen hat immer wieder die Grußliste in Röm 16,1-20(23) gegeben: Wie kann Paulus aus einer bis dahin ihm unbekannten Gemeinde so viele Christen kennen? Wie kommt es, daß in der Liste so zahlreiche Personen aufgezählt werden, die nach Ephesus und allgemein in die Asia weisen? Warum hat Paulus an keinen anderen Brief eine so lange Grußliste angefügt, ja grüßt einzelne Christen in einer Gemeinde kaum einmal? Wie erklärt sich die harte Warnung vor Irrlehrern in Röm 16,17-20 an die römische Adresse, wenn Paulus die Gemeinde praktisch nicht kennt und im Brief sonst dazu nichts mehr sagt? Jedenfalls werden für viele Forscher solche Fragen am besten gelöst, wenn man in dem Abschnitt aus dem Röm ein ehemaliges Empfehlungsschreiben für Phöbe nach Ephesus sieht.

Aber die Beobachtungen, die für eine Abtrennung vom Röm sprechen, sind alles andere als eindeutig. Die Gegenrechnung sieht etwa so aus: Gerade weil Paulus einer unbekannten Gemeinde schreibt, grüßt er die, die er in ihr kennt, um zu zeigen, daß er sich nicht als ganz Fremder äußert. Er will gerade sagen: Ich war noch nicht bei euch, aber viele unter euch sind mir von meinen Reisen her längst bekannt. Ich komme zu einer mir unbekannten Gemeinde, in der ich doch viele gute Freunde habe. Vielleicht stellt er darum auch gerade Priska und Aquila voran, weil sie für ihn besonders Vertraute sind, die ihm schon in Korinth halfen (vgl. oben 6.4), bei denen er in Ephesus Wohnung fand (vgl. oben 7.1) und die nun in Rom sein Kommen vorbereiten können (Röm 16,3). Wenn die

Erwähnung, das Ehepaar habe das Leben für den Apostel eingesetzt, auf die letzte Zeit in Ephesus geht (Röm 16,4, vgl. oben 7.1), ist es sinnvoll, daß Paulus der römischen Gemeinde davon Kenntnis gibt. Nach Ephesus wäre solche Notiz sicher zu schreiben überflüssig, weil man dort am Ort des Geschehens das natürlich weiß. Mit diesen Ereignissen in Ephesus mag auch zusammenhängen, daß Priska und Aquila wieder in Rom weilen. Im übrigen können sie dorthin auch nur darum zurückgekehrt sein, weil das claudische Ausweisungsedikt nicht mehr griff (vgl. oben 2 und 13.1). Nach Rom, wohin alle Wege des Reiches führen, können auch die anderen asiatischen Christen aus der Grußliste gekommen sein, nachdem Paulus sie auf seinem alten Missionsgebiet kennengelernt hatte. Bestünde die Grußliste aus stadtrömischen Christen, wäre sie viel auffälliger. Endlich wird man bei der Warnung vor den Irrlehrern bedenken, daß Paulus die Gemeinde ausdrücklich lobt (Röm 16,19) und die Irrlehrer als gemeinsame Feinde herausstellt (16,20). Die Gemeinde steht noch nicht in der Gefahr des Abfalls, ja die Gegner, vor denen Paulus die Gemeinde warnt, sind noch gar nicht in der Gemeinde angekommen. Wenn zudem die Deutung auf die Judaisten guten Sinn gibt (vgl. oben 10.2), dann läßt sich die Warnung des Apostels mit der Situation, aus der heraus der Röm geschrieben wurde, gut verbinden: Hatte Paulus nicht gerade sich dieser Gegner als Eindringlinge in sein kleinasiatisches und europäisches Missionsfeld erwehrt (Gal, Phil B)? Mußte er nicht gerade ihretwegen auch für die Überbringung der Kollekte Schlimmes befürchten, wovon er den Römern auch ausdrücklich Mitteilung macht (Röm 15,30-32)?

So lösen sich die Probleme, die Röm 16 auf den ersten Blick anzuzeigen scheint, wohl doch alle auf. Umgekehrt bringt die Ephesusthese neue Fragen mit sich. So ist bisher völlig ungeklärt, wie ein Brief an Ephesus ausgerechnet in den Röm gelangt sein sollte. Der 2. Kor und Phil enthalten nur Briefe an je dieselbe Gemeinde. Das macht einen bedeutenden Unterschied. Weiter wäre die Briefform, die fast nur aus einer Grußliste bestünde, zwar nicht ganz singulär im Altertum, aber sie ist sonst bei Paulus nicht belegt. Soll man sich durch literarkritische Operation eine Briefform rekonstruieren, die der Apostel sonst wohl nicht verwendete? Oder soll man dann lieber weitere Teile des Röm zu Röm 16 stellen? Dafür bietet sich als nächstes Röm 14,1-15,13, der Abschnitt über die Starken und Schwachen in Rom, an, weil Paulus hier zeigt, daß er einmalig für den Röm, interne Kenntnisse aus der römischen Gemeinde besitzt, und sich sogar, singulär für den Röm, in innere Angelegenheiten der römischen Christen einmischt. (Das er dies auch Röm 13,1-7 anläßlich eines Disputes in der Gemeinde wegen des Steuerzahlens tun soll, ist ganz unwahrscheinlich.) Aber solche Beobachtung allein reicht schwerlich dazu aus, den Abschnitt aus dem Röm herauszunehmen, zumal der Apostel sehr wohl über Christen aus der Grußliste oder über andere Personen Nachrichten aus Rom erhalten haben kann. Die vielen kleinasiatischen Christen in Rom sind gerade auch Indiz dafür, daß zwischen der römischen Gemeinde und anderen Gemeinden rege Kontakte bestanden.

Endlich kann man Röm 1,11-13 und 15,15-24, die beiden Abschnitte, die von der Romreise des Paulus reden, vergleichen. Die Feststellung, daß die Situationsbeschreibung in beiden Texten nicht ganz deckungsgleich ist, trifft zu. So redet z.B. der erste Text im Sinne einer Absicht, Rom aufzusuchen, der zweite spricht schon konkreter von einem Aufbruch. Aber diese leichten Schwankungen in den Angaben zur Situation sollte man nicht sofort literarkritisch ausnutzen, denn es gibt zwischen beiden Texten keine wirklichen Widersprüche. Wenn anders der Röm über einen längeren Zeitraum von mehreren Tagen diktiert wurde, schleichen sich solche kleineren Unausgeglichenheiten schon von selbst einmal ein. Im übrigen ist die Frage zu stellen, ob Paulus nicht sogar mit Absicht diese Präzisierungen am Ende des Briefes einplante (s.u.). Jedenfalls hilft diese Beobachtung nicht, zwei deutlich verschiedene Situationen für zwei verschiedene Römerbriefe zu konstruieren. Gerade ein Vergleich mit den Situationsdifferenzen im 2. Kor zeigt, wie wenig gewichtig diese im Röm sind.

So wird man alles in allem festhalten, eindeutige Signale zur Literarkritik bietet der Röm nicht. Über die eine oder andere kleine Glosse mag man streiten; und natürlich sollte man die unpaulinische Schlußdoxologie (Röm 16,25-27) zurückstellen. Doch im übrigen ist es angebracht, den Röm als literarisch integer anzusehen. Also besteht die nächste Aufgabe darin, den Brief als strukturierte Nachricht für Rom zu verstehen. Diese Aufgabe hat zwei Seiten: Die literarische Anlage des Briefes ist zu klären und die inhaltliche Absicht, die Paulus mit ihm verfolgt.

Was das erste Beobachtungsfeld angeht, ist daran zu erinnern, daß der Röm der längste Paulusbrief ist. Wer den 2. Kor zerlegt (vgl. oben 8.3), kann überhaupt nur noch an den 1. Kor denken, will er wenigstens einen kaum kürzeren Brief dem Röm zur Seite stellen. Aber hier lagen die strukturellen Probleme anders: Paulus besaß mehrere Nachrichtenquellen und ging vor allem auch einem Brief mit Anfragen aus der Gemeinde entlang (vgl. oben 8.1). Damit waren entscheidende Vorgaben für Themenauswahl und -abfolge vorgegeben. Paulus reagierte und mußte sich nicht überhaupt erst einmal Ziele und Themen für die Korrespondenz setzen. Dies ist jedoch die Situation für den Röm. Paulus muß einer ihm persönlich nicht bekannten Gemeinde eine Art Visitenkarte erstellen, aus der sie ersehen kann, auf wen sie sich einläßt, wenn er zu ihr kommt. Der Röm gerät nun zudem dem Paulus so lang, daß man sich schwer vorstellen kann, der Apostel habe den Brief in allen Einzelheiten im Kopf, als er zu diktieren anfing, und reproduzierte nun, über Tage verteilt, was er im Gedächtnis im einzelnen schon fertig formuliert hat. Man wird also Zurückhaltung walten lassen, wenn man nach einem bewußt angelegten Netzwerk struktureller und sachlicher Einzelheiten bis ins Filigrane hinein Ausschau hält, das die Kohärenz des gesamten Briefes ausmachen soll.

So hinterlassen denn auch die größeren Blöcke, wie sie jetzt, vom typischen Briefformular als Rahmen umgeben, sich zeigen, durchaus einen im wesentlichen selbständigen Eindruck: Der interne Zusammenhalt in Röm 1–8 oder Röm 9–11 oder 12–13 oder 14,1-15,13 ist zweifelsfrei ein viel hochgradigerer als zwischen diesen Blöcken untereinander, die im Endeffekt als in sich ruhend und vollständig angesehen werden können, ohne daß nun gleich alle Brücken untereinander ganz geleugnet werden sollen. So hat Paulus sich also offenbar innerhalb des Briefrahmens so orientiert, daß er sich relativ geschlossene Blöcke beim Diktat vornahm.

Natürlich ist dabei die Abfolge der Blöcke nicht willkürlich gesetzt. Es ist z. B. klar, daß der die paulinische Heilslehre darstellende Teil Röm 1–8 vor der Paränese Röm 12 f. stehen mußte. Diese Abfolge legte sich für Paulus schon aus theologischen Gründen nahe, war jedoch auch gerade im Gal als Briefzusammenhang ausformuliert worden. Unbeschadet dieser typischen Struktur, nach der der Heilszuspruch der Mahnung zur angemessenen Gestaltung christlichen Lebens vorangeht, weil die Mahnung aus dem Wesen des neuen christlichen Heilsstandes folgt, bleibt im einzelnen festzustellen, daß die Einleitung zur Mahnung Röm 12,1 f. und die nachfolgenden Themen in Röm 12 f. nur relativ allgemein auf den bisherigen Briefinhalt eingehen. Im Vergleich zu Gal 5,13 ff. und der Beziehung dieses Abschnittes zum bisherigen Inhalt des Gal ist die Verbindung im Röm viel unspezifischer. Natürlich stehen auch die Israelkapitel Röm 9–11 nach Röm 8 am besten innerhalb des Röm, arbeitet doch Röm 9–11 ein Einzelproblem auf, das sich aus Röm 1–4 (Juden und Heiden sind Sünder, das Evangelium von Jesus Christus allein rettet und ist für alle da) ergibt, wie ja auch die Kapitel unmittelbar vor Röm 9–11 besondere Fragestellungen der Rechtfertigungsbotschaft behandelten. Paßt nicht auch der endzeitliche Horizont von Röm 8 für die anschließende Frage nach Israels Endheil gut? Ebenso ergibt sich für die Stellung von Röm 14,1-15,13 nach der allgemeinen Paränese eine gute Vermutung: Paulus schreibt, um sich selbst vorzustellen, und will in gar keinem Fall der römischen Gemeinde gleich in ihre Angelegenheiten hineinreden. Darum stellt er diesen Abschnitt ganz an den Schluß des eigentlichen Briefes. Auch er ruht übrigens wie z.B. Röm 12f. so in sich, daß Sprache und Probleme aus Röm 1–8 abwesend sind.

Paulus setzt also wie beim Baukastenprinzip im groben vorstrukturierte Teile aneinander, deren sachliche und syntaktische Innenverhältnisse nicht erst völlig neu konstruiert werden müssen, vielmehr in großen Zügen vorgeprägt sind. So kann Paulus bei der traditionellen Paränese in Röm 12f. für die Materialanordnung auf die bewährte Abfolge: Innenverhältnis, Außenverhältnis, endzeitlicher Abschluß (vgl. Gal 5,13-6,12) zurückgreifen. Auch der Leib-Christi-Gedanke (Röm 12,6ff.) ist ihm nicht neu, hatte er ihn doch schon 1. Kor 12 ähnlich als Basisvorstellung zur Regelung gemeindeinternen Verhaltens eingesetzt. Ein Blick in den nächsten Block im Röm lehrt Ähnliches: Das im einzelnen etwas anders als 1. Kor 8–10 gelagerte Problem zwischen den Starken und Schwachen in Rom behandelt Paulus in Röm 14,1-15,13 mit recht verwandten Argumenten, wobei er sich natürlich nicht wie in Korinth als Vorbild bei der ihm fremden Gemeinde einbringen kann: Also entfällt 1. Kor 9, dafür wird Christus als endzeitliche Zentralgestalt mit normativen Folgen stark herausgearbeitet, so wie Paulus es schon z.B. Phil A tat (vgl. oben 12.3).

Nun ist die Paränese eigentlich immer ein gutes Demonstrationsobjekt für vorstrukturierte Texte. Doch läßt sich gerade auch an einem so komplexen Textbestand wie Röm 1–8 dasselbe belegen. Daß Paulus beim verkündigten Evangelium einsetzt (1,1-17) und bei der Verwirklichung endzeitlichen Heils als Einlösung christlicher Hoffnung endet (Röm 8,12ff.), erstaunt seit dem 1. Thess niemanden mehr. Die Kontrastierung der sündigen Menschheit mit den gerechtfertigten Gläubigen (1,18-3,20 und 3,21-4,25) entspricht traditionellen Taufaussagen, wenn diese den einstigen Zustand von dem jetzigen Heilsstand abheben (vgl. z.B. 1. Kor 6,9-11). Daß aus dem erlangten Heil (Röm 3,21-4,25) auf die Folgen für die christliche Existenz geschlossen wird (5,1ff.), ist ebenfalls so alt wie der älteste Paulusbrief. Wenn dabei der argumentierende und beschreibende Stil mit der vorherrschenden 3. Person Singular, wie er 3,21-4,25 auftritt, vom kirchlich orientierten Wir-Stil abgelöst wird (5,1ff.), so gibt es auch dafür eine Parallele in Gal 3,6ff. und 3,22ff. Sieht man auf die beiden Themen der alten Heidenmissionspredigt in 1. Thess 1,9f. (Abkehr von der Götterwelt und christliches Heilsangebot), so schimmert diese Abfolge ebenfalls im Röm durch (Röm 1,19ff.; 3,21ff.). Das verwundert auch nicht, tritt doch Paulus nach Röm 1,1-18 gerade als Apostel der Völker auf, selbst wenn er innerhalb von

Röm 1,19-3,20 dem heidnischen Unheilssyndrom aus Götzendienst und Lasterhaftigkeit den jüdischen Unheilszustand assoziiert.

Selbstredend sind aber auch die besonderen Inhalte einzelner Abschnitte Paulus vor der Abfassung des Röm geläufig: Die Darstellung des Unheilszustandes der Völker z. B. wie auch der Juden ist zu typisch, als daß Paulus sie so erstmals ganz neu formuliert hätte. Für die negative Schilderung der Völker in Röm 1,18 ff. oder für das Endgerichtsgemälde in Röm 2,1 ff. liegen denn auch aus der hellenistischen Synagoge Entsprechungen vor. Die Behandlung der Beschneidung in 2,25 ff. hat gedankliche Vorformen in Phil 3,3 und 2. Kor 3,4ff. Die Taufauffassung aus Röm 6,1 ff. hat schon Gal 2,19f.; 6,14; Phil 3,10 Spuren hinterlassen, so daß man voraussetzen kann, Paulus sind die Grundaussagen aus Röm 6 vor dem Diktat des Kapitels vertraut.

Doch zu dieser noch unvollständigen und nur beispielhaften Aufzählung kommt noch eine grundlegendere Beobachtung, wie zunächst folgende tabellarische Übersicht zeigt, nach der Paulus insbesondere den Gal, jedoch auch Phil B und Kor B/C bei der Formulierung im Hintergrund hat.

Röm	Gal		Phil B	Kor B/C
3,12–31	2,16–21		3,9	
4,1–25	3,6–18			
5,1–11				2. Kor 5,14–21
5,12–21				1. Kor 15,21f.
				44–49
6,1–15		2,19f.;6,14	3,10	
6,16–23				
7,1–25	3,19–25			
8,1–11	3,1–5; 4,4f.	5,16ff.	(3,10b–14)	
8,12–17	4,6f			
8,18–30			3,20f.	

Aus der Tabelle lassen sich Schlüsse ziehen: Röm 3,21-8,17 folgen relativ genau dem Mittelteil des Gal, und zwar im Stoffbereich wie in der Abfolge der Themen. Das kann nicht auf Zufall beruhen, zumal der Gal kurz vor dem Röm geschrieben wurde. Dabei folgt jedoch Paulus keineswegs dem Darstellungskonzept des Gal, sondern entwirft für den Röm unter Benutzung des Gal ein neues (vgl. unten 13.3). Wenn anders Paulus nun weiter in Phil 3 die christliche Existenz vom Christwerden über das christliche Leben bis zur endgültigen Verherrlichung in einem Zug darstellen kann und im Gal die Zukunft des Christen allenfalls ganz untergeordnete Bedeutung hat, dann werden die angegebenen Parallelen aus Phil B zum Röm bedeutungsvoll, weil Paulus gerade in Röm 5–8 die

Stoffe so ordnet, daß er vom Heilsstand der Gerechtfertigten den Bogen bis zu ihrer Verherrlichung spannt. Endlich fällt auf, daß bisher Röm 5 im Vergleich mit Gal und Phil B ohne Analogien dasteht. Dafür gibt es jedoch Vortexte aus der korinthischen Korrespondenz.

Paulus hat also die Felder seiner Darstellung in Röm 1–8 schon einmal oder mehrfach durchpflügt, ja sie wohl, abgesehen von den uns zugängigen literarischen Belegen, in seinen Briefen, in Predigten ähnlich behandelt. Daraus erklären sich zum Teil wohl auch die nicht deckungsgleichen Wortfelder und Spracheigentümlichkeiten in den Abschnitten: Warum fehlt in Röm 1,19-3,20 der Sündenbegriff »Fleisch«, wo er doch Röm 7f. eine so zentrale Bedeutung gewinnt? Wer das Gerichtsgemälde in Röm 2,1ff. mit der Enderwartung aus Röm 8 vergleicht, wird es sehr schwer haben, wollte er beide Texte harmonisieren. Betrachtet man die Antithetik zwischen Adam und Christus in Röm 5,12-21 auf ihren Sprachgebrauch hin, beobachtet man z. B. eine besondere Häufung von Substantivbildungen mit der Endung -ma. Diese Substantive begegnen sonst in Röm 1–8 nur ganz gelegentlich. Zweifelsfrei ist der metaphorisch-personale Gebrauch von »Gerechtigkeit« in Röm 6,13.16.18f.20 in Röm 3,21-4,25 nicht zu finden und in Röm 6 mit der spezifischen traditionellen Taufvorstellung als eines Herrschaftswechsels verbunden. Warum fehlt der Freiheitsgedanke vor Röm 6 und ist dann so auffällig (Röm 6,18.20; 7,3; 8,2.21)? Wie läßt sich erklären, daß zwei Abschnitte wie 5,1ff. und 8,12ff., die beide die Hoffnung des Christen entfalten, jeweils dabei so eigenständige Wege gehen? Diese vermehrungsfähigen Beobachtungen bringen eine Bestätigung unserer These. Die einzelnen paulinischen Gedankengänge sind auch sprachlich schon teilweise mit typischen Worten und Aussagefolgen im groben vorgeprägt. Paulus variiert dann mehr oder weniger frei, was er schon teilweise vorher bedachte und in Worte kleidete.

Doch geht die Vorstrukturierung in Röm 1–8 noch etwas weiter. Natürlich verfolgt Paulus in Röm 1ff. sein eigenes Thema, wie er es 1,1-17 ausdrücklich angibt. Dennoch ist auch sichtbar, daß er sich dabei gegnerischen Positionen und Einwänden stellt, die er aus vorangehenden Diskussionen kennt und auf die er die Antwort schon parat hat: In Röm 2,12-16.25-29 behandelt Paulus Gesetz und Beschneidung unter der Fragestellung des Tuns bei Juden und Heiden und stellt am Schluß die rituelle Beschneidung zur geistlichen des Herzens in Kontrast. Dahinter steht offenbar der antiochenische Entscheid gegen die jüdisch-gesetzliche Position (vgl. oben 5.5). Paulus erwehrt sich mit dieser Tradition dem fiktiven Einwand gegenüber seiner Einschätzung des Juden als Sünder vor Gott, daß der Jude besser vor Gott dastehe als der Heide, weil er Beschneidung und Gesetz besitzt. Auch die beiden Einwände, die Paulus im selben Zusammenhang behandelt und die angesichts seines negativen Urteils über die Juden gleichsam Paulus wie von selbst in den Sinn kommen (Röm 3,1-4.5-8), gehören hierher: Einmal geht es um die an Paulus gerichtete Gegenfrage, wie denn Gottes Erwählung noch Geltung haben könne, wenn Paulus das Judentum so konsequent mit dem sündigen Heidentum zusammensieht, und zum anderen geht es um den Einwand, ob der paulinische Standpunkt nicht dazu führt, Gottes Gerechtigkeit einfach ad absurdum zu führen. Auch in diesen Fällen sind Gegenposition und paulinische Antwort im Prinzip längst schon einmal von Paulus durchdacht. Er hat den Umgang damit gleichsam im Griff. Natürlich gilt dies auch von dem Einwand in verschiedenem Gewand, ob Paulus denn nicht das Gesetz überhaupt auflöse (3,31), also den einzelnen Menschen dazu auffordere, in der Sünde (d.h. der Gesetzlosigkeit) zu bleiben, damit die Gnade noch größer wirksam werden könne (6,1.15), bzw. ob er nicht sogar das Gesetz als Sünde, die man zu meiden habe, hinstelle (7,7.13).

Solche, die Heiligkeit des Gesetzes einfordernden Anfragen treten zwar alle als streitbare Gegenfragen im Dialog auf der Textebene des Briefes auf, aber sie werden nirgends so gestellt, daß damit jetzt die römische Gemeinde identifiziert werden kann oder soll. Auch will Paulus damit nicht zwischen zwei römischen Positionen in der Gemeinde vermitteln, also zwischen einer judenchristlichen und einer heidenchristlichen Stellung beziehen. Sonst müßte der Apostel die Gemeinde oder Teile in ihr ähnlich wie im Gal direkt angreifen. Weiter redet Paulus die Gemeinde als ganze und als heidenchristlich orientiert an, wie schon Anfang und Schluß des Briefes belegen (1,1-17; 15,14-33) und nicht zuletzt Röm 9–11 bestätigen, wenn hier zu Heidenchristen über Israel und über die Judenchristen geredet wird. Das zweifelsfrei in der Gemeinde enthaltene judenchristliche Element (Röm 4,1; 9,24; jüdische Namen in 16,3ff.; vgl. oben 13.1) bildet keine Sondergruppe. Auch ein Verweis auf die Schwachen in Röm 14,1-15,13 hilft nicht, eine aktive judenchristliche Position in der römischen Gemeinde dingfest zu machen, weil hier das Stichwort »Gesetz« nicht auftaucht, Askese von Fleisch und Wein (Röm 14,21) im jüdischen Gesetz gar nicht vorgesehen ist und programmatische Gesetzesobservanz von Paulus wie im Gal zu bekämpfen wäre. Jedoch ist ein Vergleich zwischen diesem Textabschnitt und Röm 1–8 in anderer Weise lehrreich: Wer die rhetorischen Mittel in beiden Stücken vergleicht, erkennt schnell die Unterschiedenheit: In Röm 14,1-15,13 hat Paulus mit der Gemeinde selbst Probleme und spricht das direkt aus (vgl. nur

14,1.13.19; 15,1f.7), in Röm 1–8 findet sich von solcher Dialogweise nichts.

Dennoch bleibt der Tatbestand, daß Paulus gerade die Römer an einer Kontroverse teilhaben läßt, die er, von den höchst aktuellen Anlässen im Gal und Phil B abgesehen, keiner heidenchristlichen Gemeinde sonst brieflich direkt offengelegt hat. D.h. der noch nicht abgeklungene Streit mit den Judaisten (vgl. oben 10.2 und 11.4) brandet mit Hilfe des Röm auch an die Tore Roms. Wenn Paulus Rom sein heidenchristliches Evangelium darlegt, dann kann er es angesichts seiner umstrittenen Stellung in der Christenheit nur, indem er es gegenüber speziell von den Judaisten vertretenen, aber auch sonst allgemein bekannten Einwänden schützt. Paulus weiß also, er kommt zwar als Symbolgestalt des Heidenchristentums nach Rom, aber seine zugespitzte Theologie unterliegt der Kontroverse, von der man auch in Rom Kenntnis hat. Also, Paulus diagnostiziert nicht in der römischen Gemeinde judenchristliche Frontstellung gegen ihn, sondern er stellt sich einer Gemeinde vor, indem er sein Evangelium, wie es im Streit liegt, beschreibt. Den dahinterstehenden aktuellen Streit hat er schon im Gal und Phil B ausgefochten.

So entsteht also im Röm ein literarisch-fiktiver Streit wie beim sog. Diatribenstil. Doch es ist ein Streit, der aktuellen nichtrömischen Hintergrund hat und von dem her nun auch anderes im Röm verständlich wird. Wenn der Heidenapostel Heidenchristen sein Evangelium vorlegt (Röm 1,1-17), so ist es durchaus auffällig, daß er dem Sünderstatus der Juden in 2,1ff. überhaupt so breiten Raum einräumt. Fällt es nicht auch im Unterschied zu Gal 3,6ff. auf, daß Paulus Röm 4 das Thema der Beschneidung Abrahams neu einbringt? Zweifelsfrei verstärkt er dadurch seinen Standpunkt gegenüber Juden. Schon längst ist beobachtet worden, daß Paulus Röm 7 das Gesetz positiver beurteilt (vgl. Röm 7,12) als in Gal 3,19ff. (vgl. besonders 3,19.24f.), dafür aber des Menschen Elend unter dem Gesetz viel konkreter auszeichnet als im Gal. Auch diese Verlagerung der Position stärkt offenkundig seine Position angesichts der Synagoge. Endlich beläßt es Paulus nicht dabei, daß er sich mit dem Judentum auseinandersetzt. Vielmehr bietet er in Röm 9–11 ein Selbstopfer für Israel an (9,1ff.), läßt ihm noch eine Heilschance (Röm 11,25ff.) und warnt das Heidentum vor Überheblichkeit gegenüber Israel (11,11ff.). Man wird also, so zeigen es diese Beobachtungen, davon auszugehen haben, daß gerade auch in Röm 1–11 der Streit mit der antiheidenchristlich eingestellten judenchristlichen Front seinen Niederschlag gefunden hat. Ist dabei wirklich nur jüngste Vergangenheit im Spiel oder nicht doch ebenso der Blick in die Zukunft?

Mit diesen Beobachtungen ist nämlich wohl doch auch schon zugleich ein erster Hinweis auf die Absicht gegeben, mit der Paulus den Röm schreibt. Was bezweckt er also? Die Antworten auf diese Frage sind nicht zuletzt darum so kontrovers, weil die vom Apostel konkret genannten Gründe durch einen viel kürzeren und weniger gewichtigen Brief leicht abgegolten wären: Bedürfen der Rombesuch und die Spanienreise (beides kündigt Paulus Röm 1,11-13; 15,22-29 an) einer so grundsätzlichen und umfangreichen Darstellung des paulinischen Evangeliums, und dies noch dazu teilweise mit einem internen Gesprächspartner, der eigentlich gar nicht die römische Gemeinde ist, sondern – wie wir gerade sahen – die Juden bzw. Judenchristen sind? Warum reicht Paulus dazu nicht ein Brief im Umfang des 1. Thess mit einer Bemerkung, Priska und Aquila, die Paulus hinreichend kennen und zugleich in der römischen Gemeinde gut integriert sind, könnten im übrigen über Paulus mehr aussagen, falls das nötig ist? Waren nicht überhaupt in Rom so viele Paulus bekannte Christen (Röm 16), daß man eigentlich auch ohne eine so gründliche Selbstdarstellung seiner Botschaft über ihn ganz gut unterrichtet war?

Immerhin sind zunächst die direkt genannten äußeren Gründe des Briefes klar. Paulus schätzt die römische Gemeinde hoch ein, hatte längst die Absicht, sie zu besuchen, war aber bisher immer wieder daran gehindert worden. Nun will er diesen Besuch endlich in die Tat umsetzen, nicht etwa, um in Rom zu missionieren, vielmehr um die Gemeinde zu stärken, d. h. – wie Paulus sich sofort »verbessert« – um sich gegenseitig im Glauben auszutauschen. So jedenfalls beginnt Paulus in Röm 1,11-13, seine konkreten Pläne behutsam einzuführen. Deutlicher wird er dann erst am Schluß des Briefes: Er hält seine Mission in Kleinasien und Griechenland für abgeschlossen und hat entschieden, sich ganz nach Westen zu wenden, um seinem Grundsatz treuzubleiben, nur dort als Völkerapostel aufzutreten, wo Christus noch nicht verkündigt wurde. Also möchte er sehr wohl Rom besuchen, wie nun 1,11-13 aufgenommen wird, aber er will eigentlich nach Spanien. Rom ist nicht Reiseziel sondern nur Zwischenstation, ja die römische Gemeinde soll ihn für die Spanienmission ausrüsten (15,14-24). Es ist klar, mit diesem Plan konnte Paulus in Röm 1 noch nicht aufwarten. Das wäre undiplomatisch gewesen.

Nun, am Schluß, hat er also sein Rom betreffendes Anliegen im Klartext angebracht. Er könnte den Brief damit abschließen. Aber die Probleme, die er loswerden muß, sind eben noch nicht alle auf dem Tisch der römischen Gemeinde. Da ist nämlich noch die Kollektenreise nach Jerusalem, die den Rombesuch und die römische Gemeinde tangiert (15,25-33). Sicherlich bleibt es dabei, er will über Rom nach Spanien, wie er nochmals wiederholt (15,28f.). Aber er kann eben nicht sofort wie Phöbe westwärts ziehen (16,1f.). Er muß vorab genau in die entgegengesetzte Richtung, nach Osten, nach Jerusalem. Ja, wäre dies doch nur allein eine Zeitverzögerung von einigen Monaten! Nein, leider ist diese Reise ebenso vordringlich wie von höchster Brisanz. Es steht mit ihr sogar so schlimm, daß Paulus von den Römern schon vor seinem Besuch Hilfe braucht, nämlich ihre Gebete (15,30f.): Es kann bei dieser Reise durchaus herauskommen, daß Paulus gar nicht nach Rom kommen kann, also abermals an der Reise gehindert wird, oder daß wegen des Streites um die Kollekte das Band zwischen Heidenchristentum und Judenchristentum zerschnitten wird, und damit die Römer vielleicht einen Heidenapostel aufnehmen könnten, der aus der Gemeinschaft mit den Judenchristen entlassen ist. Das alles versteckt Paulus etwas hinter den Worten in 15,31 (vgl. unten 15.1). Die Römer können es selbst folgern oder sich von Phöbe erklären lassen. Bei der Jerusalemreise ist alles drin: Glückliches Gelingen, auf das Paulus noch hofft, und ein vielseitiges, noch nicht kalkulierbares Desaster, das ihm unerbittlich in den Sinn kommt, wenn er die Situation analysiert.

Nun endlich ist alles heraus! Die Römer können nun den Brief daraufhin nochmals lesen, also mit dem Wissen, das Paulus vom ersten diktierten Wort an auf der Seele brannte und unter dessen Druck er auch so ausführlich schrieb und in Röm 1–11 auch immer wieder an seine Stellung zur Synagoge dachte. Nun wissen sie es: Er wollte nicht nur nach Spanien, sondern vor allen bedrohlichen Ereignissen, die in Jerusalem kommen können, die Römer zu Zeugen seines theologischen Vermächtnisses machen, aus dem hervorgeht, wie er um des Evangeliums willen mit Israel streiten muß (Röm 1–8), aber persönlich als ehemaliges Glied dieses Volkes sich für Israels Heil opfern würde und Israel noch nicht aufgegeben hat, weil Gottes Treue zu Israel nicht aufgekündigt ist (Röm 9–11). Ist es so schwer, sich vorzustellen, daß für Paulus selbst Röm 1–11 auch den Nebeneffekt einer Vorbereitung für die fälligen Diskussionen in Jerusalem hat, wo er doch gerade dahin aufbricht? Also führen die äußeren Angaben zur Situation bei der Absendung des Briefes auf die Spur, die zur inneren Situation führt: Paulus legt vor der Jerusalemreise, mit der alles gewonnen werden und verlorengehen kann, wo es um sein Leben und seinen Auftrag als Völkerapostel in der einen Kirche aus Judenchristen und Heidenchristen geht, den Römern, zu denen er, geht alles gut, als nächstes kommen will, sein theologisches Testament vor. Sollte er nicht mehr kommen können, haben sie das, was er ihnen bei seinem Kommen zu sagen hätte, vorab schriftlich.

Weil der Erfolg der Jerusalemreise auf des Messers Schneide steht, hat Paulus also den Brief an die Römer so ausführlich und grundsätzlich erstellt, indem er betont als Heidenapostel, der er seit seiner Berufung ist, sein heidenchristliches Evangelium noch einmal darlegt (Röm 1,1-17). Leitfunktion für Röm 1-8;9-11 erhält dabei die Rechtfertigungssprache, die Paulus im Kampf mit den Judaisten schon erprobte und wohl auch in Jerusalem benutzen wird (vgl. Röm 3,21-5,21). Sie ist nun aber nicht mehr Kampfsprache, sondern im Stil eines theologischen Traktates vorgetragen. Freilich wird dadurch der Röm noch nicht zur ersten Dogmatik der Christenheit. Wohl aber liegt Röm 1-8 die letzte Entfaltung des paulinischen Evangeliums vor, mit dessen Verständnis der Apostel zu leben und zu sterben gedachte.

13.3 Der Gedankengang in Röm 1–8

Wer sich aufgrund der Ausführungen im letzten Abschnitt (13.2) vom Gal und Phil B her Röm 1–8 nähert, sieht Paulus vor mehreren Problemen stehen: Der Apostel muß bei Übernahme der Rechtfertigungssprache aus diesen beiden vorweg geschriebenen Briefen nun so reden, daß die die Gemeinde in Galatien und Philippi bedrängende Polemik gegen die Judaisten und gegen ihre Gegenmission als direkter Angriff unterbleibt. Paulus sucht nämlich den Kontakt mit einer Gemeinde, die offenkundig solcher akuten Beeinflussung noch nicht ausgesetzt ist. Er wird zwar ganz am Schluß des Briefes die intakte Gemeinde vor der möglichen judaistischen Gefahr warnen (Röm 16,17-20), jedoch zeigen gerade die in Röm 14,1-15,13 angedeuteten inneren Gemeindeverhältnisse, daß die Beschneidungsforderung in Rom nicht diskutiert wird, also noch keine Judaisten am Werke sind. Weiter kann Paulus schwerlich Phil B weiter ausziehen, also seine Berufung unmittelbar als Musterfall für das Verstehen christlicher Existenz hinstellen. So kann man mit einer vertrauten Gemeinde reden, aber schwerlich mit den Römern, die ihn noch nicht persönlich kennen. Er kann aber auch nicht einfach wie im Gal auf die Gemeindeerfahrung mit der paulinischen Erstmission abheben, hat er doch die römische Gemeinde nicht gegründet, und hat diese vor allem auch in ihrer ersten judenchristlichen Phase mit der Annahme des Evangeliums die Bindung an das Gesetz gar nicht sofort aufgegeben (vgl. oben 13.1). Endlich muß Paulus voraussetzen, daß die allgemeine Kenntnis seiner Person in Rom ihn auch als umstrittenen Apostel ausweist, so daß

eine deutliche, aber zugleich behutsame und sachliche Vorstellung angebracht ist. Das alles stellt Paulus vor die Aufgabe, nochmals nach einem
neuen Weg der Darstellung seiner Verkündigung zu suchen, der möglichst alle diese Probleme löst.

Nun war dies bisher ein Ertrag aus der Betrachtung der paulinischen
Briefe: Der Apostel besitzt die besondere Fähigkeit, seine Grundeinstellung immer wieder auf neue Weise darzustellen und sich dabei im Kern
treu zu bleiben. Paulus wählt nun für den Röm einen Weg, der auch
gerade die Römer als Adressaten seines apostolischen Auftrages hinstellt
und ihnen dieses Evangelium traktathaft beschreibend entfaltet (1,1-17).
So setzt Paulus mit seinem Heidenapostolat und dem damit gegebenen
Evangelium für alle Völker ein, so daß die römische Gemeinde Adressat
dieser Botschaft ist, hält fest, daß dieses Evangelium von Jesus Christus
auf dem allgemeinen urchristlichen Bekenntnis beruht (1,3b-4 ist Bekenntnistradition), Paulus also insofern im allgemeinen urchristlichen
Konsens steht, und deutet dann den Inhalt des Evangeliums mit beabsichtigter Signalwirkung für den folgenden Briefinhalt – das Thema des
umstrittenen Paulus klingt an – mit der Rechtfertigungssprache aus: »Ich
schäme mich des Evangeliums nicht, ist es doch Gottes Kraft zum Heil
für jeden, der glaubt, für den Juden zuerst und für den Griechen. Denn
Gerechtigkeit Gottes wird in ihm geoffenbart aus Glauben zum Glauben,
wie geschrieben steht (Hab 2,4): ›Der aus Glauben Gerechte wird leben‹«
(Röm 1,16f.).

Dieser sicherlich reiflich überlegte Einstieg in den Brief strukturiert
nun zugleich die folgenden Ausführungen. Man wird zwar davon Abstand nehmen müssen, in Röm 1,17 gleich eine Gliederung für Röm 1,18-
8,39 im einzelnen zu finden. Aber es leidet keinen Zweifel, daß 1,1-17 die
Sichtweise abgibt, unter der in Röm 1–8 geredet werden soll. Das bedeutet: Unbeschadet der internen Zuordnungen der Abschnitte untereinander, entfalten Röm 1–8 insgesamt das Evangelium von Jesus Christus,
ausgelegt als Glaubensgerechtigkeit, die zum Leben führt. Paulus orientiert sich also am verkündigten Evangelium, wie es zum endzeitlichen
Heil der Menschen, die es glaubend annehmen, wirkt. Das entspricht im
Ansatz der Erwählungstheologie aus dem 1. Thess (vgl. oben 6.2). So
hatte Paulus gerade auch im Prinzip im Gal (1,6-9; 3,1-5) eingesetzt. Diese
Entsprechung wird um so deutlicher, wenn man in der »Kraft Gottes« aus
Röm 1,16 den Geist aus 1. Thess 1,5-7; Gal 3,1-5 wiedererkennt (von
dem dann später ausführlich Röm 8 geredet wird), und aus Röm 1,1-7
den erwählungstheologischen Zusammenhang Evangelium – Glaube –
berufene Heilige dazustellt. Paulus blickt also von dem ihm anvertrauten

Evangelium auf die Adressaten dieser Botschaft und beschreibt, wie sie unter dem Evangelium neue Menschen werden. Diesen Ansatz aus der Erwählungstheologie entfaltet er dann im Gefolge von Gal und Phil B durch die Rechtfertigungssprache und mit dem besonderen Textsignal des Zitates aus Hab 2,4, einen für Paulus alttestamentlichen Schlüsseltext, der uns schon Gal 3,11 (vgl. oben 11.3) begegnete. Damit hat er die Übereinstimmung seines Evangeliums der Rechtfertigung mit dem Alten Testament festgestellt, ein Aspekt, der besonders Röm 3,21-4,25 noch Bedeutung gewinnen wird.

Mit der Einsicht in diese Grundorientierung für Röm 1–8 sind naturgemäß noch nicht alle Probleme der Gliederung gelöst, aber doch deutliche Hilfen zum Verständnis des Textes gegeben. Geht es doch nun darum, die Aufgabe der einzelnen Abschnitte unter diesem Generalaspekt zu bestimmen. D.h. alle Abschnitte in Röm 1,18-8,39 müssen als aspektweise Entfaltung der Linie Evangelium von Jesus Christus – Glaube/Gerechtigkeit – Leben erfaßt werden. Zu dieser entscheidenden Zuordnung zu Röm 1,1-17 treten dann erst an zweiter Stelle die Beobachtungen zur Abfolge der Abschnitte untereinander. Die Vorherrschaft des ersten Zuordnungsverhältnisses wird schon daran deutlich, daß Paulus z.B. keinen systematischen Traktat schreibt, in dem aus einem Gedankenschritt deduktiv und notwendig der andere folgt. Paulus wählt auch z.B. keinen heilsgeschichtlichen Aufriß von Abraham (Röm 4) über die Gesetzgebung des Mose (vgl. Röm 7), Christi Kommen (vgl. 3,24-26; 4,24f.), dem Verkündigen des Evangeliums, seiner gläubigen Annahme mit der Entstehung von christlichen Gemeinden (vgl. 1,1-17) bis hin zum Ende aller Dinge (Röm 2; 5; 8,18ff.). Vielmehr kommen diese Themen ganz unchronologisch unter verschiedenen Bedingungen im Text zur Geltung. Auch der Kontrast zwischen den zwei Epochen vor Christus und nach Christus, wie er Gal 3f. prägt, ist nicht anzutreffen.

Erster Testfall für die Diskussion um die Struktur von Röm 1–8 ist Röm 1,18-3,20, also der Abschnitt, der vom Zorn Gottes über die sündige Menschheit insgesamt handelt. Der Abschnitt deduziert nicht, was als erster Teilaspekt des Evangeliums gelten soll, nämlich die Zornesoffenbarung Gottes; kommt doch der Zorn Gottes gerade nicht aus dem Evangelium sondern »vom Himmel« (1,18) und hatte doch Paulus in Röm 1,16f. das Evangelium vollständig beschrieben, ohne den Zorn zu erwähnen. Er fragt vielmehr: Auf wen stößt das Evangelium? Antwort: Auf die gesamte Menschheit, die, der Sünde verfallen, unter Gottes allgemeinem Zorn steht. Schon die Erwählungstheologie aus dem 1. Thess setzte voraus, daß Gott nicht Menschen mit besonderen Vorzügen erwählt, sondern aus dem globalen Unheilszustand der Gesamtmenschheit, also aus den Völkern, die ihn bisher verachteten (1. Thess 1,9), jedoch gegebenenfalls auch Juden, so sicher auch sie in sündiger Feindschaft gegenüber dem Evangelium leben (2,16). So erlöst das Evangelium vom göttlichen Zorn und aus trostloser Todesverfallenheit (1. Thess 1,10; 2,16; 4,13; 5,9). Es reißt aus diesem Unheil, in dem es den in Christus erwählenden Gott offenbart. Es stößt also auf das ihm vorgängige Unheil, vollstreckt das Gericht über dieses Unheil aber nicht auch noch selbst: Die Juden, die dem Evangelium hinderlich im Weg stehen, werden nicht unter das Evangelium als ihrem Gericht gestellt, sondern unter den Zorn Gottes (1. Thess 2,15 ff.), von dem sonst gerade Christus errettet (1,10). Diese Gesamtaussage über die Verlorenen als Adressaten des Evangeliums war dann in der Kreuzestheologie der korinthischen Korrespondenz noch zugespitzt worden (vgl. nur 1. Kor 1,18-31).

Hatte Paulus also Röm 1,18-3,20 die Frage beantwortet, worauf das Evangelium stößt, wenn Paulus es weltweit verkündigt (1,14f.), dann fragt Paulus als nächstes: Was wird im Evangelium geoffenbart (vgl. zum Verb 1,17; 3,21)? Die Antwort hatte er schon 1,16f. mit dem Stichwort »Gerechtigkeit Gottes« gegeben und dazu festgehalten, daß das Evangelium als Kraft Gottes unter der Bedingung des »Glaubens« »Gerechte« schafft. In diesem Sinne erörtert er 3,21-4,25 die Rechtfertigung des Gottlosen. Dabei muß das Evangelium als Evangelium von Jesus Christus zur Geltung kommen, also die durch Christus vermittelte Gerechtigkeit entfaltet werden. Dies geschah Gal 3 in der Weise, daß die Segensverheißung an Abraham zunächst auf Christus zielte und über ihn als im Evangelium gegenwärtigen Geist zu den Gläubigen kam (vgl. oben 11.4). Auch Röm 3,21-4,25 denkt Paulus analog, allerdings mit anderen Mitteln. Ebenso wie im Gal kommt die Christologie so zur Geltung, daß Paulus allein darauf sieht, was Gott durch Christus für die Menschen tut. Paulus überlegt also z.B. nicht: Wie wirkte Christus auf den göttlichen Zorn zugunsten der Menschen ein? Hat Christus seine Gerechtigkeit zugunsten der fehlenden Gerechtigkeit der Menschen vor Gott eingesetzt? Sondern der Apostel läßt Gott durch Christus zugunsten der Sünder handeln und beschreibt dies im Röm mit zwei traditionellen bekenntnisartigen Formulierungen (3,24-26; 4,24f.).

Mit Röm 5,1 setzt der Apostel neu ein, insofern er auf die geschehene Rechtfertigung – also auf den durch 3,21-4,25 erreichten Zustand beim Gläubigen – blickt, und die damit gesetzte Umkehr des durch Zorn bestimmten Gottesverhältnisses des Sünders (1,19; 5,8f.) in ein Friedensverhältnis des Gerechtfertigten verwandelt sieht. Damit sind zugleich Tod

(1,32; 2,8 f.) und Leben (5,10) ausgetauscht. Auch dieser Aspekt war bereits in 1,17 angedeutet, wie ja überhaupt Gerechtigkeit und Leben alte Zwillingsgeschwister sind. Erinnert man sich, daß Erwählung und endzeitliches Heil (vgl. oben 6.2) für Paulus seit langem zusammengehören, so wird nun deutlich: Der Gerechtfertigte aus Röm 5,1 entspricht dem Erwählten aus dem 1. Thess.

Doch wie ist dann die anschließende Gegenüberstellung der beiden menschheitsbestimmenden Gestalten Adam und Christus in Röm 5,12-21 dem Kontext einzuordnen? Sicherlich, 6,1 setzt neu ein, wie überhaupt der unpersönliche beschreibende Stil von 5,12 ff. in Röm 6–8 keine wirkliche Entsprechung mehr findet. Röm 5,12-21 gehört also nicht zum Folgenden. Orientieren sich Röm 6–8 bei vorherrschendem Wir-Stil an der gegenwärtigen Existenz des Gerechtfertigten, so formuliert 5,12 ff. in derselben grundsätzlichen Weise den Gegensatz von einerseits Sünde und Tod wie andererseits von Gerechtigkeit und Leben, so wie er zwischen den großen Abschnitten 1,18-3,20 und 3,21-4,25 besteht. Auch diese Abschnitte werden von einer objektbezogenen Beschreibung geprägt und kennen das »Wir« und »Du« nur als Stilmittel der sog. Diatribe, nicht aber wie in 5,1 ff.; 6-8 als das »Wir« der gläubigen und gerechtfertigten Gemeinde, das zum Gegenstand der Betrachtung erhoben wird, nachdem es innerhalb der Antithese von Tod und Leben auf die Seite des Lebens versetzt worden ist. Ebenso findet sich nun der für 1,18-4,25 typische Sprachgebrauch, wie er von der Gemeinde absieht und verallgemeinernd von »allen« Menschen als Sündern (Röm 1,18; 2,1.9 f.; 3,4.9.12.19 f.20.23) und »allen« Glaubenden spricht (1,16; 3,22; 4,11) in 5,12 ff. wieder (5,12.18). Diese Redeweise fehlt wiederum in 5,1-12; 6-8 (begründete Ausnahme: 8,32). Denkt man nun weiter an die in Phil B im Kontext der Rechtfertigungssprache getätigte Aussage über Christus als der »alles« bestimmenden Heilsgestalt, von der her »alles« seine Beurteilung erhält (vgl. auch noch 1. Kor 1,23; 2. Kor 10,5; Gal 2,21), dann ist zu fragen, ob Paulus nicht mit Röm 5,12 ff. für alles im Röm bisher Dargelegte eben diese Christologie nochmals festmachen wollte.

Dann ergibt sich folgende Möglichkeit: Die beiden Stücke in Röm 5 haben verschiedene Funktionen. 5,1 ff. ist die unmittelbare Konsequenz aus 3,21-4,25 und bereitet zugleich, durch den Wir-Stil angezeigt, Röm 6–8 vor. Röm 5,12 ff. unterbricht diesen Fortgang, indem Paulus nochmals stilistisch wie sachlich Röm 1,18-4,25 zum Abschluß bringt. So hat Röm 5 im Kontext Scharnierfunktion: Es öffnet für das Nachfolgende und es schließt das Gesagte ab. Man kann zu dieser These eine Gegenprobe machen, indem man fragt: Paßt 5,12 ff. zur Frage, was im Evangelium geoffenbart wird, wie sie 3,21-4,25 bestimmte? Die Antwort lautet: Ja. Sie ist sogar nun vollständiger, weil sie nun lauten kann: Im Evangelium offenbart Gott die Glaubensgerechtigkeit durch die endzeitliche und menschheitsbestimmende Gestalt Jesu Christi. Auch zu Röm 1,1-17 wird nun ein guter Bezug sichtbar: Das Evangelium wird 5,12ff. wie Röm 1,3f. als Evangelium von Jesus Christus beschrieben.

Streng genommen, hat Paulus mit den Ausführungen in 1,18-5,21 das Evangelium vollständig entfaltet. Wie durch das Wir der gerechtfertigten Heilsgemeinde in 5,1-11 schon angedeutet, verschiebt sich auch mit Röm 6–8 der Blick von der Entfaltung des Evangeliums zur Darlegung verschiedener Aspekte, die die Wirklichkeit der gläubigen Gemeinde betreffen. Man kann das auch so sehen: Die Darlegung des Evangeliums vollzog sich durch den Kontrast, der dadurch entsteht, daß das Evangelium auf Sünder stößt, deren Gottesverhältnis durch Zorn und Tod bestimmt ist. Das Evangelium selbst konstituiert ein neues Gottesverhältnis, indem durch es Gott Sünder rechtfertigt und die Lebensgabe anbietet. Nun wendet sich Paulus gleichsam diesem neuen Ergebnis zu und beschreibt die komplexe Lebenswirklichkeit der Gläubigen zwischen Rechtfertigung und Endheil.

Das geschieht offenbar in fünf Abschnitten, wobei die ersten drei das gegenwärtige Leben der Christen, die letzten zwei ihre Hoffnung im Blick haben. Im einzelnen ergibt sich dabei folgende Aufteilung: Die beiden ersten Abschnitte Röm 6,1ff. und 7,1ff. sind durch Hauptstichworte (Sünde, Gesetz) geprägt und durch Einstiegsfragen gegliedert (6,1.15; 7,1.7). Offenkundig muß sich Paulus typischen Angriffen gegen ihn dabei erwehren, die ihm Gesetzlosigkeit vorwerfen. Im einzelnen erörtert Paulus im ersten Abschnitt (6,1-23, unterteilt in 6,1-14 und 6,15-23) den 5,1-12 behandelten Gnadenstand, wie er Befreiung von der Sünde (6,2.11f.) und Gerechtigkeitsdienst zur Heiligung (6,18f.) bedeutet. Das geschieht mit traditionellen Taufaussagen, durch die Paulus zwei Interpretationsmuster vorgegeben bekam: Das Sterben des alten Menschen und die Ermöglichung zum neuen Lebenswandel (6,1-14), sowie den Herrschaftswechsel aus der Sündenknechtschaft in den Dienst der Gerechtigkeit (6, 15-23). Der zweite Abschnitt (7,1-6.7-25) zeigt, durch 6,14f. vorbereitet, wie Christen nicht nur der Sünde, sondern auch dem Gesetz gestorben sind. Auch damit wird ein Aspekt aus 5,1-12 behandelt (vgl. 5,6-9). Da die traditionelle Tauftradition nicht das Gesetzesthema behandelte, muß Paulus sich nun eine neue Situation wählen, an der er die Gesetzesfreiheit verdeutlichen kann: Er verdeutlicht an der Ehegesetzgebung. Die gesetzlichen Bestimmungen zur Ehe gelten für die Partner nur so lange, wie beide leben. Christen sind aber gestorben (siehe 6,1 ff.), also sind sie vom Gesetz frei (7,1-6). Im übrigen war ihre Stellung unter dem Gesetz alles andere als glücklich (7,7-25): Sie können froh sein, aus dem Unheilsdreieck Sünde – Gesetz – Tod befreit zu sein. Im dritten Abschnitt (beachte die neuen Gliederungssignale in 8,1 und 8,12) 8,1-11.12-17 herrscht die Antithese von Geist und Fleisch vor. Der Geist Christi und die mit ihm gegebene Unmittelbarkeit zu Gott sind eine neue Qualität des Christen, die das Gesetz überflüssig macht und dem Fleisch als Sündenmacht Paroli bieten kann. Auch dieser Gedankengang ist in 5,5 angelegt, wie auch unmittelbar durch 7,6 vorbereitet. Alle drei Abschnitte umkreisen die gegenwärtige Wirklichkeit des Christen im Kontrast zu seinem alten Wesen mit verschiedenen sprachlichen Mitteln. Sie sagen nichts jeweils Neues, sondern zielen auf dieselbe komplexe Wirklichkeit des Gerechtfertigten.

Durch 8,11.17 unmittelbar vorbereitet und auf 5,3-5 fußend, erörtern dann 8,18-21.22-27.28-30 als vierter Abschnitt die Hoffnung mitten in den Widrigkeiten der Gegenwart, wobei der Blick vom Christen auf die gesamte Schöpfung ausgeweitet wird, wie ja auch 1,18-3,20 stillschweigend und selbstverständlich in dem Richter der sündigen Menschheit den Schöpfer aller Wirklichkeit sah. Endlich bilden 8,31-37.38f. als fünfter Abschnitt, direkt an 8,27 anknüpfend, den angemessenen Abschluß, insofern sie die Gewißheit der Hoffnung bis in den abschließenden Hymnus hinaus ausformulieren. Niemandem wird dabei der schöne Bogen von der »Liebe Gottes« in Christus zwischen 5,5.8 und 8,35.39 entgehen.

Nun kann das Darstellungskonzept von Röm 1–8 noch einmal auf einen Blick verdeutlicht werden, siehe Seite 377.

13.4 Die Rechtfertigung des Gottlosen

Mit der Einsicht in die strukturellen Verhältnisse von Röm 1–8 sind wichtige Hilfen zum Verstehen des Textes gegeben. Dies gilt zunächst für Röm 1,18-3,20. Wir sahen: Paulus definiert hier nicht die Sünde, sondern beschreibt exemplarisch am Verhalten von Heiden und Juden, inwiefern das Evangelium auf sie als Sünder stößt (3,20). Der Abschnitt fragt also: Aus welchem Zustand wird die Menschheit durch das Evangelium von Jesus Christus gerettet? Die Antwort enthält dann auch Gesichtspunkte des paulinischen Verständnisses der Sünde. Dabei fällt jedoch insbesondere auf, daß der Apostel den für ihn so typischen Begriff »Fleisch« (vgl.

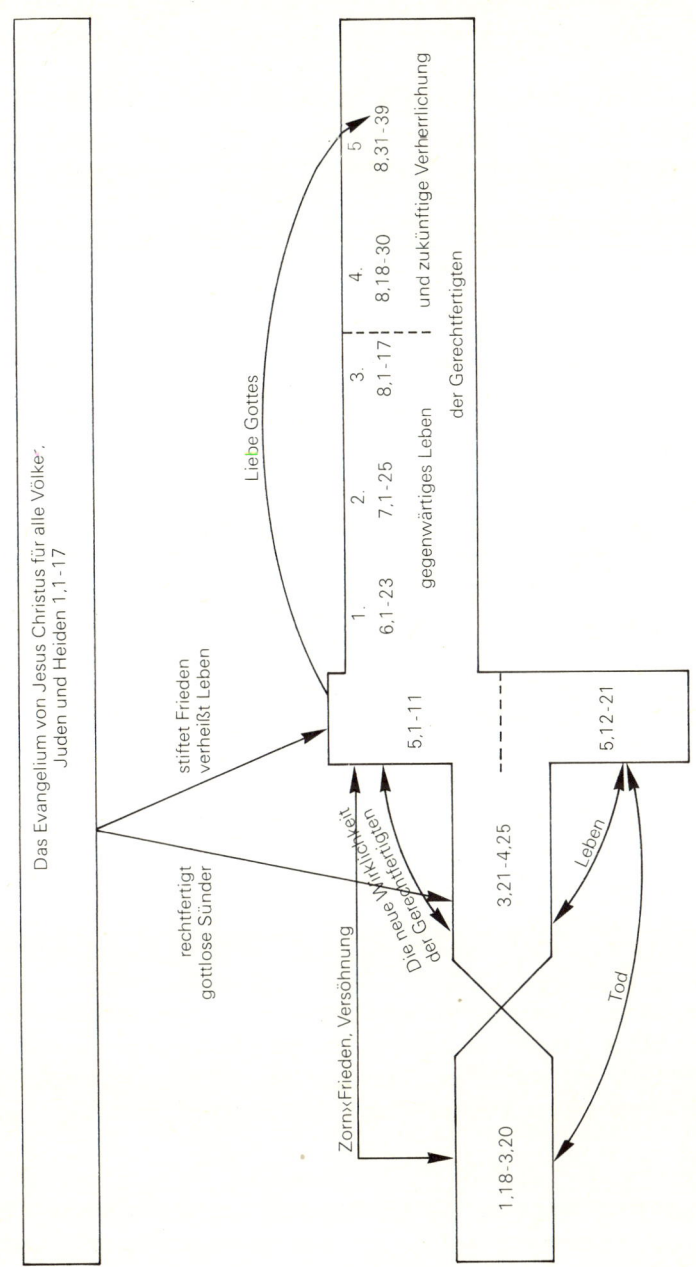

Röm 7f.) als Sündenbegriff in dem ganzen Abschnitt nicht verwendet. Das führt zu der weiteren Beobachtung, daß Paulus überhaupt in Röm 1,18-3,20 weitgehend traditionellen und typischen Aussagezusammenhängen folgt. Sieht man nämlich einmal von der speziell paulinischen These zum Gesetz ab, wie sie in 3,20 eingeflochten ist, sagt Paulus den Römern der Sache nach kaum viel Neues: Sie stimmen z.B. längst – wie die Urchristenheit – mit ihm überein, daß nur die christliche Botschaft aus der allgemeinen Gerichtsverfallenheit erretten kann (vgl. 1. Thess 1,9f.; 1. Kor 6,9-11 als traditionelle Aussagen).

Allerdings werden sie bei näherem Hinsehen auch beobachten, daß Paulus die Anlage des Gesprächs nicht – wie es für Rom angemessen wäre – so wählt, daß er zu einer heidenchristlichen Gemeinde über Heiden und Juden redet (wie z.B. in Röm 9–11). Vielmehr spricht Paulus über die Heiden in 1,18ff. vom jüdischen Standort her und erwartet dafür problemlose Zustimmung von der jüdischen Seite, um dann aus dem Horizont des hellenistischen Diasporajudentums heraus (2,17ff.) das ganze Judentum mit unter das Urteil allgemeiner Sündenverfallenheit einzuschließen. Dazu erwartet er keine problemlose Zustimmung, sondern schickt sich an, ausdrücklich zu diskutieren (2,25-3,8). Röm 1,18-3,20 ist also eigentlich ein Gespräch mit Judenchristen. Die Anlage des Abschnittes hat eine Vorstruktur, die älter als der Röm ist. Sie stimmt zum Gespräch zwischen Paulus und den Römern nur, weil das abschließende Urteil in Röm 3,20 auf dieser Linie liegt.

Sie ist teilweise sogar älter als das Christentum. Denn es leidet keinen Zweifel, daß Paulus die Kennzeichnung der Heiden in Röm 1,18ff. seiner ehemaligen hellenistischen Synagoge entlehnt hat. Auch die Aufzählung des jüdischen Fehlverhaltens in 2,17-24 ist nicht so neu, wie es auf den ersten Blick scheinen mag: Der Kontrast zwischen den Vorzügen des Judentums und seinem Versagen ist inhaltlich der (in diesem Fall: hellenistisch-synagogalen) jüdischen Bußpredigt geläufig, zumal die Anklagepunkte zusammenfassende Aufzählungen aus der Geschichte Israels sind, wie sie im Alten Testament stehen und also für jeden Juden nachlesbar oder bekannt sind. Daß der Apostat und Christ Paulus das sagt, ist für Juden anstößig, nicht aber unbedingt schon die Aussage als solche, haben doch etwa das deuteronomistische Geschichtswerk, die Essener und Johannes der Täufer analoge Kritik über Israel vorgetragen, indem sie das Negativkonto Israels je auf ihre Weise grell ins Licht setzten. Schon Paulus muß übrigens aufgefallen sein, daß sein abschließendes Urteil in Röm 3,20 allein durch 2,17ff. noch nicht begründet war. Die Vielgötterei des Heidentums war ein alle Heiden kennzeichnender grundlegender

Makel. Für die Juden jedoch nennt Paulus keinen gemeinsamen Nenner grundsätzlicher Abqualifikation, der in jedem ihrer eigenen Taten zur Geltung kommt. Der Sprung vom einzelnen Fehlverhalten zum qualifizierenden Gesamturteil in 3,20 wird dann auch in bezug auf das Judentum erst durch das autoritative Schrifturteil in Gestalt der Zitatensammlung in Röm 3,10ff. erbracht. Die Juden können also – so will Paulus sagen – ihr alle betreffendes göttliches Urteil in ihrer eigenen Bibel nachlesen. Endlich gehört in die Aufzählung der traditionellen vorchristlichen Stoffe in Röm 1,18-3,20 noch das Gerichtsgemälde in 2,1ff. (vgl. oben 3.2), das ebenfalls der hellenistischen Synagoge zugeordnet werden muß.

Nimmt man diese Beobachtungen ernst, muß man immer wieder bei der Auslegung der Einzelheiten gewärtig sein, daß Spannungen zwischen Intention und Darstellung auftreten. Kann es z. B., wenn alle Sünder sind, überhaupt einen guten Gerichtsausgang geben, wie ihn Paulus Röm 2,1ff. symmetrisch zum schlechten Ausgang schildert? Können – ebenfalls unter der Voraussetzung des Gesamturteils in 3,20 – gute Heiden im Sinn von 2,26f. vorkommen? Ist die Sünde des Juden nicht in Röm 10,1ff. konzeptionell viel einsichtiger herausgearbeitet als in 2,21ff.? Wir stellen solche Fragen zurück und orientieren uns an den durchgehenden Aussagelinien des Apostels.

Wenn Paulus fragt: Auf wen stößt das Evangelium? fragt er zugleich: Wie stehen alle Menschen vor dem nahen göttlichen Gericht? Das war ja schon 1. Thess 1,9f. die Aufgabe des Evangeliums, vor dem nahen Gericht Rettung anzubieten. Das nahe Endgericht bleibt auch im Röm (vgl. 1,18; 2,1ff.; 13,11) der grundlegende Horizont, so daß Röm 1,18-3,20 die Wirklichkeit der Menschheit angesichts des nahen Endgerichts zur Sprache bringt. Blickt man auf die Geschichte aller Menschen, erwartet sie im nahen Gericht nichts als nur der göttliche Zorn (1,18; 5,9). In Röm 5,1.8-10 läßt Paulus dann die Gerechtfertigten Frieden mit Gott haben und durch Christus vom Zorn gerettet sein, weil Gott sich die Feinde durch den Tod seines Sohnes versöhnt hat. Von Gott herbeigeführte Versöhnung ist also Rettung vom Zorn, indem Gott die Feindschaft zwischen ihm und den Menschen durch friedenstiftendes Handeln in Christus aufhebt. Damit ist klar, was Paulus in Röm 1,18-3,20 über die Sünde sagen will: Sie ist Beziehungsbegriff, der das Gottesverhältnis der Menschen angesichts des nahen Endgerichts in seinem negativen Modus beschreibt: Sünde ist menschlicher Widerspruch im Sinne der Einnahme einer gottfeindlichen Position, auf die Gott mit Zorn reagiert. Zorn und Gericht sind Ausdruck dafür, daß Gott nicht wollen kann, daß Menschen zu ihm als Schöpfer und Richter in Widerspruch treten. Er will nicht solche Feindschaft, sondern Frieden.

Dieses theologische Urteil des Paulus impliziert ein vorgängiges allgemeines Erfahren und Verstehen von Aspekten der Sünde. Der Apostel setzt das Nicht-in-Ordnung-sein des Menschen als anthropologische Grunderfahrung voraus. Daß die Differenz zwischen Sollen und Sein von jedem erfahren wird, ist also selbstverständliche Annahme der paulinischen Erörterung. Paulus kann dies an zwei besonders eindrücklichen Phänomenen beschreiben: So hebt der Apostel auf das Gewissen ab als dem Ort im Menschen, an dem menschliches Fehlverhalten sich bekundet, indem dem Fehltritt folgende Anklage (»Eigentlich hätte ich sollen...«) und reagierende Verteidigung (»Das kann mir nicht vorgeworfen werden...«) aufeinanderstoßen (Röm 2,15). Neben diese Innenerfahrung stellt er die zwischenmenschliche Erfahrung, nach der sich der Mensch Feindbilder schafft, sich selbst erhöht und den anderen erniedrigt. Das geschieht z.B. so, daß er andere an einer Norm mißt, sich selbst aber einer gleichen Überprüfung entzieht (Röm 2,17-24). Paulus wäre falsch verstanden, würde ihm die Meinung unterstellt, das erste Grundphänomen sei typisch heidnisch (dagegen vgl. z.B. Röm 13,5; 1. Kor 8,7) und das letzte typisch jüdisch (vgl. nur Röm 14,7-10; 1. Kor 4,1-5). Beide sind allgemein menschlich und bleiben Themen christlicher Mahnung. Solche Erfahrung des Zwiespaltes mit sich selbst und der Verkehrtheit zum Mitmenschen geht also der theologischen Erörterung der Sünde immer schon voraus.

Auch zur Verantwortlichkeit des Menschen in seiner Verfehlung äußert sich der Apostel. Dabei ist Israels Verantwortlichkeit für ihn kein Problem, denn es ist ja der besonderen Offenbarung Gottes gewürdigt worden (Röm 2,17f.). Der Heide ist für den Apostel unentschuldbar vor Gott, weil er sich der »Wahrheit Gottes«, wie sie sich in dieser Welt widerspiegelt, versagte, indem er sie »in Ungerechtigkeit unterdrückt« (Röm 1,19f.). Des Heiden »Gottlosigkeit« (1,18) ist also eine gegen den einen Gott (1. Thess 1,9) gerichtete Herstellung vieler Götter aus dem Geschaffenen (Röm 1,21-23). Es ist der rebellische Gegenentwurf einer Weltdeutung, die sich selbst zum Mittelpunkt der Wirklichkeit macht und sie nur aus sich heraus und für sich begreift. Angemessen wäre es, von dem einen wahren Gott her sich und alle Welt zu verstehen. Daß der Heide dies nicht nachvollzieht, ist sein bewußt gewähltes Unrecht. Indem Heiden ausdrücklich zustimmen, wenn andere ebenso verfahren (1,32), offenbaren sie, daß sie solche Lebens- und Weltgestaltung wollen, d.h. daß sie mit dem »Herzen« dabei sind.

So sind also für Paulus das eigene Wissen um den nicht gelungenen Lebensentwurf und die Einsicht, dafür Verantwortung zu tragen, Basiserfahrungen menschlichen Lebens. Aber die Erkenntnis, daß und wie dies im theologischen Sinn Sünde ist, gelingt erst dort, wo das Evangelium den Menschen im Sinne von Röm 5,6-10 zusagt, daß Gott durch Christus den ihm feindlichen Sünder Frieden anbietet. Erst die Erfahrung des friedenstiftenden Gottes (5,1), vermittelt durch Gottes Geist (5,5), läßt die Tiefe vorheriger Verlorenheit abschätzen. Erst die Erkenntnis Christi läßt alles neu werten (Phil 3,8f.). So ist auch Röm 1,16f. das Evangelium thematisiert, bevor von der allgemeinen Gottlosigkeit gesprochen wird (1,18-3,20).

Paulus hat die theologische Wertung des Sünders als Feindschaft gegen Gott (Röm 8,7) und Bestimmtsein vom Unvermögen, Gott gefallen zu können (8,8), auch in Röm 1,18-3,20 ansatzweise beschrieben: So ist Sünde nicht nur ein Mangel an Gebotserfüllung, also bei allem Bemühen um das Gesetz und den göttlichen Willen ein Zurückbleiben hinter den Forderungen Gottes. Denn dem Sünder fehlen nicht nur eine größere Menge guter Taten, noch hat er nur Überfluß an mehr oder weniger zahlreicher Übertretung von Verboten, sondern Sünde ist eine widergöttliche Position des ganzen Menschen: Der Sünderstatus der Heiden beginnt mit der Benennung ihrer bewußten widergöttlichen Lebensauffassung (1,19-21). Der Entehrung Gottes, die damit verbunden ist, folgt die Selbstentehrung auf dem Fuß (1,22-24.28). Die negative Qualifizierung der Juden endet damit, daß die Juden Gott entehren und Nahrung zur heidnischen Gotteslästerung geben (2,23f.). Das Mischzitat aus dem Alten Testament, das autoritativ Gottes Urteil über die Menschheit bekundet, endet in 3,18 mit dem Satz: »Es ist keine Furcht Gottes vor ihren Augen!« Daß damit ein Grundanliegen des Apostels in der Beschreibung menschlicher Verlorenheit gefunden ist, zeigt die antithetische Beschreibung Abrahams in Röm 4,20: Er gibt ausdrücklich Gott die Ehre, indem er sich ganz und gar nur auf den Gott einläßt, der ihm einen Sohn verheißen hat.

Diese Beobachtung hilft, den theologischen Sinn der Rede von der Sünde noch etwas weiter freizulegen: Abraham verläßt sich auf den verheißenden Gott jenseits seiner Ausgelegtheit in seinen Taten, denn für das hohe Alter von Abraham und seiner Frau ist der Erzvater nicht verantwortlich. Er verläßt sich vielmehr auf Gott in einem Seinszustand, der die kreatürliche Angewiesenheit auf Gott allein offenkundig macht. Unter dieser Lebenssituation glaubt er Gott, daß er »die Toten lebendig machen« kann (Röm 4,17), also dem zeugungsunfähigen Abraham und der empfängnisunfähigen Sara den verheißenen Sohn schenken wird. Weil Abraham sich auf diesen Glauben fest gründet (4,20), ist er vor Gott gerecht (4,3). So alles von Gott erwartend, soll also der Mensch vor Gott leben. Dann muß das Gegenteil dazu Sünde sein, also obwohl man Geschöpf ist, von sich und seiner Welt leben. Sünde ist ein Lebensentwurf und ein Weltverständnis, unter Absehen von Gott. Dies ist Feindschaft gegen Gott, weil es Gott die Ehre raubt, der zu sein, der er für alle Wirklichkeit ist: Leben und gelingendes Leben gewährender Gott. Paulus hat dies Röm 1,18-3,20 auch ausgesprochen: Der Heide lebt als von Gott Abgekehrter, indem er Götter produziert und Gott nicht Gott sein läßt (1,18ff.). Sein Tun ist ein Ersatzbeschaffen nach seinen eigenen Möglichkeiten und aus sich heraus. Die von ihm gestaltete Welt wird Spiegelbild seiner Isolation vom allein wahren Gott. Indem der Jude andere belehrt, aber sich selbst in seiner Lebensführung aus der göttlichen Beurteilung herausnimmt, entehrt auch er Gott (2,23 f.). Er schafft sich einen Freiraum gegenüber Gott, aufgrund dessen Gaben er sich zugleich über den Heiden erhebt. Hatte Paulus nicht 1. Kor 1–4; 2. Kor 10–13 ein christliches Fehlverhalten analoger Art verurteilt? So kann man zusammenfassen: Sünde heißt: nicht mehr Gottes Geschöpf sein, also nicht mehr von ihm allein alles Gute erwarten wollen. Die Doppelfrage aus 1. Kor 4,7 ist auch für diesen Zusammenhang aufschlußreich: »Was hast du, das du nicht empfangen hast? Wenn du es aber empfangen hast, was rühmst du dich, als hättest du nicht empfangen?« Sünde ist, das Empfangen aufkündigen oder begrenzen, indem man die menschlichen Möglichkeiten überschätzt.

Wenn anders für Paulus Sünde in ihrer theologischen Tiefe erst zu erkennen ist, wenn der Mensch aus der Erfahrung mit dem Evangelium her zu denken gelernt hat, dann muß das paulinische Verständnis der Erlösung erweisen, inwiefern der christliche Heilsstand das Sündersein überwindet und was an diese Stelle tritt. Damit stehen wir vor Röm 3,21-5,21.

Den Zugang zu diesem Abschnitt gewinnt man gut, wenn man sich unter Würdigung der besonderen Stellung von Röm 5 von diesem Text her das Verständnis erschließt. Dabei ist der folgernde und zusammenfassende Charakter des Kapitels wichtig. Deutlich ist, wie Paulus hier mit Betonung die menschheitsbestimmende Heilsgestalt Christi zur Geltung bringt (5,12ff.): Angesichts des nahen (13,11) Endgerichts (1,18; 5,9), wie es als Zornesgericht gesamtmenschheitliches Schicksal ist, hat Gott kurz vor dieser Menschheitskatastrophe – das »Jetzt« in 3,21; 5,9 (vgl. 2. Kor 6,2) hat endzeitlichen Klang – als die Adam ablösende neue zentrale Endzeitgestalt Christus eingesetzt. Es ist die mit seiner Person verbundene Heilstat, die diese Bedeutung begründet. Sie wird in Röm 5,1-11 in mehrfacher Hinsicht beschrieben, indem ehedem eigenständige Aussagefelder mit ihrer je besonderen Aussagekraft in eigentümlicher Weise verschlungen sind.

Näherhin verschränkt Paulus in Röm 5,1-11 diese Aussagekreise auf solche Weise, daß eine auffällige Nähe zu 2. Kor 5,14-6,2 erkennbar wird. Wenn anders Paulus 2. Kor 5,14-6,2 eine aufs Grundsätzliche zielende Zusammenfassung der urchristlichen Verkündigung überhaupt beabsichtigt, trifft sich dieses Ziel mit Röm 5,1 ff. Weiter ordnen beide Texte unter dem Vorzeichen der Liebe Gottes, bzw. Christi (Röm 5,5.8; 2. Kor 5,14; vgl. noch Rom 8,31-39) (fast) die gleichen Heilsvorstellungen so zusammen, daß hier ein analoges Phänomen sichtbar wird, wie bei den Hoheitstiteln: Die Fülle der Titel, wie Paulus (und das Urchristentum) sie auf Jesus beziehen, entspricht der Vereinigung mehrerer Auslegungen des Heilsgeschehens in Röm 5 und 2. Kor 5. In beiden Fällen soll dasselbe erreicht werden: Die ursprünglich selbständigen Verstehensweisen, die nun in der Kennzeichnung der Gestalt Jesu vereint sind, sollen seine Person durch diese Fülle als schlechterdings unüberbietbar zeichnen. Dabei lugen jeweils in den Textgefügen noch Indizien hervor, die für beide Phänomene offenkundig machen, daß sowohl die Hoheitstitel wie die Erlösungsvorstellungen einst sprachliche und sachliche Eigenständigkeit besaßen. Dieser wurden sie aber nun weitgehend beraubt, um in einen Metazusammenhang, den die Person Jesu Christi konstituiert, integriert zu werden. Dabei ist es für unseren Gedankengang einerlei, wie Hoheitstitel und Erlösungsvorstellungen schon teilweise vor und neben dem Christentum Verschmelzungsprozessen unterlagen. Jedenfalls trifft man sie alle auch noch selbständig an, und nirgends hat eine Gestalt wie die Jesu Christi so gründlich und umfassend alles magnetisch angezogen. Insofern ist der christologische Vorgang sicherlich nicht ganz analogielos, aber dennoch zugleich singulär. Im Blick auf ihn kann gelten: Es ist kein Hoheitstitel allein genug, um zu sagen, wer Jesus für den Glauben ist. Es reicht ebenfalls keine Erlösungsvorstellung hin, um den Heilsvorgang zu erfassen. So gilt: Kein Hoheitstitel und keine Erlösungsvorstellung bleibt ganz mit ihrem spezifischen Gehalt erhalten. Sie werden alle auch zu nur beschränkten Mitteln der Aussage. Sie werfen je ein bestimmtes Licht auf die zentrale Heilsgestalt, sind aber immer auch bei diesem Dienst nur begrenzt einsatzfähig.

Nun zu den Aussagen in Röm 5,1 ff.! Da ist einmal die Heilsvorstellung, daß der Gottlose (5,6; 4,5) und Sünder (5,8; 3,9; 4,7f.) gerechtfertigt wird (5,1.9; 3,24; 4,5.25; 5,16ff.) und dadurch Zugang zur göttlichen Gnade erhält (5,2; 3,24; 4,4.16; 5,15ff.). Gott rechnet dem Menschen die Sünden nicht an (4,8); er rechnet den Glauben als Gerechtigkeit an (4,3-5.9.22f.). So ist er dem Sünder gnädig. Eine zweite Vorstellung besagt: Der Mensch ist Feind Gottes (5,10; 11,28). Gott aber versöhnt sich mit ihm. Solche Versöhnung (5,10f.; 11,15; 2. Kor 5,18-20) führt aus der Feindschaft in den Frieden (Röm 5,1; 3,17; 8,6; 15,33; Phil 4,7.9). Christen sind befriedete ehemalige Feinde Gottes. Die dritte Vorstellung hat ihren Angelpunkt in der Stellvertretung: Menschen setzen für »Schwache« (Röm 5,6), im Leben Bedrohte, ihr Leben ein, um sie zu retten (Röm 9,3; 16,4; vgl. Joh 11,50). Röm 5,7 denkt Paulus über grundsätzliche Bedingungen solcher Stellvertretung nach. Es ist klar: Christus setzte sich in einer besonderen Weise für »uns« stellvertretend ein (Röm 5,8; 1. Thess 5,10; 1. Kor 1,13; 2. Kor 5,14 usw.). Darum haben Christen wieder Hoffnung auf Leben (Röm 5,4.10b). Diese drei Aussagebereiche sind auch in anderer Variation und mit anderen Akzenten 2. Kor 5,14-6,2 anzutreffen. Jedoch wird in Röm 5 noch eine weitere Heilsvorstellung angedeutet sein. Auf sie stößt man, wenn man die Rettung durch Christi »Blut« (Röm 5,9) als Erinnerung an die kultisch orientierte Sühnopferchristologie in Röm 3,24f. liest, die ausdrücklich davon spricht, daß Christus »durch sein Blut« Sühne schaffte. Einmal auf diesen Akzent in Röm 5 aufmerksam gemacht, findet man zu dieser Vorstellung passende Stichworte: Sühne geschieht für die »Übertretungen« (vgl. 4,25; 5,15ff.) des Sünders (5,8), Sühne sorgt für die Freiheit vom »Zorn« (5,9) im Sinne der Aufhebung der Unheilsfolgen aus den sündigen Taten.

Noch einmal sei betont: Diese Heilsvorstellungen stehen in Röm 5 nicht einfach nebeneinander. Sie sind zu einem neuen Teppich verknüpft und haben dabei ihr Eigenleben aufgegeben. So ist ein neues Gesamtmuster entstanden, das mehr ist als die Summe seiner ehedem einzelnen Teile. Die alles bestimmende Struktur des Teppichs ist mit dem Stichwort der göttlichen Liebe angegeben (Röm 5,5.8). Hier liegt der tiefste Grund für das Heilsgeschehen. Gott will nicht den Tod seiner Kreatur, selbst wenn sie in gottloser Sünde lebt. Gott will nicht todbringender Richter sein (3,19), sondern kreativer Neugestalter der menschlichen Verhältnisse. Diese Selbstbestimmung als schaffende Liebe hatte Paulus zuvor in Röm 4,17 schon beschrieben. Die Liebestat selbst wird dann zunächst in Zusammenfassung der Ausführungen aus 3,21-4,25 als »Rechtfertigung« signalisiert (5,1), was am Ende nochmals aufgenommen ist (5,9). Doch wird diese Aussage am Schluß neu durch die Versöhnungsvorstellung gedeutet (5,10f.). Sie hat das letzte, entscheidende Wort. Weiter sollte nicht bestritten werden, daß die Sühnopfervorstellung zwar anklingt, aber die allgemeine Stellvertretung in der Vorhand sitzt. Diese Beobachtungen harmonieren nun mit den Ausführungen zu 1,18-3,20: War hier der Sünder vor allem als Gottesverächter und Entehrer Gottes herausgestellt, so korrespondiert dem jetzt das Versöhnungsangebot Gottes an seine gottlosen Feinde. Dabei ist das Geschick Jesu Christi gleichsam die nach dem Gottlosen greifende Hand Gottes, die heilsame göttliche Nähe von sich aus neu herstellt.

Von hier aus kann auf den Gottlosen gesehen werden, der jetzt gerechtfertigt ist. Er ist gerechtfertigt unter der Bedingung des Glaubens (5, 1), unter der Erfahrung des Geistes, der Gottes Liebe in sein Herz ausgeschüttet hat (5,5). Von dieser Erfahrung bestimmt, würdigt er Gottes Tat in Christus und seine eigene Zukunft als begründete Hoffnung. Darum ist das stiltypische Wir der glaubenden Gemeinde (vgl. Gal 3,23-4,7 nach 3,6-22 mit Röm 5,1 ff. nach 3,21-4,25) hier unerläßlich, ist doch der Erlösungsvorgang von der Versöhnung her aufgeschlüsselt. Versöhnung zielt auf personale Verhältnisse. Zur Versöhnung gehören immer zwei: Einer, der – wie Gott – Versöhnung anbietet, und einer, der sie annimmt, in diesem Fall der Mensch. Darum stehen zwei Aussagen in dem »Paralleltext« 2. Kor 5,14 ff. eng verbunden wie zwei Seiten derselben Sache: Gott versöhnte sich uns durch Christus, und das Wort von der Versöhnung mit seiner Bitte: Laßt euch mit Gott versöhnen!

Mit diesen Einsichten aus Röm 5 gerüstet, blicken wir nun auf Röm 3,21-4,25. Dieser Abschnitt, in dem Paulus seine Auffassung von der Rechtfertigung des Sünders zum letzten Mal entfaltet, ist durch seine überaus respektable Wirkungsgeschichte, mit besonderem Gewicht versehen. Doch hat er zweifelsfrei auch im Röm selbst schon eine herausragende Bedeutung. Die Rahmung durch Röm 1,18-3,20 und Röm 5,1 ff., von der soeben die Rede war, gibt gute Hinweise, unter welcher Fluchtung der Abschnitt formuliert ist. Dabei ist die Feststellung grundlegend, daß in Röm 3,21-4,25 Paulus klären muß, inwiefern Sünder dem nahen Zornesgericht entkommen können, bzw. schon entronnen sind (Röm 5,1). Da Paulus im Horizont des endgerichtlichen Handelns Gottes redet (Röm 1,18; 2,1 ff.; 5,1.9), ist es einsichtig, wenn er Gottes den Gottlosen jetzt schon rechtfertigendes Handeln vornehmlich mit der juridisch-endgerichtlichen Sprache erklärt (vgl. dazu oben 11.3). Zu ihr gehört insbesondere auch die Rede vom »Anrechnen (zur Gerechtigkeit)«, die Paulus Gen 15,6 entnimmt (= Röm 4,3) und die er nun im Unterschied zu Gal 3 (hier nur Gal 3,6 = Gen 15,6) extensiv, genauer noch neunmal im Text aufgreift und zusätzlich durch Ps 32,1 f. = Röm 4,7 f. ergänzt. Das ist auch angesichts der Vorboten in 2. Kor 5,19; Röm 2,26 auffällig und muß als Besonderheit von Röm 4 gelten. Damit wird ein Unterschied zu Gal 3 sichtbar: Die heilsgeschichtliche Perspektive von der Segensverheißung an Abraham hin zur Geisterfahrung der christlichen Gemeinde (vgl. oben 11.4), die die tauforientierten Rechtfertigungsaussagen im Gal 3 f. bedingte, tritt in Röm 3,21-4,25 zurück. Solche Redeweise ist dann (vielleicht) gegenwärtig, wenn man die Rechtfertigungsaussage in 3,24 zur benutzten christologischen Formel in 3,24b-26a zählt. Doch dominiert die juridische und handelsrechtliche Sprache (vgl. insbesondere 4,1-5).

Der endgerichtliche Horizont verursacht eine weitere strukturelle Anlage von Röm 3,21-4,25: Wie alle vor Gottes Gericht Sünder sind (3,19f.23), so erlangen alle Glaubenden Gottes Gerechtigkeit (3,22). Dadurch wird der Unterschied von Juden und Heiden eingeebnet (3,27-30; 4,10-12). Diese Aufteilung der Menschheit war ja schon durch die Lebensentwürfe aller zu einer unterschiedslosen Schicksalsgemeinschaft in Gottlosigkeit und unter dem Zorn Gottes geworden. Doch nun wird ausdrücklich betont: Das Weltgericht des einen Gottes (Röm 2,1ff.) und das weltweite und unterschiedslose Erbarmen des einen Gottes (Röm 3,30) durch das Evangelium gegenüber allen Sündern gehören zusammen. Dieser weltweite Menschheitshorizont fordert die Akzentsetzung auf jeden einzelnen, der glaubt. Während in Gal 3f. durch die Geistaussagen die christliche Gemeinde als erwählte Endzeitgemeinde den sozialen Rahmen der Aussagen bildete, wird nun in Röm 3,21-4,25 Abraham vor seinem Judewerden (4,9-13) der Prototyp jedes Menschen, der sich glaubend zu Gottes Verheißung verhält. Dieser menschheitsumspannende und zugleich jeden einzelnen meinende Horizont wird dann in der Gegenüberstellung von Adam und Christus (Röm 5,12ff.) noch einmal programmatisch aufgegriffen, wie er schon Röm 1,16f. als Leitgedanke ausgesprochen war. Angesichts des nahen Weltgerichts meint Gottes Angebot des Evangeliums, mit dem er Sünder rechtfertigen will, die Menschheit, d.h. jeden, der glaubt. So sind die Gerechtfertigten als Söhne Gottes auch Vorboten einer kosmischen Befreiung, selbst wenn diese in Röm 8 nur schwer verständlich angedeutet ist. Dieser nicht auf die Kirche begrenzte, sondern die Menschheit, ja alle Wirklichkeit umgreifende Horizont der Rechtfertigungsaussagen ist insbesondere für den Röm typisch.

Nun muß allerdings sofort hinzugefügt werden, daß Paulus nicht von diesem endgeschichtlichen Horizont her der heilsleeren Gegenwart ihre Sinnhaftigkeit im Weltgeschehen erläutert. Vielmehr denkt Paulus in typischer Kontinuität zur Erwählungstheologie (vgl. oben 6.2) vom Standort des jetzt ergehenden Evangeliums aus (Röm 1,16f.). Es verändert Menschen und bewirkt die geistliche Erneuerung (Röm 6-8). So schafft das Christusevangelium unter der Bedingung des Glaubens Gerechtfertigte (Röm 3,21f.). Dementsprechend wird die Abrahamgeschichte so gedeutet, daß sie auf die zielt, die in der Gegenwart an Christus glauben (4,24). Abraham selbst wird dabei so charakterisiert, daß sein Verhältnis zu Gott

strukturell und sachlich dem jetzigen Verhältnis des an Christus Glaubenden zu Gott entspricht. Dies ist möglich, weil das Alte Testament und
speziell die Ursprungsgeschichte Israels im Sinne von 1. Kor 10,6.11 die
jetzige endzeitliche Situation beschreibt. So setzt ja auch der ganze Passus
mit Röm 3,21 so ein, daß präsentisch von der allein im Glauben zu
empfangenden Gerechtigkeit gesprochen ist, wie sie – die zum Teil wörtliche Aufnahme von Röm 1,16f. ist unübersehbar – jetzt im Evangelium
»offenbart wird«. Auch die Kernaussage der Tradition in 3,25, die auf den
Sühnetod Jesu Christi zurückblickt, wird eingerahmt durch Aussagen,
wie sie am jetzt ergehenden Evangelium ausgerichtet sind: »Die Erlösung
in Christus Jesus« (3,24b) ist nämlich dieselbe, die in Gal 3,26 als »Sohnschaft in Christus Jesus« zur Sprache kommt, hebt also auf die jetzige
Bestimmtheit der Christen ab und beschreibt nicht historisierend, was
einst durch Christus als Erlösungswerk am Kreuz geschah. Endlich geschieht dort, wo Paulus von der Benutzung der Formel zu seinem eigenen
Gedankengang überleitet (Röm 3,26) der »Aufweis der Gerechtigkeit
Gottes« pointiert »in der jetzigen (Heils-)zeit« (vgl. 2. Kor 6,2; Röm 5,1.
9), wie sie durch Gottes Rechtfertigen und des Menschen Glaube bestimmt ist. Hier geht es also ebenfalls um die »Kraft« des Evangeliums,
die Glaubende rettet (Röm 1,16) und die jetzt am Werke ist.

Von dieser Beobachtung her lohnt es sich, nochmals auf Röm 1,18-3,20
zu blicken. Hier thematisierte Paulus angesichts des nahen Gerichtes die
jetzige Zustandsbeschreibung des sündigen Menschen vor Gott. Nun in
3,21-4,25 entfaltet der Apostel die 1,16f. schon angekündigte und jetzt
ausführlich beschriebene endzeitliche Möglichkeit, die das Evangelium
schafft, indem es Sünder zu Gerechten vor Gott macht. Mit anderen
Worten: beide Abschnitte stehen sich inhaltlich gegenüber, entsprechen
sich aber dabei in ihrer inneren Ausrichtung. Sie behandeln das Gottesverhältnis des Menschen im negativen und positiven Sinn. Damit haben
wir eine dritte Struktur freigelegt, wie Paulus die Rechtfertigungsbotschaft anlegen kann: Wie er Gal 3f. vom Abrahamsegen auf den den
Glaubenden verändernden Geist blickte oder Phil B seine Wende zum
Verständnis christlicher Existenz überhaupt auszog, so ordnet er jetzt
seine Gedanken durch den Kontrast der beiden Möglichkeiten, im heilsamen oder unheilvollen Gottesverhältnis zu stehen. In diesem Sinn gilt in
der Tat für Röm 1-4, daß jede Aussage über den Menschen zugleich eine
Aussage über Gott ist und umgekehrt.

Dies wird noch dadurch hervorgehoben, daß der Apostel vom Glauben
in Röm 3,21-4,25 nicht so redet, daß er im Sinne der Missionssituation die
Annahme des Evangeliums meint, also das Zum-Glauben-kommen, son-

dern mit Hilfe der Glaubensaussagen die grundsätzliche und beständige Ausrichtung des Menschen auf den im Evangelium nahen Gott beschreibt. Glaube ist nicht nur ein einmaliger Akt (vgl. z. B. Gal 2,16), er ist kennzeichnend und konstitutiv für das Gottesverhältnis überhaupt. Ja, der Apostel kann Röm 14,23 dieses Glaubensverständnis so grundsätzlich fassen, daß er feststellt: »Alles, was (der Mensch) nicht aus Glauben (tut), ist Sünde«. Diese Aussage gilt, weil jenseits des mit dem Glauben gesetzten Gottesverhältnisses die Röm 1,18-3,20 geschilderte Unheilssituation des Menschen Platz greift.

Steht aber das Gottesverhältnis im Blick des Apostels, dann wirft diese Beobachtung Licht auf den gerade im Röm häufig begegnenden Ausdruck der »Gerechtigkeit Gottes«. Vorab ist festzustellen, daß diese Verbindung zwar schon jüdisch belegt ist (z. B. Dt 33,21; 1QS 10,25 f. 11,5.12; 1QM 4,6; TDan 6,10; äthHen 71,14), jedoch nicht als formelhaft oder fest geprägt erscheint. Darum kann man von einem die jeweiligen Kontexte übergreifenden formelhaften Gehalt der Verbindung nicht ausgehen. Im frühen Christentum kommt »Gerechtigkeit Gottes« in nichtpaulinischen Texten selten vor (Mt 6,33; Jak 1,20; 2. Petr 1,1). Hilfen zum paulinischen Verständnis sind dabei nur sehr bedingt erkennbar, so daß auch dieser Vergleich mit Paulus nicht recht weiterhilft. Paulus benutzt die Verbindung wohl zweimal in traditionellen Zusammenhängen (Röm 3,25 f.; 2. Kor 5,21) und hat sonst selbständig nur im Röm so formuliert (Röm 1,17; 3,5; 3,21 f.; 10,3). Nicht zuletzt die Programmatik, die in Röm 1,16 f.; 3,21 f. steckt, macht dabei die Verbindung zu einem neuen paulinischen Leitbegriff, den der Apostel vorher so nicht verwendet hat, denn in 2. Kor 5,21 fällt die Formulierung unvermittelt ohne nähere Entfaltung. Allerdings signalisiert der kurz vor dem Röm verfaßte Phil B, daß Paulus nicht nur durch 2. Kor 5,21 und Röm 3,25 f. vorbereitet zu dieser Formulierung greift. Denn in Phil 3,9 kann er an bedeutsamer und zentraler Stelle des Briefes der »eigenen Gerechtigkeit aus dem Gesetz« die »durch den Glauben an Christus« kommende »Gerechtigkeit« gegenüberstellen und sie als »Gerechtigkeit von Gott aufgrund des Glaubens« näher erfassen. In ähnlichem Sinn bietet er auch Röm 10,3-6 Formulierungen an. Wir besitzen also für den Kontext des Röm zwei Vortexte: Die formelhaften Aussagen in 2. Kor 5,21; Röm 3,25 f. und die paulinische Formulierung in Phil B.

2. Kor 5,21 wurde schon (vgl. oben 11.3) den Taufaussagen in 1. Kor 1,30; 6,11 zugeordnet und zugleich festgehalten, daß der Wortstamm »gerecht« dabei in verschiedener Weise begegnet und von der Sache her dasselbe aussagt. Wenn dabei die Christen »Gerechtigkeit Gottes« durch

Christi Stellvertretung »geworden sind«, dann ist ausgesagt, daß sie durch die Taufe gerecht gemacht wurden, also Gottes Gerechtigkeit ihr neues »Wesen« ist. Es geht also um die dem Menschen zuteil gewordene und von Gott herkommende Gerechtigkeit. Festzuhalten ist, daß alle genannten Taufaussagen der Sache nach von der Gerechtigkeit als Frucht der Wirkung des heiligen Geistes reden, dabei vom Glauben schweigen und die gegen das Gesetz gerichtete Spitze des Gal; Phil B und Röm nicht enthalten. Bei aller Selbständigkeit im einzelnen, fügt sich in entscheidenden Punkten diesem Befund auch Röm 3,24-26 mit seinem formelhaften Bestand ein. Allerdings ist hier die Analyse und Umfangsbestimmung der Tradition besonders schwierig. Vor allem: Woraufhin redet der Text? Will er heilsgeschichtlich den Tod Jesu als endzeitlichen großen Versöhnungstag schildern, um gegenüber dem Judentum das Neue und Besondere der Zentralgestalt Christi herauszustellen, oder will er die neue Wirklichkeit der Getauften und dabei Christi Sühnetat als Voraussetzung beschreiben? Wer das letzte vermutet (Analogie: die Tauftraditionen in Gal 3 f.), kann die Formel mit V. 24 beginnen lassen und so deuten: Umsonst »gerechtgemacht« (vgl. 1. Kor 6,11) sind die Getauften. Sie sind es durch die in der Taufe zugeeignete »Erlösung« (vgl. 1. Kor 1,30), wie sie mit der neuen Bestimmtheit »in Christus Jesus« (vgl. z.B. Gal 3,26) für sie gegeben ist. Mit ihrer Taufe fallen nämlich ihre vorchristlich begangenen Sünden (vgl. den Katalog in 1. Kor 6,9f.) unter die göttliche »Geduld« (vgl. Röm 2,4, sachlich auch Tit 3,4), d.h. konkret Vergebung und Gnade, die von »seiner Gerechtigkeit« her, also von Gottes (Bundes-)treue, bestimmt ist, aufgrund deren er Christus als Sühnopfer einsetzte, dessen »Blut« die Sünden der jetzigen Christen vor ihrem Christwerden tilgte. Die Taufe ist also Übereignung des Heilswerkes Christi, das als Sühnopfer beschrieben ist. Dies zusammen ist Ausdruck göttlicher Gerechtigkeit als Gottes eigenem gnädigen Verhalten dem Sünder gegenüber. Freilich macht Paulus (Röm 3,26) aus dieser göttlichen Gerechtigkeit eine den Menschen in den Stand des Gerechten versetzende und bindet die dem Menschen zugeeignete Gerechtigkeit Gottes an den Glauben (3,25a.26b; vgl. auch die mit dem Glaubensmotiv Gal 3,26 angeeignete Tauftradition).

Wer die Aussagen zur Gerechtigkeit Gottes bei Paulus bedenken will, hat mit diesem letzten Hinweis schon eine wichtige Beobachtung zur paulinischen Deutung in der Hand. Allerdings ist es methodisch ratsam, die Stellen bei Paulus in den Mittelpunkt zu stellen, an denen der Apostel selbständig und mit Gewicht formuliert. Im Verfolg dieser Linie kann man feststellen, daß Röm 1,16f.; 3,21f.; 10,3-6 mit dem Vortext in Phil 3 denselben Kontext teilen: Es ist das rettende Evangelium, das dem Glaubenden und nur ihm Gerechtigkeit Gottes zueignet und dabei eine Gerechtigkeit aus den Werken des Gesetzes als vor Gott rettende Möglichkeit verneint. Dieser gemeinsame Aussagehorizont macht es sinnvoll, die Genitivverbindung »Gerechtigkeit Gottes« mit der »Gerechtigkeit von Gott her« (Phil 3) zusammenzusehen, zumal im Röm 1,16f.; 3,21 f. jeweils die Zielrichtung, auf die es der göttlichen Gerechtigkeit ankommt, ausdrücklich mit dem glaubenden Menschen angegeben ist. Die »Gerechtigkeit Gottes« erweist sich also als ein Beziehungsbegriff, der die von Gott herkommende und auf den Menschen zielende Heilsgabe anzeigt. Röm 5,1 ff. bringt dies abschließend auf den Nenner: Gerechtfertigte, also diejenigen, die glaubend die Gerechtigkeit Gottes erhalten haben, »haben Frieden mit Gott«.

Was sagt Paulus nun im einzelnen über die Rechtfertigung des Sünders aus? Betont am Anfang und für den Leser von Gal 3 f.; Phil B nicht überraschend, steht die Kennzeichnung, sie geschehe »ohne das Gesetz« (Röm 3,21). Damit wird auf die Feststellung Röm 3,20 zurückgegriffen, daß »aus Gesetzeswerken« niemand vor Gott gerechtfertigt wird (vgl. 3,28). Wie Gal 3 f. und Phil B macht Paulus auch hierzu deutlich, daß er damit nicht nur ein Urteil über die hinter der Gesetzesforderung zurückgebliebene Menschheit abgeben und ihr an der Unheilsbedrohung des Gesetzes vorbei Gerechtigkeit zukommen lassen will, jedoch das Gesetz selbst unangetastet in Geltung läßt. Paulus gibt vielmehr ein grundsätzliches Urteil über das Gesetz ab. Dies wird daran deutlich, daß er vom Gesetz selbst redet und nicht nur von einer seiner Funktionen (nämlich auf Gesetzesübertretung mit Unheilsfolgen zu reagieren). So wehrt sich der Apostel auch ausdrücklich gegen den Vorwurf, daß er das Gesetz selbst durch den Glauben zunichte mache (Röm 3,31). Darum beeilt er sich weiter, in 3,21 sofort der These, »ohne Gesetz« sei die Gerechtigkeit Gottes offenbart, hinzuzufügen, daß dies im Einklang mit der Selbstaussage des Gesetzes stehe (Röm 3,21b), also das Gesetz durch diese Behauptung »aufgerichtet« werde (3,31). Den Beweis dafür tritt er in Röm 4 an, wenn er hier die Werke, den Ruhm und den Lohn mit dem Glauben und der zugesprochenen Gerechtigkeit kontrastiert, so daß sich der durch Werke entwerfende Mensch und der Gott vertrauende Abraham, der auf Lohn hoffende Mensch der Werke und der auf Gottes Zusage sich verlassende Erzvater gegenüberstehen. Abraham kann gar nicht so geholfen werden, daß an seine Kräfte zur Selbstentfaltung appelliert wird. Sein Schade liegt gar nicht dort, wo er werkhaft gestalten könnte. Er hat nur die Wahl, seine Zeugungsunfähigkeit zu betrachten oder der göttlichen

Verheißung zu glauben (4,19). Er erstarkt im Glauben und gibt dem verheißenden Gott die Ehre, d.h. läßt ihn aus dem »Nichts« schaffen (4,17). Von diesem Abraham sagt die Schrift (Gen 15,6): »Abraham glaubte Gott und das wurde ihm als Gerechtigkeit angerechnet«. So spiegelt sich für Paulus im Verhältnis zwischen Gott und Abraham nach Röm 4 die Aussage über den das Nichtige erwählenden Gott aus 1. Kor 1,26-31 mit den entsprechenden weiteren Aussagen zum Thema aus der gesamten korinthischen Korrespondenz wider (vgl. oben 8.2; 8.4; 8.5).

Darum fällt auch hier wie dort das Stichwort vom »Ruhm« und »rühmen«, das aufgrund des alttestamentlichen Schlüsseltextes Jer 9,22f.(»Wer sich rühme, der rühme sich des Herrn«, vgl. 1. Kor 1,31; 2. Kor 10,17) zu einem wesentlichen Merkmal der paulinischen Kreuzestheologie wurde und, belegt durch Gal 6,13f., in der ausformulierten Rechtfertigungsbotschaft bereits Eingang gefunden hatte, bevor der Apostel im Rom dieses Motiv stark auszieht. Dabei gilt es, sich daran zu erinnern, daß schon im ältesten Beleg, nämlich in 1. Kor 1,26ff., die auf das Nichtige zielende göttliche Erwählung zur Entzeitgemeinde den Sinn erhält, »damit sich niemand vor Gott rühme«, und die Gabe Christi nur noch das »Rühmen in Christus« zulasse. So wurde sichergestellt, daß die von Gott kommende Erwählung allein sein Werk ist und bleibt. Was man empfangen hat, dessen kann man sich nicht »rühmen«, als habe man es nicht empfangen (1. Kor 4,7). Rühmen kann man sich angesichts der göttlichen Heilszuwendung nur noch seiner Schwachheiten, so wie Paulus es in der Narrenrede tut (2. Kor 10–13; vgl. oben 8.5).

Diese Grundgedanken finden sich insofern auch Phil B ohne das Stichwort »Rühmen«, als der Apostel den auf dem Gesetzesweg erlangten »Gewinn« – also die Basis eines Ruhms – als Schaden abbucht um des überragenden Wertes der Erkenntnis Christi willen. Der »Gewinn« entspricht dabei ausdrücklich »der eigenen Gerechtigkeit aus dem Gesetz«, der die Glaubensgerechtigkeit von Gott her entgegengesetzt wird (Phil 3,7.9). Dieselbe Antithetik begegnet auch Gal 6,13f.: Der Ruhm bzw. Stolz der Judaisten auf die Beschneidung der Galater, also auf deren Übernahme des Gesetzesweges, zählt wie Phil 3,3 zum »Fleisch«, dem das »Rühmen des Kreuzes Christi« gegenübersteht. Paulus hat also in Gal und Phil B die aus 1. und 2. Kor bekannte Umwertung aller menschlichen Werte auf die Gesetzesgerechtigkeit ausgedehnt, so daß nun auch sie unter die Unwerte fällt, die keinen Anlaß zum »Ruhm« geben.

Der Apostel kann dabei das »Rühmen« auch umschreiben: Phil 3,3f. spricht er vom »Vertrauen«, das man auf etwas setzt. Röm 1,17f. steht das

»sich stützen, sich verlassen auf...« parallel zum »rühmen«. Der »Ruhm«, den Abraham durch eigene Werke vor Gott hätte (Röm 4,2), entspricht nicht nur dem »Gewinn« aus Phil 3,7, sondern auch der Anerkennung, die dem guten Werk in Röm 2,10.29 zuteil wird (vgl. noch 1. Kor 4,5). Damit ist klar, wo diese Sprache ihren Sitz im Leben hat, nämlich in der Gerichtssprache (vgl. oben 11.3): Wer vor Gott Rechenschaft ablegen muß, fragt, worauf er sich für einen guten Gerichtsausgang stützen und wofür er Anerkennung erhalten kann (vgl. Röm 14,10-12; 2. Kor 5,10).

Eben dies ist auch die Situation, die Röm 3,27f.; 4,2-5; 5,1-5 die Aussagen bestimmt: Kann sich der Jude vor Gott auf »Gesetzeswerke« stützen? So fragt Paulus Röm 3,27f. und erläutert sein Nein mit dem Verweis auf die allein durch den Christusglauben mögliche Rechtfertigung. Bei der Auslegung der Gottesbeziehung Abrahams wird das weiter ausgeführt: Wer aus Werken Gerechtigkeit bei Gott erlangte, hätte eine (eigene) Stütze gegenüber Gott, nämlich seine anerkennenswerte Lebensweise. Aber auf solchen Werken basiert einerseits nicht Gottes Einschätzung Abrahams. Vielmehr rechnet Gott den Glauben Abrahams als Gerechtigkeit an, also sein Sich-festmachen in der Verheißung Gottes (4,20). Andererseits geht Abraham gerade nicht mit Werken um, um dadurch seinen schuldigen Lohn zu erhalten. Er gründet vielmehr sein Gottesverhältnis unter Absehen von seinen Werken allein auf den Gott, der den Gottlosen rechtfertigt (Röm 4,2-5). Also ist das Gottesverhältnis weder von Gottes Seite noch von Abraham her auf menschlichen Werken und ihrer Anerkennung aufgebaut. Indem Abraham Gott nichts, was von ihm selbst kommt, vorweist, in diesem Sinn keine Eigenleistung als Selbstruhm vor Gott aufbaut, und Gott solches Vorzeigen eigener Tätigkeit auch nicht lobt, sondern Gott allein verheißt und schenkt und Abraham ausschließlich glaubt und empfängt, ist der Grundsinn der Frage aus 1. Kor 4,7 (alles Werthafte hat der Mensch von Gott empfangen) zur grundsätzlichen Beschreibung des Gottesverhältnisses geworden, das die Rechtfertigungsbotschaft als allein vor Gott möglich herausstellen will. So »rühmt« sich der Gerechtfertigte nur noch der Hoffnung auf die endzeitliche Gewährung letzter Erfüllung und seiner »Trübsale«, wie die paulinischen »Schwachheiten« aus 2. Kor 10–13 aufgenommen werden (Röm 5,1-5).

Damit ist klargestellt, daß Gottes Gabe und des Menschen Glaube nicht nur Anfangsbestimmung des wahren Gottesverhältnisses sind und dann ergänzt werden wie die Gabe des Bundes durch das Gesetz und seine Befolgung. Paulus will natürlich sagen: Überhaupt nur und immer können Gott und Mensch in für den Menschen heilsamer Beziehung stehen, wenn der Glaube die Gerechtigkeit ist. Dem widerspricht nicht, daß der

Apostel an Stellen wie 1. Thess 2,19; 1. Kor 9,15 f.; 15,31; 2. Kor 1,14; Phil 2,16 doch noch einen Ruhm vor Gott beanspruchen möchte. Alle diese Belege beziehen sich auf ein und denselben Sonderfall. Es geht um das apostolische Werk der Mission, für dessen Beurteilung Paulus »Lob« erwartet, um nicht »umsonst« gelaufen zu sein. Dieses Werk schreibt er der göttlichen Gnade zu (1. Kor 15,10 f.). Überprüft wird, ob Paulus seinen besonderen Auftrag treu erfüllt hat (1. Kor 3,10 ff.). Zur Rechtfertigung des Sünders gehört diese Prüfung nicht, wie ja im Endgericht auch alle Christen geprüft werden, ohne daß sie aufgrund ihrer Werke Leben erhalten oder von ihm ausgeschlossen werden (vgl. unten 14.8).

Der Blick auf Röm 3 f. hat bisher einige Besonderheiten ins Licht gerückt (die Verbindung »Gerechtigkeit Gottes«, die Rede vom »Anrechnen«, der konsequente Einbau des Ruhmesmotivs in die Rechtfertigungsbotschaft). Doch gibt es noch eine Aussage, die mit Recht gern als Spitzensatz des Textes gilt, und die geeignet ist, den Sinn der Rechtfertigung prägnant auf den Begriff zu bringen. Gemeint ist Röm 4,5, wonach Gott derjenige ist, der gerade den Gottlosen rechtfertigt. Diese partizipiale Gottesprädikation erinnert nicht von ungefähr an eine Analogie aus der Erwählungssprache, wonach Gott der in die Gnade Christi Rufende ist (Gal 1,6) und die beruft, die als Sünder unter seinem Gericht stehen (vgl. 1. Thess 1,9 f.; 5,24). Das spitzte die Kreuzestheologie des Apostels zu: Gottes Berufung zielt auf das Zunichtemachen des Geltenden und die Erwählung des Nichtigen (1. Kor 1,26-31). Darum ist »Ruhm« vor Gott ausgeschlossen. Diese Grundaussage ist in Röm 4 konsistent geblieben, allerdings aus der Erwählungssprache in die Rechtfertigungssprache übergeführt worden: Gott rechtfertigt nun als der, der Tote lebendig macht, und, was nichts gilt, als Geltendes beruft (Röm 4,17). Darum kann sich vor ihm niemand seiner Vorzüge rühmen (3,27; 4,2). Er rechtfertigt ausdrücklich den »Gottlosen« wie nun der Zusammenhang mit 1,18; 3,19; 5,6.8 hergestellt wird. Wer diesen in Grundzügen seit dem 1. Thess belegten Gedankenkontext ernst nimmt, wird in Röm 4,5 die Gottesaussage in den Zusammenhang des jetzt im Evangelium ergehenden Heilsangebotes Gottes stellen, also adressatenbezogen auf die Leser des Briefes gehen lassen. Ein nachträgliches historisches Urteil über den noch unbeschnittenen Abraham (Röm 4,10 f.) ist nicht das Interesse der Aussage, redet sie doch von Gott in grundsätzlicher Weise, nicht von Abrahams einstiger Selbsteinschätzung. In der Tat bringt die Gottesprädikation die Rechtfertigungsbotschaft des Paulus für die Leser auf eine knappe Spitzenaussage: Angesichts des durch und durch unheilvollen Zustandes der Menschheit, die mit ihrer Gottlosigkeit sich dies selbst besorgt hat, offenbart sich Gott gerade in Christus als schöpferischer Überwinder der Gottlosigkeit und ihrer Folgen, und er läßt den Glauben an sein friedenstiftendes Handeln (Röm 4,23-25; 5,1.9f.) als Gerechtigkeit gelten. Er bricht die Gottlosigkeit des Menschen auf, indem er ihn in seine Nähe (Röm 5,2) beruft. So läßt er sein Handeln nicht von der Bosheit der Leute bestimmt sein, sondern eben von seiner Liebe (5,5). Die Rechtfertigung der Gottlosen ist Gottes gnädiger Triumpf über die Sünder aus seiner Liebe heraus: Gott kapituliert nicht vor dem Menschen, der ihn nicht Gott sein lassen will. Er schafft die Möglichkeit des Glaubens, der Gott wieder gern Gott sein läßt.

14. Grundzüge paulinischer Theologie

14.1 Ansatz und Struktur paulinischen Denkens

Das Gespräch des Apostels mit seinen Gemeinden, dokumentiert durch seine Korrespondenz, zeigt einen ideenreichen, konzeptionell beweglichen, den Herausforderungen sich stellenden und auch sich selbst dabei wandelnden Apostel. Gerade wenn man den Briefen zunächst ihr jeweiliges Eigenrecht beläßt und sie nicht sofort zu Lieferanten für Belegstellen von bestimmten theologisch-systematischen Themen benutzt, bekunden sie ihren eigenständigen Reichtum. Wir haben versucht, diesen dadurch zu wahren, daß wir jeden Brief für sich würdigten. Nun ist aber deutlich, daß Paulus nicht bei jeder Korrespondenz einem ganz neuen theologischen Ansatz das Wort gibt. Bei aller Vielfalt paulinischer Äußerungen gibt es natürlich elementare Linien und Grundentscheide, die sich durchhalten, weil sie von einem gemeinsamen Denkansatz herkommen. Die Wandlungsfähigkeit des Apostels beruht auf einem beharrlich durchgehaltenen Ansatz theologischen Denkens. Von ihm soll im Rückblick auf die Briefe nun die Rede sein.

Dabei gilt es noch vorab, sich der Erwartung zu erwehren, als würde solches Unternehmen dazu führen, aus Paulus nun am Schluß doch eine Art Normaldogmatik zu gewinnen. Das theologische Denken des Apostels ist nicht die urchristliche Entsprechung, die die Loci communes des Melanchthon für die Reformationszeit hergeben. Allerdings hat Paulus aus den verschiedensten Anlässen heraus seinen theologischen Ansatz als sein am Evangelium gewonnenes neues Wirklichkeitsverständnis eingesetzt, um konkrete Probleme in den Gemeinden zu erörtern und gegebenenfalls zu lösen. Dieses Verständnis soll in seinen Grundzügen nachgezeichnet werden.

Von woher entwirft Paulus seine theologischen Aussagen? Wer so fragt, kann vom 1. Thess bis zum Röm eine sich durchhaltende Beobachtung machen: Paulus redet aus der Erfahrung seiner Berufung und vor allem aus der Erfahrung, wie sie durch das Wirken des Evangeliums auf dem weltweiten Missionsfeld von den Gemeinden und ihm gemacht wird. Der Apostel äußert sich also von dem geistgewirkten Neuen aus, von der allen Christen gemeinsamen Erfahrung mit dem die Menschen verändernden Evangelium. Gleich im 1. Thess beginnt er damit, die Gemeinde an

ihre Ursprungserfahrung mit dem Evangelium zu erinnern (1. Thess 1 f.),
um dann ihre Bestimmtheit durch dasselbe Evangelium zu erörtern
(1. Thess 4f.). In Gal 3,1-5 setzt Paulus bei seiner argumentativen Auseinandersetzung mit dem galatischen Problem so ein, daß er auf die Ersterfahrung mit der paulinischen Missionsverkündigung zurückgreift und
unter dieser Perspektive alles weitere erörtert. In Phil B nimmt er den
Erkenntnisgewinn Jesu Christi als Erfahrung aus seiner Berufung zur
Grundlegung seiner genannten Darlegung. Röm 1 beginnt mit der Abfolge »Berufung zum Apostel« und »Evangelium von Jesus Christus«.
Diese beispielhaft gewählten Erinnerungsposten bezeugen einhellig: Die
paulinische Denkbewegung vollzieht sich vom erfahrenen Evangelium
und dem damit gesetzten Wirken des Geistes hin zum Glauben und zur
neuen Existenz der Gemeinde, so wie ja auch nach der Entfaltung des
Evangeliums in Röm 1,16f.; 3,21-5,21 die neue Bestimmung der Gläubigen im Wir-Stil in Röm 6–8 zur Darstellung gelangt, oder die Abrahamverheißung in Gal 3,6ff. ab 3,23ff. in das Wir der Gemeinde einmündet,
deren neues Wesen beschrieben wird. In diesem Sinn ist die paulinische
Theologie Erfahrungstheologie unter dem Wirken des Evangeliums und
des mit ihm verbundenen Geistes.

Die paulinische Theologie ist darum z.B. nicht aus der Vorgabe des
Kerygmas und als Auslegung desselben in bezug auf das christliche Exi-
stenzverständnis zu beschreiben. Die kerygmatische Tradition dient vielmehr dazu, innerhalb des Zusammenhangs von Evangeliumserfahrung
und gläubiger Antwort darauf, den in der christlichen Botschaft den
Menschen zugesprochenen Christus auszulegen. Die urchristlichen traditionellen Formeln sind also nicht Urdatum, von dem her christliche Existenz sich versteht, sondern haben dienende Funktion, um den Christus-
bezug des im Evangelium wirkenden Geistes zu bezeugen.

Die paulinische Theologie ist jedoch auch nicht als Versuch zu begreifen, den christlichen Standort als Fortschreibung alttestamentlich-jüdischer Traditionsgeschichte zu verstehen, so daß letztere unter vorrangigen
Kontinuitätsgesichtspunkten christlich verlängert und fortgeschrieben
wird. Ein primär an traditionsgeschichtlicher Kontinuität orientiertes
Paulusverständnis verkennt die mit dem Evangelium und seinem Christusgeist gegebene neue Erfahrung und grundlegende Neueinstellung zu
allem Bisherigen. Es ist nicht des Paulus erste Sorge, wie ihm die Verlän-
gerung alttestamentlich-jüdischer Religion ins Christliche hinein gelingen
mag oder gar, ob er das jüdische Selbstverständnis angemessen trifft.
Seine vordringliche Sorge ist es, wie er den im Evangelium nahen Christus alles bestimmen und werten lassen kann.

Ist Paulus also Theologe, der von der Erfahrung des Evangeliums her denkt und lebt, dann ist es nur konsequent, wenn die neue Bestimmung des Menschen durch das Evangelium unter dem Doppelaspekt, nämlich als erwählendes Handeln Gottes und zugleich als reagierendes Leben in Glaube, Liebe und Hoffnung auf seiten des Menschen, bei ihm vorrangig zur Darstellung kommt. Es sind also das Ziel und die Folgen des erfahrenen Evangeliums, die er energisch ins Zentrum des Interesses rückt: »Gott hat uns nicht gesetzt zum Zorn, sondern zur Erlangung des Heils durch unseren Herrn Jesus Christus...« (1. Thess 5,9). »Alle seid ihr Söhne Gottes durch den Glauben in Jesus Christus...« (Gal 3,26). »Gerechtgeworden aus Glauben, haben wir Frieden mit Gott durch unseren Herrn Jesus Christus...« (Röm 5,1). Daß für diesen Fall der Zitatenschatz paulinischer Aussagen besonders reichlich ist, braucht nicht weiter ausgeführt zu werden. Auch das antwortende Leben der Glaubenden in der Gemeinschaft der Christen ist leicht durch zentrale Belege herausgestellt: Daß Heiligung als Bruderliebe und Hoffnung als Erwartung des kommenden Herrn Grundbestimmungen christlichen Lebens sind, führt Paulus schon in seinem ersten Brief aus (1. Thess 4,1 ff.; 4,13 ff.). Selten hat Paulus so eindringlich und wiederholt vom geistgewirkten Heilsstand (»Tempel des heiligen Geistes«) auf die Lebensführung der Gemeinde geschlossen wie 1. Kor 5 f. Das Berufensein in die Freiheit der Söhne Gottes ist Gal 5,13 ff. Ausgangspunkt für die Bewährung der Freiheit in den Hausgemeinden und der Welt. Auch für diesen Aspekt sind die angeführten Belege nur eine dürftige Auswahl.

Wenn dieser Zusammenhang: Gott ruft durch das Evangelium und der Mensch antwortet mit Glaube, Liebe, Hoffnung, die Grundlinie ist, auf die sich Paulus konzentriert, dann darf es nicht verwundern, wenn er klassische Themen späterer Theologie nicht als selbständige Problemfelder erörtert, sondern auf sie nur randständig oder indirekt eingeht, oder wenn andere Themen nur unter bestimmten Gesichtspunkten Erörterung finden. Seine Theologie ist ein Versuch, die gesamte Wirklichkeit zu deuten, aber sie setzt klare Akzente. In diesem Sinne fehlt bei Paulus u.a. ein eigenständiges Interesse an der Welt- und Heilsgeschichte von der Schöpfung bis zu ihrem Ende. Auch eine selbständige Gottes- und Schöpfungslehre wird nicht entfaltet. Ein so zentrales Thema wie die Christologie kommt nur als soteriologischer Grund des gepredigten Evangeliums zur Sprache. Die Hoffnung wird in der Art beschrieben, daß die erwählte Gemeinde erwarten darf, immer mit ihrem Herrn zusammenzusein. Das Ende der jetzigen Wirklichkeit insgesamt wird allenfalls unter dem Gesichtspunkt der Schicksalsgemeinschaft mit den Kindern Gottes (Röm 8) andeutungsweise bedacht. Die Erfahrung des Evangeliums als Nähe Gottes, durch die er durch Jesus Christus mit seinen gottlosen Feinden Frieden stiftet (Röm 5,1ff.), ist so überwältigend, daß sie schlechterdings alles andere beherrscht.

Nun steht allerdings dieses Evangelium für Paulus nicht eh und je den Menschen zur Verfügung, so daß die gesamte Menschheitsgeschichte durchgängig von zwei Regierweisen Gottes bestimmt wäre, nämlich dem göttlichen Dahingeben der gottfeindlichen Menschheit an ihre Verkehrtheit und Selbstbezogenheit (Röm 1,18ff.) unter Aufrechterhaltung einer Lebensmöglichkeit: z.B. durch staatliche Ordnung (Röm 13,1ff.) und dem göttlichen Angebot des Evangeliums von Jesus Christus, durch das Gott seine rebellische Kreatur durch den darin wirkenden Geist schöpferisch zum Guten verändert. Vielmehr ist das Evangelium göttliche Gnadenwahl unmittelbar vor dem Ende der Geschichte. Das Angebot des Evangeliums ergeht als neues Rufen Gottes und im letzten möglichen Augenblick der Geschichte (2. Kor 6,1 f.; Gal 4,4; Röm 13,11; 1. Kor 7,29.31 usw.). Ohne es wäre die Gesamtmenschheit nur noch dem endzeitlichen göttlichen Zorn ausgeliefert, wie er in Gestalt des Endgerichts unmittelbar vor der Tür steht (1. Thess 1,9f.; Röm 1,18; 3,20). Mit dem Evangelium überläßt Gott die Menschheit nicht ihrem sicheren und nahen Tod, den er im Endgericht vollstrecken müßte, sondern greift kreativ in die Geschichte ein: Er bestimmt Menschen, sie verändernd, zum ewigen Leben mit sich und ruft sie so aus der allgemeinen Hoffnungslosigkeit heraus. Mit dem Evangelium von Christus beginnt also die Endzeit. Das Kommen des Glaubens (d.h. der Glaubensverkündigung), bzw. die Sendung Christi (Gal 3,23; 4,4) – beides fällt für Paulus zusammen – ist Anfang des Endzeitgeschehens. Das Evangelium enthält demzufolge einen deutenden Zugriff auf Welt und Geschichte, indem es aussagt, welche Stunde es geschlagen hat und welche Qualifizierung dies für alles Vorhandene bedeutet.

Diese Orientierung am nahen Ende, das Gott als Richter gesetzt hat, hat auch zur Folge, daß Paulus die grundlegende Frage, wie der Mensch vor Gott steht, nicht in dieser allgemeinen Weise stellt, sondern nur in der besonderen Form, wie Gott im nahen Gericht zum Menschen steht, ob er ihm endgültige Christusgemeinschaft gewährt, durch die er ihn für immer in die alles umgreifende göttliche Nähe stellt (1. Thess 4,17; 1. Kor 15,28), oder ob er ihm als Zorn begegnet (Röm 1,18; 2,1ff.), d.h. ihm die Verewigung gottfeindlichen Lebens verwehrt. Die Erwählungs-, Versöhnungs- und Rechtfertigungsaussagen des Apostels werden mißverstanden, wenn sie nicht als auf diese spezielle Frage Antwort gebend gedeutet werden.

Die Kraft des Evangeliums zur endzeitlichen Rettung der Menschen und seine Fähigkeit, Welt und Geschichte neu zu deuten, beruhen auf der Christusbotschaft als grundlegendem Gehalt des Evangeliums. Wenn Paulus von der Erfahrung des Evangeliums her seine theologischen Aussagen entwirft, dann muß konsequenterweise der Inhalt des Evangeliums Maß und Kriterium für alles, kurzum für die Deutung der Wirklichkeit, sein. So erstaunt es nicht, wenn Paulus alles, was ihm bisher als Gewinn galt, um Christi willen für einen Schaden erklärt, ja überhaupt schlechterdings alles nur für Schaden ansieht angesichts des überragenden Wertes der Erkenntnis Jesu Christi (Phil 3,7f.). So will er unbedingt jeden Gedanken gefangenführen unter den Gehorsam gegenüber Christus (2. Kor 10,5). So wird der Glaubensgegenstand zum Kriterium des Glaubens und des vom Glauben geleiteten Wirklichkeitsverständnisses erhoben. Es ist gut denkbar, daß dem Apostel dieser Ansatz gleich in seinem Berufungsvorgang aufging. Jedenfalls verortet Paulus ihn hier selbst (Gal 1,11f.15f.).

Dies sind wohl die ältesten christlichen Aussagen, die das Spannungsfeld von Glaube und Denken berühren. Sicherlich erörtert Paulus (noch) nicht die Bedingungen des Denkens selbst, indem er den Denkvorgang zum eigenen Thema einer Erörterung erhebt. Aber indem Paulus die Erkenntnis Jesu Christi dem gläubigen Denken zum alleinigen Maßstab verpflichtend vorschreibt, tätigt er implizit zwei grundlegende Aussagen: Einmal wird der Glaube so aus dem Bereich des Irrationalen oder Willkürlich-Subjektiven verbannt. Es gibt gleichsam eine innere Denkbewegung des Glaubens, die sich argumentativ ausweisen kann und soll. Zum anderen bringt das Evangelium für Paulus nicht eine Teilerkenntnis innerhalb eines sonst unberührt beharrenden Wirklichkeitsentwurfes, es singt nicht die Variation eines schon bekannten Liedes. Die Umkehr zum Evangelium von Jesus Christus ist nicht nur ein Ortswechsel innerhalb desselben Koordinatensystems. Es entstehen also nicht nur verschiedene neue Werturteile über einzelne Dinge innerhalb eines feststehenden Ganzen. Nein, das Evangelium birgt in sich die Ermöglichung, schlechterdings alles neu zu verstehen. Vor ihm bleibt nichts, wie es war, bringt es doch einen die Erkenntnis leitenden neuen Inhalt, der zu einer neuen Sicht in bezug auf alle Dinge führen muß.

Paulus hat diese Denkbewegung in nie ermüdender sprachlicher Variation besonders intensiv an der Christologie durchgeführt. Christus ist für ihn die Zentralgestalt der Endzeit schlechthin: Gott hat seine Liebe uns gegenüber dadurch erwiesen, daß er von sich aus seinen Sohn sandte und sein Geschick für die Menschen Heil sein ließ (1. Thess 1,10; 2. Kor 5,18;

Gal 4,4; Röm 5,8). Seither bestimmt er Zeit und Geschichte als Endzeit mit ihrer ganz kurzen Erstreckung bis zur letzten Ankunft Christi (vgl. nur 1. Thess 4,13-5,11; Röm 13,11-14). Seither ist dort, wo das Evangelium von Jesus Christus verkündigt wird, endzeitlicher Heilstag (2. Kor 5,18-6,2), geschieht endzeitliche Erwählung als Erlösung vom Zorn und Bestimmung zum ewigen Leben mit Christus (1. Thess 5,9f.). Es gibt bei Paulus keine zeitlose Wesenschristologie, wohl aber eine christologische Denkbewegung, die Christus endzeitlich und soteriologisch zugleich kennzeichnet und ihn darum als endzeitliche Zentralgestalt zum Maß aller gegenwärtigen und zukünftigen Wirklichkeit macht (1. Thess 4, 17f.; 5,9f.; 1. Kor 15,20-28.54-57; Phil 3,8f.20f.; Röm 8,19-39). Darum nimmt es nicht wunder, wenn Paulus überhaupt nur zwei menschheitsbestimmende Gestalten kennt, nämlich Adam und Christus (1. Kor 15,20-22.44-49; Röm 5,11-21). Ebenso deutlich ist, daß diese alles bestimmende Christuspräsenz die Heilsanschauung des Apostels prägt. Sie führt zur Aussage der Alleinwirksamkeit göttlicher Gnade und Liebe (vgl. 14.4) und hat auch zur Folge, daß der Apostel Welt, Leben und Tod, Gegenwart und Zukunft schon jetzt den Christen zu Füßen legen kann, wenn sie dabei nur bedenken: »Alles ist euer, ihr aber seid Christi, Christus aber ist Gottes« (1. Kor 3,22f.; vgl. Röm 8,38f.).

Selbstredend muß seit Christi Sendung nun auch derjenige, dem sich nach dem Apostel alle Wirklichkeit verdankt, von Christus her neu verstanden werden: »Denn Gott, der gesagt hat: ›Aus Finsternis soll Licht aufstrahlen!‹ er hat es in unseren Herzen aufstrahlen lassen, so daß wir erleuchtet werden durch die Erkenntnis von der Herrlichkeit Gottes auf dem Angesicht Christi« (2. Kor 4,6). Christus ist also von Gott selbst als Ort seiner eigenen Erkenntnis bestimmt worden. So werden die »Tiefen Gottes« (1. Kor 2,10) durch den den Christen geschenkten Geist erkannt, der an das »Wort vom Kreuz« (1. Kor 1,18) gebunden ist. Was aber erkennt der Glaube nach Paulus, wenn er dafür Sorge trägt, daß das Wort vom Kreuz nicht entwertet wird (1. Kor 1,17)? Eine der präzisen paulinischen Antworten steht Röm 5,8: »Gott jedoch erweist seine Liebe uns gegenüber dadurch, daß Christus für uns gestorben ist, als wir noch Sünder waren«. Schon das vorpaulinische Urchristentum hatte den Gott, der Israel aus Ägypten geführt hat, gleichsam neu beschrieben als den Gott, der Jesus von den Toten auferweckte. Dies war die neue, nun für Christen gültige und entscheidende Aussage über Gott. Paulus geht diesen eingeschlagenen Weg konsequent weiter: Im Geschick Jesu Christi legt Gott sich den Menschen aus. Darum fehlt bei Paulus alles spekulative Transzendieren von Welt und Geschichte, um Gott zu erfassen. Ebensowenig kennt Paulus eine mystische Versenkung oder ein ekstatisches Übersteigen von Welt als eigenständige Weise, um Gott zu erfahren. Glossolalie und Entrückung (1. Kor 14,18 f.; 2. Kor 12,1 ff.) werden betont an den Rand gedrängt. Der den Menschen nahe Gott, der durch seine Nähe den Tag zum Tag des Heils macht, ist der Gott, der in Christus die Welt mit sich versöhnte und das Wort von der Versöhnung ausrichten läßt (2. Kor 5,19; 6,2).

Diese grundlegende Angewiesenheit des Glaubens auf Jesus Christus, gerade auch, wenn es gilt, Gott als Gegenstand des Glaubens zu begreifen, wird bei Paulus noch in einer letzten Tiefe ausgelotet, wenn er Gottes Handeln im Geschick Jesu Christi so ausmünzt, daß Gott derjenige ist, »der die Toten lebendig macht, und das, was nicht ist, ins Dasein ruft« (Röm 4,17.24f.). So rettet und erwählt Gott durch die Torheit der Kreuzespredigt das, »was nichts gilt, damit er das, was gilt, zunichte mache, auf daß sich niemand vor Gott rühme« (1. Kor 1,21-31). Darum will Paulus sich nur seiner Schwachheiten rühmen, steht er doch unter dem Gotteswort: »Meine Gnade ist für dich genug, denn meine Kraft kommt (gerade) in der Schwachheit zur vollen Entfaltung« (2. Kor 12,9). Paulus schließt nicht nur vom Christusgeschehen her auf die Tiefe menschlicher Verlorenheit (geradezu klassisch: Gal 2,17.21), sondern auch auf die Tiefe göttlicher Gnade und Liebe, die alleinwirksam die Rettung der Menschheit vollzog. Gott ist kein Buchhalter, der sich am Gerichtstag damit begnügen wird, weltgeschichtliche Bilanzen zu lesen und daraus eine Endabrechnung zu erstellen. Er wartet nicht zu, bis er das Prinzip ausgleichender Gerechtigkeit walten lassen kann. Vielmehr besteht nach Paulus sein Wesen darin, Nichtliebenswertes umzuschaffen, so daß es unter seiner Liebe liebenswert wird, aus Feinden Versöhnte zu machen, Geltungslosem vor sich Geltung zu verschaffen. Das ist die Selbstbekundung des Vaters Jesu Christi. Daß allein davon Menschen leben können, ist Sinn und Aussageziel der Erwählungs-, Versöhnungs- und Rechtfertigungsbotschaft des Paulus.

Endlich wird nun auch der mit dem Glauben auf die Christusbotschaft antwortende Mensch von der christologischen Denkbewegung her verstanden: Glaube, Liebe und Hoffnung sind ja Lebensäußerungen, die derjenige tätigt, der »mit Christus gekreuzigt ist« (Gal 2,19; Röm 6,4 f.), der Christus wie ein Kleidungsstück angezogen hat (Gal 3,27) und darum mit Glaube, Liebe, Hoffnung wie mit einer zweiten Haut eins geworden ist (1. Thess 5,8 f.). Ebenso lebt nicht er, sondern Christus lebt in ihm (Gal 2,20). Dazu paßt, daß auch die theologische Auffassung von der Kirche diese nicht als selbständige Institution begreift, sondern als Aspekt der Christologie: Die Kirche ist »Leib Christi« (1. Kor 12,4ff.; Röm 12,4f.) und der Heilsbereich »in Christus« (z.B. 2. Kor 5,17; Gal 4,26; Röm 8,1). Daß schließlich das Objekt des Glaubens Christus ist (z.B. Röm 9,33; Gal 2,16; 3,22), die Liebe im Urbild Christi ihre Normativität besitzt (Phil 2,1ff.; Röm 15,1ff.) und die Hoffnung sich auf die rettende Funktion des Gottessohnes bezieht (1. Thess 1,10), wie ihr Inhalt das Zusammensein mit dem Herrn (1. Thess 4,17; 5,10) und die Gleichgestaltung mit ihm (Phil 3,20f.) enthält, bedarf keiner langen Ausführung mehr. In der Tat, Christus ist in so umfassender Weise die entscheidende Zuwendung Gottes zu den Menschen, daß der Glaube, der diesem Ereignis nachdenkt, schlechterdings nichts frei von Christus zu lassen vermag. Wenn Paulus also jeden Gedanken unter den Gehorsam gegenüber Christus führen will (2. Kor 10,5), so ist er selbst für diesen Ansatz das beste Beispiel.

14.2 Der eine Gott und seine Schöpfung

Wer an der Erfahrung mit dem Evangelium seinen theologischen Standort orientiert (vgl. 14.1), wird kaum die Erwartung zufriedenstellen, über das, was später im ersten Glaubensartikel zusammengefaßt wurde, selbständig und ausführlich zu reden. Jedoch sind Schöpfungsaussagen in die verschiedenen paulinischen Erörterungen nicht nur zufällig eingewoben. Es sind auch nicht nur liegengebliebene Reste des hellenistischen Judentums (vgl. dazu 3.2), auf die man stößt, wenn man paulinische Texte nach diesem Thema abklopft. Vielmehr bedingt die Auffassung der Wirklichkeit als Schöpfung Gottes in konstitutiver Weise das paulinische Denken. Nur weil die jetzige endzeitliche Situation der Welt durch die Glaubenspredigt von Christus bestimmt ist (2. Kor 6,2; Gal 3,25; vgl. 14.1), ist diese so vordringlich auszurichten, daß anderes in den Hintergrund treten muß, gleichwohl aber von hier Grundentscheide verursacht, die das gesamte theologische Verständnis leiten.

Wir notierten bereits, daß Paulus den Gott des Evangeliums, durch Christus geleitet, beschreibt. Nun gilt es zu beachten, daß er diese christologische Dominanz nur ansatzweise und sehr begrenzt bis zur Schöpfung hin auszieht (vgl. 14.1). Die Schöpfungsmittlerschaft Christi wird als traditioneller Splitter erwähnt (1. Kor 8,6), aber im Kontext nicht ausgewertet, ja in ihm wird Christus gerade zugespitzt unter dem Gesichtspunkt seines stellvertretenden Todes behandelt (8,11). Auch ist eine Aussage wie die, daß der Felsen, aus dem Mose Wasser schlug, schon eine Art geistliche Identität mit Christus besaß (1. Kor 10,4), eher ein einmaliger hermeneutischer Zugriff auf einen alttestamentlichen Text als eine systematisch durchdachte Aussage paulinischer Christologie. Auch sonst ist Christi Existenz vor seiner Sendung so gut wie nicht im Blick (vgl. noch 2. Kor 8,9; Gal 4,4; Phil 2,6f.; Röm 8,3). Man kommt darum zu dem Urteil, daß Paulus wohl die endgültige Bestimmung des Menschen und den Gott des Heils christologisch erfaßt, aber im übrigen Gott als Schöpfer und das Verhältnis der Schöpfung zu ihm gesondert behandelt.

Gott allein ist »Vater« der Welt (1. Kor 8,6; 15,24; Phil 2,11) und »Gott, der über allem ist« (Röm 9,4). Die Völker können diesen Schöpfer eigentlich erkennen, so daß ihre Abkehr von ihm schuldhaftes Verhalten ist (Röm 1,18ff.). Auch wird Gott einmal »alles in allem sein« (1. Kor 15,28). Er ist der Seinsmächtige, wahrhaft Kreative, der die Welt erschaffen hat und der allein die Toten auferwecken kann, wie er auch Christus auferweckt hat (Röm 4,17; 1. Thess 4,14). Von ihm, durch ihn und zu ihm ist schlechterdings alles geordnet (Röm 11,36). Alles ist, so wie es ist, weil er Schöpfer ist. Darum wird auch dort, wo noch synkretistische Göttervielfalt herrscht, das hellenistisch-jüdische Missionsthema des einen wahren Gottes aufgegriffen, zu dem Christus als Retter im Endgericht als zweites Thema tritt (1. Thess 1,9f.). Kommt von Gott alles her, ist auf ihn dauerhaft bezogen und geht auf einen endgültigen Bezug zu ihm zu, dann ist mit solcher fundamentalen Verhältnisbestimmung von Gott und Wirklichkeit die Einheit derselben ausgesprochen: Es gibt nichts, was nicht Schöpfung des Schöpfers ist und bleibt (1. Kor 10,26).

Paulus ist von der »Selbstverständlichkeit« dieser Aussage so überzeugt, daß man mit Recht bei ihm von der Unfähigkeit zu einem prinzipiellen Atheismus gesprochen hat. Er kann nicht aus einer Alternative, die Wirklichkeit von Gott her oder nur aus sich heraus zu verstehen, denken, sondern nur im Gegensatz (der hellenistischen Synagoge, nämlich) des einen Gottes zu den Göttern. Dabei ist die Vielgötterei kein intellektueller Mangel an Durchdringung der angemessenen Gottesidee, sondern schuldhaftes Fehlverhalten, Entehrung Gottes, so daß die religiöse Verehrung der Völker trotz ihrer vielen Götter Gottlosigkeit ist und das damit verbundene Frevlertum die andere Seite derselben Medaille (Röm 1,18ff.). Ja, man muß zu diesem Befund, die atheistische Möglichkeit nicht grundsätzlich denken zu können, sagen, daß Paulus eine Erklärung des Vorhandenen aus sich selbst als Ausdruck der Ursünde des Menschen ansehen würde, weil alle Wirklichkeit sich für ihn nie selbstüberlassen ist. Der Apostel ist zutiefst davon überzeugt, daß Mensch und

Welt nicht ihr eigener Schöpfer sind und darum immer auf relationale Bestimmungen angewiesen bleiben. Eben das erweist sich nicht zuletzt an den Heiden: Sie haben die heilsame Beziehung zu ihrem Schöpfer aufgekündigt und sich Ersatzbeziehungen zu ihren Göttern aufgebaut (Röm 1,18 ff.). Ebenso fallen die Galater, die Christus verlassen, zurück in ihre alten Götterbeziehungen (Gal 4,8-11).

Die Schöpfung des einen Schöpfers wird übrigens von der gegenwärtig erfahrenen Welt interpretiert. Gott ist dauerhafter »Vater« der Welt, nicht nur einmaliger Ursprung oder Erzeuger. Es interessiert nicht, wann oder wie Gott am Anfang einst alles schuf, oder gar, wie die Welt ohne Adams Fall aussah. Adam ist gerade Zentralgestalt der sündigen, also schon gefallenen Menschheit (Röm 5,12 ff.), nicht spekulativer Gegenstand zur Erörterung eines guten Ursprungszustandes. So wird die Menschheit unter dem Verlust der ursprünglichen Herrlichkeit beschrieben (Röm 3,23; 5,12 f.), aber nicht zurückgefragt, was war, als diese Herrlichkeit noch da war. Paulus will also sagen: Die Welt, wie wir sie an uns und um uns erfahren, ist trotz der unerklärlichen Feindschaft des Menschen gegenüber Gott Gottes Schöpfung, mag auch jetzt selbst die außermenschliche Schöpfung durch des Menschen Ungehorsam gegenüber Gott in eine – nur angedeutete – Mitleidenschaft gezogen worden sein (Röm 8,21 f.).

Von diesem gegenwärtigen Standort her wird auch einsichtig, was Paulus zur Götterwelt und zu gottfeindlichen oder Gott dienenden numinosen Wesen sagt. Die Welt entsteht nicht aus einem Götterkampf oder Satanssturz, und obwohl mit solchen Wesen zu rechnen ist, ist die Wirklichkeit monistisch, keinesfalls dualistisch gedeutet. Gerade angesichts der Götterproblematik in 1. Kor 8–10 gilt: »Die Erde und ihre Fülle ist des Herrn« (1. Kor 10,26). Den Galatern wird mit stoisch-philosophischer Tradition polemisch erklärt, daß ihre Numina, die sie sich abermals anschicken zu verehren, »von Natur aus keine Götter« sind (Gal 4,8). Doch ist Zurückhaltung angesagt, wollte man daraufhin Paulus systematisch auf die These festlegen, daß außer dem einen Gott numinose Mächte nicht existieren, also kein Sein haben und etwa nur aus dem Bewußtsein des Menschen projiziert sind. Das ist schon bei Satan sicher nicht der Fall, muß er doch ausdrücklich erst besiegt werden (Röm 16,20; vgl. auch 1. Kor 15,24 f.) und ist in der Gegenwart eine negative Mächtigkeit für die Gemeinde (vgl. etwa 1. Kor 2,6-9; 5,5; 7,5; 2. Kor 2,11; 4,3 f.; 11,14; 12,7; 1. Thess 2,18). Auch die Gott zugeordnete Engelwelt ist für Paulus – zwar nur nebenbei erwähnt – mythisch-»reale« Wirklichkeit (Röm 8,38; 1. Kor 4,9; 13,1; Gal 1,8; 3,19 usw.). Weiter bedient sich Paulus sonst der hellenistisch-jüdischen Tradition, indem er die Götter zu wirksamen Dämonen deponentziert und abqualifiziert (1. Kor 10,20).

Wer einmal die Existenz der Götter, ein anderes Mal nur ihre Qualität angreift, muß einen besonderen perspektivischen Standort haben, um beides nicht als widersprüchlich oder unausgeglichen anzusehen. Diese Position ist für Paulus dann aufgewiesen, wenn man ihn mit allen Numina aus der gegenwärtigen und auf die Gemeinde bezogenen Bedeutungsperspektive umgehen läßt und erkennt, daß er darüber hinausgehende weiterreichende Aussagen gar nicht machen will. Lehrreich ist dafür 1. Kor 8,1-6. Den Starken in Korinth wird zugestanden: »Es (gibt) keinen Götzen in der Welt« und »Keiner (ist) Gott, außer der eine«. Aber Paulus versteht das nicht als abstrakte Seinsaussage, fügt er doch alsbald hinzu: »obwohl es sogenannte Götter, sei es im Himmel, sei es auf der Erde gibt, wie es ja viele Götter und viele Herren gibt«. Diese Doppelaussage ist so aufzulösen: Für die christliche Gemeinde hat kein Götze mehr Bedeutung, nur Gott allein gebührt Verehrung und Vertrauen, mag es daneben viele von anderen verehrte Numina geben. Es geht also um die bestehenden Verhältnisse, in denen der Christ steht, bzw. stehen soll. Auch in diesem Fall bewährt sich also der paulinische Grundsatz, daß der Mensch als Geschöpf in Beziehungen lebt, die Besetztheit dieser Relationen aber sein Heil oder Unheil ausmacht.

Wir haben bisher relativ undifferenziert und allgemein von der Schöpfung gesprochen und müssen für Paulus noch nachtragen, wie er in der Regel mit dem Phänomen umgeht. Hierbei sind zwei Beobachtungen von Bedeutung: Schöpfung ist erstens nicht einfach die Natur als vorgegebener Raum und verfügbares Material des Menschen. Schöpfung wird sodann vor allem anthropozentrisch gesehen. Die erste Aussage bedeutet, daß zur Schöpfung Himmel, Erde und Unterwelt gehören (Phil 2,10f.), jedoch nicht nur im Formalen, sondern mit ihrem gegenwärtigen Sosein. Nicht Menschen machen die Geschichte, Gott lenkt sie, wie z.B. durch die Sendung Christi (vgl. Gal 4,4). Die Geschichtsmächtigkeit Gottes kann er sogar einmal – wie ihm sonst nicht eigen – prädestinatianisch auszeichnen (Röm 9,14-29).

Zentral ist ihm dabei jedoch die schlechthinnige Überlegenheit Gottes, mit der er alles lenkt (Röm 11,33-36). Gott gibt der Welt auch ein soziales und politisches Gefüge (Röm 13,1ff.; 1. Kor 7,17ff.). Dazu gehören z.B. ein bestimmtes Verhältnis von Mann und Frau (1. Kor 11,6-9) wie überhaupt eine Normativität im menschlichen Verhalten (Röm 1,18ff.). Sicherlich, von Christus her verändert sich hier einiges in der Gemeinde (1. Kor 11,11f.; Gal 3,26-28). Jedoch zunächst einmal gilt wie selbstverständlich, daß die Welt eine von Gott ihr zugedachte »Ordnung« hat. An diesen Beispielen wird schon ersichtlich, daß sich Paulus vornehmlich um den Menschen in der Schöpfung kümmert, ja diese geradezu anthropozentrisch sieht (vgl. etwa 1. Kor 9,9f.). Diese Sichtweise setzt sich bis zur Enderwartung durch (vgl. 14.8). Paulus erzählt auch nichts über die Ordnung der Gestirne oder die Jahreszeiten oder die Tiere und Pflanzen (wie es Weisheit und Apokalyptik tun können), wohl aber müht er sich als erster im Urchristentum, eine Anthropologie jedenfalls in Aspekten anzudeuten, und gelangt dabei – wie etwa in Röm 6–8 – zu erstaunlich vielschichtigen Aussagen, wie sie im Altertum zumindest ganz selten in analoger Differenziertheit angetroffen werden.

Doch macht die Nachzeichnung der paulinischen Auffassung vom Menschen auch immer wieder besondere Schwierigkeiten, weil der Apostel keine feste Terminologie benutzt. Die Gefahr ist darum groß, ihm fremde Systematik zu unterlegen. Ein ganz wichtiger Grundsatz hat sich jedoch besonders bewährt: Alle Aussagen des Paulus gehen von einer ganzheitlichen Sicht des Menschen aus. Die Seele oder die Vernunft sind z. B. nicht ein besserer Teil des Menschen als der Leib. Der Mensch hat nach Paulus überhaupt nicht einen Leib, eine Seele, ein Herz, den Verstand und Willen, sondern er ist dies alles unter je besonderen Hinsichten. Der Mensch kann sich nicht als Ich oder Herz von seinem Leib distanzieren, sondern wo er »ich« sagt, ist er zugleich dies in Leiblichkeit. Die Kennzeichnung des Menschen als Geist, Seele und Leib in 1. Thess 5,23 will also z. B. nicht eine dreifache Schichtung und Rangfolge aussprechen, wohl aber den Menschen als Einheit erfassen. Oft kann man für Begriffe wie Herz, Geist, Leib auch einfach die Person als wollendes, denkendes und handelndes Ich einsetzen, also kurz »ich« sagen.

Der variantenreich gekennzeichnete ganze Mensch wird nun wie Schöpfung überhaupt in seinen Beziehungen gesehen als seiner grundlegenden Weise zu leben und bestimmt zu sein. Dabei ist dem Apostel der neuzeitliche Begriff der Individualität als Ausdruck der in sich ruhenden Persönlichkeit fremd. Sicherlich, Paulus betont die Verantwortung des Einzelnen in Glaube, Liebe, Hoffnung und natürlich als Sünder, er weiß um den besonderen Wert jedes Bruders, für den Christus gestorben ist (1. Kor 8,11). Aber zugleich ist für ihn der Mensch als Glied in der Schöpfung durch seine Gottes- oder Götterbeziehung bestimmt (1. Thess 1,9; Röm 1,18ff.). Gerade die Christus- und Gottesbeziehung ist das entschiedene Heil des Menschen (Röm 14,8; 8,38f.). Er ist ebenso Glied in einer Gemeinschaft (1. Kor 12). Sein konkretes Verhältnis zum Nächsten sagt über ihn mehr aus als seine individuelle Überzeugung

(1. Kor 8). Er ist, wie Gott ihn will, wenn er vom anderen her und für den anderen, nicht aber das Seine suchend, lebt (Phil 2; 1. Kor 13). Wer die Beziehungen des Menschen zur gesamten Wirklichkeit einschließlich Gottes beschreibt, hat ausgesagt, wer der Mensch ist (Röm 8,38f.; 1. Kor 3,21-23).

Noch unter einem anderen Gesichtspunkt ist der Mensch für Paulus nicht vom Ideal der in sich ruhenden, mit Ichstärke und Unabhängigkeit ausgestatteten Person gesehen. Paulus benutzt z.B. die Tempelmetaphorik, um ihn als Wohnort des Geistes Gottes zu kennzeichnen (1. Kor 3,16f.; 6,19). Die Einwohnung des Geistes begründet geradezu die Auferstehungshoffnung (Röm 8,11). Ja, der Christ lebt nicht nur nicht mehr für sich selbst (Röm 14,7f.), sondern er ist gestorben, Christus lebt an seiner Stelle (Gal 2,18f.; Röm 6,4-11). Er ist gleichgestaltet dem Tod Christi und von Christus ergriffen worden (Phil 3,10-12). Auch an der Auferstehung kann er nur über einen abermaligen Bruch und Nullpunkt Anteil haben (1. Kor 15,35-57; 2. Kor 5,1-10). Der Menschen Identität ist also nicht durch stabile Innenverhältnisse konstituiert, sondern durch die göttlichen Gaben wie Geist und Christus, die sein Sein neu konstituieren (1. Thess 5,4-10; Gal 3,26-29) und dem alten Kreatürlichen dabei Brüche zumuten, ohne die die göttliche Bestimmung des Menschen nicht erreicht werden kann.

Blickt man auf die ganzheitlichen Hinsichten, unter denen der Mensch gedeutet wird, fällt auf, daß alles, was mit dem Willen des Menschen, seinem Trachten und seinen Absichten zu tun hat, sowie die Leiblichkeit des Menschen bei Paulus besonders herausgestellt sind. Es sind alles Aspekte des Menschen, die in seine »Werke«, seien sie gut oder böse, einmünden. Das macht deutlich, wie der Apostel insoweit durch das alttestamentlich-jüdische Menschenbild geprägt ist. Dabei hat vor allem der Begriff des »Leibes« (Soma) bei Paulus eine auffällige Beachtung gefunden (neben dem »Fleisch« als Sündenbegriff, dazu vgl. unten 14.3). Es ist der anthropologische Grundbegriff, der ihm besonders geeignet schien, den Menschen in seiner konkreten Geschöpflichkeit zu beschreiben. Nirgends sagt Paulus, Gott sei »Leib«. Er »verleiblicht« seine Liebe und Gnade in Christus, so daß Christus »leiblich« ist (Röm 7,4; 1. Kor 11,24.27). Auch ist Christus als Auferstandener von verklärter Leiblichkeit (Phil 3,21), wohinein die Christen verwandelt werden (Phil 3,21; 1. Kor 15,35ff.). Überhaupt ist alle außermenschliche Welt leiblich (1. Kor 15,35ff.). Also ist ein Unterschied zwischen dem Schöpfer und seinen Geschöpfen gemacht. So ist ja auch Christus mit den Seinen im Endreich konkret leiblich zusammen, wie 1. Thess 4,16f. voraussetzt.

Von Gott ist viel abstrakter gesagt, er werde am Ende »alles in allem« sein (1. Kor 15,28). Eine endzeitliche Theophanie von ihm kennt Paulus nicht. Der Richterstuhl Gottes (Röm 14,10) ist in 2. Kor 5,10 von Christus besetzt. Das Schauen von Angesicht zu Angesicht hat in 1. Kor 13,10-12 im Unterschied zu Mt 5,8 kein Objekt mehr. Nun hat Paulus sicher nicht theoretisch zum Unterschied zwischen Gott und allem Geschaffenen Stellung beziehen wollen, aber er scheint doch anzudeuten, daß die Leiblichkeit des Menschen besonderer Ausdruck seiner Geschöpflichkeit ist, weil das heißt – wenn man Röm 5,12-21 etwas ausziehen darf –, der Mensch in seiner Leiblichkeit ist eingebunden in den Gegensatz von Gehorsam und Ungehorsam, Leben und Tod. So sündigt man leiblich (Röm 1,24; 6,12; 8,13), hat darum einen »Leib des Todes« (Röm 7,24), muß sich vor Christus als Richter in bezug auf seine leiblichen Taten verantworten (2. Kor 5,10). Man soll den Leib Gott zum existentiellen Opfer in der Hingabe an Gottes Willen geben (Röm 12,1f.). Die Hurerei ist ein falsches Beziehungsverhältnis in Leiblichkeit, soll doch dieser Leib dem Herrn gehören (1. Kor 6,15-18). Gott ist wohl seiner Selbstbindung treu (1. Kor 1,9; 1. Thess 5,24). Da er aber niemandem Rechenschaft schuldig ist (Röm 9,21; 11,35), kann er nicht gehorsam oder ungehorsam sein. Auch ist er aus sich heraus lebensmächtig (Röm 4,17; 1. Kor 8,6). Also hat er das Leben nicht als Gabe und kann nicht sterben. Leiblichkeit scheint also Signal grundlegender Abhängigkeit (1. Kor 4,7) und daraus eigentlich geschuldetem antwortenden Gehorsam zu sein. Übrigens ist ja auch Christus nicht nur durch Leiblichkeit gekennzeichnet, sondern ebenso durch Gehorsam (Röm 5,12ff.; Phil 2,8).

Man hat versucht, die Leiblichkeit des Menschen als seine Fähigkeit, zu sich selbst ein Verhältnis haben zu können, zu deuten. Aber dies setzt nicht nur eine neuzeitliche Anthropologie voraus, die Paulus noch nicht kennt, sondern scheint auch direkt bei Paulus auf Widerstand zu stoßen (vgl. z.B. 1. Kor 4,4). Ein weiteres Konzept legt die kommunikative Fähigkeit des Menschen der Auslegung zugrunde. Doch auch hier ist wohl nicht von ungefähr, daß diese Deutung zeitgeschichtliche Wurzeln hat, nämlich das Aufkommen sozialgeschichtlicher Fragestellungen in der Theologie der jüngsten Zeit. Paulus ist zwar hier schon etwas besser aufgehoben, aber der Ansatz ist zu unspezifisch: Nicht Kommunikation überhaupt ist des Paulus Sache, sondern der Stand des Menschen vor Gott sein Thema.

Wir haben bisher vom Schöpfer und der einen, von ihm herkommenden Wirklichkeit gesprochen und vom Menschen als Geschöpf Gottes. Doch kann damit dieser Abschnitt nicht enden, weil für Paulus die gegenwärtige Schöpfung – von ihr her denkt er, wie wir bereits sahen – durch die Herrschaft der Sünde geprägt ist. Wo das Geschöpf einen Gegenentwurf des Lebens gegenüber dem Schöpfer versucht (Röm 1,18 ff.; 5,12 ff.), reagiert Gott mit Zorn und Gericht. Dies ist Ausdruck dafür, daß Gott des Bösen Feind ist. Paulus deutet an, daß er im Tod als Grenze menschlichen Lebens eine unmittelbare Folge der Sünde sieht (Röm 5,12; 8,2; 1. Kor 15,55) und auch die Nichtigkeit der Schöpfung insgesamt nicht als ursprünglichen Wesenszug derselben betrachtet (Röm 8,20). Doch laufen Welt und Geschichte nicht aus sich heraus irgendwie aus. Gott setzt vielmehr sein Gericht als Begrenzung und Zeitpunkt der Rechenschaft für jede Lebensgeschichte. Dies Gericht ist so nahe, daß von daher der Weltbezug des Christen unter den Gesichtspunkt der vergehenden Welt zu sehen ist (1. Kor 7,29-31). Durch die Gerichtsbotschaft wird das Böse qualifiziert als Sünde in Beziehung zum Schöpfer, dem sein Geschöpf Verantwortung schuldet (1. Kor 4,4 f.; 2. Kor 5,10; Röm 14,10). So sorgt Gott angesichts des Widerspruchs des Menschen dafür, daß er ihn nicht verspottet (Gal 6,7), noch entehrt (Röm 2,24; 3,28). Darum lautet auch die Grundfrage des Menschen für Paulus nicht: Wie soll sich der Mensch in die Ordnung des Kosmos einfügen? Der Apostel fragt vielmehr: Wie soll das Geschöpf angesichts des nahen Gerichts leben? Die Antwort lautet: Es soll an Christus glauben.

14.3 Der Sünder, das Gesetz und der Tod

Der Mensch als Geschöpf Gottes findet sich schon immer in der Wirklichkeit vor als einer, der Eigenerfahrung mit verfehltem und mißratenem Leben hat (vgl. 13.3). Freilich werden der ganze Ernst und die Tiefe der Verlorenheit erst angesichts des Evangeliums deutlich (Röm 1,21; 5,8 f.; Röm 7,7 ff. wird von Röm 8,1 ff. her geschildert). Doch was ist des Menschen Verfehltsein, was ist Sünde?

Sünde ist, anthropologisch gesehen, eine verkehrte Grundeinstellung zum eigenen Leben und zur Wirklichkeit überhaupt (Röm 7,10; 8,5). Solche Grundeinstellung zeigt sich als »Begehren« (Röm 7,7 f.; 1. Kor 10,6), nämlich das Leben zuerst und vor allem für sich als Weltmittelpunkt voll auszuschöpfen (das Gegenteil etwa: 1. Kor 10,31-11,1). Das gelingt nur, wenn man Wirklichkeit nicht mehr als von Gott geschaffen, geordnet und erhalten versteht, sondern als Welt, die zur eigenen Gestaltung vorhanden ist (Röm 1,18-32; 5,12). Damit verändern sich für den

Menschen die ihm von Gott zugewiesenen Verhältnisse zu Gott, Mitmensch, Wirklichkeit und zu sich selbst.

Hat man damit den Schöpfer und seine Absicht mit der Schöpfung geleugnet, so folgt dem »Begehren« der Götzendienst bei den Heiden (Röm 1, 22 ff.) und bei Israel (1. Kor 10,7) auf dem Fuß. Zum Begehren gehört also der gottlose Wahn, sich eigene Götter schaffen zu können. Entstammen sie den Möglichkeiten des Menschen, ist er frei, die Welt nach seinem Sinn zu formen. Dadurch wird Gott in doppelter Weise »entehrt« (Röm 1,21; 2,23 f.; 3,18. Das Gegenteil etwa: 1. Kor 10,31; Phil 2,11): Er selbst wird ersetzt und seine Schöpfung mißdeutet und mißbraucht.

Weil aber alle Welt Gottes Schöpfung ist (Röm 1,15 f.; 1. Kor 8,6) und von ihm her Leben hat, verfällt der Mensch, auf sich gestellt und bezogen, dem Tod. Die Distanzierung von Gott als Lebensquelle bringt unweigerlich und zwangsläufig den Tod mit sich. Sünder verfehlen das Leben und stehen nur noch vor dem Tod (1. Kor 15,56; Röm 5,12; 6,21; 7,24). Aber nicht nur das, sie finden auch vor ihrem Tod nicht zum eigentlichen, erfüllten Leben, denn ihr Begehren ist nie gestillt (Röm 1,26; 7,7 f.), sie sind fremdbestimmt (Röm 7,15-17), also nicht Herr im eigenen Haus (Röm 7,23), und sie verlieren die Maßstäbe für gedeihliches Leben in der Gemeinschaft (Röm 1,28 ff.; 1. Kor 6,9 f.). Ja, sie werden blind und unverständig (Röm 1,21; 2,5), so daß sie vor Dunkelheit (1. Thess 5,3 f.; 2. Kor 3,15 f.) nicht mehr erkennen, wohin sie geraten sind und wie ihre Ausweglosigkeit überwunden werden kann. Dieser Unfähigkeit zur wahren Selbsteinschätzung korrespondiert die ständige Unfähigkeit zur wahren Liebe und Hingabe an den Nächsten. So zeichnet Paulus die Liebe Gottes, Christi und der Christen (Röm 5,5; 2. Kor 5,14; 1. Kor 13) als Gegenteil des Begehrens. Das Begehren denkt an sich und von sich aus, die Liebe denkt vom anderen her und ist Hinwendung an ihn (vgl. Röm 14,13.19; 15,1 f.; 1. Kor 10,24; 13,5; Phil 2,4).

Da Gott der Schöpfung und insbesondere dem menschlichen Geschöpf Norm und Ziel des Lebens gesetzt hat, ist die verkehrte Einstellung des Menschen Feindschaft gegen Gott (Röm 5,10; 8,7). Auf sie reagiert Gott mit Zorn und Gericht (Röm 1,18; 2,1 ff.) und mit dem Gesetz als »Zuchtmeister« (Gal 3,23-25), das den Menschen zugleich noch tiefer in das Sündersein hineintreibt (Röm 7,7 ff.). Aber auch die unerwartete Möglichkeit des Evangeliums ist da: Gott läßt sich in seiner Souveränität der Liebe sein Verhalten nicht vorschreiben, versöhnt sich mit dem Menschen in Christus (Röm 5,1 ff.; 2. Kor 5,14 ff.) und schafft ihn neu (Röm 6,1 ff.; 2. Kor 5,14 ff.). Das ist der Inhalt des paulinischen Evangeliums, das aus todgeweihten Sündern zum Leben begnadete Glaubende macht (Röm 3,21-4,25).

Dieses (im Grundsatz angedeutete) paulinische Sünden- und Gesetzesverständnis ist derzeit heftig umstritten. Diese Feststellung gilt in vieler Hinsicht. Jedoch ist die Frage, welches Wirklichkeitsverständnis der paulinischen Rede von der guten und bösen Tat und ihren Folgen zugrunde liegt, die am tiefsten reichende. Dabei geht es um Folgendes: Lebt der Apostel noch relativ ungebrochen in der besonders gut in der alttestamentlichen Weisheitsliteratur begegnenden Verhältnisbestimmung von Tat und Folge, nach der die Tat selbsttätig und direkt eine Heils- oder Unheilssphäre für den Täter und seine Gemeinschaft bewirkt, so daß Tat und Folge zwei Aspekte desselben Phänomens sind? Oder beschreibt Paulus das Tun des Menschen normativ vom forensischen Urteil Gottes her? Nahe bei dieser Alternative steht die Frage, ob man die Sünde bei Paulus – vor allem im Blick auf die zugespitzten Aussagen in Röm 6–8 – als (quasimythische) Macht kennzeichnen soll oder besser eine bestimmte Art von Personifikation darin zu sehen hat? Soll man diese Versuche, den ontologischen Gehalt der Sündenaussagen zu bestimmen, überhaupt als Alternativen verstehen oder kommen sie (jedenfalls zum Teil) aspektweise bei Paulus vor, so daß es gilt, ihre dienende Funktion und die damit intendierte Aussage zu sehen? Dieses Problembündel will wenigstens mit einigen Strichen beschrieben sein.

Dazu setzen wir bei der Auffassung ein, nach der die Tat selbstwirksam Folgen tätigt, so daß Gottes Tätigkeit nur im Aufrechterhalten dieses Prozesses besteht, bzw. im Beschleunigen oder Verlangsamen des Eintritts der Folgen, jedoch auch im Aufheben des Unheilszusammenhanges, vor allem durch kultische Sühne. Es ist die Situation aus Spr 26,27: »Wer einen Stein hochwälzt, auf den fällt er zurück«. Innerhalb dieser Anschauung ist Sünde kein Werturteil oder eine Norm, sondern eine innerweltliche, das gedeihliche Leben zerstörende selbsttätige Größe. Wer Frevel begeht, lebt »in« seinem Frevel. Darum werden Tat und Folge durch denselben Ausdruck bezeichnet, so daß z.B. die Sündenbegriffe die Tat und ihr nachfolgendes Unheil ohne terminologische Unterscheidung meinen.

Solche grundsätzlichen Auffassungen von der Wirklichkeit sind meistens recht stabil. Dennoch unterliegen auch sie Veränderungen und Ablösungsprozessen. Es würde zu weit führen, dies für diesen Tat-Folge-Zusammenhang jetzt im einzelnen aufzuweisen. Wir beschränken uns auf einige Hinweise: In jedem Fall hat die skeptische Weisheit (Hiob) an dieser Weltsicht tiefe Zweifel gehegt, weil für sie die Erfahrung eines engen Zusammenhanges von Tat und Folge insofern zerbrach, als sich das eigentlich dem Gerechten zukommende gute Schicksal beim Frevler ein- fand, der Gerechte in dieser Welt aber leiden mußte. So nagte die Wirk- lichkeitserfahrung selbst an diesem Wirklichkeitsverständnis, ohne es frei- lich schon durch ein neues zu ersetzen. Die jüdische Apokalyptik hat dann die Folgen der Taten erst durch das Endgericht eintreffen lassen: Der mangelnden Erfahrung mit der unmittelbaren Folge der Taten begegnet man nun mit der Hoffnung, Gott werde am Ende der Tage ausgleichende Gerechtigkeit herstellen; er halte also gleichsam den Tat-Folge-Zu- sammenhang nur bis dahin an. Dabei veränderte sich allerdings teilweise auch die Beschreibung des Gerichts. Wo die Tatfolgen nicht mehr nur zurückgelenkt werden, sondern ein forensisch-normatives Endgerichtsur- teil gefällt wird (vgl. oben 11.3), hat offenbar die Anschauung von der das Schicksal wirkenden Tat zumindest an Kraft verloren oder ist aufgegeben. Viel grundsätzlicher waren jedoch die Veränderungen, die mit dem Ein- fluß des Hellenismus eintraten und gerade besonders in der hellenistisch- jüdischen Diaspora zu beobachten sind: Zeugen sind dafür u.a. die Sep- tuaginta, Philo, Josephus und 4. Makk. Nun wird diese alte Auffassung zum Teil gar nicht mehr verstanden und als rechtlich-normative Vergel- tungsvorstellung mißdeutet, oder eine Tugend- und Lasterlehre tritt an ihre Stelle. Endlich zeigt auch die frührabbinische Spruchsammlung Aboth, wie hier die endgerichtliche Forensik und arbeitsrechtliche Vor- stellungen beherrschend werden. Bleibt zu erwähnen, daß sprachliche Zeugen des alten Tun-Ergehens-Zusammenhanges auch innerhalb dieser literarischen Zeugnisse immer noch begegnen, nur ist jeweils die Frage, wieweit sie noch im traditionellen Sinn verstanden wurden. In jedem Fall leidet es keinen Zweifel, daß Paulus – zumal als Diasporajude – mitten in dieser geschichtlichen Veränderung anzusiedeln ist. Darum kann ihm nicht einfach diese oder jene Auffassung unterstellt werden, sondern es ist eigens zu beobachten, welche Hilfen er gibt, um seine Wirklichkeitsauffas- sung zu beschreiben.

Es ist klar, Paulus kann noch den unmittelbaren Zusammenhang von Tat und Folge beschreiben, wenn er diesen mit dem Bild von Saat und Ernte erfaßt (Gal 6,7f.; vgl. Röm 7,5). So gibt es z.B. auch in der korin- thischen Gemeinde Kranke, weil die Gemeinde das Herrenmahl lieblos feiert (1. Kor 11,27ff.). Auch hier trägt die Tat das »Gericht« schon ebenso in sich wie im Falle von 1. Thess 2,16, wo Paulus das Verhalten der evangeliumsfeindlichen Juden so ausdeutet, daß sie »immerfort ihre Sünden voll machen« und darum »auf sie der Zorn völlig gekommen ist«. Sündentaten und Zorn als Sündenfolge sind offenbar auch in dieser For-

mulierung zwei Seiten derselben Sache. Umgekehrt kann Christi Sühn-
opfer die vergangenen Sünden gleichsam vernichten, so daß sich ihre
Folgen nicht auswirken können, wie Paulus mit der Tradition in
Röm 3,24-26 sagen kann. Allerdings gibt es nun doch auch bedeutsame
Beobachtungen im paulinischen Schrifttum, die Einhalt gebieten, wollte
man Paulus das Denken im Tat-Folge-Zusammenhang glatt unterstellen.
So fällt auf, daß Paulus die Doppelsinnigkeit der in dem Tat-Folge-
Zusammenhang verhafteten Wörter (z. B. Sünde als einzelne Tat und
Zustand der Unheilsfolge; Gerechtigkeit als Tat und Heilszustand) eigent-
lich nicht mehr das Wort redet. Auch die Sprache vom Leben des Menschen »in« der Sünde oder Gerechtigkeit (als Hinweis auf eine Unheils-
oder Heilssphäre mit eigener Mächtigkeit) fließt Paulus nur noch zweimal
am Rande in die Feder (Röm 6,2; 1. Kor 15,17). Gerade diese beiden
Sprachmuster sind aber, wo sie begegnen, entscheidende Anlässe, auf den
Tat-Folge-Zusammenhang abzuheben. Vier weitere grundlegende Beobachtungen kommen hinzu: Einmal zeigt die Sprache an, mit der Paulus
das Endgericht schildert, daß er forensisch vom autoritativen Urteil her
denkt, das mit den Kategorien der Handels- und Arbeitswelt gedeutet
wird (vgl. oben 11.3). Dies signalisiert, daß die Sünde nicht mehr selbsttätig ihre Folgen zeitigt, vielmehr diese erst aufgrund göttlicher Initiative
durch einen selbständigen Rechtsakt neu hinzukommen. Zum anderen hat
sich das Interesse am Erfassen der Sünde verlagert: Nicht mehr die für
den Täter und seine Gemeinschaft unheilvoll sich selbsttätig ausbreitende
Sphäre ist im Blick, sondern die individuellen inneren Verhältnisse beim
Menschen selbst: Gottlosigkeit führt zum unerklärlichen und unent-
schuldbaren Hang, in dieser Haltung fortzufahren (Röm 1,18.21 f.). Das
Gesetz nährt die Begierde und führt darum dauerhaft und um so intensiver zur Sündentat (Röm 7,7 ff.). Der Mensch ist »verkauft« unter die
Sünde wie ein Sklave, und diese Metapher wird aufgelöst, indem gesagt
ist: Er ist »fleischlich« (Röm 7,14). Durch das Tun der Sünde kommt die
Sünde in die Welt (5,12), das bedeutet freilich: der Mensch wird »Fleisch«
(8,3). So wird das »in« der Sünde leben des Menschen (6,2) betont umfor-
muliert: Die Sünde wohnt jetzt im Menschen (7,17.20). Die böse Tat führt
also nicht zur Unheilssphäre, die sich um den Täter und seine Gemeinschaft lagert, und, soll die Gemeinschaft nicht zerstört werden, »aufgehoben« werden muß. Vielmehr sind nun die Innenverhältnisse des Menschen als Sünder von entscheidendem Gewicht. Die Erfahrung, daß gottlos zu leben schön ist (Röm 1,18.32), daß das unstillbare Begehren zu
stillen, neues Begehren auslöst (7,7 f.), gehört nun grundlegend zum Begreifen von Sünde und erst recht die nachträgliche Sicht des Erlösten, daß

dies alles als innere Zerrissenheit des Sünders, als unheilvoller Zwiespalt in ihm zu deuten ist (7,15 ff.); ist doch die Sünde gleichsam wie eine zweite Person im Menschen am Werk (Röm 6,6.12-14; 7,23). Darum kann Paulus nicht damit zufrieden sein, daß Christus wie in der Röm 3,24-26 zitierten Tradition die Sündenfolgen aufhebt, sondern schildert Röm 6–8, wie der Mensch selbst durch Evangelium, Geist und Taufe ein Neuer geworden ist und als alter Mensch sterben mußte (Röm 6,2.6f.; 7,25-8,2). Der Übergang vom alten zum neuen Menschen, beschrieben mit sterben und auferstehen (Röm 6,1ff.), mit einem Herrschaftswechsel (Röm 6,14ff.), mit einem Schöpfungsgeschehen (2. Kor 4,3-6), mit einer neuen Sohnschaft, die alle bisherigen Zuordnungsverhältnisse außer Kraft setzt (Gal 4,24-26), oder mit einem neuen Sein samt neuer Bekleidung (1. Thess 5,4-8), macht einsichtig, daß der Mensch nicht nur wahlweise Täter des Guten oder Bösen ist und dies dann außer ihm liegende Folgen zeitigt, sondern daß er in einer abgründigen Weise Sünder als Person ist und seine Sündentat Folge dieses Seins. Sünde ist nicht eine Tat und ihre Folge, sondern ein Aspekt der Person selbst. Das Wesen der Sünde ist darum nicht eine Sphäre, sondern ihr Einssein mit der Person. Drittens hängt mit der Konzentration auf die Innenverhältnisse des Menschen noch ein weiteres Moment eng zusammen: Die Sünde wird nicht mehr einfach als Außenhandlung des Menschen qualifiziert, sondern nun hängt das Urteil, was Sünde ist, entscheidend und vorrangig von der Person des Täters und seiner inneren Einstellung ab. Ob man Speisen oder Tage unterscheidet, ist nicht die wesentliche Frage, wohl aber, ob man das eine oder andere in Dankbarkeit Gott gegenüber tut (Röm 14,5f.). Ohne Liebe ist keine – auch die sonst gute – Handlung des Menschen etwas wert (1. Kor 13). Alle Taten, die nicht aus Glauben kommen, sind nun Sünde (Röm 14,23). Die Werke, die das Gesetz zu tun gebietet, sind nicht einfach als solche gut, vielmehr sind sie als Basis für die eigene Gerechtigkeit vor Gott gerade höchster Unwert (Phil 3,7f.; Gal 4,8-11). Aber der Geist Gottes, der zum »Trachten des Geistes« führt, hilft, die »Werke des Fleisches« zu töten, so daß auf ihm göttliches Wohlgefallen ruht (Röm 8,5-9.14). Die objektive Ansicht der Tat, von der der Tat-Folge-Zusammenhang ausgeht, ist also ins Zwielicht geraten. Nun kann eine Tat nur nach der inneren Einstellung des Täters beurteilt werden. Darum hebt der Apostel auch so gern darauf ab, daß Gott Herzensergründer ist und die verborgene Einstellung des Menschen erkennt (Röm 8,27; 1. Kor 4,5; 14,25; 1. Thess 2,4) und umgekehrt der Christ, was er tut, willig tun soll (Röm 12,8.11; 2. Kor 8,7f.; Phil 2,14). Viertens tritt nun zur Beschreibung der Sünde im Menschen selbst das von außen kommende normative

Werturteil über sie hinzu, das dem Tun-Ergehen-Zusammenhang wesens-
fremd ist. Dies erscheint dort, wo Gesetz und Sünde zueinander ins
Verhältnis gesetzt werden: So sorgt das Gesetz dafür, daß die Sünde
»angerechnet« wird (Röm 5,13), als Schuld vor Gott aufgedeckt wird
(3,19), das »Urteil« über sie ein »Verurteilen« ist (5,16; vgl. 8,1), ihr Wesen
als »Ungehorsam« bestimmt wird (5,19). Das normative Gesetz läßt
Sünde als Sünde erkennen (7,7). Auch hier zeigt sich also wie bei der
Endgerichtsvorstellung ein normativ-rechtliches Denken, das mit dem
Gesetz als einer von der jüdischen Tradition her absoluten Größe ins Spiel
kommt. Diese Beobachtungen führen zu dem Ergebnis, daß Paulus das
für ihn komplexe und facettenreiche Phänomen der Sünde mit verschiedenen Kategorien beschreibt und erst die Einsicht in diese Vielfalt erkennen
läßt, welche Akzente der Apostel setzt.

Diese hofft man u. a. dann zu erfassen, wenn man in der von Paulus
gedeuteten Sünde den Machtcharakter herausstellt oder sie als eine Art
von Personifikation versteht. Für beide Deutungen gibt es bei Paulus
Ansätze: Paulus spricht in selbständiger Formulierung immer nur singula-
risch von »der Sünde« (Ausnahmen: Röm 7,5; 1. Kor 15,17) und bevorzugt dabei den absoluten Gebrauch. Beides hat an sich jüdische Vorbilder,
jedoch ist die betonte Konzentration, so zu reden, – auch innerhalb des
Urchristentums – paulinische Besonderheit. Diese Sprache ist besonders
für den Röm kennzeichnend, zumal gerade hier der absolute Gebrauch zu
Aussagen führt, die die Sünde handelnd und den Menschen von ihr
beherrscht zeigen. So zeichnet das Taufkapitel (auf traditionellem Hintergrund) die Taufe als Herrschaftswechsel, mit dem Ziel zu erklären, wie
der Christ aus der Knechtschaft der Sünde befreit ist und nicht mehr ihr
Sklave sein muß (Röm 6,18). Einst lebte er für die Sünde (6,12), d. h. er
leistete ihr Gehorsam (6,16), tat für sie Sklavendienste (6,6) und gab seine
Glieder ihr zum Dienst hin (6,19). Dieser Sicht vom Menschen her korrespondiert die Sicht von der Sünde her: Sie herrscht im Leib des Menschen (6,12) und tritt als Herr auf (6,14).

Doch ist zu beachten: Die Sünde herrscht, weil und indem der Mensch
den Begierden nachgibt (6,12), so wie sie in die Welt kommt, weil und
indem der Mensch sündigt (5,12f.). Dies erklärt Röm 7 näher so, daß die
Sünde handelnd auftritt (7,17.20), den Menschen betrügt (7,11) und die
günstige Gelegenheit der menschlichen Begehrlichkeit benutzt, um ihn zu
verführen (7,8). Jedoch das alles geschieht im Menschen (7, 8.18), so daß
das Verkauftsein an die Sünde die Fleischlichkeit des Menschen selbst ist
(7,14). Die Sünde ist nicht außen, sondern lebt im Menschen (7,20). In der
Sprache von Röm 8 bedeutet dies: Das Trachten des Menschen, insofern

er Fleisch ist, ist Feindschaft, d.h. Sünde gegen Gott (8,7). So ist der Negativbegriff »Fleisch«, der den Menschen als ganzen als Sünder und dem Tod verfallen kennzeichnet (8,3.6; vgl. 7,24; 8,10), die beste Hilfe, um die paulinische Rede von der Sünde in Röm 6–8 zu deuten: Die personalen Aussagen zur Sünde und ihrer Macht wollen den, wenn auch erfahrbaren, so doch unerklärlichen Zwang zum Sündigen und zugleich die Möglichkeit des Menschen beschreiben, sich und sein Handeln zum Objekt eigener Betrachtung zu machen. Der Zwang, dem Begehren nachzugeben, ist eigene Tat und wird zugleich als Fremdbestimmung empfunden.

Wer so deutet, kann dann fragen, wird dieses Phänomen besser als fremde Macht (quasi ein Es) oder als personalisierte Größe (quasi ein Ich) beschrieben? Die Antwort fällt dann zugunsten der ersten Möglichkeit aus, wenn man bedenkt, was für Paulus alles zum Personsein hinzugehört, nämlich u.a. Leiblichkeit, Sprache, Gefühle und Verhältnisse einzugehen. Nur zum letzten Aspekt hat die Sünde Merkmale vorzuweisen. Allerdings birgt auch der Machtbegriff Tücken in sich und sollte schon darum zurückhaltend Verwendung finden, weil der Apostel den Tatcharakter der Sünde immer in den Vordergrund rückt und es in keinem Fall zulassen würde, über die Rede von der Herrschaft der Sünde die Verantwortlichkeit des Menschen für sein Tun zu schmälern, wie er ja die Sünde auch nicht auf Satan zurückführt. Der Mensch ist für ihn keine tragische oder besessene Gestalt, die von sich weg auf ein fremdes Verhängnis weisen könnte, wenn es um die Schuldfrage vor Gott und dem Nächsten geht (1. Kor 8,12; Röm 1,21; 2,1). Im übrigen gibt es eine Analogie zur Rede von der Sünde als Macht bei Paulus selbst: den Tod. Der Tod ist keine mythische Potenz, sondern immer die dem Menschen als Sünder eignende Sterblichkeit (Röm 6,23; 7,24; 8,6); dennoch kann von ihm mit Verben der Bewegung (Röm 5,12) und des Herrschens (5,14.17; 6,9) gesprochen werden. Der Tod ist der letzte Feind, der noch vernichtet werden muß (1. Kor 15,26). Aber eben das geschieht, indem die sterblichen Menschen in die himmlische Herrlichkeit verwandelt werden (1. Kor 15,50-57).

Die paulinische Auffassung, was eine böse und gute Tat ist, wann der Mensch Sünder, wann er gerecht ist, und die Bedeutung der »Werke« für das Gottesverhältnis sind noch von einer anderen Frage grundlegend bestimmt, nämlich von der Frage nach der Bedeutung des Gesetzes für Christen und Nichtchristen. Weil dabei für Paulus das Gesetz nur dem Sünder gegenüber Aufgaben hat, gehört es systematisch zur paulinischen Auffassung von der Sünde. Ihm gebührt kein besonderer Platz als Heilsordnung. Paulus hat sein Gesetzesverständnis vor allem im Gal, Phil B

und Röm beschrieben. Jedoch fallen die Grundentscheide zu seinem Gesetzesverständnis anläßlich seiner Berufung (vgl. oben 4.4). Der, der die
Tora als konsequent zu vollziehenden Bundeswillen Gottes verstand und
darum gesetzeslaxe Christen in Damaskus verfolgte, mußte erfahren, daß
Gott sich auf die Seite von Gesetzesverächtern gestellt hatte. So lernte er
um Christi willen zu billigen, was das Gesetz gerade verbot. Das führte
zur Aufgabe, das jüdische Gesetzesverständnis von Christus her zu korrigieren und ein neues auszugestalten.

Die Spuren des Umdenkens sind dann in seiner antiochenischen Zeit
erkennbar (vgl. oben 5.2; 5.3). Die antiochenische Gemeinde, vorab Barnabas und Paulus, gehen einen grundsätzlich neuen Weg: Die christliche
Wahrheit und die Freiheit vom Gesetz gehören nun wie zwei Seiten einer
Münze zusammen. Evangelium und Geist begründen, was Christentum
zu sein hat und wie es zu leben ist. Das hat grundlegende Folgen für das
Gesetzesverständnis. Signal dafür ist die Beobachtung, daß nun die Beschneidung nicht mehr, obwohl Gesetzesforderung, göttlicher Wille ist.
Die Beschneidung ist nicht irgendein Gebot, sie ist Einstieg ins Halten
des ganzen Gesetzes (Gal 5,3). Hat also das Gesetz überhaupt seine Bedeutung verloren? Ganz sicher gilt dies vom Ritualgesetz. Es wahrte
durch Abgrenzung von den Völkern Israels Identität. Aber gerade diese
Abgrenzung wollte man nicht mehr. Die christliche Mission überspielte
gerade solche Grenzziehung (vgl. Röm 14,17, dazu oben 5.5. Außerdem
vgl. Gal 2,12, dazu oben 5.3). Hat also Antiochia zwischen Ritualgesetz
und sonstigen Geboten unterschieden? Zumindest kann dies eine Möglichkeit gewesen sein (vgl. Röm 14,17 und 1. Kor 7,19). Aber es fällt auf,
daß sich aus den antiochenischen Diskussionen bei Paulus eindeutig eine
andere Auffassung durchgesetzt hat, nämlich daß solche Unterscheidung
nicht recht weiterhilft, weil die Verbindlichkeit christlicher Lebensführung gar nicht mehr vom Gesetz herzuleiten ist, sondern vom Glauben,
der in der Liebe tätig wird (Gal 5,6; vgl. 1. Thess 1,3). Oder mit dem
1. Thess gesprochen: Der Geist treibt zur Heiligung, belehrt über Gottes
Willen und schafft Willigkeit, ihn zu tun (vgl. Gal 2,1 ff.; 1. Thess 4,8 f.
und dazu oben 5.2; 6.2).

Darum enthält die paulinische Predigt keine Gesetzesauslegung mehr,
wie man am 1. Thess und der korinthischen Korrespondenz ablesen kann.
Dieses Fehlen ist keineswegs ein Hinweis auf ein noch ungeklärtes, als
Problem ruhendes Gesetzesverständnis. Das läßt sich durch zwei Gesichtspunkte eindeutig klären: Einmal fällt Paulus im 1. Kor mehrfach
klare Entscheide gegen die Tora. Er erwähnt aber die Tora dabei nicht,
sondern beachtet sie einfach nicht mehr als Norm. Als ehemaliger Phari-

säer wird er jedoch sehr wohl gewußt haben, was er dabei tat. So fordert er unalttestamentlich und unjüdisch in 1. Kor 6,1 ff. den Rechtsverzicht auf Eigentum. In 1. Kor 7 stellt er das Charisma der Enthaltsamkeit höher als die Ehe, diese wiederum wird nun als Partnerschaft beschrieben. Beides steht gegen die Tora und das zeitgenössische jüdische Verständnis derselben. Für die jüdische Ehe ist im übrigen von Gen 1,28 her die Pflicht zur Ehe und der Sinn der Ehe mit dem Gebot zur Zeugung von Nachkommenschaft gegeben, was 1. Kor 7 keine Rolle spielt. Die Freiheit, mit der Paulus 1. Kor 8; 10 sich dem heidnischen Kult nähert, ist ebenfalls kontradiktorisch zum Gesetz und zum Judentum. Außerdem läßt sich in 1. Kor 5–10 deutlich beobachten, daß Paulus sich am allgemeinen Ethos der Umwelt orientiert (1. Kor 5,1; 6,1 f.; 10,32 f.; 11,13), der Blick auf diese allgemeine Größe also das Zugehen auf die Tora verdrängt hat.

Zum anderen fordert Paulus zum Prüfen des »Willens Gottes« ausdrücklich auf und weiß natürlich als ehemaliger Pharisäer, daß der Wille Gottes im Judentum mit der Tora definiert wird. Aber er begründet den Willen Gottes zur Heiligung des Lebens mit der Erwählung (1. Thess 4,3.7), bzw. mit dem in Röm 1–8 beschriebenen »Erbarmen« Gottes« (Röm 12,1 f.), und liefert dann den Maßstab für die Prüfung mit dem Liebesgebot (1. Thess 4,8 f.; 1. Kor 10,33). Er bezieht in diese Prüfung ausdrücklich das Gesamtethos der Welt ein (Phil 4,8; Röm 12,2; vgl. schon 1. Thess 5,21 f.), ohne die Tora zu bevorzugen oder gar zu erwähnen, obwohl er zur besseren Orientierung sich selbst als Vorbild angeben kann (1. Kor 10,33; Phil 4,9). Dieser Befund schließt nicht aus, daß Paulus auch die Tora – wie alles andere – prüft. Dabei kann er feststellen, daß das Liebesgebot, wie es selbständig christlich begründet ist, auch im Gesetz begegnet (Gal 5,13-15; Röm 12,8-10). Doch ist dabei zu beachten: Das Liebesgebot gilt von Christus her (vgl. oben 12.3) und wäre auch gültig, wenn das Gesetz anders lautete. Es ist zudem Kriterium der Auswahl, das sich auch gegen das Gesetz wendet, denn Paulus verschweigt z. B. bei der einseitigen Option für es die Racheforderungen des Alten Testaments. Auch wird damit das Liebesgebot in einer Weise hervorgehoben, wie es der Tora und seiner jüdischen Auslegung nicht entspricht.

Aus diesem Befund ergibt sich, daß die in 1. Thess und 1./2. Kor nur am Rande anzutreffende Beachtung der Gesetzesthematik (1. Kor 15,56) keineswegs zufällig ist, sondern theologisches Programm. Christen stehen überhaupt nicht mehr unter dem Gesetz, denn für jeden, der glaubt, ist Christus das »Ende des Gesetzes« (Röm 10,4). Darum ist auch das »Gesetz des Glaubens« (Röm 3,27) oder »das Gesetz des Geistes und des Lebens« (Röm 8,2) oder »das Gesetz Christi« (Gal 6,2) nicht die christlich neu verstandene Tora, sondern der Kanon, wie er dem Wesen des Evangeliums entspricht. Zu diesem Befund sind endlich auch die drei traditionellen Exegesen in 1. Kor 10,1-21; 2. Kor 3,7-18; Gal 4,21-31 (vgl. oben 5.5) zu stellen. Sie geben in einer besonderen Schärfe die Distanz und Abwertung des Gesetzes in der heidenchristlichen Kirche vor dem paulinischen Streit mit den Judaisten an, wenn in ihnen der Gesetzesdienst als Knechtschaft und das Gesetz als tötender Buchstabe beschrieben ist. Die Taufe und Herrenmahl analogen Gaben an die Sinaigeneration kommen ausdrücklich vom präexistenten Christus (1. Kor 10,1-4), das Gesetz aber – um mit 2. Kor 3 zu sprechen – übt seine tötende Funktion aus (1. Kor 10,6 ff.).

Paulus muß sich also nicht erst anläßlich der judaistischen Gefahr eine grundsätzliche Gesetzeskritik erarbeiten. Vielmehr wird man sehen müssen, daß die Position, die der Apostel im Gal, Phil B und Röm vertritt, abgeklärt ist, bevor der Streit aufflammt. Weil Paulus sich sogleich bei seiner Berufung vor einen Grundsatzentscheid in der Gesetzesfrage gestellt sah, wird man also beim Gesetzesverständnis dem Apostel keine Entwicklung unterstellen können. Seine Position ist im wesentlichen anfangs seiner antiochenischen Jahre ausgebildet. Man kann hinzufügen: Es hat auch wenig Sinn, zwischen Gal und Röm noch Spuren einer Entwicklung angezeigt zu sehen. Die Unterschiede bestehen wohl nur aus polemischen Akzenten, wie sie den Gal prägen, und Vertiefungen, wie sie der Röm enthält.

Mit dem Gal ist dann die Schrift ins Gespräch gekommen, die für uns heute die erste ausführliche Äußerung des Apostels zur Gesetzesfrage ist (vgl. oben 11.4). Dabei hat der Apostel angesichts der polemischen Gesprächslage dem Gesetz so grundsätzlich eine Beziehung zum Abrahambund und zum Geist abgesprochen, daß es nach seiner Auffassung nie die Aufgabe hatte, Leben zu gewähren (Gal 3,21, vgl. oben 11.4). Gott stattet Gesetz und Evangelium von Anfang an unterschiedlich aus. So bilden Gal 3 f. Abrahambund, Christus, Evangelium und Geist eine Einheit, während das Gesetz mit allen diesen Größen nichts zu tun hat. Das Gesetz kommt dafür zu spät und muß frühzeitig, nämlich mit Christus, dem Glauben weichen. Es war von vornherein von Gottes Engeln nur erlassen, um Sündern als »Zuchtmeister« zu dienen. Paulus trennt also nicht zwischen einer ursprünglichen Aufgabe (dem gerechten Täter Leben zu spenden) und einer angesichts des Soseins der Menschheit reduzierten Funktion (nur noch Sünde zu entlarven). Das Gesetz hatte vielmehr nie eine andere Aufgabe als diese faktische. Diese eine Aufgabe hat es erhalten, nachdem die Menschheit bereits als sündige lebte. Ein zusätzlicher

Aspekt, der mit dieser Aufgabe verbunden ist, ist der Umstand, daß das Gesetz für den Heilsweg – z. B. in der Gestalt Abrahams – von sich weg auf Christus weist, und, seit er und sein Evangelium laut werden, für Christen nicht mehr zuständig ist. So ist das Gesetz nur auf die vorchristlichen und nebenchristlichen Sünder bezogen.

Aber entspricht diese Position auch den Aussagen im Röm? Ist nicht nach ihm die Gesetzgebung ein teures Gut Israels (Röm 9,4), das Gesetz eine Stütze, aufgrund der man gut und böse unterscheiden kann (Röm 1,17f.), so daß der Täter des Gesetzes Gerechtigkeit und Leben erwarten darf (2,7.13)? Ist die Tora nicht heilig (7,12), geistlich (7,14) und gut (7,13.16)? Ist sie nicht »zum Leben« gegeben (7,10)? Bevor man diese positiven Aussagen über die Tora interpretiert, die auf den ersten Blick in einem so glatten Zusammenhang mit der jüdischen Toralogie stehen (vgl. oben 3.2), sollte man sich erinnern, daß dergleichen Urteile über die Tora im sonstigen Schrifttum des Paulus nicht mehr begegnen. Entweder hat also der Apostel sein Gesetzesverständnis revidiert, oder die Stellen müssen anders verstanden werden. Für die letzte Annahme gibt es Hinweise: Auch für den Röm stößt das Gesetz immer schon auf den Sünder (Röm 5,20), der unter das Gesetz verkauft ist (7,14) und dem Gesetz, geprägt durch das »Trachten des Fleisches«, nicht gehorsam sein kann (8,7f.). Im Unterschied dazu ist für das Judentum die Lebens- (und Todes-)funktion der Tora mit der Möglichkeit des Menschen verbunden, zwischen gut und böse frei wählen zu können (Sir 15,11-20; PsSal 9,4f.; 4. Esra 8,55f.). Diese Koppelung macht Sinn. Da Paulus beim Sünder radikaler denkt, ist eine Fähigkeit der Tora, Leben geben zu können, sinnlos, es sei denn, Paulus ließe die Tora auch die Kraft besitzen, die Feindschaft des Sünders gegen Gott aufzubrechen. Dies aber spricht der Apostel dem Gesetz ausdrücklich ab (Röm 8,3). Auch im Röm ist nur das Evangelium »stark« (1,16f.) ausgestattet, das Gesetz jedoch »schwach«. Soll Gott dann dem Sünder zweistufig Leben angeboten haben, zuerst im Gesetz nicht richtig und gleichsam nur als ob, und dann im zweiten Anlauf wirksam? Würde Gott nicht mit solchem Gesetz den Menschen an der Nase herumführen, indem er ihn mit einer Lebensgabe des Gesetzes lockt und zugleich vorsieht, daß das lockende Gesetz gar nicht fähig ist, den Fall eintreten zu lassen? Oder hat Paulus einen jüdischen Rest nur stehen lassen? Beide Wege führen jedenfalls dazu, daß man Paulus Inkonsequenz unterstellen müßte. Oder nahm Paulus solche Inkonsequenz diplomatisch angesichts seiner Jerusalemreise in Kauf (vgl. 13.2)? Auch das ist schwierig.

Doch läßt sich auch zu den aufgezählten positiven Toraaussagen noch

etwas sagen. Wir sahen schon, wie Paulus in Röm 1,18-3,20 vorstruktu-
riertes Material einbringt (vgl. 13.4), das in mancher Hinsicht zu 3,19f. in
Spannung steht. Auch 2,7.13 ist mit diesem Ergebnis nicht auszugleichen.
Tatsächlich verwendet Paulus auch im ganzen Abschnitt die Tora nur so,
daß sie als »tötender« Buchstabe wirkt. Weiter müssen die positiven Wer
tungen der Tora in 7,12.13f.16 nicht mehr besagen, als daß die Tora von
Gott kommt und nicht als solche des Menschen Feind ist. Das hat Paulus
auch Gal 3,19 nicht abgestritten, nur polemisch abgeschwächt. So bleibt
allein Röm 7,10 als Kern der positiven Aussagen. Diese Stelle, die von
dem unerlösten Menschen unter dem Gesetz spricht, tut dies mit Mitteln,
die dem Fall Adams in Gen 2,16f. entnommen sind. In dieser Situation
wird das Gebot, vom Baum der Erkenntnis nicht essen zu dürfen, nicht
gegeben, um Adam von vornherein zu töten, sondern um sein Leben im
Paradies zu schützen. Die Weisung Gottes lautet also: Tue so, damit dir
kein Tod droht, sondern daß das dir vor der Weisung bereits geschenkte
Leben bewahrt bleibt! Das Gebot übt also in etwa die Funktion aus, die
das Gesetz Gal 3,23f. hat: Es soll Adam bewahren. Aber daraus wird
unerklärlicherweise das Anstacheln der Begierde, der Übertretung und
Tod folgen. Die paulinische Formulierung in Röm 7,10 ist gewählt, damit
Gott nicht als Initiator der Sünde erscheint. Adam soll (wie 5,12) allein
Schuld an seinem Sündenfall haben. Die Stelle sagt dann nichts über eine
generelle Aufgabe der Tora aus, jedem Täter Leben zu geben. Diese
Deutung hat den Vorzug, daß das paulinische Denken einheitlich und
ohne Inkonsequenz bleibt.

Bisher haben wir immer unterstellt, das Gesetz gelte allein Sündern,
Juden wie Heiden. Das entspricht dem menschheitlichen Horizont von
Röm 1,18-3,20. Natürlich ist das Gesetz zuerst die Sinaitora (Gal 3,17;
Röm 2,17.23; 3,19 usw.). Aber die Forderung des Gesetzes kennt jeder
Heide (Röm 2,14f.). Paulus kann die Heidenchristen Galatiens in den Satz
einschließen: »Bevor der Glaube kam, waren wir unter dem Gesetz in
Gewahrsam gehalten« (Gal 3,23). Das Gesetz ist also Sinaitora und zu-
gleich Ausdruck einer Weltverfaßtheit (Gal 3,24; 4,8-11) und der mensch-
lich-gesellschaftlichen Konstitution (Röm 2,14f.; 13,3-5). Darum will der
Apostel Röm 5,20 das Gesetz allen Adamiten gegeben sein lassen und
Röm 7,7ff. die gesetzliche Bestimmtheit aller Menschen beschreiben. Der
Streit mit den Judaisten um das Gesetz ist also für Paulus nicht ein
geschichtliches Spezialproblem, es ist ein Grundsatzproblem, das dort
auftaucht, wo Evangelium gehört und bisher Geltendes neu gemessen
wird. So gilt Phil 3,4ff. einer heidenchristlichen Gemeinde.

So können wir uns der Frage zuwenden, was das Gesetz bei allen

Menschen als Sündern bewirkt. Hierzu bleibt Paulus im Röm in den Bahnen des Gal (vgl. oben 11.4), wird jedoch differenzierter. Grundlegend ist dabei, daß das Gesetz das Urteil Gottes über den Sünder als Schuld- und Todesurteil ausspricht und die gesamte Menschheit unter dieses Urteil stellt (Röm 3,9-20). Das Gesetz sorgt dafür, daß die Menschheit auf das festgelegt wird, was sie bereits ist: gottlos (5,12f.20). Denn es qualifiziert die Taten des Menschen als Übertretung des göttlichen Willens (4,15) und sorgt dafür, daß dem Sünder sein Tun »zugerechnet« wird (5,13). Verfehltes geschöpfliches Leben bekommt es mit Gott als Richter zu tun, das sagt das Gesetz in dauerhafter Monotonie (1,18. 3,19). Darum macht der Mensch durch das Gesetz »Erfahrung mit Sünde« (3,20), d.h. die Eigenerfahrung mit sich als fehlsamem Wesen (2,14f.) wird in den Horizont des göttlichen Gerichts gestellt, wobei das Versagen als Sünde vor Gott erscheint.

Wenig ausgebildet ist im Röm die Funktion des Gesetzes als Vormund und Zuchtmeister (Gal 3,23f.; 4,1-3), also die bewahrende Aufgabe des Gesetzes, bis Christus und der Glaube kommen. Sie steckt wohl in Röm 7,10 und kann mit 13,3-5 erläutert werden: Unter der Drohung von Zorn schafft das Gesetz ein relativ geordnetes Miteinander. So regelt es – als schriftliche Tora oder als ins Herz geschriebenes Gesetz (2,12-14) – in der Zeit der »Geduld Gottes« (2,4; 3,25) das Leben der Menschen.

Das Verhältnis von Gesetz und Sünder ist damit noch nicht hinreichend beschrieben. Paulus macht nämlich in Röm 7,7ff. darauf aufmerksam, daß fatalerweise der Sünder – aus der Sicht des Erlösten gedeutet – das Gesetz mißbraucht. Was dabei mit Adam begann (Röm 5,12), wiederholt sich bei allen Adamiten: Das Gesetz stößt nicht auf den für Gott und den Nächsten offenen Menschen, sondern unerklärbarer- und abgründigerweise immer auf den Ich-Menschen, der »begehrt« (7,7f.). Ohne daß das Gesetz dies von Haus aus will, wird es dabei zum Verstärker des Begehrens. Das Begehren wächst gerade, weil das Verbot Grenzen setzt, die zu durchbrechen begehrlich sind. Diese Situation ist das Lebenselixier der Sünde, die nun lebendig wird. So wird das Gesetz zur »Kraft der Sünde« (1. Kor 15,56). Der Mensch ist also schon disponiert als Sünder, wenn das Gesetz zu ihm kommt. Indem es das aufdeckt, wird es zugleich ungewollt zum Mittel, das Sünde nährt. Das Gesetz, das Sünde als Übertretung bloßstellt und sanktioniert, wird zum Stabilisator des Menschen als »Fleisch«. Es ist zu »schwach« (Röm 8,3), solchem Mißbrauch zu wehren.

Wenn Sünde damit dort entlarvt wird, wo der Mensch in einer bestimmten hintergründigen Weise mit dem Gesetz umgeht, dann ist der

Weg nicht mehr weit zu den Stellen, an denen Paulus den Ruhm vor Gott als Stützen auf geistliche Vorzüge (1./2. Kor) oder als Vertrauen auf Gesetzeserfüllung (Phil B; Röm) als Sünde aufdeckt. Auch im letzten Fall geschieht eine Instrumentalisierung des Gesetzes gegen seine eigene Intention. Denn das Gesetz weist den Sünder für seine Entfeindung gegenüber Gott auf den Glauben an Christus: Röm 3,21.31 werden durch Auslegung des Gesetzes in Röm 4 eingelöst (vgl. auch Gal 3,6-12). Dieser Verheißungscharakter des Gesetzes ist zugleich sein ihm inhärenter Hinweis, daß es für die Glaubenden »in Christus« (Röm 8,1) des Gesetzes nicht mehr bedarf. Ist doch der Glaubende »in Christus« dem Gesetz gestorben (Röm 7,3f.; Gal 2,19). Damit ist nicht nur die unheilvolle Verbindung von Sünder und Gesetz aufgelöst (Röm 7,24-8,4), sondern das »Trachten des Fleisches« des Menschen durch das »Trachten des Geistes« ersetzt (8,5 ff.). War jenes Feindschaft gegen Gott und sein Ende der Tod, so ist dieses »Leben und Frieden« (8,6).

14.4 Das Evangelium von Jesus Christus

Das Evangelium ist Anrede an die Menschen. Sie lautet: »Lasset euch versöhnen mit Gott!« (2. Kor 5,20). Wo dieses Gnadenangebot Gehör findet, ist endzeitlicher Tag des Heils (2. Kor 6,1 f.), weil Menschen aus Sünde und Tod zu Erlösten mit Lebenshoffnung werden. Dieses Angebot gründet in Gottes Handeln in Christus und repräsentiert ihn: »Gott war in Christus« (2. Kor 5,19), so lautet der Inhalt des Evangeliums. Er war es in der Weise, daß Gott Christus so bestimmte, daß er »für uns« »Gerechtigkeit, Heiligung und Erlösung« wurde (1. Kor 1,30).

Alles, was Paulus zur näheren Beschreibung Christi heranzieht, basiert auf diesem Grundsinn seines Gesamtgeschicks. Natürlich haftet an seiner Lebenshingabe in besonderer Weise dieses »für uns«. Aber man darf die Auslegung einzelner Aspekte der Geschichte Jesu Christi nie für sich nehmen und aus diesem Gesamtsinn seiner Person lösen. Das gilt gerade auch von Jesu Tod. Jesus trägt ja z.B. nicht als Märtyrer seinen Tod Gott als Sühne für andere an (vgl. 4. Makk 6,28f.), sondern es ist ein Geschehen, das Gott selbst inszeniert und durch das Gott für die Menschen da ist, wie er überhaupt in Christus für die Menschen da ist. Jesu Tod ist nicht unser Heil, weil Christus »für uns« stirbt, sondern weil Christus der »Gott für uns« ist, ist sein Tod Rettung für die Menschen, wenn sie das Wort von der Versöhnung annehmen.

Dann muß also die eigentümliche Auffassung des Apostels von der im Evangelium vorgestellten Person Jesu Christi zuerst bedacht werden. Nur wenn sie angemessen beschrieben ist, kann z. B. die Deutung des Todes Jesu bei Paulus sinnvoll nachgezeichnet werden. Wer also ist Jesus Christus?

»Jesus Christus« oder der »Herr« (so die beiden häufigsten Christustitel bei Paulus) kommt in der paulinischen Korrespondenz als die endzeitliche, das Geschick vornehmlich der Glaubenden, jedoch auch aller Menschen (1. Kor 15,20ff.; Röm 5,12ff.) und aller Kreatur (1. Kor 3,21-23; 15,24ff.; Röm 8,18ff.38f.) prägende Zentralgestalt zur Darstellung. Er mit seiner Geschichte ist der personalisierte Liebeswille Gottes (2. Kor 5,14.18; Röm 5,8). Seine Präexistenz ist als himmlische Herkunftsbezeichnung (vgl. z. B. Phil 2,6; Gal 4,4) erwähnt, jedoch nicht als ein Sein vor aller Schöpfung in eigener Gedankenführung ausgezogen (1. Kor 8,6 ist Tradition, die Paulus unbenutzt stehen läßt). Denn im Blick paulinischer Bemühung um die Christologie steht Christus als Gesandter, als Gekreuzigter und Auferstandener, sowie als kommender Herr. Es sind also der Irdische und seine Zukunft, die Bedeutung erhalten.

Paulus konzentriert sein Augenmerk genau darauf, weil in ihm Gott sein endzeitliches Weltverhältnis neu und grundlegend durch Liebe und nicht durch Zorn auslegt. Durch Christus will Gott nämlich kurz vor dem Ende aller Dinge sündige Menschen erwählen und verändern, damit sie mit dem Herrn für immer zusammenleben können (1. Thess 4,17; 5,9f.). Mit Christi Kommen ist die Geschichte durch dieses Handeln qualifiziert, so daß die Endzeit anfängt (Gal 4,4). Das mißlungene und pervertierte Leben erhält eine ihm neu zugelegte Bestimmung zum Guten, indem Gott der Welt in Christus zu ihrem Heil verbunden bleibt, obwohl eigentlich die Beziehung Gottes zur Menschheit durch Zorn und Gericht gekennzeichnet sein müßte.

Jedoch beschreibt der Apostel dies alles nie in Gestalt einer selbständigen christologischen Thematik so, wie es in der klassischen Ausprägung der christlichen Dogmatik geschieht, wo die Person und das Werk Christi eigenständige Darstellungsgegenstände sind. Vielmehr kommt beim Apostel die Christologie immer nur so zur Geltung, daß sie als Inhalt desjenigen Evangeliums genannt wird, das jetzt in der Kraft des Geistes verkündigt wird und darum in den neuen Heilsstand versetzt, beschreibbar als Stand in Glaube, Liebe und Hoffnung. Ganz analog zur Weise, wie Paulus mit seiner Berufungserfahrung verfährt (vgl. oben 4.1 und 4.4), geht der Apostel also nicht von der Frage aus: Was geschah damals, als Christus starb und auferweckt wurde, um dann zu folgern, was das für die

Glaubenden in ihrer Gegenwart bedeutet. Er redet vielmehr von dem, was jetzt Geltung hat und geschieht, d. h. vom jetzt wirkenden Evangelium und den Folgen für die Gemeinde. Um davon angemessen reden zu können, greift er auf Christus und sein Werk zurück, ja eigentlich muß man sagen: Er spricht vom im Evangelium gegenwärtigen Herrn, wie er durch den Ertrag seines Geschicks gekennzeichnet ist.

Diese Denk- und Darstellungsrichtung aller paulinischen Briefe hat Konsequenzen für die Art, wie Paulus das christologische Heil beschreibt, und wie er die Aspekte des Heils gewichtet. Wenn die Erfahrung mit dem Evangelium der Zugang zur Christologie ist, dann kann bei der Erlösung von dem im Evangelium (und in Taufe, Herrenmahl und Gottesdienst) wirkenden Geist und vom Glauben des Menschen nicht abgesehen werden. In Konsequenz dieses Ansatzes berichtet das Evangelium nicht einfach nur, daß die Versöhnung mit Gott sowie das Gericht über die Sünde mit dem Tod Jesu bereits geschehen sind und die Menschheit das nur noch zur Kenntnis zu nehmen hat. Vielmehr wirbt das Evangelium, indem es den Gekreuzigten verkündigt: »Lasset euch versöhnen mit Gott!« (2. Kor 5, 20). Was für die Menschen geschah, als sie noch Sünder und Ungläubige waren, kommt nie anders zu ihnen als so, daß sie selbst verändert werden, und nach ihrer Veränderung können sie erst ermessen, was ihnen zugute geschah. Christi Tod bedeutet ja nicht einfach nur, den Menschen wird »etwas« (wie z. B. die Sündenfolgen, der Tod, das Gericht) erlassen oder weggenommen, sondern indem sie durch den Geist des Evangeliums verändert werden, wissen sie im Glauben: Christus starb für uns.

Es kann auch kein Zweifel darüber aufkommen, daß der Apostel durchweg sehr viel über die Folgen von Evangelium, Taufe und Geist beim Menschen schreibt, aber praktisch nur mit knappen traditionellen Aussagen vom Tod Jesu redet. Schon der älteste Brief ist dafür typisch: Einmal wird wie selbstverständlich und unproblematisiert der stellvertretende Tod Jesu in traditioneller Formulierung genannt (1. Thess 5,10), hingegen ausdauernd von den Glaubenden, Hoffenden und Liebenden geredet, wie sie unter dem Geist leben. Bei näherem Hinsehen verhält es sich so in allen Briefen, selbst im Röm, der zur Zeit der Hauptanlaß ist, Christi Tod mit großem Gewicht für das Paulusverständnis mit den Kategorien des kultischen Sühnetodes ausgelegt zu finden. Dafür ist Röm 3,24-26 Hauptbeleg. Paulus zitiert hier jedoch Tradition, wie er es in bezug auf Jesu Todesverständnis auch noch öfter im Röm tut. Die Stellen werden dabei für Paulus nicht der große Anlaß, sich zum Sühneverständnis, zur Art der Stellvertretung usw. zu äußern. Wir müssen uns im

Gegenteil die impliziten Elemente solcher Vorstellungsgeflechte mühsam rekonstruieren. Umgekehrt wird Paulus im Röm sehr beredt, wenn er im Wir-Stil von den Glaubenden spricht als von denen, die unter der verändernden Kraft des Evangeliums leben. Dafür kann man nicht mehr nur Verse benennen, sondern muß auf ganze Kapitel verweisen.

Diese Beobachtungen lassen sich ergänzen: Es kann nicht Zufall sein, daß Paulus mehrfach, wenn er traditionelle Bekenntnisaussagen über Jesu Tod zitiert, die Bedingung ausdrücklich und zusätzlich benennt, unter der Jesu Tod Heilstod für den Menschen ist, nämlich unter der des Glaubens (vgl. Gal 3,13 f.; Röm 3,24-26; 4,24 f.). Ebenso kann Paulus denselben Sachverhalt auch als Geistaussage formulieren: Nur im Geist kann man Jesus als endzeitliche Zentralgestalt für das Heil des Menschen anrufen (1. Kor 12,2). Oder: Der Empfang von Geist und Sohnschaft läßt endzeitlich Rettung erhoffen (Röm 8,23 f.). Der Glaube bedenkt also nach der Erfahrung von Evangelium und Geist, was vom Kreuz zu sagen ist, insofern es mit dieser Erfahrung stimmig gedeutet werden soll.

Zu dem Grundsatz: Es gibt kein Erlösungshandeln ohne Evangelium und Geist, tritt noch ein weiterer: Der Tod Jesu ist nicht ohne seine Auferstehung zu deuten. Natürlich hängt der Stellvertretungsgedanke (für uns, für unsere Sünden) am Tod Jesu. Das ist von 1. Thess 5,10 bis hin zu Röm 5,6-8; 8,32; 14,15 usw. der Fall. Von der Auferstehung wird so nicht gesprochen. Aber Paulus kann z. B. 1. Kor 15,12-19 betonen, daß ohne die Auferstehung Jesu die christliche Botschaft leer sei und der Glaube nichtig, ja trotz der Stellvertretung Jesu in seinem Tod (1. Kor 15,3) dann die Christen noch in ihren Sünden wären. Der Heilstod Jesu gilt also nicht als solcher und für sich, sondern er hängt an der Person Jesu mit ihrem gesamten Geschick. Darum kann Paulus auch z. B. Röm 10,9 das Bekenntnis zur Herrenstellung Jesu und den Glauben an den Auferstandenen, ohne des Kreuzes Erwähnung zu tun, allein benennen, wenn er formuliert, wer gerettet wird. Oder er verteilt die Heilsbedeutung Jesu auf Tod und Auferstehung (Röm 4,25). Wir halten also fest: Nicht Jesu Tod macht ihn zur Heilsperson, sondern er ist von Gott eingesetzte endzeitliche Heilsperson, darum ist auch sein Tod Heilsgrund. Die jüdischen Märtyrer des 4. Makk bitten ihren Gott, er möge ihren Tod als Sühne für das Volk gelten lassen, damit das Leiden des Volkes ein Ende haben kann. Die paulinische Christologie verfährt anders: Gott sendet seinen Sohn, darum ist alles, was sein Geschick ausmacht – besonders sein Kreuz – von vornherein heilvolles Handeln zugunsten der Menschen.

Die zentrale Bedeutung der Person Jesu Christi wäre nun noch nicht hinreichend erfaßt, wenn nur von seiner ihn bestimmenden Geschichte als Sendung, Tod und Auferstehung gesprochen würde, wie sie als Inhalt des Evangeliums gegenwärtig ist. Dies ist fundamental, sagt aber noch nicht alles. Vielmehr geht es Paulus darum, diese Christuswirklichkeit grundlegend und umfassend zum Wirklichkeitsverständnis überhaupt einzusetzen. Wenn Gott in Christus war (2. Kor 5,19) und damit Endzeit beginnt (Gal 4,4), indem der alte Äon vergeht (1. Kor 7,29-31) und Christus aus ihm herausreißt (Gal 1,4), dann muß das Verhältnis, was Gott in Christus damit zur Welt neu gestaltet, alles Verstehen bestimmen. So kann Paulus programmatisch festhalten: Er wolle überhaupt nichts wissen außer Jesus Christus und diesen als Gekreuzigten (1. Kor 2,2). Alles Denken will er gefangennehmen in den Gehorsam Jesu Christi (2. Kor 10,5). Alles ist für ihn nur Schaden um des überragenden Wertes der Erkenntnis Jesu Christi. Um seinetwillen stößt er alles ab, hält es für Kot und will nur noch eines: Christus gewinnen (Phil 3,7f.).

Diese akzentuierte Zielsetzung für sein Weltverstehen hat er auch in die Tat umgesetzt. Man kann das als erstes an der Enderwartung sehen: Am 1. Thess ist noch zu erkennen, wie die Heilserwartung des Gottesreiches durch das Hoffen auf die Ankunft des Herrn abgelöst wird (vgl. oben 6.2). Wo das endzeitliche Gottesverhältnis zur Welt mit der Person Jesu Christi gesetzt ist, wird natürlich Gottes Reich zur Gegenwart des Christus. Dasselbe gilt im Blick auf die Beschreibung des Endzustandes: Die traditionelle Erwartung, Gott zu schauen (1. Kor 13, 12; vgl. Mt 5,8), wird nun zum Zusammensein mit dem Herrn (1. Thess 4,17; 5,10). Selbst das Gericht, das Gott am Ende vollzieht (Röm 2,1ff.; 14,10) und vor dem der Sohn ursprünglich rettet (1. Thess 1,10), wird christusbesetzt (2. Kor 5,10). Tote lebendig zu machen, ist endzeitliches Hoheitsrecht Gottes (vgl. nur 1. Kor 15; 1. Thess 4,14), jedoch Phil 3,20f. hat Christus die Macht, sterbliche Menschen seinem himmlischen Auferstehungsleib gleichzugestalten. Dies alles sind verstreute Signale, wie für Paulus auch am Ende die Wirklichkeit nicht aus ihrem christusbezogenen Gottesverhältnis entlassen ist. Seit Christi Sendung gilt: Wo Gott genannt wird, kann sein Weltverhältnis nicht mehr abgesehen von Christus beschrieben werden.

Das gilt nun auch für die gegenwärtige Zeit. Natürlich, wo mit Christi Sendung durch Gott die Endzeit einsetzt (Gal 4,4), muß die Welt als vergehende angesehen werden (1. Kor 7,29-31), muß alles, was schon zu Christus gehört, zur »neuen Schöpfung« gezählt werden, so daß gelten kann: »Das Alte ist vergangen, siehe, Neues ist geworden« (2. Kor 5,17). Christus herrscht jetzt über alle Wirklichkeit, sie so verändernd und gestaltend, daß durch ihn – also im Sinne der von Gott mit ihm gesetzten

Beziehung zur Welt – »Gott alles in allem sein wird« (1. Kor 15,28). Darum kann schlechterdings kein Phänomen der Wirklichkeit Christen mehr von der Liebe Gottes in Christus trennen (Röm 8,39). Also gehören denen, die Christus zugeordnet sind, jetzt schon Welt, Tod und Leben, Gegenwärtiges und Zukünftiges, ja schlechterdings alles (1. Kor 3,22f.). Selbstredend ist das kein Welteroberungsplan für Christen, wohl aber eine numinose Entmachtung dieser Phänomene (vgl. 1. Kor 8,5 f.; 15,25 f.), also für Christen eine Teilhabe am Sieg, den Gott durch Christus herstellte: Christen wissen, daß »alles« auf Christus zugeordnet ist (1. Kor 8,6). So wissen sie auch von sich, als noch zu dieser vergehenden Welt gehörig: »Keiner von uns lebt sich selbst, und keiner stirbt sich selbst. Denn wenn wir leben, leben wir dem Herrn; wenn wir sterben, sterben wir dem Herrn. Wenn wir nun leben, oder wenn wir nun sterben, wir sind des Herrn. Denn dafür ist Christus gestorben und lebendig geworden, damit er über Tote wie über Lebende Herr sei« (Röm 14,8f.). Herr sein bedeutet: Mit seinem Geschick die Bedingungen gesetzt zu haben, unter denen Leben vor und nach dem Tod nach Gottes Willen zu gestalten ist. Endlich gehört zu diesen Erwägungen natürlich auch noch die von Paulus 1. Kor 15,20-22.44-49 und Röm 5,12-21 ausformulierte Gegenüberstellung von Adam und Christus. Nicht Adam, der Schicksalsträger für die sündige und dem Tod verfallene Menschheit behält das letzte Wort über die Weltgeschichte, sondern Christus, die antitypische Zentralgestalt der neuen Menschheit. Die Weltgeschichte bleibt nicht dauerhafte Wiederholung Adams in den Adamiten, sie ist Neuanfang aufgrund der in Christus personalisierten Gnade und somit Geschichte begnadeter Sünder.

Endlich hat dies nun auch Konsequenzen für die Gemeindewirklichkeit. Vorangestellt werden muß dabei, daß der von den Gläubigen erfahrene Geist als der Geist Christi bezeichnet werden kann (vgl. Röm 8,9; 2. Kor 3,17f.; Phil 1,19). Natürlich ist er vor allem Gottes Geist. Jedoch er ist Geist des Gottes, der »in Christus war« (2. Kor 5,19), also kann er aufgrund dieser Selbstbindung Gottes nun Christuswirklichkeit gegenwärtig halten. Wie das Evangelium Christus zu seinem Inhalt hat, so besteht die Kraft des Evangeliums in demjenigen Geist, der Christus und Mensch im Glauben zusammenbringt. Ganz analog gestaltet sich bei Paulus das Kirchenverständnis: Zu dem gesamturchristlichen Ausdruck »Kirche (Gottes)« tritt nun das Kirchenverständnis als »Leib Christi« (1. Kor 12,4ff.; Röm 12,4ff.). Man darf das zugespitzt formulieren: So wird die Kirche zu einem Aspekt der Christologie (vgl. 14.6). Bei der Erörterung von Phil A (vgl. oben 12.3) wurde gezeigt, wie christliche

Lebensgestaltung an das Christusgeschehen unmittelbar gebunden wurde. Endlich zeigte Paulus in Phil B (vgl. oben 12.4), wie das ganze Lebensverständnis des Christen, sein Mit-Christus-Sterben als Grundzug des irdischen Lebens und sein letztes Verwandeltwerden in die Christuswirklichkeit nach dem Tod, durch Christus geprägt ist. Es gibt eine formelhafte Wendung beim Apostel, die aufs knappste signalisieren kann, wie Christus und seine neue Wirklichkeit alle drei Bereiche, von denen wir soeben sprachen, umfassen soll und in sich aufnimmt. Es ist die Wendung »in (Jesus) Christus«. Ist sie auch vornehmlich zur Kennzeichnung der Gemeinde im Gebrauch (vgl. z.B. Röm 8,1; 1.Kor 1,2; Gal 2,4; 3,26; 1.Thess 1,1.14), so steht sie doch auch in endzeitlichem Zusammenhang (z.B. 1.Kor 15,22; Phil 3,14) und zeigt die Qualifizierung der gesamten Gegenwart an (z.B. 2.Kor 5,19). »In Christus« sagt aus, wie einst »alles« (vgl. 1.Kor 15,27f.; Phil 3,21), jetzt aber besonders schon die Gemeinde in einer christusbestimmten Wirklichkeit lebt, bzw. leben wird.

Damit haben wir, ausgehend von der programmatischen Absicht des Apostels, alles Denken unter Christus gefangenzunehmen, in drei Schritten von der Endzeithoffnung über die gegenwärtige Welt bis zur glaubenden Gemeinde nachgezeichnet, wie konsequent Paulus selbst diese Aufgabe bewältigte. In der Tat, gibt es nach ihm für die Welt kein Licht außer dem, das von der Erlösung in Christus auf sie fällt. Also muß Christus solche Vorrangstellung überall erhalten. Dann ist aber um so entscheidender, wie sich der Apostel diese Erlösung vorstellt. Dem Verständnis dieser Frage muß unsere weitere Aufmerksamkeit gelten.

Von Christi Erlösungstat reden, heißt von seinem Tod für die Menschen sprechen. Aber nach allem, was wir über die Zentralgestalt Christi sagten, kann und darf der Tod Jesu nicht für sich gesehen werden. Er muß als wesentlicher Aspekt der ganzen Heilsauffassung gelten. Diese muß also immer im Blick sein. Nun hat es Paulus seinen heutigen Lesern in diesem Fall nicht leicht gemacht. Die Sühnevorstellung z.B., in der die Sündenschuld eine übertragbare »dingliche« Angelegenheit ist, erscheint uns einer fremden Welt zuzugehören. Aber dafür kann der Apostel nichts. Er schreibt für seine Gemeinden, nicht für uns. Wofür er allerdings volle Verantwortung trägt, ist die variantenreiche, meist nur andeutende Weise, in der er den Tod Jesu »für uns« behandelt, wie er solche unterschiedlichen Aussagen in seine Erörterung einbezieht, was er betont herausstellt oder nur wie selbstverständlich auch erwähnt. Damit nicht in vereinfachter Weise eine bestimmte Erlösungsanschauung sofort allen Paulusaussagen unterlegt wird, beginnen wir mit einer Skizze der Variationsbreite in den paulinischen Briefen.

Am 1. Thess fällt auf, daß Paulus den Tod als Heilstat nur einmal
formelhaft erwähnt (1. Thess 5,10), im übrigen aber Evangelium und
Geist die Berufung und Veränderung des Menschen vollziehen läßt. Umgekehrt kann er in zentralen Texten wie 2. Kor 5,14ff.; Röm 5,1ff. dem
Stellvertretungsgedanken herausragende Bedeutung beilegen. Er kann
einerseits speziell den Tod mit der Vorstellung von der Stellvertretung
verbinden (1. Thess 5,10; 1. Kor 15,3; Röm 3,25; 5,6-8 usw.), jedoch auch
andererseits – was z.B. systematisch besonders gut zur Kreuzestheologie
paßt – Christi Geschick insgesamt als prägendes Urbild der neuen Glaubensexistenz erfassen (2. Kor 8,9; 13,4; Gal 4,4; Phil 3,8-21; Röm 15,1-9).
Dabei ist der Stellvertretungsgedanke zumindest zurückgedrängt, weil er
in diesem Konzept nicht benötigt wird. Weiter kann der Apostel ganz
unterschiedlich von der Stellvertretung denken: Einmal herrscht die Anschauung, daß Christus ersatzweise »für uns« oder »unsere Sünden« ein-
trat (1. Thess 5,10; 1. Kor 8,11; 15,3 usw.). Ein anderes Mal redet Paulus
im Sinne inklusiver Stellvertretung (z.B. 2. Kor 5,14f.): Christi Tod bedeutet, alle sind dabei selbst gestorben. Beide Auffassungen von Stellvertretung haben als Hintergrund das Eintreten eines Menschen für einen
anderen, wie es im Leben allgemein vorkommen kann (z.B. Röm 5,6f.;
9,3; 16,3f.). Bei anderen Stellen wiederum kommt die kultische Stellver-
tretungsvorstellung der Sühne zum Tragen (besonders deutlich
Röm 3,24f.). Auch was Christus für uns erreicht, wird verschieden bezeichnet: In 1. Kor 15,3 sind es »die Sünden«; in Röm 3,24f. die vor
Christi Tod geschehenen Vergehen, die beseitigt werden. Grundsätzlicher
reden Stellen wie 2. Kor 5,21; Gal 3,13: Hier ist Christus »zur Sünde«
bzw. »zum Fluch« geworden. Es wird also das Unheil, das auf ihn geladen
wird, nicht auf einzelne Vergehen beschränkt, sondern in Form einer
qualitativen Gesamtaussage begriffen. Dasselbe gilt natürlich auch dann,
wenn Christus »für uns« (1. Thess 5,10) für »alle« (2. Kor 5,14) und für
den Bruder (1. Kor 8,11) stirbt. Noch weiter gehen Aussagen, bei denen
nicht nur das Negative und seine Folgen (der Tod) von Christus abgenommen werden, sondern das neue Christus- und Gottesverhältnis selbst
mitgesetzt wird (2. Kor 5,15; Röm 14,7-9). Im Unterschied dazu leistet
z.B. Christi Tod im Gal 3,1-4,6 (vgl. 3,13; 4,4) nur das Wegräumen des
Negativen und macht dadurch den Weg frei, daß Geist und Evangelium
kommen und wirken können.

Nun wird niemand leugnen wollen, daß ein Teil dieser Variationen sich
miteinander vertragen. Doch es bleibt ein entscheidender Rest, der die
These begründet, Paulus hat kein einheitliches theoretisches System aufgebaut, um von der Heilsbedeutung des Todes Jesu zu reden. Diese

These gilt es um so entschiedener zu vertreten, als Paulus an zwei für unser Thema herausragend zentralen Stellen mehrere Vorstellungen zur Erlösung integriert hat (2. Kor 5,14ff.; Röm 5,1ff.), um sie für einen Gesamtsinn zu benutzen, der nicht einfach deckungsgleich sein muß mit einer dieser Vorstellungen. Auf diesen Gesamtsinn gehen wir zu, indem wir nun gemeinsame Grundanschauungen aller Aussagen zum Heilsverständnis zusammentragen.

Durchweg soll das Unheil im Sinne des Paulus so verstanden werden, daß nicht nur »etwas« dem Menschen abgenommen wird, sondern er selbst von Grund auf neu werden muß. Wo eine Stelle sprachlich nur für die Beseitigung eines »Etwas« Zeuge ist (z. B. 1. Kor 15,3b: »Christus starb für unsere Sünden«, was V. 17 nochmals wiederholt wird), liegt meistens Tradition vor und im Sinne der gesamten Erlösungsvorstellung des Apostels immer ein Zurückbleiben hinter dem intendierten Aussageziel oder Inkongruenz zum Gemeinten. Durchweg ist Gott das Subjekt der Heilsveranstaltung, Christus das personale Mittel, wobei sein »Gehorsam« Gott gegenüber (z. B. Röm 5,11 ff.) oder seine Selbsterniedrigung (klassisch: Phil 2,6-8) genannt sein können; der Sünder gilt in seinem tödlichen Elend als der zu errettende Mensch. Dieser Bewegungsablauf von Gott zum Menschen ist schlechterdings konstitutiv. Dadurch soll die Alleinwirksamkeit Gottes herausgestellt werden. Paulus kennt keine Aussage, nach der erst in Gott ein Zwiespalt zwischen Zorn und Liebe, Gerichtsabsicht und Gnadenentschluß aufgelöst werden müßte. Natürlich zürnt Gott dem Sünder (Röm 1,18-3,20), aber die Sendung Christi beruht allein auf Gottes Selbstbindung zur Liebe (Röm 5,8; 2. Kor 5,14). Sie ist Urdatum und Voraussetzung für Christi Kommen. Sie qualifiziert den gesamten Erlösungsvorgang. Nur dadurch hat er menschheitswendende Kraft. Weil Gott als Liebe »in Christus war« (2. Kor 5,19), ist das Christusereignis Welt und Geschichte umspannendes Heil. Christi Tod zielt also auf die Knechtschaft des Menschen (unter Sünde, Tod, Gesetz) ab, will aber nie etwas bei Gott verändern. Auch ist Christi Tod kein Kampf gegen den Teufel und seine Dämonen. Christus zahlt keinem Gegengott irgendeinen Tribut. Überhaupt ist die Heilsveranstaltung Gottes in Christus so gänzlich auf die Richtung von Gott zum Menschen eingestimmt, daß für eine dämonologische Komponente kein Platz bleibt (vielleicht ist 1. Kor 2,8f. diskutierbare Ausnahme). Selbst wenn das Christusereignis für den Menschen da ist, so ist er doch am Geschick Jesu Christi zunächst nicht beteiligt (außer in dem äußerlichen Sinn von 1. Thess 2,15): Christus stirbt, »als wir noch Sünder waren« (Röm 5,8). In Christus sind alle gestorben (2. Kor 5,14f.), sozusagen ohne gefragt zu sein, ob sie sich durch Christus vertreten lassen wollen. Dies ist wiederum betont, um das alleinige Wirken Gottes in Christus zu kennzeichnen. Auf der anderen Seite kommt durch den im Evangelium verkündigten Christus der Glaube des Menschen alsbald und ausnahmslos zur Geltung: Christi Tod erledigt nicht automatisch das menschliche Unheil, sondern nur, wenn der Sünder sich erneuern läßt.

Man kann diese skizzierten Grundaussagen etwas systematisieren. Dann läßt sich folgender Hintergrundgedanke bei Paulus ausmachen: Gottes Liebe läßt sich im Sinne von Röm 4,17; 1. Kor 1,28; 2. Kor 1,9; 12,9 beschreiben als heilvolles Retten aus dem Tod und Schaffen aus dem Nichts. Also muß Christus als Repräsentant dieser Liebe (2. Kor 5,14) dies in seinem Geschick »abbilden«. Darum besteht es aus dem Gesandtsein, um gehorsam zu sterben, und aus der Errettung aus dem Tod durch Gott (1. Kor 15,3-5.12-19; Röm 4,17.24f.). Im Blick auf die Menschen läßt sich feststellen: Menschen sind todgeweihte Sünder, die nach dem Vorsatz der göttlichen Liebe leben sollen. Also muß Christi Geschick als verleiblichte Liebe Gottes repräsentieren, wie Erlösung aus Sünde und Tod geschieht, und wie diese Repräsentanz durch Christus sich als Christuskonformität bei den Menschen durchsetzt, wie also die prägende Kraft dieser Zentralgestalt sich verändernd auf die Menschen auswirkt.

Nun kann Paulus dieses Grundgerüst vielfältig auszeichnen. Dazu bedient er sich verschiedener semantischer Wortfelder (vgl. 11.3). Ein Wortfeld, so erinnern wir uns, soll ein Sprach- und Sachzusammenhang mit einer konsistenten Gesamtanschauung (Bildfeld) sein. Es kann zwar variiert und aspektweise benutzt werden, läßt sich jedoch insofern isolieren, als es aufgrund einer ursprünglichen inneren Geschlossenheit für sich stehen kann. Wie schon angedeutet, benutzt der Apostel solche Wortfelder besonders gern in einer Mischung, weil ihm keines für sich hinzureichen scheint, für den ganzen Heilsweg zu stehen. Darum gilt es, diese Mischungen zunächst aufzuheben. Weiter kann man erkennen, daß – obwohl diese Wortfelder eine Gesamtanschauung von der Erlösung vertreten – sie sich in zwei Gruppen unterscheiden lassen: In solche, die auf den Beziehungszusammenhang von Gott über Christus zum Menschen konzentriert sind, und in solche, die ihr Zentrum in den anthropologischen Veränderungen der Christen besitzen. Diese sind – abgekürzt und vereinfacht – am Geist, jene an Christus orientiert. Die beim Wirken des Geistes angesiedelten werden später (vgl. unten 14.5) besprochen, die anderen jetzt. Unter diesen Wortfeldern befinden sich fünf in konkurrenzloser Vorherrschaft. Darum gilt ihnen allein unsere Aufmerksamkeit. Es sind dies diejenigen Wortfelder, die die Erlösung als Versöhnung, Befreiung, Stellvertretung, Sühne und Rechtfertigung beschreiben. Demgegenüber treten andere Wortfelder wie z. B. Erbarmen üben (Röm 9,14-18; 11,30-32) oder retten (z. B. Röm 8,24; 10,9; 11,26) stark zurück. Von der Versöhnung redet Paulus 2. Kor 5,14-6,2 und Röm 5,1-11. Auch in Röm 8,31-39 stecken Aspekte dieses Wortfeldes. Es tritt also recht früh bei Paulus an markanter Stelle auf und hat noch in seinem letzten Brief – sogar an zwei Stellen – einen herausgehobenen Platz, besitzt also für Paulus Gewicht. Mit diesem Bildfeld ist in ursprünglicher Weise das Stichwort Liebe verbunden (Röm 5,8; 8,39; 2. Kor 5,14). Sein Gegensatz ist die Feindschaft (Röm 5,10; 11,28). Versöhnung geschieht, indem Gott, Versöhnung anbietend, aus der Feindschaft einen Friedenszustand macht (Röm 5,1), so daß die versöhnten Feinde nicht mehr von der Liebe Gottes und Christi »getrennt« werden können (Röm 8,35) und »alles geschenkt« bekommen (8,32). Im Hintergrund mag das Verhalten eines Herrschers stehen, der eine abtrünnige Provinz sich versöhnt und den Versöhnungszustand unumkehrbar macht, indem er volle, gleichberechtigte Integration des Gebietes in seine Herrschaft anstrebt. Statt dies durch militärische Unterwerfung der Feinde zu erreichen, wählt er unerwartet den Weg der Überwindung von Feindschaft durch Versöhnung. Das Versöhnungsangebot kann dabei ganz unterschiedlich ausfallen. In jedem Fall ist hier für Paulus die Chance Christus einzuführen. Er ist nun mit seiner Dahingabe unbezweifelbarer Ausdruck göttlicher Liebe, die zugleich auch Sohnesliebe ist (Röm 5,8; 8,35.39; Gal 2,20). Gott läßt also seinen Sohn sterben, um die Ernsthaftigkeit seiner Liebe zur Versöhnung zu beteuern. Das Wortfeld ist beherrscht durch die innere Dynamik des Überraschenden: Feinde erwarten Krieg, doch ihnen wird Frieden angeboten. Gott läßt sich vom Menschen nicht in die Reaktion drängen, sondern überwindet Feindschaft durch Versöhnung.

Das Wortfeld der Befreiung setzt die Unterdrückung oder Versklavung der zu befreienden Menschen voraus. Sie können befreit werden durch Besiegung der Unterdrücker oder durch Freikauf. Der Befreier muß stärker oder potenter sein als die Knechtenden. Seine Befreiung sollte, wenn sie nicht nur ein Wechsel von einer Herrschaft in die andere Herrschaft sein soll, in einen Zustand der Freiheit und Selbständigkeit führen. Die Antike kennt dieses Bildfeld im Zusammenhang der Befreiung von Völkern, der Befreiung von sozialen Gruppen, die unten stehen, oder z. B. in der Einzelbefreiung von Gefangenen und Sklaven. Auch die Übertragung des Wortfeldes z. B. auf Befreiung von dämonischer Besessenheit ist u. a. gut nachweisbar. Paulus übernimmt das Wortfeld an manchen Stellen, zerstreut in seiner Korrespondenz. Als Unterdrücker fungieren dabei die

Sünde (Röm 5,21; 6,23; 7,7ff.), das Gesetz (Gal 3,23-25; 4,1-3; Röm 7,7ff.) und der Tod (1. Kor 15,25f.54-57; Röm 5,14). Befreit wird aus der Knechtschaft in die Sohnschaft (Röm 8,15.21; Gal 4,3-5) oder allgemein in die Freiheit (Gal 4,31-5,1). Wenn in Röm 6,15 ff. formal nur ein Wechsel von einer Herrschaft in die andere beschrieben ist, so machen Röm 7f. sehr schnell deutlich, daß dies nur äußerlich der Fall ist. Inhaltlich hat die neue Zuordnung eine ganz andere Qualität. In dieses Wortfeld tritt nun natürlich Christus als der Befreier ein: Er ist z.B. der, der freikauft (Gal 3,13; 4,4), darum sind Christen bar erkauft (1. Kor 6,20; 7,23). Unausgesprochen gilt der Tod Jesu als Preis; unausgesprochen ist, wer die Bezahlung erhält. Wir haben es also mit einem verblaßten Bild zu tun, das wohl nur noch allgemein »befreien« meint, wie z.B. das »herausreißen« in Gal 1,4. In Gal 3,13; 4,4f. verbindet sich noch eine andere Aussage mit dem Befreiermotiv: Christus begibt sich selbst unter das Gesetz, bzw. den Fluch des Gesetzes. Nach Phil 2,6-8 erniedrigt er sich bis zum Tod. Indem Gott ihn erhöht (Phil 2,9-11), wird er Herrscher über alles. Endzeitliche Zentralgestalt, die er ist, wird er als Freier, was Menschen sind: Sklave. Gott erhöht ihn, wodurch die Sklaverei urbildlich zerbrochen ist, so daß die bisher versklavten Menschen an seiner Sohnschaft, bzw. Herrschaft partizipieren können.

Das Wortfeld der Stellvertretung mit Todesfolge kennen zunächst die hellenistischen Leser des Paulus aus ihrer klassischen Literatur an großen Beispielen. Helden sterben für ihr Vaterland. Der Einsatz des Lebens für Verwandte und Freunde ist nicht selten. Auch die jüdische Tradition hat dafür Beispiele (2. Sam 20,20-22; Jon 1,12-15; Josephus, Altertümer 13,5 f.). Die Tat eines Retters, der stellvertretend zum Wohl anderer sein Leben einsetzt, ist in einer festen Wendung eingefangen, die öfter begegnet (»sterben für...«). Auch das Urchristentum kennt für solche Sinngebung des Todes Belege (Joh 11,50; vgl. Röm 9,3; 16,4). Röm 5,7 zeigt, daß Paulus über diese Deutung eines Todes ausdrücklich reflektieren kann. Dabei gilt: Sterben für... heißt sterben anstelle von...: Jemand stirbt anstelle eines anderen, so daß der andere am Leben bleiben kann. Ein schönes Beispiel dafür findet man übrigens in Schillers »Bürgschaft«. Daneben gibt es aber noch eine andere Deutung der Stellvertretung. Sie beruht nicht auf dem Ersatzgedanken, sondern auf substantieller Einheit und Identifikation. So ist Adam Schicksalsträger der Menschheit: »In ihm« ist die Gesamtmenschheit ontisch repräsentiert und mythisch gegenwärtig (1. Kor 15,22), so daß sie ihr Leben nur als Wiederholung Adams leben kann (Röm 5,12), weil ihr Schicksalsträger ihr Leben »vorwegnimmt«. Adam »ist« die Menschheit. Wo Menschen leben, »ist« Adam in prägender Anwesenheit da. Innerhalb dieser Vorstellung gewinnt nun ein stellvertretender Tod den Charakter inklusiver Stellvertretung: Im numinosen Prototyp sterben die mit ihm verbundenen Menschen mit. Es nimmt nicht wunder, daß Jesus als endzeitliche Zentralgestalt beide Stellvertretungsgedanken auf sich zieht. Für beide Verständnisse hat Paulus gute Beispiele: Der Ersatzgedanke liegt z.B. 1. Thess 5,10; 1. Kor 1,13; 8,11; Röm 5,8 usw. vor. Der numinose Repräsentanzgedanke z.B. 1. Kor 15,22; 2. Kor 5,15; Röm 5,18f.

Auch bei dem Wortfeld der Sühne, bzw. des Sühnopfers ist der Stellvertretungsgedanke wesentlich. Er kann dabei in beiderlei Gestalt auftreten. Doch hat er nun seine Heimat nicht im Bereich sozialer Interaktion, sondern im Kultgeschehen. Kultische Sühne durch Opfer sorgt für Aufhebung von Schuld, besser: für die Aufhebung oder Bedeckung des Unheils, das aufgrund einer Untat auf einem einzelnen und seiner Gemeinschaft lastet. Sünde ist danach nicht einfach eine Einzeltat oder ein Verstoß gegen eine Rechtsordnung, sondern gebiert oder entläßt unmittelbar aus sich Unheilsfolgen, so daß man von dem Tat-Folge-Zusammenhang (vgl. oben 14.3) redet. Sühne ist für das Alte Testament von Gott eingesetztes Mittel, um diesen Unheilsablauf zu bändigen, bzw. außer Kraft zu setzen. Eindrucksvoll bieten die Sühnopferdarstellungen in Lev 4,1-5,13; 16 dafür Belege. Mit großer Wahrscheinlichkeit sind diese Opferbeschreibungen von der impliziten, auf Identifikation beruhenden Stellvertretung getragen. Anders steht es mit Jes 53. Dieser im Alten Testament recht einsame Text überträgt vielleicht kultisch orientiertes Sühnedenken auf den leidenden Gottesknecht, läßt sich aber von der Ersatzstellvertretung leiten. Allerdings liegen zwischen den priesterschriftlichen Texten aus Lev (bzw. den Gottesknechtsliedern) und dem Urchristentum einige Jahrhunderte, in denen sich kulturell und religiös manches – auch grundlegend – geändert hat (vgl. oben 14.3). Im übrigen war die besondere israelitische Kultauffassung den Hellenen keineswegs vertraut, und das sind bekanntlich die Adressaten der paulinischen Briefe. Aber auch sie haben sicher von der vorhomerschen Zeit bis in die nachaugusteische Periode ihre Auffassung von Kult und Sühne nicht einfach konstant gehalten. Endlich ist kultische Sühne speziell durch das Verständnis des Unheils geprägt, das Sünde anrichtet oder das ihr zugeordnet ist. Auch in diesem Fall wird man nicht einfach Invariabilität zugrunde legen dürfen. Nun sind wir allerdings über die Kultauffassung der paulinischen Zeit schlecht unterrichtet. Darum wenden wir uns an Texte wie in Lev, um Sinnzusammenhänge auszumachen. Doch sollte man Zurückhaltung üben und das rekonstruierte Opferverständnis aus Lev nicht zu glatt in Paulus eintragen. Doch auch angesichts dieser Vorsichtsmaßnahmen wird man sehen müssen, daß Paulus die Sühnopfervorstellung gezielt auf Christus überträgt, und zwar insbesondere im Röm an bedeutenden Stellen wie Röm 3,24-26; 5,9; 8,3. Jedoch tut er das auch nicht ausschließlich und konkurrenzlos, wie vor allem Röm 5,1-11 belegt. Sicher ist ferner, daß der Apostel dabei geprägte Tradition aufgreift, so daß jeweils zu prüfen ist, wieweit er, ausweislich des Kontextes, mit ihr übereinstimmt. In jedem Fall leistet sie einerseits etwas, was dem Sachanliegen des Paulus entspricht: Innerhalb der Sühnopfervorstellung kann er ausweisen, wie Christus durch seinen Tod zugunsten der Menschen, die Sündenfolgen vernichtend, wirkt. Andererseits deckt das Wortfeld Grundanliegen des Apostels nicht ab. So ist es zum Beispiel in der inneren Systematik der Vorstellung nicht vorgesehen, daß andere als schon begangene Sünden gesühnt werden können (vgl. Röm 3,25b). Darum ist Sühne auch notwendigerweise immer auf Wiederholung angewiesen. Christus stirbt aber ein für alle Mal. Sein Tod schließt Sünde ein, die noch gar nicht geschah. Weiter will Paulus nicht nur irdisches Leben entsühnen lassen, sondern Christi Geschick soll ewiges Leben nach dem Tod geben.

Das Wortfeld mit Rechtfertigungssprache gehört in den Briefen nach dem 1. Thess zusammen mit dem Wortfeld der Versöhnung zu den zentralen Aussageweisen des Apostels. Von ihm war an verschiedenen Stellen schon so ausführlich die Rede (vgl. oben 11.3; 11.4; 12.4; 13.4), daß hier trotz des Gewichtes dieser Aussagen nur noch kurz darauf eingegangen wird. Diese Sprache verdankt sich, wie wir sahen, zwei verschiedenen Bildfeldern, dem sakramentaler Neukonstitution des Menschen und dem der endzeitlich-forensischen Gerichtsszenen mit autoritativer Herrschaftsäußerung, wie sie antiken Thron- und Tribunalszenen nachempfunden wurden. Im ersten Fall geht es um den sakramentalen Einbezug des einzelnen Christen in die Bestimmtheit durch die zentrale Heilsgestalt Christi, wobei jede Verstehensweise von Christi Heilstat eingesetzt werden kann, sofern sie erklärt, inwiefern Christus nun neuer Schicksalsträger der Menschheit ist. Der zweite Fall spricht von dem Gnadenerweis des Herrschers als einem rechtskräftigen Freispruch des Schuldigen, der nach dem Gesetz eigentlich abzuurteilen wäre. Herrscher haben übrigens in der Antike oft das souveräne Begnadigungsrecht ohne Rücksicht auf die von ihnen erlassenen Gesetze. Der Abschnitt Röm 3,21-4,25 zeigt, wie Paulus sich diese Anschauung aneignet: Alles ist auf die freie Selbstbindung Gottes zur Gnade (3,24; 4,4; 5,2) gegenüber dem schuldhaft Gottlosen abgestellt und auf das »Festmachen« des Menschen (4,20) in diesem Angebot. Weil dies ein so unausdenkbares und überwältigendes Angebot an die Schuldbeladenen ist, weist Gott seine Bundestreue durch den Tod Jesu Christi aus (»zum Aufweis seiner Gerechtigkeit«, d.h. Bundestreue, 3,26. vgl. auch 5,8: Gott »stellt seine Liebe uns vor«.). Der Tod Jesu wird also nicht primär in einen Horizont eingestellt, der von der Frage, wie dem Gesetz bei solchem Gnadenakt Genüge geschehen kann, beherrscht ist. Vom Gesetz ist vielmehr Röm 3,23-26 (ebenso 4,25 f.; 5,1-11) gar keine Rede. Wohl aber ist von dem Gott gesprochen, der gerecht ist (d.h. in seiner Zuwendung zum Menschen treu ist und bleibt trotz dessen Schuld) und der gerecht macht (3,26).

Die Wortfelder haben aufgewiesen, wie reichhaltig die paulinischen Möglichkeiten sind, den soteriologischen Grundgedanken seiner christologischen Verkündigung auszugestalten. Auch der Grenzen einzelner Wortfeldverwendungen wurden wir ansichtig. Röm 5,20f. liegt ein paulinischer Versuch vor, den Grundgedanken in dieser Vielfalt festzuhalten: »Wo die Sünde vermehrt in Erscheinung trat, da erschien die Gnade noch überschwenglicher, damit, wie die Sünde vermittels des Todes herrschte, so auch die Gnade herrsche durch Gerechtigkeit zum ewigen Leben durch Jesus Christus, unseren Herrn.«

14.5 Der Glaubende, der Geist und das Leben

Daß und wie der Mensch Sünder ist (vgl. 14.3), erfährt er aufgrund der urchristlichen Missionsbotschaft, die angesichts des endzeitlichen Zornes Gottes, der unmittelbar alle bedroht, das Evangelium von Jesus Christus (vgl. 14.4) als Rettung von diesem Zorn (vgl. 1.Thess 1,9f.; Röm 5,9) anbietet. Wer diese Botschaft annimmt, von dem heißt es, er sei zum Glauben gekommen (Röm 10,14; 13,11; 1.Kor 15,11; Gal 2,16 usw.). Ja, diese Botschaft selbst kann als der Glaube, d.h. als die Glaubenspredigt, bezeichnet werden (Gal 1,23; 3,5.23.25). Diejenigen, die zum Glauben gekommen sind, nennt Paulus einfach die Glaubenden (Gal 3,22; 1.Thess 1,7; 2,10.13). Er meint damit die Gesamtgemeinde, bzw. die Christen überhaupt (vgl. Gal 6,10).

Die für Paulus entscheidenden Wurzeln dieses Sprachgebrauchs weisen nach Antiochia und lassen sich in der durch den 1.Thess vertretenen Erwählungstheologie gut nachweisen (vgl. 6.2). Daß im hellenistischen Diasporajudentum in einer bestimmten, wenn auch begrenzten Form Grundlagen für diese Sprachkompetenz liegen, ist gesichert. Allerdings ist der zentrale und häufige Gebrauch im frühen Christentum ebenso neu wie natürlich die christologische Bestimmung des Glaubens. Das Urchristentum (Gal 1,23) und Paulus (Gal 3,23) haben das wohl auch selbst so gesehen, weil sie den christlichen Glauben ohne nähere Angaben als »Glauben« bezeichnen konnten, ohne mit Verwechslungen zu rechnen, und auch in der Drei-Worte-Prägung: Glaube, Liebe, Hoffnung, keinen Anlaß sahen, den Glauben näher zu beschreiben (vgl. oben 6.2). Dem entspricht der Befund im Hellenismus: Religiöser Gebrauch von »glauben/Glaube« ist nicht oft wahrzunehmen, und dann vor allem konzentriert im Bereich des Orakelwesens zu finden: Man vertraut dem Spruch der Götter und glaubt ihnen. Ein Kernwort der Selbstdarstellung und Werbung war das Wort jedenfalls im religiösen Umfeld des Hellenismus nirgends. Erst das sich über Palästina hinaus ausbreitende Christentum macht den Glauben zu einer wesentlichen Aussage. An dieser Entwicklung hat zweifelsfrei Paulus besonderen Anteil.

Will man also kennzeichnen, was für Paulus der Glaube ist, ist es ratsam, das semantische Umfeld zu beachten, in dem es bei ihm selbst steht. Glaube, so sagten wir schon, ist die gewünschte Antwort des Menschen auf die christliche Missionsbotschaft. Diese ist endzeitliches Erwählungshandeln Gottes, durch die Gott, ausgerufen z.B. durch den Apostel (2. Kor 5,20), Menschen, die zur verlorenen Gesamtmenschheit gehören, vor dem unmittelbar nahen Endgericht so Christus zuordnet, daß sie statt Zorn Heil erlangen werden (vgl. oben 6.2). Glaube geschieht also aufgrund dieser Predigt (Röm 10,14). Da diese die Rettung vom Zorn intendiert, ist der Glaube Heilsglaube im umfassenden Sinn. Glaube läßt am Endheil teilhaben. Der Glaubende läßt sich also nicht nur – wie beim Orakel oder Wunder – in einem Einzelfall und zeitlich begrenzt darauf ein, einem numinosen Wesen etwas zuzutrauen, sondern glaubend setzt sich der Mensch lebenslang in ein alles umfassendes Gottesverhältnis, bei dem es um seine letzte und bleibende Bestimmung, um sein Endheil geht.

Die Evangeliumspredigt ist geistdurchwirkt (1. Thess 1,5), und so ist der Glaube Wirkung dieser Kraft des Wortes (Röm 1,16; 1. Kor 2,5). Die Botschaft heißt Glaubenspredigt, weil sie Glauben schafft (Röm 10,8. 14f.17). Der Glaube ist Frucht des Geistes (Gal 6,10; vgl. 3,2.14.22). Natürlich wirkt der Geist auch Zeichen und Wunder (Röm 15,19; 2. Kor 12,12). Aber nirgends weist der Apostel in solchem Zusammenhang dem Glauben einen theologisch bedeutsamen Platz zu. Er bindet ihn immer wieder an das Evangelium, weil der Inhalt des Evangeliums, also die endzeitliche Zentralgestalt Jesu Christi (vgl. 14.4), allein das umfassende Gottesverhältnis stiften kann, um das es beim Glauben geht. Soll es nämlich beim Glauben ums Ganze und Endgültige gehen, dann muß auch das, worauf sich der Glaube bezieht, fähig sein, ein solches Verhältnis zu stiften. In diesem Kontext hat dann auch die Rede vom »Gehorsam des Glaubens« (Röm 1,5; 16,19; vgl. noch Röm 10,3.16; 15,18; 2. Kor 9,13) ihren Platz. Sie ist eine Variante des Grundgedankens aus 2. Kor 10,5, wonach Paulus alles Denken unter den Gehorsam Christi bringen will. Der Glaube ist demnach Gehorsam in dem Sinne, daß er anerkennend für sich nachvollzieht, was Christus für ihn ist. Der Glaube ist Gehorsam, indem er der Bitte: »Lasset euch versöhnen mit Gott!« (2. Kor 5,20) entspricht und die Versöhnung nicht ausschlägt. Der Gehorsame ist in diesem Fall nicht Befehlsempfänger, sondern Antwortender aus Einsicht in bezug auf die heilsame Gabe Gottes in Christus.

Dies führt zu den Beobachtungen über die Objekte des Glaubens. Der Glaube ist, was er ist, weil es Christus gibt. Darum ist Christus die neue und entscheidende Objektsangabe des Glaubens (Röm 10,14; Gal 2,16.20; Phil 1,29; 3,9 usw.). Natürlich begegnet daneben auch Gott als Objekt, auf den sich der Glaube bezieht (1. Thess 1,8; Phil 1,27 usw.). Denn Gott ist ja derjenige, der in Christus zugunsten der Menschen am Werk ist. Beachtenswert ist, daß traditionelles formelhaftes Gut, das vom Christusereignis spricht, als Glaubensinhalt bestimmt wird (1. Thess 4,14; 1. Kor 15,1ff.; Röm 10,9f. usw.). So ist also Christus, insofern er durch seine Geschichte ausgewiesen ist, Glaubensgegenstand. Zugleich mit diesem Geschichtsbezug des Glaubens wird sichtbar, daß der Glaube nicht primär psychologisch gedeutet wird (etwa: Glaube als Gefühl), sondern sein Wesen als »bekenntnisgebundener« Glaube besitzt, wie auch Röm 10,9 glauben und bekennen parallel stehen können. Allerdings ist der Glaube auch wiederum nicht als bloßes Für-wahr-Halten von Glaubenssätzen mißzuverstehen. Er ist vielmehr ein die ganze Person angehendes Sich-Festmachen in Gottes Tat und Verheißungen in Christus (Röm 4,20).

Darum besitzt der Glaube auch eine existentielle und geschichtliche Seite, die durch drei Hinweise verdeutlicht werden kann: Einmal wird der Glaube durch den Austausch geistlicher Gaben gestärkt (Röm 1,11f.). Ihm kann noch etwas fehlen (1. Thess 3,10). Es gibt die Möglichkeit des schwachen Glaubens (Röm 4,19; 14,1; vgl. 1. Kor 8,7.11). Jedem ist ein Maß des Glaubens zugeteilt (Röm 12,3). Das alles gilt, weil der Glaube eine Angelegenheit des »Herzens« ist (vgl. Röm 10,9f.) und das Personzentrum die Wahrheit des Glaubens, daß, wer an Christus glaubt, nicht zuschanden wird (Röm 10,11), nicht immer mit gleicher Intensität und Stärke festhält (1. Thess 3,13). Diese existentielle Dimension des Glaubens wird zweitens noch auf eine andere Weise sichtbar. Nicht von ungefähr hat wohl schon das antiochenische Christentum die Drei-Worte-

Prägung: Glaube, Liebe, Hoffnung gebildet, die Paulus gern zur Kennzeichnung des christlichen Lebens verwendet (vgl. oben 6.2 und 12.3). An ihr wird deutlich, daß der Glaube zur tätigen Liebe drängt (vgl. unten 14.7) und sich als Begründung der Hoffnung versteht (vgl. unten 14.8). Ohne Liebe und Hoffnung ist der Glaube »nichts« (1. Kor 13,2; Röm 8,38f.), so sicher der Glaube allein rettet (Röm 1,16f.; 4,2-5 usw.). Es gilt: »Alles (!), was nicht aus Glauben geschieht, ist Sünde« (Röm 14,23). So ist es Lebensprinzip des Glaubens, daß er tätig werden muß (vgl. Gal 5,5f.). Endlich macht Paulus noch 1. Kor 13,8-13 eine Bemerkung, die die geschichtliche Begrenzung des Glaubens betrifft: Die Endvollendung überführt den Glauben zum Schauen. Er hat dann seine Bedeutung verloren. Der Glaube ist das Christusverhältnis unter den Bedingungen der Jetztzeit.

Die bisherige Kennzeichnung des paulinischen Glaubensverständnisses konnte zwischen dem Urchristentum und Paulus nur sehr bedingt unterscheiden. Dies wird sofort anders, fragt man nach dem Kontext, in dem bei Paulus die bei weitem meisten Aussagen zum Glauben anzutreffen sind. Auf sie stößt man in Röm 3,21-5,11; 9,30-10,21; Gal 3,1-4,7 und Phil 3. Es sind also die Texte, die anläßlich der Entfaltung der paulinischen Rechtfertigungsbotschaft Glaube und Gerechtigkeit so aneinander binden, daß zugleich Glaube und Werke in einen Gegensatz treten. Davon war mehrfach ausführlich die Rede (vgl. oben 11.4; 12.4; 13.4). Der Ausschluß der Werke aus dem Rechtfertigungsvorgang und die betonte Kennzeichnung der Gerechtigkeit als Glaubensgerechtigkeit ist zweifelsfrei Ergebnis der paulinischen Durchdringung des Heilsempfanges.

Wenn so für das Urchristentum und für Paulus Christwerden und Christsein durch »Glauben« gekennzeichnet sind, so würden Paulus und die urchristlichen Gemeinden, gefragt, was sie von den anderen Menschen unterscheidet, sicherlich gleichzeitig mit dem Verweis auf den Glauben auf die Geisterfahrung Bezug genommen haben. Man muß sich dazu historisch klarmachen, daß seit dem kirchengründenden österlichen Ursprungsgeschehen mit seinen ekstatisch vielseitigen Erfahrungen die urchristlichen Missionsgemeinden unter der Wirkung des Geistes durch die Predigt des Evangeliums (1. Thess 1,4-7; Gal 3,1-5), durch Taufe und Herrenmahl (1. Kor 10,1-4; 12,13) und durch den Gottesdienst überhaupt (1. Kor 12-14) standen. So sind die Gemeinden wie die einzelnen Christen geistgeleitet (1. Thess 4,8f.; 1. Kor 1,7; 3,16; 6,19f.). Dies ist nicht nur ein nachträglicher theologischer Ausdruck für das christliche Verständnis, daß die innere religiöse Erfahrung sich göttlicher Herkunft und Nähe verdankt, bzw. das innere Überwundensein vom Evangelium aus der Überzeugungskraft des Wortes kommt. Vielmehr gibt es deutliche Signale dafür, daß der Geist als Gabe Gottes auch konkret erfahren wurde. Paulus kann darauf in schwieriger Situation die Galater ansprechen (Gal 3,1-5). Er kann auf die Kraft des Wortes verweisen (1. Thess 1,5; 1. Kor 2,5; Röm 1,16) und auf Zeichen und Wunder, die es begleiten (2. Kor 12,12; Röm 15,19). Er hält es für möglich, daß Gäste im korinthischen Gottesdienst den Eindruck von Raserei bekommen (1. Kor 14,23), und weiß, daß unkalkulierbare Spontanäußerungen des Geistes (Prophetie, Zungenreden) im Gottesdienst zwar geordnet, nicht aber ganz unterbunden werden können oder dürfen (1. Kor 14; 1. Thess 5,19). Selbst wenn nicht alle Gemeinden offenbar so übersprudelnde Geisterfahrungen besaßen wie die korinthische, so ist doch klar, daß die urchristlichen Gemeinden einschließlich der paulinischen Missionsgemeinden charismatische Gemeinden waren.

Auf dem Hintergrund dieses Erfahrungsfeldes ist nun zu fragen, wie das Geistphänomen verstanden und gedeutet wurde. Dabei hat für Paulus zweifelsfrei der Gesichtspunkt Vorrang, nach dem der Geist der gegenwärtige Christus im Evangelium ist und darum dieses Kraft hat, zum Glauben zu überzeugen (Röm 1,16; 1. Kor 15,45; 2. Kor 3,17; Gal 4,6). Darum sind Christusbotschaft wie Geist Zeichen der Endzeit (2. Kor 5,5; 6,1f.; Röm 8,23). Mit dem Kommen des Geistes sind die Abrahamverheißung endzeitlich eingelöst (Gal 3 f.) und das Prophetenwort aus Ez 36,27 erfüllt (1. Thess 4,8). Geistdurchwirkt ist die Endzeitgemeinde, die in ihr sich meldenden Geistesgaben Gegenwart des kommenden Heils (Röm 8,23; 2. Kor 5,5 und 1. Kor 12-14). Der Geist bewirkt Unmittelbarkeit zu Gott (Röm 8,14-17; 1. Kor 2,10-12; Gal 4,6f.) und treibt immer wieder zu Christus (1. Kor 12,1-3). Er bewirkt die neue Gemeinschaftsauffassung der Christen als geschwisterliche Einheit (1. Kor 12). Nicht zuletzt führt er zum Gott wohlgefälligen Wandel, indem er die Glaubenden von innen verändert und in die Liebe einweist (Gal 5,25; 1. Thess 4,8 f.). Es ist deutlich, daß Paulus die ekstatischen Geistphänomene an den Rand drängt (vgl. 1. Kor 14; 2. Kor 12) und die Geisterfahrung theologisch so ausmünzt, daß er mit ihr die Gegenwart Christi als die den Menschen verändernde Kraft beschreibt, die von innen heraus den Glaubenden verändert. Der Geist ist dauerhafte Bestimmtheit des christlichen Lebens und nicht so sehr besondere Ergriffenheit in bestimmten Augenblicken: »Im Glauben leben« (Gal 2,20) und »im Geist leben« (Gal 5,25) werden zwei Beschreibungen desselben Sachverhalts. Also müssen die geistlichen Veränderungen, wie sie Paulus notiert, den Glaubensstand des Christen auslegen. Die Intensität, mit der das Evangelium den Menschen ganzheitlich erfaßt und zum Glauben führt, muß den Aussagen entsprechen, mit denen Paulus die geistliche Veränderung des Christen in Worte kleidet.

Diese paulinischen Ausführungen fördern nicht nur den Einblick in das Glaubensverständnis. Sie sind auch als positive Entsprechung zur negativen Kennzeichnung des Menschen als Sünder aufzufassen (vgl. oben 14.3). Damit bilden die Aussagen gleichsam die Gegenprobe zur Beschreibung des Sünderseins. Die Radikalität, mit der Paulus alle Menschen zu Sündern erklärt, muß eine Entsprechung bei der Zeichnung des Neuen bekommen. Gleichzeitig ist die Schilderung der geistlichen Veränderung des Menschen willkommene Ergänzung zur christuszentrierten Heilsbeschreibung (vgl. oben 14.4). Nun belehrt schon ein erster Blick auf den Aussagenbestand bei Paulus, daß er in diesem Fall abermals sehr variantenreich reden kann. Das überrascht den nicht mehr, der analoge Beobachtungen auch sonst beim Apostel macht: Paulus bedient sich nicht nur einer terminologisch festen Sprache, sondern kann gerade auch bei ganz zentralen Themen wie der Deutung des Todes Jesu (vgl. oben 13.4; 14.4) oder der Beschreibung der Heilszuwendung Gottes zum Menschen (vgl. 14.4) viele sprachliche Möglichkeiten ausnutzen. Wiederum ist dabei auch auffällig, daß Paulus diese Sprachweisen nicht nur abwechselnd oder nacheinander geordnet anwendet, sondern oft ineinander verzahnt zur Gestaltung ein und desselben Kontextes. Was nun in zwei Abschnitten besprochen wird, nämlich unter den schwerpunktmäßigen Gesichtspunkten der Neuordnung der Verhältnisse des Menschen und der Veränderungen mit dem Menschen selbst, geht beim Apostel sehr oft ineinander über.

Konkurrenzlos wird man bei den Aussagen mit dem Schwerpunkt der Neuordnung der Verhältnisse als erstes an die Erwählungssprache erinnern (vgl. oben 6.2). Eine ihrer entscheidenden Aussagen ist die, daß der Mensch, der Zorn und Tod vor sich hatte, nun mit der Heilserlangung ein neues Endziel zugesagt bekommen hat: Er ist berufen »zur Erlangung des Heils« (1. Thess 5,9f.). Mit der endzeitlichen Erwählung ist das neue Ziel gesetzt, das typischerweise sehr oft mit derselben Präposition »zu« (1. Thess 2,19; 5,23f.; 1. Kor 1,9; 9,24.26; Phil 3,14) angegeben wird. Im Nachvollzug dieses Zuspruchs streckt sich der Christ nach diesem Ziel aus, was durch das Bild vom Wettlauf beschrieben werden kann (1. Kor 9,24-27; Phil 3,12-16). Dabei kann das Abstoßen alter Ziele als ordnender Größen für das Gesamtverständnis des Lebens ausdrücklich vermerkt sein (Phil 3,13).

Das führt schon nahe zu den Aussagen, die die Umbruchsituation des Christen, durch die nun das ganze Leben bestimmt ist, im Kontrastschema von »einst« und »jetzt« so einfangen, daß sie vom Alten abwertend reden und zugleich den neuen Heilsstand im Gegensatz dazu schildern: Unter der heiligenden Wirkung des Evangeliums und des Geistes werden Sünder zu Heiligen (1. Kor 6,9-11), Ungerechte zu Gerechten (1. Kor 6,1.11), Trunkene zu Nüchternen (1. Thess 5,7f.), Schlafende zu Wachenden (1. Thess 5,6f.), fleischlich zu geistlich Orientierten (1. Kor 2,13f.; 3,1-3; Gal 5,17; 6,1). Man gerät aus der Gemeinschaft der Verlorenen zu den Geretteten (2. Kor 2,15; 4,3), aus der Unreinheit in die Heiligung (1. Thess 4,7), aus Finsternis und Nacht ins Licht und in den Tag (1. Thess 5,4f.), aus der Hoffnungslosigkeit in die Freude (1. Thess 4,13; Röm 14,17; 15,13), aus dem verdrehten Geschlecht zu den untadeligen Kindern Gottes (Phil 2,15). In diesen Fällen werden Bereiche gegeneinandergesetzt, allgemeine Zustandsbeschreibungen von Menschengruppen abgegeben. Es ist sicherlich typisch für die Situation der Erstmission, wenn die Vergewisserung des Neuen durch solche kompromißlose Kontrastierung vorgenommen wird. Man wächst nicht in einer christlichen Welt auf, sondern muß sich erstmals und mit tiefgreifenden Folgen neu orientieren. Wer zum Glauben kommt, vollzieht solchen Wechsel, der bisher Ungläubige (1. Kor 6,6; 7,12.14; 10,27; 14,23f.) wird zum Gläubigen und erfährt seinen Neuanfang als Kontrast von einst und jetzt.

Das grenzt zum Teil schon nahe an die Aussagen an, die den Wechsel als Herrschafts- und Dienstwechsel beschreiben. Hier dominieren Angaben, die das Leben des Menschen als ein Dienen (Röm 6,6; 7,6.25; 14,18; Gal 4,8f.; 1. Thess 1,9) erfassen und ihn unter einer Macht leben lassen (Röm 6,14f.), die über ihn herrscht (Röm 6,12.14). Dabei kann der alte wie der neue Zustand formal gleich beschrieben sein (z. B. Gal 4,8f.; 1. Thess 1,9). Allerdings wird dann in der Regel doch so qualifiziert, daß das neue Verhältnis in einem inhaltlich anderen Licht erscheint: Das neue Verhältnis ist nicht mehr Knechtschaft, sondern Freiheit (Röm 6,20; Gal 4,3-7; 5,1.13). Nicht den Geist der Knechtschaft, vielmehr den der Sohnschaft haben Christen empfangen (Röm 8,15). Der Todesdienst steht dem Dienst des Geistes gegenüber (2. Kor 3,7f.).

Alt und neu können beim Apostel weiter durch die Sprache der Gemeinschaftsbeziehung gekennzeichnet werden, wobei sehr häufig die Ehegemeinschaft oder Verwandtschaftsbeziehungen als Bildfelder im Hintergrund stehen. Einst fühlten sich die Korinther zu den Göttern hingezogen (1. Kor 12,2). Man kann dem Herrn gefallen wollen wie auch einer Frau (1. Kor 7,32-34; 1. Thess 4,1), einer Hure anhängen wie dem

Herrn (1. Kor 6,16f.). Wie Mann und Frau eins sind (1. Kor 6,16), so auch die Gläubigen mit Christus (Gal 3,28), allerdings auf eine geistliche Weise (1. Kor 6,17). Der Gläubige gehört Christus wie eine Frau ihrem Mann gehört (Röm 7,3f.). Christsein ist ferner Sohnschaft (Gal 4,5f.; Röm 8,14.16). Christen sind Söhne des Lichtes und des Tages (1. Thess 5,5), sie sind Kinder Gottes (Röm 8,16; Phil 2,15). Darum sind sie untereinander Geschwister (1. Thess 1,4; 1. Kor 6,5-8 usw.). Allgemeiner ist die Gemeinschaftsbeziehung ausgedrückt, wenn personale Zuordnung durch den Genitiv oder Dativ der Person gekennzeichnet ist: »Keiner von uns lebt sich selbst, keiner stirbt sich selbst; denn wenn wir leben, leben wir dem Herrn, wenn wir sterben, sterben wir dem Herrn« (Röm 14,7f.). Alles gehört den Korinthern, jedoch sie »sind Christi, Christus ist Gottes« (1. Kor 3,21-23). Der Christ ist dem Gesetz gestorben, damit er auf Gott bezogen lebt (Gal 2,19). Oder er ist der Sünde gestorben, um Gott in Jesus Christus zu leben (Röm 6,10f.). Es ist klar, was Paulus durch diese Sprache hervorheben will, die personale Seite der neuen Beziehung zu Gott und Christus.

Endlich wird das Neue als Wechsel aus einem Zustand oder Raum begriffen: Die Thessalonicher sind nicht in Finsternis (1. Thess 5,4). Christen wären noch in ihren Sünden, wenn Christus nicht auferstanden ist (1. Kor 15,17), sie waren einst im Fleisch als sündiger Existenzweise (Röm 7,5). Jetzt aber leben Christen in der Gnade Christi (Gal 1,6), im Glauben (Gal 2,20), vor allem in Christus (Gal 3,28; 2. Kor 5,17 usw.), auch in der Liebe (1. Kor 16,14; vgl. 1. Kor 4,21). Allerdings muß zu diesem Befund angemerkt werden, daß solche Aussagen bis auf eine Ausnahme recht spärlich anzutreffen sind. Nur das formelhafte »in Christus« ist vorrangig benutzt.

Bei den Veränderungen, die mit dem Menschen selbst geschehen, ist die Sprache der Bekleidungssymbolik eine Ausdrucksweise, die formal zwischen beiden Aussagegruppen steht. Doch muß man wissen, daß die Kleidung in diesem Fall nicht eigentlich den Stand nach außen zu anderen signalisiert, sondern was man trägt, ist man. Der Christ ist angezogen mit dem Schutzkleid des Glaubens und der Liebe und dem Helm der Hoffnung auf Heil, d.h. er lebt als einer, der Glaube, Liebe und Hoffnung als seine Wesensbestimmung besitzt (1. Thess 5,8). Er hat in der Taufe Christus angezogen (Gal 3,27), damit ist er Sohn Gottes (3,26) und kann darauf angesprochen werden, im Lebensvollzug den Herrn Jesus und die Waffen des Lichtes anzuziehen (Röm 13,12-14), also nachzuvollziehen, was er geworden ist.

Wie Christen im Geist und in Christus leben, so kann auch umgekehrt gesagt sein, Christus ist im Glaubenden (Gal 2,20; Röm 8,10) oder der Geist wohnt in ihm (Röm 8,9.11). Wie Christen in der Liebe wandeln sollen, so ist Gottes Liebe in ihre Herzen ausgegossen (Röm 5,5). Außen und innen, Wohnraum und Bewohner können also ausgetauscht werden. Dies ist darum möglich, weil der Geist im Glaubenden ist und zugleich als Bestimmtheit der Gesamtgemeinde wirkt. So wird den Korinthern zugesprochen, daß sie als Gemeinde der Tempel Gottes und des Geistes Gottes sind (1. Kor 3,16f.). Ebenso kann gesagt sein, der einzelne Christ ist dies (1. Kor 6,19). Das läßt daran denken, daß die Gemeindeglieder durch die Herrenmahlfeier je einzeln an Christus als geisthaltiger Speise Anteil haben (1. Kor 10,14-17; vgl. 10,1-4) und zugleich durch die Taufe Glieder am Leib Christi geworden sind (Röm 12,3ff.; 1. Kor 12).

Typisch für Paulus ist weiter, daß er das Christwerden und Christsein in verschiedener Weise als einen Gestaltwandel begreifen kann. So muß Christus im Glaubenden Gestalt gewinnen (Gal 4,19), und der Glaubende soll sich angesichts der erfahrenen Barmherzigkeit Gottes in der Erneuerung seines Sinnes wandeln (Röm 12,1f.). Ausdrucksstärker ist 2. Kor 3,18-4,6: Die im geistdurchwirkten Evangelium erkennbare Herrlichkeit des Herrn spiegelt sich an den Christen wider. Dadurch werden sie von einer Herrlichkeit (des Herrn) in die andere verwandelt. Der gespiegelte Reflex der Herrlichkeit Christi bewirkt also eine Verwandlung in dasselbe Wesen. Diesen Vorgang kann Paulus alsbald in einem zweiten Durchgang so beschreiben: Christus ist das Bild Gottes. Darum nimmt er an seiner Herrlichkeit teil. Christi Herrlichkeit ist im Evangelium anwesend. Sie leuchtet aus ihm hervor und ihr Leuchten wird erschaut. So leuchtet es in den Herzen der Glaubenden als dem Ort der inneren Wahrnehmung. Die Glaubenden gewinnen, indem sie das Angesicht Christi schauen, Erkenntnis der Herrlichkeit Gottes. Damit ist Gott selbst über Christus beim Gläubigen erschlossen und dieser neu geworden. Denn dieser gesamte Offenbarungsvorgang wird gedeutet als der Schöpfungstag, an dem Gott das Licht aus Finsternis aufstrahlen ließ. Diese ungewöhnlich triumphatischen Aussagen, die auf der Basis von Widerspiegeln und Schauen – gut griechisch-hellenistisch – einer Transformation in das Geschaute das Wort reden, werden nicht nur durch den kreuzestheologischen Zusammenhang des Briefes zurechtgerückt (vgl. oben 8.4), sondern werden auch in ihrer Aussageintention zugänglicher, wenn man sie von 2. Kor 5,14ff.; Röm 5,5ff. erschließt, wenn man also vor allem die Herrlichkeitsaussagen inhaltlich mit der Liebe füllt.

Was durch das im Menschen sich einprägende und Verwandlung bewirkende Bild Christi ausgesagt ist, kann auch durch den Konformitätsgedanken, konkret dem Gleichgestaltetwerden mit dem Geschick Jesu Christi, zur Sprache kommen. Der Grundgedanke ist dieser: Der Mensch muß jetzt dem Tod Christi und in der Endvollendung wird er der Verherrlichung des Herrn gleichgestaltet werden. Paulus entlehnt diesen Gedanken einer bestimmten Taufauffassung, wie sie hinter Röm 6 steht: Die Taufe ist sakramentaler Nachvollzug von Tod und Auferstehung Jesu. In der Taufe vollzieht sich also ein Mitsterben und Mitauferwecktwerden mit Christus. Oder: Der alte Mensch stirbt, ein neuer kommt aus der Taufe heraus. Das verändert Paulus zweifach: Er läßt den Nachvollzug von Tod und Leben nicht den einmaligen Taufakt beschreiben, sondern deutet damit das Leben des Christen als ganzes. Weiter ordnet er das Sterben der Phase des irdischen Lebens und die Auferstehung der des ewigen Lebens zu. So ist der Christ mit Christus gestorben (Röm 6,8), seinem Tode gleichgestaltet und mit ihm begraben (Röm 6,4f.). Er ist – wie Paulus seine kreuzestheologische Sprache gern einbringt (vgl. oben 8.2) – mit Christus gekreuzigt (Gal 2,19). Darum vollzieht er lebenslang die »Gemeinschaft mit den Leiden« Christi als Gleichgestaltung mit seinem Tod (Phil 3,10; vgl. überhaupt 8.4; 8.5). Ebenso hofft er auf Christus, »der unseren Leib der Niedrigkeit verwandeln wird, gleichgestaltet dem Leib seiner Herrlichkeit« (Phil 3,21; vgl. Röm 8,17). Die endzeitliche Zentralgestalt Christi ist also das prägende Urbild, nach dessen Geschick von Tod und Auferstehung das Leben derer, die Christus angehören, jetzt und dann verläuft. Dabei kann Paulus noch speziell demjenigen Aspekt des Gestaltwandels, wie er den Übergang vom irdischen ins himmlische Leben prägt, seine besondere Aufmerksamkeit widmen (1. Kor 15,35 ff.; 2. Kor 5,1-10).

Endlich kann Paulus geradezu von einer neuen Identität des Christen reden. Wie für Paulus der Übergang von diesem Leben in das kommende über einen Nullpunkt und Bruch geht, bei dem Kontinuität nur durch Gott gewahrt ist (1. Kor 15,31 ff.), so kann er auch die Annahme des Evangeliums als Bruch schildern. Christen sind der Sünde, dem Gesetz, der Welt gestorben (Röm 6,11; 7,6; Gal 6,14). Doch diese Aussagen kann er noch zuspitzen: Wie einst die Sünde als Ich den Menschen und nicht der Sünder sich selbst regierte (Röm 7,20), so heißt es nun vom Christen: »Nicht mehr ich lebe, vielmehr lebt Christus in mir« (Gal 2,20). Hatte der Mensch einst in der Sünde ein Konkurrenz-Ich, so besitzt er nun Christus als neue Ich-Identität. Dabei ist die Sünde ein fremdes Ersatz-Ich, das tötet, Christus hingegen derjenige, der sich liebend opferte und Gerechtigkeit und Leben bringt (Gal 2,20f.).

Überblickt man diese paulinischen Aussagen, die die geistliche Veränderung des Menschen beschreiben, wird man im Blick auf das gesamte Urchristentum festhalten, daß wir sonst, von den Paulusschülern des Eph und Kol abgesehen, keine so vielseitigen und radikalen Aussagen über die Veränderung des Menschen unter der Wirkung von Evangelium und Geist antreffen können. Diese paulinische Besonderheit hat offenkundig ihre Entsprechung in dem zugespitzten (und ebenfalls im Urchristentum in dieser Tiefe nicht wieder aufgegriffenen) Urteil über den Sünder (vgl. oben 14.3). Paulus transponiert so das Thema vom Triumpf der göttlichen Gnade in die anthropologische Wirklichkeit.

14.6 Die Endzeitgemeinde

Das Evangelium wendet sich an den einzelnen, und der Glaube ist die Antwort des einzelnen. Dadurch wird er als ehemaliger Sünder zu einem Gerechten. Paulus hat keine Pauschaltaufen von Familienclans als Ziel seiner Mission im Sinn: In einer Ehe kann durchaus nur ein Partner Christ sein (1. Kor 7,12-16). Der Hausvater Philemon hat in seinem Hauswesen Nichtchristen (z.B. Onesimus, vgl. Phlm 10f.). Natürlich erwartet der Apostel, daß der christliche Ehepartner den anderen mit Geduld überzeugt (1. Kor 7,16). Er freut sich, wenn einmal eine Hausgemeinschaft getauft werden kann (1. Kor 1,16) und beide Partner einer Ehe für Christus gewonnen werden (Röm 16,3.7). Doch sind das Evangelium und die Entscheidung jedes einzelnen eng verbunden. Allerdings soll, wer zum Glauben aufgrund seiner persönlichen Entscheidung gekommen ist, sich taufen lassen. Die Taufe macht nicht nur aus dem alten Menschen einen neuen. Sie gliedert in den »Leib Christi« ein, also in die Kirche (1. Kor 12,12f.27). Paulus zieht nicht Schüler heran, sondern gründet Missionsgemeinden. Er lehrt nicht eine Philosophie oder Lebensform, die sich jeder beliebig an jedem Ort in Selbstverwirklichung aneignen kann. Sein Evangelium zielt auf den Sünder, dem das nahe Gericht droht, um ihn der erwählten Gemeinde einzuordnen, die der kommende Herr als ganze erretten wird (1. Thess 4,17; 5,10).

Der Geist ist jedem Christen persönlich gegeben, doch gibt es die Gemeinschaft des Geistes (Phil 2,1). Im Glauben ist jeder unvertretbar, doch kennt Paulus eine Gemeinschaft des Glaubens (Phlm 6). Man wird berufen zur Gemeinschaft seines Sohnes (1. Kor 1,9), und diese verwirklicht sich in der Gemeinde Gottes, konkret vor allem im Gottesdienst (1. Kor 12–14), und in der das Herrenmahl feiernden Gemeinde (1. Kor

10,16), jedoch auch in allen anderen Lebensäußerungen der Gemeinde. Christus lebt im einzelnen Glaubenden und der Christ mit allen Christen gemeinsam in Christus, wie auch der Geist im Menschen wohnt und der Mensch im Geist. Der Christ hat eine neue Identität, und er ist mit allen Glaubenden zusammen eins in Christus (vgl. oben 14.5). Die Charismen, die der Geist verteilt, sind individuell verschieden, sie dienen aber alle gemeinsam dem Aufbau der einen Gemeinde (Röm 12; 1. Kor 12). Paulus freut sich auf das gegenseitige Stärken des Glaubens, wenn er nach Rom gelangt (Röm 1,12). Die christliche Liebe ist zuerst auf die Gemeinde und ihr Wohlergehen gerichtet (Gal 6,10). Die Hoffnung der Christen beinhaltet die Erlösung der »Söhne Gottes« (Röm 8,16f.). Das Ziel des paulinischen Gemeindeaufbaues ist es, daß alle Christen gemeinsam Gott loben (Röm 15,6).

Wenn die Missionsbotschaft von Jesus Christus somit auf die Entstehung und Förderung der Gemeinden aus ist, so ist die Frage, wie der Apostel von dieser Gemeinde redet. Nun hat Paulus nirgends sein Kirchenverständnis eigens als selbständiges Thema entfaltet. Er schreibt vielmehr zu seinen Gemeinden in der Weise, daß er bei ihnen sowohl die Erfahrung und das Gestalten von Gemeinschaft unter dem Wirken von Evangelium und Geist voraussetzt, wie auch in der Regel annimmt, daß es zwischen ihm und den Gemeinden in bezug auf einen Grundkonsens in der Auffassung, was Kirche sei, Übereinstimmung gibt. Davon muß er nicht neu reden. Diesen Konsens nachträglich zu erheben, ist nicht ganz leicht, selbst wenn sogar ein so kleiner Brief wie der 1. Thess dazu schon entscheidende Hinweise gibt (vgl. oben 6.2). Etwas direkter sichtbar wird die paulinische Position, wo er ein theologisches Verständnis, das auch die Auffassung von Kirche berührt, polemisch zurechtrücken muß. Dies geschieht vor allem in der korinthischen Korrespondenz (vgl. oben 8.2), in der Paulus dem Enthusiasmus wegen seiner zentrifugalen Kräfte mit seinem Kirchenverständnis begegnen muß. Er stellt die Einheit in der Vielfalt der geistlichen Gaben heraus und erarbeitet dies mit Hilfe des »Leib-Christi«-Gedankens (1. Kor 12). Dieser taucht dann später noch einmal (Röm 12) ohne aktuelle Veranlassung als ein Leitkonzept auf, das das Wesen und Innenleben der Gemeinde besonders gut beschreiben kann. Auf polemische Entgegnung stößt man nochmals im Gal (vgl. oben 11.4), wo der Apostel gegenüber der judaistischen Front mit ihrem genealogisch-heilsgeschichtlichen Konzept seine besondere, auf Geist und Glauben beruhende Auffassung von der Kirche als Erbgemeinschaft Abrahams herausstellt.

Eindeutig ist jedenfalls, daß der Apostel bei seinem Kirchenverständnis

mit der Einzelgemeinde, d. h. ihrem Gottesdienst und Leben, einsetzt. Wo
Evangelium und Geist wirken, wo der Gottesdienst gefeiert wird und die
Bruderliebe geschieht, dort wird Kirche wahrgenommen. Paulus kennt
keine sprachliche Unterscheidung zwischen der Ortsgemeinde und einer
Gesamtkirche. Ob er von den Heiligen, von den Glaubenden, oder von
der Kirche, vom Leib Christi, oder von den Nachkommen Abrahams
redet, immer meint er konkret die im Brief angeredete Ortsgemeinde und
dabei zugleich oft die Gesamtkirche. Nirgends läßt er die Ortsgemeinde
eine partikulare Repräsentanz der Universalkirche sein. Noch läßt er die
Gesamtheit aller Gemeinden als eine Summe aller Ortsgemeinden gelten.
Das hängt nicht nur zufällig damit zusammen, daß Paulus an Einzelgemeinden Gelegenheitsbriefe richtet, sondern ist Konsequenz seines Ansatzes beim verkündigten Evangelium: Wo Gott durch das Evangelium
beruft und der verkündigte Christus glaubend angenommen wird, dort ist
Kirche. Das Universale, was sich in der Kirchengemeinde je konkretisiert,
ist also nicht die Kirche, sondern der im Evangelium wirkende Christus.
Darum können sich umgekehrt auch nicht viele Ortsgemeinden zu einer
Kirche verbinden. Natürlich stehen Ortsgemeinden nicht isoliert je für
sich, aber das übergreifende Ganze, dem sich jede Ortsgemeinde verdankt, ist dasselbe Evangelium und derselbe Geist, der in Jerusalem,
Galatien, Korinth und Rom wirkt. Und wo diese Größen gegenwärtig
sind, ist alles da, was Kirche ausmacht. So kann Paulus nicht terminologisch, wie wir es in unserer Sprachtradition gewohnt sind, zwischen
(Orts-)Gemeinde und (Gesamt-)Kirche unterscheiden. Jede Gemeinde
für sich und alle Gemeinden gemeinsam sind Gemeinde und Kirche, weil
und insofern die Heilsgüter gegenwärtig sind.

So ist ja auch die Taufe nicht Aufnahme in eine Ortsgemeinde: Priska
und Aquila werden nach ihrer Ausweisung aus Rom in Korinth nicht
nochmals getauft (vgl. oben 2). Die Taufe stellt unter Christus und versetzt »in Christus«, schafft Einheit aller Christen mit Christus (Gal 3,26-
28). Sie ist also von vornherein übergemeindlich. Wer in der Asia Christ
wurde, kann in Rom selbstverständlich am Gemeindeleben einschließlich
des Herrenmahls teilnehmen (vgl. Röm 16,5). »In Christus« oder »im
Herrn« ist nicht Bezeichnung einer Ortsgemeinde, sondern Bestimmung
aller Christen überhaupt. Natürlich gibt es in allen Gemeinden auch gemeinsame bekenntnisartige Traditionen (vgl. nur 1. Kor 11,23 ff.; 15,1 ff.),
Hymnen (vgl. Phil 2,6 ff.), Gottesdienstelemente (vgl. oben 9.4) und etwa
typische Mahnungen zum Wandel (z. B. 1. Thess 4,1 ff.; Röm 12–13). Das
kirchliche »Wir«, das Paulus z. B. 1. Thess 4,13 ff.; Gal 3,23 ff.; Röm 6–8
usw. verwendet, meint je die angeredete Gemeinde und gilt doch auch

sachlich allen Christen überhaupt. Die Hoffnung, immer mit dem Herrn zusammenzuleben (1. Thess 5,10) und in seine Herrlichkeit verwandelt zu werden (Phil 3,21), ist Einheitsband aller Christen. Gemeinsam sind sie, jetzt als Einzelgemeinden verteilt auf die ganze hellenistisch-römische Welt, die Erwählten für den Tag des Herrn. So ist jede Gemeinde voll und ganz Kirche und steht zugleich »in Christus« in der Gemeinschaft mit allen anderen Gemeinden, die auch in derselben Weise Kirche sind.

Man hat dem Apostel oft bescheinigt, er habe den Strukturen der Ortsgemeinden und der gesamten Christenheit wenig Interesse geschenkt. Wenn man dabei konkret an feste örtliche Ämter (Gemeindevorsteher wie etwa in einer Synagoge), an einen Kanon christlich anerkannter Schriften über das Alte Testament hinaus, an relativ feste Gottesdienstordnungen, an institutionelle Größen übergemeindlicher Art wie Synoden und Regionalbischöfe denkt, hat dieses Urteil Berechtigung. Wer jedoch daraus die These ableiten wollte, diese Gemeinden seien nur charismatisch bestimmt und institutionelle Strukturen träten erst später auf, der bildet einen falschen Gegensatz zwischen Geist und Institution. Denn selbst wenn Paulus in dem beschriebenen Sinn nicht institutionell denkt, hat er doch seinen Gemeinden in bestimmter Weise eine Struktur gegeben und dabei auch die übergemeindliche Ebene bedacht.

In jedem Fall liegt ihm viel an der Einheit und an dem Konsens der konkreten Gemeinde (vgl. Röm 15,6; 1. Kor 3,1-5; 11,16; 14,1 ff.). Auch gibt es im Konfliktfall ein solennes Ausschlußverfahren aus der Kirche (1. Kor 5,1 ff.). Für das Leben der Kirche hat er in jedem Fall drei Akzente gesetzt: Er hat sie organisatorisch als Hausgemeinde gestaltet (vgl. oben 9.1). Damit war ein institutioneller Rahmen gesetzt, der durch das antike Hauswesen vorgegeben war und nicht neu organisiert werden mußte. Außerdem hat er den gemeinsamen Gottesdienst als Zusammenkunft der Hausgemeinden (vgl. oben 9.4) besonders akzentuiert. Endlich hat er auch den auf Zuwendung und Integration aller bedachten Umgang miteinander stark herausgestellt (vgl. oben 9.2). Für die Lösung bestimmter Konfliktfälle kennt er das Mittel der Vollversammlung der ganzen Gemeinde (vgl. oben 9.4).

Auch auf der gesamtkirchlichen Ebene war er organisatorisch tätig. Hier betrat er sogar mit seiner Ausbildung einer Infrastruktur Neuland (vgl. oben 7.4). Selbst wenn er eine überregionale Konsensbildung wie einst zwischen Antiochia und Jerusalem (vgl. oben 5.2) nicht mehr ausprobiert, so kann man jedenfalls nicht sagen, er habe seine Gemeinden praktisch als Monaden leben lassen und die Einheit der Christenheit nur theoretisch vertreten. Es ist also nicht sinnvoll, bei Paulus einen Gegensatz von charismatischem Geistverständnis und institutioneller Struktur zu beobachten. Wohl aber sollte man sehen, daß die späteren institutionellen Mittel der Großkirche meist andere wurden als die, die Paulus einsetzte.

Natürlich denkt der Apostel nicht im Sinne einer kirchlichen Bestandssicherung über die Generationen hinweg, wie es ihm Apg 20,17ff. unterstellt. Aber er möchte doch, daß seine Gemeinden bis zur letzten Ankunft des Herrn am Evangelium festhalten und in ihm bewahrt bleiben, machen sie doch auch seinen Ruhm vor Gott aus (vgl. oben 1.1). Damit ist der theologische Sachverhalt angedeutet, der das paulinische Kirchenverständnis entscheidend geprägt hat: Kirche wandert nicht durch die Zeiten und Generationen, sondern sie kommt durch das Erwählen Gottes am Ende aller Zeit und Geschichte zustande. Kirche ist Endzeitgemeinde in diesem strikten Sinn, daß sie auf den sehr nahen Tag ihres Herrn hin lebt, um von Christus als ihrem Retter für immer in seine Gemeinschaft geholt zu werden. Kirche ist also nicht das Gottesvolk auf Erden in einer sich dehnenden Geschichte. Sie soll nicht in dieser Eigenschaft im politischen und kulturellen Sinn Welt gestalten. Sie weiß sich vielmehr nach Paulus schon jetzt herausgerissen aus diesem gegenwärtigen bösen Äon (Gal 1,4) und mit dem Gottesgeist der Endzeit begabt (Röm 8,23). Sie lebt in relativer Distanz zur Welt (1. Kor 7,29-31), weil das Ende der Welt nahe ist (vgl. oben 9.3). Sie freut sich auf ihren in Kürze kommenden Herrn (Phil 4,4f.).

Damit ist auf dasjenige theologische Umfeld abgehoben, in dem das paulinische Kirchenverständnis erstmals und grundlegend für seine ganzen Äußerungen sichtbar wird. Es macht guten Sinn, diese endzeitliche Erwählungstheologie, wie sie schon am 1. Thess ausführlich entfaltet wurde (vgl. oben 6.2), als Wurzelgrund paulinischen Kirchenverständnisses anzusehen und darum zur Basis der Erörterung zu erheben. Insofern diese Sprache und Theologie in der Kreuzestheologie und Rechtfertigungsbotschaft weiterhin begegnen, ist das Material, auf das sich das Augenmerk richten kann, hinlänglich umfangreich. Der Weg, von diesem theologischen Ansatz her Sprache und Inhalt paulinischen Kirchenverständnisses zu betrachten, ist jedenfalls verheißungsvoller, als wenn man je für sich die typischen Gemeindebezeichnungen bei Paulus untersucht.

Wer dem vorgeschlagenen Weg folgt, wird nicht, wie es meistens geschieht, mit einer Untersuchung des Begriffes Kirche (Ekklesia) einsetzen. Dieser Ausdruck wird nämlich schon vor- und auch nebenpaulinisch benutzt und ist vor allem nicht Signal eines bestimmten theologischen Konzeptes (s.u.). Für die älteste paulinische Theologie ist die das Kirchenverständnis prägende Erwählungssprache viel kennzeichnender. Sie ist alttestamentlich-jüdischer Herkunft und der antiochenischen Gemeinde sowie Paulus aus der hellenistischen Synagoge bekannt. Jedoch verwenden Antiochia und Paulus sie gerade nicht, um heilsgeschichtliche Kontinuität zum Abrahamvolk auszusagen. Denn einmal lebt die Erwählungstheologie gerade vom Gegensatz zur Synagoge und in Konkurrenz zu ihr. Zum anderen wird mit ihr die neue, endzeitliche Erwählung aller Völker ausgedrückt, die ihr Maß vom endzeitlichen Evangelium erhält und nicht an Gottes Treue zu Israel orientiert ist (vgl. dazu oben 6.2). Vor allem aber werden die besonderen heilsgeschichtlichen Erwählungsbegriffe Israels und des Judentums, wie »Nachkommen Abrahams« oder »Volk Israel« dabei gerade nicht – und sei es nur übertragen – verwendet. Sie werden vielmehr zurückgestellt, und es wird nur auf solche sprachlichen Phänomene zugegangen, die ganz allgemein Zeichen religiöser Sprache für Gottes Handeln mit den Menschen sein können. Dazu gehören: Erwählte Gottes (Röm 8,33; vgl. Röm 16,13; aus der Paulusschule: Kol 3,12; auch 1.Petr 1,1), Berufene (Röm 1,6f.; 1.Kor 1,2.24), Heilige (Röm 1,7; 8,27; 16,15; 1.Kor 1,2; 6,2; Phil 1,1; 1.Thess 5,27) und Geliebte Gottes (Röm 1,7; 1.Thess 1,4). Diese Ausdrücke können auch im Kontext gehäuft und in typischen Verbindungen untereinander begegnen. Sie kennzeichnen den Stand der Endzeitgemeinde, wie sie das zum Teil u.a. auch schon in der jüdischen Literatur (Apokalyptik, Qumran, Weisheitsliteratur) taten. Sie sind Ausdruck des neuen Selbstverständnisses der christlichen Gemeinden und wollen anzeigen: Wir Christen sind jetzt schon durch das Evangelium zur Endzeitgemeinde berufen, die bald für immer mit ihrem Herrn zusammenleben wird. Sie haben darüber hinaus dieses gemeinsam: Sie werden auch gern in der Anredeform gebraucht. Darum findet man sie oft in den Briefköpfen.

Nun wird man weiter sehen müssen, daß Paulus nicht nur in dieser Weise spricht. Einmal vermehrt er diese Reihe zumindest um einen Ausdruck, nämlich den der Glaubenden (Röm 4,11; 10,4.11; 1.Thess 1,7; 2,10.13). Dies ist in dieser Form eine christliche Neubildung (vgl. oben 14.5). Zum anderen zeigen traditionelle Stücke wie 1.Kor 1,30; 6,11; 1.Thess 4,3.7f., daß das Verständnis der Erwählungsbegriffe auch durch die frühchristliche Taufauffassung geprägt ist, wie sie mit ihren Seinsaussagen schon im 1.Thess als Bestandteil der Erwählungstheologie erkannt wurde (vgl. 1.Thess 5,4-10; oben 6.2). Man wird also sehen müssen, wie schon die frühe antiochenische Theologie (vgl. oben 5.5) die dem Judentum entlehnte allgemeine Erwählungssprache betont christlich umgestaltete und mit ihrem Leben füllte. Drittens fällt auf, daß der Apostel durch die Näherbestimmung »im Herrn« (Röm 16,2; 1. Kor 11,11; 1. Thess 3,8; 4,1; 5,12) und »in Christus« (Röm 8,1; 1. Thess 1,1; 2,14; vgl. oben 14.4) die christologische Vermitteltheit der endzeitlichen Erwählung zum Leuchten bringt. »In Christus« wird an den meisten Stellen (vgl. oben 14.5) Kennzeichnung der Kirche, indem dadurch ihre umfassende und übergreifende Bestimmtheit durch Christus signalisiert wird. Beide Ausdrucksweisen sind im übrigen sprachliche Neuschöpfungen, so daß nochmals deutlich wird, wie die christliche Erwählungssprache nicht nur traditionelle Vorgaben umgestaltet, sondern auch sprachschöpferisch Neues enthält.

Die kirchliche Verwendung des formelhaften Gebrauchs von »in Christus« sagt aus: In diesem »Bereich« wirkt Christi Geist (Röm 8,1 f.9 f.). So ist es nur natürlich, wenn kirchliche Wirklichkeit ebenfalls durch Geistaussagen zur Geltung kommen kann, ja eine analoge Bildung wie »im Geist« anzutreffen ist (1. Kor 12,3.9; 2. Kor 6,6; 1. Thess 1,5). Von Bedeutung ist weiter, daß im Rahmen der Übertragung von Kultbegriffen auf die Gemeinde diese als Tempel des heiligen Geistes gilt (1. Kor 3,16 f.; vgl. 2. Kor 6,16; Eph 2,21). Der Geistbesitz der Gemeinde ist Zeichen ihrer Erwähltheit. Schon die Essener haben sich aufgrund ihres besonderen Erwählungsbewußtseins als Tempel Gottes verstanden (vgl. 1 QS 8,4-8; 9,3-6). Als ansprechende Hypothese läßt sich darüber hinaus feststellen, daß die Metaphern für die Kirche als Bau Gottes und als Pflanzung (vgl. 1. Kor 3,5 ff.) traditionsgeschichtlich schon für Paulus mit der Tempelmetaphorik verwachsen waren. Sie kommen jedenfalls in Qumran schon in solchem Kontext vor (vgl. 1 QS 5,5 f.; 8,5-11; 11,7 f.).

Endlich begegnet innerhalb des erwählungstheologischen Zusammenhangs noch die Rede von Gott als Vater der Gemeinde(n) (1. Thess 1,1.3; 3,10.13; 1. Kor 1,3; 2. Kor 1,2 usw.) und von den Gemeindegliedern als Brüder (Geschwister) untereinander (vgl. 1. Thess 1,4; 5,26 f.; 1. Kor 16,11 f.20 usw.). Diese Verwandtschaftsbezeichnungen werden in Gal 4,6; Röm 8,14 f. noch in besonderer Weise ausgedeutet.

Bei der sprachlichen Bekundung des Kirchenverständnisses innerhalb erwählungstheologischer Aussagen steht auch der Begriff Kirche (Ekklesia), und zwar nicht nur für paulinische Gemeinden (1. Thess 1,1), sondern ganz selbstverständlich auch für Gemeinden in Judäa (1. Thess 2,14; Gal 1,22) oder Damaskus (1. Kor 15,9; Gal 1,13; Phil 3,6). Paulus kann von den Gemeinden der Völker reden (Röm 16,4), von allen Gemeinden zusammen (1. Kor 7,17) und damit alle seine Gemeindegründungen meinen (vgl. 1. Kor 11,16); er kann von den Gemeinden einer Provinz (1. Kor 16,1.19; 2. Kor 8,1) und von den Ortsgemeinden sprechen

(1. Kor 1,2; 2. Kor 1,1; 1. Thess 1,1). Er kann von der Gemeinde wie von der Gemeinde Gottes ohne Unterscheidung reden (vgl. 1. Kor 15,9 mit Phil 3,6; 1. Kor 11,18 mit 11,22; 1. Thess 2,14 mit Gal 1,22). Typisch für den Apostel ist, daß er mit der singularischen Ausdrucksweise die Ortsgemeinde und oft speziell ihre gottesdienstliche Zusammenkunft (vgl. z.B. 1. Kor 14,18; 14,19.23.28) bezeichnet. Mit dem Plural schließt er mehrere Gemeinden zusammen, der Singular dient allenfalls sehr selten zur Bezeichnung der Gesamtkirche (vgl. etwa 1. Kor 12,28).

Nirgends ist der Gebrauch des Wortes durch einen spezifischen Gedankenkontext bestimmt. Nirgends kann man einen ältesten Gebrauch ausmachen, der am Anfang der Entwicklung stand. Dies gilt insbesondere auch für die Verbindung »Kirche Gottes« (1. Kor 1,2; 10,32; 15,9; 2. Kor 1,1; Gal 1,13). Der Versuch, sie mit Dt 23,2ff. und der endzeitlichen Deutung in 1 QSa 2,4; 1 QM 4,10 (endzeitliches Aufgebot Gottes) in Beziehung zu stellen, ist schwerlich zu begründen, erst recht nicht die Koppelung mit der Annahme, dies sei zuerst Selbstbezeichnung der Urgemeinde in Jerusalem gewesen. Die alttestamentlich-jüdischen Belege kennen nämlich nur den Singular »Gemeinde Gottes«, während Paulus auch den Plural »Kirchen Gottes« benutzt und ohne Unterschied von »Gemeinde(n)« und »Gemeinde(n) Gottes« reden kann. Kein paulinischer Beleg ist darüber hinaus als Selbstbezeichnung der Urgemeinde erweisbar.

So legt sich vielleicht doch als Hypothese nahe, die frühe Christenheit habe den Begriff als politisches Allerweltswort für alle Arten von Versammlungen der Umgangssprache entnommen (vgl. aus dem Neuen Testament Apg 19,32.39f.). Das würde jedenfalls am besten erklären, warum der Begriff keinen spezifisch theologischen Gedankenkontext besitzt. Dafür spricht auch das der Vereinssprache entlehnte Verb »zusammenkommen« (vgl. oben 9.4), das in 1. Kor 11,18; 14,23 mit dem Ausdruck »Kirche« verbunden steht. Weiter darf daran erinnert werden, daß z.B. die Rede vom (himmlischen) »Bürgerrecht« (Phil 3,20) ebenfalls aus der allgemeinen politischen Sprache stammt. So ungewöhnlich ist es also nicht, falls das Wort »Kirche« demselben Zusammenhang entnommen wurde. In diesem Fall wäre dann der allgemeine Gebrauch Ausgangspunkt christlicher Verwendung und die Verbindung »Kirche(n) Gottes« nachträgliche Verchristlichung.

Ein analoges Phänomen begegnet nun auch noch in der Bezeichnung »Leib Christi«. Dieser Ausdruck für die Gemeinde wird wohl erstmals von Paulus selbst zur Beschreibung des Kirchenverständnisses in die urchristliche Sprache eingeführt. Als nämlich der innere harmonische Aufbau der korinthischen Gemeinde (vgl. oben 8.2) durch die spontanen

Egoismen einzelner Geistträger und durch ihre Wertungen und Abwertungen von Geistesgaben in Gefahr gerät (1. Kor 12), greift der Apostel zu einem sprachlichen Mittel, das schon vor ihm in der hellenistisch-römischen Kultur (nicht zuletzt in der mittleren Stoa) häufig und gern aufgegriffen wurde, um die Einheit einer Gemeinschaft bei aller Vielfalt zu erklären und zu begründen, nämlich zu dem Gedanken von der Gemeinschaft als einem vielgestaltigen Organismus, bei dem alle einzelnen Glieder und Organe aufeinander angewiesen sind, wenn der Organismus gesund leben soll. Gerade bei Störungen im Gemeinwesen war dieses Mittel gern ergriffener Überzeugungsträger dafür, daß die Rückkehr zur alten ungestörten Ordnung für alle einzelnen und damit auch für das Gesamtwohl der Gemeinschaft am besten sei. So fordert Agrippa M. Lanatus die Plebejer auf, die Gemeinschaft mit der Stadt Rom nicht aufzukündigen, weil wie in einem menschlichen Organismus alle Glieder einander benötigen (Livius, Ab urbe condita II 32 f.). Auch Plato vergleicht den Staat mit einem Organismus und hebt wie 1. Kor 12,26 auf das Mitleiden und Mitfreuen der Glieder untereinander ab (Politeia 462 c-d). Seneca kann den Staat als Leib des Kaisers verstehen, wobei dieser die Seele des Leibes ist (De clementia I 5,1). Diese reichlich vermehrbaren Belege zeugen davon, daß z. Z. des Paulus solcher metaphorische Gebrauch gang und gäbe war, vor allem auch für das politische Gemeinwesen.

Paulus steht in 1. Kor 12 und Röm 12 in dieser Tradition und setzt dabei mit Recht voraus, daß die Korinther und Römer mit solcher Argumentation kulturell vertraut sind. Dabei überträgt er wohl erstmals diese Vorstellung auf eine religiöse Gemeinschaft. Doch beschreitet er noch in anderer Weise Neuland: Zwar herrscht bei ihm der übertragene und vergleichende Gebrauch des Leibgedankens als Einheit in der Vielfalt noch auf weite Strecken vor. Aber weil er von dem neuen christologischen Sein der Endzeitgemeinde theologisch bestimmt ist, gerät ihm der Vergleich auch zu einer Wesensaussage über die Kirche. Nun »ist« die Gemeinde »Leib Christi« (1. Kor 12,27) und nicht nur mit einem Leib vergleichbar. Durch den einen Geist, der sich in der Vielfalt der geistlichen Gaben äußert, sind alle in einen Leib, der Christus ist, hineingetauft (1. Kor 12,12 f.). Röm 12,5 macht deutlich, wie diese Auffassung von der Formel »in Christus« her entsteht: »... so sind wir vielen ein Leib in Christus«. Eine alte Tauftradition wie die aus Gal 3,26-28 (vgl. oben 5.5) zeigt an, wie diese paulinische Umprägung von der vergleichenden Metaphorik zur Seinsaussage nur ein Ausziehen längst vertrauter Positionen ist: Durch die Taufe erhält ja nicht nur der Täufling den Geist, dessen

Gaben nun auch bei ihm und durch ihn wirken, sondern er wird Glied der geistdurchwirkten Gemeinde. Der Geist ist Christusnähe (»Christus anziehen«) für den einzelnen wie auch alle eine geistliche Einheit »in Christus« sind (»alle seid ihr einer in Christus Jesus«). Überhaupt beschreibt Paulus, wie wir sahen (vgl. 6.2; 14.5), die geistliche Veränderung des Glaubenden als seinshaft und dementsprechend die Gemeinde als christusgeprägte Wirklichkeit. Eben dieses Kirchenverständnis verändert nun auch die traditionelle Leibmetaphorik: Kirche ist Leib Christi, weil der Geist, dessen Vielfalt in der Gemeinde erfahrbar ist, der eine Geist Christi ist, der die Gemeinde durchwirkt und verändert.

Über diese Neuinterpretation des traditionellen Bildes hinaus, die das christologische Kirchenverständnis des Apostels auf eine einprägsame Weise zur Geltung bringt, wird man zu sehen haben, daß Paulus das Konzept der Vielfalt in der Einheit nicht so auszeichnet, daß dabei die korinthische Werteskala in der Einschätzung der geistlichen Gaben erhalten bleibt. Paulus geht also z.B. nicht den Weg des Lanatus, der die Plebejer unter die Herrschaft des römischen Adels zurückführen will, also das Bild vom Organismus herrschaftsstabilisierend verwendet. Vielmehr sind für ihn die Äußerungen des Geistes nicht alle in gleicher Weise bedeutsam, ja die in Korinth hochgeschätzten ekstatischen Geistphänomene werden kritisch hinterfragt, ob sie der Gemeinschaft überhaupt dienlich sind (1. Kor 14). Diesen Weg beschreitet Paulus in Röm 12 konsequent weiter, indem er den Geist vor allem in den alltäglichen Gemeinschaftsaufgaben wirken sieht.

Weiter gelingt es Paulus in dem Abschnitt Röm 12,1-13,14, den Leib-Christi-Gedanken zur Wesensbeschreibung der Kirche und ihres Lebens so zu benutzen, daß er diese von der staatlichen Gemeinschaftsbildung, wie sie daneben Röm 13,1-7 mit anderen Optionen beschrieben wird, zu unterscheiden weiß. Einerlei für wie undemokratisch man heute dieses obrigkeitsstaatliche Konzept erachten mag, Röm 12–13 bleibt das erste urchristliche Zeugnis für das Bemühen, Kirche und Staat durch eine konzeptionell verschiedene Beschreibung zu erfassen.

Wie schon angezeigt, muß Paulus sein Kirchenverständnis noch einmal im galatischen Streit gegenüber dem Standpunkt der Judaisten abklären (vgl. oben 10.2; 11.4). Anläßlich der Warnung vor den Judaisten stößt man auch eingangs von Phil B (vgl. oben 12.4) auf eine kirchenrelevante Aussage, die hierher gehört. Natürlich führt weiter das Israelproblem in Röm 9–11 zu entsprechenden Äußerungen (vgl. unten 15.2). Der Gal macht dabei deutlich, wie der Apostel sich einer Front gegenüberstehen sieht, die die Kontinuität zum Zwölf-Stämme-Volk, durch die Beschneidungsforderung eindrücklich angezeigt, herausstellt und innerhalb dieses Heilsvolkes das Christentum als wahres Israel verstehen will. Paulus setzt dagegen, daß die Abrahamkindschaft nur noch als eine solche verstanden werden darf, die auf dem Christusglauben und auf die in Christus erfüllte Verheißung gründet und bei der die genealogische Kontinuität des Volkes Israel sowie Beschneidung und Gesetz um des Christusevangeliums willen zurückgestellt werden müssen. Dabei läßt Paulus die Heilsgeschichte zwischen Abraham und Christus praktisch ausfallen und betont durch die Geist- und Freiheitsaussagen die besondere Qualität des Christentums im Unterschied zu Israel. Paulus nimmt damit von seinem Kirchenverständnis, wie es aus dem 1. Thess und den Korintherbriefen erkennbar ist, nichts weg. Im Gegenteil: Er erschließt von ihm her die Beziehung zum Gottesvolk.

Dabei ergibt sich insgesamt, daß der Apostel den Gedanken des Gottesvolkes nur einmal durch Zitation von Hos 2,1.25 (= Röm 9,25 f.) auf die Kirche bezieht, wie er auch nur einmal von der Kirche als »Israel Gottes« (Gal 6,16) redet. An beiden Stellen geht es um einen tiefgreifenden Bruch in bezug auf die Heilsgeschichte (Röm 9,25: Gott beruft ein Nichtvolk zu seinem Volk, Gal 6,15 f.: die Beschneidung hat in der neuen Schöpfung keine Valenz). Entsprechend kann der Apostel in Phil 3 die leibliche Beschneidung zu den Unwerten rechnen und ist damit frei, den Begriff der Beschneidung im übertragenen Sinn auf die Gemeinde anzuwenden (Phil 3,3). Ansonsten kennt der Apostel noch die Stichworte »Same Abrahams« (Gal 3,19; Röm 4,13-18; 9,7f.), »Söhne Abrahams« (Gal 3,7; 4,22.30) und »Erben (Abrahams)« (Gal 3,29). Sie werden durchweg so gebraucht, daß in der schon beschriebenen alternativen Weise Abraham zur Kirche gestellt, während Israel (am krassesten Gal 4,25.30) vom Stammvater getrennt wird.

Man wird also festhalten, daß der eigentliche Trend im paulinischen Entfalten seines Kirchenverständnisses von der allgemeinen Erwählungssprache und den bis dahin nicht heilsgeschichtlich oder religiös besetzten Begriffen (wie Kirche und Leib) markiert wird, hingegen die heilsgeschichtliche Kontinuität als Gottesvolk nicht ausgeprägt, ihr vielmehr mit deutlicher Zurückhaltung begegnet ist.

14.7 Die Verbindlichkeit des Glaubens als Liebe

Die Berufung durch Evangelium und Geist zur Endzeitgemeinde geschieht nicht, ohne daß der sich darin bekundende Heilswille Gottes zugleich als Wille, der eine bestimmte Lebensgestaltung der Berufenen fordert, auf dem Plan ist (Röm 12,2; 1. Thess 4,3; 5,18). Das Evangelium verändert den Sünder, damit er hinfort nicht mehr sündigt (1. Thess 4,3.7-9; Röm 6). In der Struktur entspricht dieser Ansatz durchaus jüdischem Denken: Die Berufung Israels zum göttlichen Bundespartner ist gekoppelt mit dem Willen Gottes im Bundesgesetz. Allerdings läßt es das paulinische Gesetzesverständnis nicht zu (vgl. 11.4; 14.3 und zum übertragenen Gebrauch des Gesetzes auch 12.3), daß Paulus Berufung und Gesetz in ähnlicher Weise verbindet. Darum muß Paulus sich der Kritik stellen, die ihm vorwirft, er mache aus Christus einen Diener der Sünde (Gal 2,17) und lasse mit seiner Gnadenlehre zu, daß die Erwählten in der Sünde beharren können (Röm 6,1.15). Auf der anderen Seite war der griechisch-römischen Antike ein so enges Verhältnis von Religion und Ethos, wie Paulus es propagiert, eigentlich fremd. Diese kulturelle Einbindung z.B. der Korinther macht Paulus Probleme ganz anderer Art (vgl. oben 8.2). So muß er den engen Zusammenhang von Berufung und Lebensführung so begründen und inhaltlich beschreiben, daß er gegenüber beiden Positionen bestehen kann.

Paulus stellt sich dieser Aufgabe nicht in der Weise, daß er, statt das Gesetz auszulegen, nun im Sinne griechisch-philosophischer Tradition eine Ethik schreibt. Nicht die systematische Durchdringung des ethischen Problems ist sein Ziel, sondern die konkrete Gestaltung der gemeindlichen Lebenswelt. Diese mußte aus aktuellem Anlaß besprochen (wie z.B. im 1. Kor) oder mehr allgemein durch Wegweisung zum »Normalgebrauch« (vgl. 1. Thess 4,1-12; 5,12-24; 1. Kor 13; Gal 5,13-6,10; Röm 12f.) der Gemeinde nahegebracht werden. Für diesen letzten Fall gab es für Paulus in bedingter Weise ein Vorbild in einer bestimmten synagogalen Form der Unterweisung (vgl. z.B. JesSir; Test XII), die auch im Urchristentum neben Paulus angewendet wurde. Doch die Anlehnung an solche Mahnung (Paränese) geschieht nicht blindlings, denn das neue Heilsverständnis erforderte natürlich eine neue Bemühung um die Grundlegung des Ethos sowie eine Gewichtung und Auswahl in bezug auf die Normen. Natürlich sind die Inhalte des von Paulus vertretenen Ethos im einzelnen auch tief verwurzelt im Normengefüge der damaligen Zeit, aber das bedeutet noch nicht, daß der Apostel wahllos und unkritisch auf die Normen zugeht. Vielmehr ist das gerade das Besondere an ihm, daß er von seinem Glaubensverständnis her im Rahmen der paränetischen Tradition in eigener Weise die Verbindlichkeit der christlichen Lebensführung formal und sachlich beschreibt.

Wenden wir uns dem paulinischen Ansatz der Mahnung zu, so liegt seine Besonderheit darin, daß er einem eigentümlichen Verhältnis zwischen dem neuen Heilsstand und der ethischen Normierung der Glaubenden das Wort redet, indem immer der Heilsstand den Wandel der Christen bestimmt und dabei das, was dem Glaubenden zugesprochen wird, zugleich von ihm als zu vollziehende Lebenspraxis gefordert ist. So heißt es Gal 5,25: »Wenn wir im Geiste leben, laßt uns auch im Geiste wandeln«. Die Getauften sind geheiligt (1. Kor 1,30; 6,11), und sie werden aufgefordert, die Heiligung zu vollziehen (1. Thess 4,3.7; Röm 6,19-22). Nach Gal 3,27 haben die Christen Christus »angezogen«, nach Röm 13,14 werden sie imperativisch dazu aufgefordert. Der Christ ist mit Glaube, Liebe und Hoffnung bekleidet (1. Thess 5,8), doch zugleich soll er sich mit den Waffen des Lichtes bekleiden (Röm 13,12). Christen sind keine Knechte mehr sondern Freie (Gal 4,1-5), nun sollen sie in der Freiheit leben (5,13). Sie sind mit Christus gestorben (Röm 6,5; Gal 6,14), nun sollen sie sich als lebendiges Opfer Gott darbringen (Röm 12,1). Sie sind der Sünde gestorben (Röm 6,2), nun soll diese nicht mehr über den Menschen herrschen (6,12). Christen sind durch das Evangelium zum Endheil berufen (1. Thess 5,9; vgl. 1,10), nun sollen sie »mit Furcht und Zittern« ihr Endheil erwerben (Phil 2,12).

Man ist heute mit Recht davon abgekommen, die Heilsaussage als enthusiastische Vorwegnahme der Vollendung und die Mahnung als Rückkehr zum Alltag, oder den Heilsindikativ als Idealität und den Imperativ als Korrektur des Faktischen anzusehen. Auch erscheint es vor allem angesichts der Geistaussagen, wie sie neben den Taufaussagen und der Rechtfertigungssprache den Heilsstand in den besprochenen Fällen kennzeichnen, nicht angemessen, den Heilsstand nur als Urteil Gottes und die Mahnung allein im Bereich der Erfahrungswelt anzusiedeln. Weiter klingt eine zugespitzte Formulierung für die Verhältnisbestimmung wie: »Werde, der du bist« noch versteckt idealistisch (denn der Christ soll leben, nicht erst werden, was er bereits geworden ist) und zu individualistisch (denn die Taufe gliedert in den »Leib Christi« ein). Das vermeidet eine These, die so formuliert wird: »Bleibe bei dem dir gegebenen Herrn und in seiner Herrschaft«. Aber die Herrschaftssymbolik deckt längst nicht alle paulinischen Heilsaussagen ab, und der Heilsstand ist nicht nur die Gabe eines neuen Herrn, sondern auch die Veränderung der Person. Endlich wird man in keinem Fall mit der ersten Rechtfertigung durch die

Heilsgabe eine noch ausstehende weitere verbinden dürfen, auf die dann die Paränese verweist. Dazu paßt nicht, wie Paulus vom Endgericht über Christen redet (vgl. unten 14.8). Doch hebt diese Aussage mit Recht auf die endzeitliche Dimension der Erwählung zum Heil ab, bei der der Heilswille des erwählenden Gottes nicht vom Willen Gottes, nach dem der Mensch leben soll, zu trennen ist: Geheiligt durch den Geist und damit zum Endheil bestimmt, soll der Mensch die Heiligung vollziehen (vgl. oben 6.2). So kann man vielleicht das Verhältnis von Heilsempfang und Verbindlichkeit für den Empfänger so beschreiben: Vollziehe die endzeitliche Christuswirklichkeit, die du durch Evangelium, Taufe und Geist geworden bist, indem du dich als Glied am Leibe Christi bewährst, also die innere Verbindlichkeit des neuen Lebens erkennst, es in der Endzeitgemeinde mitgestaltest und nicht in das alte Wesen der vergehenden Welt zurückfällst.

Dieses Verständnis der verbindlichen Lebensführung enthält den großen Gewinn, daß der Apostel das christliche Ethos aus dem Christentumsverständnis selbst begründet. Damit weist er nach, daß für das Gesetz kein Bedarf besteht, weil der Geist von innen heraus zum guten Handeln treibt (1. Thess 4,8 f.). Zugleich zeigt er dadurch den ehemaligen Heiden, wie der neue Glaube eine neue Lebensführung impliziert, also Religion und Ethos eng verbunden sind.

Unbeschadet des Vorherrschens des Indikativ-Imperativ-Verhältnisses stößt man beim Apostel natürlich noch auf eine Vielzahl von Begründungen und Motivierungen für die christliche Lebensgestaltung. Dieser Tatbestand ist schon als solches ein Signal dafür, daß der Apostel nicht Gehorsam eintreiben will, sondern von Überzeugung getragenes Handeln sucht. Fast alle Motive sind offenbar traditionell, weil Paulus den gesamtkirchlichen Konsens will (vgl. 1. Kor 7,17; 11,16). Auffällig oft bedient sich Paulus der Zuordnung des Handelns zum nahen Ende (Röm 13,11-14 als Abschluß von Röm 12f.; vgl. außerdem: 1. Kor 6,13; 7,29-31; Phil 2,16). Dabei wertet Paulus alles Bestehende so deutlich als vergehende Welt, daß der Christ lebenslang auf Speise aus Liebe zum Bruder verzichten (Röm 14,13-17) oder etwa im sozialen Ordnungsgefüge von sich aus nichts mehr verändern soll (1. Kor 7,18-24). Der Verweis auf das Endgericht, wie es getragen ist vom richterlichen Hoheitsrecht Gottes, verbietet das Richten untereinander (Röm 12,19 f.; 14,10 f.; 1. Kor 4,1-5; 5,12 f.). Weiter kann Paulus betonen, daß christliches Handeln immer vor Gott geschieht und darum ungeheuchelt und willig geschehen muß (Röm 12,9; 13,5; Gal 5,13; 1. Thess 2,4; 4,1.7 f.). Es geht also nie nur um das formale Erfüllen von Pflichten, sondern um die

Einheit von Tat und Person. Eben darum geht es beim christlichen Handeln: um die Verantwortung des Menschen vor Gott, die durch die ganze und willige Hingabe an Gottes Willen wahrgenommen wird.

In einen ganz anderen Bereich stoßen wir vor, wenn wir die Aussagen betrachten, nach denen Paulus den inneren Sinn des Geschicks Jesu Christi und seinen eigenen apostolischen Wandel in den Gemeinden seinen Lesern als »Vorbild« nahebringt. Davon ist schon ausführlich gehandelt worden (vgl. oben 12.3). Wir sahen, wie Paulus dadurch personbezogen und konkret Entscheidungen und Handlungen lenken und die Verankerung des Handelns im empfangenen Heil besonders eindrücklich auszeichnen kann.

Eine andere Gruppe von Motiven und Begründungen rankt sich um die wichtige und vordringliche Aufgabe der Integration der jungen Gemeinden (vgl. dazu oben 9.2). Immer wieder muß z.B. das Verhalten des Christen am Mitchristen sein Maß und seine Grenze gesetzt bekommen, damit durch Rücksichtnahme und Selbstbeschränkung die eine Endzeitgemeinde auferbaut wird (Röm 14; 1.Kor 8–10; 11,20ff.; 13; Gal 6,2 usw.). Der friedliche Gemeindeaufbau ist ein oft betontes hohes Ziel im Gestalten des Gemeindelebens (vgl. nur Röm 14,19; 1.Kor 8,1; 10,23f.).

Diese Begründungszusammenhänge enthalten alle in sich die Frage nach der Allgemeingültigkeit und Verbindlichkeit der Mahnung. Dabei ist klar, daß sich für Paulus und seine Gemeinden Verbindlichkeit zuerst innergemeindlich an geistgeleiteter Beurteilung und Überzeugung bekundet (1.Thess 4,8f.). Hierbei ist der Geist nicht individualistisch gesehen, sondern ist Gesamtbestimmung der Gemeinde. Darum wird sie auf ihr Urteilsvermögen hin angesprochen und dann auch der einzelne als Glied der Gemeinde. Da dieser Geist der Geist Christi ist, ist letztlich Christus selbst die Grundlegung im Bereich der Normen (Röm 15; Phil 2). Allerdings hat Paulus bei aller Bevorzugung innergemeindlicher Orientierung für das Ethos auch den menschheitlichen Horizont bedacht. Paulus liegt entschieden daran, den allgemeinen humanen Kontext christlicher Ethik nicht aus dem Blick zu lassen. Es gibt für ihn keine christlich exklusive Ethik, sondern ein an Christus orientiertes Ethos, das zugleich offen ist für das Allgemeine. Christen haben das allgemein Gute im Blick (Röm 12,2; Phil 4,8), und für Nichtchristen muß christliches Handeln grundsätzlich zustimmungsfähig sein (Röm 13,3; 14,18; 1.Thess 4,12).

Darum kann für Paulus ein Christ nicht einfach sein Ethos prophetisch setzen, vielmehr führt der Geist bei allem Vorrang, den er in der Gemeinde besitzt, zur geduldigen Argumentation, also zur allgemein verstehbaren Begründung und Kritik im Handlungsbereich. Grundsätzlich ist ja jedem Menschen die Frage nach dem sittlich Guten eigen, er weiß um die Qualifizierung sittlich guter und böser Handlungen (Röm 1,18-2,29). So vollziehen gerade auch die nichtchristlichen staatlichen Organe im römischen Reich für Paulus eine Aufgabe, die sie ganz im Sinne Gottes als Sachwalter des Gemeinwohles unter Förderung des Guten handeln läßt (Röm 13,1ff.). Ein Christ kann aus der ethischen Diskussion des Heidentums lernen (Phil 4,8), selbst wenn er im Bewußtsein lebt, mit der Lebenspraxis es ernster zu nehmen als die Nichtchristen (Phil 2,14f.). Darum verwirft der Apostel auch nicht einfach die inhaltlichen Normen der Tora. Natürlich ist das Liebesgebot durch Christus in einer unmittelbaren Weise mit dem christlichen Ethos verbunden (Röm 15; Phil 2), jedoch notiert Paulus selbstverständlich, daß es schon als göttlicher Wille im Alten Testament zu lesen ist (Röm 13,8-10; Gal 5,14). Das Alte Testament ist zwar nirgends mehr als solches heilige Autorität für ethisches Handeln, wohl aber kann es, seines selbstverständlichen verbindlichen Charakters als lebensgestaltender Norm enthoben (Gal 3; vgl. oben 11.4; 14.3), bei der Suche nach dem allgemein Humanen (im Sinne von Phil 4,8) benutzt werden. Im übrigen verfährt Paulus mit der Jesustradition kaum wesentlich anders: Jesus ist nicht Gesetzgeber, der z.B. das Liebesgebot lehrte. Dessen Verbindlichkeit beruht auf dem Gesamtsinn der göttlichen Heilszuwendung in Christus, wie wir bereits sahen, nicht aber auf Christus als Lehrer. So kann es nicht verwundern, wenn lange Partien der Paränese nirgends direkt auf Jesustradition verweisen (vgl. etwa 1. Thess 4,1ff.; Gal 5,13-6,10; Röm 12f.). Andererseits kann Paulus Jesusautorität auch einmal direkt zur Normierung von Verhalten einsetzen (vgl. 1. Kor 7,10; vgl. oben 5.6).

Die Kennzeichnung des paulinischen Ethos wäre unvollständig, würde nicht ein struktureller Grundentscheid herausgehoben, der die apostolische Mahnung durchweg bestimmt: Lebensgestaltung vollzieht sich nach Paulus betont als bruderschaftliches Gemeindeleben, wie es durch die Naherwartung (vgl. dazu 9.3; 14.8) und durch den Kontrast zu den Nichtchristen geprägt ist. Die ethische Grundfrage lautet also etwa: Wie soll die Endzeitgemeinde sich bis zum nahen Ende aller Dinge in der Liebe bewähren, die eigene Integration fördern, die Mission nicht durch anstößiges Verhalten behindern und nicht in weltliches Verhalten zurückfallen? So wird das konkrete Leben in der Hausgemeinde (vgl. oben 9.1 und 9.2) gestaltet. Darum sind die Zuordnungen, Funktionen und Aufgaben in diesem Bereich vornehmlich Themen paulinischer Mahnung, also die Zuordnung von Mann und Frau, die Beziehung von Herr und Sklave, die berufliche Tätigkeit der Christen, die Aufnahme von Gästen im Hauswe-

sen und natürlich die Regelungen für das gottesdienstliche Zusammen-
kommen. Nicht im Blick liegen die Verantwortung oder Gestaltung von
Politik, Wirtschaft und Sozialwesen im allgemeinen, allgemeine Men-
schenrechtsfragen, das Schul- und Erziehungswesen, die generelle
Rechtspflege, Fragen nach Machtstrukturen, Krieg und Frieden usw.
Ganz abgesehen davon, daß ein Teil dieser Fragen auch für das allgemeine
Zeitbewußtsein nicht aktuell waren, blicken Paulus und seine Gemeinden
wie die Christen der ersten Generationen überhaupt nur insofern über die
Gemeinde hinaus, als sie Mission betreiben wollen, unanstößig leben
(1. Thess 4,11f.; Röm 13,1ff.), Aggressivität nicht erwidern (Röm
12,14ff.) und »Gutes tun« (Gal 6,10). Die paulinische Mahnung regelt
also vor allem immer wieder das Innenverhältnis der Gemeinden und nur
begrenzt und nachgeordnet das Außenverhältnis.

Relativ eindeutig ist auch eine andere strukturelle Anlage: Im Verhältnis von Individual- und Sozialethik liegt der Ton weitgehend auf dem
zweiten Bereich. Die Aussagen im individualethischen Bereich sind
schnell aufgezählt: Der Christ soll die innere Erneuerung seines Wesens
vollziehen (Röm 12,1f.), im Kampf zwischen Geist und Fleisch nicht
nachlassen (Röm 8,1-11; Gal 5,16ff.) und überhaupt nicht mehr sich der
Sünde zur Verfügung stellen (Röm 6). Er soll wie Paulus selbst seine
Lebensgestaltung etwa als einen »Wettkampf« ansehen, in dem er sich
alles abverlangt, um das Ziel zu erreichen (1. Kor 9,24-27; Phil B). Sieht
man näher zu, kann man noch mit wenigen Farbtupfern das Bild ausge-
stalten, kommt aber zu der Beobachtung, daß diese Aussagen alle nicht
gemacht werden, um z.B. die Integrität oder innere Harmonie der Person
zu erreichen, um den persönlichen Reifungsprozeß zu fördern, um eines
inneren Friedens willen usw., sondern um der Gemeinschaftsfähigkeit im
Sinne des Liebesgebotes und der Harmonie in der Gemeinde willen. Im
ummittelbaren Zusammenhang solcher Aussagen stehen nämlich durchweg Konkretionen, die das Sozialverhalten zum Gegenstand haben. Die
innere Grundeinstellung z.B. wie sie Röm 12,1f. gefordert wird, ist Gene-
ralmahnung zu den einzelnen Mahnungen in 12,3ff., die das Gemeindeleben zum Inhalt haben. Das Motiv des Kampfes zwischen Geist und
Fleisch in Gal 5 ist eingebettet in Aussagen, die auf Gestaltung der Gemeinschaft aus sind.

Endlich zeigt auch der soziale Normenbereich eine Eigentümlichkeit,
die notiert sein soll: Paulus denkt dabei eigentlich nicht strukturell und
institutionell, sondern ordnet die Mahnung im Sinne personaler Bezie-
hungsverhältnisse der einzelnen Glieder der Gemeinde untereinander.
Daß sich dabei auch innerhalb des Hauswesens Strukturen im Lebensvoll-

zug verändern können, ist ein Effekt, den er nicht behindert, den er allerdings auch nicht zum selbständigen Thema erhebt. Er strukturiert also die christliche Gemeinschaft, indem er die gegenseitige Angewiesenheit der Glieder herausstellt, ihre prinzipielle Gleichheit »in Christus« betont (Gal 3,26-28; 1. Kor 12) und das Augenmerk insbesondere auf die schwachen Geschwister lenkt (1. Kor 8; 12,22 ff.; Gal 6,1 f. usw.). Mit anderen Worten: Er läßt die persönlichen Beziehungen vom Liebesgebot normiert werden.

Mit diesem letzten Satz ist schon das Gebot angesprochen, das bei Paulus vorrangig im Visier ist. Fragt man nämlich, unter welcher Grundaussage er das Ethos ordnet, so kann man zwar auch an das Stichwort der »Heiligung« erinnern (vgl. 1. Thess 4.3 f.7; 1. Kor 1,30; Röm 6,19.22), jedoch spielt das Liebesgebot zweifelsfrei eine viel herausragendere Rolle. Es steht in der Dreisatzprägung Glaube, Liebe, Hoffnung (vgl. dazu 6.2; 12.3), ist die Tätigkeit, zu der der Geist Christi treibt (vgl. 1. Thess 4,8 f.; Gal 5,22), ist aufgrund des Grundsinnes der Zentralgestalt Christi als Verhalten für die Gemeinde grundgelegt (vgl. oben 12.3) und taucht gern als Generalnenner oder Zusammenfassung paulinischer Mahnung auf (vgl. Röm 13,8-10; 1. Kor 13; Gal 5,14 f.; Phil 2; 1. Thess 4,9). Seine beherrschende Stellung bewährt es für Paulus gerade auch in aktueller Problematik, wenn es gilt, Glaubenserkenntnis und Freiheit so mit Sinn zu füllen, daß Gemeinschaft gefördert und das Schwache berücksichtigt wird (Röm 14 f.; 1. Kor 8–10). Ist auch nicht zu übersehen, daß die Liebe für Paulus wie die Anlage seiner Ethik überhaupt gemeindezentriert, also als Bruderliebe begegnet, so ist sie doch darauf nicht eingegrenzt (Röm 12,14 ff.; vgl. auch die allgemeinen Aussagen 1. Kor 13,4 ff.). In jedem Fall drängt sie immer auf Konkretion und Bewährung und verharrt nicht in unanschaulicher Gesinnung. Sie ist meist der unbequeme Weg, der das Gesamtwohl im Auge hat. Nicht die eigenen Bedürfnisse und Interessen des Menschen (auch nicht die religiösen;vgl. 1. Kor 13,1-3!),vielmehr die Hingabe aufgrund der zuvorkommenden Hingabe Christi sind ihr Orientierungsrahmen. Sie beharrt darauf, daß der Mensch genau darin er selbst ist, weil er in diesem Sinne von Gott gewollt ist. Nicht Glaube und Hoffnung, sondern die Liebe ist die größte (1. Kor 13,13), weil die Liebesbeziehungen auch die Endvollendung bestimmen werden, und ohne Liebe schlechterdings auch irdisch nichts Wert hat (1. Kor 13,1 ff.).

Die Vorrangigkeit der Liebe führt nicht dazu, daß aus der Liebe als dem grundlegenden Prinzip alle anderen Normen abgeleitet werden, wohl aber muß alles Tun durch die Liebe gestaltet sein (1. Kor 13). Da zur Liebe gehört, daß sie langmütig ist und alles trägt (13,4-7), ist sie auch im

Einzelfall der Weg weg von dem Insistieren auf der eigentlich geforderten Norm hin zum Kompromiß und zur offenen Lösung, die Vielfalt duldet (1. Kor 6,1 ff.; 7,1 ff.; 8-10). Die zugelassene Variationsbreite selbst ist dann wiederum von der Liebe begrenzt (1. Kor 8,11; Röm 14,13-19). Endlich kommt der Vorrang der Liebe auch in der Gewichtung und Sammlung der christlichen Normen zur Geltung: So kann es nicht verwundern, wenn z. B. die römischen Tugenden wie Tapferkeit, Männlichkeit, Gleichmut in allen Lebenslagen, Selbstbeherrschung auch im Schmerz und manche anderen Ideale ganz fehlen oder entschieden zurücktreten. Das kann nicht anders sein, wenn die Liebe als Leitbegriff eine Normenreihe anführt (Gal 5,22 f.), die harten und aggressiven Verhaltensweisen abwertet (Röm 12,9-21) oder das Gemeindeleben durch das gegenseitige Entgegenkommen gestaltet (Phil 2,1 ff.).

Insbesondere war die Liebe dort gefordert, wo innerhalb der christlichen Häuser die Gemeinden die konkreten Spannungen mildern mußten, um dem hohen Anspruch einer geschwisterlichen, auf Konsens und Gemeinschaftlichkeit zugeschnittenen Endzeitgemeinde gerecht zu werden (vgl. oben 9.2). Da waren die großen Unterschiede der Herkunft aus der jüdischen und heidnischen Welt. Einheit »in Christus« konnte nur gedeihen, wenn beide Seiten zu entschiedenen Opfern bereit waren: Der Jude mußte das Gesetz als Norm aufgeben, der Heide seine Götter und die durch sie bestimmte Kultur. Da waren die Unterschiede der Freien und Sklaven, die in der Antike als (nahezu) selbstverständliche Ordnung galten. So hält sich auch der Christ Philemon problemlos (heidnische) Sklaven (Phlm). Auch sonst sind Sklaven in christlichen und heidnischen Häusern bezeugt, insofern sie zur Gemeinde gehören (1. Kor 7,21 f.; 12,13 f.; Gal 3,28). Im allgemeinen war die Sklavenfrage kein aktuelles Problem der paulinischen Gemeinden. Doch Sklaven werden natürlich und selbstverständlich voll in die Gemeinde integriert. Keiner spricht ihnen die Taufe, den Geist oder die Teilnahme am Herrenmahl ab. Wie soll dann ein christlicher Sklavenhalter im Alltag mit seinen Sklaven umgehen?

Nach dem Phlm muß er ihnen nicht die bürgerliche Freiheit schenken, doch wird er zumindest innerhalb des geltenden Rechts ein neues brüderliches Verhältnis zu ihnen pflegen. Auch verbot z. B. die strenge Einehe natürlich den sexuellen Mißbrauch der Sklavin (vgl. 1. Thess 4,3 f.). Im Sonderfall des Sklaven Onesimus erwartet Paulus ein freiwilliges, aber wohlwollendes Eingehen des Philemon auf die paulinischen Wünsche. So wird das Rechtsinstitut der Sklaverei in jedem Fall von innen her umgestaltet, und es überrascht nicht, wenn Paulus den Philemon bittet, ihm –

unter welcher Rechtsform auch immer – den Sklaven Onesimus zu überlassen. Allerdings geht Paulus in keinem Fall so weit, daß er anordnet, christliche Häuser dürften keine Sklaven halten. Der Kontext der schwierigen Stelle 1. Kor 7,21 läßt eher erkennen, daß Paulus den Sklaven rät, in ihrem Stand zu bleiben.

Eingehender ordnet Paulus das Verhältnis von Mann und Frau in den christlichen Häusern. Auch hier gilt als Grundsatz: Beide Geschlechter sind in gleicher Weise vom Evangelium angesprochen. Unterschiedlos erhalten beide den Geist und sind Träger der Charismen (Röm 12,3 ff.; 1. Kor 11, 5; 12-14). Eine geschlechtsspezifische Rangordnung taucht im allgemeinen nicht auf. Ja, die Frauen haben in den paulinischen Gemeinden nicht selten herausragende Stellungen inne (vgl. Röm 16,1.6). Röm 16,7 erhält eine Frau auch wohl den Aposteltitel. Da 1. Kor 14,33-36 ein unpaulinischer Nachtrag ist (vgl. 1. Tim 2,11 f.), kann man nur vielleicht aus 1. Kor 11,2-16 eine (begrenzte) Herabstufung der Frau herauslesen (vgl. dazu oben 8.2). In jedem Fall gilt: Die Voraussetzung des Streites um das Schleiertragen ist gerade das prophetische Reden der Frau im Gottesdienst! Auch scheint Paulus zwischen der geschöpflichen Begründung zum Schleiertragen (1. Kor 11,7f.) und der Gleichrangigkeit »im Herrn« (11,11 f.) zu unterscheiden. Doch wie immer man 1. Kor 11 auslegen mag, es ist der einzige paulinische Text, der direkt – hier bei einer Sitte – einer Nachordnung der Frau das Wort reden könnte. Die eheliche Gemeinschaft ist vom Schöpfer gewollt (1. Thess 4,4f.; 1. Kor 7). So deutlich das Christentum das Schwache annimmt, so ausnahmslos ist bei Paulus nirgends die Frau als schwach gekennzeichnet. Solche abwertende Typik fehlt. Die Frau ist vielmehr wie in der Gemeinde so in der Ehe voll akzeptiert. Da der Mann nicht mehrere Frauen haben darf und ihm der Gang zur Hätere verwehrt wird (1. Thess 4,4f.; 1. Kor 6,12-20), ist die Frau dadurch deutlich aufgewertet. Dies Urteil gilt um so mehr, als innerhalb der christlichen Ehe die Verpflichtung auf gleichrangige Gegenseitigkeit voll vertreten wird (1. Kor 7,3-5). Auch läßt Paulus es nicht zu, daß über eine asketische Forderung die Sexualität oder die Frau herabgestuft oder tabuisiert werden: Die Ehelosigkeit ist eine besondere Gabe und gerade angesichts der Endzeit hoch einzuschätzen. Aber die Ehe bleibt die generelle Regel und wird in keiner Weise herabgewürdigt (1. Kor 7).

In den Gemeinden spielte endlich der Unterschied von Armut und Reichtum eine unbequeme Rolle (vgl. oben 9.1), wenn es galt, die Integration der Gemeinde zu fördern. Typischerweise kommt aber dieses Thema beim Apostel nicht direkt zur Geltung wie etwa im lukanischen Doppelwerk oder bei Jak. Doch es gibt »reiche« Gemeinden wie Philippi (Rückschluß aus Phil 4,10-20) und »arme« Gemeinden, z. B. in Mazedonien (vgl. 2. Kor 8,2f.). Dabei strebt Paulus keinen sozialen Ausgleich zwischen den Gemeinden an, wie er auch selbst eine Freiheit gegenüber der Mangelsituation und dem Überfluß besitzt (Phil 4,11f.), die jedoch weder zur Abwertung des Reichtums noch zum Armutsideal führt. Der Christ soll ein ehrbarer Handelspartner sein (1. Thess 4,6) und beim Streit um Besitz am liebsten nachgeben (1. Kor 6,7f.). Die Gemeindeglieder sollen im Prinzip sich alle selbst ernähren und niemandem zur Last fallen (1. Thess 4,11). Doch die am Besitz orientierten Laster wie Habsucht, Neid, Betrug und Räuberei dürfen nicht zum Christen gehören (Röm 1,29f.; 1. Kor 5,11; 6,9f.). Gewohnheiten der Reichen wie Gastmähler, Völlerei und Schwelgerei (Röm 13,13; Gal 5,21) zählen nicht zur christlichen Sitte. Dagegen sollen Christen sich der Bedürfnisse der Heiligen annehmen und die Gastfreundschaft pflegen (Röm 12,13). Paulus erwartet ganz selbstverständlich, daß Hausbesitzer ihre Häuser für den Gottesdienst zur Verfügung stellen. Allerdings soll wiederum auch Barmherzigkeit mit Freuden geübt werden (Röm 12,8); ohne Liebe ist das Verteilen der Habe an die Armen nichts wert (1. Kor 13,3).

Man ersieht daraus: Paulus zielt auf eine persönliche neue Einstellung zu Armut und Reichtum und erwartet von solcher inneren Haltung, daß sie, auf Freiwilligkeit aufbauend, im Einzelfall die sozialen Unterschiede mildert. Eine innergemeindliche Sozialreform kennt er nicht, wie er auch keine Armenpflege organisiert. Auf diesem Hintergrund wird deutlich, warum Paulus die sozialen Spannungen in der korinthischen Gemeinde nicht direkt angeht. Nur Rückschlüsse erlauben die Einsicht, daß etwa bei den Parteien (1. Kor 1–4) oder beim Problem der Herrenmahlfeier (1. Kor 11,17ff.) die Reichen (vgl. dazu oben 9.1) Lieblosigkeit und Stärke demonstrieren. In diesen und anderen Fällen (z. B. 1. Kor 8) behandelt Paulus die soziale Dimension des Problems praktisch gar nicht, sondern argumentiert vom Evangelium her (so z. B. 1. Kor 1–4) oder plädiert ganz allgemein für Rücksichtnahme (so z. B. 1. Kor 8; 11).

Die Verbindlichkeit der Lebensführung kam endlich auch im Außenverhältnis der Christen zur Geltung. Für Heiden war die Umbruchsituation, wie sie der Glaube und die Taufe forderten, analogielos. Die Götterwelt mit den Festen, Umzügen und Opfern war endgültig tabu. Der allgemeine Synkretismus der Zeit galt nicht für Christen (1. Thess 1,9; 1. Kor 8,4-6). Da Religion, Kultur, Beruf und Familienleben eine symbiotische Einheit bildeten, griff diese Abkehr von aller Fremdreligion tief in das Lebensgefüge eines Christen ein. Dennoch sollten Christen dort bleiben, wo sie bisher lebten (1. Kor 7,12ff.17ff.) und ihr Christsein dort

bewähren. Der Auszug aus der Welt oder der Rückzug in christliche
Häuser sollte nicht stattfinden. Hier forderte Paulus von seinen Gemeindegliedern also viel Mut, Selbständigkeit und Kreativität im Umgang mit
den vielen Problemen, die nun entstanden. Besondere Normen für diese
Aufgabe stellt Paulus nicht auf.

Das ist etwas anders bei der Frage, wie Christen mit den staatlichen
Behörden umgehen sollten. In diesem Fall bietet Paulus eine längere
Ausführung in Röm 13,1-7. Darin gelten die Behörden in Anlehnung an
das synagogale Erbe (vgl. Jer 29,5-7; Dan 2,37; SapSal 6,2f.) als göttlich
gewollt zur Errichtung irdischer Wohlfahrt (Röm 13,1f.). Darum dürfen
sie die Gehorsamspflicht der Bürger erwarten (Röm 13,5-7), so sicher
Christen sich eigentlich als Bürger der kommenden Welt verstanden
(Phil 3,20f.), alle staatlichen Organe aber zur vergehenden Welt gehörten
(1. Kor 7,29-31). Dieses pragmatisch-konforme Verhalten zeigte, daß
Christen trotz ihrer überall auffälligen und besonderen Lebensweise keine
Staatsverächter sein wollten. Röm 13 regelt im übrigen den Normalfall.
Mögliche Konfliktfälle werden nicht angesprochen, obwohl Paulus natür-
lich auch diese kennt (2. Kor 11,23ff.).

14.8 Die Zukunft des Glaubens als Hoffnung auf den Herrn

Die urchristliche Überzeugung, die den paulinischen Aussagen zur christlichen Hoffnung zugrundeliegt, läßt sich so beschreiben: Die Gesamtmenschheit steht unter dem göttlichen Zorn, der in unmittelbarer zeitlicher Nähe als endgerichtliches Handeln Gottes über alle Sünder sein
letztes Wort über die mißratene Menschheitsgeschichte sprechen wird.
Diese unabwendbare dunkle Zukunft wird allein dadurch erhellt, daß
Gott durch das Christusevangelium jetzt unmittelbar vor dem absoluten
Ende und schon als Anfang der Endzeit aus Sündern Heilige bzw. Gerechte macht. So sammelt er sich eine Endzeitgemeinde, die durch Christus als dem Retter vom Zorn am Gericht vorbei immer mit ihm zusammenleben wird (1. Thess 1,10; vgl. 6.2). Darum warten die Gläubigen
in hochgespannter Naherwartung auf die Ankunft ihres Herrn, um durch
die nie endende Gemeinschaft mit ihm eine heilvolle und endgültige
Bestimmung zu erlangen, die das Evangelium verheißt und die der Geist
durch sein Wirken am Menschen schon jetzt begründet. Christus ist also
Grund und Ziel ihrer Hoffnung, und die Hoffnung konzentriert sich auf
die Verhältnisbestimmung der Gläubigen als Endzeitgemeinde zu ihrem
Herrn als Zentralgestalt der Endzeit.

Betrachtet man die paulinischen Briefe in ihrer geschichtlichen Reihenfolge, so erkennt man, daß Paulus diesen Orientierungsrahmen für die Sprache der Hoffnung nicht verlassen, wohl aber in ihm Variationen und Umgestaltungen vorgenommen hat. Konstant bleiben die Grundüberzeugung zur Verlorenheit der Menschheit und das baldige Offenkundigwerden dieses Zustandes im Endgericht (selbst wenn Paulus bei der Nähe des Endes leichte Zeitverschiebungen kennt). Unangetastet bleibt auch die Grundlinie, die mit dem Zusammenhang Evangelium, Glaube, Endzeitgemeinde und endgültiges Zusammensein mit dem Herrn zu beschreiben ist, so daß der Glaube nach Paulus vom 1. Thess bis zum Röm hoffen darf, daß seine Christusbeziehung aus dem Glaubens- und Hoffnungsstand in den Zustand endgültigen Schauens überführt werden wird. Nur wer dies zum Leitfaden der Deutung paulinischer Hoffnung nimmt, wird die Aussagen des Apostels in ihrer entscheidenden Absicht verstehen können.

Diese Grundlinie bleibt auch durchweg durch ein bestimmtes Zeit- und Geschichtsverständnis geprägt. Da das Christusevangelium die Gegenwart zur Endzeit macht (Gal 3,23.25; 4,4; 2. Kor 6,2), ist die Jetztzeit weder nur Vor- und Warteraum zur nachfolgenden Endzeit wie in der Apokalyptik, noch eine teilweise Vorwegnahme des kommenden Geschehens, sondern sie ist Endzeit, weil die Sammlung der Endzeitgemeinde durch das Evangelium Endzeitgeschehen im strikten Sinne ist. Mit Christi Kommen ist es nicht auf der Weltuhr fünf Minuten vor zwölf geworden, sondern begann es zwölf zu schlagen. Damit hängt z. B. zusammen, daß Paulus keine Geschichtsabrisse aufstellt wie die Apokalyptik, um den Zeigerstand der Weltenuhr und die Verläßlichkeit der Periodik der Weltgeschichte zu erkunden (Beispiel: äthHen 85-90). Ihn interessiert alles, was vor Christi Kommen geschah, nur noch insoweit, als es Wiederholung der Sünde Adams ist (Röm 5,12ff.). Positive Orientierung ist für Christen daraus nicht mehr zu gewinnen. Paulus verschmäht es auch, das gegenwärtige römische Großreich in seine Beurteilung einzubeziehen. Denn nicht sein Alter und Zustand erschließt dem Glaubenden den weltgeschichtlichen Ort im Heilsplan Gottes, sondern der wird allein von Christus her offenkundig. Durch ihn wird Vergangenheit und Gegenwart, sofern sie nicht vom Evangelium bestimmt ist, zum »bösen Äon«, der vergeht (Gal 1,4; 1. Kor 2,6).

Die beschriebene Grundlinie verursacht weiter, daß die paulinische Enderwartung nicht als Auszeichnung eines kosmisch-universalgeschichtlichen Dramas entworfen wird. Paulus schildert nicht die Vernichtung des römischen Weltreiches, er kennt keine weltgeschichtliche Periodik des sich steigernden Unheils, bis endlich die Erlösung naht (wie Mk 13; Apk Joh).

Er kennt keine kosmischen Katastrophen. Er ordnet Urzeit und Endzeit nicht einander zu. Er weiß von keinem Antichristen, von keinem tausendjährigen Reich. Ihm liegt nichts an einem Endkampf als kosmischem Weltkrieg, nichts an einem Weltenbrand oder einer zweiten Sintflut oder was sonst noch alles die (teilweise sicher auch ihm bekannte) jüdische Apokalyptik in ihrem Repertoire zur Ausmalung der Endzeit bereitliegen hatte. Paulus zeichnet nicht die Bestrafung und Vernichtung der Bösen, nicht die Hölle und ihre Qualen für die Verurteilten. Er malt keine endzeitliche Gerichtstheophanie Gottes aus, selbst Christi endzeitliche Ankunft bleibt im ganzen blaß (z. B. 1. Thess 3,13; 4,16f.). Auch schildert er nicht die Schöpfung der neuen Welt und wie es in ihr im einzelnen zugehen soll. So erhält die Absage an die rückwärts gerichtete Geschichtsdeutung ihre Entsprechung in einer Absage an eine vorweggenommene utopische Konkretion des Kommenden vor seinem Erscheinen. Auch hier ist der Grund derselbe: Der Glaube, der sich Christus verbunden weiß, hat mit dieser endzeitlichen Zentralgestalt alles, was zu seinem Heil nötig ist. Mehr braucht er nicht, ja jedes Mehr wäre weniger, weil es vom Heilsgrund ablenken würde.

Nun soll damit nicht verschwiegen werden, daß Paulus mit kleinen und einzelnen Aussagen in seinen Ausführungen zur Hoffnung hier und da über diese Grundlinie hinausgeht. Solche Randphänomene und Splitter lassen sich ab und an ausmachen. So blitzt etwa Röm 16,20 die endzeitliche Vernichtung Satans einmal auf. Nach 1. Kor 6,3 werden die Christen einst die Engel richten. 1. Thess 3,13 erwähnt einen himmlischen Hofstaat bei Christi Ankunft am Ende der Welt. Zu dieser Reihe kann man noch einige weitere Beispiele sammeln. Jedoch ergeben diese Motive kein einheitliches Gesamtbild. Sie verhindern sogar ein solches, weil sie zum Teil in unausgeglichenem Gegensatz zueinander stehen und ihnen nur begrenzte kontextgebundene Funktionen zugewiesen sind. Über diese Funktionen hinaus werden sie von Paulus nicht weiter verfolgt. So deutlich also Paulus nicht immer puristisch seine Hauptlinie im Blick hat, so klar bleibt doch, daß die paulinische Enderwartung die Entfaltung der dem Glauben an Christus innewohnenden Zukunft ist, die Christus selbst als des Glaubenden Zukunft ist.

An dieser Grundaussage hat Paulus zeitlebens festgehalten. Er hat sie allerdings, wie schon angedeutet, in einigen Fällen variiert. Der Ansatz der ältesten Variation zum Thema Hoffnung reicht dabei in die frühe Urgemeinde zurück. Noch am 1. Thess ist zu erkennen, wie die Ankündigung des nahen Gottesreiches und seines Kommens (vgl. 1. Thess 2,12; 1. Kor 2,12; 1. Kor 6,9f.) als Erbe der Jesusverkündigung neu gestaltet wurde zur Hoffnung auf die endzeitliche Ankunft des Herrn und das immerwährende Zusammensein mit ihm (vgl. 1. Thess 2,19; 3,13; 5,23 f. und 4,17; 5,10). Diese Konzentration der Hoffnung auf die Heilsperson Jesu Christi bestimmte schon den alten Gebetsruf der aramäisch sprechenden judenchristlichen Gemeinde: »Unser Herr, komm!« (1. Kor 16,22; Apk 22,20) und erhielt natürlich durch die paulinische Christologie neue Nahrung. So wurde schon aufgewiesen, daß Paulus den Christus als Retter im Endgericht (1. Thess 1,10) bis hin zur Fähigkeit ausgestaltete, Gott alle Wirklichkeit zu Füßen legen und die Glaubenden zu verherrlichten Unsterblichen verwandeln zu können (1. Kor 15,20-28; Phil 3,20 f.; vgl. oben 14.4). Die in der paulinischen Theologie beherrschende Stellung Christi setzt sich also auch in der Entfaltung der Hoffnung durch.

Die zweite Variation betrifft die Modifizierung der zeitlichen Vorstellung, wielange die Jetztzeit noch währen wird. Der Ausgangspunkt dieser Aussagenreihe ist die Annahme, daß die erwählte Endzeitgemeinde so, wie sie jetzt existiert, als ganze die Ankunft ihres Herrn erleben wird. Jedoch sind erste Todesfälle – wohl in Antiochia, später nochmals in Thessaloniki – Anlaß, mit Hilfe der Auferstehungserwartung ausnahmsweise und vorzeitig verstorbenen Christen an der erwarteten Zukunft Anteil zu geben (vgl. oben 6.3). In 1. Kor 15 ist das Verhältnis von Christen, die vor dem Ende gestorben sind oder noch sterben werden, zu den Christen, die als Lebende den Herrn sehen werden, so verschoben, daß tote Christen keine erklärungsbedürftige Ausnahme mehr darstellen, sondern eher als Regel gelten (1. Kor 15,51 f. vgl. 15.5). Jedenfalls ist das Sterben einer größeren Zahl Christen vor der Ankunft des Herrn nun kein Problem mehr. Diese veränderte Zeitauffassung zeigt sich erst recht an Röm 13,11, wenn Paulus hier ganz allgemein feststellt, daß das Endheil nun für die römischen Christen schon nähergerückt ist als zum Zeitpunkt ihres Christwerdens. Die Aussage läßt sich angesichts der Quellenlage (vgl. oben 13.1 und 10.1) leider nur ungefähr in ein quantitatives Zeitmaß umrechnen. Doch wird man kaum mit der Annahme ganz fehlgehen, Paulus denke etwa in einem Zeitraum von rund 10 Jahren von der Gründung der Gemeinde bis zum Versenden des Röm. Dies vorausgesetzt, kann man dann festhalten: Ein solcher Zeitabschnitt ist für den Apostel ein deutlicher Schritt hin zum Ende (vgl. als extremes Gegenteil 2. Petr 3,8 f.). Die Naherwartung ist also immer noch im Horizont der gegenwärtigen Generation gesehen. Jedoch wird sie nur noch als allgemeine Zeitbestimmung ausgesprochen, nicht mehr mit irgendeiner Zusage an die Gemeinde versehen, ob und wieviele das Ende etwa vor ihrem Tod erleben werden. Dies entspricht der Beobachtung, daß Paulus z. B.

2. Kor 5; Phil 3 und Röm 5; 8 das zukünftige Geschick der Christen überhaupt unter Absehung von der Naherwartung besprechen kann. Das wäre 1. Thess 4 noch nicht möglich gewesen. Mit der Erfahrung sich dehnender Zeit wird also zwar die Naherwartung nicht aufgegeben (Röm 13,11 steht im letzten Paulusbrief!), jedoch verlagert sich das zentrale Problem bei Hoffnungsaussagen deutlich vom Zeitproblem aus 1. Thess 4 weg. Paulus lernt es, Hoffnung unabhängig von einer Zeitvorstellung nur als inhaltliche Aussage zu fassen. Diese kann nun Gewißheit stiften, ohne von der Zeitfrage noch berührt zu werden. Anlaß für diese Umakzentuierung ist die Erfahrung längerer zeitlicher Erstreckung bis zum Ende, als ursprünglich angenommen war.

Ganz deutlich modifiziert der Apostel drittens auch die Thematik vom Sterben und Auferstehen. Der 1. Thess setzt noch voraus, daß Evangelium, Taufe und Geist den Menschen so verändert haben, daß die Endzeitgemeinde aufgrund solcher Veränderung am Endheil teilnehmen kann, ohne eine weitere zusätzliche Qualifikation (Verwandlung) erhalten zu müssen (vgl. oben 6.3). Das Auferstehungshandeln Gottes ist nur ein Hilfsmittel, um die irregulär vorzeitig Gestorbenen am Ende mit den Lebenden zu vereinen, so daß die gesamte Gemeinde bei der Ankunft des Herrn dabei ist. Der nächste Text, also 1. Kor 15, vertritt hierzu bereits eine andere Position. Der Tod ist in grundsätzlicher Weise ein Unheil der ganzen Menschheit, das besiegt werden muß, jedoch erst ganz am Ende beseitigt werden wird (1. Kor 15,26.54-56). So wird Christus zum »Erstling der Entschlafenen«, der (wie Adam mit seinem Tod) mit seiner Auferstehung das Geschick »aller« vorwegnimmt und solange »herrschen« wird, bis er den letzten Feind, nämlich den Tod, vernichtet hat (15,20-26). Weil Tod und Vergänglichkeit ein Menschheitsproblem sind, darum müssen auch die, die Augenzeugen der Ankunft des Herrn werden, verwandelt werden. Die Gleichstellung Gestorbener und Lebender kann nun nicht mehr über die Auferstehung der Gestorbenen allein erfolgen, sondern ist erst erreicht, wenn für alle gilt: Aller Vergänglichkeit wird umkleidet von Unvergänglichkeit, was zur vollständigen Neukonstituierung des Menschen zur Unsterblichkeit führt (15,50-54). Paulus erfaßt also 1. Kor 15 erstmals das Grundproblem, daß endgültiges Leben unter den Bedingungen geschichtlicher Vergänglichkeit gar nicht gedacht werden kann. Er löst auch dieses Problem christologisch: War nämlich 1. Thess 4 Christi Geschick nur offen für einen Analogieschluß auf Gottes auferweckendes Handeln an den Verstorbenen, so ist nun Christus selbst als Auferstandener menschheitsbestimmender endzeitlicher Adam.

Aus dieser veränderten Lage in 1. Kor 15 und aufgrund ihrer paulinischen Lösung ergeben sich zwei verschiedene Gedankenfolgen. Die eine befaßt sich mit der Bruchsituation, in die der Mensch zwischen Tod und Auferstehung gerät, die andere versteht den Tod nicht nur als Lebensabbruch am Ende desselben, sondern erfaßt das gesamte Leben als Konformität mit Christi Sterben. Zur ersten Gedankenfolge äußert sich der Apostel in 1. Kor 15,35 ff. und 2. Kor 5,1 ff. Dabei ist der Tod so eng mit der geschichtlichen Existenz des Menschen verbunden, daß der ganze Mensch sterben muß und nur ein neuer schöpferischer Akt Gottes ihm die ewige Existenzweise geben kann, so daß die Identität des Menschen nicht über seine Ich-Seele geht, sondern in der Treue Gottes ruht. Wahrscheinlich muß Paulus dabei eine korinthische Auffassung vom Menschen abwehren, die der Ich-Seele Dauerhaftigkeit über das Sterben hinaus für den Fall zugesteht, daß sie, durch die Taufe vermittelt, mit dem heiligen Geist verbunden ist (vgl. oben 8.2). Paulus will bei einem ganzheitlichen Menschenbild bleiben und zugleich den Tod als Bruch verstehen, damit der aus dem Nichts schaffende Gott auch Herr des Übergangs vom Tod ins Leben bleibt. Unter dieser Voraussetzung ist es sogar einsichtig, wenn sich der Christ geradezu danach sehnt, durch den Nullpunkt hindurch zum Auferstehungsleib zu kommen. Er fürchtet nicht das Nichts, sondern erwartet im Tod die Gegenwart seines Gottes in Christus zu erfahren (2. Kor 5,1 ff.).

Die andere Gedankenfolge ist eine Frucht der Kreuzestheologie. Nachdem Paulus schon in der Auseinandersetzung mit den Wanderaposteln des 2. Kor (vgl. oben 8.4 und 8.5) die Kraft des Evangeliums und das Leiden und Sterben des Apostels so zueinander in Beziehung gesetzt hatte, daß die dauerhafte apostolische Schwachheit Gefäß der göttlichen Gnade und Zeichen ihres Sieges ist, gelingt es ihm insbesondere in dem kleinen Brief Phil B (vgl. oben 12.4), den Tod nicht nur als Lebensende zu verstehen (wie etwa noch in 1. Thess 4), sondern das gesamte Leben jedes Christen als eine Gleichgestaltung mit dem Tode Jesu und die erhoffte Auferstehung als eine Gleichgestaltung mit der Herrlichkeit des Auferstandenen zu deuten. So wird das Geschick Jesu Christi als Vorwegnahme des Geschicks der Glaubenden gesehen, die durch Gleichgestaltung daran Anteil gewinnen. In Röm 8,12 ff. wird in diesen Gedankengang endlich noch ein weiterer Aspekt aufgenommen: Die Leiden der Jetztzeit, unter denen die Erben Christi stehen, geben den Blick auf die Nichtigkeit der gesamten Schöpfung frei, die ihrerseits auch auf Befreiung aus solcher Knechtschaft wartet.

Eine vierte Variation liefern die Aussagen zur endzeitlichen Ankunft des Herrn und zum Gericht. In 1. Thess 1,10 hat Christus die Aufgabe,

die Endzeitgemeinde zu retten. Er bewahrt sie also vor dem Zorn Gottes,
der alle bedroht. Dementsprechend werden die Christen bei der Ankunft
des Herrn ihm entgegengehen, um mit ihm für immer vereint zu sein
(1. Thess 4,17). So nimmt die Erwählung, die auf den Empfang der Rettung zielt, endgültige Gestalt an (5,9f.). Von einem Gericht an Christen ist
in diesem Konzept keine Rede. Mit den korinthischen Auseinandersetzun-
gen bringt Paulus den Gerichtsgedanken dann wiederum ein. Aus dem
Kommen des Herrn zur Rettung seiner Gemeinde wird der endzeitliche
Gerichtstag, an dem jeder sich zu verantworten hat (vgl. 1. Kor 3,10-17;
5,5; 2. Kor 1,14 usw.). Allerdings zeigen dabei 1. Kor 3,15; 5,5; 11,31f.,
daß der Apostel es sich nicht vorstellen kann, daß ein Christ im Endgericht verlorengehen könne. Das widerspräche zwar nicht der menschlichen Situation, die unter geschichtlichen Bedingungen immer auf Vergebung angewiesen ist, wohl aber der Zusage des erwählenden Gottes, der
sich selbst treu bleibt (1. Kor 1,8f.; 10,13). Insofern kennt Paulus auch in
den Briefen mit Rechtfertigungssprache keine doppelte Rechtfertigung
jetzt durch den Glauben und dann durch die Werke. Vielmehr ist die
jetzige Rechtfertigung durch den Glauben die eine und endgültige, aufgrund der man auf das letzte Heil hoffen darf (Röm 5,1.9). Dies schließt
eine letzte Beurteilung des Christen nicht aus (Röm 14,10). Doch hängt an
dieser Beurteilung nicht das Endheil selbst (8,11), wird doch einst die
Gesamtgemeinde gerettet (8,23-25), weil sie niemand von der Liebe Gottes in Christus zu trennen vermag (8,35-39). Im übrigen deutet Paulus
nirgends Konsequenzen für die letzte Beurteilung der Christen an. Eine
abgestufte oder zeitlich verzögerte Teilnahme am Endheil kennt er nicht,
also auch kein Fegefeuer.

Manche Ausleger sehen eine weitere Variation in der paulinischen
Hoffnung damit gegeben, daß der Apostel seine kosmisch-endzeitliche
Erwartung einer Ankunft des Herrn (1. Thess), bzw. einer allgemeinen
endzeitlichen Totenauferweckung zu einer Auferstehung im Tod des einzelnen Christen verändert, weil er in Phil 1,21-24 sich danach sehnt zu
sterben, um unmittelbar mit dem Herrn zusammenzusein. Dann hätte er
die Anschauung von einer kosmisch-geschichtlichen Großkatastrophe als
Abschluß der Weltgeschichte auch in ihren letzten Resten aufgegeben
zugunsten der Annahme, der individuelle Tod des einzelnen sei unmittelbar das Tor zum ewigen Leben (vgl. zu solcher Anschauung Joh 3,17f.;
5,24f.; 11,25f.; 12,31f.; 14,1ff.). Aber gegen solches Verständnis der paulinischen Stelle in Phil 1 sprechen schon die danach von Paulus formulierten Aussagen wie z.B. Phil 3,20f.; Röm 14,10; 16,20, die alle weiterhin
eine allgemeine kosmische Enderwartung enthalten. Auch der Verweis

auf das Paradies als Aufenthaltsort Verstorbener, an das Paulus Phil 1 denken solle, hilft darum kaum weiter, weil Paulus weder 2. Kor 12,4 bekundet, daß das Paradies für ihn solcher Aufenthaltsort ist, noch je sagt, hier sei Christus, noch Phil 1 das Paradies erwähnt. Nun besteht die Besonderheit von Phil 1 in einem Doppelten: Paulus redet ausschließlich nur von sich und speziell von seinem möglichen Märtyrertod. Dies erinnert an die hellenistisch-jüdische und urchristliche Tradition, nach der Märtyrer im Unterschied zur allgemeinen Regel unmittelbar in den Stand des Endheils versetzt werden (vgl. z.B. 4. Makk 6,29; 9,8; 16,25; Apg 7,59; Apk 6,9ff.; 7,9f.; 1. Clem 5,4.7). Zwar unterläßt es Paulus, an Stellen wie 1. Kor 15,30-32; 2. Kor 1,9; 4,7ff. solche Sonderstellung nochmals zu erwähnen. Aber in diesen Fällen redet er auch im Horizont des Geschicks aller Christen. So wird man Phil 1 wohl doch angesichts seiner Sonderstellung martyriologisch deuten. Dies hat zur Folge, daß Phil 1 kein Zeuge dafür ist, daß Paulus seine Hoffnung in diesem Punkt inhaltlich verändert hat. Von seinem Ansatz her behält er die Erwartung einer endzeitlichen Ankunft Christi bei. Insofern er damit in reduzierter Weise die apokalyptische Erwartung des Erscheinens einer Heilsgestalt am Ende der Tage vertritt (vgl. z.B. äthHen 37–71), bleibt er an das apokalyptische Weltbild gebunden, das der römisch-hellenistischen Welt trotz der Sibylle im ganzen relativ fremd blieb (vgl. etwa Seneca, Trostschrift an Polybius I 1f.).

Der Blick auf die Variationen hat die Vielfalt paulinischer Aussagen angedeutet. Zugleich aber wurden sich durchhaltende Linien sichtbar. Ihnen gilt nun unsere Aufmerksamkeit. Grundlegend und durchweg belegbar ist dabei die Weise, wie Paulus die Hoffnung in seiner Theologie ansiedelt. Sie wächst aus der Erfahrung mit dem Evangelium, weil das Evangelium selbst auf einen endgültigen Heilsstand hinzielt. So wird in der Erwählungstheologie der Christ in die Endzeitgemeinde berufen, damit er an der Erlangung des Endheils Anteil bekommt (1. Thess 5,9f.; vgl. oben 6.2). In Kor C ist das Evangelium fähig, die Menschen von einer Herrlichkeit in die andere zu verwandeln (2. Kor 3,18). Darum ist es für die einen »Geruch aus Leben zum Leben« (2,16) und diese »wissen, daß wir, wenn unsere irdische Zeltwohnung abgebrochen sein wird, einen Bau haben, den Gott bereitet hat, ein nicht von Händen gemachtes ewiges Heim im Himmel« (5,1). In der Rechtfertigungssprache lautet die sachliche Entsprechung: »Da wir nun aus Glauben gerechtgesprochen sind, haben wir Frieden mit Gott... und rühmen uns der Hoffnung auf die Herrlichkeit Gottes« (Röm 5,1f.).

Von der von Christus bestimmten Zukunft zu reden, bedeutet nun natürlich nichts anderes, als von Gott, wie er sich im Geschick der endzeitlichen Zentralgestalt Jesu Christi ausgelegt hat, zu sprechen. Daß er der ist, der Tote lebendig macht, ist an Christus für die Glaubenden gezeigt worden. Darum kann der Glaubende den Gott, der Tote lebendig macht, preisen, indem er Christi Geschick als Heilsgrund der Hoffnung geltend macht und Gottes auferweckendes Handeln als seine eigene Hoffnung für sich ansieht. So ist die Bestimmung zum endgültigen Leben, die seit dem 1. Kor für Paulus nur realisierbar ist über den Tod und die Auferstehung, bzw. eine Verwandlung, Gewißheit des Glaubens. Umgekehrt gilt: »Wenn wir allein in diesem Leben unsere Hoffnung auf Christus setzen, sind wir die Elendsten aller Menschen« (1. Kor 15,19). Paulus hat dabei die Auferstehungshoffnung nirgends als alttestamentlichen Schriftbeweis begründet (wie z. B. Mk 12,26), auch nicht einfach ein Stück des apokalyptischen Weltbildes fortgeschrieben, sondern aus dem Zentrum des Glaubens selbst das Auferstehungsthema eingeführt (vgl. 1. Thess 4,13 ff.; dazu oben 6.3). Diese Argumentation steht gleich beim ältesten Beleg dieser Art vorrangig und grundlegend da. Sie wiederholt sich dann mit leichten Modulationen bis hin zum Röm. Einige Beispiele sollen das belegen: »Wenn wir glauben, daß Jesus gestorben und auferstanden ist, so wird Gott die Entschlafenen durch Jesus mit ihm führen« (1. Thess 4,14). »Gott aber hat den Herrn auferweckt, und er wird auch uns auferwecken durch seine Macht« (1. Kor 6,14). »Wenn jedoch der Geist dessen, der Jesus von den Toten auferweckte, in euch wohnt, dann wird auch der, der Christus von den Toten auferweckt hat, eure sterblichen Leiber lebendig machen durch seinen Geist, der in euch wohnt« (Röm 8, 11). Diese leicht ergänzbaren Belege zeigen: Indem generalisierend von Christi Tod und Auferstehung und nicht speziell von Christi Kreuzigung und Erhöhung gesprochen wird, ist Christi Geschick als Gottes Selbstbestimmung deutbar, die auf die Auferstehung der Glaubenden zielt. In diesen Aussagen liegt dann gleichsam das Nervenzentrum paulinischer Hoffnung.

Die Denkbewegung vom Glauben auf die Hoffnung besagt für Paulus, daß nur Glaubende Hoffnung auf Rettung haben können, weil nur der Glaube die vor Gott geltende Gerechtigkeit ist (vgl. oben 13.4). Von dieser Einstellung sieht Paulus nirgends ab, auch nicht angesichts des abseits des Evangeliums stehenden Israel (vgl. unten 15.2). Allerdings lohnt sich dennoch ein Blick auf die übrige Menschheit. Dabei fällt zuerst auf, daß der Apostel die Frage nach einer ausgleichenden Gerechtigkeit als Abschluß der Weltgeschichte gerade nicht stellt. Die große Endabrechnung, die dem Gerechten gestattet, sich am Los der Gottlosen zu erfreuen, findet so nicht statt. Denn die Weltordnung ist für Paulus nicht erst dann in Ordnung, wenn alle Sünder abgestraft sind. Sie ist vielmehr in Ordnung, weil Gottes Liebe über dieser Welt und ihrer Geschichte waltet. Sodann zeigt Paulus etwa in Röm 4 an Abraham, wie die Gesamtmenschheit Zielsetzung göttlicher Erlösung ist (vgl. oben 13.4). Nach Röm 5,1ff. sagt Gott allen Menschen, daß er nicht todbringender Richter seiner Feinde sein will. Seine Selbstbestimmung zur Liebe geschieht gerade angesichts seiner Feinde (vgl. 13.4). Vor allem aber zeigt der Apostel, wie für ihn Gott sein endzeitliches Weltverhältnis – nicht nur sein Verhältnis zur Kirche – in Christus gesetzt hat. Christus ist endzeitliche Zentralgestalt der Menschheit, so daß das Christusereignis einen deutlich umfassenderen Horizont besitzt, als die Kirche es wäre. Wie Christus für »alle« starb, so ist er über Tote und Lebende »Herr« (Röm 14,9). Er wird »herrschen«, bis ihm »alles« zu Füßen liegt (1. Kor 15,27). Wie in Adam »alle« starben, so werden in Christus »alle« auferweckt werden (1. Kor 15,22). Die Gnade Gottes ist in Christus bei weitem umfassender als das adamitische Menschheitsgeschick (Röm 5,12ff.): Wie durch den Ungehorsam Adams »die Vielen« (d. h. alle Menschen) zu Sündern wurden, so werden »die Vielen« durch den Gehorsam des Einen zu Gerechten (Röm 5,19). Zu diesen Beobachtungen gehört die Erinnerung daran (vgl. oben 14.4), daß die formelhafte Wendung »in Christus« keineswegs nur kirchlich verstanden werden darf, sondern die Bestimmtheit von Gegenwart und Endzeit durch Christus festhalten kann. Endlich kann Paulus sogar von der Gemeinde und ihrer Erwartung auf die Wirklichkeit als ganze sehen und sie in die endzeitliche Erlösung einbeziehen, freilich in einer nicht ganz deutlichen Weise (Röm 8,18ff.). Der Glaube weiß also nach Paulus, daß Christus größer ist als die Kirche und das Evangelium umfassender als die Gemeindewirklichkeit. Darum weiß die im Glauben begründete Hoffnung, daß unter dieser Hoffnung auch noch mehr Raum bleibt, als durch die Gemeinde zur Zeit eingenommen wird. Die Gemeinde ist »Leib Christi«, aber Christus umfaßt noch mehr als die Kirche. Das wird übrigens Röm 9–11 gerade der heidenchristlichen Kirche in einem besonderen Fall, nämlich angesichts des ungläubigen Israel, gesagt.

Sind damit die inhaltlichen Akzente der paulinischen Hoffnung benannt, so soll abschließend noch ein Blick auf diejenigen Stellen geworfen werden, an denen Paulus die Hoffnung zum eigenen Gegenstand der Reflexion erhebt. Das geschieht in 1. Kor 13,9-12; 2. Kor 4,16-18; 5,6-8 und Röm 8,23-25. An diesen Stellen versucht der Apostel mit hellenistisch-jüdischen Kennzeichnungen, die Hoffnung als solche zu beschreiben: In der Jetztzeit gibt es nur ein bruchstückhaftes Erkennen des Vollkommenen, weil es nur als gespiegelte Wirklichkeit in undeutlicher Gestalt, also vermittelt, und noch nicht von Angesicht zu Angesicht, bzw. unmittelbar, wahrgenommen werden kann. So ist das Gegenwärtige auch sichtbar und vorübergehend; das Ewige hingegen unsichtbar und dauerhaft. Der vorübergehenden leichten Last an Trübsal steht das ewige Gewicht an Herrlichkeit gegenüber. Diese Ausführungen des Apostels zeigen, wie Paulus sich innerhalb des Wirklichkeitsverständnisses seiner Zeit der Diskussion stellt, wie christliche Hoffnung zu beschreiben ist. Er zeigt damit an, daß für ihn christliche Hoffnung nicht einfach subjektiver Beliebigkeit zuzuordnen ist, sondern bereit sein sollte, über die Bedingungen und Modalitäten des dem Glauben und Hoffen eigenen Wissens Rechenschaft abzulegen.

Im übrigen zeitigt solches Nachdenken auch für den Glauben selbst bei Paulus Konsequenzen: Er hat sich nämlich das »ewige Leben« nicht z.B. als paradiesisches Heilsmahl vorgestellt (Mt 8,11 par.) oder andere »irdische« Bilder bemüht. Der Apostel hat sich vielmehr dem Eingehen auf eine inhaltliche Fassung des Lebensbegriffes unter Vollendungsbedingungen nur so genähert, daß er negativ und abgrenzend von der Überwindung und Vernichtung des Todes sprach (1. Kor 15,26) und positiv die unmittelbare Nähe Gottes (1. Kor 13,12; vgl. auch Röm 5,2) sowie die dauerhafte Christusgemeinschaft (1. Thess 4,17; 5,10; Phil 1,23) zur Beschreibung heranzog. D.h. Paulus hat die im Evangelium erfahrbare Liebe Gottes in Christus (Röm 5,8) als sich durchhaltende personale Beziehung gedeutet, die kraft der Treue Gottes (1. Thess 5,24; 1. Kor 1,9) den Tod des Menschen überdauert und seine Heimat (Phil 3,20; 2. Kor 5,8) bleibt. Auf eine solche Aussage hat es Paulus auch abgesehen, wenn er 1. Kor 13,13 Glaube, Hoffnung und Liebe so kennzeichnet, daß die Liebe allein bleiben wird: Wenn der Glaube schauen darf und die Hoffnung nicht zuschanden wird, wird es nur noch die Liebe geben als Einheitsband von Gott, Christus und Endzeitgemeinde. So gehört die Liebe allein zu Zeit und Ewigkeit. Darum ist sie die größte unter den Dreien, die gemeinsam die Jetztzeit der Christen bestimmen.

15. Paulus als Märtyrer

15.1 Die Überbringung der Kollekte

Der Kollektenbesuch in Korinth ist das letzte Ereignis im Leben des Apostels, zu dem uns noch ein Selbstzeugnis vorliegt, nämlich der Röm (Röm 15,22-29). Dieser erwähnt den Plan des Paulus, die eingesammelte Kollekte in Jerusalem abzuliefern: »Jetzt aber will ich nach Jerusalem reisen, um den Heiligen zu dienen. Es haben nämlich Mazedonien und Achaja beschlossen, eine gemeinsame Kollekte für die Armen von den Heiligen in Jerusalem zu sammeln ... Nachdem ich dieses (Vorhaben) abgeschlossen habe..., will ich über euch nach Spanien weiterziehen« (Röm 15,25 f.28). Die Reise nach Jerusalem macht Paulus Sorge, bittet er doch die Christen Roms, für ihn zu beten, »daß (1.) ich vor den Ungläubigen in Judäa errettet werde und (2.) mein Dienst in Jerusalem den Heiligen wohlgefällt« (15,31). Doch mit dem Aufbruch von Korinth beginnt dann die letzte Lebensphase des Heidenapostels, von der wir nur noch durch Sekundärzeugnisse, vornehmlich durch die Apg, unterrichtet sind. Da die Wertschätzung der Apg nicht problemlos ist (vgl. oben 1.2), ist auch die historische Darstellung dieser Reise von starken Unsicherheiten geprägt.

Um zu kontrollierbaren Aussagen zu kommen, muß man sich verdeutlichen, unter welchen Gesichtspunkten Lukas die Reise nach Jerusalem schildert. Dabei fällt sofort auf, daß er – ganz im Unterschied zum Zweck der Reise, wie Paulus ihn angibt – von der Ablieferung der Kollekte beflissentlich schweigt, und sie nur einmal ganz nebenbei erwähnt, als wäre sie die unbedeutendste Kleinigkeit dieser Reise (Apg 24,17). Dementsprechend kann es für Lukas kein Problem um diese heidenchristliche Kollekte an Judenchristen geben, sondern sie ist ein freundliches Mitbringsel. Natürlich sind auch die Abgesandten der Gemeinden, die eigentlich der Kollekte wegen mitreisen, nun im allgemeinen Sinn Reisebegleiter des Paulus (Apg 20,4-6).

Warum reist Paulus aber dann nach Jerusalem? Es ist zunächst sein persönlicher Entschluß (19,21), als frommer Judenchrist zum Wochenfest, dem jüdischen Fest der Frühjahrsernte, wie andere Diasporajuden auch in Jerusalem zu weilen (Apg 20,16; vgl. 2,1.8-11). Aus dieser Wallfahrt wird dann allerdings der Triumpfzug des späteren Märtyrers, denn die Reise ist begleitet von prophetischen Ankündigungen tödlichen Unheils (20,22f.; 21,4.11), auf die Paulus mit der Bereitschaft zum Tod und der Gelassenheit eines Märtyrers antwortet (20,24f.; 21.12-14). Auch droht gleich am Anfang schon ein Anschlag auf Paulus von den Juden (20,3). Weil der zukünftige Märtyrer nach Jerusalem zieht, verabschieden sich von ihm die Gemeinden, und er weist die Gemeindeältesten an, nach ihm die Kirche zu leiten (20,17-38; 21,5f.). Auch vollbringt Paulus wie heilige Märtyrer auf seinem Weg Wunder (20,7-12).

Man sieht daran: Die biographische und anekdotische Legende um Paulus wird weiter ausgezeichnet. Man interessiert sich nicht für die historisch-theologische Seite der Reise, sondern webt das Märtyrergewand eines großen kirchlichen Blutzeugen. Dabei blickt die – längst nachapostolische – Kirche nicht nur auf diesen großen Christen der ersten urchristlichen Generation zurück, sondern weiß sich auch über das paulinische Testament in Apg 20 in Kontinuität zu ihm. Doch zugleich verzeichnet man dabei den historischen Paulus: Natürlich ist er kein frommer Judenchrist. Er lebt betont heidenchristlich. Wer den Festkalender, den die Judaisten in Galatien einführen wollen, als Rückfall in die Gesetzlichkeit verurteilt (Gal 4,8-11), kann sich nicht selbst nach dem jüdischen Festkalender richten. Wer in unmittelbarer Naherwartung des Endes aller Dinge lebt (Röm 13,11 ist direkt vor der Reise geschrieben!) und die Mission als endzeitliche Erwählung der Völker nun noch im Westen des römischen Reiches vollziehen will (Röm 15,23f.), vielleicht dann noch eine letzte Israel-Mission erwartet (Röm 11,25f., vgl. 15.2), sorgt vor seinem Tod nicht für die nächsten Generationen des Christentums, weil er solche Langzeitperspektive nicht besitzt. Wer endlich die Kollektenreise nur als letzten Akt vor einer neuen Missionsaufgabe im Westen ansieht, gestaltet seine Jerusalemreise nicht als Weg eines Märtyrers, wie es z.B. später Ignatius mit seiner Reise nach Rom tut. Das Bild, das die Apg von Paulus hier zeichnet, macht also deutlich, wie man am Ende der zweiten oder indessen eingangs der dritten urchristlichen Generation ein ganz bestimmtes Paulusbild ausgestaltete. Aber dieses gibt keine zuverlässige Darstellung zur historischen Situation dieser Reise.

War für den bisherigen Teil der Reise die Kontrolle der lukanischen Darstellung an Paulus immerhin noch im groben möglich, so fehlen für die Ereignisse in Jerusalem solche Hilfen gänzlich. Die Apg gliedert diese Geschehnisse in vier Abschnitte: 1. Es wird die freundliche Aufnahme durch die Jerusalemer Gemeinde berichtet und der Rat des Jakobus in Szene gesetzt, nach dem Paulus das Gelübde von vier Männern auslösen soll, um seine Gesetzestreue zu beweisen (Apg 21,15-26). 2. Dies führt eine Woche später zur Festnahme des Paulus im Tempel und zu seiner Mißhandlung. Sie hätte zum Tod des Paulus geführt, hätten die Römer nicht eingegriffen (Apg 21,27-36). 3. Paulus erklärt sich dem römischen Obersten, hält eine Rede an die Juden und pocht auf sein römisches Bürgerrecht (Apg 21,37-22,29). 4. Paulus steht vor dem Hohenrat, in dem sich anläßlich der Verhandlung um Paulus Pharisäer und Sadduzäer um die Auferstehung der Toten streiten. Paulus wird wieder abgeführt und erfährt in einem nächtlichen Traum, daß er in Rom das Christuszeugnis ablegen wird (Apg 20,30; 23,22). Damit ist das nächste wichtige Stichwort gefallen, nämlich die Reise des gefangenen Paulus nach Rom angedeutet.

Schon die für Lukas typische Ausgestaltung entscheidender Knoten in der Geschichte des Urchristentums durch Reden, wie sie in diesen vier Teilen eindrucksvoll zu beobachten ist, macht deutlich, wie stark die Darstellung durch Lukas bestimmt ist. Der Kontrast zwischen der ungerechten und bösen Behandlung durch die Juden einerseits und der wohlwollenden, immer korrekten Behandlung durch die Römer andererseits ist auch lukanisches Programm. Daß sogar die Pharisäer mit Paulus gemeinsam gegen die Sadduzäer in bezug auf die Auferstehungshoffnung Front machen (23,6-9), ist natürlich schon eine knallharte Verdrehung der historischen Wahrheit. Überhaupt wird Paulus wieder als frommer Judenchrist geschildert (Apg 21,20.26.28 f.; 22,3-5.12 f.17; 23,4 f.6.9), der nur fälschlich der gesetzlichen Untreue bezichtigt wird. Auch die dramaturgische Strategie der Szenenfolge ist literarisch überlegt: Ganz Jerusalem ist in Aufruhr (21,31), und der Oberst persönlich verhindert im letzten Augenblick die Lynchjustiz an Paulus (21,31 ff.). Doch der geschundene Paulus kann sofort – nach anstandsloser Erlaubnis des Obersten – zu den Juden reden und dabei ganze Partien der Apg einprägsam wiederholen (21,37 ff.). Der Hoherat muß natürlich wie bei Jesus (Mk 14,53 ff. parr.) so auch über Paulus zu Gericht sitzen und wird als Ausbund der Uneinigkeit dargestellt, der sich geradezu vor den Römern blamiert, zumal er gar nicht über die eigentliche Anklage berät und urteilt (Apg 22,30 ff.). Zeitlich gut programmiert, endet dann die Jerusalemreise mit dem Traum, der den Weg nach Rom eröffnet (23,11). Kurzum, nicht der Wille zu schildern, was gewesen ist, sondern die dramatische Regie hat hier die Feder geführt.

Kann man trotzdem über die Reise nach Jerusalem und den Aufenthalt in dieser Stadt historisch einigermaßen zuverlässige Angaben machen? Dies ist im beschränkten Maße der Fall. Niemand wird im Ernst bezweifeln, daß Paulus den Plan, die Kollekte in Jerusalem abzuliefern, auch durch die Reise nach Jerusalem verwirklichen wollte. Paulus bestätigt, daß ihn dabei Abgesandte der Gemeinden begleiteten, wenn sich auch die Liste in Apg 20,4 mit den paulinischen Angaben nicht deckt, so daß die Apg durch Paulus korrigiert werden muß (vgl. dazu 2). Paulus und die Apg sind sich auch über den Zeitpunkt der Reise einig: Man schreibt, in absolute Chronologie umgerechnet, das Jahr 56/57 n.Chr. Da die Reiseroute in der Apg fast nur aus einem Stationenverzeichnis besteht, in das Lukas dann einzelne Episoden einbaute, ohne im allgemeinen an der Reiseroute selbst besonderes Interesse zu zeigen, wird man – jedenfalls im groben – diese Angaben für traditionell halten dürfen. Was älter als Lukas ist, muß aber nicht gleich historisch zuverlässig sein. Immerhin kann Paulus im groben so gereist sein, da sich eine übliche und sinnvolle Reiseroute ergibt. Allerdings kann auch jeder etwas geographisch Kundige die Apg 20,6.13-15; 21,1-3.7.8 angegebenen Stationen an der kleinasiatischen und syrischen Küste selbst zusammenstellen. Das ergibt im einzelnen: Paulus und seine Begleiter reisen nicht von Korinth quer über die Ägäis z.B. nach Samos oder Milet und dann weiter südlich entlang der Küste, sondern vermeiden die offene See und segeln im großen Bogen immer der griechischen, mazedonischen und kleinasiatischen Küste entlang, wobei dann von Troas bis Cäsarea die Anlaufstellen in dichter Folge genannt werden. Diese für heutige Seefahrer umständliche Route ist im Altertum keineswegs ungewöhnlich, da man aus Gründen der Sicherheit und Orientierung gern in Küstennähe segelte. Es bedurfte dazu also nicht der Motivierung durch einen jüdischen Anschlag (Apg 20,3), der zudem so vage bleibt, daß man sich nicht recht vorstellen kann, warum Paulus ihm gerade durch Ändern des Segeltörns entgehen konnte.

Aufschlußreich sind bei Lukas weiter die Angaben, wo Paulus sich auf dem Landweg in der römischen Provinz Syrien (vgl. Apg 20,3; 21,7f.), zu der damals auch Judäa und Jerusalem gehörten, einquartierte: Zunächst weilte er im Hause des Philippus in Cäsarea, der zum Stephanuskreis gehörte (Apg 6,5; 21,8), dann in Jerusalem bei Mnason aus Zypern (21,16), nicht jedoch bei Jakobus, dem Herrenbruder (21,18!). Beide Gastgeber waren offenbar hellenistische Judenchristen, die der Heidenmission zumindest offen gegenüberstanden. Früher einmal konnte Paulus bei Petrus in Jerusalem problemlos ein Zimmer bekommen (Gal 1,18), jetzt geht das bei Jakobus offenkundig nicht mehr. Die Apg, die schon bei der Verfolgung des Stephanuskreises in Apg 6f.; 11,13ff. theologische Differenzen zwischen den Hellenisten und Aposteln vertuschte, dürfte auch hier die theologische Brisanz dieser dürren Angaben verschwiegen haben. Es ist nämlich zu vermuten, daß unter normalen Umständen der indessen allseits bekannte Heidenapostel vom Protokoll her bei dem angesehensten

Christen in Jerusalem, der zu dieser Zeit sicherlich Jakobus war, Gastrechte genossen hätte. Diese protokollarische Selbstverständlichkeit findet aber nicht statt. Jakobus, der in Apg 21,18ff. keineswegs paulusfeindlich geschildert wird, muß sich hüten, in zu enge Nähe mit dem beargwöhnten Heidenapostel gebracht zu werden!

Von diesem Hintergrund her fällt nun auf die paulinische Aussage in Röm 15,31 ein gezieltes Licht: Paulus hat eine doppelte Sorge, nämlich vor der Anfeindung der Synagoge und vor der Ablehnung der Kollekte durch die Judenchristen in Jerusalem. Beides kann zusammenhängen, ist aber nicht einfach dasselbe. Daß Paulus von den Juden Jerusalems Schlimmes befürchten mußte, ist allein schon aufgrund der vielen jüdischen Verfolgungen, die er selbst erlitt (vgl. oben 7.3), verständlich. Doch wird auch das Jerusalemer Stephanusmartyrium zum Allgemeinwissen der frühen Christenheit gehört haben, also Paulus bekannt gewesen sein. Ist nicht der Herrenbruder Jakobus wenige Jahre später und fast zeitgleich mit Paulus trotz seiner grundsätzlichen Gesetzesobservanz aufgrund einer Anklage wegen Gesetzesübertretung hingerichtet worden (Josephus, Antiquitates 20,200)? Wenn anders man dabei die judenchristliche Gemeinde meinte, indem man ihr Haupt schlug, standen alle Judenchristen Jerusalems unter starkem Druck der Synagoge, in der in diesen Jahren bis zum jüdischen Aufstand 66–72 n.Chr. das zelotische Element erstarkte und damit die Abgrenzung und Feindschaft gegen alles Nichtjüdische in Blüte stand. Knapp zehn Jahre später wird man in Jerusalem beschließen, Gaben von Nichtjuden für Tempel und Synagoge nicht mehr anzunehmen (Josephus, bellum II 408f.). Die Judenchristen Jerusalems, insofern sie immer in Kontakt mit nichtjüdischen Christen standen, mußten also stets mit synagogaler Kritik und Feindschaft rechnen. Erst recht gilt das für ihren Besucher Paulus, der mit seinem Kommen sich und die Gemeinde gefährden konnte. Insofern war also ein klares Risiko, nach Jerusalem zu reisen, für Paulus immer gegeben.

Aber dennoch hätte die Jerusalemer Urgemeinde von sich aus die Kollekte auf irgendeine Weise annehmen können, zumal man das notfalls auch vor der Synagoge verheimlichen konnte. Paulus befürchtet ja auch nicht den Druck der Juden auf die Judenchristen bei der Kollektenübergabe, sondern spricht davon, daß Jerusalemer Christen selbst sie ablehnen könnten. Also muß es unter den Judenchristen in Jerusalem Leute gegeben haben, die für eine Verweigerung der Kollekte eintraten.

Zu diesen wird mit ganz hoher Wahrscheinlichkeit nicht Jakobus gezählt haben. Hätte nicht er als Sprachrohr der Jerusalemer Christen dies, noch als Paulus in Mazedonien und Achaja war, dorthin signalisieren können und anständigerweise müssen, zumindest bei Ankunft der Gesamtdelegation in Cäsarea aktiv werden sollen? Hätte er nicht in jedem Fall schon bei schwankender Meinung dann von der paulinischen Reise abraten und allenfalls die Gemeindeabgesandten reisen lassen dürfen? Ist es denkbar, daß Jakobus seine Anerkennung des Heidenchristentums auf dem Apostelkonvent (Gal 2,9 vgl. oben 5.2) durch die offizielle Verweigerung der heidenchristlichen Kollekte, praktisch in Gestalt eines öffentlichen Eklats rückgängig machen konnte? Auch seine Abgesandten in Antiochia haben das Heidenchristentum nicht als solches in Frage gestellt (vgl. oben 5.3). Man wird darum diese Fragen um so eher zu verneinen geneigt sein, je mehr man dem Bild, das die Apg von Jakobus in Apg 21,17ff. zeichnet, der Sache nach – nicht in Einzelheiten – für historisch korrekt hält: Natürlich wohnte Paulus nicht ohne Wissen und Billigung des Jakobus bei Mnason. Jakobus tritt also für die paulinische Anwesenheit in Jerusalem und damit natürlich auch für den offiziellen Besuch der Gemeindeabgesandten mit der Kollekte ein. Aber er selbst darf als Haupt der Judenchristen sich nicht zu stark exponieren. Nach Lukas betätigt er sich weiter als Vermittler, um die Reise zu einem guten Ende kommen zu lassen. So ist der Vorschlag, daß Paulus das Gelübde der vier Männer übernehmen solle, als Signal an die Jerusalemer gemeint, um zu zeigen, wie respektvoll Paulus das Gesetz achtet. Selbst wenn man fragen kann, ob Paulus historisch mit seinem Gesetzesverständnis auf solchen Vorschlag eingehen konnte, bleibt das von Lukas gezeichnete Jakobusbild erhalten.

Wo liegen aber nun die Gefahren für das Kollektenunternehmen? So sicher niemand die möglichen Spannungen in der Jerusalemer Urgemeinde genau kennt, hat doch die Vermutung, es handle sich dabei um Judaisten und deren Sympathisanten, ganz hohen Kurswert. Sollte man etwa in Jerusalem nicht wissen, daß Paulus noch vor kurzem Judaisten in Galatien verflucht hatte und in ähnlicher Weise in Philippi eingeschritten war (vgl. oben 10.2)? Dadurch hatte Paulus ihnen die Kirchengemeinschaft aufgekündigt. Sollten sie jetzt ihren Intimfeind und seinen Anhang mit offenen Armen empfangen, ihn, der ihnen vor Jahren hier in Jerusalem auf dem Konvent eine offenkundige Niederlage beigebracht hatte (vgl. oben 5.2)? Konnte man diese Rechnung nicht nun endlich einmal richtig begleichen? Und war nicht gerade sein Gesetzesverständnis das radikalste weit und breit (Gal 3,19ff.) und schlechterdings für Judaisten und strenge Judenchristen indiskutabel? Und einmal von Paulus selbst abgesehen, beruhte sachlich ihre Ablehnung der heidenchristlichen Kirche eben auf der Gesetzlosigkeit dieser Christen. Also ist ihnen das Urteil zuzutrauen, daß man unreines heidnisches Geld nicht annehmen durfte, selbst wenn es von »Glaubensbrüdern« kam. Hier konvergieren sie also mit der Meinung der Synagoge. Sie konnten sich zusätzlich natürlich ebenso das Argument zu eigen machen, daß man auf diese Synagoge Rücksicht zu nehmen habe, weil man theologisch mit gutem Grund in ihr die eigene Heimat sah. Diese Judaisten konnten endlich auch Jakobus Probleme machen, so daß er auch mit Hinblick auf sie Paulus so behandelt, wie geschildert. Allerdings eines wird man ihnen trotz allem nicht unterstellen dürfen: Sie haben Paulus nicht selbst an die Juden ausgeliefert. Dies war vom gesamtchristlichen Ethos her für sie unmöglich. Sie waren gegen die Kollekte, aber nicht für einen Verrat an Paulus. Auch Paulus hat die Judaisten im Gal wohl aus der Kirche ausgeschlossen, jedoch nicht verfolgt oder an dortige Behörden verraten und anklagen lassen.

Überblickt man noch einmal insgesamt diese ebenso fatale wie kritische Problemlage in Jerusalem, kann man erwägen, ob die Jerusalemer im Endeffekt die Kollekte angenommen haben. Haben sich die antipaulinischen Kräfte durchgesetzt, oder wurde Paulus vor Abgabe der Kollekte von der Judenschaft ergriffen, dann war die Zurückweisung der Gabe wohl unumgänglich. Sollte Lukas auch darum von der Kollekte praktisch schweigen, weil sie ein Mißerfolg wurde? Wirklich beantworten läßt sich diese Frage nicht. Anders steht es mit der Gefangennahme des Paulus: Wenn auch die Umstände im Dunkeln der Geschichte verschwunden sind, so ist es doch sinnlos zu bezweifeln, daß der Apostel von Juden ergriffen und dann auf eine ebenfalls nicht mehr klärbare Weise in Römerhand geriet. Lukas schildert in Apg 21,27-30 den Vorgang so, daß Juden aus der Asia Paulus im Tempel zur Rede stellen, er habe einen Heidenchristen aus Ephesus mit Namen Trophimus mit in den Tempel genommen. Das klingt sehr konkret und paßt zum Tempelgesetz, nach dem kein Nichtjude das Heiligtum betreten darf. Dieses Verbot stand auch ausdrücklich mit Androhung des Todes inschriftlich vor dem inneren Tempelbezirk. Aber daß Paulus, der gerade nach Rom seine große Besorgnis über die Bedrohung durch die Juden Jerusalems äußerte (Röm 15,31), sich so offenkundig provokativ verhalten haben sollte, ist mehr als unglaubwürdig. Man kann sich einfach nicht vorstellen, daß Paulus so leichtfertig sich, seine Delegation und die Urgemeinde in Probleme gestürzt hätte. Lukas beeilt sich dann auch, Paulus von solcher Anklage freizusprechen (vgl. Apg 15,29). Doch auch so macht das alles wenig historischen Sinn: Man unterstellt dann den Juden eine bewußt falsche Anklage, die zu jeder Zeit platzen konnte. Ebenso schwierig ist es, Apg 15,29 als ein nachträgliches apologetisches und zugleich falsches Dementi anzusehen. Lukas hat wohl einfach einer vorgegebenen Tradition seine Worte geliehen. Sie sind jedoch kaum glaubhaft. Daran kann auch der Name des Ephesiners nichts ändern, da z.B. auch die Namensliste in 20,4 zur Kritik Anlaß gab. So bleibt es bei der kargen Auskunft: Mit dieser im einzelnen nicht mehr aufhellbaren Inhaftierung beginnt die Zeit des gefangenen Paulus und seine Reise nach Rom.

15.2 Der Völkerapostel und sein jüdisches Volk

Unmittelbar vor seiner Fahrt nach Jerusalem schreibt Paulus mit Röm 9–11 den umfangreichsten, argumentativ und theologisch gehaltvollsten Abschnitt in der urchristlichen Literatur zum Israelproblem, ja den einzigen urchristlichen Text überhaupt, der über das abseits des Evangeliums stehende Judentum nicht einfach den Stab bricht. Um dieser Spannung willen sei hier die paulinische Einschätzung der Synagoge besprochen. Wegen seiner positiven Einstellung zu Israel spielt Röm 9–11 auch im christlich-jüdischen Gespräch der Gegenwart eine besondere Rolle, zumal einige Ausleger in ihm einen Sonderweg zum Heil für Israel neben Christus ausgesagt finden, in jedem Fall das einfühlsamste Eingehen aufs Israels unumstößliche Erwählung. Daneben stehen auf der Gegenseite z.B. Auffassungen, die Paulus der Inkonsequenz bezichtigen, weil er, von der Überwindung heilsgeschichtlichen Denkens herkommend (Röm 1–8), nun wieder in Röm 9–11 in eine heilsgeschichtliche Argumentationsweise zurückfällt. Er ebne Röm 1–8 die Sonderstellung Israels (Röm 3,1-8) ein in die Allgemeinheit der sündigen Menschheit (Röm 2,17-29; 3,9-20) und sieht alle Menschen einschließlich Israel nur vor der im Evangelium angebotenen Gnade stehen (3,21-5,21), aber betont eben Röm 9–11 diese Sonderstellung doch wieder. Er verfalle der spekulierenden Phantasie, oder er mache so in sich widersprüchliche Aussagen, daß man z.B. 9,1-11,10 und 11,11-36 nur als Gegensätze verstehen kann. So wird Röm 9–11 geliebt, kritisiert und verworfen. Dies illustriert in jedem Fall, wie der Text einer der umstrittensten Paulusäußerungen ist.

Ein Blick auf die Paulusbriefe lehrt, daß von dem ältesten Brief mit seiner harten antijüdischen Polemik (1. Thess 2,15 f.) bis zum letzten Brief, in dem Röm 9–11 steht, auch für Paulus ein weiter Weg zurückgelegt ist. Der Apostel hat sein Verhältnis zur Synagoge mehrfach geklärt, wobei die letzte Aussage in Röm 9–11 eher überrascht, als daß sie Ende eines konsequenten Weges ist. Dieser literarische Befund führt zur paulinischen Biographie: Sie setzt ein mit dem pharisäischen Juden, der die christliche Gemeinde verfolgt (vgl. 4.3). Sie findet ihre umbruchhafte Fortsetzung im konsequent heidenchristlich denkenden Apostel (vgl. 4.4), der nun, von der Synagoge her gesehen, missionarische Konkurrenz vertritt, ja die Spannung zwischen Gesetz und Evangelium so scharf durchdenkt, daß aus der Synagoge ein heilsgeschichtlicher Anachronismus wird. Paulus hat dennoch seine Herkunft aus dem Heilsvolk immer mit Stolz erwähnt (Phil 3,4-6; Röm 9,1-5), aber ebenso zeitlebens unter den Verfolgungen durch die Juden aufs schwerste gelitten (vgl. 7.3). Auch als er Röm 9–11 schreibt, ist die Furcht vor den Jerusalemer Juden gegenwärtig (Röm 15,30f.) und war – wie der Ausgang zeigt – nicht unbegründet (vgl. 14.1).

Zu dieser individuellen Seite tritt weiter der religions- und kulturgeschichtliche Horizont: Paulus kennt nicht nur aus der tarsischen Zeit die gesellschaftlichen Spannungen zwischen den Völkern und der Synagoge und die politischen Privilegien der Juden, sondern er ist auch eine prominente Gestalt in der Geschichte des Urchristentums: Man wird also die Geschichte von Jesus bis zum Ausstoß des Judenchristentums aus der Synagoge (um 70–90 n.Chr.) mit in Betracht ziehen, wenn man die paulinischen Texte liest: Zwischen dem Grundsatz pharisäischer Judenchristen: »Wenn ihr euch nicht nach der mosaischen Sitte beschneiden laßt, könnt ihr nicht gerettet werden« (Apg 15,1.5) und dem Urteil des Ignatius: »Es ist unmöglich, ›Jesus Christus‹ zu bekennen und (dennoch) jüdisch zu leben« (Magn 10,3; vgl. 8,1f.), spannt sich ein weiter Bogen, innerhalb dessen sich die junge Christenheit dem Judentum zuordnete.

Das Urteil des Judentums über das Christentum können wir nur durch zwei direkte, sonst indirekte (d.h. christliche) Texte erkennen. Josephus (Antiquitates 20,200) läßt den Herrenbruder Jakobus gegen 62 n.Chr. in Jerusalem wegen Gesetzesbruch hingerichtet werden. Die Ketzerbitte, ins jüdische Achtzehnbittengebet gegen 80 n.Chr. aufgenommen, schließt alle Gesetzesverächter, also u.a. auch die Christen, aus der Synagoge aus. Judenchristen konnten sich im Synagogengottesdienst nicht durch Mitbeten selbst verfluchen. Zu diesen beiden Zeugnissen passen die christlichen Hinweise: Jesus stirbt wegen seiner Kritik an Gesetz und Tempelkult (z.B. Mk 2,1-3,6; 14,58). Stephanus wird Gleiches zur Last gelegt (Apg 6,8-14). Paulus verfolgt als gesetzesstrenger Pharisäer die Gemeinde. Die Synagoge hat also vor allem gegen Christen einzuwenden, daß das Gesetz als ihre Zentralautorität auf dem Spiel stand. In der Diaspora fürchtete sie mit Recht natürlich die Konkurrenz der christlichen

Mission, die gerade bei den der Synagoge verbundenen Gottesfürchtigen
Anhänger fand. Sie beargwöhnte selbstverständlich den Austritt vieler
Judenchristen aus der Synagoge, die aus synagogaler Sicht wie Assimila-
tionsjuden nun als Heiden(christen) lebten. Beispiele sind Barnabas, Paulus, Priska und Aquila, Apollos und im Endeffekt auch Petrus. Die na-
menlosen Wunderapostel aus dem 2. Kor gehören hierzu und auch ganze
Gemeinden (Antiochia, Rom, ein Teil der Gemeinden der Hellenisten
usw.). Wo Paulus und seine Mitarbeiter missionierten, orientierten sich
alle Juden, die Christen wurden, nicht mehr am Gesetz (vgl. z.B. Apg 18;
21,21). Auch sonst werden sich manche namenlose Judenchristen heidenchristlichen Gemeinden »ungesetzlich« angeschlossen haben. Das alles
konnten und wollten die Juden nicht hinnehmen, zumal die christliche
Mission wohl doch zur größten Austrittswelle aus dem Judentum führte,
die wir aus der Antike kennen. Nach Lage der Dinge besaßen die Synagogen damals natürlich die Machtmittel gegenüber der recht- und machtlo-
sen christlichen Minorität. Diese spielten sie aus, wofür die Biographie
des Paulus ein eindrückliches Beispiel abgibt (vgl. 7.3).

Die Juden ihrerseits hatten im römischen Reich keine ganz leichte
Stellung. Wo militärische Macht über Ordnung und Recht entscheidet,
sind unterjochte Völker zwangsläufig immer herabgestuft. Die Juden
gehörten zudem noch wegen ihrer Religion zu den besonders verachteten
Sonderlingen. Auch hatten sie nach Meinung der Griechen und Römer
zum Staatswesen, zu Kultur und Wissenschaft sowie zur allgemeinen
Bildung nichts Eigenes beigetragen. Rom hatte militärisch einige Konflikte mit den Juden: 63 v.Chr. ordnet Pompejus zugunsten Roms auch
die Jerusalemer Verhältnisse neu. Zwei Aufstände in Palästina (66−72 und
132−135 n.Chr.) und einer 115−117 in Ägypten kommen hinzu. In allen
drei Fällen waren die Römer die reagierende Macht, nicht die Initiatoren.
Sie haben ihre Siege aber die Juden konsequent spüren lassen. In religiöser Hinsicht war Rom tolerant und hat den Juden in den hellenistischen
Städten nicht selten beigestanden, ja sie sogar gefördert, wenn sie in
lokalen Interessenkonflikten Hilfe suchten. Die Edikte zur Vertreibung
der stadtrömischen Judenschaft haben spezielle Gründe: Unruhen an den
Synagogen oder Begrenzung der Proselytenwerbung.

Von diesen politischen Verhältnissen sind die Urteile aus dem allgemeinen kulturellen Klima der Zeit zu unterscheiden: Cicero (Pro Flaccio),
Tacitus (Historien V 2-13) u.a. geben den Eindruck wieder, wie man in
römischen Kreisen die Juden beurteilte: Mose gilt als Betrüger, die Juden
als gottlos, weil sie die Götterwelt ablehnen. Sie sind Feinde des Menschengeschlechts. Sie vertreten einen barbarischen Aberglauben und sind

faul, weil sie jeden siebenten Tag nichts tun. Heidenchristen, die solche Aussagen kannten, haben sie zum Teil benutzt, um ihre Kritik an der Synagoge zu vervollständigen (Beispiel: 1. Thess 2,15 f.), erbten aber des gleichen Monotheismus' wegen die antijüdische Abqualifikation der Gottlosigkeit und die Kennzeichnung, Feinde des Menschengeschlechts zu sein.

Zeichnet man auf diesem Hintergrund das Verhältnis des Paulus zur Synagoge im einzelnen nach, wird man bei seiner Berufung einzusetzen haben. Für die Judenschaft in Damaskus war natürlich die Wende im Leben des Paulus ein schwerer Schlag. Sie sprach sich im Synagogenverband herum, zumal Paulus wenig später in Antiochia daran beteiligt war, daß die judenchristliche, zunächst synagogal eingebundene Gruppe sich verselbständigte. Seine erste größere Missionsreise mit Barnabas verschärft den Konflikt. Die Steinigung des Apostels zeugt davon (vgl. 5.2). Wenn der 1. Thess noch die Missionstheologie dieser Zeit enthält (vgl. 6.2) und speziell 1. Thess 2,15 f. Aufnahme einer traditionellen heidenchristlichen Judenpolemik ist, dann spiegelt der Text die theologische Reaktion auf diese Situation wider.

1. Thess 2,15 f. ist sicher nicht zufällig als Gerichtswort gegen die Synagoge in die missionarische Situation von 1. Thess 1 f. eingeordnet. Von den christlichen Israelmissionaren sind analoge prophetische Gerichtsworte bekannt, die sich gegen die ablehnende Haltung Israels richten (z. B. Lk 11,49-51; 13,34 f.). In Gleichnisform abgewandelt, liegt auch Mk 12,1-9 (Winzergleichnis) dieselbe Redeform vor: Das die Sendung der Boten mißachtende Israel (V. 1-8) bekommt den Weinberg weggenommen (V. 9). Nach Apg 13,10 f. spricht Paulus so auch gegen eine heidnische Konkurrenz. Alle genannten Beispiele sind immer zweigeteilt: Die unmittelbare Gerichtsandrohung am knapp gehaltenen Schluß hat vor sich den Aufweis für das Gericht in Form einer meist generalisierenden und breit angelegten Abqualifikation des Gegners. So enthält auch 1. Thess 2,15 f. zuerst die Schuldzuweisung, wortreich und umfassend, danach die fast einsilbige Gerichtsansage (V. 16c). Der Inhalt läßt sich auf den Nenner bringen: Weil Israel die heidenchristliche Mission behindert, steht es unter dem göttlichen Gericht. Ist doch die heidenchristliche Mission Gottes Wille; wer sich ihm widersetzt, muß zwangsläufig mit dem Gericht Gottes rechnen.

Das Sündenregister in 1. Thess 2,15 f. setzt mit drei judenchristlichen Topoi ein, die dem verchristlichten deuteronomistischen Geschichtsbild entstammen: (a) Die Juden haben den Herrn getötet, (b) die Propheten ebenso und (c) verfolgen die christlichen Boten (vgl. Mt 21,33 ff. parr.;

22,1ff. par.). Es folgen drei weitere Angaben aus der heidenchristlichen Situation: (d) Die Juden können Gott nicht gefallen, (e) sie sind Feinde aller Menschen und (f) behindern die Heidenmission. Die Abfolge der Zeilen d und e entspricht der hellenistischen Aufteilung des Ethos in die Verehrung der Götter und die Gerechtigkeit den Menschen gegenüber. In beiden Grundgeboten versagen die Juden. Mit dem Vorwurf der Menschenfeindschaft ist der Römer übrigens schnell bei der Hand (Plinius d.Ä., Naturkunde II 45,117; VII 7,46; 18,80), auch gegen die Juden (z.B. Tacitus, Historien V 5,1). Juden (vgl. Esth 3,8; 3. Makk 3,4.7) kannten – zumal in der Diaspora – solche Anklagen, Heidenchristen natürlich auch. Zu der unpaulinischen Sprache der zwei Reihen kommt die Beobachtung, daß die Zeilen c und f parallel sind. Die Juden behindern die Israelmission und die Heidenmission. Das läßt vermuten: Eine judenchristliche Reihe wurde wahrscheinlich in Antiochia um eine heidenchristliche ergänzt und dann durch eine letzte Zeile (»so machen sie immerfort das Maß ihrer Sünden voll«) abgeschlossen. Eine ähnliche Erweiterung um den heidenchristlichen Gesichtspunkt erhielt übrigens auch das Gleichnis in Lk 14,1ff. mit V. 23f.

Hat Paulus also wohl keinen unmittelbaren Anteil an der Formulierung, so übernimmt er doch den Text. Er ist eine Äußerung in einem Konfrontationsmodell zwischen zwei Religionen in Konkurrenz. In solcher konfrontativ aburteilenden Art mit einer anderen Religion umzugehen, war bei der allgemein synkretistischen Toleranz der Zeit eigentlich sonst nur dem Judentum eigen, das in diesem Modell über die Völker und ihre Götterwelt urteilte: So stehen die Völker unter dem Zorn Gottes, weil sie ganz und gar in der wahren Gottesverehrung versagen und darum auch untereinander ein Ausbund von Lasterhaftigkeit sind. Dieses Urteil über die Völker übernahmen auch das frühe Christentum und Paulus (Röm 1f.).

Gegenüber dem Judentum beginnt die christliche Kritik allerdings zunächst innerjüdisch (so auch 1. Thess 2,15a). Solche Kritik bleibt erhalten und wird erweitert (wie 1. Thess 2,15f.), als das Christentum sich verselbständigte. Nun entsteht derselbe Konfrontationskurs zwischen heidenchristlicher Mission und hellenistischer Synagoge wie vorher zwischen Judentum und Heidentum. Da beide Reihen in 1. Thess 2,15f., durch Zeile c und f signalisiert, auf die Missionsbehinderung zulaufen, liegt in dieser Problemlage der springende Punkt der Anklage. Hier hatte das junge Christentum auch zweifelsfrei Anlaß zur Klage. Die anderen Punkte sind eher »Mitläufer«, wenn von ihrer Allgemeinheit und Härte auch nichts weggedeutet werden darf. Dabei ist in 1. Thess 2,15 die

Schuldzuweisung für den Tod Jesu an die Juden der älteste Beleg dieser Art. Theologisch stand hinter 1. Thess 2,15 f., daß das Judentum, indem es sich zum Gegner der göttlichen Erwählung der Heiden machte, gegen Gott selbst stand, sich also das göttliche Gericht zuziehen mußte. Nur ist von der paulinischen Theologie her zu fragen, ob diese jüdische Gegnerschaft unter die Macht des göttlichen Zorns oder unter die Macht des Evangeliums zu stellen ist. Diese kritische Anfrage wird man auch bestehen lassen, wenn man sieht, daß damals, belegt z. B. durch die Ketzerverfluchung im Achtzehnbittengebet, das Judentum von der anderen Seite dasselbe tat. Wodurch denn deutlich wird, daß solche Weise des Umgangs miteinander auch zeitbedingt ist. Allerdings bleibt auch bei diesem Vergleich ein Unterschied: Die Synagoge hat die Christen parallel zum göttlichen Gericht verfolgt und ausgestoßen; Christen haben damals die Vergeltung Gott anheimgestellt, sonst aber gelitten und nicht zurückgeschlagen (vgl. Rom 12,14.19-21). 1. Thess 2,15 f. bleibt verbale Reaktion der Ohnmacht gegenüber der hart (vgl. 2. Kor 11,24 f.) zupackenden Synagoge. Daß Christen später, als sie herrschten, den Spieß auch mit diesem Text umdrehten, ist ebenso wahr wie bitter, aber hat mit der historischen Wahrheit des 1. Jahrhunderts noch nichts zu tun.

In die antiochenische Zeit gehören wahrscheinlich auch im Kern die drei typologisch-allegorischen Exegesen aus 1. Kor 10,1-21; 2. Kor 3,7-18; Gal 4,21-31 (vgl. oben 5.5), die Paulus in verschiedenen Zusammenhängen sich dienstbar macht. Die in der Schrift ausgelegte Ursprungsund Erwählungszeit Israels wird nun auf die erwählte christliche Endzeitgemeinde gedeutet: Zu ihrer Selbstvergewisserung ist das alles geschehen. Sie ist durch Erwählung und Geist frei vom Gesetz, d.h. hat sich außerhalb der Synagoge begründet, aber hat sich ein Erbe mitgenommen, die Schrift, die nun, durch den Geist legitimiert, neu und erstmals richtig verstanden wird, damit zugleich der Synagoge entrissen und auch gegen sie gewendet ist. Zwar hatten auch die Essener die Schrift auf ihre Gemeinschaft und Zeit, die sie endzeitlich erklärten, ausgelegt (vgl. 1 QpH; 4 QpNah; 4QpPs 37). Aber hier blieb ja die Schrift im innerjüdischen Gebrauch. Jetzt jedoch beansprucht eine selbständige neue Religionsgemeinschaft den jüdischen Kanon für sich und stellt sich als einzige legitime Erbin desselben dar. Sie tut das, indem sie z. B. ihren Herrn schon in der Mosezeit geistlich anwesend sein läßt (1. Kor 10,4), oder Israel die legitime Erbfolge des Abraham abspricht (Gal 4,24 f.), oder die Moseoffenbarung zum Dienst des tötenden Buchstabens erklärt und den alten Bund vom neuen abhebt (2. Kor 3,6 f.). Dabei fällt auf Israel und die Synagoge kein gutes Licht. Die Sinaigeneration war extrem sündig, so

daß Gott an ihr keinen Gefallen fand (1. Kor 10,6-10). Bis heute ist Israel
verhärtet, wenn das Gesetz verlesen wird (2. Kor 3,13 f.). Die jüdische
Religion ist Knechtschaft und Gesetzesdienst (Gal 4,24 f.). Gott selbst
fordert im Gesetz (Gen 21,10.12 = Gal 4,30), diese Nachkommen Abrahams »fortzujagen«, um sie von der Verheißung auszuschließen. Vielleicht geht 2. Kor 3,13 sogar noch weiter: Mose hat Israel sogar betrogen,
denn er hat verborgen gehalten, daß sein göttlicher Glanz anläßlich der
Übergabe des Gesetzes vergänglich war. Dann wäre die Synagoge anläßlich der Offenbarung des Gesetzes als der Zentralautorität für Israel auf
Betrug aufgebaut. Der Priesterbetrug, den das Judentum den anderen
Religionen unterstellen konnte (vgl. Bel und Drache; Apk Abr 1–8), fiele
also auf dieses selbst zurück.

Paulus benutzt diese Texte nicht unmittelbar gegen Israel: 1. Kor 10
stellt sich als Mahnung an die korinthische Gemeinde dar; sie soll sich
selbst hüten, nicht aus der Gnade zu fallen. In 2. Kor 3 muß Paulus sich
gegenüber Angriffen auf sein Apostolat verteidigen. Das eigentliche Ziel
ist die Beschreibung des die Herzen verwandelnden apostolischen Evangeliums. In Gal 4 kämpft er gegen die Judaisten zugunsten des gesetzesfreien Evangeliums. Auch läßt Paulus den Juden den Weg zum Evangelium offen (2. Kor 3,14c). Aber die abwertende Konfrontation zur Synagoge ist wie selbstverständlich in diesen Text eingewoben. Sie gehört
zum Selbstverständnis der heidenchristlichen Gemeinden und des Paulus:
Der alte Bund ist durch den neuen abgelöst. Das Gesetz ist durch den
Geist des Herrn als tötender Buchstabe demaskiert. Die Erwählung Abrahams hat in der Kirche, nicht im Judentum ihr Ziel erhalten. Die Christen
verstehen die Schrift allein richtig, nicht die Synagoge. Sklaverei unter
dem Gesetz, Dienst des Todes und der Verurteilung sind Kennzeichen des
Unheilszustandes der Juden. Das ist nicht weit von 1. Thess 2,15 f. entfernt. Doch war 1. Thess 2,15 die katalogartige Beschreibung des gegenwärtigen Verhaltens der Juden im Blick, so wird hier grundsätzlicher mit
theologisch-exegetischen Begründungen gearbeitet. Da Paulus diese
Texte, ohne an der Bewertung des Judentums Anstoß zu nehmen, vom
1. Kor bis Gal benutzt, ist er also bis in die Zeit der sog. Kollektenreise
antijudaistisch eingestellt.

Gegen diese Annahme könnte nur Gal 6,16 sprechen. Hier wird am
Briefschluß, also abschließend, der Segen ausgesprochen, nämlich der
Friede über diejenigen, die nach dem Grundsatz leben, daß Beschneidung
und Unbeschnittenheit nichts bedeuten, sondern nur die neue Schöpfung.
Dann wird als Segensadressat noch hinzugefügt: »und über das Israel
Gottes«. Wer ist damit gemeint? Vielleicht das noch ungläubige Juden-

tum, insofern es noch immer unter den Verheißungen Gottes an Abraham steht? Dann wäre die knappe Aussage ein erstes Signal, das bei Paulus ein neues Verständnis der Israelproblematik einleitet, wie es wenig später in Röm 9–11 entfaltet wird. Aber dieses Verständnis als Abschluß des Gal macht Probleme. Solche Aussage wäre nicht nur überraschend und unmotiviert am Schluß des Briefes angehängt, sondern ohne Kenntnis von Röm 9–11 auch von keinem antiken oder neuzeitlichen Leser des Gal zu verstehen: Wer gerade die Verheißung an Abraham exklusiv auf Christus und die an ihn Glaubenden zielen ließ (Gal 3,1-18), wer erklärt, die Zeit des Gesetzes sei durch die Zeit des Glaubens abgelöst, und dabei das Gesetz noch massiv entwertet (3,19-4,7), wer mit der Hagar-Sara-Allegorie (4,21-31) die Isaak-Verheißung in der Kirche und gerade nicht im vorfindlichen Israel erfüllt sieht, der kann nicht erwarten, daß man 6,16 auf das (noch ungläubige) Judentum deutet. Wer die leibliche Abrahamskindschaft sozusagen des Segens zugunsten der Christen enteignet (3,16f.18.29; 4,5.7.28.31), kann nicht unvorbereitet und abschließend diese Besitzverteilung zurücknehmen.

Ist dann vielleicht der gläubige Rest aus dem Judentum, sind also die Judenchristen gemeint? Auch dies ist unmöglich. Wenn anders Paulus im Gal gerade gegen eine judenchristliche Gruppe, nämlich die Judaisten, alle Register der Polemik zieht, kann er hier nicht das Judenchristentum, ohne die Judaisten davon zu trennen, unter den göttlichen Segen stellen. Er würde mit solchem Segen den Fluch aus 1,6-9 kontrakarrieren. Es ist auch sonst kein Paulustext bekannt, in dem die Judenchristen eine solche theologisch bedeutsame Sonderstellung zuerkannt bekämen. Ist die Vorgabe gerade auch der Beschneidung heilsirrelevant (2,15f.; 6,15), dann gehören die Judenchristen kraft ihres Glaubens wie alle anderen Gläubigen zur Kirche, mehr dürfen sie nicht beanspruchen, mehr ist auch zum Heil nicht nötig.

Dann kann letztlich mit dem »Israel Gottes« nur die Kirche als ganze bezeichnet sein. Auch dann ist der Ausdruck nicht ganz ohne Überraschungsmoment, aber er läßt sich als Endprodukt der im Brief entfalteten Theologie verstehen: Wer den Bogen der Verheißung von Abraham über Christus zu den gläubigen Christen spannt (Gal 3–4), wer diese Christen allein unter dem Bund der Verheißung stehen sieht (Gal 4,24.26), wer zur Unterscheidung zwischen dem irdischen Israel und der Kirche von »Fleisch« und »Geist« redet (4,29), und die Christen als »Söhne der Freien« (d.h. Saras) bezeichnet (4,30f.), der hat stillschweigend die Kirche zum geistlichen Israel gemacht, selbst wenn er die sprachliche Neubestimmung des Ausdruckes »Israel Gottes« dabei noch nicht direkt vollzieht.

So wird man vom Gesamtbild des Briefes her Gal 6,16 auszulegen haben. Dementsprechend kann man festhalten: Paulus liefert sprachlich nach, was er theologisch längst vertritt. Die Verheißung Israels ist für ihn in der Kirche erfüllt. Darum kann er auch einen Heilsbegriff wie »Israel Gottes« dem Judentum entwenden und für die Kirche reklamieren. Dann ist der Sinn des Segens in Gal 6,16: Er ist den Galatern zugesprochen, sofern sie wie der Apostel zum Grundsatz aus 6,15 stehen und nicht den Judaisten folgen (dann gilt ihnen der Fluch aus 1,6-9), und dieser Segen bezieht sich auf die ganze Kirche, insofern sie auf den Verheißungen Gottes an Abraham gründet.

Der Gal enthält die letzten Äußerungen zu Israel bzw. zum Judentum vor dem Röm. Darum gilt es nun abschließend, Röm 9–11 zu besprechen. Dabei steht gerade ein kurzes Eingehen auf diese drei Kapitel in der Gefahr, sich sofort auf das Israelgeheimnis in 11,25f. zu stürzen, die hier ausgesprochene Vorläufigkeit des derzeitigen Gerichts über Israel als endgültige Aufhebung z.B. von 1. Thess 2,16 zu verstehen und dann nur noch von diesem Wort her das Verhältnis von Kirche und Israel für die geschichtliche Zeit bis zum Ende zu bestimmen mit der Konsequenz, daß Israel jetzt nach Paulus die Christusbotschaft nicht braucht. Aber solcher hastige Schritt birgt Probleme: Darf man den langen Weg in Röm 9–11 auf diese Kurzaussage reduzieren? Darf man den Zusammenhang des Röm vernachlässigen? Darf man die Grundgedanken der paulinischen Theologie, speziell auch seine sonstigen Ausführungen zum Ende von Welt und Geschichte einfach ignorieren? Ist ein prophetisches Wort, wie es von Paulus in 11,25f. eingebracht wird, selbstverständlich gültig, oder nicht auch unter die »Prüfung der Geister« (1. Kor 12,10) einzuordnen, weil alle Prophetie nur begrenzte Einsicht enthält (13,9)? Solche und andere Fragen sind oft gestellt worden. Sie bedingen das vielfältige Bild der Auslegung dieser Kapitel in gleicher Weise wie die theologischen Positionen der Exegeten, die bei kaum einem anderen Paulustext so unmittelbar in das Verständnis einfließen.

Nirgends in seinen Briefen beginnt der Apostel mit einer so persönlich gehaltenen Einleitung wie hier (9,1-5). Sie bereitet mit ihrem abschließenden Gotteslob schon den von Paulus wohl speziell hierzu neu formulierten Hymnus am Ausgang in 11,33-36 vor. Die damit angedeutete Geschlossenheit von Röm 9–11, die sich durch die Gedankenfolge, die Art der Argumentation und die umfangreiche und planmäßige Schriftbenutzung noch stützen ließe, läßt nach der Stellung der Kapitel im Römerbrief fragen. In jedem Fall: Würden Röm 9–11 fehlen, käme kein Leser des Briefes – gerade auch von den anderen Paulusbriefen her gesehen – auf die

Idee, daß an dieser Stelle etwas fortgefallen sei. Röm 1–8 bedürfen einer solchen Fortsetzung nicht. Auch sind die Verbindungslinien von Röm 1–8 zu Röm 9–11 alles andere als in die Augen springend. Es gibt keine eindeutige Vorbereitung der Israelkapitel im vorangehenden Teil des Römerbriefes. Der deutlichste Bezug, nämlich die Ausführung zur Sonderstellung Israels in Röm 3,1-8, ist ein guter Testfall. Die Vorzüge Israels sind so behandelt, daß sie für das nichtgläubige Israel (V. 3) durch die Platzanweisung bei der sündigen Menschheit (3,9-20) aufgehoben sind, wenn anders der Israelit des Bundeszeichens der Beschneidung durch sein Sündigen verlustig ging (2,25). Von einer besonderen Treue Gottes dem z.Z. noch ungläubigen Israel gegenüber fehlt jede Spur. So ist Röm 9–11 allenfalls indirekt durch dasselbe Grundthema, aber nicht direkt durch eine vorankündigende Anzeige zu dem Sonderproblem vorbereitet.

Wo liegt dann das Verbindende zwischen Röm 9–11 und dem Röm überhaupt? Es liegt in der Situation des Paulus und seiner Absicht, die römische Gemeinde nach der Jerusalemreise zu besuchen. Paulus ist dafür bekannt, daß seine heidenchristliche Theologie betont gesetzeskritisch eingestellt ist. Dementsprechend muß er sich gegen Vorwürfe in dieser Richtung wehren (vgl. Gal 2,17.21; Röm 3,31; 6,1.15; 7,7). Aus solcher zugespitzten heidenchristlichen Theologie können seine Gegner schnell folgern, er sei gegenüber Judenchristen und gegen Israel voreingenommen und würde deren heilsgeschichtliche Vorrangstellung nicht beachten. Das nährt Argwohn und Feindschaft gegen ihn. Darum blickt er nicht nur mit Sorge auf die Abgabe der Jerusalemer Kollekte (Röm 15,31-32), sondern muß auch den gerade in Röm 9–11 angeredeten Heidenchristen Roms (vgl. 11,13.17-21.28-31) verdeutlichen, daß und wie er für die Einheit der Kirche aus Juden und Heiden eintritt und die göttlichen Zuwendungen in der Geschichte Israels an das Gottesvolk nicht verleugnet. Er will nicht als umstrittener Heidenmissionar, sondern als theologisch akzeptierter Apostel in den Westen des römischen Reiches reisen, wissend, daß gerade seine anstehende Jerusalemreise z.Z. im Osten des Reiches die Probleme seiner Person und Theologie ins Rampenlicht der Christenheit stellt. Was immer in Jerusalem geschehen mag, er will vorher sozusagen schwarz auf weiß die römische Gemeinde zum Zeugen gemacht haben für seine persönlich ganz ernst gemeinte Klage um Israel (Röm 9,1-5) und Hoffnung (11,11ff.) für das Volk, dem er selbst entstammt. Auf dem Hintergrund dieser Gesamtsituation wird auch verständlich, warum Paulus den heilsgeschichtlichen Vorrang Israels im Röm so betont (1,16; 3,1f.; 9,4f.), ohne dabei Israels Verlorenheit (3,9) außer acht zu lassen. Paulus will zeigen, daß sein Verständnis des Evangeliums gerade auch Israel einschließt und nicht ausgrenzt.

Nun ist wichtig zu sehen, wie sich der Apostel dieser Aufgabe stellt. Er setzt mit dem Leitgedanken ein, daß Gottes Zusagen (9,4f.6a) nicht hinfallen können. Die Begründung für solche Behauptung ist für Paulus und seine Leser so selbstverständlich, daß sie nicht mitgeliefert werden muß. Später wird er sie so formulieren: »Unwiderruflich sind die Gnadenerweise und die Berufung Gottes« (11,29). Auf dieser Treue Gottes ruht die Berufung der christlichen Gemeinde (1. Kor 1,9; 10,13; 1. Thess 5,24). Wie Gott auch angesichts der Untreue der Gemeinde sich selbst treu bleibt, weil er sich nicht verleugnen kann (vgl. 2. Tim 2,13), muß diese Treue Gottes auch das Licht zur Erklärung des erwählten Israels abgeben. So ist das Thema der Treue Gottes zu Israel nicht nur eine Israel betreffende Frage, sondern Grundlage der Kirche aus Juden und Heiden (Röm 9,24). In der Treue Gottes gründet überhaupt das Heil aller Menschen.

Diese Frage nach der göttlichen Treue beantwortet Paulus nun zunächst so, daß er zwischen dem Volk Israel und dem Israel nach der Verheißung unterscheidet, denn die Heilszusagen Gottes galten nach ihm nicht jedem Nachkommen Abrahams. Sie bezogen sich auf die Träger der Verheißung (9,6b-8). Diese bestimmte Gott kraft eigenen Erwählungsvorsatzes, so daß Jakob der Geliebte, Esau aber der Gehaßte war (9,9-13). Damit stößt Paulus mit seinem Nachsinnen über Gott in den Bereich einer doppelten Prädestination (9,14-21), die eigentlich sonst nicht im Gefälle seiner Theologie liegt. Schon gleich darauf wird er seiner theologischen Grundlinie wieder folgen, wenn er von der Abfolge: senden – verkündigen – hören – glauben – gerettet werden (10,8-17) ausgeht und den Erwählungsvorgang mit dem ins Evangelium rufenden Gott zusammensieht (vgl. Gal 1,6; 3,1-5). Allerdings sind für Paulus beide Aussagen keine Gegensätze: Die Beschreibung des geschichtlichen Angebotes der Gnade und das Erfassen der »Tiefen Gottes« (1. Kor 2,10) wird man nicht gegeneinander ausspielen dürfen. Paulus braucht die absolute freie Wahl Gottes, weil sie Gnadenwahl bleiben soll (11,5). Unter diesem Gesichtspunkt kommt er zu einem ersten Ergebnis: Gottes Treue ist nicht hingefallen, weil die Kirche aus Juden und Heiden Trägerin der Verheißung Israels ist (9,24), und dabei speziell die Judenchristen als Rest Israels bezeugen, daß die Zuwendung Gottes an Abraham-Israel eingelöst wurde (9,22-29).

Was aber ist dann zu dem ungläubigen Israel zu sagen? In einem besonders dichten Argumentationsgang beschreibt Paulus mit den Mitteln seiner in Röm 3 f. entfalteten Rechtfertigungsbotschaft, wie das abseits des Evangeliums verharrende Israel aufgrund seines falschen Eifers um Gott sich selbst zur Zeit um den Zugang zum Evangelium bringt, das allein das gnadenhafte Rettungsangebot Gottes ist (Röm 9,30-10,21). Das ungläubige Israel trägt also selbst Schuld daran, wenn es im Unglauben verharrt, denn an der Ausrichtung des Evangeliums fehlt es nicht. Sicherlich liegt die Rettung nicht an jemandes Wollen und Laufen (9,16), aber im Evangelium ist der erbarmende Gott auch jetzt Israel nahe (9,16b; 10,12.18), so daß Israels Ausschlagen des Evangeliums eigenes schuldhaftes Verhalten ist. Auch bezeugt schon das Alte Testament, daß Gott durch die das Evangelium annehmenden Heidenchristen Israel »eifersüchtig« machen will (10,19f.), gleichzeitig aber Israel nicht verstoßen hat, weil ja Judenchristen als Israels Rest zum Evangelium gekommen sind und kommen (11,1-10).

Hätte Paulus mit diesen letzten Gedanken seine Darstellung beendet, hätte er immerhin schon die konfrontative Gegenüberstellung zwischen Kirche und Israel durch einen neuen Stil abgelöst. Davon zeugen die persönliche Basis (9,1-5; 10,1) und das intensive Bemühen um Begründungszusammenhänge. Das Gericht wird über Israel nicht mehr schon als endgültig ausgesprochen. Die Hoffnung, Israel möge von seinem falschen Eifer um Gott ablassen und doch noch zum rettenden Evangelium kommen, prägt die Darstellung (10,1.9-13). Hier ist für Israels Umkehr geschichtlich noch alles offen. Natürlich bringt Paulus in dieses Bemühen um Israel seinen eigenen Standort und seine Wertung über allen Unglauben, einschließlich den Israels, ein. Wer seine positive Vergangenheit als Israelit von Christus her so grundlegend abwertet wie Paulus (Phil 3,4-11), wird nicht vergessen, dieselben »Vorzüge« Israels auch von Christus her zu beleuchten. Paulus führt sicherlich keinen neutralen Religionsvergleich durch, noch geht er von der Gleichrangigkeit israelitischer Gottesverehrung und christlichem Glauben aus. Sein durch eindeutige Positionen bestimmter Glaube läßt keine solchen Möglichkeiten offen. Wer allein über Christus und den Glauben Gottes Zuwendung zu allen Menschen kommen sieht und gerade dies als Inhalt der Verheißung an Israel versteht, kann nicht verleugnen, wovon er ergriffen ist und worauf er hofft. Oder auf den Röm bezogen: Paulus hat nicht vergessen, was er in Röm 1-8 dargelegt hat.

Über diese Aussagen gehen nun 11,11-32 allerdings noch hinaus. Diese Verse haben in ihrem Zentrum die konkreten Aussagen über Israels Zukunft in V. 25 f. Beide Verse sollte man zunächst formal und funktional und danach erst inhaltlich behandeln. V. 25 gibt sich selbst als ein prophetisches Wort (»Mysterium« vgl. 1. Kor 15,51) zu erkennen. Dabei ist offen gelassen, ob es eine Eingebung an Paulus selbst ist (vgl. 2. Kor 12,8f.) oder ein zitiertes Wort eines (judenchristlichen?) Propheten (vgl. 1. Thess 2,15f.; 4,15-17). In jedem Fall stimmt Paulus der Aussage zu und versteht sie wohl auch im Zusammenhang seiner Bitte an Gott um Israels Rettung (Röm 9,1-6; 10,1). Ein mögliches Selbstopfer des Paulus zugunsten Israels bleibt eine unmögliche Sache (9,3 vgl. Ex 32,32), jedoch schafft eine durch prophetische Eingebung angekündigte endzeitliche Rettungstat des souveränen Gottes selbst einen Ausweg aus der derzeitigen Ausweglosigkeit Israels, damit der Grundsatz, daß Gott seine Gnadenerweise nicht bereuen kann (Röm 11,29), auch am Schicksal Israels eingelöst wird.

Das Prophetenwort in Röm 11,25 faßt man am besten als dreigliedrigen Spruch auf, dessen Schwerpunkt und Ziel am Schluß liegen:
»Verstockung ist (nur) teilweise Israel widerfahren,
  bis die Vollzahl der Völker eingeht,
  und so wird ganz Israel gerettet werden.«
Diesem Wort hat Paulus, wie in Röm 9–11 besonders oft, ein Schriftzitat angefügt, das sich als Mischung aus Jes 59,20f.; 27,9 zu erkennen gibt:
»Wie geschrieben steht:
›Es wird aus Zion der Rettende kommen,
  er wird die Gottlosigkeiten von Jakob abwenden.
Und dies wird der Bund von mir für sie sein,
  wenn ich ihre Sünden fortnehme.‹«
Es ist gut, zunächst Prophetenwort und Schriftzitat getrennt zu betrachten.

Das inspirierte Wort gibt angesichts einer verbreiteten und stillschweigend vorausgesetzten Einstellung, das ungläubige Israel sei verloren, eine Revision dieser Annahme bekannt. Damit ist klar, daß dieser Spruch auch gegen das prophetische Gerichtswort in 1. Thess 2,15f. steht. Röm 11,25 ist dabei ein Wort, das innerhalb der Endzeit, in der sich jetzt die Erwählung der Völker durch das Evangelium vollzieht (vgl. 1. Thess oben 6.2; Röm 13,11), noch ein besonderes Geschehen an Israel erwartet (vgl. formal analog Mk 13,10). Das angesichts des der Welt verkündigten Evangeliums abseits stehende Israel, das bisher nur teilweise diese Botschaft angenommen hat, nämlich in Gestalt der Judenchristen, wird nur solange verstockt bleiben, bis die von Gott bestimmte (und niemandem bekannte) Gesamtzahl der Völker (in die Gottesherrschaft, bzw. zum Leben) eingegangen ist. Dann wird die Verstockung noch unmittelbar vor dem Ende aller Dinge von Israel genommen werden. Auf diese Weise, nämlich nach der abgeschlossenen Heidenmission und vor dem Ende, wird »ganz Israel« (vgl. bSanh 10,1; Apg 2,36; 13,24) gerettet werden. »Ganz Israel« meint nicht einfach die Summe aller Glieder des jüdischen Volkes, sondern ist in Verbindung zur nur teilweisen jetzigen Verstokkung Israels zu sehen: Israel wird nicht nur in Gestalt der wenigen bisher gläubig gewordenen Judenchristen ins Leben eingehen, sondern in einer noch viel umfassenderen und qualifizierteren Weise, so daß eine unbekannte, aber repräsentative Zahl Israeliten am Endheil teilnehmen wird.

Dieses im Kern klare, aber in den Einzelheiten wenig deutliche, im Wort des Propheten vorab angekündigte Endereignis wird nun nach der Auffassung vieler Exegeten durch das Schriftwort näher bestimmt: Aus Zion, d. h. aus dem himmlischen Jerusalem (Gal 4,26), wird der Christus als Retter (1. Thess 1,10) kommen und die Sünden von Israel wegnehmen. Dieser Parusiechristus ist von Gott gesandt, der auf diese Weise zwischen sich und Israel den Bund schließt, indem er (durch Christus) die Sünden Israels fortnimmt. Dies wäre dann in der Tat ein besonderer, neben dem Evangelium stehender Weg zur endzeitlichen Rettung Israels. Er wäre christuszentriert und rein gnadenhaft, ob allerdings im Glauben von Israel angenommen, sagt der Text nicht mehr. Doch muß man wohl zwischen dem Anliegen des Textes, dem endzeitlichen Triumph der göttlichen Gnade, die weder vor der Verlorenheit der Völker, noch der Verstockung Israels haltmacht, und zwischen der textlichen Konkretion, speziell diesem Verständnis von Röm 11,26, unterscheiden. Es ist eines, mit Paulus im Gegensatz zu 1. Thess 2,15 f. mit Röm 11,32 zu sagen: »Gott hat sie alle in den Ungehorsam verschlossen, damit er sich aller erbarme« und dann diese theologische Erkenntnis im Lobpreis Röm 11,33-36 anzubeten (vgl. Röm 8,38 f.); und es ist ein anderes zu fragen, was denn nun nach Meinung des Paulus in Röm 11,25 f. konkret ausgesagt werden sollte.

Untersucht man diese letzte Frage, ist klar, daß Paulus V. 25-27 nicht zuletzt einsetzt, um den Heidenchristen das Gnadenhafte ihrer Erwählung zu veranschaulichen (11,23.25c): Sie haben keinen Grund, auf das abseits des Evangeliums verharrende Israel herabzusehen. Hat doch erst Israels Fernbleiben den Völkern das Evangelium gebracht. Umgekehrt will der Apostel gerade als Heidenapostel durch sein Missionswerk sein Volk zur Nacheiferung reizen (11,13 f.). Er ist also weit entfernt, ihnen das Evangelium vorzuenthalten und sie nicht zu ihm hin zu locken. Dann aber macht es Mühe, das Zitat in 11,26 f. im oben angedeuteten Sinn zu verstehen: Macht nicht doch ein endzeitlicher Sonderakt Gottes die jetzige Evange-

liumsverkündigung an Israel überflüssig? Wo kennt Paulus sonst eine
Aussage, daß das Heilswerk Christi auch abgesehen vom verkündigten
Evangelium wirkt? Ist nicht für ihn jetzt Endzeit, weil eben dieses Evan-
gelium gepredigt wird und es allein Inhalt dieser Zeit ist (2. Kor 6,1 f.)?
Wo gibt es den leisesten Wink beim Apostel, daß es als Torheit für die
Völker und als Ärgernis für die Juden suspendiert wird (1. Kor 1,18-24)?
Entstehen nicht so gerade auch erhebliche Spannungen zu Röm 1–8 (vgl.
programmatisch: 1,14) und nicht zuletzt zu Röm 9,1-11,10 (vgl.
Röm 10,9.12 und speziell auch 11,23)? Nun wird man Paulus nicht vorschnell systematisieren dürfen. Wenn Paulus zweifelsfrei so in Röm 11,25-
27 verstanden sein will, wird man dies exegetisch zur Kenntnis nehmen
müssen.

Aber die oben referierte Deutung birgt erhebliche Probleme in sich.
Die Schwierigkeiten beginnen damit, daß nirgends sonst der Parusiechristus »aus Zion« kommt. Er kommt »vom Himmel« (1. Thess 1,10), und
er »rettet« die bereits an das Evangelium Glaubenden (1. Thess 1,9 f.),
nicht bisher Ungläubige. Zwar kann Paulus einmal vom »oberen Jerusalem« sprechen (Röm 15,19.25 f.31; 1. Kor 16,3 ist immer das jetzige Jerusalem gemeint), aber in Antithese zum jetzigen, zudem in Aufnahme einer
traditionellen Exegese (Gal 4,25 f.). So ist es sehr fraglich, ob man von
dieser Stelle auf Röm 11,26 schließen darf. Es liegt vielmehr nahe, die
einzige sonstige Stelle, an der Paulus vom Zion redet, zu konsultieren, die
obendrein noch im näheren Kontext, nämlich Röm 9,33, steht. Dort ist
das irdische, jetzige Zion gemeint. Ist man einmal auf diese Beziehung
aufmerksam geworden, ergibt sich folgender Zusammenhang: Wenn Israel zur Zeit über den gepredigten Christus stolpert (9,32 f.), dann wird es
eine Zeit geben (11,25 f.), wo die Christuspredigt auch an Israel rettend
wirkt. Sie wird es von ihrem Inhalt her tun, redet sie doch vom Christus,
den Gott zur Erlösung gesetzt hat (Röm 3,24-26), und ist darum »Kraft
Gottes« zur Rettung aller, die glauben (Röm 1,16). Man darf hinzufügen,
daß die Bekenntnisformel in Röm 3,24-26 Bundestheologie repräsentiert,
also auch insofern mit Röm 11,26 f. zusammengeht. Damit umgeht man
zugleich eine weitere Schwierigkeit, nämlich die Singularität einer Bun-
desaussage, die sich auf das Ende aller Dinge beziehen soll. Für Paulus
gehen nämlich sonst nur Christusgeschick und Bundesverwirklichung
zusammen (vgl. Röm 4,24 f.; 1. Kor 11,25, vgl. 2. Kor 3,1 ff.; Gal 3,6 ff.).

Nun muß man weiter sehen, daß die Deutung in Röm 11,26 f. auf den
Parusiechristus auf zwei ungeprüften Voraussetzungen ruht: Auf der Annahme, das einleitende »wie es geschrieben ist« sei erläuternd und konkre-
tisierend zu verstehen, und auf der Deutung der futurischen Verbformen

auf die noch ausstehende Zukunft. Beides ist weder zwingend, noch unbedingt naheliegend: Die Zitationsformel hat z. B. Röm 9,13.33; 11,8 u. ö. begründende Aufgaben und die prophetisch-futurischen Verbformen beziehen sich Röm 9,25-28.33; 10,6.13.19 usw. auf die Jetztzeit. Läßt man dies auch beides für Röm 11,26f. gelten, dann begründet das Mischzitat, warum durch das Christusereignis für Israel statt Anstoß (9,33) auch Rettung möglich ist, ja beides in der Schrift schon längst bezeugt wurde. Erinnert man sich nun weiter, daß der Parusiechristus erst durch das Schriftzitat ins Verständnis des Prophetenwortes in 11,25 eingebracht wurde und daß dieses selbst viel allgemeiner redet, dann muß man das paulinische Verständnis desselben aus dem Kontext 11,11-32 insgesamt erheben, nicht speziell aus V. 26f. festlegen. Dieser Kontext deutet nun in 11,12.15.23f.31f. mit keinem Hinweis an, Israel würde unabhängig vom Evangelium ein letztes Heilsangebot erhalten. Im Gegenteil: Wie die Heiden aufgrund des Evangeliums auf den Weinstock aufgepfropft wurden, so kann es bei Aufgabe des Unglaubens auch wieder Israel geschehen (V. 23), das jetzt um des Evangeliums willen (V. 28) mit Gott in Feindschaft lebt. Solcher rettende Glaube kommt nach 10,1ff. ausdrücklich nur aus dem Evangelium. Wenn Israel nach Röm 11,15 seine erneute Annahme nur »als Leben aus den Toten« erhalten wird, dann erinnert das an Röm 4,17f., also an die im Evangelium angebotene Rechtfertigung aus Glauben, wie sie mit dem Geschick Jesu Christi (Röm 4,24f.) gegeben ist. So redet Paulus also 11,25ff. von einer letzten Mission an Israel, die noch vor dem Ende und nach der Verkündigung den Völkern gegenüber stattfinden wird. Vielleicht darf man noch konkretisieren: Als Paulus den Römerbrief schreibt, hat er gerade im Osten seine Mission abgeschlossen und wendet sich nun dem Westen zu (15,23f.). Im Anschluß an diese Mission erwartet er eine letzte Evangeliumsverkündigung gegenüber Israel vor dem Ende aller Dinge, die deutlich mehr Erfolg hat als die jetzige, die schon einige Judenchristen zur Gemeinde Gottes führt.

Nun muß man aber noch einen Gedankengang hinzufügen: Einerlei, ob man um des Kontextes willen und im Einklang mit der paulinischen Theologie den fraglichen Abschnitt auf eine letzte Israelmission deutet, oder ob man in Spannung zur sonstigen paulinischen Theologie eine besondere Zuwendung des Parusiechristus zu Israel ausgesagt findet, das prophetische Wort muß noch einer grundsätzlichen Erörterung unterzogen werden. Es gehört zu jenen wenigen urchristlichen Weissagungen, die einzelnes in einem apokalyptischen Fahrplan ankündigen, wie z. B. Mk 13,10 die Missionierung der Welt, 2. Thess 2,3-8; 1. Joh 2,18.22 usw.

den »Antichristen« oder Apk 20 das tausendjährige Reich. Solche Aussagen haben sich weder im Urchristentum noch in der christlichen Dogmatik durchsetzen können. Sie gehören in den Zusammenhang eines Denkens, das von Dan über äthHen; AssMos bis zu 4. Esra und syrBar (usw.) sich die Zukunft historisierend vorstellte und dann von der Geschichte überholt wurde wie die Naherwartung des frühen Urchristentums noch in der Zeit des Urchristentums. Insofern Röm 11,25-27 ein Stück Zukunft innerhalb der Naherwartung (Röm 13,12; 2. Kor 6,1f.) beschreibt, fällt auch schon aus diesem Grund das Konzept der endzeitlichen Verflechtung von Heiden- und Judenmission aus Röm 11 darunter. Diese Zusammenhänge zu sehen und daraus Folgerungen zu ziehen, ist ein Stück Prüfung des prophetischen Geistes (1. Kor 12,10). Urchristliche Prophetie ist nach ihrer Selbsteinschätzung Stückwerk (1. Kor 13,9) und muß – auch wenn sie von Paulus selbst stammt oder zustimmend zitiert wird – überprüft werden, ob sie die Funktion wahrnimmt, Nähe zur Heilsbedeutung des Geschicks Jesu Christi und der daraus begründbaren Hoffnung herzustellen.

15.3 Der Märtyrer auf dem Weg nach Rom

Trotz der eindrucksvollen Gestaltung in Apg 23,12-28,31 fließen die historisch verwertbaren Nachrichten für diesen Zeitabschnitt im Leben des Paulus besonders dürftig. Lukas hat nämlich bei Vorgabe weniger Traditionen hier am Schluß seines Werkes noch einmal alle Mittel der Gestaltung, die ihm zu Gebote standen, ausgenutzt. So entstand ein imposanter, szenisch durchstrukturierter Ablauf, der jedoch weit vom wirklichen Geschehen entfernt ist. Zunächst wird mit Hilfe eines Neffen des Paulus eine jüdische Verschwörung gegen den gefangenen Apostel aufgedeckt, die den römischen Hauptmann der Jerusalemer Garnison veranlaßt, Paulus unter – übertriebenen – Sicherheitsvorkehrungen nach Cäsarea zum Statthalter Felix zu bringen (Apg 23,12-35). Wenige Tage später wird der Prozeß eröffnet: Der Hohepriester Hananias mit Ältesten und Rechtsbeistand führten Anklage, Paulus verteidigt sich, aber Felix vertagt den Entscheid (Apg 24,1-23). Anklage und Verteidigungsrede sind von Lukas als literarische Musterbeispiele antiker Gerichtsreden gestaltet. Inhaltlich entsprechen beide Reden der typisch lukanischen Auffassung vom Verhältnis Paulus – Juden – Römer.

Für Lukas muß natürlich ein so berühmter Gefangener – wie aus der

Antike auch sonst literarisch bezeugt – von hochgestellten Personen zu Gesprächen aufgesucht werden. So kommen jetzt Felix mit seiner Gemahlin Drusilla (Apg 24,24-27), später Agrippa mit seiner Gemahlin Berenike (Apg 25,23-26,32), um mit Paulus zu reden. Das sind willkommene Anlässe für Lukas, Paulus – nach Vorstellung des Lukas – seine Lehre vortragen zu lassen. Dabei kann der Verfasser der Apg ein drittes Mal die paulinische Lebensgeschichte mit dem Zentrum der Berufung schildern (vgl. 9,1 ff.; 22,3 ff.; 26,9 f.). Der Leser merkt, wie Lukas hier ein besonderes Anliegen in seiner Darstellung verdeutlicht. Felix läßt dann Paulus eigentlich grundlos zwei Jahre in Untersuchungshaft bleiben. Daß ein nicht schuldig gesprochener römischer Bürger so lange ohne Prozeßfortschritt in Haft bleibt, unterliegt wohl doch rechtshistorischen Bedenken. Wenn man wirklich Felix unterstellt, er habe vielleicht dabei auf einen heimlichen Freikauf des Paulus gehofft (24,26), so wird die Rechtslage dadurch nicht besser. Es ist auch reine Kombinatorik der Historiker, wenn sie über die Kennzeichnung des Felix durch Josephus (Antiquitates XX 8,9) versuchen, die schlechte und judenfeindliche Amtsführung des Felix als Grund für die lange Haft zu benennen.

In der sich dehnenden Haftzeit liegt der Wechsel im Amt des Statthalters von Felix zu Festus. Er ist wegen der Unstimmigkeiten zwischen Josephus (Antiquitates II 8,9) und Tacitus (Annalen XIII 2; 14) nicht sicher zu datieren, wird aber wohl 59 oder 60 n.Chr. gelegen haben. Festus nimmt sich nach Lukas des Paulus sehr bald an und sitzt über ihn zu Gericht (Apg 25,1-12). Ein Schuldurteil ergeht nicht. Jedoch dem Vorschlag des Festus, Paulus ein zweites Mal in Jerusalem verhören zu lassen, begegnet Paulus mit der Berufung auf den Kaiser in Rom. Dies ist abermals rechtshistorisch problematisch: Entweder Paulus wird den Juden zur Verurteilung übergeben, dann hat Rom kein Interesse an dem Fall und versteht ihn als innerjüdische Religionsangelegenheit. In solchem Verfahren ist aber eine Berufung an das kaiserliche Appellationsgericht in Rom unmöglich. Oder Festus sieht römisches Recht tangiert, dann muß er ein Urteil fällen. Erst nach einem Schuldspruch kann sich Paulus auf den Kaiser berufen. Lukas läßt jedoch den nicht verurteilten Paulus an Rom appellieren. So kommt Paulus als Untersuchungshäftling, der sich auf den Kaiser berief, nach Rom. Nun ist aber wohl überhaupt ein Rückverweis der paulinischen Sache nach Jerusalem schwierig, denn logisch wäre die Freilassung des Paulus für den Fall, daß Festus den Gefangenen im Sinne römischen Rechts für schuldlos hielt. Ist also Paulus doch vom Statthalter verurteilt worden? Dann könnte die nächst höhere Instanz in Aktion treten mit der Konsequenz, daß Paulus als verurteilter Gefangener nach

Rom gebracht wurde. Dieser Gang der Dinge ist wohl ernsthaft ins Auge zu fassen.

Wie immer man Sinn in dieses rechtshistorische Gestrüpp bringen will, in jedem Fall erreicht Lukas, worauf er abzielt: Die Juden sind immer mehr die, die Paulus den Tod wünschen. Die Römer sind Paulus im ganzen wohlgesonnen. Wenn sie sich prozessual nicht korrekt verhalten, so wird das nicht getadelt, noch stört das volkstümliche Erzählungen überhaupt. Paulus selbst steht ständig im Mittelpunkt des Geschehens, kann seinen Glauben darlegen und wird nicht verurteilt. So kommt er – und damit das Evangelium – nach Rom (vgl. Apg 1,8; 2,39). Dabei ist wichtig, daß Paulus in Rom relativ ungehindert, zum Teil wie ein freier Mann auftreten kann (Apg 28,1-10.14.16.17ff.). Das paßt zu dem Urteil, das Festus, Agrippa, seine Frau und alle, die den langen Ausführungen des Paulus im städtischen Audienzsaal zu Cäsarea zugehört haben, übereinstimmend abgeben:»Dieser Mann tut nichts, worauf Tod oder Haft steht... Dieser Mann könnte freigelassen werden...« (Apg 26,31f.). Genau das will Lukas erreichen: Paulus soll frei in Rom und ohne Verdacht staatsgefährdender Umtriebe missionieren können.

Diese Reise von Cäsarea nach Italien nimmt Lukas denn zum Anlaß, ganz nach dem Geschmack der Zeit das Abenteuer einer solchen Reise dem Leser anschaulich zu schildern. Anfangs der Reise bekommt der römische Hauptmann mit seiner Gefangenengruppe einen Segelfrachter, der an der kleinasiatischen Küste hochsegelt. In Myra macht man ein alexandrinisches Schiff ausfindig, das Italien anlaufen will. Man wechselt das Schiff, kommt aber nur mühsam vorwärts, bis man zwischen Kreta und Süditalien in einen Orkan gerät. Schiffbrüchig rettet man sich nach Melite, das man in der Regel mit Malta identifiziert, bei dem der Erzähler aber vielleicht doch an Kephallenia, eine Insel westlich von Patras, denkt (Apg 27,1-44). Schon lange ist aufgefallen, daß man die Paulusstellen in dieser Erzählung (27,3b.9-11.21-26.31.33-36.43a) mühelos herausnehmen kann, dabei einige Unebenheiten im Text beseitigt und einen allgemeinen antiken Seefahrtbericht erhält, den Lukas offenbar benutzte. Historisch ist also an diesem Kapitel praktisch nichts verwertbar. Dasselbe muß auch von der lukanischen Schilderung des Aufenthalts auf Melite gelten (Apg 28,1-10), wo Paulus als Heiliger, dem ein Schlangenbiß nichts anhaben kann, und als Wundertäter zum Wohle der Inselbewohner auftritt. Wunder auf den Reisen gottbegnadeter Männer gehören ebenfalls zum Repertoire antiker romanhafter Literatur über solche Gestalten. Ein Beispiel gibt Apollonius von Tyana ab, ein Zeitgenosse des Paulus.

Nach Überwinterung auf Melite kann man dann über Syrakus (an der

Ostküste Siziliens) und Rhegion (an der »Stiefelspitze« Süditaliens) den
Hafen Puteoli erreichen, der zu dieser Zeit noch nicht von Ostia in der
Bedeutung als Roms Hafen abgelöst war. Im Gegenteil, Puteoli war
damals der größte Hafen in der Westhälfte des römischen Reiches, in dem
u.a. jährlich über 200.000 Tonnen ägyptischen Getreides – vor allem für
die Versorgung Roms – umgeschlagen wurden. Wenn Lukas in Puteoli
eine christliche Gemeinde Paulus empfangen läßt, so darf man daraus
schließen, daß in jedem Fall zur Zeit des Lukas hier Christen lebten. Von
Puteoli geht es dann zu Fuß auf dem üblichen Transportweg über Forum
Appii und Tres Tabernae nach Rom. Hierher kommen Paulus dieses Mal
römische Christen entgegen. In Rom darf sich Paulus dann relativ frei
bewegen (Apg 28,11-16). Auch diese ganze Reiseroute ist in der Antike
eine typische und bekannte. Es reichte für Lukas also schon die Kenntnis
dieses Handelsweges und ein paar ausschmückende Angaben zur Ehrung
des Paulus durch zwei Gemeinden, die ihm in kulturgeschichtlich üblicher
Weise entgegengehen. Darum ist oft mit guten Gründen die Meinung
vertreten worden, in 28,1f.7.10b.11-13 liege der Rest des antiken Reisebe-
richtes vor, der in Apg 27 erkennbar war. Damit scheidet Apg 28,1-16 für
eine historische Rekonstruktion der konkreten Verhältnisse auf der Pau-
lusreise aus.

Auch Apg 28,17-31, der Bericht über den paulinischen Aufenthalt in
Rom, ist als Abschluß der Apg von Lukas allein gestaltet. Lukas will den
Weg des Evangeliums als göttlichen Plan schildern. Darum kommt der
Tod des Paulus, den Lukas kennt (Apg 19,21; 20,23-25; 21,11), gar nicht
zur Sprache. Auch findet kein Prozeß in Rom statt, so daß der Anlaß der
langen und beschwerlichen Reise von Jerusalem nach Rom merkwürdi-
gerweise erzählerisch ganz aus dem Gesichtsfeld tritt. Lukas vermeidet
also abermals eine römische Verurteilung des Paulus, weil er für ein gutes
Verhältnis zwischen dem Staat und den christlichen Gemeinden eintritt.
Gefangenschaft und Reise werden zum bloßen Mittel, Paulus in Rom
ungehindert Mission betreiben zu lassen. So findet auch eigentlich – trotz
der Einholung durch römische Christen (Apg 28,15) – keine Begegnung
mit der christlichen Gemeinde in Rom statt. Paulus macht vielmehr in
Rom das, was er nach der Apostelgeschichte bei seiner Mission immer
nach demselben Schema getan hatte: Er nimmt zuerst mit der ortsansässi-
gen Synagoge Kontakt auf. Diese Begegnung wird hier u.a. ausgestaltet
durch die Erörterung der Jerusalemer Ereignisse. Da die Juden aber dann
sein Evangelium ablehnen, wendet Paulus sich, wie üblich, an die Heiden.
So wird der Eindruck erweckt, erst Paulus habe eine christliche Gemeinde
in Rom gegründet. Ob man angesichts dieser doch recht gewaltsamen

Konstruktion in 28,17ff. der Notiz historisch trauen darf, Paulus habe
volle zwei Jahre in Rom ungehindert missionieren können (28,30f.), ist
recht zweifelhaft, zumal Lukas kurz zuvor schon (Apg 24,27) mit einem
ähnlich langen Zeitabschnitt arbeitete.

Überblickt man noch einmal abschließend Apg 23,12-28,31 insgesamt,
so ist der historische Ertrag leider äußerst karg. Man wird urteilen müssen, Lukas wußte von der Gefangennahme in Jerusalem bis zur Hinrich-
tung in Rom von Paulus sehr wenig. Wahrscheinlich konnte sich auch
eine allgemeine Pauluslegende über diese Zeit nicht recht entfalten, weil
christliche Augenzeugen fehlten, die ihr beim Entstehen Nahrung geben
konnten. Am ehesten wird man vermuten können, daß christliche Brüder
in Cäsarea und Rom mit dem gefangenen Paulus Kontakt hatten. Für den
Gefangenentransport selbst wird man das ausschließen. So war Paulus
wohl auch viel sich selbst überlassen und von seinen Mitarbeitern und
christlichen Gemeinden getrennt. Das Wenige, was als Nachricht bleibt,
läßt sich aus der Apg schnell zusammenstellen und geringfügig ergänzen:
Paulus ist als römischer Gefangener von Jerusalem nach Cäsarea gebracht
worden. Hier schleppte sich sein Prozeß solange hin, daß seine Gefangenschaft über den Statthalterwechsel von Felix auf Festus hinausreichte.
Festus scheint ihn verurteilt zu haben. Paulus appellierte an das römische
Kaisergericht. So kommt er als Gefangener nach Rom. In der Reichshauptstadt wird er noch einige Zeit gelebt haben, aber dann wohl mit dem
Schwert, weil er Römer war, hingerichtet worden sein. Dies geben auch
die späten Paulusakten als Todesart an, während Hippolyt in seinem
Danielkommentar vom Tierkampf spricht. Sein gerichtliches Revisions-
begehren hatte also keinen Erfolg. Man wird nicht fehlgehen, seinen Tod
eingangs der sechziger Jahre anzusetzen, also unter Nero, aber noch vor
der Christenverfolgung 64 n.Chr. Seine Spanienreise, die er noch in Korinth als freier Mann plante (Röm 15,24.28), war wohl durch diese Ereignisse überholt, wie so manche früheren Reisepläne des Apostels durch
neue Ereignisse aufgegeben werden mußten. Hätte Lukas etwas von einer
Spanienreise gewußt, hätte er wohl doch gern von des Apostels Freilassung berichtet und Paulus in Rom und von dort bis an die westliche
Grenze der damals bekannten Welt Mission betreiben lassen. Die Erwähnung der Spanienreise in 1.Clem 5,7 (vgl. auch Kanon Muratori 38) ist
wohl aus Röm 15,24.28 erschlossen, also kein historischer Beleg für einen
paulinischen Aufenthalt in Spanien.

Damit ist der Text genannt, der an zweiter Stelle Beachtung verdient,
wenn das paulinische Ende bedacht wird. Ist doch der 1.Clem gegen
Ende des ersten nachchristlichen Jahrhunderts aus Rom nach Korinth

geschrieben, so daß er also in etwa aus derselben Zeit wie die Apostelgeschichte stammt. Er könnte mithin sogar der älteste Beleg für den paulinischen Tod sein. Der Text (1. Clem 5,5-7) lautet:»Wegen Eifersucht und Streit zeigte Paulus den Kampfpreis der Geduld: siebenmal trug er Ketten, wurde vertrieben, gesteinigt, wurde Herold im Osten wie im Westen und empfing den echten Ruhm seines Glaubens. Er lehrte der ganzen Welt Gerechtigkeit und kam bis an die Grenzen des Westens und legte vor den Machthabern Zeugnis ab. So schied er aus der Welt und gelangte an den heiligen Ort und wurde das größte Vorbild der Geduld.«

Der Text steht nach einer ähnlichen Schilderung zu Petrus und macht aus beiden Apostelleben im typischen Stil antiker Athletik einen vorbildlichen Lebenskampf, der den Christen zur Nachahmung dienen soll. Beide beenden diesen Kampf als Märtyrerapostel (1. Clem 5,4.7) und gelangen nach dem Tod darum direkt »an den heiligen Ort«, d. h. sie werden in den Himmel aufgenommen. Zwar steht nicht direkt im Text, daß Paulus gerade in Rom starb, doch scheint 1. Clem 6,1 dies für Petrus und Paulus stillschweigend vorauszusetzen. Da es zudem in der ganzen Alten Kirche für beide Apostel keine Rom widersprechende Tradition gibt, ist doch offenbar die Apostelgeschichte im Recht, den letzten Lebensort des Paulus mit Rom anzugeben.

Dieses Verständnis der Dinge schließt eine andere Annahme aus, wonach Paulus in Rom nochmals freigekommen sei, Spanien besucht habe, nach Rom zurückgekehrt und abermals in Gefangenschaft geraten sei. Erst diese zweite römische Gefangenschaft, erstmals von Euseb (Kirchengeschichte II 22,2) angenommen und dann oft wiederholt, soll mit dem Tod des Apostels geendet haben. Aber dies ist eine harmonisierende Konstruktion, die von der Absicht getragen ist, die Apostelgeschichte mit dem Römerbrief zu kombinieren und vor allem die Pastoralbriefe (1.2. Tim, Tit) im Leben des Paulus zu verankern. Die in den Pastoralbriefen vorausgesetzten verschiedenen Situationen sollen nämlich nun in dem Zeitraum Rom – Spanien – Rom untergebracht werden. Aber die Pastoralbriefe setzen solche Abfolge der Ereignisse nirgends voraus und sind in ihrer theologischen Einstellung so unpaulinisch, daß sie gar nicht von Paulus stammen können.

Der Historiker kann also über das Lebensende des Heidenapostels nur dürftige Auskunft geben. Im Unterschied etwa zum Tod des Sokrates gilt jedoch für sehr viele Gestalten des Altertums, daß die Spuren ihres Endes verweht sind. Um so klarer leuchten seine brieflichen Zeugnisse bis heute. Sie haben nicht nur Theologiegeschichte gemacht, sondern ein Stück weit auch die Weltgeschichte beeinflußt.

Abkürzungsverzeichnis

Altes Testament

Gen Ex Lev Num Dt Jos Ri Sam Kön Jes Jer Ez Hos Joel Am Ob Jon Mi Nah
Hab Zeph Hag Sach Mal Ps Hi Prov Ru Cant Koh Thr Est Dan Esr Neh Chr

Neues Testament

Mt Mk Lk Joh Apg Röm Kor Gal Eph Phil Kol Thess Tim Tit Phlm Hebr Jak
Petr Joh Jud Apk

Übriges Schrifttum

Aboth	Traktat Sprüche der Väter
Apk Abr	Apokalypse Abraham
Arist	Aristeasbrief
AssMos	Assumptio Mose
äthHen	äthiopischer Henoch
b	(vor Traktaten) babylonischer Talmud
Barn	Barnabasbrief
CD	Damaskusschrift
Clem	(1. und 2.) Clemensbrief
Did	Didache
Esra	(3. und 4.) Esra
Ign	Ignatius
Eph	An die Epheser
Magn	An die Magnesier
Philad	An die Philadelphier
Röm	An die Römer
Trall	An die Traller
JesSir	Jesus Sirach
Jub	Jubiläenbuch
LibAnt	Liber Antiquitatum Biblicarum
OrSib	Oracula Sibyllina
PsSal	Psalmen Salomonis
Polyk	Polykarpbrief
1QH	Hodayoth (Loblieder)
1QM	Milchama (Kriegsrolle)
1QpNah	Pescher Nahum
1QpH	Pescher Habakuk

1QpPs 37	Pescher Psalm 37
1QS	Sektenschrift (Gemeinderegel)
Sanh	Traktat Sanhedrin
slav Hen	slavischer Henoch
Sota	Traktat Sota
syr Bar	syrischer Baruch
Test XII	Testamente der 12 Patriarchen:
	TRub TSim TLev TJud TIss TScb TDan TNaph TGad TAs
	TJos TBen

Register

Personennamen

Ortsnamen

Neutestamentliche Stellen
(Auswahl)